THE BARBOUR COLLECTION
OF CONNECTICUT TOWN
VITAL RECORDS

THE BARBOUR COLLECTION OF CONNECTICUT TOWN VITAL RECORDS

HARTLAND 1761–1848

HARWINTON 1737–1854

HEBRON 1708–1854

Compiled by
Dorothy Wear

General Editor
Lorraine Cook White

Copyright © 1999
Genealogical Publishing Co., Inc.
Baltimore, Maryland
All Rights Reserved
Library of Congress Catalogue Card Number 94-76197
International Standard Book Number 0-8063-1595-4
Made in the United States of America

INTRODUCTION

As early as 1640 the Connecticut Court of Election ordered all magistrates to keep a record of the marriages they performed. In 1644 the registration of births and marriages became the official responsibility of town clerks and registrars, with deaths added to their duties in 1650. From 1660 until the close of the Revolutionary War these vital records of birth, marriage, and death were generally well kept, but then for a period of about two generations until the mid-nineteenth century, the faithful recording of vital records declined in some towns.

General Lucius Barnes Barbour was the Connecticut Examiner of Public Records from 1911 to 1934 and in that capacity directed a project in which the vital records kept by the towns up to about 1850 were copied and abstracted. Barbour previously had directed the publication of the Bolton and Vernon vital records for the Connecticut Historical Society. For this new project he hired several individuals who were experienced in copying old records and familiar with the old script.

Barbour presented the completed transcriptions of town vital records to the Connecticut State Library where the information was typed onto printed forms. The form sheets were then cut, producing twelve small slips from each sheet. The slips for most towns were then alphabetized and the information was then typed a second time on large sheets of rag paper, which were subsequently bound into separate volumes for each town. The slips for all towns were then interfiled, forming a statewide alphabetized slip index for most surviving town vital records.

The dates of coverage vary from town to town, and of course the records of some towns are more complete than others. There are many cases in which an entry may appear two or three times, apparently because that entry was entered by one or more persons. Altogether the entire Barbour Collection--one of the great genealogical manuscript collections and one of the last to be published--covers 137 towns and comprises 14,333 typed pages.

TABLE OF CONTENTS

HARTLAND   1

HARWINTON   33

HEBRON   111

ABBREVIATIONS

Ae ------------------age
b. ------------------born, both
bd.------------------buried
B.G.----------------Burying Ground
d. ------------------died, day, or daughter
Dea.----------------Deacon
decd.----------------deceased
f. ------------------father
h--------------------hour
Int. Pub.-----------Intentions Published
J. P.----------------Justice of Peace
L.M.P.--------------Licensed Minister Protestant
m.------------------ married or month
res.------------------resident
s.--------------------son
st. b.--------------- stillborn
V.M.D.------------Verbi Die Minister (Minister of the Word of God)
w.------------------ wife
wid.---------------- widow
wk.------------------week
y.--------------------year

THE BARBOUR COLLECTION OF CONNECTICUT TOWN VITAL RECORDS

HARTLAND VITAL RECORDS
1761 - 1848

	Page
ACKLEY, Benjamin, s. Abner B. & Hulday, b. May 27, 1794	19
Eunice, d. Abner B. & Huldah, b. Oct. 25, 1795	19
Joel, s. Abner B. & Hulday, b. Oct. 24, 1792	19
ADAMS, George A., m. Rutha **LOOMIS**, Feb. 26, 1824, by Ammi Linsley	37
ALLEN, Hannah C., of Russel St. Lawrence Cty., N. Y., m. LaFayette **SMITH**, of Hartland, Aug. 30, 1851, by Rev. Asa Bushnell, Sr., L.M.P.	78
Philemon R., of New Hartford, m. Julia M. **BANNING**, of Hartland, Sept. 16, 1850 by Asa Bushnell	76
ATKINS, Hezekiah, d. Jan 28, 1825, ae 78 y. 9 m.	30
Josiah, s. Josiah & Chloe, b. May 10, 1788	1
ATWATER, Josiah W., m. Clara **CASE**, June 11, 1846, by Asa Bushnell, L.M.P.	71
AUSTIN, Anson, of Suffield, m. Mary A. **CASE**, of East Hartland, Dec. 21, 1846, by Rev. Nelson Scott	72
BABCOCK, Lucy, of Granville, Mass. m. George **SHEPARD**, of Hartland, Mar. 15, 1829, by Ammi Linsley, V.D.M.	43
BAKER, Polly, m. Seymour **GILLET**, Nov. 15, 1829, by Asa Bushnell	44
BALLOW, Moses, Rev. of Portsmouth, N. H., m. Almira D. **GIDDINGS** of Hartland, June 8, 1837, by Rev. R. O. Williams	141
BANNING, [see also **BANON**], Aaron C., m. Lucy A. **CLARK**, b. of Hartland, Sept. 13, 1849, by Rev. Nelson Scott	76
Affiah Climena, d. Josiah C. & Affiah, b. Apr. 7, 1824	17
Almina, of Hartland, m. Edward **MILLER**, of Farmington, Apr. 13, 1825, Ammi Linsley, V.D.M.	38
Benjamin H., m. Martha B. **COWDERY**, of Hartland, Oct. 22, 1829 by Ammi Linsley, V.D.M.	44
Benjamin Oscar, [s. Josiah C. & Affiah], b. Aug. 1, 1829	17
Calvin, s. Abner & Annah, b. Dec. 28, 1786	25
Elvira, m. Phineas **COE**, b. of Hartland, Nov. 18, 1846, by Rev. Nelson Scott	72
Eunice, of West Hartland, m. Willys **MARSH**, of Cleaveland, O., Oct. 10, 1837, by Rev. Isaac Jones, of Hitchcocksville	59
James, m. Aurilla **MILLER**, b. of Hartland, Mar. 20, 1822, by Ammi Linsley	33
Josiah C., b. Sept. 9, 1796; m. Affiah **GIDDINGS**, b. of Hartland, May 30, 1820	17
Josiah C., m. Edeth **COWDERY**, July 21, 1833, by Ammi Linsley, V.D.M.	53
Julia M., of Hartland, m. Philemon R. **ALLEN**, of New Hartford, Sept. 16, 1850, by Asa Bushnell	76
Levinia L., m. Eugen **MILLER**, June 15, 1851, by Rev. A. B. Pulling	77
Lovina L., m. Dwight **BEMAN**, Nov. 25, 1847, in Avon, by Rev. Stephan Hubbell, of Avon	74
Nancy, of Hartland, m. John **CHURCH**, of Granby, Aug. 29, 1821, by Ammi Linsley	33
Philena, m. Moses E. **GATES**, b. of Hartland, Sept. 1, 1847, by Rev. Nelson Scott	73
Roswell H., s. Josiah & Affiah, b. May 21, 1821	17
Ruth A., m. Bryant **MARKS**, b. of Hartland, May 5, 1835, by Ammi Linsley, V.D.M.	56
Samuel, m. Harriet **FRENCH**, Sept. 14, 1828, by Adolphus Ferry, V.D.M.	42
Samuel N. m. Albina **CASE**, b. of Hartland, July 13, 1842, by Rev. Luke Wood	66

	Page
BANNING, (cont.)	
Schuyler, m. Rhoda **MILLER**, b. of Hartland, Nov. 28, 1822, by Ammi Linsley	34
Zerula Emily, d. Josiah C. & Afiah, b. Feb. 24, 1827	--
BANON,[see also **BANNING**], William C., of Wolcottville, m. Marilla **MARKS**, of Hartland, May 5, 1830, by Adolphus Ferry, V.D.M.	45
BARBER, Samuel C., of New Britain, m. Lucy Jane **CHURCH**, of Hartland, Nov. 16, 1851, by Nelson Scott	79
Seth, Jr., of Barkhamsted, m. Melissa **BUSHNELL**, of Hartland, May 16, 1822, by Nathaniel Gaylord, V.D.M.	34
BATES, Abigail, m. Cornwall **CLARK**, b. of Hartland, Nov. 4, 1830, by Adolphus Ferry, V.D.M.	45
Howell, m. Abigail **BEACH**, b. of Hartland, Apr. 23, 1848, by Asa Bushnell, Jr.	74
Stephen, m. Matilda **BEACH**, Nov. 17, 1803	22
BEACH, Abigail, m. Howell **BATES**, b. of Hartland, Apr. 23, 1848, by Asa Bushnell Jr.	74
Althea, m. Childs **TAYLOR**, JR., Aug. 14, 1810	48
Anna, d. Zopher & Patience, b. Sept. 18, 1788	16
Ely, s. Zopher & Patience, b. Feb. 21, 1787	16
Ira, s. Zopher & Patience, b. Feb. 18, 1791	16
Mary A., of Hartland, m. Abiathar **HILL**, of Colebrook, Nov. 23, 1842, by Rev. Lewis Gunn	67
Metildie, d. Zopher & Patience, b. Feb. 15, 1783	16
Matilda, m. Stephen **BATES**, Nov. 17, 1803	22
Polly, d. Zopher & Patience, b. Sept. 22, 1780	16
Sally, m. Howel **TREAT**, b. of Hartland, Apr. 2, 1828, by Adolphus Ferry, V.D.M.	41
William, s. Zopher & Patience, b. Apr. 23, 1785	16
BEERS, Horace, of North Adams, Mass., m. Alice **WARD**, of Hartland, June 9, 1837, by Rev. Isaac Jones, of Hitchcockville	59
BELDING, Reuben, of Whately, Mass., m. Anna **BURNHAM**, of Hartland, Jan. 4, 1846, by Dwight L. Williams, J.P. Int. Pub. with Samuel Lesune, P. C., 14 days prior to Jan. 9, [probably 1846], at Whately, Mass.	70-1
BEMAN, Almerine, [child of Bethuel & Hannah], b. Dec. 6, 1811	28
Almerine, m. John F. **COWDERY**, Aug. 30, 1831, by Ammi Linsley, V.D.M.	52
Anna, [d. Erastus & Belinda], b. Apr. 2, 1813	51
Anna, Mrs. of Hartland, m. Gideon **PERKINS**, of Barkhamsted, Nov. 7, 1826, by Ammi Linsley	40
Anna, m. John A. **ROWE**, Oct. 23, 1831, by Jared Newell, J. P.	47
Belinda, w. Erastus, b. Oct. 20, 1791	51
Bethuel, m. Hannah **SELBY**, Jan 1, 1811	28
Dwight, [s. Erastus & Belinda], b. July 16, 1824	51
Dwight, m. Lovina L. **BANNING**, Nov. 25, 1847, in Avon, by Rev. Stephen Hubbell, of Avon	74
Elisha, s. Thomas, Jr. & Anna, b. Feb. 20, 1801	21
Erastus, s. Thomas, Jr. & Anne, b. Mar. 9, 1793	6
Erastus, b., Mar. 9, 1793	51
Janet, [d. Bethuel & Hannah], b. Nov. 4, 1815	28
Luther, [s. Erastus & Belinda], b. Dec. 2, 1827	51
Lydia, [d. Erastus & Belinda], b. Mar. 17, 1815	51
Lydia, of Hartland, m. Lester **SMITH**, of Southington, May 14, 1837, by Rev. Nehemiah Dodge	59

	Page
BEMAN, (cont.)	
Lyman, m. Amanda **MESSENGER**, b. of Granby, Sept. 10, 1852, by Rev. Nelson Scott	80
Rufus, [s. Erastus & Belinda], b. Mar. 27, 1817	51
Sophia, [d. Bethuel & Hannah], b. Oct. 3, 1813	28
Thomas, s. Thomas, Jr. & Anne, b. Feb. 24, 1804	22
Thomas, d. May 3, 1804, ae 71y.	22
Thomas, m. Lidia W. **MILLER**, b. of Hartland, Oct. 11, 1826, by Ammi Linsley	40
Woodruff, [s. Erastus & Belinda], b. Mar. 31, 1821	51
[**BENEDICT**], **BENDICK**, Daniel, m. Lena **WRIGHT**, Aug. 8, 1841, by Asa Bushnell, L.M.P.	64
BENHAM, Betsey Ann, of Hartland, m. Ambrose E. **DOOLITTLE**, of Cheshire, May 19, 1824, by Nathaniel Gaylord, V.D.M.	37
Cornelia, of Hartland, m. Dr. Thadeus H. D. **WOLF**, of Hitchcockville, June 28, 1829, by Adolphus Ferry, V.D.M.	43
Cornelia, of Hartland, m. Samuel **MARKS,** of Blanford, Mass., [June] 30, [1833], by Rev. John H. Hempsted	53
Elisabeth A., Mrs., m. John **WOOD**, b. of Hartland, Mar. 21, 1841, by Rev. Luke Wood	63
Orpah, m. Adolphus **FERRY**, b. of Hartland, Aug. 30, 1825, by Nathaniel Gaylord, V.D.M.	39
BENTON, Albert S., of Otis, Mass., m. Lucinda **HERICK**, of Hartland, Dec. 17, 1840, by Samuel W. Smith, M. E. Elder. Int. Pub.	63
BIDWELL, Miles W., of Becket, Mass., m. Sally **THOMAS**, of Hartland, Jan. 3, 1827, by Adolphus Ferry, V.D.M.	40
BILL, Celestia, d. Daniel & Mindwell, b. July 29, 1802	27
Chaney, s. Joshua & Lydia, b. Sept. 27, 1788	12
Daniel, Jr., s. Daniel & Mindwell, b. Feb. 29, 1784	27
Elijah B., s. Daniel & Mindwell, b. Aug. 9, 1799	27
Joshua, m. Lydia **SPENSOR**, b. of Hartland, Dec. 13, 1788	12
Lester, s. Joshua & Lydia, b. Jan. 13, 1791	12
Mindwell, d. Daniel & Mindwell, b. Aug. 17, 1793	27
Orpha, d. Daniel & Mindwell, b. May 5, 1782	27
Ruth, d. Daniel & Mindwell, b. Apr. 4, 1786	27
Sherman, s. Daniel & Mindwell, b. May 18, 1788	27
BISHOP, Leveret, of Winchester, m. Julia **GRANGER**, of Hartland, Jan. 1, 1822, by Nathaniel Gaylord, V.D.M.	33
BLAKESLEE, BLAKESLEY, BLAKLEY, BLAKESLY, Deborah, of Hartland, m. John E. **ROBERTS**, of Barkhamsted, Mar. 5, 1834, by Ami Linsley, V.D.M.	54
Delivette, m. Homer L. **FULLER**, Aug. 19, 1838, by Rev. A. Bushnell, Jr.	60
Emeline, m. Hira **CASE**, of Barkhamsted, Oct. 17, 1837, by Rev. Aaron Gates	62
Fanna, of Hartland, m. Alfred R. **LAWTON**, of Verona, Oneida Cty., N. Y., Aug. 29, 1836, by Asa Bushnell, L.M.P.	58
Laury M., d. Matthew & Ruth, b. July 25, 1804	25
Louisa, m. Horace **CASE**, Oct. 8, 1839, by Asa Bushnell	61
Phebe, of Hartland, m. Elijah **CHURCH**, of Colesville, Nov. 4, 1827, By Asa Bushnell	41
BOLTON, Moses, Rev. of Portsmouth, N. H., m. Almenia D. **GIDDINGS**, of Hartland, June 8, 1837, by Rev. R. O. Williams	59
BORDEN, Lucy, m. Miles **COE**, Feb. 21, 1802	25

	Page
BOSWORTH, Abigail, of Hartland, m. Samuel **COUCH**, of Barkhamsted, Dec. 9, 1824, by Adolphus Ferry, V.D.M.	38
Hannah, of Hartland, m. Hiram A. **WILSON**, of Buenos Ayres, May 12, 1841, by Rev. Luke Wood	64
Harriet, m. Eleazer **ENSIGN**, b. of Hartland, May 7, 1823, by Nathaniel Gaylord, V.D.M.	35
Thomas D., m. Lucretia **DOOLITTLE**, b. of Hartland, May 30, 1821, by Nathaniel Gaylord, V.D.M.	32
BRACKETT, Roswell, of New Haven, m. Lucy A. **SEARLS**, of Hartland, Jan. 1, 1849, by Rev. Nelson Scott	75
BRADLEY, Launcelott C., of Middletown, m. Melissa **BURNHAM**, of Hartland, Nov. 15, 1829, by Ammi Linsley, V.D.M.	44
[**BRAINARD**], **BRANARD**, Chancey, s. Capt. Asahel & Experence, b. Mar. 12, 1788	8
Susanna, s. Capt. Ashael & Experence, b. Sept. 3, 1784	8
BRAMER, Albert, of Fabius, N. Y. m. Julia E. **MATTOCK**, of West Hartland, Apr. 23, 1851, by Rev. C.G. Goddard	77
BREWER, Austin, b. July 21, 1802	30
Electa, b. June 20, 1798	30
Emily, b. Mar. 1, 1800	30
Selden, b. Nov. 10, 1796	30
BROCKWAY, Lucretia, see Lunereshe **BROCKWAY**	10
Lunereshe*, d. Edward & Sarah, b. May 18, 1790 *(Written over "Lucretia")	10
Lydia, m. Samuel **SPENCER**, Aug. 8, 1785	142
Olive, d. Edward & Sarah, b. Nov. 16, 1787	10
Rocksee, d. Edward & Sarah, b. July 29, 1785	10
Titus, of Hartford, O., m. Jerusha P. **WOODBRIDGE**, of Hartland, Sept. 20, 1827, by Adolphus Ferry, V.D.M.	40
Titus, of Hartford, O., m. Fanny **SELBY**, of Hartland, Oct. 26, 1834, by Ammi Linsley, V.D.M.	55
BRONSON, Silas N., of Hitchcocksville, m. Almira **ENSIGN**, of Hartland, Aug. 18, 1841, by Rev. Luke Wood	64
BROWN, Andrew, m. Patty **MURFEE**, of Colebrook, Oct. 13, 1833, by Nathaniell Gaylord	53
Charles, m. Lavinia **RICHARDSON**, Nov. 4, 1841, by William Selby, J. P.	65
BUCKINGHAM, Samuel, m. Aurilla **BUSHNELL**, Aug. 18, 1833, by Asa Bushnell	53
BUELL, Phineas L., of Granville, Mass., m. Phebe **GILMAN**, of West Hartland, Sept. 10, [1851?], by Rev. C. G. Goddard	78
BUNNEL, John L., of Oxford, m. Clarinda **HOSMER**, of Hartland, Nov. 29, [1821], by Ammi Linsley	33
BURNHAM, Anna, of Hartland, m. Reuben **BELDING**, of Whately, Mass., Jan 4, 1846, by Dwight L. Williams, J.P.Int. Pub. with Samuel Lesune, T. C., 14 days prior to Jan. 9, [probably 1846], at Whately, Mass.	70-1
Anson, [s. Thomas & Phebe], b. Aug. 28, 1804	51
Anson, m. Fanny **COE**, Jan. 14, 1830, by Ammi Linsley, V.D.M.	44
Chloe, [d. Thomas & Phebe], b. Mar. 12, 1795	51
Hiram, [s.Thomas & Phebe], b. May 30, 1802	51

HARTLAND VITAL RECORDS 5

Page

BURNHAM, (cont.)
Hiram, of Wintonbury, m. Hannah C. **SANFORD**, of Hartland, Apr. 2, 1828,
    by Ammi Linsley, V.D.M.   41
Laura L., m. Samuel D. **STEBBINS**, Feb. 9, 1841, by Rev. Aaron Gates   63
Laura Louisa, [d. Thomas & Phebe], b. Mar. 14, 1815   51
Luther, [s. Thomas & Phebe], b. July 26, 1797   51
Luther, m. Maria **FRAZIER**, July 9, 1828, by Ammi Linsley, V.D.M.   42
Melissa, [d. Thomas & Phebe], b. June 12, 1807   51
Melissa, of Hartland, m. Launcelott C. **BRADLEY**, of Middletown, Nov. 15,
    1829, by Ami Linsley, V.D.M.   44
Nelson T., [s. Thomas & Phebe], b. Dec. 26, 1811   51
Phebe, [d. Thomas & Phebe], b. Aug. 29, 1799   51
Phebe, of Hartland, m. Daniel **SANFORD**, of Barkhamsted, Mar. 24, 1824, by
    Ammi Linsley   37
Thomas, b. Oct. 12, 1771; m. Phebe **FAIRCHILD**, June 15, 1794   51
BURTRICK, Riley P., s. Cyrus & Phebe, b. Sept. 19, 1805   23
BUSHNELL, BUSHNEL, Adah L., m. Carlos **HOLCOMB**, May 8, 1838, by Rev.
    Asa Bushnell, Jr.   60
Anson, m. Electa **PHELPS**, b. Hartland, Aug. 1, 1822, by Asa Bushnell, L.M.P.   34
Asa, Sr., Rev. of West Hartland, m. Phebe **SWEET**, of Otis, Mass., May 6,
    1850, by Rev. Nathaniell Kellogg   76
Aurilla, m. Samuel **BUCKINGHAM**, Aug. 18, 1833, by Asa Bushnell   53
Harto Holyday, [child of David & Polly], b. May 25, 1806   28
Hiram, s. Isaac & Orpha, b. Sept. 23, 1813   28
Isaac, m. Orpha **DEMING**, June 3, 1807   27
Laura, d. Isaac & Orpha, b. June 5, 1810   27
Laura, m., Amos **OSBORN**, b. of Hartland, May 8, 1833, by Rev. Asahel Morse   52
Linus, m. Harriet **OSBORN**, b. of Hartland, Dec. 25, 1822, by Nathaniel
    Gaylord, V.D.M.   34
Lucinda, m. George **TREAT**, b. of Hartland, Dec. 18, 1827, by Adolphus
    Ferry, V.D.M.   41
Marilla, of Hartland, m. Jonathan **STILLMAN**, of Colebrook, Sept. 29, 1842,
    by Asa Bushnell, L.M.P.   66
Melissa, of Hartland, m. Seth **BARBER**, Jr., of Barkhamsted, May 16, 1822,
    by Nathaniel Gaylord, V.D.M.   34
Oliver W., m. Almira **MARKS**, b. of Hartland, June 25, 1828, by Adolphus
    Ferry, V.D.M.   42
Orilla, [child of David & Polly], b. May 24, 1810   28
Orlando, m. Abigail **COE**, b. of Hartland, Apr. 19, 1829, by Asa Bushnell, Jr.   43
Ovanda, m. Lyman **MARKS**, b. of Hartland, Apr. 23, 1834, by Rev. John A.
    Hempsted   54
Rhoda, of Hartland, m. Marens **EGGLESTON**, of Torrington, Dec. 8, 1830,
    by Adolphus Ferry, V.D.M.   45
Rutha, [d. David & Polly], b. July 14, 1808   28
Theodore, m. Lucy A. **LAMPSON**, Feb. 23, 1832, by Asa Bushnell   47
William C., m. Aurilla **PHELPS**, Apr. 26, 1821, by Daniel Coe, J.P.   32
BUTTLES, Jarvis, Rev. of Orwell, Penn., m. Alma **COWDERY**, of Hartland,
    Oct. 21, 1828, by Ammi Linsley, V.D.M.   43
Ranselaer, of Granville, Mass., m. Louisa **EMMONS**, of Hartland, May 20,
    1840, by Rev. Aaron Gates   61
BYINGTON, Orpha, Mrs. M. Truman **OSBORNE**, July 15, 1832, by Asa Bushnell   52
CABLES, Betsey Ann, m. George **MUNROE**, Apr. 24, 1841, by Henry Griswold   64

	Page
CADWELL, Mabel, m. Almon **HOLCOMB**, b. of Hartland, Apr. 7, 1833, by Ammi Linsley, V.D.M.	52
CASE, Albina, m. Samuel N. **BANNING**, b. of Hartland, July 13, 1842, by Rev. Luke Wood	66
Amorett A., of Hartland, m. Elihu **GRANT**, Jr.., of Manheim, N.Y., July 21, 1847, by Rev. Nelson Scott	73
Ann M., of Hartland, m. Mark **HARREGAN**, of Albany, May 31, 1849, by Rev. Hiram Day	75
Anna Maria, [d. Charles & Elcy], b. Oct. 22, 1826	49
Betsey Elvina, d. Charles & Elcy, b. Oct. 22, 1818	49
Clara, m. Josiah W. **ATWATER**, June 11, 1846, by Asa Bushnell, L.M.P.	71
Harriet, [d. Charles & Elcy], b. Mar. 16, 1825	49
Harriet, of Hartland, m. Newton **STILLMAN**, of Colebrook, Dec. 13, 1843, by Austin Ensign, J.P.	68
Hira, of Barkhamsted, m. Emeline **BLAKESLEY**, Oct. 17, 1837, by Rev. Aaron Gates	62
Horace, m. Louisa **BLAKESLY**, Oct. 8, 1839, by Asa Bushnell	61
Jared, of Canton, m. Lydea **EMMONS**, of Hartland, Nov. 22, 1848, by Rev. N. Scott	75
Jesse, of Canton, m. Lydia **CHURCH**, d. Rev. Aaron & Lydia, Jan 11, 1816	29
Lemuel, m. Sophronia **GODDARD**, Oct. 5, 1829, by Asa Bishnell	44
Levi P., m. Harriet **JONES**, b. of Barkhamsted, Nov. 27, 1823, by Ammi Linsley	35
Levi P. & Harriet, had d. [ ], b. June 21, 1848	146
Mary, m. Rev. John A. **HEMPSTED**, b. of Hartland, Nov. 27, 1834, by Nathaniel Gaylord, V.D.M.	55
Mary A., of East Hartland, m. Anson **AUSTIN**, of Suffield, Dec. 21, 1846, by Rev. Nelson Scott	72
Milissa, m. Orvil **WILSON**, July 25, 1837, by Asa Bushnell	59
Milner, of Avon, m. Amanda **GATES**, of Hartland, June 3, 1846, by Rev. Aaron Gates	71
Sally, m. Samuel R. **FULLER**, Sept. 20, 1829, by Ammi Linsley, V.D.M.	44
Sarah, m. Philemon **TIFFANY**, Dec. 29, 1833, by Asa Bushnell	53
Ward, of Barkhamsted, m. Julia Emeline **CURTISS**, of Hudson, N. Y., July 9, 1835, by Rev. John A. Hempsted	56
William Chester, [s. Charles & Elcy], b. Dec. 7, 1821	49
CHAMBERLIN, Samuel S., of Colebrook, m. Mary Ette **DOOLITTLE**, of Hartland, Oct. 11, 1835, by Rev. William Case	57
CHAPMAN, Laura S., m. Austin **DUSTIN**, b. of Hartland, Mar. 6, 1851, by Rev. N. Scott	76
Laura S., m. Calvin P. **DUSTIN**, b. of Hartland, Mar. 6, 1851, by Rev. N. Scott	78
Prudence, of Hartland, m. Richard **LEFFINGWELL**, of Chatham, Nov. 22, 1821, by Nathaniel Gaylord, V.D.M.	32
CHILD, William, of Woodstock, m. Sophia **SELBY**, of Hartland, Jan. 28, 1829, by Ammi Linsley, V.D.M.	43
CHURCH, Aaron, Rev. of Hartland, m. Lydia **MERRICK**, of Wilbraham, June 5, 1776	29
Aaron, [s. Rev. Aaron & Lydia], b. Nov. 23, 1780	29

Page

CHURCH, (cont.)

Aaron, Rev., d. Apr. 19, 1823, ae 77 y.	29
Elijah, of Colesville, N. Y. , m. Phebe **BLAKESLEE**, of Hartland, Nov. 4, 1827, by Asa Bushnell	41
Fanny, [d. Rev. Aaron & Lydia], b. Jan 23, 1784	29
John, [s., Rev. Aaron & Lydia], b. June 18, 1788	29
John, 2 nd, b. Oct. 14, 1796	47
John, s. Rev. Aaron & Lydia, m. Polly **TAGGART**, of Blanford, Mar. 3, 1819	29
John, of Granby, m. Nancy **BANNING**, of Hartland, Aug. 29, 1821, by Ammi Linsley	33
John, m. Chene **CLARK**, b. of Hartland, Dec. 23, 1834, by Ammi Linsley, V.D.M.	55
John E., [s. John, 2 nd & Nancy], b., May 15, 1829	47
John M., [s. John, 2 nd, and Nancy], b. Nov. 17, 1823; d. May 8, 1824	47
Lucy Jane, of Hartland, m. Samuel C. **BARBER**, of New Britain, Nov. 16, 1851, by Nelson Scott	79
Lydia, [d. Rev. Aaron & Lydia], b. June 22, 1778	29
Lydia,[d. Rev. Aaron & Lydia], m. Jesse **CASE**, of Canton, Jan. 11, 1816	29
Mary, [d. John & Polly], b. Oct. 8, 1826	35
Moses, [s. John & Polly], b. Jan. 14, 1823	35
Nancy, w. John, b. Aug. 17, 1804	47
Olive, housekeeper, d. June 27, 1848, ae 67 y	144
Orilla Taggart, [d. John & Polly], b. July 6, 1831	35
Samuel, of Canton, m. Mrs. Olive **MEACHAM**, of Hartland, Apr. 30, 1843, by Rev. Aaron Gates	67
Zeruiah M., [d. John, 2 nd & Nancy], b. July 6, 1827	47

CHURCHILL, Silas, Jr., of New Leabanon, N.Y., m. Cornelia S.N. **LYNDE**, of Hartford, Oct. 27, 1836, by Nathaniel Gaylord, V.D.M. — 58

CLAPP, CLAP, J. B., of So. Windsor, m. Fanny S. **SKINNER**, of Hartland, Apr. 30, 1850, by Rev. N. Scott — 77

Joel T., of South Hampton, Mass., m. Diantha M. **COE**, of Hartland, May 13, 1846, by Rev. Aaron Gates — 71

CLARK, Almira, of Hartland, m. James R. **HAYES**, of Granby, Oct. 27, 1846, by Rev. Nelson Scott — 71

Aurilla, m. Jeremiah W. **EMMONS**, May 4, 1831, by Ammi Linsley, V.D.M.	46
Betsey, m. Acors W. **LAWTON**, May 11, 1825, by Ammi Linsley, V.D.M.	39
Charles, m. Miriam **GIDDINGS**, Nov. 24, 1804	25
Chene, m. John **CHURCH**, b. of Hartland, Dec. 23, 1834, by Ammi Linsley, V.D.M.	55
Cornwall, m. Abigail **BATES**, b. of Hartland, Nov. 4, 1830, by Adolphus Ferry, V.D.M.	45
Francis, m. Rhoda **COE**, b. of Hartland, Dec. 1, 1824, by Ammi Linsley	38
Hannah Marilla, d. Charles & Miriam, b. Sept. 17, 1809	25
Huldah, of Hartland, m. Thomas M. **WILLIAMSON**, Aug. 30, 1829, by Ammi Linsley, V.D.M.	43
Jabez Amherst, s. Charles, & Miriam, b. Sept. 29, 1808	25
Julia, of Hartland, m. Thomas **GILLETTE**, of Granby, Aug. 21, 1844, by Rev. James C. Haughton	68
Lora, of Hartland, m. Calarissa A. **RUICK**, of Granby, May 2, 1848, by Rev. Nelson Scott	74
Lucy A., m. Aaron C. **BANNING**, b. of Hartland, Sept. 13, 1849, by Rev. Nelson Scott	76

	Page
CLARK, (cont.)	
Mercy Maria, d. Charles & Meriam, b. Nov. 27, 1806	25
Nelson, of Springfield, Mass. m. Louisa **POMEROY**, of Northampton, Mass., Apr. 10, 1836, by William Selby, Jr., J.P.	57
Sally, of Montgomery, Mass., m. John H. **WILLIAMS**, of Hartland, Nov. 28, 1829, by Jared Newell, J.P.	45
Sarah A., ae 20, m. Henry **FOSTER**, ae 27, b. of Blandford, Mass., Nov. 13, 1851, by Rev. Charles G. Goddard	79
Wilson, s. Elijah & Hannah, b. May 31, 1788	17
CLEMMONS, CLEMONS, Abigail, d. Theodore & Rhoda, b. Mar. 2, 1800	22
Abigail, of Hartland, m. Willys **GRISWOLD**, of Colebrook, Feb. 9, 1826, by Adolphus Ferry, V.D.M.	39
Densa, d. Theodore & Rhoda, b. July 13, 1801	22
Sophia, d. Theodore & Rhoda, b. Mar. 18, 1803	22
COE, Abigail, m. Orlando **BUSHNELL**, b. of Hartland, Apr. 19, 1829, by Asa Bushnell, Jr.	43
Abigail, m. David **MERWIN**, b. of Hartland, Oct. 1, 1840, by Rev. Aaron Gates	62
Anson, s. Phinehas & Rhoda, b. Dec. 10, 1784	4
Benjamin Hutchins, s. Elijah & Marggeret, b. Oct. 8, 1799	22
Betsey, d. Miles & Lucy, b. Nov. 25, 1812 (Recorded 1900)	25
Betsy, m. Milo B. **MILLER**, b. of Hartland, Sept. 9, 1840, by Rev. Aaron Gates	62
Diantha M., of Hartland, m. Joel T. **CLAP**, of South Hampton, Mass., May 13, 1846, by Rev. Aaron Gates	71
Elijah, m. Margaret **HUTCHENS**, May 20, 1779	15
Elijah, s, Phinehas & Rhoda, b. Sept. 20, 1787	4
Elijah, s. Phinehas & Rhoda, d. Sept. 1, 1790	4
Elijah, s. Elijah & Marget, b. July 1, 1795	19
Elijah, 3rd, s. Miles & Lucy, b. Aug. 24, 1804	25
Elijah, m. Roxiana R. **SCRANTON**, b. of Hartland, July 5, 1826, by Adolphus Ferry, V.D.M.	39
Elijah Benning, s. Phin[e]as & Rhoda, b. Oct. 1, 1793	4
Elijah Banning, s., Phinehas & Rhoda, d. Dec. 23, 1803	4
-----, d. Miles & Lucy, b. June 26, 1808	25
Fanny, m. Anson **BURHAM**, Jan. 14, 1830, by Ammi Linsley, V.D.M.	44
Frederick M.,of Granville, Mass., m. Elizabeth **WADSWORTH**, of East Hartford, Aug. 28, 1827, by Adolphus Ferry, V.D.M.	40
Hannah L., of Hartland, m. George D. **OGDEN**, of Northampton, Mass., Sept. 24, 1845, by Rev. Aaron Gates	70
James B., s. Phineas, ae 31, Nov. 7, & Elvira, ae 23, June 30, b. Aug. 3, 1848	143
Laury, d. Elijah & Margaret, b. Feb. 5, 1791	15
Louisa, d. Miles & Lucy, b. Nov. 12, 1810	25
Louisa, of Hartland, m. Ruel **STEVENS**, of Durham, Dec. 30, 1830, by Ammi Linsley, V.D.M.	46
Mary, d. Elijah & Margaret, b. May 25, 1780	15
Mary E., of Hartland, m. George **RANSOM**, of Barkhamsted, Apr. 17, 1839, by Rev. Luke Wood	60
Miles, m. Lucy **BORDEN**, Feb. 21, 1802	25
Miles Cox, s. Phinehas, & Rhoda, b. Jan. 5, 1783	4
Minerva, of East Hartland, m. W[illia]m **MOSS**, of Cheshire, Nov. 5, 1834, at the house of Miles Coe, by Rev. Asa Cornwall, of Wolcott, res. of Cheshire	55
Phinehas, Jr., s. Miles & Lucy, b. June 23, 1802	25

	Page
COE, (cont.)	
Phinehas, m. Elvira **BANNING**, b. of Hartland, Nov. 18, 1846, by Rev. Nelson Scott	72
Rhoda, d. Phin[e]as & Rhoda, b. Mar. 12, 1781	4
Rhoda, d. Phinehas & Rhoda, d. Aug. 28, 1785	4
Rhoda, d. Miles & Lucy, b. June 24, 1806	25
Rhoda, m. Francis **CLARK**, b. of Hartland, Dec. 1, 1824, by Ammi Linsley	38
Rhoda Polly, d. Phinehas & Rhoda, b. Oct. 13, 1789	4
Sally, d. Phinehas & Rhoda, b. Sept. 14, 1796	4
Sally, of Tolland, Mass., m. Guy **HOTCHKISS**, of Granville, Mass., May 7, 1830, by Adolphus Ferry, V.D.M.	45
Sarah, d. Elijah & Margaret, b. May 15, 1782	15
Sarah, d. Elijah & Margaret, d. July 19, 1782	15
Sarah, 2nd, d. Elijah & Margaret, b. Mar. 26, 1784; d. Jan. 2, 1790	15
COLLINS, Julia E., of Hartland, m. William L. **PALMER**, of New York, Nov. 24, 1834, by Rev. John A. Hempsted	55
Lucy, of Hartland, m. Ephraim **CORNWALL**, of Granville, June 28, 1835, by Rev. Richard Slayter	56
COLTON, Justin, of Colebrook, m. Arathusa **FITCH**, of Hartland, Oct. 19, 1825, by Adolphus Ferry, V.D.M.	39
CONCKLIN, Hiram K., of Barkhamsted, m. Sarah E. **DOOLITTLE**, of Hartland, Apr. 3, 1837, by Rev. S. W. Edson	58
COOK, Susan L., m. William **PIERCE**, b. of Hartland, Aug. 30, 1839, by Rev. Luke Wood	61
CORNISH, Emerson S., m. Caroline **JONES**, b. of Barkhamsted, Feb. 28, 1843, by Rev. Aaron Gates	67
George D., of Barkhamsted, m. Eliza Ann **FULLER**, of Hartland, Aug. 31, 1836, by Rev. Aaron Gates	58
Jane, of Barkhamsted, m. Rev. Anson **McLOUD**, of Topsfield, Mass., May 5, 1842, by Rev. Aaron Gates	66
CORNWELL, Ephraim, of Granville, m. Lucy **COLLINS**, of Hartland, June 28, 1835, by Rev. Richard Slayter	56
COTTON, Samuel, m. Ellis **SPELMAN**, b. of Granville, Feb. 7, 1841, by Asa Bushnell, L.M.P.	63
COUCH, Samuel, of Barkhamsted, m. Abigail **BOSWORTH**, of Hartland, Dec. 9, 1824, by Adolphus Ferry, V.D.M.	38
Stiles, m. Emmogene A. **TUTTLE**, b. of Hartland, Sept. 1, 1850, by Rev. N. Scott	77
COWDREY, COWDERY, COWDRY, Almy, d. Moses, Jr., b. Aug. 12, 1805	24
Alma, of Hartland, m. Rev. Jarvis **BUTTLES**, of Orwell, Penn., Oct. 21, 1828, by Ammi Linsley, V.D.M.	43
Almond, s. Ambrose & Mary, b. June 25, 1787	26
Ambrose, Jr., s. Ambrose & Mary, b. Dec. 15, 1784	26
Bariah, s. Ambrouse & Lucretia, b. Feb. 16, 1802	26
Cordelia, d. Ambrous & Lucretia, b. Jan 29, 1814	26
Cordelia, of Hartland, m. Samuel **ROGERS**, of New Hartford, Aug. 25, 1839, by Rev. Aaron Gates	63
Desdamany, d. Ambrouse & Mary, b. Apr. 30, 1798	26
Edith, d. Ambrouse & Lucretia, b. Jan. 18, 1801	26

	Page
COWDREY, COWDERY, COWDRY, (cont.)	
Edith, d. Ambrouse & Lucretia, b. Feb. 18, 1809	26
Edeth, m. Josiah C. **BANNING**, July 21, 1833, by Ammi Linsley, V.D.M.	53
Edmond, s. Ambrouse & Lucretia, b. July 23, 1803	26
Elisa, of Hartland, m. John **JONES**, of Granby, May 8, 1842, by Asa Bushnell, L.M.P.	66
John F., m. Almerine **BEMON**, Aug. 30, 1831, by Ammi Linsley, V.D.M.	52
John Flavel, s. Ambrouse, & Lucretia, b. Mar. 5, 1807	26
Julina, m. Milo **HART**, May 12, 1840, by Asa Bushnell, L.M.P.	61
Licester, s. Moses, Jr. & Zeruiah, b. Nov. 23, 1798	21
Lester, m. Emeline **EMMONS**, June 4, 1839, by Rev. Aaron Gates	62
Lucretia, d. Ambrous & Lucretia, b. Mar. 26, 1815	26
Lucretia, m. Elijah B. **HOLCOMB**, Sept. 2, 1835, by Ammi Linsley, V.D.M.	57
Lucy, twin with Lydia, d. Moses, Jr. & Zeruiah, b. Nov. 25, 1800	21
Lydia, twin with Lucy, d. Moses, Jr. & Zeruiah, b. Nov. 25, 1800	21
Lydia, of Hartland, m. Rev. Lemuel **FOSTER**, May 3, 1831, by Ammi Linsley, V.D.M.	46
Lyman, s. Ambrose & Mary, b. June 5, 1789	26
Lyman W., s. Ambrous & Lucretia, b. Nov. 25, 1816	26
Lynus, s. Ambrose & Mary, b. Sept. 9, 1792	26
Martha B., m. Benjamin H. **BANNING**, Oct. 22, 1829, by Ammi Linsley, V.D.M.	44
Martha Bushnell, d. Ambrouse & Lucretia, b. Apr. 16, 1811	26
Milissa, of Hartland, m. Lucius L. **LOOMIS**, of Barkhamsted, Nov. 27, 1844, by Rev. James C. Haughton	69
Moses, Jr., m. Zeruiah **PHELPS**, Nov. 16, 1797	141
Phelps, s. Moses, Jr. b. Dec. 24, 1803	24
Philo, s. Ambrouse, & Lucretia, b. Sept. 6, 1804	26
Polly, d. Ambrouse, & Mary, b. Feb. 25, 1796	26
Sally(?), d. Ambrouse, & Mary, b. Dec. 15, 1794	26
Vesty, d., Ambrouse, & Mary, b. May 5, 1800	26
William Wright, s. Ambrouse & Lucretia, b. Mar. 23, 1806	26
COWLES, Anstria, of Hartland, m. Jacob **LINSLEY**, of Southbury, Aug. 24, 1820, by Ammi Linsley	29
Paulina, of Hartland, m. Edwin S. **PENNIMAN**, of Woodstock, Oct. 1, 1834, by Ammi Linsley, V.D.M.	55
CRAMPTON, Elizabeth, of Litchfield, m. William **SELBY**, of Hartland, Feb. 14, 1838, by Rev. Aaron Gates	62
CROSBY, CROSBEY, Candice, Mrs., m. Stephen **GOODYEAR**, Jan. 11, 1836, by S.W. Edson	57
Ebenezer, s. Samuel & Lydia, b. Oct. 17, 1791	13
Ezrey, s. Obed & Jerusha, b. Oct. 13, 17[ ]	1
Jerusha, d. Obed & Jerusha, b. July 14, 1790	1
CROSS, Mary H., of Blanford, m. George H. **NYE**, of Tolland, Mass., Aug. 24, 1831, by Jared Newell, J.P.	46
CURTISS, Julia Emeline, of Hudson, N.Y., m. Ward **CASE**, of Barkhamsted, July 9, 1835, by Rev. John A. Hempsted	56
DANIELS, Corin, m. Sophia **JONES**, b. of Hartland, Dec. 27, 1824, by Ammi Linsley, V.D.M.	38
DAVIS, Thomas C., of Bristol, m. Amelia **OSBORN**, of Hartland, June 26, 1836, by Asa Bushnell, L.M.P.	58
DEMING, Jared, of Colebrook, m. Matilda Doolittle, of Hartland, Dec. 30, 1828 by Adolphus Ferry, V.D.M.	43

HARTLAND VITAL RECORDS 11

Page

DEMING, (cont.)
Orpha, m. Isaac **BUSHNEL**, June 3, 1807   27
DOOLITTLE, Amanda, of Hartland, m. Gerry **UPSON**, of Barkhamsted, Jan. 16,
    1831, by Rev. Stephen Beach, of Salisbury   45
Ambrose E., of Cheshire, m. Betsey Ann **BENHAM**, of Hartland, May 19,
    1824, by Nathaniel Gaylord, V.D.M.   37
Benjamin Doud, of Cheshire, m. Eunice **WILLIAMS**, of Hartland, Nov.
    29, 1838, by Rev. Isaac Jones, of Hitchcocksville   60
Ezra A., of Hartland, m. Clarissa E. **TIFFANY**, of Barkhamsted, Mar.
    26, 1837, by Rev. S. W. Edson   58
Frances A., of Hartland, m. Andrew H. **HITCHCOCK**, of Cheshire, Apr.
    14, 1847, by Rev. Luther H. Barber, of Hitchcockville   73
Lucretia, m. Thomas D. **BOSWORTH**, b. of Hartland, May 30, 1821,
    by Nathaniel Gaylord, V.D.M.   32
Mary Ette, of Hartland, m. Samuel S. **CHAMBERLIN**, of Colebrook,
    Oct. 11, 1835, by Rev. William Case   57
Matilda, of Hartland, m. Jared **DEMING**, of Colebrook, Dec. 30, 1828,
    by Adolphus Ferry, V.D.M.   43
Sarah E., of Hartland, m. Hiram K. **CONCKLIN**, of Barkhamsted,
    Apr. 3, 1837, by Rev. S. W. Edson   58
DUNHAM, William, m. Sophronia **SMITH**, b. of Hartland, Nov. 1, 1840,
    by William Selby, J.P.   62
DUSTIN, Austin, m. Laura S. **CHAPMAN**, b. of Hartland, Mar. 6, 1851,
    by Rev. N. Scott   76
Calvin P., m. Laura S. **CHAPMAN**, b. of Hartland, Mar. 6, 1851, by
    Rev. N. Scott   78
EDGERTON, Emeline C., m. Samuel H. **GRANGER**, May 4, 1828, by
    Asa Bushnell   42
EELLS, Mercy, m. Daniel **WADSWORTH**, Apr. 19, 1789   24
EGGLESTON, Marens, of Torrington, m. Rhoda **BUSHNELL**, of Hartland,
    Dec. 8, 1890, by Adolphus Ferry, V.D.M.   45
ELKEY, ELKY, Austin, m. Silpha A. **REED**, of Springfield, Mass. (colored),
    Dec. 31, 1849, by Rev. N. Scott   77
Catharine A., d. Tryon & Delia, b. Apr. 23, 1848 (colored)   146
Clara, of Granville, Mass., m. John S. **THORNE**, of Litchfield, Jan. 10,
    1848, by Rev. Nelson Scott   74
Clarrissa, m. John **THORN** (colored), Jan 10, 1848, by Rev. Nelson Scott   147
Harvey, m. Fanny **FREEMAN**, July 9, 1820, by Nathaniel Gaylord, V.D.M.   29
ELSWORTH, Joseph, s. Anne **HUTCHENS**, b. Feb. 21, 1803   24
EMMONS, Altimona, m. Warren **EMMONS**, Jr., b. of Hartland, May 3, 1848,
    by Rev. Nelson Scott   75
Antimony, housekeeper, ae 19, m. Warren **EMMONS**, Jr., farmer, ae 24,
    May 3, 1848, by Rev. Nelson Scott   144
Clarissa, d. Jeremiah & Lydia, b. Apr. 3, 1780   9
Emeline, m. Lester **COWDREY**, June 4, 1839, by Rev. Aaron Gates   62
George W., of Hartland, m. Carrie L. **SLOCOM**, of Tolland, Mass.,
    Oct. 23, 1867, at Tolland, Mass., by Rev. George Ford   81
Henry, s. Jeremiah & Lydia, b. June 13, 1772   9
Horace, s. Jeremiah & Lydia, b. Jan 7, 1788   9
Jeremiah, s. Jeremiah & Lydia, b. Feb. 27, 1782   9
Jeremiah, Dr., d. Mar. 8, 1790   9
Jeremiah W., m. Aurilla **CLARK**, May 4, 1831, by Ammi Linsley, V.D.M.   46
Joseph, s. Jeremiah & Lydia, b. Jan 28, 1784   9

	Page
EMMONS, (cont.)	
Lois, d. Jeremiah & Lydia, b. Aug. 8, 1790	9
Louisa, of Hartland, m. Ranselaer **BUTTLES**, of Granville, Mass., May 20, 1840, by Rev. Aaron Gates	61
Lydia, d. Jeremiah & Lydia, b. Mar. 27, 1774	9
Lydea, of Hartland, m. Jared **CASE**, of Canton, Nov. 22, 1848, by Rev. N. Scott	75
Mary Williams, d. Jeremiah & Lydia, b. Mar. 11, 1776	9
Pluma, of Hartland, m. Newell **MATSON**, of Simsbury, July 10, 1837, by Rev. Aaron Gates	62
Statira, d. Jeremiah & Lydia, b. May 21, 1778	9
Warren, s. Jeremiah & Lydia, b. Jan 21, 1786	9
Warren, Jr., m. Altimona **EMMONS**, b. of Hartland, May 3, 1848, by Rev. Nelson Scott	75
Warren Jr., farmer, ae 24, m. Antimony **EMMONS**, housekeeper, ae 19, May 3, 1848, by Rev. Nelson Scott	144
ENSIGN, Abigail G., [d. Joel & Eunice], b. Oct. 24, 1813	30
Almira, d. Austin & Laura, b. Sept. 3, 1818	49
Almira, of Hartland, m. Silas N. **BRONSON**, of Hitchcocksville, Aug. 18, 1841, by Rev. Luke Wood	64
Austin, s. Diote* & Rhoday, b. Nov. 17, 1791 *("Diodate"? written above)	10
Charles Wellesley, s. Austin & Laura M., b. Mar. 31, 1814	49
Daniel, m. Elisabeth **HATCH**, June 19, 1781	14
Daniel, s. Daniel & Elisabeth, b. Nov. 9, 1787	14
Eber, s. Daniel & Elisabeth, b. Oct. 17, 1782	14
Eleazer, m. Harriet **BOSWORTH**, b. of Hartland, May 7, 1823, by Nathaniel Gaylord, V.D.M.	35
Eunice C., [d. Joel & Eunice], b. Sept. 23, 1811	30
Huldah, [d. Joel & Eunice], b. Dec. 21, 1809	30
Joel W., [s. Joel & Eunice], b. Mar. 6, 1816	30
Lester W., s. Joel & Eunice, b. Apr. 3, 1818	30
Lovine, d. Daniel & Elisabeth, b. Apr. 13, 1785	14
Newton, [s. Joel & Eunice], b. Feb. 29, 1808	30
Ralph, s. Daniel & Elisabeth, b. Nov. 22, 1791	14
Sally M., [d. Joel & Eunice], b. Dec. 19, 1806	30
Timothy, s. Daniel & Elisabeth, b. Feb. 16, 1790	14
Timothy, s. Diodate J. & Rhoda, b. Sept. 19, 1795	17
[FAIRCHILD], FARCHILD, Phebe, b. Feb. 16, 1776; m. Thomas **BURHAM**, June 15, 1794	51
FERRY, Adolphus, m. Orpah **BENHAM**, b. of Hartland, Aug. 30, 1825, by Nathaniel Gaylord, V.D.M.	39
Mary Ann Elisabeth, [d. Adolphus & Orpha], b. Jan. 20, 1828	49
FITCH, Arathusa, of Hartland, m. Justin **COLTON**, of Colebrook, Oct. 19, 1825, by Adolphus Ferry, V.D.M.	39
FOOT, Roxana, of Hartland, m. Joshua **GARRITT**, of Litchfield, May 16, 1823, by Ammi Linsley	35
FOSTER, Electa, of Barkhamsted, m. Ebenezer **STRONG**, of Bolton, Sept. 26, 1827, by Ammi Linsley, V.D.M.	41
Hannah, of Barkhamsted, m. Elisha **MILLS**, of Windsor, Dec. 4, 1822, by Ammi Linsley	34
Henry, ae 27, m. Sarah A. **CLARK**, ae 20, b. of Blandford, Mass., Nov. 13, 1851, by Rev. Charles G. Goddard	79
Lemuel, Rev., m. Lydia **COWDERY**, of Hartland, May 3, 1831, by Ammi Linsley, V.D.M.	46

Page

FOSTER,(cont.)
Lucy, of Barkhamsted, m. Ichabod **WARNER**, of Bolton, Oct. 7, 1829, by
    Ammi Linsley, V.D.M.   44
FOX, Amy, d. Ephraim & Eunace, b. May 14, 1784   12
  Anna, m. Thorret **GRIFFIN**, Jan. 25, 1825, by Asa Bushnell, L.M.P.   38
  John, s. Ephraim & Eunice, b. Mar. 18, 1781   12
  Sarah, d. Ephraim & Eunice, b. Jan. 10, 1792   12
  Thomas, Jr., m. Harriet **RATHBORN**, July 6, 1828, by Asa Bushnell, L.M...   42
FRAZIER, Maria, m. Luther **BURNHAM**, July 9, 1828, by Ammi Linsley, V.D.M.   42
FREEMAN, Fanny, m. Harvey **ELKEY**, July 9, 1820, by Nathaniel Gaylord, V.D.M.   29
FRENCH, Harriet, m. Samuel **BANNING**, Sept. 14, 1828, by Adolphus Ferry, V.D.M.   42
  Julia, of Hartland, m. John **WIAND**, of Bristol, Oct. 31, 1820, by
    Nathaniel Gaylord, V.D.M.   29
  Rachel E., m. Henry **WRIGHT**, b. of Hartland, Apr. 18, 1841, by Rev. Luke
    Wood   64
  Watson E., m. Susan **WILDER**, Jan. 1, 1850, by Rev. Asa Bushnell   76
FRISBIE, FRISBEE, Isaac E., of Hartford, m. Sarah **McLOUD**, of
  Hartland, Nov. 25, 1841, by Rev. Aaron Gates   65
  Sterling, of Colebrook, m. Dorothy C. **PITKIN**, of Hartland, Nov. 22, 1827,
    by Ammi Linsley, V.D.M.   41
FROST, Charles, of Farmington, m. Welthy A. **SMITH**, of Hartland, Sept. 13,
  1824, by Ammi Linsley   37
FULLER, Davis, s. Samuel & Mary, b. Oct. 31, 1781, in East Haddam   23
  Eliza Ann, of Hartland, m. George D. **CORNISH**, of Barkhamsted, Aug. 31,
    1836, by Rev. Aaron Gates   58
  Esther, d. Samuel & Mary, b. Aug. 12, 1785   23
  Hannah, d. Samuel & Mary, b. Sept. 16, 1783   23
  Henry, s. Samuel & Mary, b. Jan 5, 1780, in east Haddam   23
  Homer L., m. Delivette **BLAKESLEE**, Aug. 19, 1838, by Rev. A. Bushnell   60
  Mary, m. Asa **HAINS,** Nov. 27, 1788   22
  Mary, d. Samuel & Mary, b. Sept. 14, 1792   23
  Obadiah, s. Samuel & Mary, b. July 4, 1790   23
  Obadiah, s. Samuel & Mary, d. Aug. 1, 1791   23
  Samuel D., s. Samuel & Mary, b. Nov. 30, 1778, in East Haddam   23
  Samuel R., m. Sally **CASE**, Sept. 20, 1829, by Ammi Linsley, V.D.M.   44
  Thomas, s. Samuel & Mary, b. Oct. 31, 1787   23
  Thomas, Dea., d. June 28, 1797, ae 71 y. wanting 7 d.   20
GAIGNARD, Abigail, d. Peter, Jr. & Rachel, b. July 29, 1791   7
  Abner, s. Peter, Jr. & Rachel, b. Jan. 25, 1794   7
  Alson, s. Peter, Jr. & Rachel, b. Oct. 24, 1792   7
  Rachel, d. Peter, Jr. & Rachel, b. July 3, 1795   7
GARRITT, Joshua, of Litchfield, m. Roxana **FOOT**, of Hartland, May 16, 1823,
  by Ammi Linsley   35
GATES, Aaron, m. Elizabeth **JOHNSON**, May 9, 1776   18
  Aaron, s. Aaron & Elizabeth, b. Aug. 12, 1780   18
  Aaron, Rev., records the number of inhabitants in West Hartland in 1844 as 519   31
  Amanda, of Hartland, m. Milner **CASE**, of Avon, June 3, 1846, by Rev.
    Aaron Gates   71
  Clarissa E., m. Lyman **LATHAM**, Mar. 26, 1845, by Aaron Gates   69
  David Washington, s. Theophilus L. & Dolly, b. Feb. 22, 1797   14
  Dorothy Roxy, d. Theophilus L. & Dolly, b. Aug. 22, 1793   14
  Elizabeth, d. Aaron & Elizabeth, b. June 29, 1784   18

	Page
GATES(cont.),	
Elizabeth, d. Theophilus L. & Dolly, b. Sept. 4, 1795	14
Hannah, d. Theophilus L. & Dolly, b. Jan. 23, 1785	14
Harriett A., of Hartland, m. Samuel M. **TWING**, of Tolland, Mass., Oct. 16, 1850, by Rev. N. Scott	77
Henry, s. Aaron & Elizabeth, b. May 10, 1777	18
Henry I., m. Fidelia H. **GIDDINGS**, b. of Hartland, Nov. 2, 1842, by Rev. Aaron Gates	67
Lena A., m. Miron E. **MILLER**, b. of Hartland, Oct. 26, 1842, by Rev. Aaron Gates	67
Lydia, d. Theophilus L. & Dolly, b. Apr. 2, 1782	14
Mary, d. Aaron & Elizabeth, b. June 1, 1786	18
Moses E., m. Philena **BANNING**, b. of Hartland, Sept. 1, 1847, by Rev. Nelson Scott	78
Orson C., farmer, had child b. July 18, 1848	146
Samuel, s. Aaron & Elisabeth, b. June 7, 1793	25
Sarah, d. Theophilus L. & Dolly, b. July 8, 1789	14
Theophilus L., m. Dolly **RANSOM**, Feb. 22, 1781	14
Theophilus Ransom, s. Theophilus L. & Dolly, b. Jan. 12, 1787	14
GAYLORD, Ebenezer, of Amherst, Mass., m. Harriet Jane **PHELPS**, of Hartland, Nov. 26, 1851, by Rev. Nelson Scott	79
Flavel S., [s. Nathaniel & Persis], b. Aug. 22, 1795	13
Laura, [d. Nathaniel & Persis], b. Dec. 22, 1788	13
Nathaniel, [s. Nathaniel & Persis], b. Aug. 8, 1791	13
Nathaniel W., s. Nathaniell & Anna, b. July 9., 1819	49
Nathaniel W., m. Emily F. **HAYDEN**, b. of Hartland, Nov. 18, 1841, by Rev. S. W. Smith	65
Octavia P., m. Timothy E. **WILLIAMS**, b. of Hartland, Nov. 27, 1845, by Rev. Aaron Gates	70
Persis Octavia, d. Nathaniel, Jr. & Anna, b. Aug. 4, 1824	49
Sophia, [d. Nathaniel & Persis], b. May 12, 1800	13
GIBBONS, Cynthia, m. Amasa **REED**, b. of Hartland, Dec. 25, 1823, by Ammi Linsley	35
GIDDINGS, Affiah, b. Apr. 7, 1798; m. Josiah C. **BANNING**, b. of Hartland, May 30, 1820	17
Almenia D., of Hartland, m. Rev. Moses **BOLTON**, of Portsmouth, N. H., June 8, 1837, by Rev. R. O. Williams	59
Almira D., of Hartland, m. Moses **BALLOU** (Rev.), of Portsmouth, N. H., June 8, 1837, by Rev. R. O. Williams	141
Elisabeth, d. David & Lois, b. Apr. 27, 1787	7
Fidelia H., m. Henry I. **GATES**, b. of Hartland, Nov. 2, 1842, by Rev. Aaron Gates	67
Jabiash, s. Aaron & Elizabeth, b. June 29, 1789	18
Lois, w. David, d. Mar. 20, 1788, in the 32nd y. of her age	141
Lyman, s. David, b. Jan. 17, 1785	7
GIDDINGS	
Mary, of Hartland, m. Daniel **PRINDLE**, of Simsbury, Jan. 11, 1832, by Adolphus Ferry, V.D.M.	47
Milo J., m. Eugenia P. **MILLER**, of Hartland, July 4, 1849, by Rev. A. B. Pulling	76
Miriam, d. Jabesh & Mercy, b. Sept. 4, 1786	19
Miriam, m. Charles **CLARK**, Nov. 24, 1804	25
Nancy, d. David & Margery, b. Oct. 24, 1792	7

	Page
GILBERT, [ ]rge, s. Joseph & Rachael, b. Oct. 5, 1788	4
GILDERSLEAVE, Polley, d. Obediah & Patiance, b. Apr. 5, 1789	8
GILLET, GILLETTE, Banoni, of Granby, m. Mrs. Polly **SEWARD**, Sept. 26, 1833, by Asa Bushnell	53
Bethuel, of Windsor, m. Elizabeth **PITKIN**, of Hartland, Apr. 9, 1828, by Ammi Linsley, V.D.M.	42
Edward, of Hartford, m. Ann T. **SELBY**, of Hartland, Oct. 20, 1847, by Rev. Nelson Scott	74
Seymour, m. Polly **BAKER**, Nov. 15, 1829, by Asa Bushnell	44
Susan Olive, m. James T. **SEARLS**, Sept. 6, 1837, by Asa Bushnell, L.M.P.	59
Thomas, of Granby, m. Julia **CLARK**, of Hartland, Aug. 21, 1844, by Rev. James C. Haughton	68
GILMAN, Adeline L., Hartland, m. Lafayette **WRIGHT**, of Salisbury, Apr. 1, 1849, by Rev. Hiram Day	75
Emily, of Hartland, m. John **MANCHESTER**, of New Hartford, Mar. 4, 1846, by Rev. Aaron Gates	71
Hannah, of Hartland, m. Charles **SELDEN**, of Winchester, Oct. 22, 1845, by Rev. Aaron Gates	70
Phebe, of West Hartland, m. Phineas L. **BUELL**, of Granville, Mass., Sept. 10 [1851 (?)], by Rev. C. G. Goddard	78
Samuel B., Harriett Theresa **NEWTON**, b. of Hartland, Oct. 11, 1848, by Aaron Gates	75
Sarah Ann, of Hartland, m. Orson **JOPP**, of Winchester, Dec. 17, 1846, by Rev. Aaron Gates	72
GLEASON, Walter, of Manchester, m. Polly F. **RATHBUN**, of Hartland, Nov. 16, 1831, by Ammi Linsley, V.D.M.	47
GODDARD, Francis W., m. Philena **MESSENGER**, b. of Granby, July 11, 1847, by Nelson Scott	73
Sophronia, m. Lemuel **CASE**, Oct. 5, 1829, by Asa Bushnell	44
Washington, farmer, had child b. Nov. 18, 1847	146
Washington, d. Aug. 30, 1848	146
GOODRICH, Olive, m. James **WALKER**, b. of Barkhamsted, Aug. 23, 1841, by S. W. Smith, Elder	65
Susan, m. Thomas **WARBURTON**, b. of Hartland, Sept. 23, 1841, by S. W. Smith	65
GOODSELL, GOODSILL, Charlotte A., m. Seth M. **MILLER**, b. of Hartland, Oct. 17, 1838, by Rev. Davis Stocking	60
Eliza Ann C., m. Arabzymon **RUST**, of Barkhamsted, Nov. 24, 1831, by Ammi Linsley, V.D.M.	47
Ira, s. Samuel & Abigail, b. Jan 8, 1783	17
William S., s. Samuel & Abigail, b. Nov. 22, 1794	25
GOODWIN, David, s. Seth &Deborah, b. Nov. 9, 1785	13
Harvey, d. Seth & Deborah, b. May 17, 1791	13
Nathaniel Allyn, s. Seth & Deborah, b. Mar. 18, 1788	13
GOODYEAR, Betsa, d. Stephen & Fena, b. Oct. 4, 1788	5
Loly, d. Stephen & Fina, b. Oct. 31, 1786	5
Stephen, m. Mrs. Candice **CROSBY**, Jan. 11, 1836, by S. W. Edson	57
GORHAM, Pamela, of Granville, Mass., m. Michael **LANDRUSS** of Hartford, May 17, 1841, by Rev. Aaron Gates	64

	Page
GORMAN, Triphena, m. Lester **KING**, Sept. 7, 1821, by Asa Bushnell, L.M.D.	32
GOSS, Amarit, s. Simeon, b. Apr.. 11, 1803	22
GRAHAM, Eliza, of Hartland, m. William **HYER**, of Granby, Jan. 1, 1828, by Ammi Linsley, V.D.M.	41
Lucia, m. Russel A. **SEARLES**, b. of Hartland, June 27, 1842, by Rev. Aaron Gates	66
GRANGER, Julia, of Hartland, m. Leveret **BISHOP**, of Winchester, Jan. 1, 1822, by Nathaniel Gaylord, V.D.M.	33
Lucy, m. Anson **WILLIAMS**, Jan. 19, 1806	25
Samuel H., m. Emeline C. **EDGERTON**, May 4, 1828, by Asa Bushnell	42
GRANT, Elihu, Jr., of Manheim, N.Y., m. Amorett A. **CASE**, of Hartland, July 21, 1847, by Rev. Nelson Scott	73
GREENHALGH, Thomas, m. Harriet, **WRIGHT**, May 31, 1844, by Rev. William H. Frisbee, of Hitchcocksville, at his house	68
GRIFFIN, Darwin, m. Hariet **PETERS**, May 18, 1828, by Asa Bushnell, L.M.P.	42
Eunice, m. Henry **HUBBARD**, Mar. 3, 1834, by Asa Bushnell	54
John, m. Mairetta **OSBORN**, b. of Hartland, Apr. 16, 1848, by Asa Bushnell, Jr.	74
Julia A., of Granby, m. James **REINONPP**, of Colebrook, Sept. 19, 1841, by Rev. Luke Wood	65
Thorret, m. Anna **FOX**, Jan. 25, 1825, by Asa Bushnell, L.M.P.	38
GRISWOLD, Hannah L., of Hartland, m. Manly **PETERS**, of Litchfield, May 22, 1827, by Nathaniell Gaylord, V.D.M.	40
Willys, of Colebrook, m. Abigail **CLEMONS**, of Hartland, Feb. 9, 1826, by Adolphus Ferry, V.D.M.	39
GROVES, Ruth, Mrs., m. Calvin **ROSE**, b. of Easst Granville, Mass., Nov. 26, 1835, by Rev. J. A. Hempsted	57
HAINS, Anna, d. Asa & Mary, b. May 6, 1789	22
Asa, m. Mary **FULLER**, Nov. 27, 1788	22
Asa, Jr., s. Asa & Mary, b. Mar. 29, 1791	22
David, s. Asa & Mary, b. June 18, 1803	22
Harriet, d. Asa & Mary, b. June 19, 1796	22
Sally, d. Asa & Mary, b. Nov. 11, 1805	23
Selden, s. Asa & Mary, b. Nov. 27, 1800	23
Sylva, d. Asa & Mary, b. Jan. 12, 1794	22
HALE, Solomon, of Longmeadow, Mass., m. Jane **NORTHAWAY**, of Westfield, Mass., July 4, 1842, by Rev. Aaron Gates	66
HALEY, Sarah, m. Ebenezer **HILLS**, b. of Hartland, Nov. 23, 1831, by A. Ferry, V.D.M.	47
HALL, Almeda L., m. John W. **WHITING**, Nov. 15, 1840, by Asa Bushnell, L.M.P.	63
William N., m. Emily S. **RICHMOND**, Dec. 22, 1839, by Asa Bushnell, L.M.P.	61
HAMILTON, Betsy P., m. Josiah D. **McALPIN**, Apr. 25, 1834, by Asa Bushnell	54
Harriet E., m. John **MERRILLS**, Jr., Jan. 18, 1835, by Asa Bushnell	56
Isadore P., mechanic, ae 35, s. Jonathan & Huldah, res. Tolland, Mass., m. Harriet **MILLER**, ae 18, d. Peter & Celestia, of Tolland, Mass., July 25, 1845, by Asa Bushnell, Int.Pub. July 14, 1845	69-70
Jacob C., of Palmer, Mass., m. Fanny **ROBINSON**, of Hartland, Mar. 20, 1827, by Adolphus Ferry, V.D.M.	40
HARREGAN, Mark, of Albany, m. Ann M. **CASE**, of Hartland, May 31, 1849, by Rev. Hiram Day	75
HARRIS, Reuben Holmes, s. Reuben & Betsy, b. Feb. 21, 1814	28
HART, Milo, m. Julina **COWDERY**, May 12, 1840, by Asa Bushnell, L.M.P.	61
William, of Barkhamsted, m. Elisa **SCOVIL**, of Granville, Mass., Oct. 26, 1840, by Rev. Luke Wood	63

	Page
HATCH, Elisabeth, m. Daniel **ENSIGN**, June 19, 1781	14
HAYDEN, Emily F., m. Nathaniel W. **GAYLORD**, b. of Hartland, Nov. 18, 1841, by Rev. S. W. Smith	65
Ransom, m. Hannah **MATTOCKS**, b. of Hartland, Jan. 29, 1824, by Nathaniel Gaylord, V.D.M.	37
Sarah, of Hartland, m. Orrin **OLMSTED**, of Barkhamsted, June 2, 1831, by Adolphus Ferry, V.D.M.	46
HAYES, James R., of Granby, m. Almira **CLARK**, of Hartland, Oct. 27, 1846, by Rev. Nelson Scott	71
Silas, s. Charles & Polly, b. Apr. 30, 1802	16
HEMPSTED, John A., Rev. m. Mary **CASE**, b. of Hartland, Nov. 27, 1834, by Nathaniel Gaylord, V.M.D.	55
HERICK, Lucinda, of Hartland, m. Albert S. **BENTON**, of Otis, Mass., Dec. 17, 1840, by Samuel W. Smith, M.E. Elder. Int. Pub.	63
HIGLEY, Alvin L., b. Aug. 5, 1811	28
Chester F., b. Aug. 17, 1809	28
Hariet, of Granby, m. Almon **HOLCOMB**, of Hartland, Oct. 29, [1821], by Ammi Linsley	33
Lucy, m. Samuel **WEED**, June 25, 1823, by Ammi Linsley	35
Maria, of Hartland, m. Solomon **STURDEVANT**, of Otis, Mass., Nov. 22, 1822, by Nathaniel Gaylord, V.D.M.	34
Mariah P., b. May 26, 1806	28
Sylvester A., b. Dec. 15, 1818	28
HILL, HILLS, Abiathar, of Colebrook, m. Mary A. **BEACH**, of Hartland, Nov. 23, 1842, by Rev. Lewis Gunn	67
Ebenezer, m. Sarah **HALEY**, b. of Hartland, Nov. 23, 1831, by A. Ferry, V.D.M.	47
HILLIARD, James W., s. James & Hannah, b. Feb. 9, 1797	25
HITCHCOCK, Amelia, m. Eli **TIFFANY**, Apr. 29, 1830, by Asa Bushnell, L.M.	45
Andrew H., of Cheshire, m. Frances A. **DOOLITTLE**, of Hartland, Apr. 14, 1847, by Rev. Luther H. Barber, of Hitchcocksville	73
HOADLEY, Benjamin Palmer, s. Ebenzer & Patience, b. Sept. 22, 1792	21
Ebenezer, s. Ebenezer & Patience, b. Apr. 7, 1790	8
Harit, d. Ebenezer & Patience, b. Apr. 6, 1795	21
Harvey, s. Ebenezer & Patience, b. Feb. 9, 1798	21
Martha, d. Ebenezer & Patience, b. Sept. 9, 1799	21
Timothy, s. Ebenezer & Patience, b. July 21, 1800	21
HOLCOMB, Almon, of Hartland, m. Hariet **HIGLEY**, of Granby, Oct. 29, [1821], by Ammi Linsley	33
Almon, m. Mabel **CADWELL**, b. of Hartland, Apr. 7, 1833, by Ammi Linsley, V.D.M.	52
Augustin, m. Mrs. Elvira M. **REMINGTON**, b. of Granville, Mass., Oct. 3, 1847, by Rev. Nelson Scott	73
Carlos, m. Adah L. **BUSHNELL**, May 8, 1838, by Rev. Asa Bushnell, Jr	60
Elijah B., m. Lucretia **COWDERY**, Sept. 2, 1835, by Ammi Linsley, V.D.M.	57
Starr, m. Phebe **WRIGHT**, b. of Hartland, Nov. 15, 1826, by Ammi Linsley	40
HOSMER, Aaron, s. Stephen & Eleoner, b. Feb. 7, 1788	27
Anna, d. Stephen & Eleoner, b. Aug. 16, 1785	27
Clarenda, d. Stephen & Eleoner, b. Aug. 22, 1801	27
Clarinda, of Hartland, m. John L **BUNNEL**, of Oxford, Nov. 29, [1821], by Ammi Linsley	33
Clarissa, d. Stephen & Eleoner, b. May 16, 1783	27

BARBOUR COLLECTION

HOSMER,(cont.)

	Page
Collins, s. Stephen & Eleoner, b. Dec. 28, 1793	27
James Collins, s. Collins & Lucy, b. June 24, 1816	27
Levena, d. Stephen & Eleoner, b. July 6, 1804	27
Moses, s. Stephen & Eleoner, b. May 22, 1790	27
Solomon, s. Stephen & Eleoner, b. June 30, 1799	27
Stephen, Jr., s. Stephen & Eleoner, b. Mar. 22, 1797	27

HOTCHKISS, Guy, of Granville, m. Sally **COE**, of Tolland, b. of Mass., May 7, 1830, by Adolphus Ferry, V.D.M. — 45

HUBBARD, Henry, m. Eunice **GRIFFIN**, Mar. 3, 1834, by Asa Bushnell — 54

HUMPHREY, HUMPHREYS, Darwin, m. Mariett **HUMPHREYS**, Oct. 12, 1834, by Ammi Linsley, V.D.M. — 55

Mariett, m. Darwin **HUMPHREYS**, Oct. 12, 1834, by Ammi Linsley, V.D.M. — 55

Marilla B., m. Ezekiel W. **WRIGHT**, b. of Hartland, May 26, 1824, by Ammi Linsley — 37

HUNGERFORD, Roger Stevens, s. Jeams & Sarah, b. May 3, 1791 — 7

HUTCHENS, Anne, had s. Joseph Elsworth, b. Feb. 21, 1803 — 24

Margaret, m. Elijah **COE**, May 20, 1779 — 15

HYDE, Marvin, s. Uriah & Mehitable, b. Jan. 31, 1791 — 9

Ursille, d. Uriah & Mehitable, b. June 10, 1786 — 9

HYER, William, of Granby, m. Eliza Graham, of Hartland, Jan. 1, 1828, by Ammi Linsley, V.D.M. — 41

IVES, Levi, of Barkhamsted, m. Roxy **PETERS**, of Hartland, Apr. 22, 1822, by Rev. Ebenezer Washburn — 39

JOHNSON, Elizabeth, m. Aaron **GATES**, May 9, 1776 — 18

Harriet, of Barkhamsted, m. Merwin **WOODWORTH**, of Hartford, Feb. 18, 1845, by Rev. William Henry Frisby, of Hitchcocksville — 69

Mary, d. Jesse & Mary, of Chatham, m. Eli **WILDER**, s. John & Hannah, of Hartland, Oct. 23, 1796 — 36

JONES, Caroline, m. Emerson S. **CORNISH**, b. of Barkhamsted, Feb. 28, 1843, by Rev. Aaron Gates — 67

Harriet, m. Levi P. **CASE**, of Barkhamsted, Nov. 27, 1823, by Ammi Linsley — 35

John, of Granby, m. Elisa **COWDERY**, of Hartland, May 8, 1842, by Asa Bushnell, L.M.P. — 66

Sophia, m. Corin **DANIELS**, b. of Hartland, Dec. 27, 1824, by Ammi Linsley, V.D.M. — 38

JOPP, Orson, of Winchester, m. Sarah Ann **GILMAN**, of Hartland, Dec. 17, 1846, by Rev. Aaron Gates — 72

KEENEY, Alanson, of Manchester, m. Lucy K. **STRONG**, May 4, 1831, by Ammi Linsley, V.D.M. — 46

KELLOGG, John L., m. Electa L. **KIBBEE**, of Granville, Mass., Feb. 6, 1834, by Ammi Linsley, V.D.M. — 53

Nancey, m. Joel **MINER**, Jr., Nov. 25, 1802 — 24

Russel, of Colchester, m. Mrs. Mary **RICHMOND**, of Guilford, now residing in Hartland, May 17, 1835, by Rev. John A. Hempsted — 56

KIBBEE, Electa L., of Granville, Mass., m. John L **KELLOGG**, Feb. 6, 1834, by Ammi Linsley, V.D.M. — 53

KING, Lester, m. Triphena **GORMAN**, Sept. 7, 1821, by Asa Bushnell, L.M.D. — 32

KNOX, Edward, of Blanford, m. Polly **TURNER**, of Granville, Mass., Mar. 10, 1821 by Jared Newell, J.P. — 32

LAMPSON, Lucy A., m. Theodore **BUSHNELL**, Feb. 23, 1832, by Asa Bushnell — 47

Martin, m. Sally **REED**, b. of Granby, Dec. 23, 1823, by Ammi Linsley — 35

LANDRUSS, Michael, of Hartford, m. Pamela **GORHAM**, of Granville, Mass., May 17, 1841, by Rev. Aaron Gates — 64

	Page
LANE, Aaron, m. Julia **SPENCER**, May 22, 1843, by Rev. Aaron Gates	68
Celia, m. Eli **ROBERTS**, b. of Hartland, Dec. 31, 1828, by Ammi Linsley, V.D.M.	43
LATHAM, Lyman, m. Claarissa. **GATES**, Mar. 26, 1845, by Aaron Gates	69
LAWTON, Acora W., m. Betsey **CLARK**, May 11, 1825, by Ammi Linsley, V.D.M.	39
Alfred R., of Verona, Oneida Cty., N.Y., m. Fanna **BLAKESLEE**, of	58
LEFFINGWELL, Richard, of Chatham, m. Prudence **CHAPMAN**, of Hartland, Nov. 22, 1821, by Nathaniel Gaylord, V.D.M.	32
LINSLEY, Abaigail, [d. Rev. Ammi & Abaigail], b. Aug. 29, 1819	79
Eunice Anah, [d. Rev. Ammi & Abaigail], b. Oct. 17, 1824	79
Jacob, of Southbury, m. Anstria **COWLES**, of Hartland, Aug. 24, 1820, by Ammi Linsley	29
James Minor, [s. Rev. Ammi & Abaigail], b. Nov. 20, 1816	79
Timothy, [s. Rev. Ammi & Abaigail], b. May 3, 1822	79
LOOMIS, Emely C., ae 20, Dec. 1, 1847, m. George N. **WARD**, ae 32, on May 29, 1848, of Middletown, May 1, 1848, by Rev. Nelson Scott	147
Emely C., of Barkhamsted, m. George N. **WARD**, of Middletown, May 1, 1848, by Rev. Nelson Scott	74
Linda, m. William **STILMAN**, Sept. 8, 1831, by Ammi Linsley, V.D.M.	52
Loring, of Barkhamsted, m. Maria A. **SEWARD**, of Hartland, Dec. 13, [1821], by Ammi Linsley	33
Lucius L., of Barkhamsted, m. Milissa **COWDRY**, of Hartland, Nov. 27, 1844, by Rev. James C. Haughton	69
Rutha, m. George A. **ADAMS**, Feb. 26, 1824, by Ammi Linsley	37
Spencer, of Tolland, Mass., m. Polly **SMITH**, of Hartland, Nov. 24, 1831, by Phelps Humphrey, J.P.	47
LUCE, Ebenezer, of Bainbridge, N.Y., m. Jane **STEVENS**, of Hartland, Apr.14, 1822, by Nathaniel Gaylord, V.D.M.	34
LUDINGTON, Francis, of Westfield, Mass., m. Sophia **PRATT**, of Hartland, Apr. 25, 1825, by Ammi Linsley, V.D.M.	39
LYNDE, Cornelia S.N., of Hartford, m. Silas **CHURCHILL**, Jr.., of New Leabanon, N.Y., Oct. 27, 1836, by Nathaniel Gaylord, V.D.M.	58
McALPIN, Josiah D., m. Betsy P. **HAMILTON**, Apr. 25, 1834, by Asa Bushnell	54
McLOUD, Anson, Rev., of Topsfield, Mass., m. Jane **CORNISH**, of Barkhamsted, May 5, 1842, by Rev. Aaron Gates	66
Sarah, of Hartland, m. Isaac E. **FRISBEE**, of Hartford, Nov. 25, 1841, by Rev. Aaron Gates	65
Winthrop, s. William, farmer, ae 29 & Catharine K., housekeeper, ae 28, b. Apr. 29, 1848	144
MANCHESTER, John, of New Hartford, m. Emily **GILMAN**, of Hartland, Mar. 4, 1846, by Rev. Aaron Gates	71
MANN(?), Dennis L, see Dennis L. **MUNN** (?)	
MARKS, Almira, m. Oliver W. **BUSHNELL**, b. of Hartland, June 25, 1828, by Adolphus Ferry, V.D.M.	42
Bryant, m. Ruth A. **BANNING**, b. of Hartland, May 5, 1835, by Ammi Linsley, V.D.M.	56
Lyman, m. Ovanda **BUSHNELL**, b. of Hartland, Apr. 23, 1834, by Rev. John A. Hempsted	54

	Page
MARKS, (cont.)	
Marilla, of Hartland, m. William C. **BANON**, of Wolcottville, May 5, 1830 by Adolphus Ferry, V.D.M.	45
Samuel, of Blanford, Mass. m. Cornelia **BENHAM**, of Hartland, [June] 30, [1833], by Rev. John H. Hempsted	53
MARSH, Willys, of Cleaveland, O., m. Eunice **BANNING**, of West Hartland, Oct. 10, 1837, by Rev. Isaac Jones, of Hitchcocksville	59
MARSHALL, Lester, of Tolland, Mass., m. Nancy **WILLIAMS**, of Hartland, May 6, 1830, by Adolphus Ferry, V.D.M.	45
MATSON, Newell, of Simsbury, m. Pluma **EMMONS**, of Hartland, July 10, 1837, by Rev. Aaron Gates	62
MATTOCKS, MATTOCK, Hannah, m. Ransom **HAYDEN**, b. of Hartland, Jan. 29, 1824, by Nathaniel Gaylord, V.D.M.	37
Jane E., m. Flavel E. **NEWTON**, b. of Hartland, Nov. 26, 1848, by Rev. Hiram Day	75
Julia E., of West Hartland, m. Albert **BRAMER**, of Fabius, N.Y., Apr. 23, 1851, by Rev. C. G. Goddard	77
MEACHAM, Dennis, s. Isaac & Mehetible, b. Dec. 9, 178[ ]	3
Olive, Mrs. of Hartland, m. Samuel **CHURCH**, of Canton, Apr. 30, 1843, by Rev. Aaron Gates	67
Tabitha, m. David **SHIPMAN**, Jan. 6, 1790	21
MERRIAM, MERRIAMS, Elizur, of Granby, m. Nancy **SUGDEN**, of Hartland, Aug. 18, 1833, by Ammi Linsley, V.D.M.	53
Eunice, of Hartland, m. Luman P. **MOORE**, of Barkhamsted, Apr. 2, 1823, by Nathaniel Gaylord, V.D.M.	35
Lois, of Hartland, m. Eleazer **SLOCUM**, of Tolland, Mass., Feb. 12, 1834, by Rev. John A. Hempsted	54
Munson, m. Melissa **STEBBINS**, b. of Hartland, Mar. 12, 1834, by Rev. John A. Hempsted	54
MERRICK, Lydia, of Wilbraham, m. Rev. Aaron **CHURCH**, of Hartland, June 5, 1776	29
MERRILLS, John, Jr., m. Harriet E. **HAMILTON**, Jan. 18, 1835, by Asa Bushnell	56
MERRITT, Lucy, m. Frederick **THORP**, Jan. 9, 1830, by Asa Bushnell	44
MERWIN, David, m. Abigail **COE**, b. of Hartland, Oct. 1, 1840, by Rev. Aaron Gates	62
MESSENGER, Amanda, m. Lyman **BEMAN**, b. of Granby, Sept. 10, 1852, by Rev. Nelson Scott	80
Juliana, of Barkhamsted, m. John **WRIGHT**, of Hartland, Dec. 4, 1843, Rev. by James C. Haughton	68
Philena, m. Francis W. **GODDARD**, b. of Granby, July 11, 1847, by Nelson Scott	73
MILLER, Allen, s. Jonathan A. & Hannah, b. June 19, 1788	2
Amanda, of Hartland, m. Festus **MOSES**, of Canton, May 3, 1821, by Ammi Linsley	33
Amrilla*, [d. George Frederick & Isabel], b. Feb. 2, 1805 *("Aurilla"?)	11
Anson, of Worthington, m. Rebecca **MILLER**, Aug. 27, 1823, by Ami Linsley	35
Amrilla, m. James **BANNING**, b. of Hartland, Mar. 20, 1822, by Ammi Linsley	33
Chester Averest, [s. George Frederick & Isabel] b. Mar. 1, 1813	11
Clarissa,* d. Jonathan A. & Hannah, b. Nov. 7, 1782 *(In a later hand)	2
Delia E., m. Prescott M.**TILLOTSON**, Jan. 20, 1847, by Asa Bushnell, L.M.P.	72

MILLER(cont.)

	Page
Edward, of Farmington, m. Almina **BANNING**, of Hartland, Apr. 13, 1825, by Ammi Linsley, V.D.M.	38
Eugen, m. Levinia L. **BANNING**, June 15, 1851, by Rev. A. B. Pulling	77
Eugenia P., m. Milo J. **GIDDINGS**, July 4, 1849, by Rev. A. B. Pulling	76
Ezra, s. Jonathan A. & Hannah, b. Aug. 29, 1784	2
George, s. [George Frederick & Isabel], b. Apr. 27, 1795	11
George Frederick, m. Isabel **MILLER**, June 25, 1789	11
Harriet, ae 18, d. Peter & Celestia, of Tolland, Mass., m. Isadore P. **HAMILTON**, mechanic, ae 35, s. Jonathan & Huldah, res. Tolland, Mass., July 25, 1845, by Asa Bushnell, L.M.P.Int.Pub. July 14, 1845	69-70
Horace, s. Samuel, Jr. & Abigail, b. Apr. 20, 1787	2
Isaac Denison, [s. George Frederick & Isabel], b. June 7, 1799	11
Isabel, m. George Frederick **MILLER**, June 25, 1789	11
Jonathan Allen, s. Jonathan A. & Hannah, b. July 19, 1786; d. Dec. 11, 1787	2
Julina H., of Hartland, m. Whitefield T. **MUNSON**, of Barkhamsted, Dec. 18, 1832, by Ammi Linsley	52
Lester R., [s. George Frederick & Isabel], b. Sept. 10, 1810	11
Loley, d. George Frederick & Isabel, b. July 5, 1791	11
Lidia W., m. Thomas **BEMAN**, b. of Hartland, Oct. 11, 1826, by Ammi Linsley	40
Margaret Jane, m. Charles L. **TILLOTSON**, b. of Hartland, Oct. 28, 1852 By Rev. Nelson Scott	80
Milo B., m. Betsy **COE**, b. of Hartland, Sept. 9, 1840, by Rev. Aaron Gates	62
Miron E., m. Lena A. **GATES**, b. of Hartland, Oct. 26, 1842, by Rev. Aaron Gates	67
Miron E., farmer, had child b. June 18, 1848	145
Rebecca, m. Anson **MILLER**, of Worthington, Aug. 27, 1823, by Ammi Linsley	35
Recompense, s. George Frederick & Isable, b. May 22, 1790	11
Rhoda, m. Schuyler **BANNING**, b. of Hartland, Nov. 28, 1822, by Ammi Linsley	34
Seth M., m. Charlotte A. **GOODSELL**, b. of Hartland, Oct. 17, 1838, by Rev. Davis Stocking	60

MILLS, Elisha, of Windsor, m. Hannah **FOSTER**, of Barkhamsted, Dec. 4, 1822, by Ammi Linsley — 34

MINER, Christopher, of Stonington, m. Fanny **STEWARD**, of Granville, Mass., Jan. 29, 1824, by Ammi Linsley — 37

Helen M., m. Charles H. **MITCHELL**, b. of Hartland, Nov. 17, 1844, by Henry Griswold, J.P.	68
Joel, Jr. m. Nancey **KELLOGG**, Nov. 25, 1802	24
Joel, d. May 11, 1805, ae 55 y.	24
Joel, [s. Joel, Jr. & Nancey], b. June 28, 1807	24
Julius, s. Joel & Temperance, b. May 27, 1792	5
Nancy Kellogg, [d. Joel, Jr. & Nancey], b. Mar. 1, 1804	24

MITCHEL, Charles H., m. Helen M. **MINER**, b. of Hartland, Nov. 17, 1844, by Henry Griswold, J.P. — 68

MOODY, Electa, of Hartland, m. Phineas E. **PECK**, of Colebrook, Nov. 4, 1846, by Rev. Aaron Gates — 72

	Page
MOORE, MOOR, John I., of New York State, m. Arabella **RATHBORN**, of Hartland, Oct. 21, 1824, by Jared Newel, J.P.	38
Luman P, of Barkhamsted, m. Eunice **MERRIOMS**, of Hartland, Apr. 2, 1823, by Nathaniel Gaylord, V.D.M.	35
Mary L., of Hartland, m. Hiram F. **SQUIRE**, of Barkhamsted, Mar. 1, 1851, by Rev. Jonathan Coe, of Winsted	77
Welles, of Hartland, m. Polly **WARNER**, of Southwick, Mass., Apr. 13, 1833, by Nathaniel Gaylord	52
MOSES, Festus, of Canton, m. Amanda **MILLER**, of Hartland, May 3, 1821, by Ammi Linsley	33
MOSS, W[illia]m, of Cheshire, m. Minerva **COE**, of East Hartland, Nov. 5, 1834, at the house of Miles Coe, by Rev. Asa Cornwall, of Wolcott, res. of Cheshire	55
MOWREI, Reuben, s. Isaac & Sarah, b. Nov. 27, 1754	19
MUNN (?),*Dennis L, m. Sarah A. **SEARLE**, May 10, 1832, by Ammi Linsley V.D.M. *(perhaps "Mann")	52
MUNROE, George, m. Betsey Ann **CABLES**, Apr. 24, 1841, by Henry Griswold	64
MUNSON, Whitefield T., of Barkhamsted, m. Julina H. **MILLER**, of Hartland, Dec. 18, 1832, by Ammi Linsley	52
MURFEE, Patty, of Colebrook, m. Andrew **BROWN**, Oct. 13, 1833, by Nathaniell Gaylord	53
NEWTON, Flavel E., m. Jane E. **MATTOCKS**, b. of Hartland, Nov. 26, 1848, by Rev. Hiram Day	75
Harriett Theresa, m. Samuel B. **GILMAN**, b. of Hartland, Oct. 11, 1848, by Rev. Aaron Gates	75
Mary E. of West Hartland, m. William M. **STANLEY**, of East Hartford, Oct. 20, 1852, by Rev. Charles G. Goddard	80
Pernel, d. Abner & Abigail, b. July 25, 1791	11
Sarah A., m. Joseph **THOMPSON**, Mar. 27, 1845, by Aaron Gates	69
Tenty, d. Abner & Abigale, b. Jan. 6, 1789	11
NORTHAWAY, Jane, of Westfield, Mass., m. Solomon **HALE**, of Longmeadow, Mass., July 4, 1842, by Rev. Aaron Gates	66
NYE, George H., of Tolland, Mass., m. Mary H. **CROSS**, of Blanford, Aug. 24, 1831, by Jared Newell, J.P.	46
OGDEN, George D., of Northampton, Mass., m. Hannah L. **COE**, of Hartland, Sept. 24, 1845, by Rev. Aaron Gates	70
OLMSTED, Orrin, of Barkhamsted, m. Sarah **HAYDEN**, of Hartland, June 2, 1831, by Adolphus Ferry, V.D.M.	46
OSBORN, OSBORNE, Amelia, of Hartland, m. Thomas C. **DAVIS**, of Bristol, June 26, 1836, by Asa Bushnell, L.M.P.	58
Amos, m. Laura **BUSHNELL**, b. of Hartland, May 8, 1833, by Rev. Asahel Morse	52
Harriet, m. Linus **BUSHNELL**, b. of Hartland, Dec. 25, 1822, by Nathaniel Gaylord, V.D.M.	34
Lusina, of Hartland, m. Calvin **PERKINS**, of Waterbury, Mar. 3, 1825, by Adolphus Ferry, V.D.M.	38
Mairetta, m. John **GRIFFIN**, b. of Hartland, Apr. 16, 1848, by Asa Bushnell, Jr.	74
Truman, m. Mrs. Orpha **BYINGTON**, July 15, 1832, by Asa Bushnell	52
OUTMAN, Julia An[n], of Hartland, m. Lemuel **WOODRUFF**, of Hitchcockville, Aug. 22, 1834, by Rev. John A. Hempsted	55
Maryette, m. William H. **PARSONS**, of Collinsville, Oct. 23, 1839, by Rev. Luke Wood	61

Page

PALMER, William L., of New York, m. Julia E. COLLINS, of Hartland, Nov. 24,
    1834, by Rev. John A. Hempsted   55
PARSONS, William H., of Collinsville, m. Maryette OUTMAN, Oct. 23, 1839,
    by Rev. Luke Wood   61
PECK, Phineas E., of Colebrook, m. Electa MOODY, of Hartland, Nov. 4, 1846,
    by Rev. Aaron Gates   72
PENNIMAN, Edwin S., of Woodstock, m. Paulina COWLES, of Hartland,
    Oct. 1, 1834, by Ammi Linsley, V.D.M.   55
PERKINS, Calvin, of Waterbury, m. Lusina OSBORN, of Hartland, Mar. 3, 1825,
    by Adolphus Ferry, V.D.M.   38
    Gideon, of Barkhamsted, m. Mrs. Anna BEMAN, of Hartland, Nov. 7, 1826,
        by Ammi Linsley   40
    Silas Orville, s. Silas & Miriam, b. Mar. 18, 1811   28
    Sterling, s. Eliphas & Molly, b. Sept. 3. 1788   25
PETERS, Hariet, m. Darwin GRIFFIN, May 18, 1828, by Asa Bushnell, L.M.P.   42
    Manly, of Litchfield, m. Hannah L. GRISWOLD, of Hartland, May 22, 1827,
        by Nathaniell Gaylord, V.D.M.   40
    Roxy, of Hartland, m. Levi IVES, of Barkhamsted, Apr. 22, 1822, by Rev.
        Ebenezer Washburn   33
PHELPS, Aurilla, m. William C. BUSHNELL, Apr. 26, 1821, by Daniel Coe, J.P.   32
    Betee, d. Samuel Jr., & Frelove, b. June 1, 1787   1
    Edson, m. Maria PRATT, b. of Barkhamsted, Mar. 21, 1847, by Asa Bushnell,
        L.M.P.   73
    Electa, m. Anson BUSHNELL, b. of Hartland, Aug. 1, 1822, by Asa Bushnell,
        L.M.   34
    Harriet Jane, of Hartland, m. Ebenezer GAYLORD, of Amherst, Mass., Nov.
        26, 1851, by Rev. Nelson Scott   79
    Phebe, d. Samuel, Jr. & Frelove, b. Oct. 7, 1782   1
    Samuel, s. Samuel, Jr., & Frelove, b. Jan. 17, 1785   1
    Zeruiah, m. Moses COWDREY, Jr., Nov. 16, 1797   141
PICKETT, Avice C., d. Frederick & Ellen C., b. Nov. 9, 1847   147-8
    Frederick, m. Ellen C. SELBY, b. of Hartland, Nov. 18, 1846, by Rev.
        Nelson Scott   72
PIERCE, William, m. Susan L. COOK, b. of Hartland, Aug. 30, 1839, by Rev.
    Luke Wood   61
PITKIN, Dorothy C., of Hartland, m. Sterling FRISBIE, of Colebrook, Nov. 22,
    1827, by Ammi Linsley, V.D.M.   41
    Elizabeth, of Hartland, m. Bethuel GILLET, of Windsor, Apr. 9, 1828
        by Ammi Linsley, V.D.M.   42
POMEROY, Louisa, of Northampton, Mass., m. Nelson CLARK, of Springfield,
    Mass., Apr. 10, 1836, by William Selby, Jr., J.P.   57
PORTER, William, s. Thomas & Phebee, b. May 16, 1790; d. June 25, 1791   7
PRATT, Maria, m. Edson PHELPS, b. of Barkhamsted, Mar. 21, 1847, by Asa
    Bushnell, L.M.P.   73
    Sophia, of Hartland, m. Francis LUDINGTON, of Westfield, Mass., Apr.
        25, 1825, by Ammi Linsley, V.D.M.   39
PRICKETT, Martha, of Hartland, m. Orlando WADHAMS, of Litchfield, Feb.
    9, 1834, by Ammi Linsley, V.D.M.   54
PRINDLE, Daniel, of Simsbury, m. Mary GIDDINGS, of Hartland, Jan. 11,
    1832, by Adolphus Ferry, V.D.M.   47

	Page
RANSOM, Dolly, m. Theophilus L. **GATES**, Feb. 22, 1781	14
George, of Barkhamsted, m. Mary E. **COE**, of Hartland, Apr. 17, 1839, by Rev. Luke Wood	60
RATHBUN, RATHBORN, Arabella, of Hartland, m. John I. **MOOR**, of New York State, Oct. 21, 1824, by Jared Newell, J.P.	38
Augusta M., of Hartland, m. John **SMITH**, of Westerly, R. I., Apr. 19, 1826, by Ammi Linsley, V.D.M.	39
Harriet, m. Thomas **FOX**, Jr., July 6, 1828, by Asa Bushnell, L.M.P.	42
Lucy, m. Ransom **WOOD**, b. of Enfield, Mass., Feb. 27, 1837, by Rev. Aaron Gates	58
Polly F., of Hartland, m. Walter **GLEASON**, of Manchester, Nov. 16, 1831, by Ammi Linsley, V.D.M.	47
REED, Abner, [s. George & Nancy], b. Jan 6, 1796, in Granby	31
Achsah, [child of George & Nancy], b. July 31, 1801	31
Alanson, s. [George & Nancy], b. June 23, 1823	31
Amasa, m. Cynthia **GIBBONS**, b. of Hartland, Dec. 25, 1823, by Ammi Linsley	35
Corintha, [d. George & Nancy], b. Apr. 17, 1810	31
George, Jr., [s. George & Nancy], b. Oct. 31, 1793, in Granby	31
Jerusha, [d. George & Nancy], b. July 23, 1803	31
Nancy, [d. George & Nancy], b. Feb. 5, 1792 in Granby	31
Rachel, [d. George & Nancy], b. Nov. 19, 1797	31
Sally, m. Martin **LAMPSON**, b.of Granby, Dec. 23, 1823, by Ammi Linsley	35
Seymour, [s. George & Nancy], b. Mar. 8, 1814	31
Silpha A., of Springfield, Mass., m. Austin **ELKEY**, (colored), Dec. 31 1849, by Rev. N. Scott	77
Urial, [s. George & Nancy], b. Oct. 27, 1799	31
REINONPP, James, of Colebrook, m. Julia A. **GRIFFIN**, of Granby, Sept. 19, 1841, by Rev. Luke Wood	65
REMINGTON, Elvira M., Mrs. m. Augustin **HOLCOMB**, b. of Granville, Mass., Oct. 3, 1847, by Rev. Nelson Scott	73
REYNOLDS, Joseph, m. Frances M. **ROBINSON**, May 30, 1838, by Rev. Asa Bushnell, Jr.	60
RICHARDSON, Lavinia, m. Charles **BROWN**, Nov. 4, 1841, by William Selby, J.P.	65
Leonard, of Canaan, m. Edna **WRIGHT**, of Granville, Mass., Mar. 13, 1831, by Adolphus Ferry, V.D.M.	46
Rollin, of Barkhamsted, m. Harriett M. **SMITH**, Aug. 30, 1851, by Asa Bushnell, Sr., L.M.P.	78
RICHMOND, Emily S., m. William N. **HALL**, Dec. 22, 1839, by Asa Bushnell, L.M.P.	61
Mary, Mrs. of Guilford, m. Russel **KELLOGG**, of Colchester, May 17, 1835, by Rev. John A. Hempsted	56
ROBERTS, Eli, m. Celia **LANE**, b. of Hartland, Dec. 31, 1828, by Ammi Linsley, V.D.M.	43
John E., of Barkhamsted, m. Deborah **BLAKESLEY**, of Hartland, Mar. 5, 1834, by Ammi Linsley, V.D.M.	54
ROBINSON, Fanny, of Hartland, m. Jacob C. **HAMILTON**, of Palmer, Mass., Mar. 20, 1827, by Adolphus Ferry, V.D.M.	40
Frances M., m. Joseph **REYNOLDS**, May 30, 1838, by Rev. Asa Bushnell, Jr.	60

	Page
ROGERS, Samuel, of New Hartford, m. Cordelia **COWDERY**, of Hartland, Aug. 25, 1839, by Rev. Aaron Gates	63
ROOK, William, of Martinsburg, N.Y., m. Fidelia **SPENCER**, of Hartland, Sept.15, 1847, by Asa Bushnell, Jr.	73
ROSE, Calvin, m. Mrs. Ruth **GROVES**, b. of East Granville, Mass., Nov. 26, 1835, by Rev. J. A. Hempsted	57
ROWE, John A., m. Anna **BEMAN**, Oct. 23, 1831, by Jared Newell, J.P.	47
RUICK, Calarissa A., of Granby, m. Lora **CLARK**, of Hartland, May 2, 1848, by Rev. Nelson Scott	74
RUST, Arabzymon, of Barkhamsted, m. Eliza Ann C. **GOODSELL**, Nov. 24, 1831, by Ammi Linsley, V.D.M.	47
SANFORD, Daniel, of Barkhamsted, m. Phebe **BURNHAM**, of Hartland, Mar. 24, 1824, by Ammi Linsley	37
Hannah C., of Hartland, m. Hiram **BURNHAM**, of Wintonbury, Apr. 2, 1828, by Ammi Linsley, V.D.M.	41
SCOVIL, Elisa, of Granville, Mass., m. William **HART**, of Barkhamsted, Oct. 26, 1840, by Rev. Luke Wood	63
SCRANTON, Roxiana R., m. Elijah **COE**, b. of Hartland, July 5, 1826, by Adolphus Ferry, V.D.M.	39
SEARLES, SEARL, SEARLE,SEARLS, Daniel H., m. Elvinia C. **SLADE**, b. of Hartland, Apr. 9, 1837, by Asa Busnell, L.M.P.	58
James T., m. Susan Olive **GILLET**, Sept. 6, 1837, by Asa Bushnell, L.M.P.	59
John D., of Hartland, m. Mary A. **SEARL**, of Granville, June 25, 1835, by Asa Bushnell, L.M.P.	56
Lucy A., of Hartland, m. Roswell **BRACKETT**, of New Haven, Jan. 1, 1849, by Rev. Nelson Scott	75
Mary A., of Granville, m. John D. **SEARL**, of Hartland, June 25, 1835, by Asa Bushnell, L.M.P.	56
Russel, d. Sept. 10, 1847, ae 70	148
Russel A., m. Lucia **GRAHAM**, b. of Hartland, June 27, 1842, by Rev. Aaron Gates	66
Sarah A., m. Dennis L. **MANN** (?), *May 10, 1832, by Ammi Linsley, V.D.M. *(Perhaps "MANN)	52
SEIGNIOR, John L., of Farmington, m. Clarisa **STORY**, of Hartland, Nov. 22, 1835, by Ammi Linsley, V.D.M.	57
SELBY, Ann T., of Hartland, m. Edward **GILLETTE**, of Hartford, Oct. 20, 1847, by Rev. Nelson Scott	74
Ellen C., m. Frederick **PICKETT**, b. of Hartland, Nov. 18, 1846, by Rev. Nelson Scott	72
Ephraim, s. Ephraim & Olive, b. Aug. 1, 1798	19
Fanny, of Hartland, m. Titus **BROCKWAY**, of Hartford, O., Oct. 26, 1834, by Ammi Linsley, V.D.M.	55
Hannah, d. Ephraim & Olive, b. Apr. 4, 1789	18
Hannah, m. Bethuel **BEMAN**, Jan. 1, 1811	28
Julia, of Hartland, m. Charles J. **THRALL**, of Windsor, June 25, 1851, by Rev. N. Scott	78
Lorinda, d. Ephraim, & Olive, b. June 12, 1794	19
Lyman, s. Ephraim & Olive, b. Oct. 12, 1796	19
Mary, d. Ephraim & Olive, b. Nov. 18, 1786	18

BARBOUR COLLECTION

	Page
SELBY, (cont.)	
Sophia, d. Ephraim, & Olive, b. Dec. 22, 1791	19
Sophia, of Hartland, m. William **CHILD**, of Woodstock, Jan. 28, 1829, by Ammi Linsley, V.D.M.	43
Susanna, d. Ephraim & Olive, b. Nov. 13, 1784	18
William, s. William & Anna, b. Jan. 26, 1795	19
William, of Hartland, m. Elizabeth **CRAMPTON**, of Litchfield, Feb. 14, 1838, by Rev. Aaron Gates	62
SELDEN, Charles, of Winchester, m. Hannah **GILMAN**, of Hartland, Oct. 22, 1845, by Rev. Aaron Gates	70
SEWARD, Maria A., of Hartland, m. Loring **LOOMIS**, of Barkhamsted, Dec. 13, [1821], by Ammi Linsley	33
Polly, Mrs., m. Banoni **GILLET**, of Granby, Sept. 26, 1833, by Asa Bushnell	53
SHEPARD, George, of Hartford, m. Lucy **BABCOCK**, of Granville, Mass., Mar. 15, 1829, by Ammi Linsley, V.D.M.	43
SHIPMAN, David, m. Tabitha **MEACH**[ ], Jan. 6, 1790	21
David, Jr., s. David & Tabitha, b. Aug. 27, 1792	21
Joel, s. David & Tabitha, b. May 8, 1794	21
Tabitha, d. David, b. May 18, 1798	21
SHORES, Olive P., m, Lyman **WOODWORTH**, Aug. 31, 1845, by Asa Bushnell, L.M.P.	70
Salome, m. William **TREADWELL**, b. of Granville, Mass., June 20, 1841, by William Selby, J.P.	64
SKINNER, Fanny S., of Hartland, m. J. B. **CLAPP**, of So. Windsor, Apr. 30, 1850, by Rev. N. Scott	77
SLADE, Chester, of Barkhamsted, m. Amanda **TAYLOR**, of Hartland, Apr. 22, 1822, by Rev. Ebenezer Washburn	33
Elvinia C., m. Daniel H. **SEARLS**, b. of Hartland, Apr. 9, 1837, by Asa Bushnell, L.M.P.	58
SLOCOM, Carrie L., of Tolland, Mass., m. George W. **EMMONS**, of Hartland, Oct. 23, 1867, at Tolland, Mass., by Rev. George Ford	81
Eleazer, of Tolland, Mass., m. Lois **MERRIAMS**, of Hartland, Feb. 12, 1834, by Rev. John A. Hempsted	54
SMITH, Clarissa, m. Judah R. **TWINING**, Sept. 27, 1838, by Rev. A. Bushnell, Jr.	60
Edmond, of Hartland, m. Mary Ann **WHITING**, of Barkhamsted, Apr. 2, 1835, by Asa Bushnell	56
Harriett M., m. Rollin **RICHARDSON**, of Barkhamsted, Aug. 30, 1851, by Asa Bushnell, Sr., L.M.P.	78
John, of Westerly, R.I., m. Augusta M. **RATHBUN**, of Hartland, Apr. 19, 1826, by Ammi Linsley, V.D.M.	39
LaFayette, of Hartland, m. Hannah C. **ALLEN**, of Russel St. Lawrence Cty., N.Y., Aug. 30, 1851, by Asa Bushnell, Sr., L.M.P.	78
Lester, of Southington, m. Lydia **BEMAN**, of Hartland, May 14, 1837, by Rev. Nehemiah Dodge	59
Peter S., m. Chloe Ann **WRIGHT**, b. of Hartland, Oct. 11, 1840, by William Selby, J.P.	61
Polly, of Hartland, m. Spencer **LOOMIS**, of Tolland, Mass., Nov. 24, 1831, by Phelps Humphrey, J.P.	47
Sidney, of Colebrook, m. Sarah A. **STEWARD**, of Hartland, Nov. 30, 1848, by Rev. Amos H. Watros	75

	Page
SMITH, (cont.)	
Sophronia, m. William **DUNHAM**, b. of Hartland, Nov. 1, 1840, by William Selby, J.P.	62
Welthy A., of Hartland, m. Charles **FROST**, of Farmington, Sept. 13, 1824, by Ammi Linsley	37
SPELMAN, Ellis, m. Samuel **COTTON**, b. of Granville, Feb. 7, 1841, by Asa Bushnell, L.M.P.	63
SPENCER, SPENSOR, Eunice, d. Aaron & Minedal, b. Sept. 1, 1790	3
Fanna, d. Samuel :& Lydia, b. Dec. 7, 1785	142
Fidelia, of Hartland, m. William **ROOK**, of Martinsburg, N.Y., Sept. 15, 1847, by Asa Bushnell, Jr.	73
Hiram, s. Samuel & Lydia, b. June 23, 1797	142
Julia, m. Aaron **LANE**, May 22, 1843, by Rev. Aaron Gates	68
Lydia, m. Joshua **BILL**, b. of Hartland, Dec. 13, 1788	12
Samuel, m. Lydia **BROCKWAY**, Aug. 8, 1785	142
Samuel Chapman, s. Samuel & Lydia, b. Feb. 17, 1790	142
Seth, s. Jonah & Elisabeth, b. Nov. 25, 1789	3
SQUIRE, Hiram F., of Barhamsted, m. Mary L. **MOORE**, of Hartland, Mar. 1, 1851, by Rev. Jonathan Coe, of Winsted	77
STANLEY, William M., of East Hartford, m. Mary E. **NEWTON**, of West Hartland, Oct. 20, 1852, by Rev. Charles G. Goddard	80
STEBBINS, Melissa, m. Munson MERRIAM, b. of Hartland, Mar. 12, 1834, by Rev. John A. Hempsted	54
Samuel D., m. Laura L. **BURNHAM**, Feb. 9, 1841, by Rev. Aaron Gates	63
Virgil, m. Lucy R. **WRIGHT**, b. of Hartland, Oct. 1, 1835, by Ammi Linsley, V.D.M.	57
Warren, m. Chloe Ann **WILLIAMS**, b. of Hartland, Jan. 7, 1836, by S. W. Edson	57
STEVENS, Jane, of Hartland, m. Ebenezer **LUCE**, of Bainbridge, N.Y., Apr. 14, 1822, by Nathaniel Gaylord, V.D.M.	34
Ruel, of Durham, m. Louisa **COE**, of Hartland, Dec. 30, 1830, by Ammi Linsley, V.D.M.	46
STEWART, STEWARD, Fanny, of Granville, Mass., m. Christopher **MINER**, of Stonington, Jan. 29, 1824, by Ammi Linsley	37
Sally, of Middle Granville, m. William **TEW**, of Tolland, Mass., Oct. 11, 1830, by Ammi Linsley, V.D.M.	46
Sarah A., of Hartland, m. Sidney **SMITH**, of Colebrook, Nov. 30, 1848, by Rev. Amos H. Watros	75
STILLMAN, STILMAN, Jonathan, of Colebrook, m. Marilla **BUSHNELL**, of Hartland, Sept. 29, 1842, by Asa Bushnell, L.M.P.	66
Newton, of Colebrook, m. Harriet **CASE**, of Hartland, Dec. 13, 1843, by Austin Ensign, J.P.	68
William, m. Linda **LOOMIS**, b. of Barkhamsted, Sept. 8, 1831, by Ammi Linsley, V.D.M.	52
STORY, Clarisa, of Hartland, m. John L **SEIGNIOR**, of Farmington, Nov. 22, 1835, by Ammi Linsley, V.D.M.	57
STRONG, Ebenezer, of Bolton, m. Electra **FOSTER**, of Barkhamsted, Sept. 26, 1827, by Ammi Linsley, V.D.M.	41
Lucy K., m. Alanson **KEENEY**, of Manchester, May 4, 1831, by Ammi Linsley, V.D.M.	46

	Page
STURDEVANT, Solomon, of Otis, Mass., m. Polly Maria **HIGLEY,** of Hartland, Nov. 22, 1822, by Nathaniel Gaylord, V.D.M.	34
SUGDEN, Emeline, d. Thomas & Thede, b. Mar. 23, 1806	15
George, s. Thomas & Thede, b. June 5, 1810	15
Henry, s. Thomas & Thede, b. July 28, 1808	15
Maryann, d. Thomas & Thede, b. Jan 30, 1817	15
Nancy, d. Thomas & Thede, b. Apr. 13, 1813	15
Nancy, of Hartland, m. Elizur **MERRIAM,** of Granby, Aug. 18, 1833, by Ammi Linsley, V.D.M.	53
Thede Adaline, d. Thomas & Thede, b. Apr. 28, 1822	15
SWEET, Phebe, of Otis, Mass., m. Rev. Asa **BUSHNELL,** Sr., of West Hartland, May 6, 1850, by Rev. Nathaniell Kellogg	76
TAGGART, Polly, of Blanford, m. John **CHURCH,** s. Rev. Aaron & Lydia, Mar. 3, 1819	29
TANNER. William B., s. Cyrus & Lucy, b. Oct. 23, 1803	22
TAYLOR, Almeda, twin with Almira, d. [Childs, Jr. & Althea], b. Apr. 30, 1816	48
Almira, twin with Almeda, d.[Childs, Jr. & Althea}, b. Apr. 30, 1816	48
Amanda, d. Prince & Margary, b. June 25, 1798	20
Amanda, of Hartland, m. Chester **SLADE,** of Barkhamsted, Apr. 22, 1822, by Rev. Ebenezer Washburn	33
Childs, Jr., m. Althea **BEACH,** Aug. 14, 1810	48
Edmund C., [s. Childs, Jr. & Althea], b. Jan. 1, 1813	48
Elijah W., twin with Elisha W., [s. Childs, Jr. & Althea], b. Aug. 15, 1819	48
Elisha W. twin with Elijah W., [s. Childs, Jr. & Althea], b. Aug. 15, 1819	48
Hannah, 2 nd, d. Prince & Lucy, b. July 6, 1776	20
Horace S., [s. Childs, Jr. & Althea}, b. Oct. 31, 1814	48
Julia, d. Prince & Margery, b. Dec. 16, 1806	20
Leister, s. Childs & Rhoda, b. Aug. 5, 1798	1
Lester, of Clarendon, O., m. Mary **WILDER,** of Hartland, May 21, 1821, by Nathaniel Gaylord, V.D.M.	32
Lucretia, [d. Childs, Jr., & Althea], b. Mar. 2, 182	48
Lucy, w. Prince, Jr., d. Oct. 31, 1793	6
Lucy, d. Prince, Jr. & Margery, b. Nov. 1, 1795	20
Luranna, d. Childs, Jr. & Althea, b. June 11, 1811	48
Lyman, s. Prince, Jr., & Lucey, b. May 16, 1789	6
Melissa, d. Prince & Margery, b. Nov. 17, 1802	20
Nancy, [d. Childs, Jr., & Althea], b. Feb 11, 1823	48
Otis, s. Prince & Margery, b. Mar. 9, 1800	20
Prince, d. Mar. [ ], 1798, in the 72nd y. of his age from the 6th of said Mar.	7
Rosey, d. Prince, Jr. & Lucey, b. Sept. 16, 1784	6
Roswell, s. Prince, Jr. & Lucey, b. Dec. 2, 1786	6
Roxey, d. Prince & Margery, b. Apr. 9, 1801	20
Sally, d. Prince, Jr. & Lucey, b. Dec. 8, 1791	6
Sophia, d. Childs & Rhoda, b. Aug. 31, 1789	1
Theda, d. Prince & Margery, b. Jan. 22, 1805	22
Warren K., [s. Childs, Jr. & Althea], b. Jan. 21, 1818	48
Wyllys, s. Prince, Jr. & Margery, b. Mar. 25, 1797	20
---old, child of Prince, Jr. & Lucey, b. Oct. 18, 1782	6
TEW, William, of Tolland, Mass., m. Sally **STEWART,** of Middle Granville, Oct. 11, 1830, by Ammi Linsley, V.D.M.	46
THOMAS, Sally, of Hartland, m. Miles W. **BIDWELL,** of Becket, Mass., Jan. 3, 1827, by Adolphus Ferry, V.D.M.	40

HARTLAND VITAL RECORDS 29

Page

TEW, William, of Tolland, Mass., m. Sally **STEWART**, of Middle
    Granville, Oct. 11, 1830, by Ammi Linsley, V.D.M.   46
THOMAS, Sally, of Hartland, m. Miles W. **BIDWELL**, of Becket,
    Mass., Jan. 3, 1827, by Adolphus Ferry, V.D.M.   40
THOMPSON, Joseph, m. Sarah A. **NEWTON**, Mar. 27, 1845, by
    Aaron Gates   69
THORNE, THORN, John, m. Clarrissa **ELKY**, (colored), Jan. 10,
    1848, by Rev. Nelson Scott   147
    John S., of Litchfield, m. Clara **ELKEY**, of Granville, Mass., Jan.
        10, 1848, by Rev. Nelson Scott   74
THORP, Frederick, m. Lucy **MERRITT**, Jan. 9, 1830, by Asa Bushnell   44
THRALL, Charles J., of Windsor, m. Julia **SELBY**, of Hartland, June
    25, 1851, by Rev. N. Scott   78
TIFFANY, Clarissa E., of Barkhamsted, m. Ezra A. **DOOLITTLE**, of
    Hartland, Mar. 26, 1837, by Rev. S. W. Edson   58
    Eli, m. Amelia **HITCHCOCK**, Apr. 29, 1830, by Asa Bushnell   45
    Philemon, m. Sarah **CASE**, Dec. 29, 1833, by Asa Bushnell   53
TILLOTSON, Charles L., m. Margaret Jane **MILLER**, b. of Hartland,
    Oct. 28, 1852, by Rev. Nelson Scott   80
    Prescott M., m. Delia E. **MILLER**, Jan. 20, 1847, by Asa
        Bushnell, L.M.P.   72
TREADWELL, William, m. Salome **SHORES**, b. of Granville, Mass.,
    June 20, 1841, by William Selby, J.P.   64
TREAT, George, m. Lucinda **BUSHNELL**, b. of Hartland, Dec. 18,
    1827, by Adolphus Ferry, V.D.M.   41
    Howel, m. Sally **BEACH**, b. of Hartland, Apr. 2, 1828, by
        Adolphus Ferry, V.D.M.   41
TURNER, Polly, of Granville, Mass., m. Edward **KNOX**, of Blandford,
    Mar. 10, 1821, by Jared Newell, J.P.   32
TURNKAH, TURNKEY, Anna, d. Charles & Mary, b. Jan. 19, 1785   6
    Charles, s. Charles & Mary, b. Oct 20, 1783   6
    Eli, s. Charles & Mary, b. Mar. 27, 1795   7
    Esther, d. Charles & Mary, b. Sept. 20, 1790   6
    Harry, s. Charles & Mary, b. Oct. 26, 1797   7
    Marva (?), s. Charles & Mary, b. July 9, 1800   7
    Mary, d. Charles & Mary, b. Feb. 12, 1789   6
    Stephen, s. Charles & Mary, b. Oct. 17, 1792   6
TUTTLE, Emmogene A., m. Stiles **COUCH**, b. of Hartland, Sept.1,
    1850 by Rev. N. Scott   77
TWING, Samuel M., of Tolland, Mass., m. Harriett A. **GATES**, of
    Hartland, Oct. 16, 1850, by Rev. N. Scott   77
TWINING, Judah R., m. Clarissa **SMITH**, Sept. 27, 1838, by Rev. A.
    Bushnell, Jr.   60
UPSON, Gerry, of Barkhamsted, m. Amanda **DOOLITTLE**, of
    Hartland, Jan. 16, 1831, by Rev. Stephen Beach, of Salisbury   45
WADHAMS, Orlando, of Litchfield, m. Martha **PRICKETT**, of
    Hartland, Feb. 9, 1834, by Ammi Linsley, V.D.M.   54
WADSWORTH, Daniel, m. Mercy **EELS**, Apr. 19, 1789   24
    Daniel, s. Daniel & Mercy, b. Oct. 24, 1791   24
    Elizabeth, of East Hartford, m. Frederick M. **COE**, of Granville,
        Mass., Aug. 28, 1827, by Adolphus Ferry, V.D.M.   40
    Eunice, d. Daniel & Mercy, b. Mar. 9, 1790   24
    Harriet, d. Daniel & Mercy, b. Sept. 16, 1798   24

	Page
WADSWORTH, (cont.)	
John Eels, s. Daniel & Mercy, b. Feb. 6, 1794	24
Marcia, d. Daniel & Mercy, b. June 22, 1796	24
Sarah Maria, d. Daniel & Mercy, b. May 21, 1804	24
WALKER, James, m. Olive **GOODRICH**, b. of Barkhamsted, Aug. 23, 1841, by S. W. Smith, Elder	65
WARBURTON, Thomas, m. Susan **GOODRICH**, b. of Hartland, Sept. 23, 1841, by S.W. Smith	65
WARD, Alice, of Hartland, m. Horace **BEERS**, of North Adams, Mass., June 9, 1837, by Rev. Isaac Jones, of Hitchcockville	59
George N., of Middletown, m. Emily C. **LOOMIS**, of Barkhamsted, May 1, 1848, by Rev. Nelson Scott	74
George N., ae 32, May 29, 1848, of Middletown, m. on May 1, 1848, Emely C. **LOOMIS**, ae 20, Dec. 1, 1847, by Rev. Nelson Scott	147
WARNER, Ichabod, of Bolton, m. Lucy **FOSTER**, of Barkhamsted, Oct. 7, 1829, by Ammi Linsley, V.D.M.	44
Polly, of Southwick, Mass., m. Welles **MOORE**, of Hartland, Apr. 13, 1833, by Nathaniel Gaylord	52
WEED, Samuel, m. Lucy **HIGLEY**, June 25, 1823, by Ammi Linsley	35
WHITING, John W., m. Almeda L. **HALL**, Nov. 15, 1840, by Asa Bushnell, L.M.P.	63
Mary Ann, of Barkhamsted, m. Edmond **SMITH**, of Hartland, Apr. 2, 1835, by Asa Bushnell	56
WIAND, John, of Bristol, m. Julia **FRENCH**, of Hartland, Oct. 31, 1820, by Nathaniel Gaylord, V.D.M.	29
WILDER, WILEDER, Calvin, s. Eli & Mary, b. May 9, 1798	36
Eli, s. John & Hannah, b. May 2, 1770; m. Mary **JOHNSON**, d. Jesse & Mary, of Chatham, Oct. 23, 1796	36
Eli, & Mary, had d. [ ], b. Sept. 19, 1818; d. in a few hours	36
Eli S., s. Eli & Mary, b. Nov. 27, 1813	36
Hannah, d. Eli & Mary, b. Apr. 12, 1811; d. July 7, 181	36
Horace, s. Eli & Mary, b. Aug. 20, 1802	36
John A., s. Eli & Mary, b. Feb. 13, 1809	36
Lucy, d. Eli & Mary, b. Dec. 10, 1804	36
Mary, of Hartland, m. Lester **TAYLOR**, of Clarendon, O., May 21, 1821, by Nathaniel Gaylord, V.D.M.	32
Mary L., d. Eli & Mary, b. Aug. 7, 1800	36
Permelia, d. Lieut. Ephraim & Lydia, b. Nov. 15, 1787	5
Robert J., s. Eli & Mary, b. Jan. 16, 1807	36
Russel, s. Lieut. Ephraim & Lydia, b. Jan. 16, 1786	5
Seth L., s. Eli & Mary, b. May 28, 1816	36
Susan, m. Watson E. **FRENCH**, Jan. 1, 1850, by Rev. Asa Bushnell	76
WILLIAMS, Anson, s. Lucy **GRANGER**, b. Jan. 19, 1806	25
Chloe Ann, d. Warham & Lydia, b. July 8, 1814	29
Chloe Ann, m. Warren **STEBBINS**, b. of Hartland, Jan. 7, 1836, by S. W. Edson	57
Clarissa Burnham, [d. Warham & Lydia], b. Mar. 28, 1817	29
Dwight Loomis, s. Warham & Lydia, b. May 31, 1810	29
Eunice, of Hartland, m. Benjamin Doud **DOOLITTLE**, of Cheshire, Nov. 29, 1838, by Rev. Isaac Jones, of Hitchcocksville	60
John H., of Hartland, m. Sally **CLARK**, of Montgomery, Mass., Nov. 28, 1829, by Jared Newell, J.P.	45

HARTLAND VITAL RECORDS 31

Page

WILLIAMS, Nancy, of Hartland, m. Lester **MARSHALL**, of Tolland, Mass., May
    6, 1830, by Adolphus Ferry, V.D.M.   45
Timothy E., m. Octavia P. **GAYLORD**, b. of Hartland, Nov. 27, 1845,
    by Rev. Aaron Gates   70
Timothy Ensign, s. Warham & Lydia, b. Nov. 15, 1811   29
WILLIAMSON, Thomas M., m. Huldah **CLARK**, of Hartford, Aug. 30,
    1829, by Ammi Linsley, V.D.M.   43
WILSON, Hiram A., of Buenos Ayres, m. Hannah **BOSWORTH**, of Hartland,
    May 12, 1841, by Rev. Luke Wood   64
Orvil, m. Milissa **CASE**, July 25, 1837, by Asa Bushnell   59
WOLF, Thadeus H. D., Dr. of Hitchcockville, m. Cornelia **BENHAM**, of
    Hartland, June 28, 1829, by Adolphus Ferry, V.D.M.   43
WOOD, John, m. Mrs. Elisabeth A. **BENHAM**, b. of Hartland, Mar. 21,
    1841, by Rev. Luke Wood   63
Ransom, m. Lucy **RATHBORN**, b. of Enfield, Mass., Feb. 27, 1837,
    by Rev. Aaron Gates   58
WOODBRIDGE, Jerusha P., of Hartland, m. Titus **BROCKWAY**, of Hartford,
    O., Sept. 20, 1827, by Adolphus Ferry, V.D.M.   40
WOODRUFF, Lemuel, of Hitchcockville, m. Julia An[n] **OUTMAN**, of
    Hartland, Aug. 22, 1834, by Rev. John A. Hempsted   55
WOODWORTH, Lyman, m. Olive P. **SHORES**, Aug. 31, 1845, by Asa
    Bushnell, L.M.P.   70
Merwin, of Hartford, m. Harriet **JOHNSON**, of Barkhamsted, Feb. 18, 1845,
    by Rev. William Henry Frisby, of Hitchcocksville   69
WRIGHT, Chloe Ann, m. Peter S. **SMITH**, b. of Hartland, Oct. 11, 1840, by
    William Selby, J.P.   61
Edmond, s. Ewins & Lydia, b. Aug. 15, 1796   20
Edna, of Granville, Mass., m. Leonard **RICHARDSON**, of Canaan,
    Mar. 13, 1831, by Adolphus Ferry, V.D.M.   46
Ezekiel W., m. Marilla B. **HUMPHREY**, b. of Hartland, May 26, 1824,
    by Ammi Linsley   37
George W., farmer, had child, b. June 8, 1848   145
Harriet, m. Thomas **GREENHALGH**, May 31, 1844, by Rev. William
    H. Frisbie, of Hitchcocksville, at his home   68
Henry, m. Rachel E. **FRENCH**, b. of Hartland, Apr. 18, 1841, by Rev.
    Luke Wood   64
John, of Hartland, m. Juliana **MESSENGER**, of Barkhamsted, Dec. 4,
    1843, by Rev. James C. Haughton   68
LaFayette, of Salisbury, m. Adeline L. **GILMAN**, of Hartland, Apr. 1,
    1849, by Rev. Hiram Day   75
Lamson, s. Ewins & Lydia, b. Apr. 6, 1799   20
Lena, m. Daniel **BENDICK**, Aug. 8, 1841, by Asa Bushnell, L.M.P.   64
Lucy, d. Ewins & Spedy, b. Mar. 28, 1801   20
Lucy R., m. Virgil **STEBBINS**, b. of Hartland, Oct. 1, 1835, by Ammi
    Linsley, V.D.M.   57
Phebe, m. Starr **HOLCOMB**, b. of Hartland, Nov. 15, 1826, by Ammi
    Linsley   40

HARWINTON VITAL RECORDS
1737 – 1854

	Vol.	Page
ABERNETHY, ABERNETH, Abijah Catlin, s. [Roswell & Anna], b. Dec. 31, 1797	LR7	560
Andrew, s. William & Honour, b. Apr. 23, 1776	LR3	28
Andrew, s. William & Honour, d. June 2, 1782, in the 7th y. of his age	LR3	28
Andrew, 2nd, s. William & Honour, b. June 28, 1782	LR3	28
Andrew, m. Sophia **WELLES**, Dec. 6, 1810	LR7	552
Ann, m. Alvin **BRADLEY**, b. of Harwinton, June 16, 1823, by George E. Pierce	M	15
Anna, d. [Roswell & Anna], b. Jan. 11, 1801	LR7	560
Azubah, w. William C., d. Jan. 16, 1826	LR4	633
Caroline S., d. [Andrew & Sophia], b. Sept. 29, 1811	LR7	552
Charles, s. [Roswell & Anna], b. May 3, 1807	LR7	560
George, s. [William Conant & Azubah], b. Nov. 16, 1803; d. July 2, 1805	LR4	633
George Haskell, s. [William Conant & Azubah], b. Aug. 4, 1806	LR4	633
Henry Conant, s. [William Conant & Azubah], b. Aug. 13, 1814	LR4	633
Honora, d. William & Honora, b. Aug. 28, 1763	LR1	10
Honour, d. William & Honour, b. Aug. 28, 1763	LR2	42
Honour, d. William & Honour, b. Aug. 28, 1763	LR3	28
Honour, m. Daniel **CATLIN**, Jr., b. of Harwinton, Oct. 23, 1783	LR3	49
Honour, wid. Dr. William, d. Sept. 14, 1811	LR3	28
Horace, s. William & Honour, b. June 14, 1787; d. Feb. 12, 1788	LR3	28
Huldah, d. William & Honour, b. Feb. 21, 1778	LR3	28
Jane F.A., of Harwinton, m. Edward B. **WATKINSON**, of Hartford, Nov. 6, 1834, by Rev. Cyrus Yale	M	55
Jane Frances Anne, 2nd d. [Andrew & Sophia], b. June 6, 1813	LR7	552
John, s. [William C. & Sophia], b. Apr. 6, 1831	LR4	633
John Jay, s. [Roswell & Anna], b. Dec. 25, 1804	LR7	560
Lorain, d. William & Honour, b. Sept. 25, 1768	LR2	42
Lorrain, d. William & Honour, b. Sept. 25, 1768	LR3	28
Lucretia, d. William & Honour, b. June 8, 1772	LR2	42
Lucretia, d. William & Honour, b. June 8, 1772	LR3	28
Lucretia, m. Dr. Timothy **CLARK**, June 11, 1792	LR4	647
Mary W., m. Abijah **CATLIN**, b. of Harwinton, Aug. 9, 1846 by Charles Bentley	M	93
Mary Welles, 3rd d. [Andrew & Sophia], b. Apr. 24, 1822	LR7	552
Phebe, w. William Conant, d. May 18, 1799	LR4	633
Phebe W., m. Merit **CANDEE**, Oct. 12, 1818	LR7	564
Phebe Whord, d. [William Conant & Phebe], b. Dec. 31, 1796	LR4	633
Rosseter, twin with Rosel, s. William & Honour, b. June 20, 1774; d. July 3, 1774	LR2	42
Rosseter, twin with Roswel, s. William & Honour, b. June 20, 1774; d. at the ae of 13 d.	LR3	28

	Vol.	Page
ABERNETHY, ABERNETH, (cont.)		
Rosel, twin with Rosseter, s. William & Honour, b. June 20, 1774	LR2	42
Roswell, twin with Rosseter, s. William & Honour, b. June 20, 1774	LR3	28
Roswell, b. June 21, 1774	LR7	560
Roswell, m. Anna **CATLIN**, Jan. 25, 1797	LR7	560
Russell Catlins, s. William & Honour, b. Feb. 9, 1780	LR7	28
Sabara, d. William & Honour, b. June 3, 1785	LR3	28
William, m. Honnora **CATLING**, b. of Harwinton, June 20, 1762	LR1	10
William, m. Honour **CATLING**, b. of Harwinton, June 20, 1762	LR2	42
William, Dr., m. Honnour **CATLIN**, June 20, 1762	LR3	28
William, Dr., d. Nov. 26, 1802	LR3	28
William C., m. Sophia **HOADLEY**, Aug. 8, 1826	LR4	633
William Conant, s. William & Honour, b. May 25, 1770	LR2	42
William Conant, s. William & Honour, b. May 21, 1770	LR3	28
William Conant, m. Phebe **WHORD**, Nov. 11, 1795	LR4	633
William Conant, m. Azubah **DEXTER**, of Winsor, May 19, 1800	LR4	633
William Dexter, s. [William Conant & Azubah], b. Apr. 8, 1801	LR4	633
ADAMS, George R., of New Hartford, m. Sophronia W. **CATLIN**, of Harwinton, June 19, 1839, by Jacob O. Catlin, J.P.	M	77
ALCUB, Elizabeth, d. James & Mary, b. Apr. 5, 1769	LR2	3
James, Jr., m. Mary **ROSSETER**, b. of Harwinton, July 31, 1767	LR2	3
ALFORD, [see also Alfred], Abigal, d. John & Annas, b. Aug. 2, 1769	LR2	11
Alexander, s. Job & Margret, b. July 7, 1741	LR1	5
Eleckander*, of Harwinton, m. Elizabeth **ELE**, of Litchfield, Mar. 13, 1766 *("Alexander")	LR2	11
Alexander, s. Alexander & Elizabeth, b. Sept. 22, 1784	LR2	11
Annas, d. John & Annas, b. Feb. 24, 1767	LR2	11
Arnold, s. Eliphalet & Dorkiss, b. Mar. 10, 1780	LR3	34
Asahel, s. Job & Jerusha, d. Nov. 21, 1773	LR1	8
Asahel, s. [Job, Jr. & Abigail], b. Jan. 29, 1797; d. Aug. 29, 1800	LR4	655
Augustus, s. [Job, Jr. & Abigail], b. Mar. 19, 1799, d. June 12, 1802	LR4	655
Bebee, s. [Ely & Elizabeth], b. May 25, 1787	LR4	649
Cynthia, d. [Job, Jr. & Abigail], b. Nov. 18, 1803	LR4	655
Daniel, s. John & Anna, b. Jan. 1, 1756*; d. Jan. 6, 1766 *(Probably "1776")	LR2	11
Eliphalet, m. Dorkiss **ELY**, Aug. 7, 1777	LR3	34
Elizabeth, s. Job & Margret, b. July 22, 1752	LR1	5
Elizabeth, d. Alexander & Elizabeth, b. Dec. 15, 1785	LR2	11
Ely, s. Eleck[ander], & Elizabeth, b. Oct. 14, 1766	LR2	11
Ely, m. Elizabeth **BEBEE**, Mar. 1, 1786	LR4	649
Ely, s. [Ely & Elizabeth], b. [ ]	LR4	649
George, of Harwinton, m. Mary Ann **BOTSFORD**, of Derby, Feb. 24, 1851, by Rev. Warren G. Jones	M	105
Jerusha, d. Job & Jerusha, b. Aug. 20, 1783	LR1	8
Jerusha, d. Jan. 20, 1792 (Probably the wife of Job)	LR1	8
Jerusha, d. [Shubael & Lucinda], b. Feb. 25, 1798	LR4	655
Job, Jr., s. Job & Margret, b. July 3, 1736	LR1	5
Job, of Harwinton, m. Jerusha **BURNHAM**, of Hartford, Mar. 7, 1764	LR1	8
Job, s. Job & Jerusha, b. Apr. 15, 1765	LR1	8
Job, Jr., m. Abigail **BENTON**, Oct. 9, 1793	LR4	655
John, s. Job & Margret, b. Sept. 4, 1738	LR1	5

	Vol.	Page
ALFORD, (cont.)		
John, m Annas **JUD[D]**,b. of Harwinton, Dec. [ ], 1762	LR2	11
John, s. John & Annas, b. Nov. 14, 1763	LR2	11
Julius, s. [Job, Jr. & Abigail], b. Nov. 23, 1794	LR4	655
Lois, of Harwinton, m. Elam P. **FENN**, of Plymouth, Nov. 18, 1846, by Charles Bentley	M	95
Lucene, d. [Shubael & Lucinda], b. June 7, 1800	LR4	655
Lucy, d. William & Abigail, b. Feb. 1, 1775	LR2	33
Mary, d. Job & Margret, b. Dec. 2, 1743	LR1	5
Malissa*, d. [Job, Jr. & Abigail], b. Aug. 13, 1801 *("Melissa")	LR4	655
Melissa, of Harwinton, m. Edward **HOPKINS**, of Litchfield, Nov. 7, 1827, by Rev. George E. Pierce	M	33
Roswell, s. [Job & Jerusha], b. Oct. 2, 1767	LR1	8
Shubael, s. Job & Jerusha, b. Oct. 3, 1773	LR1	8
Shubael, m. Lucinda **CANDE**, Sept. 15, 1796	LR4	655
Silva, d. Eliphalet & Dorkiss, b. May 9, 1778	LR3	34
William, s. Job & Margret, b. Dec. 7, 1745	LR1	5
William, s. Job & Margret, d. Apr. 2, 1747	LR1	6
William, m. Abigail **DORCHESTER**, June 19, 1774	LR2	33
ALFRED, [see also Alford], Ely L., m. Milly **NELSON**, July 13, 1828, by Rev. George E. Pierce	M	38
Lois, m. Lyman **GRIDLEY**, May 1, 1827, by Rev. George E. Pierce	M	30
ALLEN, ALLIN, Abigail, of Bristol, m. Nathaniel Pierce, of Harwinton, Dec. 19, 1824, by Noah Welton, J.P.	M	20
Daniel, s. Gideon & Lettice, b. May 4, 1769	LR2	30
Daniel, m. Susanna D. **WEBSTER**, Mar. 12, 1839, by Fred Holcomb	M	66
Eri, s. Gideon & Lettice, b. Sept 26, 1774	LR2	30
John, of Harwinton, m. Lyddia **NORTON**, of Goshen, Nov. 17, 1768	LR2	12
Lydia, d. John & Lydia, b. Jan. 17, 1770	LR2	12
Solomon, m. Anniss **FORD**, May 21, 1778, by James Scovell, missionary	LR3	30
Uri, of Plymouth, m. Chloe **BAILEY**, of Harwinton, Apr. 25, 1847, by Rev. H.V. Gardner, of East Plymouth	M	96
AMES, Benjamin, m. Lucy M. **BUTLER**, of Harwinton, May 28, 1825, by Joseph E. Camp	M	22
Chancy, m. Mary **RAYMOND**, Feb. 23, 1800	LR4	650
Synthe, d. [Chancy & Mary], b. June 6, 1801	LR4	650
Hannah, 1st w. [Chancy], d. Aug. 22, 1799	LR4	650
Hannah, m. Jacob **COOK**, Dec. 11, 1804	LR7	565
Jane, m. Terry **SMITH**, b. of Harwinton, Nov. 14, 1847, by Charles Bentley	M	98
Maria, d. Chancy & Hannah, b. Oct. 6, 1797	LR4	650
Robert, m. Jane **HOLMES**, Aug. 4, 1839, by Frederick Holcomb	M	69
ANDREWS, Angeline, d. [Phinehas & Lucina], b. Mar. 29, 1823	LR7	561
Anna Lucina, d. [Phinehas & Lucina], b. May 29, 1821	LR7	561
Charles, s. [Phinehas & Lucina], b. May 29, 1824	LR7	561
George Elisha, s. [Phinehas & Lucina], b. Sept. 22, 1827	LR7	561
Maria, d. [Phinehas & Lucina], b. Dec. 26, 1828	LR7	561

	Vol.	Page
ANDREWS, (cont.)		
Phinehas, m. Lucina **WOODY**, Dec. 14, 1818	LR7	561
Phinehas H., s. [Phinehas & Lucina], b. Sept. 21, 1819	LR7	561
AUSTIN, Anne, d. Levi & Hannah, b. Mar. 29, 1783; d. Apr. 10, 1783	LR3	46
Archibald, of Goshen, m. Sarah **SKINNER**, of Harwinton, May 1, 1825, by Rev. George E. Pierce	M	21
Betsey, d. [Dan & Elizabeth], b. June 3, 1784	LR4	646
Clarissa, m. Sheldon **POND**, Nov. 9, 1831, by Rev. George E. Pierce	M	46
Dan, m. Elizabeth **MOLAR**, Sept. 11, 1783	LR4	646
Dan, m. Abigail **BENEDICT**, Oct. 15, 1787	LR4	646
Edmon, m. Susanna ( ), Jan. 6, 1736	LR1	3
Edmond, s. Levi & Hannah, b. Oct. 20, 1785	LR3	46
Elizabeth, w. [Dan], d. Apr. 10, 1786	LR4	646
Enos, s. Levi & Hannah, b. Feb. 28, 1778	LR3	46
Esther, b. in Wallingford, now of Harwinton, m. John **DAVISS**, b. in Farmington now of Harwinton, Feb. 27, 1777	LR3	29
Hannah, m. Levi **AUSTIN**, Nov. 17, 1768	LR3	46
Hannah, d. Levi & Hannah, b. Apr. 27, 1772	LR3	46
Levi, m. Hannah **AUSTIN**, Nov. 17, 1768	LR3	46
Levi, s. Levi & Hannah, b. Oct. 20, 1775	LR3	46
Lucy, d. [Dan & Abigail], b. July 3, 1788	LR4	646
Mary, of Torringford, m. Christopher **JOHNSON**, of Harwinton, May 15, 1777	LR3	30
Mirenda, d. Levi & Hannah, b. Dec. 7, 1780	LR33	46
Phebe, of New Hartford, m. Samuel **CRAVETH**, of Harwinton, Oct. 7, 1762	LR1	9
Reuben, s. Levi & Hannah, b. Jan. 13, 1770	LR3	46
Ruth, d. [Dan & Abigail], b. July 23, 1790	LR4	646
Selah, s. [Dan & Abigail], b. Mar. 21, 1792	LR4	646
Stephen, s. [Dan & Elizabeth], b. Apr. 3, 1786	LR4	646
AVERELL, Horace, m. Jenett **HUNGERFORD**, Apr. 17, 1839, by Rev. Stephen Hubbell	M	78
BAILEY, Augusta, of Harwinton, m. Freedom **PIPER**, of Berlin, s. Luther & Mary (Tryon), Nov. 14, 1830, by Noah Welton, J.P.	M	42
Chloe, of Harwinton, m. Uri **ALLEN**, of Plymouth, Apr. 25, 1847, by Rev. H. V. Gardner, of East Plymouth	M	96
Jeremiah, of Camden, N.Y., m. Nabby **WILSON**, of Harwinton, Sept. 15, 1833, by Rev. George E. Pierce	M	52
Julia A., of Harwinton, m. George G. **TYLER**, of Plymouth, Apr. 22, 1840, by F. B. Woodward	M	78
Sophia, m. Chancey **BUTLER**, b. of Harwinton, Mar. 17, 1840, by Charles Bentley	M	71
BAKER, Rebecca, of Waterbury, m. Ebenezer **FOOT**, of Harwinton, July 1, 1761	LR1	19
BALCH, Jonathan B., m. Harriet N. **GIBBS**, b. of Harwinton, Jan. 5, 1844, by Charles Bentley	M	84
BALDWIN, Aaron, [s. Eros & Eunice], b. Sept. 22, 1820 (?) * * ("1846"?)	LR7	553
Clara W., m. John S. **PRESTON**, b. of Harwinton, Dec. 19, 1851, by Rev. Warren G. Jones	M	107
Cornelia, d. [Nehemiah & Huldah], b. Dec. 23, 1806	LR4	637

	Vol.	Page
BALDWIN, (cont.)		
Electa, d. [Eros & Eunice], b. June 7, 1842	LR7	553
Erastus, s. Samuell W. & Esther, b. Feb. 24, 1789	LR3	41
Erastus, s. [Eros & Eunice], b. May 25, 1822(?) * *("1848"?)	LR7	553
Erastus, m. Electa **SANFORD**, b. of Harwinton, Dec. 2, 1831, by Benajah Haden, J.P.	M	43
Eros, b. July 9, 1794; m. Electa **BALDWIN**, Dec. 2, 1831	LR7	553
Eunice, b. Aug. 21, 1803; m. Eros **BALDWIN**, Dec. 2, 1831	LR7	553
Fanny, d. [Eros & Eunice], b. Nov. 2, 1831	LR7	553
George, s. Samuell & Esther, b. Mar. 8, 1787	LR3	41
George, [s. Eros & Eunice], b. July 7, 1839	LR7	553
John, [s. Eros & Eunice], b. Aug. 6, 1844	LR7	553
Julia, d. [Nehemiah & Huldah], b. July 27, 1805	LR4	637
Julia, m. Samuel **WILSON**, Jr., b. of Harwinton, Feb. 3, 1831, by Rev. George E. Pierce	M	43
Louisa, of Deerfield, Mass., m. Anson **HUNGERFORD**, of Harwinton, Apr. 14, 1824, by George E. Pierce	M	18
Luther, s. Joseph, Jr., b. June 22, 1820	LR7	559
Nehemiah, m. Huldah **HINE**, Apr. 8, 1803	LR4	637
Nehemiah, d. Dec. 20, 1808	LR4	637
Nehemiah A., m. Chloe **WILSON**, May 23, 1838, by R. M. Chipman	M	64
Nehemiah Addison, s. [Nehemiah & Huldah], b. Oct. 23, 1808	LR4	637
Norman, s. [Samuell W. & Esther], b. Mar. 17, 1791	LR3	41
Sabra, w. Samuel W., d. Feb. 3, 1785	LR3	41
Sabera, w. Samuel, d. Feb. 3, 1785	LR3	45
Samuel, s. [Eras, & Eunice], b. Apr. 19, 1835	LR7	553
Samuel Canfield, s. Samuel W. & Sabra, b. Aug. 29, 1783	LR3	41
Samuell W., m. Esther **LYMAN**, Sept. 22, 1785	LR3	41
Sarah, [d. Eros & Eunice], b. Feb. 7, 1833	LR7	553
Seth, [s. Eros & Eunice], b. July 12, 1837	LR7	553
BANCROFT, BANCRAFT, Dyan *Catlin, s. [Luman & Clarisa], b. Oct. 30, 1812 *("Dyar"?)	LR7	561
Eliza C., of Harwinton, m. Edwin **RAY**, of Wilmington, May 4, 1841, by Charles Bentley	M	74
Henry, of East Windsor, m. Amelia **PRESTON**, of Harwinton, Sept. 6, 1836, by Richard M. Chipman, V.D.M.	M	60
Lucy Ann, d. [Luman & Clarisa], b. Mar. 10, 1814	LR7	561
Lucy Ann, of Harwinton, m. Levi **SMITH**, of Northfield, Mar. 25 1834, by Rev. George E. Pierce	M	53
Luman, m. Clarisa **CATLIN**, Nov. 28, 1811	LR7	561
BARBER, [see also **BARLOW**], Abigail, of Norfolk, m. Isaiah **LOMISS**, of Harwinton, Nov. 14, 1755	LR1	17
Abner, s. Asael & Mary, b. Nov. 20, 1758	LR1	18
Abner, m. Anna **FRISBIE**, Dec. 13, 1781	LR3	43
Abner, 2nd, s. [Asa & Mindwell], b. Dec. 2, 1808	LR7	560
Almira, m. Ransom **BARNES**, Nov. 3, 1830, by Rev. George E. Pierce	M	42
Amos, s. Benjamin & Lydia, b. Oct. 18, 1779	LR2	38
Amey, d. Samuel & Comfort, b. Nov. 23, 1752	LR1	4
Ann, d. Samuel & Ann, b. Mar. 2, 1736	LR1	4

	Vol.	Page
BARBER, (cont.)		
Ann, m. Samuel **PHELPS**, b. of Harwinton, Oct. 17, 1754	LR1	11
Ann, m. Samuel **PHELPS**, Oct. 17, 1754	LR1	13
Anna, d. [Abner & Anna], b. Aug. 12, 1788	LR3	43
Anne, d. Timothy & Anne, b. Oct. 5, 1777	LR3	27
Asa, s. Abner & Anna, b. Mar. 22, 1785	LR3	43
Asa, m. Mindwell **ROSSETER**, Jan. 7, 1808	LR7	560
Asa, d. Nov. 7, 1813	LR7	560
Asa Colyer, s. [Asa & Mindwell], b. Feb. 17, 1810	LR7	560
Asack, d. Dec. 24, 1761	LR1	7
Asael, of Harwinton, m. Mary **COLBURN**, of Hartford, Jan. 19, 1756	LR1	18
Asael, s. Asael & Mary, b. May 12, 1757	LR1	18
Asael, s. Asael & Mary, b. Sept. 4, 1762	LR1	18
Asahel N., m. Olive **COOK**, Mar 21, 1822, by Joseph E. Camp	M	10
Benjamin, s. John & Deborah, b. Oct. 7, 1753	LR1	22
Benjamin, s. John, m. Lidia **MATTHEWS**, Jan. 9, 1777	LR2	38
Benum, s. [Isacher & Lina], b. June 6, 1806	LR4	645
Caroline, d. [Isacher & Lina], b. Jan. 16, 1809	LR4	645
Caroline, w., Isacher, d. May 22, 1829, ae 63	LR4	645
Charity, d. Samuel & Comfort, b. June 6, 1748	LR1	4
Charles H., m. Mariah A. **CLARK**, b. of Harwinton, Dec. 12, 1848, by Rev. Charles Bentley	M	103
Chester, s. [Simeon & Sarah], b. Dec. 26, 1798	LR4	645
Cloe, m. Josiah **DAVIS**, Jr., b. of Harwinton, Sept. 23, 1828, by Rev. George E. Pierce	M	34
Clarissa, m. Darius **SCOVEL**, b. of Harwinton, Sept. 25, 1820, by Joshua Williams	M	4
Comfort, d. Samuel & Comfort, b. Dec. 5, 1741	LR1	5
Comfort, m. Reuben **BRISTOLL**, b. of Harwinton, Mar. [ ], 1762	LR2	4
Deborah, d. John & Deborah, b. Feb. 28, 1742/3	LR1	22
Deborah, d. John & Deborah, d. Mar. 5, 1743	LR1	6
Deborah, 2nd d. John & Deborah, b. Apr. 7, 1744	LR1	22
Deborah, 2nd d. John & Deborah, d. Aug. 9, 1744	LR1	6
Eliza, m. John W. **FRISBIE**, Feb. 9, 1824, by George E. Pierce	M	18
Elizabeth, m. Isaiah **BUTLER**, Jr., b. of Harwinton, Feb. 27, 1771	LR2	24
Elizur, s. [Isacher & Lina], b. Sept. 1,1798	LR4	645
Elizur, m. Polly **PHELPS**, b. of Harwinton, Oct. 24, 1825, by Rev. George E. Pierce	M	24
George, of Avon, m. Delia **BULL**, of Harwinton, Apr. 11, 1836, by Rev. Richard M. Chipman	M	59
Gilling, d. Samuel & Comfort, b. Nov. 8, 1761	LR1	4
Hannah, 2nd, d. John & Deborah, b. Aug. 28, 1763	LR1	22
Hannah, d. Timothy & Ann, b. July 2, 1786	LR3	41
Harriet, m. Norman **WILSON**, Feb. 18, 1819, by Joshua Williams	M	0
Hephzibah, of Torrington, m. Ira **SKINNER**, of Harwinton, Oct. 6, 1788	LR4	654
Isaac, s. John & Deborah, b. June 1, 1769	LR1	22
Iscehar, s. Ruben & Sarah, b. June 26, 1763	LR1	14
Isachar, m. Ruth **TURNER**, Nov. 26, 1788	LR4	645
Isacher, m. 2nd w. Lina **BARBER**, Nov. 21, 1790	LR4	645
Jane, d. John & Deborah, b. Feb. 27, 1759	LR1	2

HARWINTON VITAL RECORDS

	Vol.	Page
BARBER, (cont.)		
Jane, d. John & Deborah, b. Feb. 27, 1761	LR1	22
Joel, s. Joel & Mary, b. July 1, 1760	LR1	20
John, of Harwinton, m. Deborah **LOOMIS**, of Windsor, May 13, 1742	LR1	22
John, s. John & Deborah, b. July 16, 1746	LR1	22
Judah, s. Ruben & Sarah, b. June 24, 1760	LR1	14
Lauson, m. Nancy **GILBERT**, Nov. 5, 1828, by Luther Hart	M	34
Lemuel, s. John & Deborah, b. July 18, 1761	LR1	22
Limuel, s. John & Deborah, b. Aug. 9, 1761	LR1	7
Levi, s. Ruben & Sarah, b. Jan. 3, 1756	LR1	14
Levi, [s. Ruben & Sarah], d. Oct. 10, 1776	LR1	14
Lewis, s. [Simeon & Sarah], b. Mar. 21, 1790	LR4	645
Lina, m. Isacher **BARBER**, Nov. 21, 1790	LR4	645
Lorra, d. [Simeon & Sarah], b. Aug. 16, 1793	LR4	645
Lovise, d. Ruben & Sarah, b. Aug. 14, 1766	LR1	14
Loyal Rosseter, s. [Asa & Mindwell], b. Aug. 20, 1811	LR7	560
Lidia, d. Reuben, Jr. & Lidia, b. July 24, 1775	LR2	26
Lyman, s. [Asa & Mindwell], b. Aug. 26, 1813	LR7	560
Marilla, m. Jason **SKINNER**, Mar. 30, 1829, by Rev. George E. Pierce	M	35
Martin, s. Reuben, Jr. & Lidy, b. Feb. 26, 1773	LR2	26
Miles, s. Timothy & Ann, b. Mar. 10, 1784	LR3	41
Miles, [s. Timothy & Ann], d. July 28, 1787	LR3	41
Mina, d. [Simeon & Sarah], b. Feb. 19, 1801	LR4	645
Mindwell, of Windsor, m. Ezekiel **SCOUFELL**, of Harwinton, Oct. 23, 17 [ ]	LR1	4
Mol[l]y, d. Asael & Mary, b. Nov. 16, 1760	LR1	18
Norman, s. [Simeon & Sarah], b. Apr. 12, 1781	LR4	645
Norman, m. Honor **COOK**, b. of Harwinton, Oct. 4, 1846, by Charles Bentley	M	94
Norris Benham, s. [Simeon & Sarah], b. Sept. 24, 1784	LR4	645
Olive, m. Reuben C. **OSBORN**, b. of Harwinton, Mar. 30, 1846, by C. Bentley	M	92
Orrin, m. Sally **PHELPS**, Feb. 7, 1819, by Joshua Williams	M	0
Orson, m. Emily **OSBORN**, Mar. 15, 1829, by Rev. George E. Pierce	M	36
Paciance, d. Samuel & Comfort, b. June 20, 1740	LR1	4
Phebe, d. [Isacher & Lina], b. Jan. 9, 1801	LR4	645
Phebe, d. [Isacher & Lina]. d. Mar. 3, 1811	LR4	645
Prudence, d. Samuel & Comfort, b. Nov. 12, 1743	LR1	5
Prudence, m. Jonathan **PRESTON**, b. of Harwinton, May 9, 1765	LR2	4
Rachel, d. Reuben, Jr. & Lidy, b. Nov. 25, 1771	LR2	26
Ruben, m. Sarah **MERRIMAN**, b. of Harwinton, Aug. 7, 1751	LR1	14
Ruben, s. Ruben & Sarah, b. Nov. 26, 1751	LR1	15
Reuben, Jr. m. Lidy **GILLET**, b. of Harwinton, July 22, 1771	LR2	26
Roswell Matthews, s. Benjamin & Lydia, b. Feb. 21, 1778	LR2	38
Ruth, [w. Isachar], d. Mar. 7, 1789	LR4	645
Ruth, d. [Timothy & Ann], b. Nov. 5, 1789	LR3	41
Ruth, of Harwinton, m. Lawrence **CARROLL**, of Farmington, Nov. 3, 1830, by Rev. George E. Pierce	M	42
Ruthy, d. [Isacher & Lina], b. June 1, 1803	LR4	645

	Vol.	Page
BARBER, (cont.)		
Sally, d. [Simeon & Sarah], b. Sept. 11, 1787	LR4	645
Sally B., of Harwinton, m. George H. **BIRGE**, of Torringford, Mar. 15, 1838, by R. M. Chipman	M	63
Samuel, m. Comfort **MARRIMEN**, b. of Harwinton, Aug. 14, 1738	LR1	3
Samuel, s. Samuel & Comfort, b. Aug. 22, 1750	LR1	4
Samuel, [& w. Comfort had child b. Apr. 6, [ ]	LR1	3
Sarah, d. Ruben & Sarah, b. Feb. 18, 1758	LR1	14
Sarah, m. Jacob **HINSDALE**, Jr., Jan. 16, 1782	LR3	40
Sarah E., m. Charles M. **WILSON**, May 19, 1846, by Charles Bentley	M	92
Sheldon, s. [Simeon & Sarah], b. May 17, 1796	LR4	645
Sheldon, m. Lucretia **WILSON**, June 3, 1819, by Joshua Williams	M	0
Sheldon A.*, m. Clarissa J. **BARLOW**, Sept. 4, 1844, by Charles Bentley *(Perhaps "Sheldon A. Barlow")	M	86
Sherman, s. [Isacher & Lina], b. July 1, 1796	LR4	645
Sherman B., m. Mary S. **OSBORN**, b. of Harwinton, Nov. 2, 1852, by Rev. W. G. Jones	M	109
Simeon, s. Ruben & Sarah, b. Aug. 13, 1753	LR1	14
Simeon, m. Sarah **PECK**, Jan. 14, 1779	LR4	645
Timothy, s. John & Deborah, b. Oct. 9, 1748	LR1	22
Timothy, m. Anne **PECK**, b. of Harwinton, May 29, 1776	LR3	27
Timothy, m. Ann **PECK**, May 28, 1786 [sic]	LR3	41
Turner, s. [Isacher & Lina], b. May 17, 1794	LR4	645
Vinson, s. Isacher & Lina, b. Apr. 29, 1792	LR4	645
William B., m. Judeth **FRISBIE**, May 4, 1834, by Rev. George E. Pierce	M	54
William C., of Torringford, m. Sarah **BIRGE**, of Harwinton, Oct. 16, 1850, by Rev. Warren G. Jones	M	104
Zebulon, s. Ruben & Sarah, b. May 2, 1769	LR1	14
BARKER, Daniel, s. Uziel & Desire, b. Feb. 22, 1759	LR1	23
Elihu, of Harwinton, m. Bethiah **THOMAS**, of Farmington, June 20, [ ]	LR2	1
Emily J., m. Horace **BISSELL**, b. of Harwinton, Dec. 13, 1843, by Charles Bentley	M	84
Jared, s. Uziel & Desire, b. Jan. 1, 1757	LR1	23
Mary, d. Elihu & Bethiah, b. May 21, [ ]	LR2	1
BARLOW, [see also **BARBER**], Clarissa J., m. Sheldon A. **BARLOW**,* Sept. 4, 1844, by Charles Bentley *(Perhaps "Barber")	M	86
Mariett, of Harwinton, m. Frances **CASWELL**, of Plymouth, May 5, 1845, by Charles Bentley	M	89
Sheldon A.*, m. Clarissa J. **BARLOW**, Sept. 4, 1844, by Charles Bentley *(Perhaps "Sheldon A. **BARBER**")	M	86
BARNES, BARNS, Asa, m. Elizabeth **JOHNSON**, b. of Litchfield, Oct. 1, 1833, by Rev. George E. Pierce	M	52
Hannah, m. Julius **BROWN**, b. of Harwinton, Aug. 23, 1820, by Joshua Williams	M	2

HARWINTON VITAL RECORDS

	Vol.	Page
BARNES, BARNS, (cont.)		
Lucy, of Royalston, Vt., m. Daniel **HINMAN**, of Harwinton, May 8, 1833, by Rev. George E. Pierce	M	50
Ransom, m. Almira **BARBER**, Nov. 3, 1830, by Rev. George E. Pierce	M	42
Rhoda, d. James **BARNES** & Dorrothy **GRISWOLD**, b. Feb. 9, 1760	LR2	26
Rhoda, m. Jeremiah **MEACHAM**, Apr. 27, 1780	LR3	33
Stephen, of New Hartford, m. Hannah **WEBSTER**, of Harwinton, June 30, 1840, by Charles Bentley	M	72
Viana, m. Simon **STERNS**, Nov. 26, 1807	LR7	570
BARTHOLOMEW, Abigail, d. Daniel & Sarah, b. Apr. 11, 1744	LR1	21
Allin, s. Charles, & Jerusha, b. Apr. 4, 1782	LR2	38
Alma, d. [Heman & Lois], b. Sept. 8, 1799	LR7	562
Andrew, Rev., m. Mrs. Sarah **CATLING**, b. of Harwinton, Oct. 29, 1740	LR1	3
Andrew, s. Andrew & Sarah, b. Aug. 8, 1745	LR2	18
Andrew, Jr., of Harwinton, m. Sarah **WIARD**, of Farmington, Dec. 27, 1769	LR2	11
Andrew, s. Andrew & Sarah, b. Mar. 20, 1774	LR2	11
Andrew, Rev., d. Mar. 6, 1776, in the 62nd y. of his age	LR2	18
Anna, d. [Edward & Onner], b. Sept. 25, 1799	LR7	561
Anne, d. [Reuben & Thankful], b. July 19, 1777	LR2	25
Anne, d. [Edward & Onnour], b. Sept. 25, 1799	LR4	654
Augusta, d. [James & Rebecca], b. Mar. 6, 1801	LR4	653
Belinda, d. [Heman & Lois], b. Oct. 8, 1795	LR7	562
Belinda, m. Dan **CATLIN**, Jan. 29, 1815	LR7	552
Benjamin, s. Daniel & Sarah, b. Aug. 1, 1748	LR1	21
Benjamin, of Harwinton, m. Mary **SPENCER**, of New Hartford, Nov. 17, 1777	LR2	40
Benjamin, s. Benjamin & Mary, b. Nov. 26, 1780	LR2	40
Betsey, d. [James & Rebecca], b. Mar. 10, 1793	LR4	653
Calvin, s. [Heman & Lois], b. June 30, 1806	LR7	562
Carolina, d. [Heman & Lois], b. Apr. 24, 1812	LR7	562
Charles, s. Andrew & Sarah, b. Oct. 13, 1749	LR2	18
Charles, of Harwinton, m. Jerusha **FARGO**, of Torringford, June 26, 1777	LR2	38
Charles, s. Charles, & Jerusha, b. Apr. 24, 1778	LR2	38
Charles, s. [Dan & Belinda], b. Apr. 30, 1820	LR7	552
Chloe, d. Charles & Jerusha, b. Nov. 11, 1779	LR2	38
Daniel, s. Daniel & Sarah, b. Oct. 17, 1741	LR1	21
Daniel, d. Oct. 25, 1777, ae 69 y. 9 d.	LR3	32
Daniel, s. Jacob & Mabel, b. Feb. 6, 1788	LR2	13
Daniel, s. [James & Rebecca], b. Oct. 25, 1805	LR4	653
Deming, s. [Edward & Onnour], b. May 11, 1795	LR4	654
Demming, s. [Edward & Onnour], b. May 11, 1795	LR7	561
Edward, s. Reuben & Thankful, b. Apr. 8, 1771	LR2	25
Edward, b. Apr. 8, 1771; m. Onner **CATLIN**, Aug. 17, 1794	LR7	561
Edward, m. Onnour **CATLIN**, Aug. 17, 1794	LR4	654

	Vol.	Page
BARTHOLOMEW, (cont.)		
Edward, s. [Edward & Onnour], b. May 24, 1797	LR4	654
Edward, s. [Edward & Onner], b. May 24, 1797	LR7	561
Elizabeth, d. Daniel & Elizabeth, b. Feb. 26, 1753	LR3	32
Elizabeth, m. Moses **WARNER**, Dec. 24, 1778	LR3	36
Elizabeth, d. Dec. 5, 1785, ae 69 y. 7 m. 21 d.	LR3	32
Emeline, d. Dan & Belinda, b. Nov. 5, 1815	LR7	552
Emily, d. [Lathrop & Martha], b. Mar. 2, 1805	LR7	558
Emily, of Harwinton, m. Simeon **STILLMAN**, of Hartford, Oct. 20, 1826, by Rev. George E. Pierce	M	28
Eunice, d. Reuben & Thankful, b. May 22, 1775	LR2	25
Eunice, d. [Edward & Onner], b. May 13, 1806	LR7	561
Eunice, of Harwinton, m. Lyman **PHELPS**, of Middletown, Nov. 6, 1826, by Rev. George E. Pierce	M	28
Ezra Spencer, s. Benjamin & Mary, b. Mar. 16, 1779	LR2	40
George, 2nd s. [Dan & Belinda], b. Feb. 8, 1826	LR7	552
Hannah, d. Andrew & Sarah, b. Aug. 16, 1741; d. Oct. 18, 1741	LR2	18
Hannah, d. Andrew & Sarah, b. Aug. 16, 1742	LR1	21
Hannah, d. Andrew & Sarah, b. Oct. 18, 1842	LR1	6
Hannah, d. Andrew & Sarah, b. Apr. 19, 1752	LR2	18
Hannah, d. Jacob & Mehetable, b. Nov. 11, 1778	LR2	13
Hannah, m. Benjamin **GRISWOLD**, May 6, 1779	LR4	644
Harriet, 3rd d. [Dan & Belinda], b. Feb. 5, 1822	LR7	552
Heman, 2nd s. Reuben & Thankfull, b. Aug. 15, 1766	LR1	23
Heman, 2nd s. Reuben & Thankful, b. Aug. 15, 1766	LR2	25
Heman, m. Lois **HART**, Nov. 24, 1794	LR7	562
Heman, & Lois, had s. ( ), b. Mar. 20, 1809; d. Apr. 10, 1809	LR7	562
Henry, 4th s. [Dan & Belinda], b. Dec. 5, 1833	LR7	552
Honour, see under Onnour		
Huldah, d. Reuben & Thankfull, b. Apr. 8, 1768	LR1	23
Huldah, d. Reuben & Thankful, b. Apr. 8, 1768	LR2	25
Jacob, m. Mehetable **JOHNSON**, b. of Harwinton, Jan. 17, 1770	LR2	13
Jacob, s. Jacob & Mehetable, b. Aug. 8, 1776	LR2	13
James, m. Rebecca **CATLIN**, b. of Harwinton, May 21, 1788	LR4	653
James Catlin, s. [James & Rebecca], b. Apr. 26, 1799	LR4	653
John Brooks, m. Eunice **HARRISON**, b. of Harwinton, Aug. 29, 1821, by Joshua Williams	M	7
Julia, d. [Heman & Lois], b. Oct. 22, 1802	LR7	562
Julia, m. Sheldon **OSBORN**, b. of Harwinton, Nov. 23, 1825, by Rev. George E. Pierce	M	24
Lathrop, s. Reuben & Thankfull, b. May 14, 1773	LR2	25
Lathrop, m. Martha **DEMING**, May 13, 1804	LR7	558
Lathrop, of Harwinton, m. Mrs. Elizabeth **GOFF**, of Rocky Hill, Feb. 1, 1846, by Charles Bentley	M	91
Laura, of Harwinton, m. George **COLTON**, of Wintonbury, Mar. 30, 1828, by Rev. George E. Pierce	M	31
Laurinda, d. [Reuben & Jerusha], b. June 25, 1805	LR7	570

HARWINTON VITAL RECORDS

	Vol.	Page
BARTHOLOMEW, (cont.)		
Lois, d. [Heman & Lois], b. Aug. 8, 1797	LR7	562
Lois, m. Harmon **READ**, Dec. 31, 1821, by Joseph E. Camp	M	9
Louisa, d. [Reuben & Jerusha], b. Sept. 6, 1806	LR7	570
Louisa, d. [Reuben & Jerusha], d. July 5, 1807	LR7	570
Lucius, s. [Heman & Lois], b. Oct. 29, 1810; d. June 29, 1811	LR7	562
Luther, 3rd s. [Dan & Belinda], b. Oct. 26, 1831	LR7	552
Lydia Celestia, m. Percival **BUTLER**, May 5, 1830, by Luther Hart	M	39
Margaret, d. Andrew & Sarah, b. May 1, 1756	LR2	18
Marilla, d. Andrew, Jr. & Sarah, b. Dec. 4, 1770	LR2	11
Martha, d. Samuel & Martha, b. Oct. 9, 1764	LR1	19
Martin, s. Andrew & Sarah, b. Aug. 18, 1776	LR2	11
Mary, d. Jacob & Mehetable, b. Feb. 8, 1772	LR2	13
Mary, d. [James & Rebecca], b. Apr. 24, 1797	LR4	653
Onnour, d. [Edward & Onnour], b. July 31, 1803	LR4	654
Onner, d. [Edward & Onner], b. July 31, 1803	LR7	561
Phinehas, s. Andrew & Sarah, b. May 2, 1754	LR2	18
Rebeckah, d. [James & Rebecca], b. Jan 22, 1795	LR4	653
Reuben, m. Thankfull **DEWEY**, b. of Harwinton, Sept. 15, 1762	LR1	23
Reuben, m. Thankful **DEWEY**, b. of Harwinton, Sept. 15, 1762	LR2	25
Reuben & Thankfull, had s. ( ), b. Dec. 18, 1764; d. Jan. 18, 1765	LR1	23
Reuben & Thankful, had s. ( ), b. Dec. 18, 1764; d. Jan 18, 1765	LR2	25
Reuben, s. [Reuben & Thankfull], b. Aug. 18, 1779	LR2	25
Reuben, ae 24, m. Jerusha **SKINNER**, ae 23, May 22, 1804	LR7	570
Reuben, m. Clarissa **PARMELEE**, b. of Harwinton, June 2, 1841, by Sheldon Osborn, J.P.	M	75
Rhoda, d. [James & Rebecca], b. Dec. 24, 1790	LR4	653
Sabra, d. Andrew & Sarah, b. Apr. 19, 1759	LR2	18
Samuel, m. Martha **BUTLER**, b. of Harwinton, June 4, 1761	LR1	19
Samuel, s. Samuel & Martha, b. Oct. 21, 1763	LR1	19
Samuel, hus. of Martha, d. June 9, 1766	LR1	19
Sarah, d. Andrew & Sarah, b. May 1, 1743	LR2	18
Sarah, d. Daniel & Sarah, b. Apr. 20, 1746	LR1	21
Sarah, m. Nathaniel **BULL**, b. of Harwinton, Feb. 3, 1763	LR1	10
Sarah, of Harwinton, m. Nathaniel **BULL**, late of Hartford, now of Harwinton, Feb. 3, 1763	LR2	23
Sarah, of Harwinton, m. Hezekiah **LEECH**, of Torrington, Sept. 14, 1769	LR2	15
Sarah, d. Andrew, Jr. & Sarah, b. Mar. 3, 1773; d. May 5, 1773	LR2	11
Sarah, d. [Reuben & Thankful], b. July 4, 1782	LR2	25
Sarah, 2nd d. [Dan & Belinda], b. Oct. 8, 1817	LR7	552
Thankfull, d. Reuben & Thankfull, b. July 28, 1763	LR1	23
Thankful, d. Reuben & Thankful, b. July 28, 1763	LR2	25
Ursula, d. [James & Rebecca], b. Apr. 6, 1789	LR4	653
William, s. Jacob & Mehetable, b. May 22, 1774	LR2	13
William, s. Jacob & Mehetable, d. Oct. 10, 1776	LR2	13
William Gay, s. [Reuben & Jerusha], b. May 12, 1808	LR7	570
BASSETT, BASSET, Leverett J., m. Belinda **HOLT**, b. of Harwinton, June 8, 1820, by Joshua Williams	LR7	500

	Vol.	Page
BASSETT, BASSET, (Cont.)		
Leverett J., m. Belinda **HOLT**, b. of Harwinton, June 8, 1820, by Joshua Williams	M	1
Lois, of Harwinton, m. John F. **COE**, of Plymouth, Apr. 10, 1854, by Rev. Israel P. Warren, of Plymouth	M	112
BEACH, Hiram, m. Harriet, A. **GILBERT**, May 4, 1831, by Luther Hart	M	45
Land, m. Betsey **FORD**, July 4, 1821, by Luther Hart	M	10
Levi, of Patoser(?), Pennsylvania(?), m. Fanny F. **FRISBIE**, of Harwinton, July 1, 1843, by Charles Bentley	M	82
Mary A., of Plymouth, m. Levi F. **HOLT**, of Harwinton, July 4, 1843, by Charles Bentley	M	83
Moses, Jr., s. Moses & Amy, b. Oct. 10, 1795	LR4	643
Silvester, s. [Moses & Amy], b. Feb. 10, 1798	LR4	643
Sylvester, of Harwinton, m. Dienah **MOSIER**, of Hartford, June 21, 1820, by Joshua Williams	LR7	500
Sylvester, of Harwinton, m. Dianah **MOSIER**, of Hartford, June 21, 1820, by Joshua Williams	M	1
BEARDSLEE, Peter, Dr. of Wolcottville, m. Mindwell M. **SCOVILLE**, of Harwinton, Sept. 12, 1848, by Rev. Charles Bentley	M	101
BECKWITH, [see also **PICKWITH**], Enos, of Burlington, m. Clarissa **HART**, of Berlin, July 2, 1823, by George E. Pierce	M	16
George, of Lisle, N. Y., m. Sally **GAYLORD**, of Harwinton, Sept. 15, 1824, by Rev. George E. Pierce	M	19
[**BEEBE**], **BEBEE,** Cloe, m. Elias **SMITH**, b. of Harwinton, Dec. 18, 1825, by Rev. George E. Pierce	M	25
Elizabeth, m. Ely **ALFORD**, Mar. 1, 1786	LR4	649
[**BEECHER**], **BEACHER,** Clement, s. Isaac & Lois, b. May 23, 1778	LR3	31
BELDEN, Willis, of Wethersfield, m. Sophronia A. **PECK**, of Harwinton, Nov. 28, 1841, by Rev. David Miller	M	77
BENEDICT, Abigail, m. Dan **AUSTIN**, Oct. 15, 1787	LR4	646
BENSON, Mary, of Waterbury, m. Aaron **FOOT**, of Harwinton, Nov. 13, 1760	LR2	7
BENTON, Abigail, of Hartford, d. Jacob & Abigail, b. Sept. 18, 1725	LR1	1
Abigail, of Hartford, w. Jacob, d. Sept. 22, 1725	LR2	1
Abigail, d. Amos & Jerusha, b. July 23, 1765	LR2	9
Abigail, m. Job **ALFORD**, Jr., Oct. 9, 1793	LR4	655
Amos, of Hartford, s. Jacob & Elizabeth, b. Nov. 10, 1732, at Hartford	LR1	1
Amos, of Harwinton, m. Elizabeth **WHITE**, of Hartford, May 13, 1756	LR1	33
Amos, of Harwinton, m. Elizabeth **WHITE**, of Hartford, May 13, 1756	LR2	9
Amos, s. Amos, & Elizabeth, b. Mar. 27, 1757	LR1	33
Amos, s. Amos & Elizabeth, b. Mar. 27, 1757	LR2	9
Amos, m. Jerusha **BULL**, b. of Harwinton, Jan. 18, 1759	LR1	18
Amos, m. Jerusha **BULL**, b. of Harwinton, Jan. 18, 1759	LR2	9
Barnabus, s. Jacob & Elizabeth, b. Jan. 3, 1734, at Hartford	LR1	1
Barnabus, m. Martha **GRISWOLD**, Feb. 15, 1758	LR1	32
Barnabus, m. Martha **GRISWOLD**, b. of Harwinton, Feb. 15, 1758	LR2	5
Barnabus, s. Barnabus & Martha, b. Nov. 24, 1760	LR1	32
Barnabus, s. Barnabus & Martha, b. Nov. 24, 1760	LR2	5
Barnabus, s. Barnabus & Martha, b. Sept. 2, 1763	LR2	21
Barnabus, 2nd, s. Barnabus & Martha, b. Apr. 17, 1764	LR2	5

	Vol.	Page
BENTON, (cont.)		
Barnabus, 2nd, s. Barnabus & Martha, d. May 3, 1764	LR2	21
Barnabus, 3rd, s. Barnabus & Martha, b. Mar. 8, 1765	LR2	5
Cinathe, d. Barnabus & Martha, b. July 18, 1776	LR2	5
Elizabeth, Jr., d. Jacob & Elizabeth, b. June 17, 1738, at Harwinton	LR1	1
Elizabeth, d. Jacob & Elizabeth, b. June 27, 1738	LR1	2
Elizabeth, w. Amos, d. Aug. 17, 1757, in the 31st y. of her age	LR1	33
Elizabeth, w. Amos, d. Aug. 17, 1757, in the 31st y. of her age	LR2	9
Elizabeth, m. Silas **GRIDLEY**, Dec. 2, 1779	LR3	32
Elizabeth, m. Silas **GRIDLEY**, Dec. 2, 1779	LR3	44
Ichabod, s. Amos & Jerusha, b. Sept. 13, 1767	LR2	9
Jacob, formerly, of Hartford, m. Abigail **CARTER**, of Hartford, July 6, 1724	LR1	1
Jacob, Jr. of Hartford, s. Jacob & Elizabeth, b. Jan. 8, 1728, at Hartford	LR1	1
Jacob, formerly of Hartford, now of Harwinton, m. Elizabeth **HINSDELL**, of Hartford, Apr. 4, 1728	LR1	1
Jacob, Dea., d. Nov. 2, 1761, in the 62nd y. of his age	LR1	7
Jerusha, d. Amos & Jerusha, b. Nov. 25, 1762	LR2	9
Lois, d. [William & Lois], b. Mar. 9, 1796	LR4	642
Lora, m. Ashbil **PORTER**, [ ]	LR2	21
Lorane, d. Barnabus & Martha, b. June 22, 1762	LR1	32
Lorena, d. Barnabus & Martha, b. June 22, 1762	LR2	5
Lydia, d. Barnabus & Martha, b. May 4, 1771	LR2	5
Maria, d. [William & Lois], b. Sept. 29, 1800	LR4	642
Martha, d. Barnabus & Martha, b. Feb. 27, 1759	LR1	32
Martha, d. Barnabus & Martha, b. Feb. 27, 1759	LR2	5
Martha, wid., m. Lieut. Joseph **COOK**, Mar. 14, 1779	LR3	43
Mary, of Harwinton, formerly of Glastenbury, m. Ashbell **HOPKINS**, of Harwinton, Jan. 26, 1756	LR1	32
Nabbe, d. Barnabus & Martha, b. Apr. 19, 1774	LR2	5
Nathaniel White, s. Amos & Jerusha, b. Jan. 5, 1760	LR1	18
Nathaniel White, s. Amos & Jerusha, b. Jan 5, 1760	LR2	9
Phinehas, of Hartford, s. Jacob & Elizabeth, b. Jan. 10, 1730, at Hartford	LR1	1
Phinehas, s. Jacob & Elizabeth, d. Aug. 16, 1749, in the 14th y. of his age	LR1	6
Phinehas, s. Amos & Jerusha, b. Sept. 2, 1772	LR2	9
Rimmon, s. Amos & Jerusha, b. May 29, 1761	LR1	18
Rimmon, s. Amos & Jerusha, b. May 29, 1761	LR2	9
Roger, s. Amos & Jerusha, b. Aug. 13, 1770	LR2	9
Seth, s. Barnabus & Martha, b. May 20, 1767	LR2	5
Wells, s. [William & Lois], b. Jan. 8, 1794	LR4	642
William, s. Barnabus & Martha, b. Apr. 22, 1769	LR2	
William, m. Lois **KELLOGG**, Mar. 17, 1793	LR4	642
William Pomroy, s. [William & Lois], b. July 7, 1798	LR4	642
BLANTON, Jerusha, of Farmington, m. James **TYLER**, of Harwinton, May 15, 1760	LR1	17
BICKFORD, BICKFOR, Hannah, of Waterford, m. Jacob **TYLER**, of Harwinton, May 12, 1762	LR1	22
Hannah, see Hannah BICKFORD **TYLER**	LR1	7

	Vol.	Page
BIGELOW, Sophia, of Harwinton, m. Asahel **McKEE**, of Plymouth, Mar. 8, 1821, by Datus Ensign, Elder	M	5
BILLS, Hannah, of Harwinton, m. Titus **FOOT**, of Watertown, June 8, 1846, by Rev. Gaer S. Gilbert, of Wolcottville	M	93
BIRGE, Eunice, m. Dan **CATLIN**, [ ]	LR4	641
George H. of Torringford, m. Sally B. **BARBER**, of Harwinton, Mar. 15, 1838, by R. M. Chipman	M	63
Luther, of Torrington, m. Nancy Jane **WILSON**, of Harwinton, Oct. 15, 1827, by Rev. Epaphras Goodman	M	31
Mary C., m. Daniel A. **WILSON**, Oct. 18, 1842, by C. Bentley	M	81
Sarah, of Harwinton, m. William C. **BARBER**, of Torringford, Oct. 16, 1850, by Rev. Warren G. Jones	M	104
BISHOP, Caroline, of Harwinton, m. Dennis **JOHNSON**, of Waterbury, Apr. 12, 1831, by Rev. George E. Pierce	M	44
Mary Ann, of Harwinton, m. Russel **PECK**, of Bristol, Aug. 31, 1830, by Rev. George E. Pierce	M	41
Walter G., of Mereden, m. Juliette **HUNGERFORD**, of Harwinton, Apr. 12, 1848, by Charles Bentley	M	99
BISSELL, BISSEL, Anne, m. John **DAVIS**, May 27, 1790	LR3	29
Dorcas, d. Jabez & Dorcas, b. Apr. 26, 1742	LR1	5
Dorcas, d. Jabez & Dorcas, d. Apr. 29, 1742	LR1	6
Horace, m. Nancy **BRACE**, May 26, 1818	LR7	554
Horace, m. 2nd w. Lois **HALE**, July 4, 1820	LR7	554
Horace, s. [Horace & Lois], b. June 26, 1821	LR7	554
Horace, m. Emily J. **BARKER**, b. of Harwinton, Dec. 13, 1843, by Charles Bentley	M	84
Jerusha, d. Jabez & Dorcas, b. Aug. 22, 1743	LR1	23
Jonathan Marsh, s. Jabez & Dorcas, b. Aug. 12, 1748	LR1	23
Jonathan Marsh, s. Jabez & Dorcas, d. Jan. 14, 1749/50	LR1	6
Luman P., of Kent, m. Sarah A. **WEBB**, of Harwinton, Sept. 8, 1847 by Charles Bentley	M	96
Mary, d. Jabez & Dorcas, b. Feb. 15, 1744/5	LR1	23
Nancy, [w. Horace], d. Oct. 15, 1819	LR7	554
Nancy Brace, d. [Horace & Nancy], b. July 7, 1819	LR7	554
Samuel, of Aurora, O., m. Fanny **GAYLORD**, of Harwinton, Sept. 15, 1824, by Rev. George E. Pierce	M	19
BLAKE, Sarah, of Middletown, m. Elisha **JOHNSON**, of Middletown, Dec. 10, 1778	LR3	44
BLAKESLEE, BLACKEE, BLACKLEE, BLACKLEES, BLACKSLEE,		
BLAKESLEY, BLAKLEE, Ambrose, 3rd s. Ruben, b. June 21, 1762	LR2	10
Anah, w. Silas, d. July 24, 1795	LR4	643
Beri, s. [Silas & Anna], b. Mar. 13, 1791	LR3	47
Cloe, d. [Silas & Anna], b. Aug. 16, 1786	LR3	47
Cloe, d. [Silas & Anna], d. Feb. 19, 1792	LR3	47
Clary, d. [Silas & Pruda], b. Aug. 11, 1802	LR4	643
Eunice, m. Joseph **HUNGERFORD**, May 10, 1785	LR3	46
Hannah, m. Eliphalet **HUNGERFORD**, Nov. 13, 1799	LR4	634
Jonathan, m. Ruth **BLAKESLEE**, May 10, 1781	LR3	37
Lewis, s. [Silas & Anna], b. July 17, 1788	LR3	47
Lorrain, d. Silas & Anah, b. May 22, 1766	LR4	643
Lucius, s. Silas & Pruda, b. May 29, 1800	LR4	643
Lydia, d. Ruben, b. June 27, 1767	LR2	10

	Vol.	Page
BLAKESLEY, BLAKLEE, (cont.)		
Marah, twin with Submit, d. Ruben, b. Oct. 24, 1770	LR2	10
Mary, w. Ruben, d. Mar. 18, 1775, in the 45th y. of her age	LR2	10
Meriam, twin with Rhoda, d. Ruben, b. Sept. 27, 1768	LR2	10
Merriam, m. Samuel **BROWN**, Sept. 1, 1791	LR4	653
Ruben & Mary, had child s. b. Mar. 18, 1775 (This being the 14th child)	LR2	10
Reuben, m. 2nd w. wid. Rebeckah **WAY**, May 31, 1775	LR2	10
Reuben, d. Mar. 15, 1788	LR2	10
Rhoda, twin with Meriam, d. Ruben, b. Sept. 27, 1768	LR2	10
Ruth, m. Jonathan **BLAKESLEE**, May 10, 1781	LR3	37
Silas, m. Anna **WEY**, June 16, 1778	LR3	47
Silas, m. Pruda **LEWIS**, Dec. 2, 1797	LR4	643
Submit, d. Ruben, d. Jan. 13, 1769	LR2	10
Submit, twin with Marah, d. Ruben, b. Oct. 24, 1770	LR2	10
BOLTON, Alect. of Coxsakie, N.Y., m. Calista **SANFORD**, of Plymouth, Sept. 28, 1847, by Charles Bentley	M	97
BOLTS, Sarah, of Harwinton, m. John S. **HERBERT**, of Sandisfield, Mass., Aug. 27, 1835, by Richard M. Chipman,V.D.M.	M	57a
BONNELL, [see under **BUNNELL**]		
BOOTH, Emily G., of Harwinton, m. Joseph A. **HINE**, of Milford, Jan. 5, 1845, by C. Bentley	M	88
BOTSFORD, Mary Ann, of Derby, m. George **ALFORD**, of Harwinton, Feb. 24, 1851, by Rev. Warren G. Jones	M	105
BOWER, Daniel, s. Daniel & Ruth, b. Apr. 28, 1763	LR1	9
BRACE, Anne, d. Elizur & Anne, b. Dec. 14, 1776; d. Apr. 14, 1777	LR3	48
Anne, 2nd, d. Elizur & Anne, b. May 17, 1778	LR3	48
Auther,*, s. Elizur & Anns, b. Apr. 3, 1781 *(Perhaps Anther")	LR3	48
Betsey, d. [James & Elizabeth Sarah Anna], b. Apr. 8, 1789	LR4	639
David, s. Elizur & Anne, b. May 5, 1784	LR3	48
Dorcas, of Hartford, m. Daniel **CATLING**, of Harwinton, Dec. [ ], 1743	LR2	12
Electa, d. [James & Elizabeth Sarah Anna], b. Sept. 12, 1790	LR4	639
Electa, b. Sept. 12, 1790, in Harwinton; m. Gaylord **WELLS**, June 16, 1814	LR7	559
Elizur, of Harwinton, m. Anne **PERREY**, of Stratford, Nov. 24, 1774	LR3	48
Elizur Perrey, s. Elizur & Anne, b. Aug. 23, 1775	LR3	48
Eunice, d. Jonathan & Mary, b. Aug. 16, 1747	LR1	22
[E[unis, m. Jabez **GILBERT**, b. of Harwinton, Feb. 6, 1766	LR2	27
Hannah, d. Jonathan & Mary, b. May 24, 1745	LR1	22
Hannah, m. Jesse **WOODRUFF**, b. of Harwinton, Dec. 10, 1761	LR2	6
James, m. Elizabeth Sarah Anna **SHELTON**, Aug. 11, 1785	LR4	639
James Shelton, s. [James & Elizabeth Sarah Anna], b. Oct. 22, 1787; d. Mar. 30, 1788	LR4	639
John Chester, s. Elizur & Anne, b. Sept. 13, 1779	LR3	48
Jonathan, m. Mary **MESSENGER**, b. of Harwinton, Nov. 9, 1738	LR1	2
Lenda, d. Nathaniell & Margaret, b. July 14, 1784	LR3	34
Mary, d. Jonathan & Mary, b. Sept. 15, 1740	LR1	22
Mary, m.. Jacob **HINSDALE**, Jr., b. of Harwinton, May 11, 1758	LR1	9
Minerva, d. [James & Elizabeth Sarah Anna], b. Dec. 25, 1791	LR4	639
Nancy, d. [James & Elizabeth Sarah Anna], b. Apr. 6, 1793	LR4	639

	Vol.	Page
BRACE, (cont.)		
Nancy, m. Horace **BISSELL**, May 26, 1818	LR7	554
Nathaniel, m. Margaret **BUTLER**, Jan. 9, 1782	LR3	34
Rachel, d. Jonathan & Mary, b. Sept. 18, 1739; d. Oct. 27, 1739	LR1	3
Rachel, d. Jonathan & Mary, b. Aug. 25, 1742	LR1	22
Samuel John Mills, s. Elizur & Anne, b. Sept. 10, 1785	LR3	48
Stephen, s. Elizur & Anne, b. Oct. 22, 1782	LR3	48
BRADLEY, Abigail, of Farmingbury, m. Israel **MERRIMAN**, of Harwinton, Apr. 17, 1782, by Thomas Matthews, J.P.	LR3	40
Alvin, m. Ann **ABERNETHY**, b. Harwinton, June 16, 1823, by George E. Pierce	M	15
Benjamin N., of Harwinton, m. Susan A. **WELLS**, of Wintonbury, May 25, 1829, by Rev. George E. Pierce	M	36
Rhoda, m. Ashbel **SKINNER**, Jr., June 3, 1779	LR2	37
BREWER, Hastings, m,. Fidelia **BUNNELL**, Sept. 11, 1842, by Rev. Henry Zill	M	86
BRIANT, Sarah, of Wolcottville, m. Lorenzo **CLEVELAND**, of Harwinton, Aug. 31, 1845, by Charles Bentley	M	90
BRISTOL, BRISTOLL, Abel, of Harwinton, m. Mary **NORTON**, of Goshen, Jan. 24, 1774	LR3	29
Emeline, m. Horace **STONE**, b. of Harwinton, May 7, 1844, by Charles Bentley	M	85
Isaac, s. Reuben & Comfort, b. Oct. 21, 1762	LR2	4
Julia, m. Ellis **BONNELL**, May 14, 1835, by R. M. Chipman, V.D.M.	M	57
Lois, d. Abel & Mary, b. Dec. 4, 1775	LR3	29
Mary Ann, of Harwinton, m. Ferrand **DUNBAR**, of Plymouth, Oct. 31, 1832, by Rev. George E. Pierce	M	49
Reuben, m. Comfort **BARBER**, b. of Harwinton, Mar. [ ], 1762	LR2	4
Reuben, s. Reuben & Comfort, b. Apr. 3, 1765	LR2	4
Silas, m. Harriet **DAVIS**, b. of Harwinton, Aug. 23, 1853, by Rev. Isaac Sanford	M	111
Silas B., m. Julia L. **DODGE**, May 2, 1837, by Richard M. Chipman	M	61
Thaddues, m. Clarissa B. **LOVEJOY**, Sept. 5, 1843, by Rev. Henry Zill	M	86
BROCKETT, Jane, of North Haven, m. Elias **COLT**, of Harwinton, Apr. 28, 1830, by Rev. George E. Pierce	M	40
BROOKS, Almeda, of Harwinton, m. Laontius **MOORE**, of Torrington, Apr. 29, 1823, by Rev. Epaphras Goodman	M	11
Polly Mariah, of Harwinton, m. Luman **CARRINGTON**, of Litchfield, Jan. 6, 1839, by Benajah Haden, J. P.	M	66
Solomon, of Bristol, m. Elizabeth **GOODSELL**, of Hartland, Oct. 20, 1829, by Benajah Haden, J. P.	M	38
Willard L., of Livinia, m. Lurana **SANFORD**, of Harwinton, July 24, 1834, by Rev. Cyrus Yale	M	55
BROWN, Ebenezer, of Waterbury, m. Lucy **BROWN**, of Harwinton, May 23, 1825, by Benajah Haden, J. P.	M	22
Ezra H., m. Julia **HOPKINS**, b. of Harwinton, Sept. 21, 1824, by Rev. George E. Pierce	M	19
Frederick W., of Litchfield, m. Mariah C. **CATLIN**, of Harwinton,		
Frederick W., of Litchfield, m. Mariah C. **CATLIN**, of Harwinton, May 17, 1848, by Rev. H. D. Kitchel	M	100

	Vol.	Page
BROWN,(cont.)		
Julius, m. Hannah **BARNES**, b. of Harwinton, Aug. 23, 1820, by Joshua Williams	M	2
Lucy, of Harwinton, m. Ebenezer **BROWN**, of Waterbury, May 23, 1825, by Benajah Haden, J. P.	M	22
Lydia, of Harwinton, m. Isaac B. **LEDGER**, of Plymouth, May 29, 1845, at the house of her mother, by Rev. Henry Zill, of Wolcottville	M	100
Norris, s. [Samuel & Merriam], b. Feb. 20, 1790	LR4	653
Sally, d. [Samuel & Merriam], b. June 23, 1792	LR4	653
Samuel, m. Merriam **BLAKESLEY**, Sept. 1, 1791	LR4	653
BUCK, John M., of Burlington, m. Anna **HUNGERFORD**, of Harwinton, Nov. 14, 1821, by Datus Ensign, Elder	M	8
Mabel, of Colchester, m. Samuel **MESSENGER**, of Harwinton, May 12, 1736	LR1	27
Susan, of Harwinton, m. Washington **HALL**, of Plymouth, Apr. 14, 1839, by R. M. Chipman	M	67
BUCKINGHAM, Sarah J., of Plymouth, m. Hiram **WHEELER**, of Litchfield, Oct. 12, 1834, by R. M. Chipman, V.D.M.	M	57a
BUELL, Cyrus E., of Litchfield, m. Sarah B. **CATLIN**, of Harwinton, Apr. 1, 1844, by C. Bentley	M	85
BULL, Aaron, s. Isaac & Eunice, b. Mar. 23, 1755	LR1	21
Amos, m. Mary **COLTE**, b. of Harwinton, Feb. 14, 1760	LR1	16
Amos, s. Amos & Mary, b. Nov. 27, 1764	LR1	16
Asa, s. Isaac & Eunice, b. Feb. 1, 1752	LR1	21
Caleb, s. Isaac & Eunice, b. Jan 4, 1744/5	LR1	21
C[h]loe, had s. Jesse, b. Apr. 16, 1791	LR3	41
C[h]loe, m. John **COLT**, June 5, 1793	LR3	41
Cynthia, d. John & Martha, b. Dec. 25, 1787	LR3	36
Delia, of Harwinton, m. George **BARBER**, of Avon, Apr. 11, 1836, by Rev. Richard M. Chipman	M	59
Eunis, d. Isaac & Eunis, b. Nov. 21, 1738	LR1	3
Eunice, d. Isaac & Eunice, b. Nov. 22, 1738	LR1	21
George Macknish, s. Isaac & Eunice, b. Sept. 26, 1749	LR1	21
Gilbert, s. John & Cloe, b. Apr. 9, 1794	LR3	41
Gurdon, s. Nathaniel & Sarah, b. May 19, 1767	LR2	23
Hannah, d. Nathaniell, & Sarah, b. Mar. 27, 1777	LR2	23
Hezekiah, s. Samuel, Jr. & Sabra, b. Mar. 22, 1772	LR3	39
Hulday, d. Amos & Mary, b. Oct. 17, 1762	LR1	16
Isaac, formerly of Windsor now of Harwinton, m. Eunis **GILLET**, formerly of Windsor now of Harwinton, Feb. 7, 1737/8	LR1	3
Isaac, s. Isaac & Eunice, b. Oct. 17, 1740	LR1	21
Jerusha, m. Amos **BENTON**, b. of Harwinton, Jan. 18, 1759	LR1	18
Jerusha, m. Amos **BENTON**, b. of Harwinton, Jan. 18, 1759	LR2	9
Jerusha, d. Samuel & Jerusha, b. [ ], 17, 1764	LR1	25
Jerusha, m. Josiah **POND**, Sept. 6, 1792	LR4	651
Jesse, s. Samuel & Jerusha, b. Oct. 17, 1757	LR1	25
Jesse, s. Cloe, b. Apr. 16, 1791	LR3	41
John, s. Samuel & Jerusha, b. Dec. 4, 1759	LR1	25
John, s. Nathaniell, & Sarah, b. June 2, 1779	LR2	23
John, m. Martha **ROGERS**, Nov. 16, 1785	LR3	36

BULL, (cont.)

	Vol.	Page
John, s. John & Martha, b. Oct. 10, 1786	LR3	36
Joseph Wadsworth, s. Nathaniell & Sarah, b. June 6, 1769	LR2	23
Joseph Wadsworth, s. Nathaniell & Sarah, d. Nov. 16, 1771	LR2	23
Joseph Wadsworth, 2nd, s. Nathaniell & Sarah, b. Apr. 1, 1772	LR2	23
Lilly Lines, s. Nathaniell & Sarah, b. July 1, 1781	LR2	23
Lucretia, m. Lyman **WILLSON**, b. of Harwinton, Apr. 24, 1839, by Nathaniel Richards	M	68
Lucy Ann, of Harwinton, m. Benjamin **HART**, of Southington, July 5, 1843, by Charles Bentley	M	83
Lyman, s. John & Cloe, b. Mar. 22, 1796	LR3	41
Martha, d. Samuel & Jerusha, b. [ ], 19, 1755	LR1	25
Martha, w. Thomas, d. Apr. 25, 1761, in the 66th y. of her age	LR1	7
Mary, d. Amos & Mary, b. Dec. 16, 1760	LR1	16
Merrett, s. Thomas & Ruth, b. June 20, 1775	LR2	33
Michel, s. Samuel & Jerusha, b. June 26, 1753	LR1	25
Nabby Butt, d. [John & Martha], b. Apr. 9, 1794	LR3	36
Nathaniel, late of Hartford, s. Daniel & Hannah, b. Aug. 30, 1740	LR2	23
Nathaniel, m. Sarah **BARTHOLOMEW**, b. of Harwinton, Feb. 3, 1763	LR1	10
Nathaniel, late of Hartford now of Harwinton, m. Sarah **BARTHOLOMEW**, of Harwinton, Feb. 3, 1763	LR2	23
Nathaniel, s. Nathaniel & Sarah, b. May 15, 1765	LR2	23
Norman, s. Samuel, Jr. & Sabra, b. Aug. 13, 1773	LR3	39
Norman, s. [John & Martha], b. Mar. 11, 1799	LR3	36
Norman, m. Lucy **CATLIN**, Nov. 27, 1823, by George E. Pierce	M	17
Norris, s. [John & Martha], b. Oct. 24, 1791	LR3	36
Rhoda, d. Nathaniell & Sarah, b. Sept. 3, 1774	LR2	23
Roger, s. Isaac & Eunice, b. Dec. 28, 1742	LR1	21
Samuel, s. Samuel & Jerusha, b. Aug. [ ], 1750	LR1	25
Samuel, s. Samuel, Jr. Sabra, b. Mar. 2, 1775	LR3	39
Samuel, Jr., hus. Sabra, d. Sept. 13, 1777	LR3	39
Samuel, m. Jerusha [ ], Dec. 2, [ ]	LR1	25
Sarah, d. Nathaniel & Sarah, b. Nov. 6, 1763	LR1	10
Sarah, d. Nathaniel & Sarah, b. Nov. 6, 1763	LR2	23
Seth, s. Samuell & Jerusha, b. May 13, 176[ ]	LR1	25
Seth, s. Samuel, Jr. & Sabra, b. May 11, 1777	LR3	39
Sheldon, s. Nathaniell & Sarah, b. July 1, 1783	LR2	23
Susannah, d. Isaac & Eunice, b. Mar. 20, 1757	LR1	21
Theodosia, d. Samuel & Jerusha, b. Oct. 17, 1746	LR1	25
Theodosia, m. Amos **WEBSTER**, b. of Harwinton, Nov. 19, 1767	LR2	10
Thomas, formerly of Hartford now of Harwinton, m. Martha **HINSDELL**, of Harwington, Nov. 9, 1736	LR1	3
Thomas, Jr., s. Thomas & Martha, b. Oct. 5, 1737	LR1	3
Thomas, s. Thomas & Martha, d. Nov. 22, 1743, in the 7th y. of his age	LR1	6
Thomas, s. Samuel & Jerusha, b. [ ] 20, 1748	LR1	25
Thomas, m. Mary **SMITH**, b. of Harwinton, Dec. 9, 1761	LR1	9
Thomas, m. Ruth **MERRIAM**, b. of Harwinton, Jan. 20, 1774	LR2	33
Ursula, d. Isaac & Eunice, b. Apr. 8, 1747	LR1	21
Welthaaie, d. Samuel & Jerusha, b. [ ] 7, 1762	LR1	25

	Vol.	Page
BUNNELL, BONNELL, BUNNEL, Daniel, m. Hester **YALE**, Nov. 13, 1775	LR1	33
Daniel, of Harwinton, m. Esther **YALE**, of Farmington, Nov. 13, 1755	LR2	16
Daniel, s. Daniel & Hester, b. Apr. 11, 1763	LR1	33
Ellis, m. Julia **BRISTOL**, May 14, 1835, by R. M. Chipman, V.D.M.	M	57
Esther, d. Daniel & Esther, b. Apr. 29, 175[ ]	LR2	16
Fidelia, m. Hastings **BREWER**, Sept. 11, 1842, by Rev. Henry Zill	M	86
Hester, d. Daniel & Hester, b. Apr. 29, 1756	LR1	33
Hezekiah, s. Daniel & Hester, b. Mar. 21, 1758	LR1	33
James, m. Frorilla **CASTLE**, Sept. 10, 1828, by Joshua Williams	M	33
Sarah, d. Daniel & Hester, b. Oct. 2, 1760	LR1	33
Thankfull, of Farmington, m. Moses **WILLCOKS**, of Harwinton, Mar. 30, 1762	LR1	20
Thankfull, Farmington, m. Moses **WILLCOCKS**, of Harwinton, Mar. 30, 1762	LR2	30
BURELL, Mary, of Simsbury, m. Anthony **HOSKINS**, of Harwinton, Sept. 29, 1748	LR1	25
BURGESS, Allin, of Booneville, N.Y., m. Mary **CLARK**, of Bennington, Vt., Mar. 10, 1836, by Richard M. Chipman, V.D.M	M	59
BURNHAM, Jerusha, of Hartford, m. Job **ALFORD**, of Harwinton, Mar. 7, 1764	LR1	8
BUTLER, Allen, s. Benjamin & Dorothy, b. Aug. 17, 1776	LR2	19
Asaph,s. Isaiah, Jr. & Elizabeth, b. Jan. 27, 1773	LR2	24
Benammi, s. Benjamin & Dorothy, b. Dec. 13, 1778	LR2	19
Benjamin, m. Dorothy **HEYDEN**, Nov. 15, 1770	LR2	19
Chancey, m. Sophia **BAILEY**, b. of Harwinton, Mar. 17, 1840, by Charles Bentley	M	71
Chloe, d. Benjamin &Dorrothy, b. Sept. 11, 1774	LR2	19
David, s. Stephen & Sarah, b. July 19, 1762	LR1	19
Ebenezer, s. Ebenezer & Dezier, b. June 29, 1760	LR1	17
Eleazer, s. Samuel Stone & Mary, b. Sept. 17, 1756	LR1	14
Elizabeth, d. Jonathan & Elizabeth, b. Aug. 7, 1738	LR1	3
Elizabeth, of Harwinton, m. David **WILLCOKS**, Jr., of Hebron, Jan. 24, 1750/1	LR1	27
Elizur, s. Samuell S. & Mary, b. Sept. 17, 1756	LR2	31
Elizur, s. Samuel Stone & Mary, d. Dec. 28, 1773, in Norfolk, ae 17 y. 3 m.	LR2	31
George, s. Stephen & Sarah, b. Dec. 7, 1765	LR1	19
Gould, s. Stephen & Sarah, b. Mar. 30, 1764	LR1	19
Gould, m. wid. Eunice **CATLIN**, Mar. 8, 1801	LR4	641
Hannah, d. Isaac & Hannah, b. Feb. 8, 1776	LR2	39
Hezekiah G., s. Samuel S. & Mary, b. June 27, 1767	LR2	31
Irena, m. Frederick **PHELPS**, Dec. 9, 1792	LR4	647
Isaac, s. Samuel & Mary, b. June 15, 1752	LR1	14
Isaac, s. Samuell S. & Mary, b. June 15, 1752	LR2	31
Isaac, of Harwinton, m. Hannah **HULL**, of Norfolk, May 11, 1775	LR2	39
Isaiah, Jr., hus. Rebeckah, d. Feb. 16, 1767	LR2	5
Isaiah, Jr., m. Elizabeth **BARBER**, b. Harwinton, Feb. 27, 1771	LR2	24
Isaiah, d. Apr. 17, 1778	LR3	27
Jonathan, m. Elizabeth **DAVIES**, b. of Harwinton, Jan. 12, 1736	LR1	2
Jonathan, Jr., s. Jonathan & Elizabeth, b. May 23, 1740	LR1	3

	Vol.	Page
BUTLER, (cont.)		
Jonathan, d. May 6, 1749, in the 40th y. of his age	LR1	6
Josiah, s. Josiah & Margaret, b. Sept. 2, 1755	LR2	8
Lucy M., m. Benjamin **AMES**, May 28, 1825, by Joseph E. Camp	M	22
Lucylda, d. Isaiah, Jr. & Elizabeth, b. Aug. 3, 1771	LR2	24
Margret, d. Josiah & Margret, b. July 8, 1763	LR2	8
Margaret, m. Nathaniel **BRACE**, Jan. 9, 1782	LR3	34
Martha, m. Samuel **BARTHOLOMEW**, b. of Harwinton, June 4, 1761	LR1	19
Martin, s. Steven & Sarah, b. Apr. 3, 1770	LR1	19
Mary, d. Jonathan & Elizabeth, b. Mar. 19, 1742	LR1	23
Mary, Ebenezer & Dezier, b. Nov. 22, 1762	LR1	17
Miner, s. Stephen & Sarah, b. Oct. 31, 1774	LR1	19
Percival, m. Lydia Celestia **BARTHOLOMEW**, May 5, 1830, by Luther Hart	M	39
Rachel, d. Stephen & Sarah, b. Apr. 13, 1772	LR1	19
Rebecca, d. Jonathan & Elizabeth, b. [ ], 1748	LR1	23
Rene, d. Stephen & Sarah, b. Nov. 30, 1767	LR1	19
Rezine, s. Isaiah, Jr. & Rebeckah, b. Mar. 14, 1767	LR2	5
Rhoda, d. Jonathan & Elizabeth, b. June 2, 1744	LR1	23
Rhoda, d. Stephan & Sarah, b. Sept. 17, 1777	LR1	19
Roswell, s. Jonathan & Elizabeth, b. Apr. 4, 1746	LR1	23
Rufus, s. Isaiah, Jr. & Rebeckah, b. Nov. 20, 1764	LR2	5
Sabra, d. Stephen & Sarah, b. Jan. 19, 1780	LR1	19
Salmon, s. Benjamin & Dorrothy, b. Mar. 24, 1772	LR2	19
Samuel & Mary], had d. st. b. [ ] at Windsor, now of Harwinton (This entry is difficult to read and may not be a child of Samuel **BUTLER**	LR1	14
Samuel S., m. Mary **GOODWIN**, of Windsor, Aug. 19, 1751	LR2	31
Samuel Stone of Harwinton, m. Mary **GOODWIN**, of Windsor, Aug. 19, 1751	LR1	14
Sarah, d. Samuel Stone & Mary, b. July 16, 1754	LR1	14
Sarah, d. Samuell S. & Mary, b. July 16, 1754	LR2	31
Sena, m. Benajah **HADEN**, Oct. 19, 1811	LR7	558
Stephen, s. Samuel Stone & Mary, b. Oct. 3, 1759	LR1	14
Stephen, s. Samuel S. & Mary, b. Oct. 3, 1759	LR2	31
Stephen, m. Sarah **ROSSETER**, b. of Harwinton, Oct. 12, 1761	LR1	19
Sylvester, of Plymouth, m. Susan **PERKINS**, of Harwinton, Apr. 20, 1834, by Rev. George E. Pierce	M	54
Thomas C., of New York, m. Nancy E. **HITCHCOCK**, of Harwinton, Aug.2, 1837, by Richard M. Chipman	M	62
CALLOWAY, Fanny, m. Samuel Willis **JOHNSON**, b. of Harwinton, Mar. 26, 1823, by Datus Ensign, Elder	M	13
CANDEE, CANDE, Adaline, d. [Merit & Phebe W.], b. Aug. 8, 1819	LR7	564
Anson, m. Lucy **SMITH**, May 19, 1824, by George E. Pierce	M	19
Anson, 2nd, of Litchfield, m. Haner C. **NOBLE**, of Harwinton, Nov. 18, 1845, by Charles Bentley	M	91
Eli, m. Almira **GILLET**, Aug. 18, 1796	LR7	563
Eli, Capt., d. Sept. 4, 1826	LR7	563
Eli Bristol, s. [Eli & Almira], b. Feb. 16, 1801; d. Oct. 28, 1827, at Washington, Ga.	LR7	563
Joel Gillet, s. [Eli & Almira], b. Dec. 16, 1798	LR7	563

	Vol.	Page
CANDEE, CANDE, (cont.)		
Lucinda, m. Shubael **ALFORD**, Sept. 15, 1796	LR4	655
Merit, m. Phebe W. **ABERNETHY**, Oct. 12, 1818	LR7	564
Stephen Hensdale, s. [Eli & Almira], b. June 4, 1797	LR7	563
CARR, Hannah, d. [William & Sarah], b. Nov. 26, 1782	LR4	650
Josiah, s. William & Sarah, b. Aug. 28, 1780	LR4	650
CARRINGTON, Calvin, of New Haven, m. Sarah C. **SMITH**, of Harwinton, Mar. 21, 1830, by Rev. George E. Pierce	M	40
Eri, m. Electa **MILLS**, Oct. 15, 1827, by Rev. George E. Pierce	M	31
Luman, of Litchfield, m. Polly Mariah **BROOKS**, of Harwinton, Jan. 6, 1839, by Benajah Haden, J.P.	M	66
CARROLL, Lawrence, of Farmington, m. Ruth **BARBER**, of Harwinton, Nov. 3, 1830, by Rev. George E. Pierce	M	42
CARTER, Abigail, of Hartford, m. Jacob **BENTON**, formerly of Hartford, July 6, 1724	LR1	1
Ruth, of Southington, m. Isaac **CATLIN**, of Harwinton, June 25, 1782	LR4	651
CASE, Chester N., m. Marilla **CLARK**, Aug. 15, 1832, by Rev. George E. Pierce	M	48
Miner M., of Winstead, m. Jane **CATLIN**, of Harwinton, Sept. 9, 1851, by Rev. Warren G. Jones	M	106
CASTLE, Albert, m. Susan J. **MADGRES**, Oct. 2, 1831, by Rev. George E. Pierce	M	46
Asahel, s. Isaac & Eunice, b. Jan. 1, 1788	LR3	48
Beloney, s. [Joel & Lucy], b. Mar. 19, 1772	LR4	637
David Norman, s. [Joel & Lucy], b. Apr. 7, 1775	LR4	637
David Norman, s. [Joel & Lucy, b. Apr. 7, 1781	LR4	637
Debby, d. [Joel & Lucy], b. Mar. 16, 1774	LR4	637
Debby, d. [Joel & Lucy], b. Mar. 16, 1783	LR4	637
Delaney, s. [Joel & Lucy], b. Mar. 19, 1785	LR4	637
Delia, of Harwinton, m. William **DHEIELDS**(?), of Watertown, June 2, 1830, by Rev. George E. Pierce	M	41
Elizabeth, m. Abel Cook, [ ]	LR2	1
Ellen L., of Northfield, m. Albert J. **SISSONS**, of Harwinton, Oct. 2, 1853, by W. Silverthorn	M	110
Eunice, w. Isaac, d. Jan. 24, 1815	LR3	48
Frorilla, m. James **BUNNELL**, Sept. 10, 1828, by Joshua Williams	M	33
Harvey, s. Isaac & Eunice, b. July 28, 1783	LR3	48
Horace, s. [Joel & Lucy], b. Oct. 20, 1788	LR4	637
Horace, s. [Joel & Lucy], b. Oct. 20, [ ]	LR4	637
Isaac, m. Eunice **FOORD**, Sept. 16, 1778	LR3	48
Isaac, s. [Levi & Sarah], b. Mar. 16, 1813	LR7	567
Isaac, m. wid. Jerusha **KING**, Dec. 4, 1815	LR3	48
Jerusha, w. Isaac, d. Dec. 7, 1831, ae 44 y.	LR3	48
John, s. Joel & Lucy, b. Apr. 8, 1779	LR4	637
John Searle, s. [Isaac & Jerusha], b. Oct. 4, 1816; d. Sept. 10, 1819	LR3	48
Juliet, of Harwinton, m. Jeremiah **HULING**, of Portland, July 19, 1850, by Warren G. Jones	M	104
Levi, s., [Isaac & Eunice], b. July 17, 1791	LR3	48
Levi, m. Sarah **TORREL**, Jan. 2, 1812	LR7	567
Mary Ann, of Harwinton, m. Joel G. **CURTIS**, of Bristol, Jan. 3, 1836, by R. M. Chipman, V.D.M.	M	58

	Vol.	Page
CASTLE, (cont.)		
Mercy Ellen, [d. Isaac & Jerusha], b. Aug. 25, 1822	LR3	48
Pamella, m. William R. **STONE**, b. of Harwinton, Jan. 17, 1830, by Rev. George E. Pierce	M	38
Polly, m. Orlando **LANDON**, May 23, 1821, by Rodney Rosseter	M	6
Polly Malissa, d. [Isaac & Eunice], b. Apr. 24, 1801	LR3	48
Ransom, s. [Isaac & Eunice], b. June 10, 1793	LR3	48
Susan Eliza, d. [Isaac & Jerusha], b. July 23, 1821	LR3	48
Thankfull M., of Harwinton, m. Frederic **LOOMIS**, of New Hartford, Nov. 27, 1844, by C. Bentley	M	87
William, s. Isaac & Eunice, b. Sept. 24, 1779	LR3	48
CASWELL, Frances, of Plymouth, m. Mariett **BARLOW**, of Harwinton, May 5, 1845, by Charles Bentley	M	89
CATLIN, CATLING, Abigail, d. Benjamin, Jr. & Abigail, b. Nov. 9, 1750	LR1	13
Abijah, of Harwinton, m. Hannah **COOK**, of Hartford, June 21, 1737	LR1	26
Abijah, s. Abijah & Hannah, b. July 11, 1747	LR1	26
Abijah, of Harwinton, m. Huldah **WIARD**, of Farmington, Nov. 24, 1774	LR3	39
Abijah, s. Abijah & Huldah, b. June 9, 1779	LR3	39
Abijah, Jr., m. Orrinda **WILLIAMS**, Feb. 6, 1799	LR4	648
Abijah, s. [Abijah, Jr. & Orrinda], b. Apr. 1, 1805	LR4	648
Abijah, m. Mary W. **ABERNETHY**, b. of Harwinton, Aug. 9, 1846, by Charles Bentley	M	93
Abraham, of Harwinton, m. Mindwell **GRISWOLD**, of Wethersfield, Sept. 15, 1742	LR1	5
Abraham, s. Abraham & Mindwell, b. July 7, 1748	LR1	5
Adaline, d. [Abijah, Jr. & Orrinda], b. Mar. 8, 1803	LR4	648
Adaline, of Harwinton, m. William S. **HOLABIRD**, of Winchester, June 6, 1826, by Rev. George E. Pierce	M	26
Allin, s. George & Mindwell, b. Jan. 30, 1762	LR2	31
Allin, m. Thankfull **HODGE**, Oct. 26, 1785	LR3	47
Ama, d. George & Mindwell, b. July 24, 1759; d. July 20, 1767	LR2	31
Amos, m. Martha **DAVIS**, b. of Harwinton, Dec. 10, 1755	LR2	17
Amos, s. Amos & Martha, b. May 22, 1756; d. July 26, 1757	LR2	17
Amos, 2nd, s. Amos & Martha, b. Mar. 2, 1758	LR2	17
Ann H., of Harwinton, m. Joseph **NEWMAN**, of Mansfield, O., Oct. 2, 1841, by C. Bentley	M	75
Ann M., m. Addison **WEBSTER**, b. of Harwinton, July 23, 1845, by Charles Bentley	M	89
Anna. b. Dec. 9, 1776	LR7	560
Anna, d. [Benjamin & Rhoda], b. Sept. 14, 1795	LR4	636
Anna, m. Roswell **ABERNETHY**, Jan. 25, 1797	LR7	560
Anna, d. [Jacob O. Diana], b. Sept. 2, 1801	LR4	636
Anna, of Harwinton, m. Isaac **FENN**, of Plymouth, July 24, 1823, by Rev. Henry Hotchkiss	M	16
Anne, d. Abijah & Hannah, b. July 6, 1757	LR1	26
Anne, d. Abijah & Huldah, b. Dec. 9, 1776	LR3	39
Artemiscia D., of Harwinton, m. Enoch **PALMER**, of Otis, Mass., Mar. 21, 1831, by Jacob O. Catlin, J.P.	M	44

HARWINTON VITAL RECORDS 55

	Vol.	Page
CATLIN,CATLING, (cont.)		
Benjamin, Jr., m. Abigail **STANLY**, b. of Harwinton, Feb. 18, 1748	LR1	13
Benjamin, s. Benjamin, Jr. & Abigail, b. July 21, 1748	LR1	13
Benjamin, Jr., d. Sept. 8, 1753	LR1	11
Benjamin, s. Jacob & Hannah, b. Oct. 6, 177[ ]	LR2	15
Benjamin, m. Rhoda **CATLIN**, Nov. 27, 1794	LR4	636
Bradley, s. [Hezekiah & Sarah], b. June 28, 1791	LR3	36
Calista, of Harwinton, m. Ephraim **SANFORD**, of Plymouth, Sept. 5, 1839, by Charles Bentley	M	69
Candace, d. George & Mindwell, b. Apr. 26, 1767	LR2	31
Caroline, m. Anson **HUNGERFORD**, Jr., Oct. 9, 1839, by Charles Bentley	M	70
Charles, of Harwinton, m. Anna B. **CHURCHILL**, d. David M. & Sally Mariah, Jan. 14, 1849	LR12	531
Chester, s. Isaac & Ruth, b. Dec. 20, 1785; d. June 5, 1786	LR4	651
Chester, s. Isaac & Ruth, b. June 1, 1787	LR4	651
Chloe, d. Jonathan & Elisabeth, b. May 28, 1775	LR3	32
Chloe Mariah, d. [Frederick S. & Chloe], b. Aug. 21, 1818	LR7	558
Clarissa, m. Luman **BANCRAFT**, Nov. 28, 1811	LR7	561
Conant, s. Daniel, Jr. & Honour, b. Aug. 1, 1789	LR3	49
Dan, s. [Hezekiah & Sarah], b. Apr. 7, 1793	LR3	36
Dan, d. July 3, 1799	LR4	641
Dan, m. Belinda **BARTHOLOMEW**, Jan. 29, 1815	LR7	552
Dan, s. Jonathan & Thankfull, b. Nov. 8, [ ]	LR1	23
Dan, m. Eunice **BIRGE**, [ ]	LR4	641
Daniel, of Harwinton, m. Dorcas **BRACE**, of Hartford, Dec. [ ], 1743	LR2	12
Daniel, s. Daniel & Dorcas, b. Jan. 1, 1758	LR2	12
Daniel, Dea., m. wid. Abigail **DEWEY**, of Sheffield, June 28, 1782	LR2	12
Daniel, Jr. m. Honour **ABERNETHY**, b. of Harwinton, Oct. 23, 1783	LR3	49
[Daniel, Jr.], [& Honour], had s.(-----), b. Jan. 17, 1793; d. same day	LR3	49
[Daniel, Dea.], d. Aug. 25, 1795	LR2	12
Daniel, d. July 7, 1804	LR3	49
David W., s. [Abijah, Jr. & Orrinda], b. Dec. 22, 1806	LR4	648
Davis(?), s. Abijah & Hannah, b. June 3, 1758	LR1	26
Deborah, d. Joel & Sophia, b. Sept. 19, 1750	LR1	26
Deborah, d. Joel & Sophia, d. Sept. 28, 1753	LR1	11
Deborah, 2nd d. Joel & Sophia, b. Jan. 8, 1755	LR1	26
Deborah, m . William **MARRIAM**, b. of Harwinton, Nov. 5, 1772	LR2	21
Dorcas, d. Daniel & Dorcas, b. May 19, 1747	LR2	12
Dorcas, w. Dea. Daniel, d. Dec. 19, 1779	LR2	12
Dorothy, d. Jacob, 2nd & Dorothy, b. Sept. 22, 1767	LR2	26
Eli, s. Abraham, & Mindwell, b. June 12, 1753	LR1	14
Eli Dewey, s. Elisha & Roxanna, b. Sept. 17, 1784	LR3	42
Eli Gridley, s. [Frederick S. & Chloe], b. Sept. 8, 1816	LR7	558
Elijah, s. Jacob & Hannah, b. Oct. 13, 1762	LR2	15
Elisha, s. Abraham & Mindwell, b. June 21, 1759	LR1	14
Elisha, m. Roxanna **DEWEY**, Jan. 8, 1784	LR3	42
Eliza Ann, m. James **WILSON**, b. of Harwinton, Oct. 30, 1844, by Charles Bentley	M	87
Elizabeth, d. Jonathan & Elizabeth, b. Mar. 29, 1778	LR3	32
Ellen M., of Harwinton, m. Henry H. **CHURCHILL**, of Litchfield, Jan. 17, 1854, by S. T. Seelye	M	111

	Vol.	Page
CATLIN, (cont.)		
Emeline, of Harwinton, m. Hiram W. **POND**, of New Hartford, Nov. 27, 1838, by R. M. Chipman	M	65
Emily J., of Harwinton, m. Samuel **KNOX**, of Blanford, Mass., May 8, 1837, by Jacob C. Catlin, J. P.	M	62
Emme, d. [Hezekiah & Sarah], b. June 18, 1796	LR3	36
Ensine, s. Amos & Martha, b. Sept. 12, 176[ ]	LR2	17
Eunice, d. [Dan & Eunice], b. May 12, 1790	LR4	641
Eunice, wid. m. Gould **BUTLER**, Mar. 8, 1801	LR4	641
Frederick, s. [Hezekiah & Sarah], b. Oct. 24, 1794	LR3	36
Frederick S., m. Chloe **GRIDLEY**, Dec. 14, 1815	LR7	558
Frederic S., m. Olive **WILCOX**, b. of Harwinton, Apr. 30, 1845, by Charles Bentley	M	88
George, s. Benjamin & Margaret, b. Dec. 22, 1731	LR2	31
George, s. Benjamin & Margaret, m. Mindwell **PHELPS**, of Litchfield, Feb. 18, 1756	LR2	31
George, m. Mindwell **PHELPS**, Feb. 18, 1756	LR1	34
George, s. George & Mindwell, b. Sept. 12, 1760	LR2	31
George, Jr., m. Zerviah **DAVIS**, b. of Harwinton, Oct. 30, 1782	LR3	47
George C., s. [Hezekiah & Sarah], b. June 30, 1806	LR3	36
Grove, s. Abijah & Hannah, b. Feb. 14, 1743	LR1	26
Grove, s. Abijah & Hannah, d. Oct. 25, 1747	LR1	26
Grove, 2nd, s. Abijah & Hannah, b. Sept. 16, 1750; d. Oct. 2, 1750	LR1	26
Hannah, d. Abijah & Hannah, b. Sept. 13, 1738	LR1	26
Hannah, m. Azariah **KELLOGG**, Dec. 23, 1753	LR2	14
Hannah, d. Abijah & Huldah, b. Sept. 18, 1783	LR3	39
Harriet, d. [Abijah, Jr. & Orrinda], b. July 4, 1800	LR4	648
Harriet, of Harwinton, m. Dr. Allen G. **MILLER**, of Mansfield, O., May 25, 1829, by Rev. George E. Pierce	M	36
Harriet, m. Joel G. **COOKE**, b. of Harwinton, Dec. 24, 1836, by R. M. Chipman	M	61
Harris, s. Jacob & Hannah, b. June 24, 1774	LR2	15
Henry, s. Daniel, Jr. & Honour, b. Apr. 16, 1786	LR3	49
Hezekiah, s. Abraham & Mindwell, b. Aug. 15, 1764	LR1	14
Hezekiah, m. Sarah **STONE**, Jan. 17, 1785	LR3	36
Hezekiah, s. Hezekiah & Sarah, b. Aug. 11, 1786	LR3	36
Honour, d. Abijah & Hannah, b. Apr. 22, 1745	LR1	26
Honnora, m. William **ABERNETHY**, b. of Harwinton, June 20, 1762	LR1	10
Honnour, m. Dr. William **ABERNETHY**, June 20, 1762	LR3	28
Honour, m. William **ABERNETHY**, b. of Harwinton, June 20, 1762	LR2	42
Honour Brace, d. Daniel Jr. & Honour, b. Dec. 31, 1784	LR3	49
Hulda, d. Abraham & Mindwell, b. June 16, 1757	LR1	14
Huldah, d. Abijah & Huldah, b. July 23, 1781	LR3	39
Isaac, s. Jacob & Hannah, b. Jan. 23, 1757	LR1	33
Isaac, s. Jacob & Hannah, b. Jan. 23, 1757	LR2	15
Isaac, of Harwinton, m. Ruth **CARTER**, of Southington, June 25, 1782	LR4	651
Isaac, Jr., m. Rebecca **DEWEY**, b. of Harwinton, Apr. 21, 1824, by George E. Pierce	M	18
Jacob, s. Abraham & Mindwell, b. Mar. 23, 1744	LR1	5
Jacob, m. Hannah **PHELPS**, Mar. 29, 1756	LR1	33
Jacob, s. Jacob & Hannah, b. Mar. 29, 1758	LR1	33
Jacob, s. Jacob & Hannah, b. Mar. 29, 1758	LR2	15

	Vol.	Page
CATLIN,CATLING, (cont.)		
Jacob, 2nd, of Harwinton, m. Dorrothy **GRISWOLD**, of Haddam, Dec. 4, 1766	LR2	26
Jacob O., m. Diana **WILCOX**, Sept. 14, 1800	LR4	636
Jacob Olmstead, s. Jacob, 2nd & Dorothy, b. June 22, 1778	LR2	26
James Johnson, s. [Frederick S. & Chloe], b. Aug. 12, 1825	LR7	558
Jane, of Harwinton, m. Miner M. **CASE**, of Winstead, Sept. 9, 1851, by Rev. Warren G. Jones	M	106
Jared, s. George & Mindwell, b. Jan. 21, 1763; d. Jan. 28, 1763	LR2	31
Jesse, s. Abraham, & Mindwell, b. July 25, 1767	LR1	14
Joel, of Harwinton, m. Sophia **HOLCOMB**, of Windsor, Oct. 19, 1748	LR1	26
Joel, s. Joel & Sophiah, b. Jan. 21, 1759	LR1	26
Jonathan, of Harwinton, m. Thankfull **CULVER**, of Hartford, May 9, 1744	LR1	23
Jonathan, s. Jonathan & Thankfull, b. July 8, 1746	LR1	23
Jonathan, Jr., m. Elizabeth **POTTER**, Sept. 18, 1771	LR3	32
Julia, d. [Abijah, Jr. & Orrinda], b. Feb. 14, 1811	LR4	648
Julia, of Harwinton, m. Charles **MYGATT**, of Canton, July 1, 1833 by Rev. George E. Pierce	M	51
Lorenzo B., s. [Jacob O. & Diana], d. Aug. 19, 1831	LR4	636
Louis, Jr., of Georgia, m. Joan R. **KELLOGG**, of Harwinton, Sept. 12, 1848, by Rev. Charles Bentley	M	101
Lucy, d. George & Mindwell, b. Jan. 27, 1758	LR2	31
Lucy, d. George, Jr. & Zerviah, b. Mar. 3, 1784	LR3	47
Lucy, m. Norman **BULL**, Nov. 27, 1823, by George E. Pierce	M	17
Luman, s. Jacob & Hannah, b. Mar. 7, 1767	LR2	15
Lyman, s. [Daniel, Jr. & Honour], b. Apr. 19, 1791	LR3	49
Mabel, d. [Hezekiah & Sarah], b. June 3, 1808	LR3	36
Marget, d. Daniel & Dorcas, b. Nov. 10, 1755	LR2	12
Margaret, m. Dr. Isaac **COWLES**, Apr. 23, 1782	LR3	41
Mariah C., of Harwinton, m. Frederick W. Brown, of Litchfield, May 17, 1848, by Rev. H.D. Hitchel	M	100
Maria M., m. John **SCOVEL**, Jr., b. of Harwinton, Apr. 7, 1828 by Rev. George E. Pierce	M	32
Martha, d. Amos & Martha, b. June 2, 1759	LR2	17
Mary, d. Joe. & Sophia, b. Nov. 23, 175[ ]	LR1	26
Mary, m. Elizur **PARSONS**, July 3, 1851, by Rev. Warren G. Jones	M	106
Millee, d. Amos & Martha, b. Jan. 28, 1763	LR2	17
Millicent, d. Abijah & Hannah, b. Oct. 1, 1740	LR1	26
Mindwell, d. Abraham & Mindwell, b. Aug. 27, 1745	LR1	5
Mindwell, d. George & Mindwell, b. Nov. 19, 1755; d. Apr. 21, 1762	LR2	31
Mindwell, d. George & Mindwell, b. Nov. 29, 1757	LR1	34
Mindwell, d. George & Mindwell, b. July 14, 1765	LR2	31
Mindwell, m. Allen **KELLOGG**, b. of Harwinton, Feb. 23, 1785	LR3	49
Mindwell, d. [Hezekiah & Sarah], b. Feb. 1, 1803	LR3	36
Mindwell Griswold, d. Jacob, 2nd & Dorothy, b. Nov. 28, 1769	LR2	26
Mindwell Sophronia, d. [Frederick S. & Chloe], b. Apr. 29, 1823	LR7	55
Onner, b. Oct. 8, 1774, at Wethersfield; m. Edward **BARTHOLOMEW**, Aug. 17, 1794	LR7	561
Onnour, m. Edward **BARTHOLOMEW**, Aug. 17, 1794	LR4	654
Orinda, d. [Abijah, Jr. & Orrinda], b. Mar. 6, 1809	LR4	648
Phebe, d. Jacob, 2nd & Dorothy, b. Dec. 29, 1771	LR2	26

	Vol.	Page

CATLIN,CATLING, (cont.)

	Vol.	Page
Rebecca, d. Abijah & Hanah, b. Sept. 24, 1753	LR1	26
Rebecka, d. David(?) & Sophia, b. Feb. 9, 1761	LR1	26
Rebecca, m. James **BARTHOLOMEW**, b. of Harwinton, May 21, 1788	LR4	653
Rhoda, d. Jacob & Hannah, b. Mar. 6, 1761	LR2	15
Rhoda, m. Benjamin **CATLIN**, Nov. 27, 1794	LR4	636
Roda, m. Bradley **POTTER**, b. of Harwinton, Mar. 12, 1824, by George E. Pierce	M	18
Rhoda E., of Harwinton, m. Sylvester **PALMER**, of Otis, Mass., Apr. 18, 1827, by Rev. Joseph McCreerey	M	29
Roswell, s. Amos & Martha, b. Aug. 6, 1761	LR2	17
Ru[ha]mah, d. Hezekiah & Sarah, b. Feb. 15, 1788	LR3	36
Russel, s. George & Mindwell, b. Nov. 29, 1763	LR2	31
Saloma, d. [Hezekiah & Sarah], b. May 6, 1790	LR3	36
Salome, m. Norris C. **GRISWOLD**, Jan. 21, 1810	LR7	567
Samuel, s. Jonathan & Thankfull, b. Dec. 31, 174[ ]	LR1	23
Samuel, s. Jonathan & Elizabeth, b. Sept. 3, 1772	LR3	32
Samuel, s. [Hezekiah & Sarah], b. Apr. 26, 1798	LR3	36
Sarah, Mrs., m. Rev. Andrew **BARTHOLOMEW**, b. of Harwinton, Oct. 29, 1740	LR1	3
Sarah, d. Abraham & Mindwell, b. Jan. 6, 1750/1	LR1	5
Sarah, d. Jacob & Hannah, b. Mar. 1, 1765	LR2	15
Sarah, of Harwinton, m. Thomas **STILLMAN**, of Sheffield, Apr. 3, 1832, by Rev. George E. Pierce	M	47
Sarah B., of Harwinton, m. Cyrus E. **BUELL**, of Litchfield, Apr. 1, 1844, by C. Bentley	M	85
Simeon, s. Abraham & Mindwell, b. Aug. 10, 1755	LR1	14
Sophia, d. David(?) & Sophia, b. Apr. 22, 1763	LR1	26
Sophronia W., of Harwinton, m. George R. **ADAMS**, of New Hartford, June 19, 1839, by Jacob O. Catlin, J.P.	M	77
Stanley, s. Isaac & Ruth, b. Mar. 3, 1784	LR2	651
Susannah, d. Jacob & Hannah, b. Aug. 6, 1759	LR2	15
Thankfull, d. Amos & Martha, b. May 23, 176[ ]	LR2	17
Timothy, s. Benjamin & Abigal, d. Sept. 5, 1753	LR1	11
Timothy, s. Abraham & Mindwell, b. Nov. 29, 1761	LR1	14
Tuyah(?), d. Joel & Sophiah, b. Feb. 28, 1757	LR1	26
Ursula, d. Jacob & Hannah, b. Feb. 7, 17[ ]	LR2	15
Willis, m. Minerva **CLEVELAND**, b. of Harwinton, Apr. 8, 1847, by Charles Bentley	M	96
- - - -oue, 3rd, s. Abijah & Hannah, b. Dec. 1, 1755	LR1	26

CHAPIN, Charles A., of Wolcottville, m. Sarah L. Frisbee, of Harwinton, Oct. 13, 1845, by Charles Bentley — M 91

CHAPMAN, Betsey, of New Hartford, m. Thomas **WILLEY**, of Burlington, Jan. 25, 1829, by Jacob O. Catlin, J.P. — M 35

CHIPMAN, Abigail, m. Isaac **JOHNSON**, Dec. 11, 1755 — LR1 33

CHURCHILL, Alien H.D., s. [David M. & Sally Mariah], b. Aug. 10, 1834; d. Oct. 2, 1848 — LR12 531

	Vol.	Page
Alma B., [s. David M. & Sally Mariah], b. Oct. 9, 1831	LR12	531
Anna B., d. [David M. & Sally Mariah], b. Jan. 28, 1830, in Milford; m. Charles **CATLIN**, of Harwinton, Jan. 14, 1849	LR12	531
Charles Carroll, [s. David M. & Sally Mariah], b. Sept. 17, 1840	LR12	531

	Vol.	Page

CHURCHILL, (cont.)
David M., b. Sept. 26, 1804, in Litchfield, Northfield Soc.; m.
  Sally M. **HINE**, June 3, 1827, in Milford — LR12 — 531
Emily Mariah, d. [David M. & Sally Mariah], b. Mar. 4, 1846; d.
  Sept. 18, 1848 — LR12 — 531
Henry H., of Litchfield, m. Ellen M. **CATLIN**, of Harwinton, Jan.
  17, 1854, S. T. Seelye — M — 111
Lucius, m. Huldah **MOODEY**, of Harwinton, Feb. 10, 1839, by
  E. Scranton, V.D.M. — M — 66
Lucy N., [d. David M. & Sally Mariah], b. Dec. 11, 1832 — LR12 — 531
Oliver H. Perry, [s. David M. & Sally Mariah], b. Sept. 19, 1838 — LR12 — 531
Terry Smith, [s. [David M. & Sally Mariah], b. May 30, 1836; d.
  Oct. 16, 1848 — LR12 — 531
[   ], of Northfield, m. Jerry **SMITH**, of Harwinton, June
  26, 1831, by Rev. George E. Pierce — M — 45

CLARK, Augusta, d. [Dr. Timothy & Lucretia], b. June 11, 1796 — LR4 — 647
Augustus* L., of Harwinton, m. Benjamin S. **HALL**, of Harwinton,
  N. J. Mar. 9, 1835, by Rev. Richard M. Chipman *(Augusta"?) — M — 56
Eliza, m. Sherman **CLEVELAND**, b. of Harwinton, Nov. 15, 1826,
  by Rev. George E. Pierce — M — 29
Eliza, of Southington, m. Julius **JOHNSON**, of Harwinton, Mar. 25,
  1838, by Henry Holt, J.P. — M — 63
Harley, m. Clarissa **WILSON**, Sept. 12, 1837, by R. M. Chipman — M — 62
Lucretia, d. [Dr. Timothy & Lucretia], b. Feb. 28, 1794 — LR4 — 647
Mariah A., m. Charles H. **BARBER**, b. of Harwinton, Dec. 12, 1848,
  by Rev.Charles Bentley — M — 103
Mariah M., m. Dennis **PERKINS**, b. of Harwinton, July 12, 1831, by
  Rev. George E. Pierce — M — 45
Marilla, m. Chester N. **CASE**, Aug. 15, 1832, by Rev. George E.
  Pierce — M — 48
Mary, of Harwinton, m. Henry **HOTCHKISS**, of Burlington,
  Apr. 16, 1823, by Datus Ensign, Elder — M — 14
Mary, of Bennington, Vt., m. Allin **BURGESS**, of Booneville, N.Y.,
  Mar. 10, 1836, by Richard M. Chipman, V.D.M. — M — 59
Sarah, of Bennington, Vt., m. Hezekiah B. **HUBARD**, of Hadam,
  Mar. 10, 1836, by Richard M. Chipman, V.D.M. — M — 59
Stephen A., m. Mrs. Lucina **SCOVIL**, b. of Harwinton, Jan. 11,
  1835, by Rev. H. P. Armes — M — 56
Timothy, Dr. m. Lucretia **ABERNETHY**, June 11, 1792 — LR4 — 647
Wyllys, m. Cloe **FRISBIE**, b. of Harwinton, Apr. 6, 1825,
  by Rev. George Pierce — M — 21

CLEVELAND, Harriet, of Harwinton, m. Orin **CURTIS**, of Northfield,
  May 17, 1825, by Rev. George E. Pierce — M — 21
Lorenzo, of Harwinton, m. Sarah **BRIANT**, of Wolcottville, Aug.
  31, 1845, by Charles Bentley — M — 90
Mary, of Harwinton, m. Eli **PICKWITH**, of Plymouth, Nov. 1,
  1846, by Charles Bentley — M — 94
Mindwell R., m. John **DEWING**, b. of Harwinton, Jan. 13, 1836, by
  Richard M. Chipman, V.D.M. — M — 58
Minerva, m. Willis **CATLIN**, b. of Harwinton, Apr. 8, 1847, by
  Charles Bentley — M — 96
Sally, of Harwinton, m. Martin **COOK**, of Torringford, June 12
  1823, by George E. Pierce — M — 15

	Vol.	Page
CLEVELAND, (cont.)		
Sherman, m. Eliza **CLARK**, b. of Harwinton, Nov. 15, 1826, by Rev. George E. Pierce	M	29
Sherman, m. Hannah **STONE**, b. of Harwinton, Nov. 6, 1839, by Charles Bentley	M	70
COBEN, Feebe, had d. Rachel, b. [ ], 1766	LR2	1
Rachel, d. Feebe, b. [ ], 1766	LR2	1
COE, John F., of Plymouth, m. Lois **BASSETT**, of Harwinton, Apr. 10, 1854, by Rev. Israel P. Warren, of Plymouth	M	112
Jonathan, of Winsted, m. Mrs. Huldah **WETMORE**, Dec. 14, 1842, by Charles Bentley	M	81
COLBURN, Mary, of Hartford, m. Asael **BARBER**, of Harwinton, Jan. 19, 1756	LR1	18
COLE, [see also **COLLES & COWLES**], Catharine, d. James & Catharine, b. Nov. 28, 1745	LR1	22
James, of Harwinton, m. Catharine **WOOD**, of Windsor, Jan. 20, 1742	LR1	22
COLLES, [see also **COLE**], Daniel S., of Plymouth, m. Lucinda **HOLT**, of Harwinton, Oct. 3, 1843, by Charles Bentley	M	84
COLLING, [see also **COLLINS**], Hannah, m. Azariah **KELLOGG**, Dec. 23, 1756	LR1	32
COLLINS, [see also **COLLING**], Lois, m. Robert Pierpoint, b. of Litchfield, Oct. 11, 1780	LR4	653
COPLEY, William Gaylord, s. Nathaniell & Abigail, b. Sept. 28, 176[ ]	LR2	16
COLT, COULT, Allen, s. Jonathan H. & Mary, b. Mar. 4, 1769	LR2	25
An[n], d. John & Marcy, b. Nov. 17, 1747	LR1	22
Anson, s. Jonathan & Mary, b. July 19, 1766	LR2	25
Belinda, d. John & Ruth, b. Sept. 7, 1786	LR3	41
Benjamin, s. John & Marcy, b. June 14, 1751; d. June 29, 1751	LR1	22
Charles, mechanic, ae 24, m. Catharine E. **PETTIBONE**, housekeeper, ae 29, Dec. 5, 1853, by Rev. O.P. Holcomb	M	109
Charlotte C., of Harwinton, m. John B. **PECK**, of Newtown, May 19, 1851, by Rev. Warren G. Jones	M	105
Dorotha, m. James **DAVISS**, b. of Harwinton, Feb. 15, 1781	LR3	37
Elias, s. [John & Cloe], b. Aug. 4, 1803	LR3	40
Elias, of Harwinton, m. Jane **BROCKETT**, of North Haven, Apr. 28, 1830, by Rev. George E. Pierce	M	40
Eliphalet, s. Jonathan H. & Mary, b. Feb. 12, 1764	LR2	25
Huldah, d. Jonathan H. & Mary, b. Aug. 7, 1780	LR2	25
John, s. John & Mary, b. Feb. 19, 1740/1	LR1	4
John, s, John & Mary, d. Jan. 19, 1741/2	LR1	6
John, s. John & Marcy, b. Mar. 26, 1745	LR1	22
John, s. Jonathan H. & Mary, b. Sept. 9, 1762	LR2	25
John, s. John & Ruth, b. Oct. 23, 1789	LR3	41
John, of Harwinton, m. Ruth **GILBERT**, of Harwinton, Dec. 7, 1785	LR3	41
John, m. Cloe **BULL**, June 5, 1793	LR3	41
Jonathan Higley, m. Mary **TUTTLE**, b. of Harwinton, Oct. 12, 1761	LR2	25
Lyman, m. Harriet Sophrena **PHELPS**, Dec. 6, 1821, by Joshua Williams	M	8
Mary, d. John & Marcy, b. Apr. 5, 1739	LR1	3
Mary, m. Amos **BULL**, b. of Harwinton, Feb. 14, 1760	LR1	16
Millicent, d. Jonathan H. & Mary, b. Jan. 1, 1773	LR2	25
Polly, d. Jonathan H. & Mary, b. Dec. 20, 1778	LR2	25

	Vol.	Page
COLT, (cont.)		
Rhoda, d. Jonathan H. & Mary, b. Jan. 11, 1775	LR2	25
Ruth, d. John & Marcy, b. Dec. 14, 1742	LR1	22
Ruth, w. [John], d. June 11, 1792	LR3	41
Ryley, s. John & Cloe, b. Dec. 4, 1797	LR3	40
Sarah, d. Jonathan H. & Mary, b. Oct. 3, 1776	LR2	25
Truman, s. Jonathan H. & Mary, b. Jan. 13, 1771	LR2	25
Truman, m. Anna **PARDE**; Mar. 13, 1800	LR4	634
Wolcott, s. [John & Cloe], b. July 11, 1801	LR3	40
Wolcott, of Harwinton, m. Polly **TOMPKINS**, of Plymouth, Aug. 4, 1826, by Rev. George E. Pierce	M	27
Wyllys Farber, s. [Truman & Anna], b. Feb. 21, 1801	LR4	634
COLTON, George, of Wintonbury, m. Laura **BARTHOLOMEW** of Harwinton, Mar. 30, 1828, by Rev. George E. Pierce	M	31
Laura, of Harwinton, m. David **MADON**, of Southington, Aug. 18, 1833, by Benajah Haden, J.P.	M	52
Noadiah, m. Laura **PARDEE**, b. of Harwinton, Feb. 28, 1822, by Datus Ensign, Elder	M	9
CONE, Henry, m. Sophia D. **WOODBY**, Mar. 20, 1834, by Rev. George E. Pierce	M	53
COOK, COOKE, Abel, m. Elizabeth **CASTLE**, [ ]	LR2	1
Adeline, d. [Daniel, Jr. & Rachel], b. Oct. 1, 1804	LR4	644
Allin, s. Joseph & Lucretia, b. May 3, 1764	LR3	43
Benjamin Trumbull, s. [Jacob & Hannah], b. Aug. 12, 1812	LR7	565
Chloe, d. Joseph & Martha, b. Dec. 9, 1779	LR3	43
Cloe, s. Abel & Elizabeth, b. Oct. 12, [ ]	LR2	1
Daniel, Jr., b. Sept. 6, 1778; m. Rachel **THOMSON**, Jan. 23, 1803	LR4	644
Fanny C., of Harwinton, m. Garwood **GRISWATER**,* of New Haven, Dec. 31, 1848, by Rev. Charles Bentley *(Griswold)	M	103
Florilla, d. [Daniel, Jr. & Rachel], b. Dec. 23, 1805	LR4	644
Gurdon Wadsworth, s. William & Hannah, b. Aug. 11, 1772	LR2	23
Hannah, of Hartford, m. Abijah **CATLING**, of Harwinton, June 21, 1737	LR1	26
Hannah, d. William & Hannah, b. June 19, 1760	LR1	10
Hannah, d. William & Hannah, b. June 19, 1760	LR2	23
Hannah, w. William, d. Mar. 28, 1775	LR2	23
Henry, s. Jonathan & Ruth, b. Apr. 4, 1773	LR2	36
Honor, m. Norman **BARBER**, b. of Harwinton, Oct. 4, 1846, by Charles Bentley	M	94
Huldy, d. Joseph & Lucretia, b. July 18, 1768	LR3	43
Isaac, s. Abel & Elizabeth, b. May 6, [ ]	LR2	1
Jacob, m. Hannah Ames, Dec. 11, 1804	LR7	565
Jacob, s. William & Hannah, b. Apr. 3, 1767	LR2	23
Jacob Hensdale, s. [Jacob & Hannah], b. Sept. 15, 1896	LR7	565
Joel G., m. Harriet **CATLIN**, b. of Harwinton, Dec. 24, 1836, by R.M. Chipman	M	61
John Ames, s. [Jacob & Hannah], b. Aug. 18, 1808	LR7	565
Joseph, Lieut.., m. Lucretia **POST**, Nov. 18, 1756	LR3	43
Joseph, s. Joseph & Lucretia, b. Dec. 18, 1762	LR3	43
Joseph, Lieut. m. 2nd w. wid. Martha **BENTON**, Mar. 14, 1779	LR3	43
Lucina, m. Daniel **SCHOVEL**, Apr. 19, 1789	LR4	640

	Vol.	Page
COOK, (cont.)		
Lucina, d. Abel & Elizabeth, b. May 20, [ ]	LR2	1
Lucretia, d. Jonathan, Jr. & Ruth, b.June 10, 1756	LR2	36
Lucretia, d. Joseph & Lucretia, b. Mar. 17, 1759	LR3	43
Lucretia, 2nd, d. Jonathan, Jr. & Ruth, b. Dec. 4, 1765	LR2	36
Lucretia, 1st. w. Lieut. Joseph, d. Sept. 7, 1777	LR3	43
Lucretia, m. George **JONES**, Dec. 2, 1779	LR3	31
Lucy, of Harwinton, m. Chancy **MIX**, of New Hartford, Oct. 7, 1822, by George E. Pierce	M	13
Martin, of Torringford, m. Sally **CLEVELAND**, of Harwinton, June 12, 1823, by George E. Pierce	M	15
Millesent, d. Joseph & Lucretia, b. Mar. 26, 1773	LR3	43
Millesent, d. Joseph & Lucretia, d. Apr. 27, 1773	LR3	43
Millesent, 2nd, d. Joseph & Lucretia, b. Oct. 19, 1774	LR3	43
Moses, s. William & Hannah, b. Dec. 24, 1764	LR2	23
Nathan, s. Joseph & Lucretia, b. Mar. 21, 1777	LR3	43
Norman, s. Joseph & Lucretia, b. Apr. 21, 1771	LR3	43
Norman, s. Joseph & Lucretia, d. Aug. 28, 1777	LR3	43
Olive, m. Asahel N. **BARBER**, Mar. 21, 1822, by Joseph E. Camp	M	10
Ozim, s. Jonathan, Jr. & Ruth, b. Feb. 4, 1760	LR2	36
Rocksany, m. Azariah **KELLOGG**, Jr., Dec. 1, 1784	LR3	45
Roger, s. Joseph & Lucretia, b. May 23, 1766	LR3	43
Ruth, d. Jonathan & Ruth, b. Aug. 19, 1767	LR2	36
Ruth, m. Tertius **HUNGERFORD**, Nov. 25, 1793	LR4	633
Samuel Wadsworth, s. [Jacob & Hannah], b. Apr. 1, 1810	LR7	565
Silvanus, s. Jonathan, Jr. & Ruth, b. May 27, 1762	LR2	36
Silvanus, m. Bede **DUNBAR**, May 20, 1784	LR3	40
Sylvester, m. Mercia **FRANCIS**, Aug. 30, 1832, by Rev. George E. Pierce	M	48
Titus, s. Jonathan, Jr. & Ruth, b. Nov. 27, 1757	LR2	36
William, m. Hannah **HINSDELL**, b. of Harwinton, Mar. 7, 1759	LR1	10
William, m. Hannah **HINSDELL**, b. of Harwinton, Mar. 7, 1759	LR2	23
William, s. William & Hannah, b. Jan. 2, 1762	LR1	10
William, s. William & Hannah, b. Jan. 2, 1762	LR2	23
William & Hannah, had d. (-----), b. [, 1775]; d. in about two months	LR2	23
William Rawlinson, s. [Jacob & Hannah], b. Mar. 11, 1805	LR7	565
COPLEY, Abigail, m. David **MANSFIELD**, Nov. 27, 1788	LR2	36
Huldah, d. Nathaniel & Abigail, b. Dec. 11, 1761	LR2	16
Lydia, d. Nathaniell & Abigail, b. July 10, 176[ ]	LR2	16
Mary, d. Nathaniel & Abigal, b. Oct. 11, 1763	LR1	16
Mary, d. Nathaniel & Abigail, b. Oct. 11, 176[ ]	LR2	16
Nathaniel, m. Abigail **NORTON**, b. of Harwinton, Jan. 27, 1761	LR1	16
Nathaniel, m. Abigail **NORTON**, b. of Harwinton, Jan. 27, 1761	LR2	16
COTTON, Noadiah, m. Zebiah **HATSFORD**, Aug. 28, 1791	LR4	634
COWLES, [see also COLE], Isaac, Dr., m. Margaret **CATLIN**, Apr. 23, 1782	LR3	41
CRANDALL, Polly, of Harwinton, m. Michael **GILLETT**, of Plattsburg, N.Y., Sept. 21, 1815, by Rev. Joshua Williams	LR7	559
CRAVATH, CRAVETH, Elizabeth, d. Samuel & Elizabeth*, b. Oct. 19, 1763, *("Phebe"?)	LR1	9
Ezekiel, s. Samuel & Phebe, b. Feb. 6, 1775	LR1	9

	Vol.	Page
CRAVATH, CRAVETH, (cont.)		
James, s. Samuel & Phebe, b. Dec. 23, 1769	LR1	9
Phebe, d. Samuel & Phebe, b. Nov. 22, 1765	LR1	9
Prosper, s. Samuel & Phebe, b. May 6, 1777	LR1	9
Robert, s. Samuel & Phebe, b. Aug. 28, 1772	LR1	9
Samuel, of Harwinton, m. Phebe **AUSTIN**, of New Hartford, Oct. 7, 1762	LR1	9
Samuel, s. Samuel & Phebe, b. Feb. 9, 1768	LR1	9
CROW, Christopher, m. Damaras **PHELPS**, Oct. 18, 1757	LR1	33
Nathaniel, s. Christopher & Damaras, b. Mar. 27, 1758	LR1	33
CULVER, Thankfull, of Hartford, m. Jonathan **CATLING**, of Harwinton, May 9, 1744	LR1	23
CUMMINGS, Miles, of Warren, m. Rhobe Ann **SCOVIL**, of Harwinton, July 19, 1835, by Rev. Epaphras Goodman	M	57
CURTIS, CURTICE, CURTISS, Ambrus, s. Tommy, b. June 5, 1786	LR3	31
Arid, s. Joseph & Mary, b. Aug. 22, 1751	LR1	24
Benjamin, s. Joseph & Mary, b. Jan. 31, 1753	LR1	24
Joel G., of Bristol, m. Mary Ann **CASTLE**, of Harwinton, Jan. 3, 1836, by R. M. Chipman, V.D.M.	M	58
John, of Harwinton, m. Hannah **MILLER**, of New Hartford, Feb. 1, 1770	LR2	7
Jonathan, s. Isaac & Leda, b. Jan. 28, 1765	LR1	8
Keziah, twin with Chancey, d. Joseph & Mary, b. Aug. 28, 1760	LR1	24
Major, of Burlington, m. Mrs. Clarissa **DOUD**, of Harwinton, Dec. 27, 1821, by Noah Welton, J.P.	M	9
Mary, d. Joseph & Mary, b. Nov. 16, 1756	LR1	24
Orin, of Northfield, m. Harriet **CLEVELAND**, of Harwinton, May 17, 1825, by Rev. George E. Pierce	M	21
Orinda, of Harwinton, m. Orren **LAWRENCE**, of Canton, Sept. 6, 1830, by Rev. George E. Pierce	M	43
Thomas, s. David & Elizabeth, b. Apr. 15, 1770	LR2	40
Zaches, s. Joseph & Mary, d. July 10, 1763	LR1	7
DAGGET, Ezra, Jr., of New Haven, m. Phebe Anne **GILBERT**, of Tolland, Aug. 18, 1830, by Rev. George E. Pierce	M	41
DAILEY, Jane, m. Luther **HUMISTON**, Dec. 4, 1843, by Rev. Henry Zill	M	86
DANIELSON, Elisha, of Killingly, m. Sarah F. **ELY**, of Harwinton, May 3, 1842, by Charles Bentley	M	80
DARROW, Julius, of Bristol, m. Louisa R. **NINES**, of Harwinton, May 16, 1843, by C. Bentley	M	82
DAVIS, DAVIES, DAVISS, Climanda, d. John & Esther, b. May 28, 1778	LR3	29
Dolly, d. James & Dorothy, b. Feb. 19, 1785	LR3	37
Dorotha, w. James, b. Sept. 10, 1752	LR3	37
Elizabeth, m. Jonathan **BUTLER**, b. of Harwinton, Jan. 12, 1736	LR1	2
Elizabeth, d. Nathan & Zerviah, b. Sept. 4, 1760	LR2	7
Elizabeth, m. John **WILLSON**, Jr., Feb. 7, 1781	LR3	27
Esther, d. John & Esther, b. Aug. 8, 1779	LR3	29
Esther, w. John, d., Sept. 28, 1789	LR3	29
Harriet, m. Silas **BRISTOL**, b. of Harwinton, Aug. 23, 1853, by Rev. Isaac Sanford	M	111
James, formerly of Farmington, s. John & Ruth, d. Apr. 4, 1742	LR1	11
James, b. Feb. 25, 1753	LR3	37

	Vol.	Page
DAVIS, DAVIES, DAVISS, (cont.)		
James, m. Dorotha **COULT**, b. of Harwinton, Feb. 15, 1781	LR3	37
Joel, s. John & Esther, b. Nov. 9, 1782	LR3	29
John, b. in Farmington, now of Harwinton, m. Esther **AUSTIN**, b. in Wallingford, now of Harwinton, Feb. 27, 1777	LR3	29
John, m. Anne **BISSEL**, May 27, 1790	LR3	29
Josiah, m. Obedience **MILES**, Sept. 17, 1798	LR4	642
Josiah, s. [Josiah & Obedience], b. Jan. 13, 1802	LR4	642
Josiah, Jr., m. Cloe **BARBER**, b. of Harwinton, Sept. 23, 1828, by Rev. George E. Pierce	M	34
Lewis, s. John & Esther, b. Jan. 5, 1787; d. Dec. 6, 1787	LR3	29
Lewis, s. [John & Anne], b. Jan. 15, 1796	LR3	29
Marcy, d. James & Dorotha, b. Dec.31, 1781	LR3	37
Martha, m. Amos **CATLING**, b. of Harwinton, Dec. 10, 1755	LR2	17
Martin, s. [Josiah & Obedience], b. Mar. 6, 1809	LR4	642
Miles, s. [Josiah & Obedience], b. July 23, 1799	LR4	642
Nathan, Jr., s. Nathan & Elizabeth, b. Aug. 10, 1735	LR1	2
Nathan, of Harwinton, m. Zerviah **SMITH**, of Hartford, Apr. 21, 1757	LR2	7
Obedience, d. [Josiah & Obedience], b. Oct. 28, 1803	LR4	642
Phebe, d. [Josiah & Obedience], b. Dec. 14, 1800	LR4	642
Rachel, d. Nathan & Zerviah, b. June 2, 1765	LR2	7
Rebeckah, d. Nathan & Zerviah, b. Mar. 27, 1763	LR2	7
Sabra, d. Nathan & Zerviah, b. Aug. 30, 1767	LR2	7
Sarah, m. Hezekiah **HOPKINS**, b. of Harwinton, June 3, 1742	LR1	27
Thomas Cook, s. [Joshiah & Obedience], b. July 30, 1807	LR4	642
Uriah, s. [Josiah & Obedience], b. May 23, 1811	LR4	642
William, s. James & Dorothy, b. July 1, 1787	LR3	37
Zerviah, d. Nathan & Zerviah, b. Aug. 25, 1758	LR2	7
Zerviah, m. George **CATLIN**, Jr., b. Harwinton, Oct. 30, 1782	LR3	47
DEMING, Martha, m. Lathrop **BARTHOLOMEW**, May 13, 1804	LR7	558
DENISON, Elliott, m. Esther **SMITH**, Oct. 3, 1838, by R. M. Chipman	M	63
DEWEY, DEWE, Abigail, d. Eli & Abigail, b. June 24, 1760	LR1	34
Abigail, d. Eli & Abigail, b. June 24, 1760	LR3	38
Abigail, w. Eli, d. Feb. 8, 1782	LR3	38
Abigail, wid. of Sheffield, m. Dea. Daniel **CATLIN**, June 28, 1782	LR2	12
Armelia, m. John S. **PRESTON**, Mar.. 6, 1797	LR4	635
Bethiah, d. Eli & Abigail, b. Apr. 19, 1765	LR1	34
Bethiah, d. Eli & Abigail, b. Apr. 19, 1765	LR3	38
Eli, m. Abigail **LOOMIS**, of Windsor, Feb. 13, 1758	LR1	34
Eli, m. Abigail **GILLETT**, Feb. 13, 1758	LR3	38
Eli, m. wid. Mary **SLOAN**, July 18, 1782	LR3	38
Keziah, d. Eli & Abigail, b. Aug. 3, 1770	LR3	38
Lois, d. Eli & Abigail, b. June 20, 1777	LR3	38
Orrel, d. Eli & Abigail, b. Sept. 5, 1773	LR3	38
Rebecca, m. Isaac **CATLIN**, Jr., b. of Harwinton, Apr. 21, 1824, by George E. Pierce	M	18
Roxanie, d. Eli & Abigail, b. Jan. 5, 1763	LR1	34
Roxanna, d. Eli Abigail, b. Jan. 5, 1763	LR3	38
Roxanna, m. Elisha **CATLIN**, Jan. 8, 1784	LR3	42

	Vol.	Page
DEWEY, DEWE, (cont.)		
Thankfull, m. Reuben **BARTHOLOMEW**, b. of Harwinton, Sept. 15, 1762	LR1	23
Thankfull, m. Reuben **BARTHOLOMEW**, b. of Harwinton, Sept. 15, 1762	LR2	25
Theodosha, d. Eli & Abigail, b. Dec. 2, 1767	LR3	38
DEWING, John, m. Mindwell R. **CLEVELAND**, b. of Harwinton, Jan. 13, 1836, by Richard M. Chipman, V.D.M.	M	58
DEXTER, Azubah, of Winsor, m. William Conant **ABERNETHY**, May 19, 1800	LR4	633
DHEIELDS(?), William, of Watertown, m. Delia **CASTLE**, of Harwinton, June 2, 1830, by Rev. George E. Pierce	M	41
DODGE, Julia L., m. Silas B. **BRISTOL**, May 2, 1837, by Richard M. Chipman	M	61
Lucretia R., of Harwinton, m. Elijah W. **WASHBURN**, of Goshen, Apr. 17, 1839, by Rev. E. Washburn	M	67
DORCHESTER, Abigail, m. William **ALFORD**, June 19, 1774	LR2	33
DOUD, Clarissa, Mrs. of Harwinton, m. Major **CURTIS**, of Burlington, Dec.27, 1821, by Noah Welton, J. P.	M	9
DRISCOLL, Luther, of Plymouth, m. Eunis **HINMAN**, of Harwinton, Nov. 18, 1833, by Rev. George E. Pierce	M	53
DUNBAR, Bede, m. Silvanus **COOK**, May 20, 1784	LR3	40
Ferrand, of Plymouth, m. Mary Ann **BRISTOL**, of Harwinton, Oct. 31, 1832, by Rev. George E. Pierce	M	49
Levi, of Plymouth, m. Hannah **HOLT**, of Harwinton, Mar. 20, 1826, by Rev. George E. Pierce	M	26
DYER, Chloe, b. Feb. 25, 1778	LR7	564
Chloe, m. Uriah **HOPKINS**, Jan. 21, 1801	LR7	564
Thomas, of Canton, m. Adeline **HOPKINS**, of Harwinton, July 19, 1827, by Rev. George E. Pierce	M	30
ELLIOTT, Alexander, of Plymouth, m. Jennette **ELY**, of Harwinton, Jan. 12, 1851, by Rev. Warren G. Jones	M	105
ELLSWORTH, ELSWORTH, Amey, d. William & Mary, d. Sept. 12, 1751, ae 6 y. 9 m.	LR1	6
Ann, d. William & Mary, b. May 18, 1752	LR1	14
Jemima, m. David **HAYDEN**, Jr., b. of Harwinton, Mar. 12, 1761	LR1	20
William, 1st s. William & Mary, d. Feb. 6, 1754	LR1	11
William, 2nd s. William & Mary, b. May 6, 1754	LR1	14
William, d. June 19, 1759, in the 57th y. of his age	LR1	11
ELMER, Caleb Nathaniell, s. Caleb & Elizabeth, b. July 2, 1773	LR3	38
Daniel, s. Caleb, & Elizabeth, b. Feb. 23, 1775	LR3	38
David, s. Caleb & Elizabeth, b. Sept. 29, 1771	LR3	38
Joseph, s. Caleb & Elizabeth, b. Apr. 3, 1781	LR3	38
ELWELL, Mercy, d. Samuel & Hannah, b. Oct. 28, 1779	LR2	21
Sarah, m. Asa **SMITH**, Jr., Oct. 7, 1784	LR3	46
ELY, ELE, Aaron [s. Jacob & Temperance], b. Feb. 15, 1779	LR4	652
Benjamin, [s. Jacob & Temperance], b. Sept. 28, 1788	LR4	652
Calvin, [s. Jacob & Temperance], b. May 30, 1787	LR4	652
Clark[s. Jacob & Temperance], b. Apr. 12, 1792	LR4	652
Dorkiss, m. Eliphalet **ALFORD**], Aug. 7, 1777	LR3	34
Eli, [s. Jacob & Temperance], May 31, 1780	LR4	652
Elizabeth, of Litchfield, m. Eleckander **ALFORD**, of Harwinton, Mar. 13, 1766	LR2	11

	Vol.	Page
ELY, ELE, (cont.)		
Gad, [s. Jacob & Temperance], b. Oct. 15, 1794	LR4	652
Jacob, m. Temperance **TIFFANY**, Sept. 12, 1773	LR4	652
Jacob, [s. Jacob & Temperance], b. May 24, 1784	LR4	652
Jennette, of Harwinton, m. Alexander **ELLIOTT**, of Plymouth, Jan. 12, 1851, by Rev. Warren G. Jones	M	105
Sarah F., of Harwinton, m. Elisha **DANIELSON**, of Killingly, May 3, 1842, by Charles Bentley	M	80
Seabury, [s. Jacob & Temperance], b. Oct. 7, 1785	LR4	652
Seth, [s. Jacob & Temperance], b. Nov. 6, 1790	LR4	652
Temperance, [d. Jacob & Temperance], b. Nov. 9, 1777	LR4	652
Temperance, of Harwinton, m. Samuel **OSBORN**, of Waterbury, Jan. 28, 1827, by Benajah Haden, J. P.	M	29
ENSIGN, Charles A., of Litchfield, m. Cornelia **WILSON**, of Harwinton, June 2, 1840, by Charles Bentley	M	71
Samuel, of Litchfield, m. Elizabeth **WILSON**, of Harwinton, Nov. 9, 1836, by Richard M. Chipman	M	60
EUCOSTS(?), Abigal, of Gilford, m. Nathan **HOPKINS**, Jr., of Harwinton, Dec. 17, 1850	LR1	26
FAIRCHILD, Mary Ann, of Harwinton, m. Diamond **HITCHCOCK**, of Prospect, Apr. 13, 1842, by Charles Bentley	M	79
FARGO, Jerusha, of Torringford, m. Charles **BARTHOLOMEW**, of Harwinton, June 26, 1777	LR2	38
FENN, Anna, b. Dec. 26, 1779	LR7	560
Anna, m. John **MARKS**, Jan. 21, 1811	LR7	560
Elam P., of Plymouth, m. Lois **ALFORD**, of Harwinton, Nov. 18, 1846, by Charles Bentley	M	95
Erastus G., of Plymouth, m. Laura C. **OSBORN**, of Harwinton, Sept. 9, 1851, by Rev. Warren G. Jones	M	106
Isaac, of Plymouth, m. Anna **CATLIN**, of Harwinton, July 24, 1823, by Rev. Henry Hotchkiss	M	16
FOOT, Aaron, of Harwinton, m. Mary **BENSON**, of Waterbury, Nov. 13, 1760	LR2	7
Abner T., of Harwinton, m. Eunice **MIX**, of Waterbury, July 3, 1836, by Richard M. Chipman, V.D.M.	M	59
Amos, s. Aaron & Mary, b. Jan. 20, 1768	LR2	7
Beers, s. Aaron & Mary, b. Dec. 16, 1761	LR2	7
Darias, s. Ebenezer & Rebecca, b. Apr. 10, 1762	LR1	19
David, s. Ebenezer & Rebecca, b. Aug. 7, 1768	LR1	19
Ebenezer, of Harwinton, m. Rebecca **BAKER**, of Waterbury, July 1, 1761	LR1	19
Ebenezer, d. June [ ], 1777, in the 39th y. of his age	LR1	18
Gideon, s. Ebenezer & Rebecca, b. Nov. 6, 1766	LR1	19
John, s. Aaron & Mary, b. Mar. 26, 1766	LR2	7
Loly, d. Ebenezer & Rebecca, b. Jan. 19, 177[ ]	LR1	18
Lucy, d. Ebenezer & Rebecca, b. Aug. 19, 177[ ]	LR1	18
Lurinda Ann, w. Denas, d. Mar. 17, 1836	LR1	18
Lurinda Ann, m. Dennis **STEPHENS**, May 23, 1841, by Charles Bentley	M	74
Lidea, m. Isaac **CURTIS**, b. of Waterbury, Nov. 31, 1762	LR1	8
Mary, d. Aaron & Mary, b. Dec. 10, 1763	LR2	7
Simon, s. Ebenezer & Rebecca, b. Sept. 22, 1764	LR1	19

	Vol.	Page
FOOT, (cont.)		
Titus, of Watertown, m. Hannah **BILLS**, of Harwinton, June 8, 1846, by Rev. Gaer S. Gilbert, of Wolcottville	M	93
Usual, s. Ebenezer & Rebeccah, b. Aug. 26, 1772	LR1	19
FORD, FOORD, Anniss, m. Solomon **ALLIN**, May 21, 1778, by James Scovell, missionary	LR3	30
Betsey, m. Land **BEACH**, July 4, 1821, by Luther Hart	M	10
Eunice, m. Isaac **CASTLE**, Sept. 16, 1778	LR3	48
Lucy, of Harwinton, m. Julius M. **TODD**, of Burlington, Oct. 1, 1823, by Rev. Rodney Rosseter, of Plymouth	M	17
FRANCIS, Mercia, m. Sylvester **COOKE**, Aug. 30, 1832, by Rev. George E. Pierce	M	48
William B., m. Sophrenia **HINMAN**, Jan. 19, 1825, by Rev., Rodney Rosseter of Plymouth	M	21
FRENCH, Everett, of Plymouth, m. Mary **SKINNER**, of Harwinton, Sept. 14, 1829, byRev. George E. Pierce	M	37
Julia A., m. Quincy **SMITH**, May 3, 1840, by Fred Holcomb	M	72
Lucy Ann, m. Oliver **WOLCOTT**, Aug. 23, 1838, by R. M. Chipman	M	64
FRISBIE, Amos R., s. [Isaac, Jr. & Cynthia], b. Feb. 2, 1806	LR12	530
Anna, m. Abner **BARBER**, Dec. 13, 1781	LR3	43
Anna L., d. [Levie L. & Harriet], b. Oct. 20, 1845	LR7	553
Augusta, d. [Enos & Cloe], b. Aug. 17, 1805	LR7	565
Bedee, d. John & Freelove, b. Mar. 15, 1774	LR2	28
Beda, d. [Enos & Cloe], b. Jan 7, 1811	LR7	565
Caroline C., of Harwinton, m. George D. **WELD**, of Brighton, Mass., Nov. 3, 1841, by C. Bentley	M	76
Cloe, d. [Enos & Cloe], b. May 4, 1802	LR7	565
Cloe, m. Wyllys **CLARK**, b. Harwinton, Apr. 6, 1825, by Rev. George E. Pierce	M	21
Clarra, d. John & Freelove, b. Aug. 27, 1778	LR2	28
Cynthia, d. [Isaac, Jr. & Cynthia], b. Oct. 20, 1807; d. Jan. 9, 1808	LR12	530
Cynthia, w. Isaac, d. July 28, 1844	LR12	530
Cynthia C., d. [Isaac, Jr. & Cynthia], b. Sept. 27, 1816	LR12	530
Ellen N., d. [Levie L. & Harriet], b. June 19, 1838	LR7	553
Emeline L., of Harwinton, m. Samuel **PHELPS**, of Burlington, Aug. 21, 1839, by Charles Bentley	M	69
Enos, m. Cloe **WILSON**, Nov. 13, 1788	LR7	565
Enos, s. [Enos & Cloe], b. June 16, 1791	LR7	565
Ezra, s. John & Freelove, b. Dec. 26, 1771	LR2	28
Fanny F., of Harwinton, m. Levi **BEACH**, of Patoser(?), Pennsylvania(?), July 1, 1843, by Charles Bentley	M	82
Harriet E., d. [Levie L. & Harriet], b. Nov. 5, 1840	LR7	553
Hezekiah H., s. [Isaac, Jr. & Cynthia], b. Mar. 24, 1819	LR12	530
Isaac, Jr., b. July 14, 1783; m. Cynthia **ROSSETER**, May 1, 1805	LR12	530
Isaac, his w. [Cynthia], d. July 28, 1844	LR12	530
Isaac, m. Allice **TOMPKINS**, May 5, 1845, by Charles Bentley	M	89
Isaac P., s.[Isaac, Jr. & Cynthia], b. Jan. 20, 1809	LR12	530
Jennett B., d. [Levi L. & Harriet], b. Feb. 12, 1834	LR7	553
John, [s. Isaac, Jr. & Cynthia], b. Feb. 26, 1811	LR12	530
John L., s. [Levie L. & Harriet], b. Aug. 8, 1847	LR7	553
John W., m. Eliza **BARBER**, Feb. 9, 1824, by George E. Pierce	M	18
John Wilson, s. [Enos & Cloe], b. Feb. 29, 1796; d. Oct. 13, 1796	LR7	565

	Vol.	Page
FRISBIE, (cont.)		
John Wilson, s. [Eros & Cloe], b. Feb. 7, 1798	LR7	565
Judeth, m. William B. **BARBER**, May 4, 1834, by Rev. George E. Pierce	M	54
Levi C., s. [Levie L. & Harriet], b. May 24, 1843	LR7	553
Levie L., of Harwinton, m. Harriet **THORP**, of Southington, May 13, 1830	LR7	553
Lovicy B., d. [Levie L. & Harriet], b. Oct. 30, 1831	LR7	553
Orton, s. [Isaac, Jr. & Cynthia], b. July 28, 1825	LR12	530
Polly, d. [Enos & Cloe], b. Dec. 7, 1789	LR7	565
Reuben B., [s. Isaac, Jr. & Cynthia], b. Sept. 1, 1813; d. Dec. 15, 1831	LR12	530
Reuben B., s. [Levie L. & Harriet], b. Apr. 20, 1836	LR7	553
Sarah L., d. [Isaac, Jr. & Cynthia], b. Mar. 9, 1821	LR12	530
Sarah L., of Harwinton, m. Charles A. **CHAPIN**, of Wolcottville, Oct. 13, 1845, by Charles Bentley	M	91
Triphene, m. Ezra **HINSDALE**, Jr., Feb. 2, 1791	LR4	635
Warham, s. [Enos & Cloe], b. Mar,. 1, 1793	LR7	565
Zerviah, m. Stephen **MARKS**, Mar. 26, 1821, by Joshua Williams	M	6
GARDNER, Joanna F., m. S. N. **HART**, Dec. 14, 1846, by Rev. T. H. U. Gardner	M	95
GATTY, William, m. Mariah **HARRISON**, Oct. 11, 1819, by [ ]	M	0
GAYLORD, Betsey, m. Charles **PRINDLE**, Nov. 29, 1810	LR7	567
Fanny, of Harwinton, m. Samuel **BISSEL**, of Aurora, O., Sept. 15, 1824, by Rev. George E. Pierce	M	19
Giles, of Torringford, m. Parmelia **VENISTON**, of Harwinton, May 21, 1838, by R.M. Chipman	M	64
Sally, of Harwinton, m. George **BECKWITH**, of Lisle, N. Y. Sept. 15, 1824, by Rev. George E. Pierce	M	19
GIBBS, Harriet N., m. Jonathan B. **BALCH**, b. of Harwinton, Jan. 5, 1844, by Charles Bentley	M	84
GILBERT, GUILBERT, Anson, m. Thankfull **SMITH**, Nov. 24, 1813	LR7	564
Elizabeth, of Harwinton, m. Marcus **GUNN**, of Plymouth, Dec. 25, 1822, by Rev. Rodney, of Rosseter, of Plymouth	M	12
Ephraim B., of Plymouth, m. Emily **PERKINS**, of Harwinton, Oct. 27, 1847, by Rev. H. D. Kitchel	M	98
[E]unis, d. Jabez & [E]unis, b. Feb. 19, 1769	LR2	27
Harriet A., m. Hiram **BEACH**, May 4, 1831, by Luther Hart	M	45
Jabez, m. [E]unis **BRACE**, b. of Harwinton, Feb. 6, 1766	LR2	27
Mary, m. Harold J. **POTTER**, May 2, 1822, by Luther Hart	M	11
Nancy, m. Lauson **BARBER**, Nov. 5, 1828, by Luther Hart	M	34
Phebe Anne, of Tolland, m. Ezra **DAGGET**, Jr., of New Haven, Aug. 18, 1830 by Rev. George E. Pierce	M	41
Ruth, d. Jabez & [E]unis, b. Feb. 6, 1767	LR2	27
Ruth, of Harwinton, m. John **COLT**, of Harwinton, Dec. 7, 1785	LR3	41
Silas, s. Jabez & [E]unis, b. July 14, 1771	LR2	27
Silva, d. Jabez & [E]unis, b. Sept. 10, 1773	LR2	27
GILLETT, GILLET, GELLET, Abigail, m. Eli **DEWEY**, Feb. 13, 1758	LR3	38
Almira, d. Joel & Rhoda, b. Feb. 10, 1778	LR3	33
Almira, m. Eli **CANDEE**, Aug. 18, 1796	LR7	563
Anne, m. Oliver **PHELPS**, Apr. 7, 1791	LR2	34

	Vol.	Page
GILLETT, GILLET, GELLET, (cont.)		
Beriah, s. Daniel & Mindwell, b. Sept. 25, 1751	LR1	5
Daniel, s. Daniel & Ruth, b. Sept. 16, 1741	LR1	5
Daniel, of Harwinton, m. Mindwell **SMITH**, of Simsbury, Sept. 16, 1746	LR1	25
Daniel, d. Feb. 5, 1762, in the 65th y. of his age	LR1	6
Elizabeth, d. Daniel & Ruth, b. Jan. 20, 1743/4	LR1	5
Esther, d. Daniel & Mindwell, b. June 13, 1750	LR1	25
Eunis, formerly of Windsor now of Harwinton, m. Isaac **BULL**, formerly of Windsor now of Harwinton, Feb. 7, 1737/8	LR1	3
Joel, m. Rhoda **HINSDALE**, b. of Harwinton, Mar. 13, 1777	LR3	33
Lois, d. Daniel & Ruth, b. Apr. 1, 1739	LR1	2
Lidy, m. Reuben **BARBER**, b. of Harwinton, July 22, 1771	LR2	26
Michael, of Plattsburg, N.Y., m. Polly **CRANDALL**, of Harwinton, Sept. 21, 1815, by Rev. Joshua Williams	LR7	559
Mindwell, d. Daniel & Mindwell, b. July 6, 1747	LR1	25
Mindwell, 2nd w. Daniel, d. Sept. 6, 1751, in the 40th y. of her age	LR1	11
Ruth, w. Daniel, d. July 10, 1745, in the 32nd y. of her age	LR1	6
Thankfull, d. Daniel & Mindwell, b. Nov. 15, 1748	LR1	25
Timothy, s. Daniel & Ruth, b. June 27, 1745	LR1	5
Timothy, s. Daniel & Ruth, b. June 27, 1745	LR1	25
GILLMAN, Damaras, of Hartford, m. Lieut. Samuel **PHELPS**, of Harwinton, Oct. 21, 1751	LR1	13
GOFF, Elizabeth, of Rocky Hill, m. Lathrop **BARTHOLOMEW**, of Harwinton, Feb. 1, 1846, by Charles Bentley	M	91
GOODSELL, Almira, m. Samuel V. **GOODSELL**, b. of Harwinton, May 13, 1841, by Charles Bentley	M	74
Elizabeth, of Hartland, m. Solomon **BROOKS**, of Bristol, Oct. 20, 1829, by Benajah Haden, J.P.	M	38
Samuel V., m. Almira **GOODSELL**, b. of Harwinton, May 13, 1841, by Charles Bentley	M	74
GOODWIN, Martha Jane, of Harwinton, m. Garner B. **CURTIS**, of Northfield, Oct. 17, 1850, by Rev. F. Holcomb	M	104
Martha L., of Union, N.J., m. Roxanna L. **WILSON**, of Harwinton, Apr. 2, 1854, by Rev. Herman L. Vail	M	111
Mary, of Windsor, m. Samuel Stone **BUTLER**, of Harwinton, Aug. 19, 1751	LR1	14
Mary, of Windsor, m. Samuel S. **BUTLER**, Aug. 19, 1751	LR2	31
Mary Ann, of Farmington, m. Rufus A. **HITCHCOCK**, of Cheshire, May 29, 1842, by C. Bentley	M	79
Virgil, of Plymouth, m. Fanny **POTTER**, of Litchfield, Sept. 17, 1832, by Rev. George E. Pierce	M	48
[GRANNISS], GRINNESS, Betsey, [d. Enos & Elizabeth], b. Feb. 4, 1793	LR4	646
Horrace, s. [Enos & Elizabeth], d. May 26, 1787	LR4	646
Orris, s. [Enos & Elizabeth], b. Aug. 29, 1789	LR4	646
Parmer, s. Enos & Elizabeth, b. Nov. 9, 1787	LR4	646
GRANT, Esther, of Windsor, m. Joseph **HAYDEN**, of Harwinton, June 12, 1739	LR1	3
GRAVES, Benjamin, of Harwinton, m. Eunis **HALE**, of Cambridge, Aug. 15, 1776	LR2	39
Chansey, s. Benjamin & Eunice, b. July 10, 1777	LR2	39
GREENLEAF, Charles, 2nd, of Hartford, m. Caroline B. **WILSON**, of Harwinton, July 4, 1833, by Rev. George E. Pierce	M	51

	Vol.	Page
GRIDLEY, Chloe, m. Frederick S. **CATLIN**, Dec. 14, 1815	LR7	558
Cordelia, m. Henry **HOLT**, b. of Harwinton, June 12, 1839, by Nathaniel Richardson	M	68
Esther, d. Seth & Esther, b. Dec. 19, 1775	LR2	32
Joel, s. Silas & Elizabeth, b. Feb.1, 1785	LR3	44
Lyman, m. Lois **ALFRED**, May 1, 1827, by Rev. George E. Pierce	M	30
Salmon, s. Silas & Elizabeth, b. July 17, 1783	LR3	44
Silas, m. Elizabeth **BENTON**, Dec. 2, 1779	LR3	32
Silas, m. Elizabeth **BENTON**, Dec. 2, 1779	LR3	44
Silas, s. Silas & Elizabeth, b. Dec. 28, 1780	LR3	44
GRIFFIN, Nehemiah, m. Mary **PRESTON**, Jan. 6, 1823, by Luther Hart	M	14
GRINNESS, [see under **GRANNISS**]		
*****GRISWATER**, Garwood, of New Haven, m. Fanny C. **COOK**, of Harwinton, Dec.31, 1848, by Rev. Charles Bentley (*surname crossed off in original manuscript)	M	103
GRISWOLD, Abigail, d. Janna & Martha, b. Mar. 28, 1749	LR2	16
Abigail, m. Ashbil **PORTER**, b. of Harwinton, July 10, 1766	LR2	21
Benjamin, m. Hannah **BARTHOLOMEW**, May 6, 1779	LR4	644
Dorrothy, had illeg. d. Rhoda, b. Feb. 9, 1760; f. James Barnes	LR2	26
Dorrothy, had illeg. d. Mamre, b. June 8, 1764; f. James Stephens	LR2	26
Dorrothy, of Haddam, m. Jacob **CATLIN**, 2nd, of Harwinton Dec. 4, 1766 *(see Griswater)	LR2	26
Hannah, d. [Benjamin & Hannah], b. Nov. 12, 1787	LR4	644
Hannah Mariah, d. [Norris C. & Salome], b. Oct. [ ], 1814	LR7	567
Hezekiah, s. Janna & Martha, b. Jan. 9, 1760	LR2	16
Janna, of Harwinton, m. Martha **GRISWOLD**, of Wethersfield, Jan. 1, 1748	LR2	16
Janna, s. Janna & Martha, b. Aug. 15, 1758	LR2	16
Lowes, d. Janna & Martha, b. July 15, 1756	LR2	16
Lucius, s. [Norris C. & Salome], b. Nov. 13, 1812	LR7	567
Lucius Augustus, s. [Norris C. & Salome], b. June 3, 1816; d. July 18, 1816	LR7	567
Lydia, of Wethersfield, m. Joseph **RICHARDS**, of Harwinton, Jan. 6, 1737	LR1	2
Lydia, d. Janna & Martha, b. Dec. 30, 1752	LR2	16
Marilla, d. [Benjamin & Hannah], b. May 12, 1783	LR4	644
Martha, of Wethersfield, m. Janna **GRISWOLD**, of Harwinton, Jan. 1, 1748	LR2	16
Martha, m. Barnabus **BENTON**, Feb. 15, 1758	LR1	32
Martha, m. Barnabus **BENTON**, b. of Harwinton, Feb. 15, 1758	LR2	5
Marvin, s. [Benjamin & Hannah], b. Feb. 5, 1785	LR4	644
Marvin, s. [Benjamin & Hannah], b. Nov. 21, 1789	LR4	644
Mindwell, of Wethersfield, m. Abraham **CATLING**, of Harwinton, Sept. 15, 1742	LR1	5
Minerva L., of Harwinton, m. George M. **PRESTON**, of Plymouth, Jan. 17, 1847, by Rev. T. H.V. Gardner	M	95
Norris C., m. Salome **CATLIN**, Jan. 21, 1810	LR7	567
Roswell, s. [Benjamin & Hannah], b. Aug. 9, 1792	LR4	644
Sabra, d. Janna & Martha, b. Feb. 10, 1751	LR2	16
Sophrona, d. [Norris C. & Salome], b. Mar. 12, 1811	LR7	567
Spede, d. Janna & Martha, b. July 27, 1754	LR2	16
[GUINNESS], [SEE UNDER GRINNERS]		
GUNN, Marcus, of Plymouth, m. Elizabeth **GILBERT**, of Harwinton, Dec. 25, 1822, by Rev. Rodney Rosseter, of Plymouth	M	12

	Vol.	Page
HALE, Eunis, of Cambridge, m. Benjamin **GRAVES**, of Harwinton, Aug. 15, 1776	LR7	39
Lois, m. Horace **BISSELL**, July 4, 1820	LR7	554
HALL, Benjamin S., of Harwinton, N. J., m. Augustus *L. **CLARK**, of Harwinton, Mar. 9, 1835, by Rev. Richard M. Chipman *("Augusta"?)	M	56
Elisha, s. Medad & Ruth, b. Dec. 8, 1769	LR2	32
Midad, of Harwinton, m. Ruth **LEWIS**, of Farmington, Dec. 15, 1768	LR2	32
Nasetta, of Plymouth, m. Jeremiah **WILKINSON**, of Harwinton, Oct. 6, 1840, by Charles Bentley	M	73
Sarah, d. Medad & Ruth, b. July 23, 1772	LR2	32
Washington, of Plymouth, m. Susan **BUCK**, of Harwinton, Apr. 14, 1839, by R. M. Chipman	M	67
HANNAN, Mary, of Windsor, m. William **HAYDEN**, of Harwinton, Mar. 7, 1743	LR1	21
HARRISON, Eunice, m. John Brooks **BARTHOLOMEW**, b. of Harwinton, Aug. 29, 1821, by Joshua Williams	M	7
Lucy Ann, of Harwinton, m. John S. **MOORE**, of Bristol, Feb. 17, 1840, by F. B. Woodward	M	78
Mariah, m. William **GATTY**, Oct. 11, 1819	M	0
Philomela, m. Joseph H. **SCOVILLE**, Dec. 26, 1832, by Rev. George E. Pierce	M	49
HART, Benjamin, of Southington, m. Lucy Ann **BULL**, of Harwinton, July 5, 1843, by Charles Bentley	M	83
Clarissa, of Berlin, m. Enos **BECKWITH**, of Burlington, July 2, 1823, by George E. Pierce	M	16
Lois, m. Heman **BARTHOLOMEW**, Nov. 24, 1794	LR7	562
Lucinda, m. William S. **HUNGERFORD**, b. of Harwinton, July 23, 1827, by Rev. George E. Pierce	M	30
Lydia, m. Julius **JONES**, Dec. 4, 1821	LR7	563
S. N., m. Joanna F. **GARDNER**, Dec. 14, 1846, by Rev. T.H.U. Gardner	M	95
HATCH, Mary, d. Nathaniel & Caturah, b. June 5, 1738	LR1	2
HATSFORD, [see under **HORSFORD**]		
HAYDEN, HAYDON, HEYDON, HADEN, HAODEN, Allin, s. David & Dorithe, b. Apr. 7, 1753	LR1	23
Allin, m. Annis **MOSES**, Apr. 9, 1778	LR3	35
Allin, s. [Allin & Annis], b. Aug. 14, 17[9]2	LR3	35
Allin Willard, s. Allin & Annis, b. June 26, 1783	LR3	35
Amon, s. Elijah & Sarah, b. July 14, 1774	LR2	8
Annice, d. [Allin & Annis], b. Sept. 12, 1795	LR3	35
Benaiah, s. Joseph & Esther, b. Feb. 16, 1751/2	LR1	4
Bennajah, s. Joseph & Esther, d. Sept. 15, 1776	LR2	37
Benajah, m. Sena **BUTLER**, Oct. 19, 1811	LR7	558
Canan T. R., s. [Benajah & Sena], b. Aug. 13, 1813	LR7	558
Clarrinda, d. Allin & Annis, b. Jan. 1, 1779	LR3	35
David, Jr., m. Jemima **ELSWORTH**, b. of Harwinton, Mar. 12, 1761	LR1	20
David, s. David & Jemima, b. Dec. 20, 1761	LR1	20
Dorothy, m. Benjamin **BUTLER**, Nov. 15, 1770	LR2	19
Elenah, d. David & Dorithe, b. July 10, 1759	LR1	23

	Vol.	Page
HAYDEN, HAYDON, HEYDON, HADEN, HAODEN, (cont.)		
Elijah, of Harwinton, m. Sarah **PHELPS**, of Simsbury, Dec. 12, 1765	LR2	8
Elijah, s. Elijah & Sarah, b. Dec. 8, 1767	LR2	8
Elijah, s. Elijah & Sarah, b. July 13, 1776	LR2	8
Elisha, s. Samuel & Lois, b. Oct. 8, 1778	LR3	45
Esther, d. Joseph & Esther, b. Apr. 27, 1740	LR1	3
Esther, of Harwinton, m. Uriah **HOPKINS**, of Harwinton, Sept. 11, 1766	LR2	29
Handly, s. Elijah & Sarah, b. May 7, 1769	LR2	8
Harvey, s. [Allin & Annis], b. Oct. 16, 1787	LR3	35
Jemima, d. David & Jemima, b. Feb. 24, 1764	LR1	20
Jerusha, d. David & Dorothy, b. June 4, 1757	LR1	25
John, formerly of Wethersfield now of Harwinton, s. of Susannah **Nichols** alias **Russel** alias **Messenger**, b. Feb. 26, 1737/8	LR1	27
Joseph, of Harwinton, m. Esther **GRANT**, of Windsor, June 12, 1739	LR1	3
Joseph, Jr., s. Joseph & Esther, b. Dec. 7, 1741	LR1	4
Joseph, d. May 4, 1817	LR7	558
Lois, d. Samuel & Lois, b. Nov. 2, 1771	LR3	45
Marah, d. David & Dorothy, b. Sept. 27, 1762	LR1	25
Mary, d. William & Mary, b. Apr. 28, 1745	LR1	21
Mary, w. William, d. Oct. 21, 1785, in the 77th y. of her age	LR3	29
Mary, d. Mar. 13, 1813	LR7	558
Mily, of Harwinton, m. Erastus **PELTON**, of Torrington, Oct. 3, 1824, by Rev. Epaphras Goodman	M	20
Mindwell, d. David & Dorothe, b. Mar. 17, 1755	LR1	25
Newel, s. David & Jemima, b. June 14, 1766	LR1	20
Noah Phelps, s. Elijah & Sarah, b. [ ] 20. 1780	LR2	8
Olive, d. [Allin & Annis], b. Feb. 26, 1790	LR3	35
Oliver, s. David, Jr. & Jemima, b. May 24, 1770	LR1	20
Pellityah, s. David & Jemima, b. June 10, 1768	LR1	20
Polly, d. Allin & Annis, b. Nov. 8, 1780	LR3	35
Samuel, formerly of Windsor lately of Harwinton, d. Oct. 12, 1742, in the 65th y. of his age	LR1	6
Samuel, s. Joseph & Esther, b. Jan. 5, 1746/7	LR1	4
Samuel, of Harwinton, m. Lois **PHELPS**, of Simsbury, Nov. 15, 1770	LR3	45
Samuel Montgomery, s. Samuel & Lois, b. Nov. 11, 1776	LR3	45
Sarah, d. Joseph & Esther, b. Nov. 21, 1743	LR1	4
Sarah, d. William & Mary, b. Nov. 23, 1741	LR1	21
Sarah, m. Cyprain **WEBSTER**, b. of Harwinton, Feb. 25, 1768	LR2	10
Statee, m. Ephraim H. **MORSE**, June 14, 1813	LR4	639
Ursula, d. Elijah & Sarah, b. May 19, 1771	LR2	8
Viets G.A., s. [Benajah & Sena], b. June 14, 1812; d. Oct. 4, 1812	LR7	558
William, of Harwinton, m. Mary **HANNAN**, of Windsor, Mar. 7, 1743	LR1	21
William, s. William & Mary, b. Feb. 5, 1747/8	LR1	21
William, Jr., s. William & Mary, d. Oct. 22, 1776, ae 29 y.	LR2	37
Zaraantha, s. [Allin & Annis], b. Apr. 9, 1785	LR3	35
HERBERT, John S., of Sandisfield, Mass., m. Sarah **BOLTS**, of Harwinton, Aug. 27, 1835, by Richard M. Chipman, V.D.M.	M	57a
HIGLEY, Elijah, s. Josiah & Dinah, b. Aug. 21, 1740	LR1	3

	Vol.	Page
HILL, Asa, 2nd, s. Asa & Gloriana, b. Jan. 31, 1776	LR2	39
Asa, s. Asa & Gloriana, d. Mar. 13, 1776	LR2	39
Gains, of Bristol, m. Clarissa **HUMASTON**, of Harwinton, Oct. 6, 1822, by Rev. Rodney Rosseter, of Plymouth	M	12
Martha, m. Clavin **WOODIN**, Jan. 17, 1782	LR3	42
HINE, Hanson, of Plymouth, m. Harriet **JOHNSON**, of Phillipstown, Aug. 30, 1830, by Rev. George E. Pierce	M	41
Huldah, m. Nehemiah **BALDWIN**, Apr. 8, 1803	LR4	637
Joseph A., of Milford, m. Emily G. **BOOTH**, of Harwinton, Jan. 5, 1845, by C. Bentley	M	88
Sally Mariah, b. Aug. 20, 1809, in Milford; m. David M. **CHURCHILL**, June 3, 1827, in Milford	LR12	531
HINMAN, Daniel, of Harwinton, m. Lucy **BARNES**, of Royalston, Vt., May 8, 1833, by Rev. George E. Pierce	M	50
David, of Farmington, m. Jane **WILSON**, of Harwinton, Nov. 22, 1848, by Charles Bentley	M	102
Eunis, of Harwinton, m. Luther **DRISCOLL**, of Plymouth, Nov. 18, 1833, by Rev. George E. Pierce	M	53
George J., m. Harriet E. **PARKIS**, July 1, 1839, by Fred Holcomb	M	72
Sophrenia, m. William B. **FRANCIS**, Jan. 19, 1825, by Rev. Rodney Rosseter, of Plymouth	M	21
HINSDALE, HENSDALE, HINSDELL, HINSDEL, HINSDELE, Abel, s. Jacob & Mary, b. July 18, 1765	LR1	9
Elias, s. Jacob & Mary, b. Apr. 20, 1763	LR1	9
Elisha, s. Jacob & Mary, b. Feb. 28, 1761	LR1	9
Elizabeth, of Hartford, m. Jacob **BENTON**, formerly of Hartford, now of Harwinton, Apr. 4, 1728	LR1	1
Elizabeth, d. [Ezra & Betsey], b. Feb. 19, 1816	LR4	635
Emerela, d. [Roswell & Sibel], b. May 28, 1810	LR4	638
Emily, m. Alvah **SCOVEL**, Aug. 24, 1829, by Rev. George E. Pierce	M	36
Erastus, s. Ezra & Sarah, b. Jan. 7, 1781	LR2	3
Ezra, s. Jacob & Hannah, b. Jan. 5, 1740/1	LR1	24
Ezra, m. Sarah **HOPKINS**, b. of Harwinton, Nov. 15, 1764	LR2	3
Ezra, s. Ezra & Sarah, b. Feb. 3, 1766	LR2	3
Ezra, Jr., m. Triphene **FRISBIE**, Feb. 2, 1791	LR4	635
Ezra, Jr., m. Betsey **McNARY**, Feb. 25, 1800	LR4	635
Ezra, Lieut., d. June 1, 1804	LR4	635
Ezra Sherman, s. [Ezra & Betsey], b. Feb. 1, 1806	LR4	635
George, s. Jacob & Hannah, b. Apr. 15, 1745	LR1	24
George Sheldon, s. [Ezra & Betsey], b. Nov. 22, 1812	LR4	635
Hannah, m. William **COOK**, b. of Harwinton, Mar. 7, 1759	LR1	10
Hannah, m. William **COOK**, b. of Harwinton, Mr. 7, 1759	LR2	23
Hannah, d. Ezra & Sarah, b. Dec. 8, 1769	LR2	3
Huldah, d. Ezra & Sarah, b. Jan 16, 1779	LR2	3
Huldah Ann, of Harwinton, m. William M. **WATTS**, of Springfield, Mass., Oct. 18, 1846, by Charles Bentley	M	94
Jacob, Jr., m. Mary **BRACE**, b. of Harwinton, May 11, 1758	LR1	9
Jacob, s. Jacob, Jr. & Mary, b. Apr. 18, 1759	LR1	9
Jacob, Jr., m. Sarah **BARBER**, Jan. 16, 1782	LR3	40
Lydia, d. Ezra & Sarah, b. Apr. 23, 1777	LR2	3
Liedia, m. Bennajah H. **HOPKINS**, July 3, 1804	LR4	640

HINSDALE, HENSDALE, HINSDELL, HINSDEL, HINSDELE, (cont.)

	Vol.	Page
Martha, of Harwinton, m. Thomas **BULL**, formerly of Hartford now of Harwinton, Nov. 9, 1736	LR1	3
Martin, s. Ezra & Sarah, b. Oct. 30, 1774	LR2	3
Martin, d. Feb. 14, 1809	LR4	635
Martin, s. [Ezra & Betsey], b. June 17, 1810	LR4	635
Mary, m. Charles **SANFORD**, Sept. 27, 1831, by Rev. George E. Pierce	M	46
Osmer, s. [Ezra, Jr. & Triphene], b. May 26, 1793	LR4	635
Philene, d. [Ezra & Betsey], b. Mar. 20, 1804	LR4	635
Polly, d. [Ezra & Betsey], b. July 17, 1802	LR4	63
Rhoda, d. Jacob & Mary, b. Feb. 27, 1770	LR1	9
Rhoda, m. Joel **GELLET**, b. of Harwinton, Mar. 13, 1777	LR3	33
Roswell, s. Ezra & Sarah, b. Aug.26, 1772	LR2	3
Roswell, m. Sibel **WINSHELL**, Aug. 10, 1798	LR4	638
Roswell Hooker, s. [Roswell & Sibel], b. June 4, 1814	LR4	638
Salle, d. Jacob & Sarah, b. July 1, 1783	LR3	40
Sally, d. [Roswell & Sibel], b. May 26, 1803	LR4	638
Sally, d. [Roswell & Sibel], d. Feb. 25, 1826	LR4	638
Samuel, twin with Stephen, 2nd, s. Jacob & Hannah, b. Mar. 22, 1743	LR1	24
Sarah, d. Jacob & Hannah, b. Feb. 27, 1736/7	LR1	24
Sarah, d. Jacob & Hannah, b. Mar. 1, 1747	LR1	24
Sarah, d. Ezra & Sarah, b. Mar. 8, 1768	LR2	3
Stephen, s. Jacob & Hannah, b. Nov. 16, 1738	LR1	24
Stephen, s. Jacob & Hannah, d. Nov. 7, 1741	LR1	6
Stephen, 2nd, twin with Samuel, s. Jacob & Hannah, b. Mar. 22, 1743	LR1	24
Stephen, of Harwinton, m. Rhoda **JUDD**, of Farmington, Nov. 14, 1771	LR3	33
Stephen, hus. Rhoda, d. Sept. 25, 1772	LR3	33
Stephen, s. Stephen & Rhoda, b. Dec. 28, 1772	LR2	14
Stephen, Jr., s. Stephen & Rhoda, b. Dec. 28, 1772	LR3	33
Steven, of Harwinton, m. Rhoda **JUDD**, of Farmington, Nov. 14, 1776* *(Probably "1770")	LR2	14
Stephen, s. Stephen & Rhoda, d. Sept. 1, 1777	LR3	33
Talcott, s. [Ezra, Jr. & Triphene], b. July 10, 1795	LR4	635
Triphene, [w. Ezra, Jr.]. d. June 29, 1799	LR4	635
Triphene, d. [Ezra & Betsey], b. June 1, 1800	LR4	635
Whiting, s. Jacob & Mary, b. Oct. 17, 1773	LR1	9
Wolcott, m. Hannah **JONES**, Aug. 31, 1825, by Rev. Rodney Rossiter, of Plymouth	M	23
Wyllys, s. [Ezra, Jr. & Triphene], b. May 12, 1797	LR4	635
HITCHCOCK, Diamond, of Prospect, m. Mary Ann **FAIRCHILD**, of Harwinton, Apr. 13, 1842, by Charles Bentley	M	79
Nancy E., of Harwinton, m. Thomas C. **BUTLER**, of New York, Aug. 2, 1837, by Richard M. Chipman	M	62
Rufus A., of Cheshire, m. Mary Ann **GOODWIN**, of Farmington, May 29, 1842, by C. Bentley	M	79
Williard, m. Adaline **WELTON**, Apr. 3, 1822, by Rev. Rodney Rosseter, of Plymouth	M	11
HOADLEY, Sophia, m. William C. **ABERNETH**, Aug. 8, 1826	LR4	633

	Vol.	Page
HODGE, Asahel, m. Thankfull **POTTER**, b. of Harwinton, Sept. 15, 1763	LR2	2
Asahel & Thankfull, had d. [ ], b. [ ], 10, 1764	LR2	2
Asahel, s. Asahel & Thankfull, b. [ ] 10, 1766	LR2	2
David, s. Asahel & Thankfull, b. May 10, 1774	LR2	2
Solomon, s. Asahel & Thankfull, b. Dec. 15, 1778	LR2	2
Thankfull, m. Allin **CATLIN**, Oct. 26, 1785	LR3	47
Thankfull, d. Asahel & Thankfull, b. Feb. [ ], [ ]	LR2	2
---as, s. Asahel & Thankfull, b. Aug. 1, 1771	LR2	2
HOLABIRD, William S., of Winchester, m. Adaline **CATLIN**, of Harwinton, June 6, 1826, by Rev. George E. Pierce	M	26
HOLCOMB, Marah, of Windsor, m. Ashbell **SKINNER**, of Harwinton, Aug. 27, 1746	LR1	24
Sophia, of Windsor, m. Joel **CATLING**, of Harwinton, Oct. 19, 1748	LR1	26
HOLMES, Jane, m. Robert **AMES**, Aug. 4, 1839, by Frederick Holcomb	M	69
HOLT, Belinda, m. Leverett J. **BASSETT**, b. of Harwinton, June 8, 1820, by Joshua Williams	LR7	500
Belinda, m. Leverett J. **BASSETT**, b. of Harwinton, June 8, 1820, by Joshua Williams	M	1
Daniel, m. Hannah **HOLT**, Jan. 12, 1789	LR4	638
Daniel, s. [Daniel & Hannah], b. Sept. 4, 1791	LR4	638
Hannah, m. Daniel **HOLT**, Jan. 12, 1789	LR4	638
Hannah, d. [Daniel & Hannah], b. Feb. 18, 1797	LR4	638
Hannah, of Harwinton, m. Levi **DUNBAR**, of Plymouth, Mar. 20, 1826, by Rev. George E. Pierce	M	26
Henry, m. Cordelia **GRIDLEY**, b. of Harwinton, June 12, 1839, by Nathaniel Richardson	M	68
Hiram, s. [Daniel & Hannah], b. Dec. 17, 1793	LR4	638
Jeremiah, s. [Daniel & Hannah], b. Nov. 29, 1789	LR4	638
Levi F., of Harwinton, m. Mary A. **BEACH**, of Plymouth, July 4, 1843, by Charles Bentley	M	83
Linda, d. [Daniel & Hannah], b. May 23, 1800	LR4	638
Lucinda, of Harwinton, m. Daniel S. **COLLES**, of Plymouth, Oct. 3, 1843, by Charles Bentley	M	84
HOOKER, Asahel, m. Hannah **KELLOGG**, Oct. 18, 1829, by Rev. George E. Pierce	M	37
HOPKINS, Abigal, d. Hezekiah, & Sarah, b. June 5, 1747	LR1	27
Adaline, d. [Uriah & Chloe], b. June 19, 1808	LR7	564
Adeline, of Harwinton, m. Thomas **DYER**, of Canton, July 19, 1827, by Rev. George Pierce	M	30
Ashbill, s. Ebenezer & Susannah, b. Mar. 12, 1737	LR1	2
Ashbell, of Harwinton, m. Mary **BENTON**, of Harwinton, formerly of Glastenbury, Jan. 26, 1756	LR1	32
Daniel, s. Ebenezer & Susannah, b. Oct. 18, 1732	LR1	2
Dorkas, d. Hezekiah & Sarah, b. Sept. 16, 1749	LR1	27
Doroty, d. Daniel & Thankfull, b. Feb. 20, 1757	LR1	26
Ebenezer, formerly of Hartford, now of Harwinton, m. Susannah **MESSENGER**, of Hartford, June 7, 1727	LR1	2
Ebenezer, s. Ebenezer & Susannah, b. May 5, 1728	LR1	2
Edward, of Litchfield, m. Melissa **ALFORD**, of Harwinton, Nov. 7, 1827, by Rev. George E. Pierce	M	33
Electa, d. Ashbell & Mary, b. Dec. 1, 1756	LR1	32

	Vol.	Page
HOPKINS, (cont.)		
Elias, s. Ebenezer & Susannah, b. Mar. 12, 1741	LR1	4
Eliza, d. [Uriah & Chloe], b. Aug. 21, 1803	LR7	564
Elizabeth, d. Hezekiah & Sarah, b. July 20, 1745	LR1	27
Emeline, d. [Bennajah H. & Liedia], b. Sept. 14, 1816	LR4	640
Esther, d. Uriah & Esther, b. July 2, 1768	LR2	29
Easther, d. [Bennajah H. Liedia], b. July 7, 1810	LR4	640
Eunice, d. Nathan, Jr. & Abigal, b. Sept. 21, 1751	LR1	26
Henry, m. Sarah M. **WEBSTER**, Apr. 1, 1833, by Rev. George E. Pierce	M	50
Hezekiah, m. Sarah **DAVIS**, b. of Harwinton, June 3, 1742	LR1	27
Hulda, d. Ebenezer & Susannah, b. Mar. 26, 1745	LR1	5
Huldah, had d. Sophia, b. Jan. 24, 1787	LR3	47
James, s. Ebenezer & Susannah, b. Feb. 17, 1739	LR1	2
Julia, d. [Bennajah H. & Liedia], b. Feb. 21, 1806	LR4	640
Julia, m. Ezra H. **BROWN**, b. of Harwinton, Sept. 21, 1824, by Rev. George Pierce	M	19
Lucius, s. [Uriah & Chloe], b. Jan. 27, 1805	LR7	564
Lydia, d. Ebenezer & Susannah, b. Sept. 2, 1734	LR1	2
Lydia, d. Daniel & Thankfull, b. Dec. 8, 1754	LR1	26
Marvin, s. [Bennajah H. & Liedia], b. May 31, 1808	LR4	640
Mary, d. Hezekiah Hopkins & wid. Hannan Weston, b. Jan. [ ], 1740	LR1	27
Mary, m. Timothy **STANLY**, b. of Harwinton, Jan. 31, 1754	LR1	14
Mary, d. William & Ruhamer, b. Mar. 6, 1774	LR2	27
Nathan, Jr., of Harwinton, m. Abigal, **EUCOSTS**(?), of Gilford, Dec. 17, 1750	LR1	26
Nehemiah, s. Ebenezer & Susannah, b. Apr. 14, 1730	LR1	2
Pantha Mariah, d. [Uriah & Chloe], b. Sept. 13, 1815	LR7	564
Phebe, d. William & Ruhamer, b. Feb. 10, 1772	LR2	27
Rebecca, d. Hezekiah & Sarah, b. Sept. 2, 1751	LR1	27
Rebeckah, m. Amos **ROSSETER**, Oct. 26, 1774	LR2	35
Sarah, d. Hezekiah & Sarah, b. Aug. 29, 1743	LR1	27
Sarah, m. Ezra **HINSDELL**, b. of Harwinton, Nov. 15, 1764	LR2	3
Sarah, d. Uriah & Esther, b. Dec. 3, 1774	LR2	29
Sophia d. Huldah, b. Jan. 24, 1787	LR3	47
Speedy, m. Solomon **PECK**, b. of Harwinton, Jan. 14, 1779	LR3	34
Susannah, d. Ebenezer & Susannah, b. May 18, 1743	LR1	4
Silva, d. Uriah & Esther, b. Nov. 15, 1769	LR2	29
Tabitha, d. Ebenezer & Susannah, b. Oct. 16, 1745	LR1	4
Uriah, of Harwinton, m. Esther **HEYDON**, of Harwinton, Sept. 11, 1766	LR2	29
Uriah, s. Uriah & Esther, b. May 17, 1771	LR2	29
Uriah, b. May 17, 1771	LR7	564
Uriah, m. Chloe **DYER**, Jan. 21, 1801	LR7	564
William, of Harwinton, m. Ruhamer **PHELPS**, of Windsor, Apr. 19, 1770	LR2	27
Wright, s. Stephen & Jemiah, b. Oct. 9, 1738	LR1	2
HORN (?)*, Chrisitian, m. Jane **ROGERS**, b. of New Hartford, Nov. 12, 1848, by S. T. Seelye *("Ham"?)	M	102
HORSFORD, HATSFORD, Mary, of Berlin, m. Nehemiah **RICE**, of Harwinton, Nov. 10, 1785	LR3	35
Zebiah, m. Noadiah **COTTON**, Aug. 28, 1791	LR4	634

	Vol.	Page
HOSKINS, HORSKINS, Anthony, of Harwinton, m., Mary **BURELL**, of Simsbury, Sept. 29, 1748	LR1	25
Benoni, s. Anthoney & Mary, b. Apr. 26, 1746	LR1	21
Daniel, s. Anthoney & Mary, b. July 22, 1741	LR1	21
Hannah, d. Anthoney & Mary, b. Apr. 15, 1744	LR1	21
Hannah, d. Anthony & Mary, b. May 23, 1750	LR1	25
Mary, w. Anthony, d. Apr. 28, 1746, in the 42nd y. of her age	LR1	6
Micha, s. Anthony & Mary, b. May 10, 1735	LR1	21
HOTCHKISS, Henry, of Burlington, m. Mary **CLARK**, of Harwinton, Apr. 16, 1823, by Datus Ensign, Elder	M	14
Lovica, of Burlington, m. John **SPENCER**, Jr., of New Hartford, Dec. 29, 1820, by Lewis Catlin, J.P.	M	5
HOUGH, Benoni, of Harwinton, m. Mercy **POTTER**, of Northbury, June 7, 1764	LR2	8
Benoni, s. Benoni & Marcy, b. Apr. 14, 1767	LR2	8
Mary, d. Benoni & Mercy, b. Nov. 21, 1764	LR2	8
Mercy, d. Benoni & Mercy, b. Mar. 13, 1769	LR2	8
HOW, Ephraim, of Harwinton, m. Abagal **HUBARD**, of Waterbury, Mar. 11, 17[ ]	LR2	13
Weltha, d. Ephraim & Abigal, b. Sept. 28, 1771	LR2	13
HUB[B]ARD, Abagal, of Waterbury, m. Ephraim **HOW**, of Harwinton, Mar. 11, 17[ ]	LR2	13
Hezekiah, of Hadam, m. Sarah **CLARK**, of Bennington, Vt., Mar. 10, 1836, by Richard M. Chipman, V.D.M.	M	59
HULING, Jeremiah, of Portland, m. Juliet **CASTLE**, of Harwinton, July 19, 1850, by Warren G. Jones	M	104
HULL, Hannah, of Norfolk, m. Isaac **BUTLER**, of Harwinton, May 11, 1775	LR2	39
Mellesent, of Harwinton, m. Asa **TREAT**, of Winchester, Feb. 21, 1836, by Richard M. Chipman, V.D.M.	M	58
HUMISTON, HUMASTON, Clarissa, of Harwinton, m. Gains **HILL**, of Bristol, Oct. 6, 1822, by Rev. Rodney Rosseter, of Plymouth	M	12
Luther, m. Jane **DAILEY**, Dec. 4, 1843, by Rev. Henry Zill	M	86
HUMPHRAVILLE, Debby, m. Ephraim H. **MOSS**, Nov. 1, 1800	LR4	639
Dely, m. Ephraim H. **MORSE**, (-----)	LR7	566
HUMPHREY, Erastus, of Bark, Vt., m. Hannah **JOHNSON**, of Harwinton, Oct. 18, 1825, by Rev. George E. Pierce	M	24
HUNGERFORD, Anna, d. [Tertius & Ruth], b. Dec. 21, 1796	LR4	633
Anna, of Harwinton, m. John M. **BUCK**, of Burlington, Nov. 14, 1821, by Datus Ensign, Elder	M	8
Anna, of Harwinton, m. Samuel **THOMAS**, of Plymouth, Mar. 8, 1835, by Sheldon Osborn, J.P.	M	56
Anson, of Harwinton, m. Louisa **BALDWIN**, of Deerfield, Mass., Apr. 14, 1824, by George E. Pierce	M	18
Anson, Jr., m. Caroline **CATLIN**, Oct. 9, 1839, by Charles Bentley	M	70
Benjamin, s. Matthew & Rachel, b. July 5, 1777; d. Nov. 30, 1790	LR4	650
Benjamin S., m. Sarah **POTTER**, Nov. 26, 1823, by George E. Pierce	M	17
Benjamin Spencer, s. [Tertius & Ruth], b. May 10, 1795; d. Nov. 3, 1797	LR4	633
Benjamin Spencer, s. [Tertius & Ruth], b. Apr. 27, 1799	LR4	633

	Vol.	Page
HUNGERFORD, (cont.)		
Charles, m. Betsey **LEONARD**, Aug. 19, 1852, by Rev. Merrell Richardson	M	109
Eliphalet, s. [Matthew & Rachel], b. May 9, 1779	LR4	650
Eliphalet, m. Hannah **BLAKESLEY**, Nov. 13, 1799	LR4	634
Harriet, [d. Joseph & Eunice], b. Nov. 2, 1798	LR3	46
Jenett, m. Horace **AVERELL**, Apr. 17, 1839, by Rev. Stephen Hubbell	M	78
Joseph, m. Eunice **BLAKESLEY**, May 10, 1785	LR3	46
Juliette, of Harwinton, m. Walter G. **BISHOP**, of Mereden, Apr. 12, 1848, by Charles Bentley	M	99
Lucretia, d. [Tertius & Ruth], b. Apr. 9, 1804	LR4	633
Lyman, s. [Joseph & Eunice], b. Oct. 13, 1790; d. Apr. 7, 1791	LR3	46
Margaret, m. Simeon **JOHNSON**, b. of Harwinton, June 16, 1828, by Benajah Haden, J.P.	M	33
Mariah, of Harwinton, m. Catlin **WILSON**, of Eutau, Ala., Sept. 5, 1843, by Charles Bentley	M	83
Mary, d. [Joseph & Eunice], b. June 6, 1788	LR3	46
Matthew, m. Rachel **TRESDALE**, b. of Harwinton, Dec. 21, 1791	LR4	650
Nancy, of Harwinton, m. William S. **HURD**, of Georgia, Aug. 10, 1835, by Richard M. Chipman, V.D.M.	M	57a
Rachel, 1st, w. Matthew, d. Nov. 13, 1790	LR4	650
Rachel, d. [Joseph & Eunice], b. Sept. 26, 1792	LR3	46
Rachel, d. Aug. 25, 1800, in the 42nd y. of her age	LR3	42
Ruth, w. Tertius, d. Oct. 16, 1805	LR4	633
Sarah, d. [Joseph & Eunice], b. Apr. 29, 1795	LR3	46
Sarah, of Harwinton, m. Partius R. **IVES**, of Bristol, Dec. 27, 1853, by Rev. Merrell Richardson	M	110
Susannah, d. [Tertius & Ruth], b. Aug. 12, 1801	LR4	633
Susannah, of Harwinton, m. Thomas **MATHER**, of Berlin, Aug. 15, 1820, by Benajah Haden, J.P.Int.Pub.	M	3
Tertius, m. Ruth **COOK**, Nov. 25, 1793	LR4	633
Tertius, m. Anna **JOHNSON**, Apr. 1, 1807	LR4	633
William S., m. Lucinda **HART**, b. of Harwinton, July 23, 1827, by Rev. George E. Pierce	M	30
HUNTINGTON, Joseph, now of Harwinton, m. Rachel **PRESTON**, of Litchfield, June 10, 1773	LR3	31
Joseph, Jr., s. Joseph & Rachel, b. July 8, 1778	LR3	31
Lucy, d. Joseph & Rachel, b. Mar. 8, 1775	LR3	31
Phebe, d. Joseph & Rachel, b. Aug. 19, 1787	LR3	31
Rachel, d. Joseph & Rachel, b. Aug. 4, 1776	LR3	31
Rhoda, d. Joseph & Rachel, b. Nov. 27, 1780	LR3	31
William, s. Joseph & Rachel, b. Apr. 12, 1782	LR3	31
HURD, William S., of Georgia, m. Nancy **HUNGERFORD**, of Harwinton, Aug. 10, 1835, by Richard M. Chipman, V.D.M.	M	57a
IVES, Partius R., of Bristol, m. 2nd w. Sarah **HUNGERFORD**, of Harwinton, Dec. 27, 1853, by Rev. Merrell Richardson	M	110
JEROME, Chancy, of Bristol, m. Eunice **ROGERS**, of Harwinton Jan. 25, 1835, by Sheldon Osborn, J.P.	M	55

	Vol.	Page
JOHNSON, JOHNSTON, Abigal, d. Isaac & Abigal, b. Sept. 6, 1756	LR1	33
Anna, m. Tertius **HUNGERFORD**, Apr. 1, 1807	LR4	633
Anson, Jr., m. Mary Ann **WEBSTER**, b. of Harwinton, Apr. 5 1836, by Rev. John B. Beach	M	61
Augustus S., m. Anna B. **ROSSETER**, Nov. 2, 1836, by Richard M. Chipman	M	60
Augustus Sperry, s. [Benoni & Abigail], b. Mar. 12, 1801	LR4	632
Benoni, m. Olive **WILCOX**, Nov. 9, 1786	LR4	632
Benoni, s. [Benoni & Olive], b. Aug. 22, 1787	LR4	632
Benoni, m. Abigail **WOOD**, June 12, 1800	LR4	632
Chester, s. [Benoni & Olive], b. July 15, 1791	LR4	632
Chloe M., m. Merret E. **JOHNSON**, Nov. 11, 1838, by Henry Holt, J.P.	M	65
Christopher, of Harwinton, m. Mary **AUSTIN**, of Torringford, May 15, 1777	LR3	30
Cyrus, of Harwinton, m. Hannah A. **PERKINS**, of Watertown, May 22, 1850, by Andrew Abernethy, J.P.	M	103
Dennis, of Waterbury, m. Caroline **BISHOP**, of Harwinton, Apr. 12, 1831, by Rev. George E. Pierce	M	44
Ebenezer, of Harwinton, m. Elizabeth **McNIEL**, of Farmington, Feb. 12, 1761	LR2	6
Ebenezer, s. Ebenezer & Elizabeth, b. May 6, 1768	LR2	6
Eliaha, of Middletown, m. Sarah **BLAKE**, of Middletown, Dec. 10, 1778	LR3	44
Elisha, s. Elisha & Sarah, b. May 18, 1780	LR3	35
Elisha, s. Elisha & Sarah, b. May 18, 1780	LR3	44
Elizabeth, m. Asa **BARNES**, b. of Litchfield, Oct. 1, 1833, by Rev. George E. Pierce	M	52
Hannah, d. [Benoni & Olive], b. Dec. 21, 1797	LR4	632
Hannah, of Harwinton, m. Erastus **HUMPHREY**, of Bark, Vt., Oct. 18, 1825, by Rev. George E. Pierce	M	24
Harriet, of Phillipstown, m. Hanson **HINE**, of Plymouth, Aug. 30, 1830, by Rev. George E. Pierce	M	41
Isaac, m. Abigail **CHIPMAN**, Dec. 11, 1755	LR1	33
Isaac, s. Ebenezer & Elizabeth, b. Oct. 11, 1763	LR2	6
Jerome B., m. Almira M. **MATHER**, b. of Harwinton, Oct. 24, 1841, by Charles Bentley	M	76
Joel, s. Christopher & Mary, b. July 29, 1781	LR3	30
Julius, of Harwinton, m. Eliza **CLARK**, of Southington, Mar. 25, 1838, by Henry Holt, J.P.	M	63
Julius Andruss, s. [Benoni & Abigail], b. July 14, 1807	LR4	632
Julius Christopher, s. [Christopher & Mary], b. June 19, 1796	LR3	30
Leander, of Harwinton, m. Sarah L. **PERKINS**, of Watertown, Apr 10, 1845, by Sheldon Osborn, J.P.	M	88
Mary, of Middletown, m. Stephen **ROSSETER**, of Harwinton, Dec. 23, 1760	LR1	20
Mary, d. Ebenezer & Elizabeth, b. Sept. 13, 1765	LR2	6
Mary, d. Christopher & Mary, b. Mar. 2, 1778	LR3	30
Mary C., of Harwinton, m. Lorenzo **WILSON**, of Torringford, Dec. 11, 1848, by Rev. Charles Bentley	M	102

	Vol.	Page
JOHNSON, JOHNSTON, (cont.)		
Merret E., m. Chloe M. **JOHNSON**, Nov. 11, 1838, by Henry Holt, J.P.	M	65
Oliver* Buckley, d. [Benoni & Abigail], b. Aug. 21, 1804 *("Olivia"?)	LR4	632
Olivia R., of Harwinton, m. William J. **PHELPS**, of Burlington, Sept. 10, 1834,by Erastus Scranton, V.D.M.	M	55
Patrie, s. Christopher & Mary, b. Dec. 4, 1780	LR3	30
Rebecca, of Harwinton, m. Richard N. **ROBERTS**, of Burlington, Apr. 12, 1835, by Rev. Richard M. Chipman	M	57
Samuel, s. Elisha & Sarah, b. Feb. 20, 1782	LR3	35
Samuel, s. Elisha & Sarah, b. Feb. 20, 1782	LR3	44
Samuel Willis, m. Fanny **CALLOWAY**, b. of Harwinton, Mar. 26, 1823, by Datus Ensign, Elder	M	13
Sarah, d. Ebenezer & Elizabeth, b. June 24, 1761	LR2	6
Sarah, m. William **STONE**, b. of Harwinton, Nov. 14, 1763	LR1	16
Sarah, d. Elisha & Sarah, b. Apr. 7, 1786	LR3	44
Simeon, m. Margaret **HUNGERFORD**, b. of Harwinton, June 16, 1828, by Benajah Haden, J.P.	M	33
Trifena, d. Hamlin & Mary, b. Jan. 3, 1754	LR2	34
Trifena, m. Oliver **PHELPS**, Feb. 17, 1774	LR2	34
JONES, Betsey, d. George & Lucretia, b. Feb. 1, 1782	LR3	31
George, m. Lucretia **COOK**, Dec. 2, 1779	LR3	31
George Smith, s. George & Lucretia, b. Dec. 10, 1787	LR3	31
Hannah, m. Wolcott **HINSDALE**, Aug. 31, 1825, by Rev. Rodney Rossiter, of Plymouth	M	23
Julius, m. Lydia **HART**, Dec. 4, 1821	LR7	563
Julius, m. Maria **SCOVEL**, b. of Harwinton, June 30, 1825, by Rev. George E. Pierce	M	22
Julius H., s. [Julius & Lydia], b. Dec. 16, 1822	LR7	563
Lucretia, d. George & Lucretia, b. Sept. 1, 1780	LR3	31
JUDD, JUD, Annas, m. John **ALFORD**, b. of Harwinton, Dec. [ ], 1762	LR2	11
Rhoda, of Farmington, m. Stephen **HINSDALE**, of Harwinton, Nov. 14, 1771	LR3	33
Rhoda, of Farmington, m. Steven **HENDELL**, of Harwinton, Nov. 14, 1776* *("1770" or "1771"?)	LR2	14
KELLOGG, Abija, s. Azariah & Hanna, b. Oct. 2, 1768	LR2	14
Abijah, s. Abijah & Hannah, d. Apr. 7, 1775	LR2	14
Abijah, 2nd, s. Azariah & Hannah, b. May 1, 1777	LR2	14
Elexander, twin with Archabel, s. Azariah & Hannah, b. Sept. 13, 1770 *("Alexander")	LR2	14
Alexander, s. Azariah & Hannah, d. Oct. 11, 1782	LR2	14
Alexander, s. [Allyn & Mindwell], b. June 6, 1795	LR3	49
Allein, s. Azariah & Hannah, b. Oct. 1, 1763	LR1	32
Allen, s. Azariah & Hanna, b. Oct. 8, 1763	LR2	14
Allen, m. Mindwell **CATLIN**, b. of Harwinton, Feb. 23, 1785	LR3	49
Allen & Mindwell, had d. [ ], b. Aug. 5, 1785; d. Aug. 10, 1785	LR3	49
Allyn, s. Allyn & Mindwell, b. Sept. 24, 1789	LR3	49
Allyn, s. Allyn & Mindwell, d. Jan. 31, 1799	LR3	49
Alma, d. Azariah, Jr. & Rocksany, b. Oct. 26, 1785	LR3	45
Anna, d. Azariah & Hannah, b. Nov. 8, 1761	LR1	32
Anna, d. Azariah & Hanna, b. Nov. 8, 1761	LR2	14

HARWINTON VITAL RECORDS 81

	Vol.	Page
KELLOGG,		
Archabel, twin with Elexander, s. Azariah & Hannah, b. Sept. 13, 1770	LR2	14
Archibald, s. Abijah & Hanna, d. Jan. 19, 1780	LR2	14
Azariah, m. Hannah **CATLING**, Dec. 23, 1753	LR2	14
Azariah, s. Azariah & Hannah, b. Nov. 21, 1755	LR2	14
Azariah, m. Hannah **COLLING**, Dec. 23, 1756	LR1	32
Azariah, s. Azariah & Hannah, b. Nov. 21, 1757	LR1	32
Azariah, Jr., m. Rocksany **COOK**, Dec. 1, 1784	LR3	45
Chloe, d. Azariah & Hannah, b. July 23, 1772	LR2	14
George, m. Caroline **WEBSTER**, Aug. 11, 1826, by Rev. George E. Pierce	M	27
Hannah, d. Azariah & Hannah, b. Aug. 4, 1759	LR1	32
Hanna, d. Azariah & Hannah, b. Aug. 4, 1759	LR2	14
Hannah, m. Ashahel **HOOKER**, Oct. 18, 1829, by Rev. George E. Pierce	M	37
Harris, [s. Allyn & Mindwell], b. Jan. 30, 1792	LR3	49
Huldah, d. [Azariah, Jr. & Rocksany], b. Aug. 13, 1792; d. Mar. 19, 1794	LR3	45
Jacob, s. [Azariah] & Hanna, b. Aug. 24, 1766	LR2	14
Jane C., m. Luther **WOODLEY**, July 20, 1837, by Richard M. Chipman	M	61
Joan R., of Harwinton, m. Louis **CATLIN**, Jr., of Georgia, Sept. 12, 1848, by Rev. Charles Bentley	M	101
Lois, d. Azariah & Hannah, b. Dec. 6, 1774	LR2	14
Lois, m. William **BENTON**, Mar. 17, 1793	LR4	642
Manda, d. Azariah, Jr. & Rocksany, b. Jan. 19, 1787	LR3	45
Marah, d. Benjamin, of Canaan, d. Aug. 21, 1748, in the 17th y. of her age	LR1	6
Mindwell, d. [Allyn & Mindwell], b. Aug. 10, 1800	LR3	49
Roxa, d. [Azariah, Jr. & Rocksany], b. Oct. 4, 1790; d. Mar. 11, 1794	LR3	45
Sabra, d. Allen & Mindwell, b. July 24, 1787; d. Sept. 25, 1788	LR3	49
Sabra, d. [Allyn & Mindwell], b. Nov. 16, 1797	LR3	49
Sally, of New Hartford, m. Norman **PRINDLE**, Nov. 3, 1803	LR7	563
Truman, s. Azariah, Jr. & Rocksany, b. July 22, 1788	LR3	45
KIMBERLY, George G., of Plymouth, m. Eliza M. **PARDEE**, of Harwinton, Nov. 20, 1850, by Rev. Merrill Richardson	M	107
Roswell, m. Delia **MORSE**, b. of Harwinton, Aug. 30, 1840, by Charles Bentley	M	73
KING, George, b. Feb. 7, 1811	LR7	558
Jerusha, wid., m. Isaac **CASTLE**, Dec. 4, 1815	LR3	48
KNOX, Abijah B., of Blanford, Mass., m. Antimiscia D. **PALMER**, of Harwinton, Mar. 6, 1833, by Jacob O. Catlin, J.P.	M	51
Samuel, of Blanford, Mass., m. Emily J. **CATLIN**, of Harwinton, May 8, 1837, by Jacob C. Catlin, J.P.	M	62
LANDON, Orlando, m. Polly **CASTLE**, May 23, 1821, by Rodney Rosseter	M	6
LANG, LANGE, Alanson, s. [Henry & Elizabeth], b. Apr. 27, 1794	LR3	37
Alanson, s. [Henry & Elizabeth], b. Apr. 27, 1794	LR4	632
Bronson W., s. Henry & Elizabeth, b. July 15, 1791	LR3	37
Bronson Warren, s. [Henry & Elizabeth], b. July 15, 1791, Dec. 24, 1789	LR4	632
	LR3	37
Henry, m. Elizabeth **WARNER**, Dec. 24, 1789	LR4	632

	Vol.	Page
LANKTON, Arba, of Hartford, m. Abba **TYLER**, of Harwinton, Aug. 7, 1836, by John B. Beach	M	61
LAWRENCE, Elizabeth, m. William **ROBOSON**, Jan. 6, 1736	LR1	3
LAWRENCE, (cont.)		
Orren, of Canton, m. Orinda **CURTICE**, of Harwinton, Sept. 6, 1830, by Rev. George E. Pierce	M	43
LEACH, LEECH, Daniel, s. Hezekiah & Sarah, b. Oct. 14, 1777	LR2	15
Ephraim, m. Betsey **SMITH**, Nov. 20, 1832, by Rev. George E. Pierce	M	50
Harvey, s. Hezekiah & Sarah, b. Feb. 18, 1781	LR2	15
Hezekiah, of Torrington, m. Sarah **BARTHOLOMEW**, of Harwinton, Sept. 14, 1769	LR2	15
Hezekiah, s. Hezekiah & Sarah, b. May 13, 1774	LR2	15
Hosea, s. Hezekiah & Sarah, b. Mar. 11, 1779	LR2	15
Lois, d. Hezekiah & Sarah, b. May 11, 1787	LR2	15
Lucinda, d. Hezekiah & Sarah, b. Dec. 10, 1771	LR2	15
Samuel, s. Hezekiah & Sarah, b. Mar. 10, 1784	LR2	15
Sarah, d. Hezekiah & Sarah, b. Feb. 23, 1770	LR2	15
LEAVENSTON, [see under **LIVINGSTON**]		
LEDGER, Isaac B., of Plymouth, m. Lydia **BROWN**, of Harwinton, May 29, 1845, at the house of her mother, by Rev. Henry Zill, of Wolcottville	M	100
LEE, Hezekiah, Capt., d. July 13, 1762, in the 66th y. of his age	LR1	7
LEONARD, Betsey, m. Charles **HUNGERFORD**, Aug. 19, 1852, by Rev. Merrell Richardson	M	109
LEWIS, Pruda, m. Silas **BLAKESLEY**, Dec. 2, 1797	LR4	643
Ruth, of Farmington, m. Midad **HALL**, of Harwinton, Dec. 15, 1768	LR2	32
Tasa, of Farmington, m. Samuel **MEACHAM**, of Harwinton, Oct. 12, 1778, by John Davis, Elder	LR3	32
LINES, Charles M., of Torrington, m. Almira **WALKINS**, of Harwinton, Oct. 20, 1825, by Rev. Elbert Osborn	M	23
LINSLEY, Julia A., of Plymouth, m. Horace **STONE**, of Harwinton, Oct. 6, 1836, by S. R. Andrew	M	60
[**LIVINGSTONE**], **LEAVENSTON**, Martha, of Wallingford, m. Joseph **YALE**, Nov. 28, 1765	LR2	34
LOOMIS, LOMISS, Abigail, of Windsor, m. Eli **DEWE**, Feb. 13, 1758	LR1	34
Amanda, d. [Isaiah & Jerusha], b. Mar. 18, 1793	LR4	641
Asaph B., m. Meriam **OSBORN**, May 6, 1830, by Luther Hart	M	40
Augustus, s. Noah & Mary, b. Apr. 14, 1765	LR1	22
Clarissa, d. [Isaiah Loomis & Jerusha], b. Nov. 6, 1786	LR4	641
Deborah, of Windsor, m. John **BARBER**, of Harwinton, May 13, 1742	LR1	22
Ebenezer, s. Noah & Mary, b. Nov. 1, 1746	LR1	22
Elijah, s. Noah & Mary, b. Feb. 4, 1745	LR1	22
Elisha, s. Isaiah & Abigal, b. Apr. 19, 1758	LR1	17
Frederic, of New Hartford, m. Thankfull M. **CASTLE**, of Harwinton, Nov. 27, 1844, by C. Bentley	M	87
Heaba, b. Jan. 14, 1767	LR2	1
Hepzibah, d. Noah & Mary, b. Nov. 3, 1743	LR1	22
Hephzibah, had d. Noventhy, b. May 20, [ ]	LR2	1
Isaiah, of Harwinton, m. Abigail **BARBER**, of Norfolk, Nov. 14, 1755	LR1	17

	Vol.	Page
LOOMIS, LOMISS, (cont.)		
Isaiah, m. Jerusha **TYLER**, Jan. 20, 1785	LR4	641
Jerusha, d. [Isaiah & Jerusha], b. June 1, 1789	LR4	641
Laura, d. [Isaiah & Jerusha], b. Sept. 26, 1791	LR4	641
Mary, d. Noah & Mary, b. June 23, 1749	LR1	22
Noventhy, d. Hephzibah, b. May 20, [ ]	LR2	1
Oliver, s. Noah & Mary, b. Apr. 28, 1748	LR1	22
Sarah, of Harwinton, m. Aaramiah N. **TINGLEY**, of Windham, Jan. 2, 1852, by Rev. Warren G. Jones	M	108
LORD, Leda, m. Elias **WILLCOKS**, b. of Hebron, May 9, 1751	LR1	13
LOVEJOY, Clarissa B., m. Thaddeus **BRISTOL**, Sept. 5, 1843, by Rev. Henry Zill	M	86
LYMAN, Esther, m. Samuell W. **BALDWIN**, Sept. 22, 1785	LR3	41
Hannah, of Southington, m. Jesse **POTTER**, of Harwinton, July 10, 1771	LR2	29
McKEAN, Gates Bradley, s. John & Nancy, b. Sept. 19, 1800	LR4	644
McKEE, Asahel, of Plymouth, m. Sophia **BIGELOW**, of Harwinton, Mar. 8, 1821, by Datus Ensign, Elder	M	5
McNARY, Betsey, m. Ezra **HINSDALE**, Jr., Feb. 25, 1800	LR4	635
McNIEL, Elizabeth, of Farmington, m. Ebenezer **JOHNSON**, of Harwinton, Feb. 12, 1761	LR2	6
MADGRES, Susan J., m. Albert **CASTLE**, Oct. 2, 1831, by Rev. George E. Pierce	M	46
MADON, David, of Southington, m. Laura **COLTON**, of Harwinton, Aug. 18, 1833, by Benajah Haden, J.P.	M	52
MANSFIELD, Abijah C., [s. David], b. Mar. 20, 1811	LR12	530
Asahel G., [s. David], b. July 4, 1807	LR12	530
Betsey, d. David & Eunice, b. Feb. 2, 1781	LR2	36
Crysustum, s. David & Eunice, b. May 15, 1775	LR2	36
David, of Derby, m. Eunice **PECK**, of Northbury, Sept. 27, 1770	LR2	36
David, s. [David & Eunice], b. May 31, 1777	LR2	36
David, m. Abigail **COPLEY**, Nov. 27, 1788	LR2	36
David E., [s. David], b. May 23, 1818	LR12	530
Eunice, d. David & Eunice, b. Aug. 21, 1784	LR2	36
Eunice, w. David, d. July 27, 1787	LR2	36
Jeremiah P., [s. David], b. Jan. 6, 1809	LR12	530
John, [s. David], b. Apr. 30, 1814	LR12	530
Mary, d. David & Eunice, b. Aug. 11, 1771	LR2	36
Ruth, d. David & Eunice, b. July 25, 1778	LR2	36
MARKS, Almira, d. [Richard & Tente], b. Mar. 15, 1808	LR7	568
Bryant, s. [Richard & Tente], b. Dec. 16, 1810	LR7	568
Clarisa, d. [Richard & Tente], b. Dec. 14, 1795	LR7	568
Clarisse, d. [Richard & Tente], d. Apr. 5, 1800	LR7	568
Clarisse, d. [Richard & Tente], b. May 11, 1802	LR7	568
Daniel, s. [Richard & Tente], b. Dec. 4, 1800	LR7	568
Daniel, s. [Richard & Tente], d. Dec. 6, 1800	LR7	568
Enoch, of Burlington, m. Margaret Anne **WELTON**, of Harwinton, May 25, 1826, by Rev. Rodney Rosseter, of Plymouth	M	26
John, b. Oct. 23, 1779	LR7	560
John, m. Anna **FENN**, Jan. 21, 1811	LR7	560
Josiah, s.[Richard & Tente], b. Dec. 22, 1797	LR7	568

	Vol.	Page
MARKS, (cont.)		
Josiah, m. Mrs. Matilda **POTTER**, Feb. 15, 1829, by Rev. George E. Pierce	M	35
Julia, d. [John & Anna], b. Jan. 16, 1814	LR7	560
Loisa, d. [John & Anna], b. Aug. 18, 1812; d. Oct. 10, 1814	LR7	560
Lyman Brister, s. [Richard & Tente], b. June 6, 1812	LR7	568
Marille, d. [Richard & Tente], b. Aug. 29, 1809	LR7	568
Marsilla, d. [Richard & Tente], b. July 22, 1806; d. May 10, 1809	LR7	568
Martha, Mrs. of Harwinton, m. Mark **OLCOTT**, of Wolcott, Nov. 16, 1835, by Richard M. Chipman, minister	M	57a
Merret, s. [John & Anna], b. Feb. [ ], 1818	LR7	560
Merret, m. Esther H. **MORSE**, b. of Harwinton, Feb. 13, 1840, by Charles Bentley	M	70
Merret, m. Rachel **PERKINS**, b. of Harwinton, Nov. 6, 1844, by Charles Bentley	M	87
Mile, s. [John & Anna], b. Mar. [ ], 1820	LR7	560
Nehemiah, m. Sissinett S. **WILLSON**, Nov. 22, 1840, by Rev. Cyrus Yale	M	73
Richard, b. Jan. 23, 1773; m. Tente **SALMMON**, Jan. 22, 1795	LR7	568
Richard, s. [Richard & Tente], b. Nov. 30, 1803	LR7	568
Samuel, s. [Richard & Tente], b. Mar. 18, 1805	LR7	568
Stephen, s. [Richard & Tente], b. July 30, 1799	LR7	568
Stephen, m. Zerviah **FRISBIE**, Mar. 26, 1821, by Joshua Williams	M	6
Susan, d. [John & Anna], b. Nov. [ ], 1815	LR7	560
Tempa Mariah, d. [Richard & Tente], b. Jan. 17, 1814	LR7	568
MARRIAM, [see under **MERRIAM**]		
MARRINOUN[see under **MERRIMAN**]		
MATHER, Almira M., m. Jerome B. **JOHNSON**, b. of Harwinton, Oct. 24, 1841, by Charles Bentley	M	76
Thomas, of Berlin, m. Susannah **HUNGERFORD**, of Harwinton, Aug. 15, 1820, by Benajah Handen, J.P. Int. Pub.	M	3
Thomas C., of Harwinton, m. Rhoda A. **WILCOX**, of Goshen, Oct. 31, 1847, by Charles Bentley	M	97
MATTHEWS, Lidia, m. Benjamin **BARBER**, s. John, Jan. 9, 1777	LR2	38
Rachel, m. George **MERRIMAN**, Apr. 29, 1789 [sic]	LR3	29
MEACHAM, Benjamin, s. Samuel & Bethiah, d. Dec. 15, 1777	LR2	40
Bethiah, w. Samuel, d. Jan. 1, 1778	LR2	40
Denison Palmer, s. [Nehemiah & Mary], b. Oct. 28, 1791	LR4	643
Jeremiah, m. Rhoda **BARNS**, Apr. 27, 1780	LR3	33
Jeremiah, s. Jeremiah & Rhoda, b. July 22, 1780	LR3	33
Jeremiah, s. Jeremiah & Rhoda, d. [ ]	LR3	33
Mary, d. [Nehemiah & Mary], b. Oct. 26, 1787	LR4	643
Nehemiah, m. Mary **PALMER**, July 2, 1786	LR4	643
Rhoda, w. Jeremiah, d. Mar. 22, 1785	LR3	33
Samuel, of Harwinton, m. Tasa **LEWIS**, of Farmington, Oct. 12, 1778, by John Davis, Elder	LR3	32
MERRIAM, MARRIAM, [see also **MERRIMAN**], Clement, s. William & Deborah, b. Mar. 24, 1781	LR2	21
Deborah, d. William & Deborah, b. Apr. 21, 1775	LR2	21
Hannah, d. William & Deborah, b. Aug. 17, 1773	LR2	21
Hannah, m. Ozias **WEBSTER**, Dec. 7, 1800	LR7	554

	Vol.	Page
MERRIAM, MARRIAM, [see also **MERRIMAN**], (cont.)		
Honor, d. William & Deborah, b. Feb. 10, 1779; d. in the 5th y. of her age	LR2	21
Honour, d. William & Deborah, b. May 31, 1784	LR2	21
Josephus, s. William & Deborah, b. May 9, 1786	LR2	21
Ruth, m. Thomas **BULL**, b. of Harwinton, Jan. 20, 1774	LR2	33
William, m. Deborah **CATLING**, b. of Harwinton, Nov. 5, 1772	LR2	21
William, s. William & Deborah, b. Feb. 14, 1777	LR2	21
MERRIMAN, MARRINOUN, [see also **MARRIAM**], Comfort, m. Samuel **BARBER**, b. of Harwinton, Aug. 14, 1738	LR1	3
Ebenezer, s. Joseph & Mercy, b. Dec. 26, 1751	LR1	24
Eliphaz, s. Israel & Comfort, b. Aug. 20, 1737	LR1	5
Esther, d. Joseph & Marcy, b. Mar. 15, 1749/50	LR1	24
Eunice, d. Joseph & Mary, b. Oct. 17, 1758	LR1	34
George, s. Joseph & Mary, b. Aug. 15, 1757	LR1	34
George, m. Rachel **MATTHEWS**, Apr. 29, 1789 [sic]	LR3	29
George, s. [George & Rachel], b. Dec. 18, 1791	LR3	29
Israel, of Harwinton, m. Abigail **BRADLEY**, of Farmingbury, Apr. 17, 1782, by Thomas Matthews, J.P.	LR3	40
Joseph, of Harwinton, m. Marcy **PHELPS**, of Symsbury, May 9, 1745	LR1	24
Joseph, s. of Joseph & Marcy, b. May 19, 1746	LR1	24
Joseph, m. Mary **WHETON**, Aug. 1, 1754	LR1	34
Laura, d. George & Rachel, b. Oct. 21, 1788	LR3	29
Loyal, s. [George & Rachel], b. Dec. 13, 1793	LR3	29
Lydia, d. Joseph & Marcy, b. Feb. 15, 1747/8	LR1	24
Mary, d. Israel, Jr. & Prudence, b. June 21, 1759	LR1	18
Nathaniel, s. Ellipas & Esther, b. Mar. 10, 1787	LR3	29
Rachel, d. George & Rachel, b. Sept. 25, 1785	LR3	29
Roswell, s. [George & Rachel], b. May 5, 1798	LR3	29
Sarah, m. Ruben **BARBER**, b. of Harwinton, Aug. 7, 1751	LR1	14
William, s. Joseph & Mary, b. Sept. 13, 1760	LR1	34
MESSENGER, Andrew, twin with Roderick, s. Samuel & Mabel, b. May 11, 1741/2	LR1	27
Daniel, s. Samuel & Mabel, b. Mar. 18, 1739	LR1	27
Daniel, Capt., of Harwinton, m. Susannah **RUSEL**, of Wethersfield, Nov. 15, 1751	LR1	13
Hannah, s. Samuel & Mabel, b. Sept. 20, 1750	LR1	27
Lidea, d. Samuel & Mabel, b. Oct. 16, 1743	LR1	27
Mabel, d. Samuel & Mabel, b. Jan. 26, 1745/6	LR1	27
Mary, m. Jonathan **BRACE**, b. of Harwinton, Nov. 9, 1738	LR1	2
Neamiah, s. Neamiah & Elizabeth, b. Dec. 7, 1741	LR1	5
Neamiah, s. Neamiah & Elizabeth, d. Jan. 1, 1741/2	LR1	6
Peter, s. Samuel & Mabel, b. Apr. 1, 1748	LR1	27
Roderick, twin with Andrew, s. Samuel & Mabel, b. Mar. 11, 1741/2	LR1	27
Samuel, of Harwinton, m. Mabel **BUCK**, of Colchester, May 12, 1736	LR1	27
Samuel & Mabel, had 1st child b. about Nov. 14, 1736; d. about Nov. 27, 1736	LR1	27
Samuel, s. Samuel & Mabel, b. Feb. 9, 1737/8	LR1	27
Susannah, of Hartford, m. Ebenezer **HOPKINS**, formerly of Hartford, now of Harwinton, June 7, 1727	LR1	2

	Vol.	Page

MESSENGER, (cont.)
    Susannah, see Susannah **NICHOLS** — LR1 — 27
MILES, Obedience, m. Josiah **DAVISS**, Sept. 17, 1798 — LR4 — 642
MILLARD, Dorothy, m. Jesse **SMITH**, Nov. 14, 1783 [sic] — LR3 — 46
MILLER, Allen G., Dr. of Mansfield, O., m. Harriet **CATLIN**, of Harwinton, May 25, 1829, by Rev. George E. Pierce — M — 36
    Hannah, of New Hartford, m. John **CURTIS**, of Harwinton, Feb. 1, 1770 — LR2 — 7
    Sylvester, of New Hartford, m. Julia **PHELPS**, of Harwinton, Mar. 10, 1830, by Rev. George E. Pierce — M — 40
MILLS, Electa, m. Eri **CARRINGTON**, Oct. 15, 1827, by Rev. George Pierce — M — 31
MIX, Chancy, of New Hartford, m. Lucy **COOK**, of Harwinton, Oct. 7, 1822, by George E. Pierce — M — 13
    Eunice, of Waterbury, m. Abner T. **FOOT**, of Harwinton, July 3, 1836, by Richard M. Chipman, V.D.M. — M — 59
MOLAR, Elizabeth, m. Dan **AUSTIN**, Sept. 11, 1783 — LR4 — 646
MOODEY, MOODY, David, s. Nathaniel & Thankfull, b. [   ], at Gilford — LR1 — 26
    Huldah, m. Lucius **CHURCHILL**, b. of Harwinton, Feb. 10, 1839, by E. Scranton, V.D.M. — M — 66
    John, formerly of Gilford now of Harwinton, s. Nathaniel & Thankfull, b. Feb.2, 1745 — LR1 — 26
    Lewis, m. Sophrena **SMITH**, b. of Harwinton, Dec. 28, 1825, by Rev. George E. Pierce — M — 25
    Neomy, formerly of Gilford now of Harwinton, d. Nathaniel & Thankfull, b. Apr. 25, 1747 — LR1 — 26
    Thankfull, formerly of Gilford now of Harwinton, d. Nathaniel & Thankfull, b. Aug. 19, 1743 — LR1 — 26
    Thankful, of Guilford now of Harwinton, w. of Nathaniel, d. May 9, 1747 — LR1 — 6
MOORE, John S., of Bristol, m. Lucy Ann **HARRISON**, of Harwinton, Feb. 17, 1840, by F. B. Woodward — M — 78
    Laontius, of Torrington, m. Almeda **BROOKS**, of Harwinton, Apr. 29, 1822, by Rev. Epaphras Goodman — M — 11
MOREHOUSE, Sibel, d. Samuel & Sibel, b. Jan. 23, 1785 — LR3 — 37
    Sibel, w. Samuel, d. Feb. 12, 1785 — LR3 — 37
MORSE, MOSS, Abel, m. Annia **PECK**, June 27, 1776 — LR2 — 37
    David Orson, s. [Ephraim H. & Debby], b. Apr. 13, 1803; d. Oct. 13, 1804 — LR4 — 639
    David Orson, s. [Ephraim H. & Dely], b. Apr. 13, 1803 — LR7 — 566
    Debby, w. [Ephraim H.], d. Mar. 26, 1813 — LR4 — 639
    Debby Jennet, d. [Ephraim H. & Statee], b. Feb. 14, 1820 — LR4 — 639
    Delia, m. Roswell **KIMBERLY**, b. of Harwinton, Aug. 30, 1840, by Charles Bentley — M — 73
    Ephraim Bennet, s. [Ephraim H. & Debby], b. June 18, 1809 — LR4 — 639
    Ephraim H., m. Debby **HUMPHRAVILLE**, Nov. 1, 1800 — LR4 — 639
    Ephraim H., m. Dely **HUMPHRAVILLE**, [   ] — LR7 — 566
    [Ephraim H.], m. Statee **HAYDON**, June 14, 1813 — LR4 — 639
    Esther H., m. Merret **MARKS**, b. of Harwinton, Feb. 13, 1840, by Charles Bentley — M — 70
    Henry Miner, s. [Ephraim H. & Statee], b. July 24, 1822 — LR4 — 639

HARWINTON VITAL RECORDS 87

	Vol.	Page
MORSE, MOSS, (cont.)		
Julia M., m. Luman **PRESTON**, Jr., May 4, 1834, by Rev. George E. Pierce	M	54
Lemuel David, s. [Ephraim H. & Debby], b. Oct. 6, 1811	LR4	639
Lewis Denzo, s. [Ephraim H. & Statee], b. Apr. 23, 1816	LR4	639
Loly, d. [Ephraim H. & Debby], b. Sept. 26, 1802	LR4	639
Matthew, of Litchfield, m. Eliza **PERKINS**, of Harwinton, Dec. 5, 1831, by George E. Pierce	M	47
Orson Humphraville, s. [Ephraim H. & Debby], b. Feb. 15, 1805	LR4	639
Orson Humphraville, [s. Ephraim H. & Dely], b. [ ]	LR7	566
Sidney Smith, s. [Ephraim H. & Debby], b. Mar. 6, 1807	LR7	639
William Willys, s. [Ephraim H. & Statee], b. Apr. 11, 1814	LR4	639
MOSES, Annis, m. Allin **HEYDON**, Apr. 9, 1778	LR3	35
MOSIER, Dienah, of Hartford, m. Sylvester **BEACH**, of Harwinton, June 21, 1820, by Joshua Williams	LR7	500
Dianah, of Hartford, m. Sylvester **BEACH**, of Harwinton, June 21, 1820, by Joshua Williams	M	1
MOSS [see under **MORSE**]		
MUNSON, Elisha Ely, s. Levi & Mary, b. July 11, 1783	LR3	42
MYGATT, Charles, of Canton, m. Julia **CATLIN**, of Harwinton, July 1, 1833, by Rev. George E. Pierce	M	51
NASH, George, of Camden, N. Y., m. Belinda **POND**, of Harwinton, Dec. 26, 1847, by Charels Bentley	M	99
Walter, of Plainville, m. Caroline **WILCOX**, of Harwinton, June 4, 1845, by C. Bentley	M	90
NELSON, Milly, m. Ely L. **ALFRED**, July 13, 1828, by Rev. George E. Pierce	M	38
NEWBERRY, Jerusha, of East Windsor, m. Thomas **SKINNER**, of Harwinton, May 2, 1774	LR2	28
NEWMAN, Joseph, of Mansfield, O., m. Ann H. **CATLIN**, of Harwinton, Oct. 2, 1841, by C. Bentley	M	75
NICHOLS, Kaziah, of Middletown, m. Samuel **WESTON**, of Harwinton, Oct. 8, 1750	LR1	27
Susannah, alias **RUSSEL**, alias **MESSENGER** had s. John Haoden, formerly of Wethersfield now of Harwinton, b. Feb. 26, 1737/8	LR1	27
NINES?[see also **NYMS**], Louisa R., of Harwinton, m. Julius **DARROW**, of Bristol May 16, 1843, by C. Bentley	M	82
NOBEL, Haner C., of Harwinton, m. Anson **CANDEE**, 2nd, of Litchfield, Nov. 18, 1845, by Charles Bentley	M	91
Nancy, m. James **TYLER**, b. of Harwinton, July 5, 1820, by Joshua Williams	M	2
Rachel, m. Horace **WILSON**, Apr. 26, 1835, by Rev. Richard M. Chipman	M	57
NOOT, Joel, of Bristol, m. Augusta **HOPKINS**, of Harwinton, Oct. 11, 1841, by C. Bentley	M	76
NORTON, Abigail, m. Nathaniel **COPLEY**, b. of Harwinton, Jan. 27, 1761	LR1	16
Abigail, m. Nathaniel **COPLEY**, b. of Harwinton, Jan. 27, 1761	LR2	16
Chloe, d. Abraham, & Mehitable, b. Apr. 17, 1773	LR2	35
Clarrissy, d. Abraham & Mehitable, b. Nov. 26, 1779	LR2	35
James T., of Avon, m. Adaline **WILSON**, of Harwinton, Mar. 24, 1835, by Rev. Epaphras Goodman	M	56

	Vol.	Page
NORTON, (cont.)		
Lyddia, of Goshen, m. John **ALLEN**, of Harwinton, Nov. 17, 1768	LR2	12
Lyman, s. Abraham & Mehitable, b. Mar. 5, 1775	LR2	35
Mary, of Goshen, m. Abel **BRISTOL**, of Harwinton, Jan. 24, 1774	LR3	29
Miles, s. Abraham & Mehetable, b. Oct. 9, 1781	LR2	35
Polly, d. Abraham & Mehitable, b. Apr. 10, 1778	LR2	35
NYMS, [see also **NINES**], Martha H., Harwinton, m. William **STEBBINS**, of Deerfield, Mass., May 26, 1845, by Charles Bentley	M	90
OLCOTT, OLDCOTT, Bathsheba, d. James & Sarah, d. Mar. 6, 1763, in the 12 y. of her age	LR1	7
Benoni, s. James, Jr. & Mary, b. Dec. 30, 177[ ]	LR2	3
Buckley, s. James & Mary, b. Apr. 23, 1771	LR2	3
Daniel, s. James, Jr. & Mary, b. June 20, 1773	LR2	3
Mark, of Wolcott, m. Mrs. Martha **MARKS**, of Harwinton, Nov. 16, 1835, by Richard M. Chipman, minister	M	57a
OSBORN, Cynthia, m. Lewis **SMITH**, Sept. 20, 1830, by Luther Hart	M	42
Emily, m. Orson **BARBER**, Mar. 15, 1829, by Rev. George E. Pierce	M	36
Laura C., of Harwinton, m. Erastus G. **FENN**, of Plymouth, Sept. 9, 1851, by Rev. Warren G. Jones	M	106
Mary S., m. Sherman B. **BARBER**, b. of Harwinton, Nov. 2, 1852, by Rev. W. G. Jones	M	109
Meriam, m. Asaph B. **LOOMIS**, May 6, 1830, by Luther Hart	M	40
Reuben C., m. Olive **BARBER**, b. of Harwinton, Mar. 30, 1846, by C. Bentley	M	92
Samuel, of Waterbury, m. Temperance **ELY**, of Harwinton, Jan. 28, 1827, by Benajah Haden, J.P.	M	29
Samuel, of Camden, N.Y., m. Susan C. **OSBORN**, of Harwinton, Sept. [ ], 1829, by Rev. George E. Pierce	M	37
Samuel C., m. Charlotte E. **WILSON**, b. of Harwinton, Apr. 25, 1842, by Charles Bentley	M	79
Sheldon, m. Julia **BARTHOLOMEW**, b. of Harwinton, Nov. 23, 1825, by Rev. George E. Pierce	M	24
Sherman, of Camden, N.Y., m. Marilla M. **PHELPS**, of Harwinton, Feb. 10, 1846, by Charles Bentley	M	92
Susan C., of Harwinton, m. Samuel **OSBORN**, of Camden, N.Y., Sept. [ ], 1829, by Rev. George E. Pierce	M	37
PAGE, Jerusha, of Waterbury, m. Ebenezer **SPERRY**, of Harwinton, Oct. 22, 1761	LR1	19
PALMER, Antimiscia D., of Harwinton, m. Abijah B. **KNOX**, of Blanford, Mass., Mar. 6, 1833, by Jacob O. Catlin, J.P.	M	51
Enoch, of Otis, Mass., m. Artemiscia D. **CATLIN**, of, Harwinton Mar. 21, 1831, by Jacob O. Catlin, J.P.	M	44
Mary, m. Nehemiah **MEACHAM**, July 2, 1786	LR4	643
Sylvester, of Otis, Mass., m. Rhoda E. **CATLIN**, of Harwinton, Apr. 18, 1827, by Rev. Joseph McCreery	M	29
PARDEE, PARDE, Anna, m. Truman **COULT**, Mar. 13, 1800	LR4	634
Annette R., of Harwinton, m. Charles **PERKINS**, of Plymouth, Oct. 8, 1851, by Merrell Richardson	M	107
Eliza M., of Harwinton, m. George G. **KIMBERLY**, of Plymouth, Nov. 20, 1850, by Rev. Merrill Richardson	M	107
Laura, m. Noadiah **COLTON**, b. of Harwinton, Feb. 28, 1822, by Datus Ensign, Elder	M	9

HARWINTON VITAL RECORDS 89

	Vol	Page
PARDEE, PARDE, (cont.)		
Sally, m. Lawson **WOODIN**, Nov. 23, 1825, by Rev. Rodney Rosseter, of Plymouth	M	24
PARKIS, Harriet E., m. George J. **HINMAN**, July 1, 1839, by Fred Holcomb	M	72
PARMELEE, Clarissa, m. Reuben **BARTHOLOMEW**, b. of Harwinton, June 2, 1841, by Sheldon Osborn, J.P.	M	75
PARSONS, Corintha S., of Harwinton, m. Thomas E. **PRINCE**, of Bristol, Oct. 7, 1847, by Charles Bentley	M	97
Elizur, m. Mary **CATLIN**, July 3, 1851, by Rev. Warren G. Jones	M	106
PECK, Ann, d. Jacob & Ann, b. Aug. 20, 1754	LR1	19
Ann, m. Timothy **BARBER**, May 28, 1786 [sic]	LR3	41
Anne, had illeg. child Bethel Willibee, b. Dec. 4, 1771; f. Bethel **WILLIBEE**	LR3	27
Anne, m. Timothy **BARBER**, b. of Harwinton, May 29, 1776	LR3	27
Annia, m. Abel **MOSS**, June 27, 1776	LR2	37
Dennes, s. Solomon & Spede, b. Mar. 25, 1782	LR3	34
Dotha, d. [Solomon & Spede], b. May 6, 1786	LR3	34
Eleanor M., of Harwinton, m. Hector **WELLS**, of West Hartford, July 17, 1839, by Rev. E. S. Slaret, of Bristol	M	68
Elmer N., of Watertown, m. Laura **SCOVILLE**, of Harwinton, Dec. 27, 1832, by Rev. George E. Pierce	M	49
Eunice, of Northbury, m. David **MANSFIELD**, late of Derby, Sept. 27, 1770	LR2	36
Harriet, d. [Solomon & Spede], b. Dec. 2, 1788; d. Nov. 8, 1789	LR3	34
Isaac, s. Jacob & Ann, b. July 17, 1758	LR1	19
Jacob, s. Jacob & Ann, b. July 6, 1752; d. Sept. 12, 1753	LR1	19
Jacob, second son of that name, s. Jacob & Ann, b. June 19, 1758 (?)* *("1756"?)	LR1	19
John B., of Newtown, m. Charlotte C. **COLT**, of Harwinton, May 19, 1851, by Rev. Warren G. Jones	M	105
Minerva, d. Solomon & Spede, b. Nov. 15, 1779	LR3	34
Russel, of Bristol, m. MaryAnn **BISHOP**, of Harwinton, Aug. 31, 1830, by Rev. George E. Pierce	M	41
Sarah, m. Simeon **BARBER**, Jan. 14, 1779	LR4	645
Solomon, m. Speedy **HOPKINS**, b. of Harwinton, Jan. 14, 1779	LR3	34
Solomon, Jr., s. [Solomon & Spede], b. Nov. 3, 1790	LR3	34
Solomon Hopkins, s. [Solomon & Spede], b. May 27, 1784; d. Mar. 15, 1785	LR3	34
Sophronia A., of Harwinton, m. Willis **BELDEN**, of Wethersfield, Nov. 28, 1841, by Rev. David Miller	M	77
PEET, William W., of Salisbury, m. Lucy **STODDARD**, of Harwinton, June 2, 1828, by Rev. George E. Pierce	M	32
PEGNAM, Hezekiah, s. James & Charlotte, b. Aug. 13, 1783	LR3	41
James, m. Charlot **WATKINS**, Apr. 9, 1782	LR3	41
PELTON, Erastus, of Torrington, m. Mily **HAYDEN**, of Harwinton, Oct. 3, 1824, by Rev. Epaphras Goodman	M	20
PERKINS, Abner, of Derby, m. Luce **PHELPS**, of Harwinton, May 10, 1770	LR2	19
Abner, s. Abner & Lucy, b. Jan. 28, 1781	LR2	19
Betsey, of Harwinton, m. Samuel A. **PRATT**, of Burlington, Nov. 25, 1838, by Albert F. Holcomb	M	65

	Vol.	Page
PERKINS, (cont.)		
Charles, of Plymouth, m. Annette R. **PARDEE**, of Harwinton, Oct. 8, 1851, by Merrell Richardson	M	107
Daniel Phelps, s. Abner & Luce, b. May 14, 1771	LR2	19
Dennis, m. Mariah M. **CLARK**, b. of Harwinton, July 12, 1831, by Rev. George E. Pierce	M	45
Eliza, of Harwinton, m. Matthew **MORSE**, of Litchfield, Dec. 5, 1831, by George E. Pierce	M	47
Emily, of Harwinton, m. Ephraim B. **GILBERT**, of Plymouth, Oct. 27, 1847, by Rev. H. D. Kitchel	M	98
Eunice, d. Abner & Lucy, b. Feb. 23, 1778	LR2	19
Hannah A., of Watertown, m. Cyrus **JOHNSON**, of Harwinton, May 22, 1850, by Andrew Abernethy, J.P.	M	103
Joel Joseph Andrew William, of Watertown, m. Olive **JOHNSON**, of Harwinton, Sept. 19, 1841, by Benajah Haden, J.P.	M	75
Lucy, d. Abner & Lucy, b. Oct. 4, 1782	LR2	19
Rachel, m. Merret **MARKS**, b. of Harwinton, Nov. 6, 1844, by Charles Bentley	M	87
Sarah, d. Abner & Lucy, b. Sept. 26, 1773	LR2	19
Sarah L., of Watertown, m. Leander **JOHNSON**, of Harwinton, Apr. 10, 1845, by Sheldon Osborn, J.P.	M	88
Susan, of Harwinton, m. Sylvester **BUTLER**, of Plymouth, Apr. 20, 1834, by Rev. George E. Pierce	M	54
Thomas, s. Abner & Lucy, b. Jan. 5, 1776	LR2	19
PERREY, Anne, of Stratford, m. Elizur **BRACE**, of Harwinton, Nov. 24, 1774	LR3	48
PETTIBONE, Augustus, of Burlington, m. Jerusha **POND**, of Harwinton, June 20, 1821, by Joshua Williams	M	6
Augustus, of Burlington, m. Mary **POND**, of Harwinton, Aug. 9, 1826, by Rev. George E. Pierce	M	27
Catharine E., housekeeper, ae 29, m. Charles **COLT**, mechanic, ae 24, Dec. 5, 1853, by Rev. O. P. Holcomb	M	109
PHELPS, Abigail, d. Samuel & Ruth, b. Nov. 10, 1741	LR1	12
Ama Mariah, d. [Frederick & Irena], b. Apr. 20, 1804	LR4	647
Ann, d. Samuel & Ann, b. Nov. 8, 1767	LR1	11
Anna, d. Josiah & Anna, b. May 2, 1772	LR3	27
Anne Deniston*, d. [Frederick & Irena], b. Aug. 26, 1794 *(Should be "Denslow")	LR4	647
Arah, s. Josiah & Anne, b. Oct. 29, 1760	LR1	34
Belinde, d. Josiah & Anna, b. Aug. 25, 1767	LR1	34
Belinde, d. Josiah & Anna, b. Aug. 25, 1767	LR3	27
Benson, of Truxton, N. Y., m. Laura **PLANT**, of Harwinton, Sept. 27, 1826, by Rev. George E. Pierce	M	28
Caroline, d. Josiah & Anne, b. Nov. 2, 1758	LR1	34
Charicy, d. Josiah & Anne, b. Feb. 7, 1780	LR1	34
Clarracy, d. Josiah & Anna, b. Feb. 7, 1780	LR3	27
Claracy, d. Josiah & Anne, b. Feb. 7, 1780	LR3	41
Cleopatra, d. Josiah & Anna, b. Feb. 25, 1770	LR3	27
Damaras, m. Christopher **CROW**, Oct. 18, 1757	LR1	33
Daniel, Jr., s. Daniel & Sarah, d. July 13, 1745, in the 12th y. of his age	LR1	6
Elijah, s. Daniel & Sarah, b. June 4, 1737	LR1	23
Elijah, s. Daniel & Sarah, d. Oct. 5, 1761, in the 24th y. of his age	LR1	5

	Vol.	Page
PHELPS, (cont.)		
Evens, s. Samuel & Ann, b. Apr. 6, 1770	LR1	11
Ezekiel, s. Josiah & Anna, b. June 27, 1757	LR1	34
Ezekiel, s. Josiah & Anna, b. July 5, 1777	LR3	27
Fanny, d. [Oliver & Anne], b. Dec. 11, 1795	LR2	34
Fanny A., m. Sheldon **SPENCER**, b. of Harwinton, June 10, 1823, by George E. Pierce	M	15
Frederick, s. Josiah & Anne, b. Apr. 14, 1765	LR1	34
Frederick, m. Irena **BUTLER**, Dec. 9, 1792	LR4	647
Frederick Gould, s. [Frederick & Irena], b. Dec. 9, 1797	LR4	647
Hannah, m. Jacob **CATLING**, Mar. 29, 1756	LR1	33
Hannah, m. Charles **WEBSTER**, b. of Harwinton, Nov. 1, 1772	LR2	24
Harriet, d. [Oliver & Anne], b. Mar. 11, 1798	LR2	34
Harriet Sophrena, m. Lyman **COLT**, Dec. 6, 1821, by Joshua Williams	M	8
Harris, s. [Oliver & Anne], b. Oct. 22, 1803	LR2	34
Hezekiah, s. Samuel & Ann, b. Jan. 7, 1758	LR1	11
Hezekiah, s. Samuel & Ann, b. Jan. 7, 1758	LR1	13
Ira, s. Samuel & Ann, b. May 30, 1763	LR1	11
Jehu* Augustus, s. [Frederick & Irena], b. Aug. 20, 1809 *(Arnold Copy has "John")	LR4	647
Jerusha, d. Samuel & Ruth, b. Apr. 17, 1739	LR1	12
John*Augustus, s. [Frederick & Irena], b. Aug. 20, 1809 *(Should be "Jehu")	LR4	647
Joshua, twin with Sarah, s. Joshua & Hanna, b. Aug. 29, 1769	LR2	5
Josiah, s. Josiah & Anne, b. Jan . 25, 1763	LR1	34
Josiah Griswold, s. [Frederick & Irena], b. Sept. 5, 1805	LR4	647
Julia, of Harwinton, m. Sylvester **MILLER**, of New Hartford, Mar. 10, 1830, by Rev. George E. Pierce	M	40
Lois, of Simsbury, m. Samuel **HEYDON**, of Harwinton, Nov. 15 1770	LR3	45
Lois, m. Aaron **WILSON**, Nov. 14, 1787	LR4	634
Luse, d. Daniel & Sarah, b. June 5, 1745	LR1	23
Luce, of Harwinton, m. Abner **PERKINS**, of Derby, May 10, 1770	LR2	19
Lyman, of Middletown, m. Eunice **BARTHOLOMEW**, of Harwinton, Nov. 6, 1826, by Rev. George E. Pierce	M	28
Lynde, s. Joshua & Hannah, b. July 10, 1771	LR2	5
Marcy, of Symsbury, m. Joseph **MERRIMAN**, of Harwinton, May 9, 1745	LR1	24
Maria Louisa Gariella, d. Josiah & Anne, b. Nov. 26, 1774	LR3	27
Marilla M., of Harwinton, m. Sherman **OSBORN**, of Camden, N. Y., Feb. 10, 1846, by Charles Bentley	M	92
Mathew, s. Samuel & Ruth, b. June 6, 1746	LR1	12
Mindwell, m. George **CATLING**, Feb. 18, 1756	LR1	34
Mindwell, of Litchfield, m. George **CATLIN**, s. Benjamin & Margaret, Feb. 18, 1756	LR2	31
Mindwell Catlin, d. Edward & Deborah, b. Feb. 17, 1732	LR2	31
Oliver, s. Samuell & Damaris, b. June 7, 1753	LR2	31
Oliver, m. Trifena **JOHNSON**, Feb. 17, 1774	LR2	31
Oliver, m. Anne **GILLET**, Apr. 7, 1791	LR2	34
Oliver, s. [Oliver & Anne], b. Aug. 19, 1800	LR2	34
Paul, s. [Oliver & Anne], b. June 16, 1794	LR2	34

	Vol.	Page

PHELPS, (cont.)

Phena, d. Oliver & Anne, b. Mar. 7, 1792	LR2	34
Polly, m. Elizur **BARBER**, b. of Harwinton, Oct. 25, 1825, by Rev. George E. Pierce	M	24
Ruhamer, of Windsor, m. William **HOPKINS**, of Harwinton, Apr. 19, 1770	LR2	27
Ruth, d. Lieut. Samuel & Ruth, b. Feb. 6, 1733	LR1	12
Ruth, w. Lieut. Samuel, d. Dec. 20, 1749, in the 36th y. of her age	LR1	11
Sally, m. Orrin **BARBER**, Feb. 7, 1819, by Joshua Williams	M	0
Samuel, s. Samuel & Ruth, b. Sept. 15, 1736	LR1	12
Samuel, Lieut. of Harwinton, m. Damaras **GILLMAN**, of Hartford, Oct. 21, 1751	LR1	13
Samuel, Lieut. d. Aug. 14, 1754	LR1	11
Samuel, m. Ann **BARBER**, b. of Harwinton, Oct. 17, 1754	LR1	11
Samuel, m. Ann **BARBER**, Oct. 17, 1754	LR1	13
Samuel, s. Samuel & Ann, b. July 20, 1755	LR1	11
Samuel, Jr., s. Samuel & Ann, b. July 20, 1755	LR1	13
Samuel, of Burlington, m. Emeline L. **FRISBIE**, of Harwinton, Aug. 21, 1839, by Charles Bentley	M	69
Sarah, d. Samuel & Ruth, b. Apr. 6, 1744	LR1	12
Sarah, of Simsbury, m. Elijah **HEYDON**, of Harwinton, Dec. 12, 1765	LR2	8
Sarah, twin with Joshua, d. Joshua & Hanna, b. Aug. 29, 1769	LR2	5
Silas, s. Samuel & Ann, b. Dec. 13, 1759	LR1	11
Tryphenia, w. Oliver, d. Mar. 21, 1790	LR2	34
Uri, s. Samuel & Ann, b. July 15, 1765	LR1	11
William J., of Burlington, m. Olivia R. **JOHNSON**, of Harwinton, Sept. 10, 1834, by Erastus Scranton, V.D.M.	M	55

PICKWITH, [see also **BECKWITH**], Eli, of Plymouth, m. Mary **CLEVELAND**, of Harwinton, Nov. 1, 1846, by Charles Bentley — M — 9

PIERCE, Nathaniel, of Harwinton, m. Abigail **ALLEN**, of Bristol, Dec. 19, 1824, by Noah Welton, J.P. — M — 20

PIERPOINT,

Anna, d. Robert & Lois, b. Oct. 24, 1784	LR4	653
Esther, d. Robert & Lois, b. May 14, 1787	LR4	653
Fanny, d. Robert & Lois, b. May 29, 1782	LR4	653
Julia, d. [Robert & Lois], b. Mar. 9, 1793	LR4	653
Lorrain, d. [Robert & Lois], b. Jan. 30, 1791	LR4	653
Robert, of Litchfield, m. Lois **COLLINS**, of Litchfield, Oct. 11, 1780	LR4	653

PIPER, Freedom, of Berlin, s. Luther & Mary (Tryon), m. Augusta **BAILEY**, of Harwinton, Nov. 14, 1830, by Noah Welton, J. P. — M — 42

PLANT, Laura, of Harwinton, m. Benson **PHELPS**, of Truxton, N.Y., Sept. 27, 1826, by Rev. George E. Pierce — M — 28

POND,

Belinda, of Harwinton, m. George **NASH**, of Camden, N.Y., Dec. 26, 1847, by Charles Bentley	M	99
Ellen L., of Harwinton, m. Henry **POND**, of New Hartford, Nov. 5, 1851, by Rev. Warren G. Jones	M	106
Hadsel, s. Martin, of Plymouth, m. Almira **SPENCER**, Sept. 27, 1820, by Joshua Williams	M	4
Henry, of New Hartford, m. Ellen L. **POND**, of Harwinton, Nov. 5, 1851, by Rev. Warren G. Jones	M	106

	Vol.	Page
POND, (cont.)		
Hiram W., of New Hartford, m. Emeline **CATLIN**, of Harwinton, Nov. 27, 1838, by R. M. Chipman	M	65
Jerusha, of Harwinton, m. Augustus **PETTIBONE**, of Burlington, June 20, 1821, by Joshua Williams	M	6
Josiah, m. Jerusha **BULL**, Sept. 6, 1792	LR4	651
Josiah, s. [Josiah & Jerusha], b. Dec. 31, 1796	LR4	651
Mary, of Harwinton, m. Augustus **PETTIBONE**, of Burlington, Aug. 9, 1826, by Rev. George E. Pierce	M	27
Nancy, d. [Josiah & Jerusha], b. Nov. 1, 1793	LR4	651
Sheldon, s. [Josiah & Jerusha], b. May 3, 1795	LR4	651
Sheldon, m. Clarissa **AUSTIN**, Nov. 9, 1831, by Rev. George E. Pierce	M	46
PORTER, Abigail, w. Ashbel, d. June 9, 1778	LR2	21
Ashbil, m. Abigail **GRISWOLD**, b. of Harwinton, July 10, 1766	LR2	21
Ashbel, s. Ashbel & Lorene, b. July 22, 1783	LR2	21
Ashbil, m. 2nd w. Lora **BENTON**, [ ]	LR2	21
Levi Street, s. Ashbel & Lorene, b. Mar. 9, 1786	LR2	21
Samuel Griswold, s. Ashbil & Abigail, b. May 24, 1778	LR2	21
POST, Lucretia, m. Lieut. Joseph **COOK**, Nov. 18, 1756	LR3	43
POTTER, Bradley, m. Roda **CATLIN**, b. of Harwinton, Mar. 12, 1824, by George E. Pierce	M	18
Chloe, d. Jesse & Hannah, b. Apr. 26, 1772; d. Oct. 16, 1774	LR2	29
Eli, of Plymouth, m. Marcy **SANFORD**, of Harwinton, Apr. 8, 1831, by Rev. George E. Pierce	M	44
Elizabeth, m. Jonathan **CATLIN**, Jr. Sept. 18, 1771	LR3	32
Fanny, of Litchfield, m. Virgil **GOODWIN**, of Plymouth, Sept. 17, 1832, by Rev. George E. Pierce	M	48
Harold J., m. Mary **GILBERT**, May 2, 1822, by Luther Hart	M	11
Jesse, of Harwinton, m. Hannah **LYMAN**, of Southington, July 10, 1771	LR2	29
Lyman, s. Jesse & Hannah, b. Jan. 11, 1774	LR2	29
Matilda, Mrs., m. Josiah **MARKS**, Feb. 15, 1829, by Rev. George E. Pierce	M	35
Mercy, of Northbury, m. Benoni **HOUGH**, of Harwinton, June 7, 1764	LR2	8
Sarah, m. Benjamin S. **HUNGERFORD**, Nov. 26, 1823, by George E. Pierce	M	17
Thankfull, m. Asahel **HODGE**, b. of Harwinton, Sept. 15, 1763	LR2	2
PRATT, Samuel A., of Burlington, m. Betsey **PERKINS**, of Harwinton, Nov. 25, 1838, by Albert F. Holcomb	M	65
PRESTON, Amelia, of Harwinton, m. Henry **BANCROFT**, of East Windsor, Sept. 6, 1836, by Richard M. Chipman, V.D.M.	M	60
Beham, s. Jonathan & Prudence, b. Sept. 25, 1770	LR2	4
Elinor, d. Jonathan & Prudence, b. Apr. 21, 1767	LR2	4
George M., of Plymouth, m. Minerva (?) L. **GRISWOLD**, of Harwinton, Jan. 17, 1847, by Rev. T. H. V. Gardner	M	95
John S., m. Armelia **DEWEY**, Mar. 6, 1797	LR4	635
John S., m. Clara W. **BALDWIN**, b. of Harwinton, Dec. 19, 1851, by Rev. Warren G. Jones	M	107
Jonathan, m. Prudence **BARBER**, b. of Harwinton, May 9, 1765	LR2	4
Jonathan & Prudence had 1st child b. Jan. 21, 1766; d. in about nine hours after birth	LR2	4

PRESTON, (cont.)

	Vol.	Page
Levi, s. Asa & Ruhamah, b. Dec. 24, 1762	LR1	8
Luman, Jr., m. Julia M. **MORSE**, May 4, 1834, by Rev. George E. Pierce	M	54
Mary, d. [John S. & Armelia], b. Jan. 6, 1798	LR4	635
Mary, m. Nehemiah **GRIFFIN**, Jan. 6, 1823, by Luther Hart	M	14
Noah, m. Honour **ROSSETER**, of Litchfield, Dec. 29, 1785	LR3	31
Rachel, d. Asa & Ruhamah, b. Jan. 23, 1765	LR1	8
Rachel, of Litchfield, m. Joseph **HUNTINGTON**, of Harwinton, June 10, 1773	LR3	31
Ruhamah, d. Asa & Ruhamah, b. Oct. 20, 1766	LR1	8

PRINCE, Thomas E., of Bristol, m. Corintha S. **PARSONS**, of Harwinton, Oct. 7, 1847, by Charles Bentley — M — 97

PRINDLE, Catharine Juliet, d. [Norman & Sally], b. June 7, 1811 — LR7 — 563

Charles, m. Huldah **SKINNER**, Feb. 1, 1781	LR2	28
Charles, s. [Charles & Huldah, b. Oct. 14, 1789	LR2	28
Charles, Sr., d. Sept. 11, 1795	LR2	28
Charles, m. Betsey **GAYLORD**, Nov. 29, 1810	LR7	567
Charles Henry, s. [Charles & Betsey], b. Mar. 5, 1816	LR7	567
Elijah Gaylord, s. [Charles & Betsey], b. Oct. 6, 1811	LR7	567
Harriet Maria, d. [Norman & Sally], b. Jan. 8, 1815	LR7	563
Lucy, d. [Charles & Huldah], b. Apr. 21, 1785	LR2	28
Lucy Jeannett, d. [Norman & Sally], b. Mar. 23, 1809	LR7	563
Mark Spencer, s. [Norman & Sally], b. Feb. 5, 1807	LR7	563
Norman, s. [Charles & Huldah], b. Feb. 21, 1782	LR2	28
Norman, m. Sally **KELLOGG**, of New Hartford, Nov. 3, 1803	LR7	563
Sally Hellen, d. [Norman & Sally], b. Sept. 1, 1813	LR7	563
Thata, d. [Charles & Huldah], b. Nov. 15, 1793	LR2	28
Timothy Clark, s. [Charles & Betsey], b. Feb. 1, 1821, at Lisle, N.Y.	LR7	567
Virgil Kellogg, s. [Norman & Sally], b. July 29, 1804	LR7	563

RAY, Edwin, of Wilmington, Vt., m. Eliza C. **BANCROFT**, of Harwinton, May 4, 1841, by Charles Bentley — M — 74

RAYMOND, Mary, m. Chancy **AMES**, Feb. 23, 1800 — LR4 — 650

READ, Harmon, m. Lois **BARTHOLOMEW**, Dec. 31, 1821, by Joseph E. Camp — M — 9

RICE, [see also **ROYCE**], Amos Hosford, s. Nehemiah & Mary, b. Sept. 27, 1786 — LR3 — 35

Lucy, d. Nehemiah & Lucy, b. July 14, 1779	LR3	35
Nehemiah, of Harwinton, m. Mary **HORSFORD**, of Berlin, Nov. 10, 1785	LR3	35

RICHARDS, Joseph, of Harwinton, m. Lydia **GRISWOLD**, of Wethersfield, Jan.6, 1737 — LR1 — 2

Joseph, Jr., s. Joseph & Lydia, b. Oct. 12, 1740	LR1	4
Lois, d. Joseph & Lydia, b. Apr. 9, 1743	LR1	22
Lois, d. Joseph & Lydia, d. Oct. 23, 1743	LR1	6
Lydia, d. Joseph & Lydia, b. Jan. 22, 1738	LR1	2
Mary, of New Hartford, m. Ebenezer **TYLER**, of Harwinton, July 20, 1749	LR1	25
Simeon, s. Joseph & Lydia, b. Sept. 10, 1745	LR1	22

RICHARDSON, Henry, m. Mary J. **SANFORD**, b. of Harwinton, Dec. 18, 1853, by S. T. Seelye — M — 110

RIGGS, Meret, m. Thirza **SMITH**, b. of Harwinton, Oct. 1, 1828, by Rev. George E. Pierce — M — 34

	Vol.	Page
ROBERTS, David W., of Burlington, m. Emily **WARD**, Dec. 15, 1841, by F. B. Woodward	M	78
George T., of Burlington, m. Harriet A. **WARD**, of Plymouth, Feb 9, 1848, by Rev. H. V. Gardner	M	99
Richard N., of Burlington, m. Rebecca **JOHNSON**, of Harwinton, Apr. 12,1835, by Rev. Richard M. Chipman	M	57
ROBOSON, William, m. Elizabeth **LAWRENCE**, Jan. 6, 1736	LR1	3
ROGERS, Eunice, of Harwinton, m. Chancy **JEROME**, of Bristol, Jan. 25, 1835, by Sheldon Osborn, J.P.	M	55
Jane, m. Christian **HORN** (?)*, b. of New Hartford, Nov. 12, 1848, by S. T. Seelye *("HAM"?)	LR3	36
ROOT, Luther, of Bristol, m. Lucy A. **WARD**, of Middletown, June 29, 1842, by Charles Bentley	M	80
ROSSETER, Amos, m. Rebeckah **HOPKINS**, Oct. 26, 1774	LR2	35
Amy, d. Stephen & Ann, b. Feb. 5, 1758	LR1	32
Ann, w. Stephen, d. Aug. 4, 1760	LR1	6
Anna B., m. Augustus S. **JOHNSON**, Nov. 2, 1836, by Richard M. Chipman	M	60
Anne, d. Stephen & Ann, b. Apr. 2, 1756	LR1	32
Candace, d. Amos & Rebeckah, b. Feb. 2, 1777	LR2	35
Cloe, d. Amos & Rebeckah, b. Mar. 13, 1779	LR2	35
Chloe, m. Abijah **WEBSTER**, Jan 20, 1807	LR7	562
Clarra, d. Amos & Rebeckah, b. Aug. 23, 1775	LR2	35
Cynthia, d. Amos & Rebeckah, b. June 19, 1784	LR2	35
Cynthia, b. June 19, 1784; m. Isaac **FRISBIE**, Jr., May 1, 1805	LR12	530
Eliza F., of Harwinton, m. John G. **WETMOUR**, of Winchester, Nov. 4, 1841, by C. Bentley	M	77
Honour, of Litchfield, m. Noah **PRESTON**, Dec. 29, 1785	LR3	39
Josiah, s. Stephen & Mary, b. Apr. 7, 1766	LR1	20
Lois, d. Amos & Rebeckah, b. June 12, 1781	LR2	35
Luse, d. Stephen & Ann, b. Apr. 13, 1760	LR1	32
Mary, m. James **ALCUB**, Jr., b. of Harwinton, July 31, 1767	LR2	3
Mindwell, m. Asa **BARBER**, Jan. 7, 1808	LR7	560
Newton, s. Amos & Rebeckah, b. Apr. 18, 1789	LR2	35
Rachel, d. [Amos & Rebeckah], b. May 4, 1791	LR2	35
Rodney, s. Amos & Rebeckah, b. Dec. 18, 1786	LR2	35
Sabra, m. Cyprian **WEBSTER**, Jr., Nov. 21, 1790	LR7	566
Samuell, s. Steven & Mary, b. Aug. 7, 1768	LR1	20
Sarah, m. Stephen **BUTLER**, b. of Harwinton, Oct. 12, 1761	LR1	19
Stephen, of Harwinton, m. Mary **JOHNSTON**, of Middletown, Dec. 23, 1760	LR1	20
Stephen, s. Stephen & Mary, b. Oct. 24, 1761	LR1	20
Steven, d. Dec. 19, 1771	LR1	20
Timothy, s. Stephen & Mary, b. Sept. 23, 1763	LR1	20
ROYCE, ROICE, ROYSE, [see also **RICE**], Frances, m. Nelson **SCOVEL**, b. of Torrington, Jan. 19, 1836, by Richard M. Chipman, V.D.M.	M	58
Hannah Keys, d. Robert & Hannah, b. Jan. 27, 1755	LR1	12
Rebeckah, of Farmington, m. Peter **TYLER**, of Harwinton, Apr. 23, 1767	LR2	3
[RUSSELL], RUSEL, RUSSEL, Susannah, of Wethersfield, m. Capt. Daniel **MESSENGER**, of Harwinton, Nov. 15, 1751	LR1	13

	Vol.	Page
[RUSSELL], RUSEL, RUSSEL, (cont.)		
Susannah, see Susannah **NICHOLS**	LR1	27
RUST, Deborah, of Harwinton, m. Elias **SANFORD**, of East Haven, June 16, 1826, by Jacob O. Catlin, J.P.	M	25
SALMON, Tente, b. July 13, 1774; m. Richard **MARKS**, Jan. 22, 1795	LR7	568
SANFORD, Calista, of Plymouth, m. Alect **BOLTON**, of Coxsakie, N. Y., Sept. 28, 1847, by Charles Bentley	M	97
Charles, m. Mary **HINSDALE**, Sept. 27, 1831, by Rev. George E. Pierce	M	46
Electa, m. Erastus **BALDWIN**, b. of Harwinton, Dec. 2, 1831, by Benajah Haden, J.P.	M	43
Elias, of East Haven, m. Deborah **RUST**, of Harwinton, June 16, 1826, by Jacob O. Catlin, J.P.	M	25
Ephraim, of Plymouth, m. Calista **CATLIN**, of Harwinton, Sept. 5, 1839, by Charles Bentley	M	69
Lurana, of Harwinton, m. Willard L. **BROOKS**, of Livinia, July 24, 1834, by Rev. Cyrus Yale	M	55
Marcy, of Harwinton, m. Eli **POTTER**, of Plymouth, Apr. 8, 1831, by Rev. George E. Pierce	M	44
Mary J., m. Henry **RICHARDSON**, b. of Harwinton, Dec. 18, 1853, by S. T. Seelye	M	110
SCOTT, Leverett, of Litchfield, m. Harriet **WILSON**, of Harwinton, Dec. 12, 1847, by Charles Bentley	M	98
Markham, of Plymouth, m. Lois **WILCOX**, of Harwinton, May 12 1834, by Rev. George E. Pierce	M	54
SCOVILLE, SCOVEL, SCOVELL, SCHOVEL, SCOUFELL, SCOVIL, SCHVELL, Abigail, m. Lyman **THOMPSON**, July 3, 1793	LR4	644
Abner, s. Ezekiel & Rebeckah, b. May 4, 1769	LR2	17
Alvah, m. Emily **HENSDALE**, Aug. 24, 1829, by Rev. George E. Pierce	M	36
Asher, s. Ezekiel & Rebeckah, b. Sept. 17, 1771	LR2	17
Champion, s. Joseph & Abigail, b. June 12, 1784	LR2	9
Chloe, d. Ezekiel & Rebeckah, b. June 6, 1784	LR2	17
Conant, s. Ezekiel & Rebeckah, b. May 27, 1779	LR2	17
Daniel, s. Ezekiel & Rebeckah, b. Apr. 27, 1767	LR2	17
Daniel, m. Lucina **COOK**, Apr. 19, 1789	LR4	640
Darius, m. Clarissa **BARBER**, b. of Harwinton, Sept. 25, 1820, by Joshua Williams	M	4
Elizabeth, d. Joseph & Abigail, b. May 12, 1772	LR2	9
Ezekiel, of Harwinton, m. Mindwell **BARBER**, of Windsor, Oct. 23, 17[ ]	LR1	4
Ezekiel, s. Ezekiel & Mindwell, b. Jan. 5, 1743/4	LR1	5
Ezekiel, of Harwinton, m. Rebeckah **THOMPSON**, of Harwinton, Aug. 4, 1766	LR2	17
Ezekiel, Jr. s. Ezekiel & Rebeckah, b. June 17, 1773	LR2	17
Hannah, d. Ezekiel & Mindwell, b. Oct. 7, 1762	LR1	25
John, s. Joseph & Abigail, b. Dec. [ ], 1777	LR2	9
John, Jr., m. Maria M. **CATLIN**, b. of Harwinton, Apr. 7, 1828, by Rev. George E. Pierce	M	32
Joseph, s. Ezekiel & Mindwell, b. July 21, 1751	LR1	25
Joseph, m. Abigall **WILLSON**, b. of Harwinton, Oct. 20, 1771	LR2	9
Joseph, s. Joseph & Abigail, b. June 8, 1774	LR2	9

	Vol.	Page
SCOVILLE, SCOVEL, SCOVELL, SCHOVEL, SCOUFELL, SCOVIL, SCHVELL, Joseph H., m. Philomela **HARRISON**, Dec. 26, 1832, by Rev. George E. Pierce	M	49
Joseph Thompson, s. Ezekiel & Rebeckah, b. June 6, 1777	LR2	17
Kezia, d. Ezekiel & Mindwell, b. Feb. 28, 1746	LR1	5
Laura, of Harwinton, m. Elmer N. **PECK**, of Watertown, Dec. 27, 1832, by Rev. George E. Pierce	M	49
Lucina, Mrs., m. Stephen A. **CLARK**, b. of Harwinton, Jan. 11, 1835, by Rev. H. P. Armes	M	56
Maria, m. Julius **JONES**, b. of Harwinton, June 30, 1825, by Rev. George E. Pierce	M	22
Marvin, m. Lucy Ann **SMITH**, b. of Harwinton, Nov. 30, 1836, by R. M. Chipman	M	60
Mary, d. Ezekiel & Mindwell, b. May 1, 1757	LR1	25
Mary, d. Joseph & Abigail, b. July 4, 1779	LR2	9
Mindwell, d. Ezekiel & Mindwell, b. Sept. 26, 1741	LR1	5
Mindwell, m. Eli **WILLSON**, b. of Harwinton, [ ] 15, 1762	LR2	2
Mindwell, of Harwinton, m. Eli **WILSON**, of Harwinton, Apr. 15, 1762	LR2	649
Mindwell, d. Joseph & Abigail, b. Dec. 13, 1781; d. Apr. 7, 1784	LR2	9
Mindwell M., of Harwinton, m. Dr. Peter **BEARDSLEE**, of Wolcottville, Sept. 12, 1848, by Rev. Charles Bentley	M	101
Nelson, m. Frances **ROICE**, b. of Torrington, Jan. 19, 1836, by Richard M. Chipman, V.D.M.	M	58
Rhobe Ann, of Harwinton, m. Miles **CUMMINGS**, of Warren, July 19, 1835, by Rev. Epaphras Goodman	M	57
Riley, s. [Daniel & Lucina], b. Apr. 2, 1790	LR4	640
Roswel, s. Ezekiel & Rebeckah, b. Mar. 11, 1782	LR2	17
Sarah, d. Ezekiel & Mindwell, b. July 6, 175[ ]	LR1	25
Sheldon, s. [Daniel & Lucina], b. Nov. 24, 1792	LR4	640
Stephen, s. Ezekiel & Rebeckah, b. July 8, 1775	LR2	17
Sibel, d. Ezekiel & Mindwell, b. Oct. 10, 1748	LR1	5
SEARL, Zopher, m. Frances E. **WILLIAMS**, of Southampton, Mass., Apr. 30, 1832, by Noah Welton, J. P.	M	47
[SEYMOUR, SAYMORE], Abigail, d. Zachariah & Sarah, b. Apr. 30, 1746	LR1	21
Anne, d. Zachariah & Sarah, b. July 8, 1739	LR1	21
Dorothy, d. Zachariah & Sarah, b. Apr. 19, 1750	LR1	21
Elizabeth, of Hartford, m. Cyprian **WEBSTER**, formerly of Hartford now of Harwinton, Sept. 25, 1729	LR1	12
Hannah, d. Zachariah & Sarah, b. Sept. 23, 1742	LR1	21
Huldea, d. Zachariah & Sarah, b. Jan. 5, 1744/5	LR1	21
Mary, twin with Melicent, d. Zachariah & Sarah, b. Nov. 16, 1752	LR1	24
Melicent, twin with Mary, d. Zachariah, & Sarah, b. Nov. 16, 1752	LR1	24
Rebecca, d. Zachariah & Sarah, b. Mar. 29, 1749	LR1	21
Sarah, d. Zachariah & Sarah, b. Jan. 20, 1741	LR1	21
SHAVER, Sidney C., m. Amanda **STRICTLAND**, b. of Harwinton, Sept. 24, 1848, by Rev. Charles Bentley	M	101
SHELTON, Elizabeth Sarah Anna, m. James **BRACE**, Aug. 11, 1785	LR4	639
SHORES, Abraham, m. Olive **WATKINS**, Sept. 25, 1791	LR4	643
Vinson, s. [Abraham & Olive], b. Mar. 14, 1792	LR4	643

	Vol.	Page
SISSONS, Albert J., of Harwinton, m. Ellen L. **CASTLE**, of Northfield, Oct. 2, 1853, by W. Silvertorn	M	110
SKINNER, Acera, s. Ashbell & Marah, b. Oct. 23, 1752	LR1	24
Achsah, d. [Ira & Hephzibah], b. Apr. 19, 1803	LR4	654
Amela, d. Ashbel, Jr. & Rhoda, b. Feb. 2, 1781	LR2	37
Amira, d. Ashbel & Rhoda, b. Dec. 7, 1782	LR2	37
Anna, d. Ira & Hephzibah, b. June 14, 1789	LR4	654
Arad, s. Ashbell & Marah, b. Nov. 3, 1756	LR1	24
Ashbell, of Harwinton, m. Marah **HOLCOMB**, of Windsor, Aug. 27, 1746	LR1	24
Ashbell, s. Ashbell & Marah, b. Dec. 14, 1750	LR1	24
Ashbel, Jr., m. Rhoda **BRADLEY**, June 3, 1779	LR2	37
Ashbel, d. June 6, 1792	LR4	654
Ashbel, s. [Ira & Hephzibah], b. Dec. 13, 1792	LR4	654
Hephzibah, d. [Ira & Hephzibah], b. Apr. 23, 1797	LR4	654
Huldah, m. Charles **PRINDLE**, Feb. 1, 1781	LR2	28
Ira, s. Ashbell & Marah, b. Mar. 16, 1761	LR1	24
Ira, of Harwinton, m. Hephzibah **BARBER**, of Torrington, Oct. 6, 1788	LR4	654
Ira, s. Ira & Hephzibah, b. May 14, 1791	LR4	654
Jason, m. Marilla **BARBER**, Mar. 30, 1829, by Rev. George E. Pierce	M	35
Jerusha, d. Thomas & Jerusha, b. July 3, 1780	LR2	28
Jerusha, ae 23, m. Reuben **BARTHOLOMEW**, ae 24, May 22, 1804	LR7	570
Lois, d. [Ira & Hephzibah], b. Sept. 22, 1799	LR4	654
Louisa, d. Thomas & Jerusha, b. Sept. 10, 1785	LR2	28
Mary, d. Thomas & Jerusha, b. Mar. 26, 1775 1829, by Rev. George E. Pierce	M	37
Matilda, d. Thomas & Jerusha, b. Jan. 26, 1788	LR2	28
Quincy, s. Ashbell & Marah, b. Dec. 22, 1754	LR1	24
Rhoda, d. Ashbell & Marah, b. July 23, 1747	LR1	24
Rhoda, d. Ashbell & Mariah, d. Nov. 17, 1753	LR1	11
Rhoda, d. Ashbell & Marah, b. Apr. 6, 1759	LR1	24
Riyla B., s. [Ira & Hephzibah], b. Nov. 2, 1794	LR4	654
Ryla B., [s. Ira & Hephzibah], d. Feb. 26, 1799	LR4	654
Ryla B., [Ira & Hephzibah], b. May 9, 1801	LR4	654
Sarah, of Harwinton, m. Archibald **AUSTIN**, of Goshen, May 1, 1825, by Rev. George E. Pierce	M	21
Thomas, s. Ashbell & Marah, b. Feb. 22, 1748/9	LR1	24
Thomas, of Harwinton, m. Jerusha **NEWBERRY**, of East Windsor, May 2, 1774	LR2	28
Thomas A., m. Corintha **WILSON**, Nov. 7, 1842, by Charles Bentley	M	81
Thomas Newberry, s. Thomas & Jerusha, b. Jan. 8, 1782	LR2	28
Zenas, s. Ashbell & Marah, b. Oct. 31, 1763	LR1	25
Zimri, s. Thomas & Jerusha, b. Nov. 5*, 1783 *(Perhaps "Nov. 17")	LR2	28
SLOAN, Mary, wid. m. Eli **DEWEY**, July 18, 1782	LR3	38
SMITH, Ann, of Litchfield, m. Abijah **WEBSTER**, of Harwinton, Mar. 27, 1760	LR1	18
Asa, Jr., m. Sarah **ELWELL**, Oct. 7, 1784	LR3	46
Betsey, [d. Isaac], b. Mar. 29, 1799	LR7	565
Betsey, m. Ephraim **LEACH**, Nov. 20, 1832, by Rev. George E. Pierce	M	50

HARWINTON VITAL RECORDS 99

	Vol.	Page
SMITH, (cont.)		
Diana W., m. Gaylord **WELLS**, Mar. 28, 1837, by Richard M. Chipman	M	61
Elias, m. Cloe **BEBEE**, b. of Harwinton, Dec. 18, 1825, by Rev. George E. Pierce	M	25
Esther, m. Elliott **DENISON**, Oct. 3, 1838, by R. M. Chipman	M	63
Hannah, d. Asa & Rebeckah, b. Nov. 7, 1774	LR2	32
Huldah, d. Jesse & Dorothy, b. Jan. 25, 1783; d. Feb. 28, 1783	LR3	46
Jerry, [s. Isaac], b. July 14, 1802	LR7	565
Jerry, of Harwinton, m. [ ] **CHURCHILL**, of Northfield, June 26, 1831, by Rev. George E. Pierce	M	45
Jesse, m. Dorothy **MILLARD**, Nov. 14, 1783 [sic]	LR3	46
Levi, of Northfield, m. Lucy Ann **BANCROFT**, of Harwinton, Mar. 25, 1834, by Rev. George E. Pierce	M	53
Lewis, m. Cynthia **OSBORN**, Sept. 20, 1830, by Luther Hart	M	42
Lucy, m. Anson **CANDEE**, May 19, 1824, by George E. Pierce	M	19
Lucy Ann, m. Marvin **SCOVEL**, b. of Harwinton, Nov. 30, 1836, by R. M. Chipman	M	60
Mary, m. Thomas **BULL**, b. of Harwinton, Dec. 9, 1761	LR1	9
Miles, s. Asa & Rebeckah, b. Mar. 20, 1777	LR2	32
Miles, s. Asa & Rebeckah, b. Apr. 24, 1785	LR3	48
Mindwell, of Simsbury, m. Daniel **GILLET**, of Harwinton, Sept. 16, 1746	LR1	25
Philena, d. Asa, Jr. & Sarah, b. Feb. 15, 1785	LR3	46
Quincy, m. Julia A. **FRENCH**, May 3, 1840, by Fred Holcomb	M	72
Roswell, m. Sena **SMITH**, b. of Harwinton, Nov. 2, 1824, by Rev. George E. Pierce	M	20
Sarah C., of Harwinton, m. Calvin **CARRINGTON**, of New Haven, Mar. 21, 1830, by Rev. George E. Pierce	M	40
Sarah Celena, [d. Isaac], b. Dec. 25, 1810	LR7	565
Sina, [d. Isaac], b. Mar. 5, 1805	LR7	565
Sena, m. Roswell **SMITH**, b. of Harwinton, Nov. 2, 1824, by Rev. George E. Pierce	M	20
Sophrena, m. Lewis **MOODY**, b. of Harwinton, Dec. 28, 1825, by Rev. George E. Pierce	M	25
Terry, m. Jane **AMES**, b. of Harwinton, Nov. 14, 1847, by Charles Bentley	M	98
Thankfull, m. Anson **GUILBERT**, Nov. 24, 1813	LR7	564
Thirza, [d. Isaac], b. July 2, 1807	LR7	565
Thirza, m. Meret **RIGGS**, b. of Harwinton, Oct. 1, 1828, by Rev. George E. Pierce	M	34
Ursula, m. Sheldon **WILSON**, b. of Harwinton, Apr. 9, 1828, by Rev. George E. Pierce	M	32
Willard, s. Jesse & Dorothy, b. May 31, 1785; d. Jan. 8, 1786	LR3	46
Willard Miller, s. Jesse & Dorothy, b. Jan. 20, 1787	LR3	46
Zerviah, of Hartford, m. Nathan **DAVIS**, of Harwinton, Apr. 21, 1757	LR2	7
SPENCER, Almira, m. Hadsel **POND**, s. Martin, of Plymouth, Sept. 27, 1820, by Joshua Williams	M	4
Amanda, of Harwinton, m. Sheldon **WEBSTER**, of Burlington, Aug. 16, 1821, by Datus Ensign, Elder	M	8
John, Jr. of New. Hartford, m. Lovica **HOTCHKISS**, of Burlington, Dec. 29, 1820, by Lewis Catlin, J.P.	M	5

	Vol.	Page

SPENCER, (cont.)
  Mary, of New Hartford, m. Benjamin **BARTHOLOMEW**, of
    Harwinton, Nov. 17, 1777 — LR2 — 40
  Sheldon, m. Fanny A. **PHELPS**, b. of Harwinton, June
    10, 1823, by George E. Pierce — M — 15
SPERRY, Ebenezer, of Harwinton, m. Jerusha **PAGE**, of Waterbury,
    Oct. 22, 1761 — LR1 — 19
STANLEY, STANLY, Abigail, m. Benjamin **CATLING**, Jr., b. of
    Harwinton, Feb. 18, 1748 — LR1 — 13
  Caleb, s. Timothy & Mary, b. May [ ], 17[ ] — LR1 — 23
  Caleb, s. Timothy & Mary, d. Nov. 30, [last day], 1743 — LR1 — 6
  Timothy, m. Mary **HOPKINS**, b. of Harwinton, Jan. 31, 1754 — LR1 — 14
STEBBINS, William, of Deerfield, Mass., m. Martha H. **NYMS**, of
    Harwinton, May 26, 1845, by Charles Bentley — M — 90
STEDMAN, Thomas, s. Justus & Anna late of Wethersfield now of
    Harwinton, b. July 8, 1771 — LR2 — 16
STEPHENS, Abigail, of Windsor, m. John **WILLSON**, of Harwinton,
    May 18, 1737 — LR1 — 4
  Dennis, m. Larinda Ann **FOOT**, May 23, 1841, by Charles Bentley — M — 74
  Hannah, d. Joshua & Rebeckah, b. June 12, 1780 — LR3 — 38
  Joseph, m. wid. Rebeckah **TYLER**, Sept. 15, 1773 — LR3 — 38
  Joshua, m. Rebeckah **TYLER**, wid. of Peter, Sept. 15, 1773 — LR2 — 3
  Joshua, s. Joshua & Rebeckah, b. Apr. 8, 1782 — LR3 — 38
  Levi Roys, s. Joshua & Rebeckah, b. June 15, 1776 — LR3 — 38
  Mamre, d. Illeg. James **STEPHENS** & Dorothy **GRISWOLD**, b.
    June 8, 1764 — LR2 — 26
  Rebeckah, d. Joshua & Rebeckah, b. Aug. 19, 1774 — LR3 — 38
STERNS, Harwin Henry, s. [Simon & Viana], b. Feb. 26, 1811 — LR7 — 570
  Henrietta, d. [Simon & Viana], b. May 9, 1809 — LR7 — 570
  Simon, m. Viana **BARNES**, Nov. 26, 1807 — LR7 — 570
STILE (?), A. D. (?)*, b. [   ] at Windsor, now of Harwinton
  *(This entry is difficult to read and may be "stillborn" child
  of Samuel Butler" — LR1 — 14
STILLMAN, STILLEMAN, Simeon, of Hartford, m. Emily
  BARTHOLOMEW, of Harwinton, Oct. 20, 1826, by Rev.
    George E. Pierce — M — 28
  Thomas, of Sheffield, m. Sarah **CATLIN**, of Harwinton, Apr. 3,
    1832, by Rev. George E. Pierce — M — 47
STODDARD, Israel, of Camden, N. Y., m. Polly **WILSON**, of Harwinton,
    June 21, 1821, by Joshua Williams — M — 7
STODDARD, (cont.)
  Lucy, of Harwinton, m. William W. **PEET**, of Salisbury, June 2,
    1828, by Rev. Rev. George E. Pierce — M — 32
STONE, Abner, s. William & Sarah, b. May 31, 1780 — LR1 — 17
  Frederic, s. William & Sarah, b. Oct. 6, 1775 — LR1 — 16
  Hannah, m. Sherman **CLEVELAND**, b. of Harwinton, Nov. 6,
    1839, by Charles Bentley — M — 70
  Horace, of Harwinton, m. Julia A. **LINSLEY**, of Plymouth, Oct.
    6, 1836, by S. R. Andrew — M — 60
  Horace, m. Emeline **BRISTOL**, b. of Harwinton, May 7, 1844, by
    Charles Bentley — M — 85
  John, s. William & Sarah, b. Oct. 30, 1782 — LR1 — 17
  Joseph, s. William & Sarah, b. Dec. 1, 1777 — LR1 — 16

	Vol.	Page
STONE, (cont.)		
Mabel, d. William & Sarah, b. Sept. 14, 1768	LR1	16
Olive, d. William & Sarah, b. Oct. 28, 1764	LR1	16
Sarah, d. William & Sarah, b. Nov. 5, 1766	LR1	16
Sarah, m. Hezekiah **CATLIN**, Jan. 17, 1785	LR3	36
Timothy, s. William & Sarah, b. May 26, 1773	LR1	16
William, m. Sarah **JOHNSON**, b. of Harwinton, Nov. 14, 1763	LR1	16
William Anson, s. William & Sarah, b. Oct. 19, 1770	LR1	16
William R., m. Pamella **CASTLE**, b. of Harwinton, Jan. 17, 1830, by Rev. George E. Pierce	M	38
STRICKLAND, Amanda, m. Sidney C. **SHAVER**, b. o f Harwinton, Sept. 24, 1848, by Rev. Charles Bentley	M	101
TALMADGE, Charles, of Albany, N. Y., m. Mary W. **TYLER**, of New Hartford, Feb. 14, 1836, by Richard M. Chipman, V.D.M.	M	58
TAYLOR, Harriet E., of Harwinton, m. Henry M. **WOODRUFF**, of New Hartford, Jan. 4, 1852, by Rev. Warren G. Jones	M	108
[**TERRILL**], [see under **TORREL**]		
THOMAS, Bethiah, of Farmington, m. Elihu **BARKER**, of Harwinton, June 20, [ ]	LR2	1
Samuel, of Plymouth, m. Anna **HUNGERFORD**, of Harwinton, Mar. 8, 1835, by Sheldon Osborn, J.P.	M	56
THOMPSON, THOMSON, Chloe, d. [Lyman & Abigail], b. June 11, 1797	LR4	644
Lyman, m. Abigail **SCOVEL**, July 3, 1793	LR4	644
Mindwell, d. [Lyman & Abigail], b. Apr. 25, 1794	LR4	644
Nabby, d. [Lyman & Abigail], b. Feb. 12, 1803	LR4	644
Rachel, b. June 30, 1778; m. Daniel **COOK**, Jr., Jan. 23, 1803	LR4	644
Rebeckah, m. Ezekiel **SCOVIL**, b. of Harwinton, Aug. 4, 1766	LR2	17
Warren, s. [Lyman & Abigail], b. Jan. 31, 1799	LR4	644
THORP, Harriet, of Southington, m. Levie L. **FRISBIE**, of Harwinton, May 13, 1830	LR7	553
TIFFANY, Temperance, m. Jacob **ELY**, Sept. 12, 1773	LR4	652
TINGLEY, Aaramiah N., of Windham, m. Sarah **LOOMIS**, of Harwinton, Jan. 2, 1852, by Rev. Warren C. Jones	M	108
TODD, Julius M., of Burlington, m. Lucy **FORD**, of Harwinton, Oct. 1, 1823, by Rev. Rodney Rosseter, of Plymouth	M	17
Lucy A., of Burlington, m. Herman **WOODING**, of Harwinton, Feb. 7, 1830, by Rev. George E. Pierce	M	39
TOMPKINS, Allice, m. Isaac **FRISBIE**, May 5, 1845, by Charles Bentley	M	89
Polly, of Plymouth, m. Wolcott **COLT**, of Harwinton, Aug. 4, 1826, by Rev. George E. Pierce	M	27
TORREL, Sarah, m. Levi **CASTLE**, Jan. 2, 1812	LR7	567
TREAT, Asa, of Winchester, m. Mellesent **HULL**, of Harwinton, Feb. 12, 1836, by Richard M. Chipman, V.D.M.	M	58
TRESDALE, Rachel, m. Matthew **HUNGERFORD**, b. of Harwinton, Dec. 21, 1791	LR4	650
TURNER, Ruth, m. Isachar **BARBER**, Nov. 26, 1788; d. Mar. 7, 1789	LR4	645
TUTTLE, Mary, m. Jonathan Higley **COULT**, b. of Harwinton, Oct. 12, 1761	LR2	25
TYLER, Abba, of Harwinton, m. Arba **LANKTON**, of Hartford, Aug. 7, 1836, by John B. Beach	M	61
Abel, s. Ebenezer & Anne, d. Feb. 10, 1743/4, in the 21st y. of his age	LR1	6
Anne, w. Ebenezer, d. Jan. 1, 1748/9, in the 53rd y. of her age	LR1	6

	Vol.	Page
TYLER, (cont.)		
Asaph, s. [Jonathan & Damaras], b. [ ], 1771	LR4	652
Benedict, s. Peter & Rebeckah, b. Aug. 2, 1770	LR2	3
Ebenezer, of Harwinton, m. Mary **RICHARDS**, of New Hartford, July 20, 1749	LR1	25
George G., of Plymouth, m. Julia A. **BAILEY**, of Harwinton, Apr. 22, 1840, by F.B. Woodward	M	78
Hannah Bickford, w. Jacob, d. Apr. 30, 1763, in the 19th y. of her age	LR1	7
Jacob, of Harwinton, m. Hannah **BICKFOR**, of Waterford, May 12, 1762	LR1	22
James, of Harwinton, m. Jerusha **BIANTON**, of Farmington, May 15, 1760	LR1	17
James & Jerusha, had child b. Jan. 2, 1761; d. Jan. 16, 1761	LR1	5
James, m. Nancy **NOBLE**, b. of Harwinton, July 5, 1820, by Joshua Wiilliams	M	2
Jain*, d. [Jonathan & Damaras], b. Feb. 28, 1768 *("Jane")	LR4	652
Jerusha, d. James & Jerusha, b. Dec. 23, 1761	LR1	17
Jerusha, 2nd, d. James & Jerusha, b. Oct. 26, 1764	LR1	17
Jerusha, m. Isaiah **LOOMIS**, Jan. 20, 1785	LR4	641
Jonathan, of Harwinton, m. Damaras **WELTON**, of Waterbury, June 4, 1760	LR1	18
Jonathan, Jr., s. Jonathan & Damaras, b. Mar. 30, 1777	LR4	652
Mary W., of New Hartford, m. Charles **TALMADGE**, of Albany, N. Y., Feb. 14, 1836, by Richard M. Chipman, V.D.M.	M	58
Nathan, s. Ebenezer & Ruth, d. May 23, 1759, in the 30th y. of his age	LR1	6
Noah, s. Ebenezer & Anne, d. Feb. 10, 1743/4, in the 17th y. of his age	LR1	6
Olive, d. Peter & Rebeckah, b. July 31, 1768	LR2	3
Peter, s. Ebenezer & Anna, b. Aug. 18, 1741	LR1	4
Peter, of Harwinton, m. Rebeckah **ROYCE**, of Farmington, Apr. 23, 1767	LR2	3
Peter, s. Peter & Rebeckah, b. Sept. 26, 1772	LR2	3
Peter, d. May 16, 1773	LR2	3
Rebeckah, wid. [Peter], m. Joshua **STEPHENS**, Sept. 15, 1773	LR2	3
Rebeckah, wid. m. Joseph **STEPHENS**, Sept. 15, 1773	LR3	38
Russel, s. [Jonathan & Damaras], b. [ ], 1782	LR4	652
Sarah, d. Jonathan & Damaras, b. Jan 26, 1762	LR1	18
Thomas, s. Ebenezer & Mary, d. Oct. [ ]	LR1	6
Timothy, s. Jonathan & Damaras, b. May 12, 1764	LR4	652
VENISTON, Parmelia, of Harwinton, m. Giles **GAYLORD**, of Torringford, May 21, 1838, by R. M. Chipman	M	64
WALKINS, Almira, of Harwinton, m. Charles M. **LINES**, of Torrington, Oct. 20, 1825, by Rev. Elbert Osborn	M	23
WARD, Emily, m. David W. Roberts, of Burington, Dec. 15, 1841, by F. B. Woodward	M	78
Harriet A., of Plymouth, m. George T. **ROBERTS**, of Burlington, Feb. 9, 1848, by Rev. H. V. Gardner	M	99
Lucy A., of Middletown, m. Luther **ROOT**, of Bristol, June 29, 1842, by Charles Bentley	M	80
WARNER, Elizabeth, m. Henry **LANG**, Dec. 24, 1789	LR3	37
John, s. Moses & Elizabeth, b. Aug. 9, 1779	LR3	36
Moses, m. Elizabeth **BARTHOLOMEW**, Dec. 24, 1778	LR3	36

HARWINTON VITAL RECORDS 103

	Vol.	Page

WARNER, (cont.)
  Moses, hus. Elizabeth, d. Oct. 15, 1782, in the 26th y. of his age   LR3   36
  Moses Bronson, s. Moses & Elizabeth, b. Mar. 11, 1781; d. Oct.
    8, 1781   LR3   36
  Sarah, d. Moses & Elizabeth, b. Aug. 17, 1782   LR3   36
WARREN, Elizabeth, m. Henry **LANGE**, Dec. 24, 1789   LR4   632
WASHBURN, Elijah W., of Goshen, m. Lucretia R. **DODGE**, of
  Harwinton, Apr. 17, 1839, by Rev. E. Washburn   M   67
WATKINS, Charlot, m. James **PEGNAM**, Apr. 9, 1782   LR3   41
  Olive, m. Abraham **SHORES**, Sept. 25, 1791   LR4   643
WATKINSON, Edward B., of Hartford, m. Jane F. A. **ABERNETHY**,
  of Harwinton, Nov. 6, 1834, by Rev. Cyrus Yale   M   55
WATTS, William M., of Springfield, Mass., m. Huldah Ann
  HINSDALE, of Harwinton, Oct. 18, 1846, by Charles Bentley   M   94
WAY, WEY, Anna, d. Samuell & Sarah, b. Dec. 4, 1773   LR2   14
  Anna, m. Silas **BLAKESLEY**, June 16, 1778   LR3   47
  Arad, s. Samuel & Sarah, d. Aug. 2, 1773   LR2   14
  Jehiel P., of Mereden, m. Eunice P. **WEBSTER**, of Harwinton,
    Apr. 14,1836, by Rev. G.C.K. Eastman, of Bristol   M   59
  Rebeckah, wid., m. Reuben **BLACKSLEE**, May 31, 1775   LR2   10
WEBB, Mary, Mrs., m. Rev. Joshua **WILLIAMS**, Oct. 24, 1781   LR4   648
  Sarah A., of Harwinton, m. Luman P. **BISSELL**, of Kent, Sept.
    8, 1847, by Charles Bentley   M   96
WEBSTER, Abijah, of Harwinton, m. Ann **SMITH**, of Litchfield,
  Mar. 27, 1760   LR1   18
  Abijah, s. Moses & Mary, d. June 30, 1762   LR1   7
  Abijah, m. Cloe **ROSSETER**, Jan. 20, 1807   LR7   562
  Abijah, s. [Abijah & Chloe], b. Apr. 24, 1810   LR7   562
  Addison, m. Ann M. **CATLIN**, b. of Harwinton, July 23, 1845,
    by Charles Bentley   M   89
  Amos, s. Moses & Mary, b. July 10, 1740   LR1   4
  Amos, m. Theodosia **BULL**, b. of Harwinton, Nov. 19, 1767   LR2   10
  Amos, s. Amos & Theodosia, b. Feb. 1, 1771   LR2   10
  Caroline, d. [Abijah & Chloe], b. Nov. 13, 1807   LR7   562
  Caroline, m. George **KELLOGG**, Aug. 11, 1826, by Rev. George
    E. Pierce   M   27
  Charles, s. Moses & Mary, b. Mar. 22, 1745   LR1   4
  Charles, m. Hannah **PHELPS**, b. of Harwinton, Nov. 1,1772   LR2   24
  Charles, Jr., s. Charles & Hannah, b. Sept. 18, 1775   LR2   24
  Charles Rosseter, s. [Abijah & Chloe], b. Oct. 18, 1812   LR7   562
  Cornelia B., of Harwinton, m. Frederick B. **WEBSTER**, of Litch-
    field, Apr. 12, 1852, by Rev. Warren G. Jones   M   108
  Cyprian, formerly of Hartford, now of Harwinton, m. Elizabeth
    SAYMOUR,of Hartford, Sept. 25, 1729   LR1   12
  Cyprian, formerly of Hartford, s. Cyprian & Elizabeth, b. July 28,
    1733   LR1   12
  Cyprain, m. Sarah **HAYDON**, b. of Harwinton, Feb. 25, 1768   LR2   10
  Cyprain, s. Cyprain & Sarah, b. Mar. 3, 1769   LR2   10
  Cyprian, Jr., b. Mar. 3, 1769; m. Sabra **ROSSETER**, Nov. 21, 1790   LR7   566
  Cyprian, s. [Cyprian, Jr. & Sabra], b. May 26, 1792; d. Oct. 20, 1793   LR7   566
  Cyprian, s. [Cyprian, Jr. & Sabra], b. Nov. 5, 1793; d. Apr. 28, 1794   LR7   566
  Cyprian, s. [Cyprian, Jr. & Sabra], b. Jan. 28, 1797   LR7   566
  Elizabeth, of Hartford, d. Cyprian & Elizabeth, b. July 19, 1730
    d. Aug. 3, 1730   LR1   12

	Vol.	Page
WEBSTER, (cont.)		
Elizabeth, 2nd d. Cyprian & Elizabeth, b. June 19, 1731	LR1	12
Elizabeth, w. Cyprian, d. May 23, 1761, in the 61st y. of her age	LR1	7
Elizabeth, twin with Sarah, d. Cyprain & Sarah, b. May 8, 1776	LR2	10
Erastus, s. [Cyprain, Jr. & Sabra], b. Apr. 5, 1795	LR7	566
Eunice P., of Harwinton, m. Jehiel P. **WAY**, of Mereden, Apr. 14, 1836, by Rev. G.C.K. Eastman, of Bristol	M	59
Eunice Phelps, [d. Ozias & Hannah], b. Apr. 14, 1813	LR7	554
Frederick B., of Litchfield, m. Cornelia B. **WEBSTER**, of Harwinton, Apr. 12, 1852, by Warren G. Jones	M	108
George, s. [Cyprian, Jr. & Sabra], b. Nov. 4, 1805	LR7	566
Hannah, d. Charles & Hannah, b. Apr. 14, 1778	LR2	24
Hannah, d. [Ozias & Hannah], b. Dec. 17, 1805	LR7	554
Hannah, of Harwinton, m. Stephen **BARNES**, of New Hartford, June 30, 1840, by Charles Bentley	M	72
Horace, s. [Cyprian, Jr. & Sabra], b. Oct. 26, 1800	LR7	566
Horatio, s. [Cyprian, Jr. & Sabra], b. Nov. 5, 1798	LR7	566
Janius*, twin with Julius, s. [Cyprian, Jr. & Sabra], b. Feb. 24, 1803 *("Junius"?)	LR7	566
Julius, twin with Janius*, s. [Cyprian, Jr. & Sabra], b. Feb. 24, 1803 *("Junius"?)	LR7	566
Lovina, [d. Ozias & Hannah], b. Apr. 24, 1804; d. July 18, 1807	LR7	554
Lovina, [d. Ozias & Hannah], b. Apr. 16, 1807	LR7	554
Martin, s. [Charles & Hannah], b. July 16, 1789	LR2	24
Mary, d. Moses & Mary, b. July 29, 1738	LR1	2
Mary, w. Moses, d. Sept. 14, 1762	LR1	7
Mary, d. Amos & Theodosia, b. Dec. 21, 1768	LR2	10
Mary Ann, m. Anson **JOHNSON**, Jr., b. of Harwinton, Apr. 5, 1836, by Rev. John Beach	M	61
Moses, s. Moses & Mary, d. Feb. 20, 1761	LR1	7
Nabbe, d. Charles & Hannah, b. May 26, 1785	LR2	24
Ozias, s. Moses & Mary, b. Aug. 22, 1742	LR1	4
Ozias, s. Charles & Hannah, b. Mar. 14, 1773	LR2	24
Ozias, m. Hannah **MERRIAM**, Dec. 7, 1800	LR7	554
Ozias Loomis, s. [Ozias & Hannah], b. Mar. 29, 1815	LR7	554
Rhoda, d. Charles & Hannah, b. Mar. 27, 1783	LR2	24
Rhoda, of Harwinton, m. Hobart **WILLIAMS**, of Waterbury, June 7, 1841, by F. B. Woodward	M	78
Rhoda Catlin, d. [Ozias & Hannah], b. Jan. 22, 1818	LR7	554
Roswell, s. [Charles & Hannah], b. Aug. 17, 1787; d. July 8, 1788	LR2	24
Sabra Elizabeth, d. [Cyprian, Jr. & Sabra], b. May 2, 1808	LR7	566
Sabrina, d. [Ozias & Hannah], b. Nov. 22, 1801	LR7	554
Sarah, twin with Elizabeth, d. Cyprian & Sarah, b. May 8, 1776	LR2	10
Sarah M., m. Henry **HOPKINS**, Apr. 1, 1833, by Rev. George E. Pierce	M	50
Sarah Mariah, d. [Cyprian, Jr. & Sabra], b. May 28, 1810	LR7	566
Sheldon, of Burlington, m. Amanda **SPENCER**, of Harwinton, Aug. 16, 1821, by Datus Ensign, Elder	M	8
Susanna, d. Charles & Hannah, b. Apr. 26, 1780	LR2	24
Susanna D., m. Daniel **ALLIN**, Mar. 12, 1839, by Fred Holcomb	M	66

HARWINTON VITAL RECORDS 105

	Vol.	Page
WEBSTER, (cont.)		
Susannah Rebeckah, [d. Ozias & Hannah], b. Feb. 7, 1811	LR7	554
Timothy, formerly of Hartford, s. Cyprian & Elizabeth, b. Oct. 11, 1734	LR1	12
Timothy, s. Cyprian & Elizabeth, d. Jan. 23, 1756, in the 22 y. of his age	LR1	7
William Burnham, s. [Ozias & Hannah], b. Dec. 27, 1808	LR7	554
Wyllys, s. [Charles & Hannah], b. Feb. 12, 1792	LR2	24
WEED, Abner Bristol, [s. Dan], b. July 29, 1826	LR7	555
Eliza Maria, [d. Dan], b. Mar. 29, 1820	LR7	555
Julia Merinda, [d. Dan], b. Jan. 24, 1822	LR7	555
Riley, [s. Dan], b. July 3, 1828	LR7	555
Warren Spencer, [s. Dan], b. Mar. 13, 1817	LR7	555
William Lewis, [s. Dan], b. Aug. 9, 1818	LR7	555
WELD, George D., of Brighton, Mass., m. Caroline C. **FRISBIE**, of Harwinton, Nov. 3, 1841, by C. Bentley	M	76
WELLS, WELLES, Charlotte, [d. Gaylord & Electa], b. Dec. 17, 1829	LR7	559
Charlotte E., [d. Gaylord & Electa], b. Feb. 21, 1821; d. Jan. 20, 1822	LR7	559
Elizabeth, [d. Gaylord & Electa], b. Feb. 12, 1827	LR7	559
Gaylord, b. Apr. 15, 1788, in Wethersfield, m. Electa **BRACE**, June 16, 1814	LR7	559
Gaylord, m. Diana W. **SMITH**, Mar. 28, 1837, by Richard M. Chipman	M	61
Gaylord S., [Gaylord & Electa], b. Feb. 9, 1819	LR7	559
Hector, of West Hartford, m. Eleanor M. **PECK**, of Harwinton, July 17, 1839, by Rev. E. S. Slaret, of Bristol	M	68
James B., [s. Gaylord & Electa], b. Apr. 1, 1815, in Hebron; d. same day	LR7	559
James B., [s. Gaylord & Electa], b. Sept. 2, 1816	LR7	559
Mary Jane, [d. Gaylord & Electa], b. June 14, 1834	LR7	559
Sophia, m. Andrew **ABERNETHY**, Dec. 6, 1810	LR7	552
Susan A., of Wintonbury, m. Benjamin N. **BRADLEY**, of Harwinton, May 25, 1829, by Rev. George E. Pierce	M	36
William, [s. Gaylord & Electa], b. Apr. 26, 1825	LR7	559
WELTON, Adaline, m. Willard **HITCHCOCK**, Apr. 3, 1822, by Rev. Rodney Rosseter, of Plymouth	M	11
Damaras, of Waterbury, m. Jonathan **TYLER**, of Harwinton, June 4, 1760	LR1	18
John J., m. Mamah **WILCOX**, b. of Harwinton, Apr. 21, 1840, by Charles Bentley	M	71
Margaret Anne, of Harwinton, m. Enoch **MARKS**, of Burlington, May 25, 1826, by Rev. Rodney Rosseter, of Plymouth	M	26
WEST, Romanta S., m. Hannah **WILLIAMS**, b. of Burlington, Oct. 4, 1826, by Rev. George E. Pierce	M	28
WESTON, Anne, d. Samuel & Kaziah, b. Mar. 11, 1758	LR1	27
Hannah, wid. had d. Mary **HOPKINS**, b. Jan. [ ], 1740; f. Hezekiah **HOPKINS**	LR1	27
John, s. Samuel & Kaziah, b. Nov. 21, 1755	LR1	27
Kaziah, d. Samuel & Kaziah, b. Aug. 8, 1751	LR1	27
Samuel, of Harwinton, m. Kaziah **NICHOLS**, of Middletown, Oct. 8, 1750	LR1	27
Samuel, s. Samuel & Kaziah, b. Oct. 8, 1753	LR1	27

	Vol.	Page
WETMORE, WETMOUR, Huldah, Mrs., m. Jonathan **COE**, of Winsted, Dec. 14, 1842, by Charles Bentley	M	81
John G., of Winchester, m. Eliza F. **ROSSETER**, of Harwinton, Nov. 4, 1841, by C. Bentley	M	77
WEY, [see under **WAY**]		
WHEELER, Hiram, of Litchfield, m. Sarah J. **BUCKINGHAM**, of Plymouth, Oct. 12, 1834, by R. M. Chipman, V.D.M.	M	57a
WHETON, Mary, m. Joseph **MERRIMAN**, Aug. 1, 1754	LR1	34
WHITE, Elizabeth, of Hartford, m. Amos **BENTON**, of Harwinton, May 13, 1756	LR1	33
Elizabeth, of Hartford, m. Amos **BENTON**, of Harwinton, May 13, 1756	LR2	9
WHORD, Phebe, m. William Conant **ABERNETHY**, Nov. 11, 1795	LR4	633
WIARD, Huldah, of Farminton, m. Abijah **CATLIN**, of Harwinton, Nov. 24, 1774	LR3	39
Sarah, of Farmington, m. Andrew **BARTHOLOMEW**, Jr., of Harwinton, Dec. 27, 1769	LR2	11
WILCOX, WILLCOCKS, WILLCOKS, Aaron, s. Moses & Thankfull, b. July 9, 1770	LR2	30
Caroline, of Harwinton, m. Walter **NASH**, of Plainville, June 4, 1845, by C. Bentley	M	90
David, Jr., of Hebron, m. Elizabeth **BUTLER**, of Harwinton, Jan. 24, 1750/1	LR1	27
David, s. David, Jr. & Elizabeth, b. Dec. 17, 1751	LR1	27
David, 2nd, s. David, Jr. & Elizabeth, b. Oct. 14, 1753	LR1	27
David, s. David, Jr. & Elizabeth, d. Oct 20, 1753	LR1	11
Diana, m. Jacob O. **CATLIN**, Sept. 14, 1800	LR4	636
Elias, m. Leda **LORD**, b. of Hebron, May 9, 1751	LR1	13
Elias, s. Elias & Leda, b. Mar. 9, 1752	LR1	13
John, s. David & Mary, b. Oct. 1, 1753	LR1	26
Lois, of Harwinton, m. Markham **SCOTT**, of Plymouth, May 12, 1834, by Rev. George E. Pierce	M	54
Mamah, m. John J. **WELTON**, b. of Harwinton, Apr. 21, 1840, by Charles Bentley	M	71
Moses, of Harwinton, m. Thankfull **BUNNELL**, of Farmington, Mar. 30, 1762	LR1	20
Moses, of Harwinton, m. Thankfull **BUNNEL**, of Farmington, Mar. 30,1762	LR2	30
Moses, s. Moses & Thankfull, b. Dec. 18, 1762	LR1	20
Moses, s. Moses & Thankfull, b. Dec. 18, 1762	LR2	30
Moses, d. Aug. 13, 1803	LR4	634
Olive, d. Moses & Thankfull, b. Oct. 16, 1764	LR1	20
Olive, d. Moses & Thankfull, b. Oct. 16, 1764	LR2	30
Olive, 2nd, d. Moses & Thankfull, b. Sept. 6, 1766	LR2	30
Olive, m. Benoni **JOHNSON**, Nov. 9, 1786	LR4	632
Olive, m. Frederic S. **CATLIN**, b. of Harwinton, Apr. 30, 1845, by Charles Bentley	M	88
Rhoda A., of Goshen, m. Thomas C. Mather, of Harwinton, Oct. 31, 1847, by Charles Bentley	M	97
Sarah, d. Moses & Thankful, b. Mar. 20, 1772	LR2	30
Tabitha, d. Moses & Thankful, b. Aug. 18, 1768	LR2	30
Thankfull, d. David, Jr. & Elizabeth, b. Aug. 25, 1755	LR1	27

	Vol.	Page
WILCOX, WILLCOCKS, WILLCOKS, (cont.)		
Thankfull, [w. Moses], d. Jan. 25, 1817	LR4	634
WILLEY, Thomas, of Burlington, m. Betsey **CHAPMAN**, of New Hartford, Jan. 25, 1829, by Jacob. O. Catlin, J.P.	M	35
WILLIAMS, Frances E., of Southhampton, Mass., m. Zopher **SEARL**, Apr. 30, 1832, by Noah Welton, J.P.	M	47
Hannah, m. Romanta S. **WEST**, b. of Burlington, Oct. 4, 1826, by Rev. George E. Pierce	M	28
Hobart, of Waterbury, m. Rhoda **WEBSTER**, of Harwinton, June 7, 1841, by F. B. Woodward	M	78
Joshua, Rev., m. Mrs. Mary **WEBB**, Oct. 24, 1781	LR4	648
Joshua Lewis, s. [Rev. Joshua & Mary], b. Jan. 20, 1785	LR4	648
Mary, d. [Rev. Joshua & Mary], b. Sept. 3, 1786	LR4	648
Orinda, d. [Rev. Joshua & Mary], b. Feb. 25, 1783	LR4	648
Orrinda, m. Abijah **CATLIN**, Jr., Feb. 6, 1799	LR4	648
Prudence, d. [Rev. Joshua & Mary], b. Dec. 15. 1790	LR4	648
WILLIBEE, Bethel, s. Bethel Willibee & Ann Peck, b. Dec. 4, 1771	LR3	27
WILSON, WILLSON, Aaron, m. Lois **PHELPS**, Nov. 4, 1787	LR4	634
Aaron Sheldon, s. [Aaron & Lois], b. July 18, 1812	LR4	634
Abigal, d. John & Abigal, b. Mar. 27, 1753	LR1	4
Abigail, m. Joseph **SCOVELL**, b. of Harwinton, Oct. 20, 1771	LR2	9
Abijah, s. Abner & Dorcas, b. Aug. 18, 1785	LR2	12
Abner, s. John & Abigal, b. July 5, 1743	LR1	4
Abner, m. Dorcas **CATLING**, b. of Harwinton, Apr. 5, 1764	LR2	12
Abner, twin with Ammon, s. Abner & Dorcas, b. Apr. 6, 1780	LR2	12
Abner, s. [Aaron & Lois], b. Apr. 19, 1808	LR4	634
Adaline, of Harwinton, m. James T. **NORTON**, of Avon, Mar. 24, 1835, by Rev. Epaphras Goodman	M	56
Allin, s. Abner & Dorcas, b. July 23, 1783	LR2	12
Ammon, twin with Abner, s. Abner & Dorcas, b. Apr. 6, 1780	LR2	12
Caroline, d. [Aaron & Lois], b. Aug. 8, 1820	LR4	634
Caroline B., of Harwinton, m. Charles **GREENLEAF**, 2nd, of Hartford, July 4, 1833, by Rev. George E. Pierce	M	51
Catlin, of Eutau, Ala., m. Mariah **HUNGERFORD**, of Harwinton, Sept. 5, 1843, by Charles Bentley	M	83
Charles, s. [Aaron & Lois], b. Feb. 2, 1804	LR4	634
Charles, s. [Aaron & Lois], d. Feb. 14, 1814	LR4	634
Charles, s. [Aaron & Lois], b. June 3, 1814; d. Mar. 19, 1815	LR4	634
Charles, s. [Aaron & Lois], b. Nov. 5, 1815	LR4	634
Charles M., m. Sarah E. **BARBER**, May 19, 1846, by Charles Bentley	M	92
Charlotte E., m. Samuel C. **OSBORN**, b. of Harwinton, Apr. 25, 1842, by Charles Bentley	M	79
Chloe, d. Eli & Mindwell, b. Nov. 3, 1767	LR4	649
Cloe, m. Enos **FRISBIE**, Nov. 13, 1788	LR7	565
Chloe, m. Nehemiah A. **BALDWIN**, May 23, 1838, by R. M. Chipman	M	64
Clarissa, m. Harley **CLARK**, Sept. 12, 1837, by R. M. Chipman	M	62
Corintha, m. Thomas A. **SKINNER**, Nov. 7, 1842, by Charles Bentley	M	81
Cornelia, of Harwinton, m. Charles A. **ENSIGN**, of Litchfield, June 2, 1840, by Charles Bentley	M	71

BARBOUR COLLECTION

	Vol.	Page
WILSON, WILLSON, (cont.)		
Daniel, s. John & Abigail, b. Oct. 11, 1747	LR1	4
Daniel A., m. Mary C. **BIRGE**, Oct. 18, 1842, by C. Bentley	M	81
Daniel Stephens, s. John & Abigail, b. Jan. 2, 1757	LR1	4
Darius, s. Eli & Mindwell, b. Mar. 26, 1774	LR4	649
David, s. [Eli & Mindwell], b. June 17, 1785	LR4	649
Dorcas, d. Abner & Dorcas, b. Apr. 13, 1768	LR2	12
Eli, s. John & Abigal, b. Nov. 30, 1740	LR1	4
Eli, of Harwinton, m. Mindwell **SCHOVEL**, of Harwinton, Apr. 15, 1762	LR4	649
Eli, of Harwinton, m. Mindwell **SCHVELL**, of Harwinton, [ ], 15, 1762	LR2	2
Eli, s. Eli & Mindwell, b. July 15, 1765	LR4	649
Eli & Mindwell, had d. (-----), b. Nov. [ ]	LR2	2
Elias, s. [Aaron & Lois], b. Sept. 6, 1798	LR4	634
Elizabeth, of Harwinton, m. Samuel **ENSIGN**, of Litchfield, Nov. 9, 1836, by Richard M. Chipman	M	60
Franklin Phelps, s. [Aaron & Lois], b. Feb. 6, 1806	LR4	634
Harriet, of Harwinton, m. Leverett **SCOTT**, of Litchfield, Dec. 12, 1847, by Charles Bentley	M	98
Horace, m. Rachel **NOBLE**, Apr. 25, 1835, by Rev. Richard M. Chipman	M	57
Huldah, d. Abner & Dorcas, b. Mar. 26, 1770	LR2	12
James, m. Eliza Ann **CATLIN**, b. of Harwinton, Oct. 30, 1844, by Charles Bentley	M	87
Jane, of Harwinton, m. David **HINMAN**, of Farmington, Nov. 22, 1848, by Charles Bentley	M	102
John, of Harwinton, m. Abigal **STEPHENS**, of Windsor, May 18, 1737	LR1	4
John, Jr., s. John & Abigal, b. Feb. 16, 1738	LR1	4
John, Jr., m. Elizabeth **DAVIS**, Feb. 7, 1781	LR3	27
John, s. John, Jr. & Elizabeth, b. Jan. 17, 1784	LR3	27
Lois, d. John & Elizabeth, b. Apr. 23, 1782	LR3	27
Lois, d. [Aaron & Lois], b. Apr. 30, 1810	LR4	634
Lorenzo, of Torringford, m. Mary C. **JOHNSON**, of Harwinton, Dec. 11, 1848, by Rev. Charles Bentley	M	102
Lucretia, m. Sheldon **BARBER**, June 3, 1819, by Joshua Williams	M	0
Lyman, m. Lucretia **BULL**, b. of Harwinton, Apr. 24, 1839, by Nathaniel Richards	M	68
Manah, d. [Aaron & Lois], b. Aug. 13, 1818	LR4	634
Margret, d. Abner & Dorathe*, b. Mar. 6, 1772 *(Probably "Dorcas")	LR2	12
Mary, d. Eli & Mindwell, b. Apr. 15, 1776	LR4	649
Mindwell, d. Eli & Mindwell, b. May 1, 1763	LR4	649
Mindwell, d. Eli & Mindwell, b. [ ], 1, 1763	LR2	2
Nabby, of Harwinton, m. Jeremiah **BAILEY**, of Camden, N.Y., Sept. 15, 1833, by Rev. George E. Pierce	M	52
Nancy, of Harwinton, m. Luther **BIRGE**, of Torrington, Oct. 15, 1827, by Rev. Epaphras Goodman	M	31
Norman, m. Harriet **BARBER**, Feb. 18, 1819, by Joshua Williams	M	0
Olive or Polly, d. [Aaron & Lois], b. May 10, 1800; d. Nov. 20, 1801	LR4	634
Olive, d. [Aaron & Lois], b. Mar. 7, 1802	LR4	634
Polly or Olive, d. [Aaron & Lois], b. May 10, 1800; d. Nov. 20, 1801	LR4	634

	Vol.	Page
WILSON, WILLSON, (cont.)		
Polly of Harwinton, m. Israel **STODDARD**, of Camden, N. Y., June 21, 1821, by Joshua Williams	M	7
Roxanna L., of Harwinton, m. Martin L. **GOODWIN**, of Union, N. J., Apr. 2, 1854, by Rev. Herman L. Vail	M	111
Samuel, s. Eli & Mindwell, b. Dec. 29, 1782	LR4	649
Samuel, Jr., m. Julia **BALDWIN**, b. of Harwinton, Feb. 3, 1831, by Rev. George E. Pierce	M	43
Sarah, d. Eli & Mindwell, b. Apr. 12, 1772	LR4	649
Sheldon, m. Ursula **SMITH**, b. of Harwinton, Apr. 9, 1828, by Rev. George E. Pierce	M	32
Silvanus, s. Eli & Mindwell, b. Nov. 11, 1769	LR4	649
Sissinett S., m. Nehemiah **MARKS**, Nov. 22, 1840, by Rev. Cyrus Yale	M	73
Stevens, s. Eli & Mindwell, b. July 12, 1778	LR4	649
Uriel, s. Eli & Mindwell, b. July 22, 1780	LR4	649
---son, s. Eli & Mindwell, b. July [ ]	LR2	2
WINSHELL, Sibel, m. Roswell **HENSDALE**, Aug. 10, 1798	LR4	638
WOLCOTT, Oliver, m. Lucy Ann **FRENCH**, Aug. 23, 1838, by R. M. Chipman	M	64
WOOD, [see also **WOODY**], Abigail, m. Benoni **JOHNSON**, June 12, 1800	LR4	632
Catharine, of Windsor, m. James **COLE**, of Harwinton, Jan. 20, 1742, by (-----)	LR1	22
WOODBY, Sophia D., m. Henry **CONE**, Mar. 20, 1834, by Rev. George E. Pierce	M	53
WOODIN, WOODING, Andrew, of Wallingford, m. Flora **WOODING**, of Harwinton, Feb. 18, 1830, by Rev. Ashbel Baldwin, of Wallingford & North Haven	M	39
Armanda, twin with Miranda, d. Calvin & Martha, b. Nov. 10, 1782	LR3	42
Calvin, m. Martha **HILL**, Jan. 17, 1782	LR3	42
Calvin, s. Calvin & Martha, b. Dec. 16, 1784	LR3	42
Flora, of Harwinton, m. Andrew **WOODING**, of Wallingford, Feb. 18, 1830, by Rev. Ashbel Baldwin, of Wallingford & North Haven	M	39
Herman, of Harwinton, m. Lucy A. **TODD**, of Burlington, Feb. 7, 1830, by Rev. George E. Pierce	M	39
Horrace, s. Calvin & Martha, b. May 6, 1788	LR3	42
Lawson, m. Sally Pardee, Nov. 23, 1825, by Rev. Rodney Rosseter, of Plymouth	M	24
Miranda, twin with Armanda, d. Calvin & Martha, b. Nov. 10, 1782	LR3	42
Wooster, s. Calvin & Martha, b. Jan. 10, 1791	LR3	42
WOODLEY, Luther, m. Jane C. **KELLOGG**, July 20, 1837, by Richard M. Chipman	M	61
WOODRUFF, Hannah, d. Jesse & Hannah, b. Aug. 23, 1762	LR2	6
Henry M., of New Hartford, m. Harriet E. **TAYLOR**, of Harwinton, Jan. 4, 1852, by Rev. Warren G. Jones	M	108
Jesse, m. Hannah **BRACE**, b. of Harwinton, Dec. 10, 1761	LR2	6
Wiard, s. Jesse & Hannah, b. Feb. 17, 1764	LR2	6
WOODY, [see also **WOOD**], Lucina, m. Phinehas **ANDREWS**, Dec. 14, 1818	LR7	561
YALE, Esther, of Farmington, m. Daniel **BUNNEL**, of Harwinton, Nov. 13, 1755	LR2	16

	Vol.	Page
YALE, (cont.)		
Hester, m. Daniel **BUNNELL**, Nov. 13, 1755	LR1	33
John, s. Joseph & Martha, b. July 28, 1773	LR2	34
Joseph, m. Martha **LEAVENSTON**, of Wallingford, Nov. 28, 1765	LR2	34
Lois, d. Joseph & Martha, b. June 4, 1771	LR2	34
Reuben, s. Joseph & Martha, b. Feb. 23, 1768	LR2	34
Russell, s. Joseph & Martha, b. July 25, 1775	LR2	34
NO SURNAME		
Jerusha, m. Samuel **BULL**, Dec. 2, [ ]	LR1	25
Susanna, m. Edmon **AUSTIN**, Jan. 6, 1736	LR1	3

HEBRON VITAL RECORDS
1708 – 1854

	Vol.	Page
ABEL, Elias, m. Elizebeth **DAY**, Dec. 21, 1797	3	229
Martha, of Bozrah, m. Ishmael **SPICER**, of Hebron, Nov. 29, 1792	2	108
ACKLEY, Austin, m. Sarah **BEEBE**, b. recently of Colchester, now of Hebron, Mar. 23, 1828, by Rev. Lyman Strong	4	18-M
Clarissa, d. John & Mehitable, b. Jan. 21, 1783	2	143
Desiah, m. Acquillah **CALKINS**, May 27, 1741	1	34
John, m. Mahitable **BROWN**, Mar. 30, 1774	2	1
John, s. John & Mehitable, b. Mar. 18, 1779	2	143
Laura, d. John & Mehetable, b. May 11, 1786	2	143
Lydea, d. John & Mahitable, b. Oct. 10, 1774	2	143
Polly, d. John & Mehitable, b. Oct. 12, 1776	2	143
ADAMS, Amasa, s. Jonathan & Hannah, b. Sept. 18, 1766	2	142
Hannah, of Colchester, m. Elijah **KELLOGG**, of Hebron, June 3, 1754	2	56
Hannah, d. Jonathan & Hannah, b. May 15, 1763	2	142
William, of Colchester, m. Jerusha **STRONG**, of Marlborough, Oct. 1, 1839, by Charles Nichols	4	37-M
ALDEN, Hannah, m. Ebenezer H. **MANWARING**, b. of Hebron, Nov. 18, 1823, by Rev. Amos Bassett	4	11-M
ALGER, ALGUE, Elizabeth, d. Mathew & Mehitabel, b. June 14, 1759	2	142
Joan[n]ah, m. Jonathan **DUNHAM**, July 10, 1751	2	18
Mat[t]hew, m. Mehitabel [ ], Apr. [ ]	2	1
Temperance, d. Mat[t]hew & Mehitabel, b. Apr. 4, 1755	2	142
Temperance, d. Mat[t]hew, d. Feb. 8, 1757	2	270
Temperance, d. Mat[t]hew & Mehitabel, b. May 12, 1757	2	142
ALIEN, [see under **ALLEN**]		
ALLEN, ALLYN, ALIEN, Abijah, s. Phinehas & Ele[a]nor, b. May 30, 1776	2	143
Ahimaas, s. W[illia]m & Mehitabel, b. Dec. 8, 1763	2	142
Anne, d. Phineas & Sarah, b. Jan. 30, 1760	2	142
Anne, d. Phineas, & Sarah, d. Feb. 2, 1760	2	270
Barbery, d. W[illia]m & Mehitabel, b. Dec. 10, 1756	2	142
Cyrus, s. Hiram & Anna, b. Dec. 9, 1788	3	275
Daniel, s. Phineas & Sarah, b. May 31, 1761	2	142
Elisebeth, m. Obadiah **WHITE**, Jan. 2, 1745/6	1	44
Eunice, d. Phineas & Sarah, b. Oct. 21, 1766	2	142
Harriot, d. [Hiram & Anna], b. Oct. 4, 1799	3	275
Ira, s. [Hiram & Anna], b. Dec. 4, 1797	3	275
Joseph, d. Aug. 10, 1778, in the 83rd y. of his age	2	270
Loice, d. Phinehas & Ele[a]ner, b. Feb. 16, 1773	2	142
Luna, d. [Hiram & Anna], b. Dec. 21, 1801	3	275
Lydea, d. Phineas & Sarah, b. Feb. 27, 1764	2	142
Mary, w. Joseph, d. July 22, 1774, in the 76th y. of her age	2	270

111

	Vol.	Page
ALLEN, (cont.)		
Mehitable, d. W[illia]m & Mehitabel, b. Aug. 7, 1759	2	142
Nancy, d. [Hiram & Anna], b. Oct. 14, 1795	3	275
Phinehas, m. Ele[a]nor **HEA**—, [of] Stonington, May 16, 1771	2	1
Phineas, m. Sarah [ ], Mar. [ ], [ ]	2	1
Sally, d. [Hiram & Anna], b. July 19, 1793	3	275
Samuel, of Hebron, m. Mary [ ], [of] Lebanon, [ ]	2	1
Sary, m. Pelatiah **PORTER**, Mar. 7, 1748/9	1	51
Sarah, d. W[illia]m & Mehitabel, b. Apr. 25, 1755	2	142
Sarah, w. Phinehas, d. Aug. 8, 1770	2	270
Susannah, d. Phinehas & Ele[a]nor, b. Sept. 16, 1778	2	143
William, s. [Hiram & Anna], b. Dec. 26, 1790	3	275
William, m. Wid. Lydia **LENARUS**, Nov. 8, 1798, by S. Gilbert, J.P.	3	229
William, m. Melrit [ ], Apr. 16, [ ]	2	1
---ahel, m. Ellenor **LITTLE**, Nov. 2, 1791	2	4
ALLYN, [see under **ALLEN**]		
ALVORD, ALVARD, Elizabeth, m. Samuel **FIELDING**, May 1, 1783	3	239
Martin, of Bolton, m. Martha **CLARK**, of Hebron, Nov. 18, 1823, by Rev. Augustus B. Collins, of Andover	4	11-M
ANDREWS, [see also **ANDRUS**], Asa, of Glastonbury, m. Olive **INGRAHAM**, of Hebron, Jan. 23, 1823, by Salmon Cone, V.D.M.	4	8-M
John G., of Hebron, m. Irene R. **BABCOCK**, of Millington, Dec. 26, 1847, by Edgar J. Doolittle	4	48-M
ANDRUS, [see also **ANDREWS**], Abigill, m. Orlander **MACK**, Jr., Nov. 8, 1744	1	41
George, m. Betsey **HILL**, Nov. 27, 1828, by Rev. Peter Griffing	4	18-M
Ruth, m. Benjamin **SKINNER**, b. of Hebron, Dec. 25, 1821, by Rev. Amos Bassett	4	5-M
ANNABLE, ANABLE, Abby M., of Hebron, m. Asahel A. **PLIMPTON**, M.D., of Monroe, Mo., July 15, 1845, by Rev. Edgar J. Doolittle	4	45-M
Anna, d. Anselin & Betty, b. Apr. 27, 1767	2	143
Anselm, b. Jan. 29, 1738; m. Betty **TINKER**, Dec. 5, 1764	2	142
Betty, [d. Anselin & Betty], b. Aug. 27, 1769	2	143
Elijah, [s. Anselin & Betty], b. July 1, 1771	2	143
Elisabeth, of Hebron, m. Joseph **KELLOGG**, of Colchester, June 2, 1847, by Rev. Edgar J. Doolittle	4	48-M
Lucinda, [d. Anselin & Betty], b. July 30, 1773	2	143
ARCHER, Anna, d. Benjamin, b. Oct. 27, 1747	1	47
Asa, s. Josiah & Elizabeth, b. Dec. 24, 1765	2	142
Beniamin, m. Hannah **TRUMBELL**, Apr. 22, 1742	1	34
Benj[ami]n, Jr., m. Jerusha **CR**[ ], [of] Lebanon, Oct. 4, 1764	2	1
Benja[min], s. Benja[min], Jr. & Jerusha, b. Sept. 28, 1767	2	142
Benjamin, 2d, m. Wid. (-----), b. of Hebron, Apr. 12, 1786	2	1
Betsey, d. Josiah, b. Feb. 1, 1749/50	1	57
Crippin, s. Josiah & Elisabeth, b. Oct. 28, 1752	2	142
John Williams, s. Josiah & Elisabeth, b. Feb. 21, 1756	2	142
John Williams, s. Josiah & Elisabeth, b. Feb. 21, 1756	2	148

	Vol.	Page
ARCHER, (cont.)		
John Williams, s. Josiah & Elisabeth, b. Feb. 21, 1756	2	148
Joseph, s. Benj[amin], b. Aug. 24, 1751	1	57
Josiah, Jr., d. Nov. 13, 1773	2	270
Lydia, d. Benj[ami]n, Jr. & Martha, b. July 22, 1786	2	143
Sarah, d. Josiah, b. Aug. 17, 1751	1	57
Sarah, d. Josiah & Elisabeth, b. Sept. 30, 1758	2	142
-----, 1st child of Benj[ami]n, Jr. & Jerusha, b. May 4, 1765; d. May 10, 1765	2	142
ARNOLD, Abigail Pomeroy, d. Dr. Dan & Arethusa, b. Jan. 17, 1795; d. Sept. 25, 1795	3	275
Abigail Pomeroy, d. Dr. Dan & Arethusa, b. Mar. 2, 1797	3	275
Dan, Dr., m. Arethusa **GILLET**, b. of Hebron, Oct. 28, 1793	3	229
Dan Hinkley, s. Dan & Arethusa, b. Sept. 18, 1800	3	275
Jon[atha]n Owen, of New London, m. Charlotte **TISDALE**, of Hebron, Oct. 15, 1841, by Rev. H. Torbush	4	43-M
Remick K., of Coventry, m. Nancy **KELLOGG**, of Hebron, Apr. 29, 1838, by Sylvester Selden	4	35-M
ASHCRAFT, AISCRAFT, Ann had s. Robert, b. [ ]	2	231
Ann had illeg. d. Rhoda **PEAS[E]**, b. June 9, 1764; father Nath[anie]ll **[PEAS[E]**]	2	231
Robert, s. Ann, b. [ ]	2	231
Sally, m. Jesse **SQUIRES**, Oct. 21, 1829, by Rev. Peter Griffing	4	19-M
ASTEN, [see under **AUSTIN**]		
ASTON, [see under **AUSTIN**]		
ATHERTON, Russel R., of Bolton, m. Maria **BURNHAM**, of Hebron, Nov. 16, 1823, by Rev. Amos Bassett	4	11-M
ATWELL, ATWEL, Benjamin, s. Joseph & Ruth Perkins, b. May 13, 1806	3	275
Mercy, of Salem, m. Julius **BILL**, of Hebron, Sept. 24, 1833, by Ralph Gilbert, J.P.	4	30-M
ATWOOD, Hesekiah Smith, of Nova Scotia, now of Collinsville, m. Abba Ann **TUTTLE**, of Hebron, Andover Soc., [1846?], by Rev. James W. Woodard, of Columbia	4	47-M
AUSTIN, ASTEN, ASTON, A[a]ron, s. Robart, b. Apr. 10, 1727	1	4
Betsey, m. Jonathan **PALMER**, Sept. 28, 1845, by Rev. Solomon G. Hitchcock. Int. pub.	4	45-M
Elisabeth, of Lime, m. Aaron **SKINNER**, of Hebron, Feb. 6, 1794	3	263
Hannah, d. Robart, b. Feb. 22, 1725	1	4
John, of Hebron, m. Sally **PERRY**, of Glastonbury, June 26, 1842, by Rev. Chester Humphrey	4	40-M
Marthaw, d. Robart, b. Mar. 20, 1729	1	18
Mary, d. Robart, b. May 5, 1721	1	4
Moses, s. Robart, b. Dec. 16, 1723	1	4
AVERY, Elisabeth, m. Amos **JONES**, Dec. 10, 1789	2	50
AYERS, Abigail, wid. John, d. June 16, 1808, in the 82nd y. of her age	3	323
Austin, s. [John & Martha], b. Feb. 21, 1801	3	275
Hannah Elisabeth, d. John & Martha, b. Apr. 19, 1803	3	275

	Vol.	Page
AYERS, (cont.)		
Hannah Elisabeth, d. John & Martha, d. Feb. 7, 1807	3	323
John, of Hebron, m. Martha **PUNDERSON**, of Preston, May 13, 1798	3	229
John, d. Aug. 13, 1804, in the 85th y. of his age	3	323
John Punderson, s. John & Martha, b. Apr. 7, 1799	3	275
Mary, d. John & Martha, b. Oct. 7, 1805	3	275
Mary, m. Asa Avery **LATHAM**, b. of Hebron, Feb. 11, 1830, by Rev. Charles Nichols	4	20-M
BABCOCK, BADCOCK, Amy L, of Colchester, m. George H. L. **LOOMIS**, of Lebanon, Apr. 11, 1854, by Rev. William M. Birchard	4	54-M
Horace, m. Rhoda **ROOT**, June 24, 1835, by Rev. Charles Nichols	4	32-M
Horace M., m. Jane F. **PHELPS**, b. of Hebron, Oct. 31, 1843, by Rev. Alpheus Geer	4	43-M
Irene R., of Millington, m. John G. **ANDREWS**, of Hebron, Dec. 26, 1847, by Edgar J. Doolittle	4	48-M
Martha, of Coventry, m. William **BLACKMAN**, of Hebron, Apr. 13, 1786	2	6
William, m. Betsey **DRINKWATER**, Oct. 3. 1827, by Rev. Peter Griffing	4	17-M
William, of Lebanon, m. Lucy C. **PERKINS**, of Hebron, Jan. 15, 1840, by Rev. Ebenezer Robinson, Lebanon	4	37-M
BACK, Polly, of Chaplin, m. Joseph **LOCKWOOD**, of Hebron, May 19, 1844, by William Brown, J.P.	4	43-M
BACKUS, [see also **BECHUS**], Ezra L., m. Mrs. Susan C. **SKINNER**, b. of Hebron, Nov. 20, 1835, by Rev. Alpheus Geer, in St. Peter's Church	4	33-M
BACON, James S., m. Caroline **BIDWELL**, June 21, 1832, by Rev. Peter Griffing	4	27-M
Mary Ann, of Hebron, m. Charles **MORGAN**, of Colchester, Nov. 4, 1827, by Rev. Lyman Strong	4	17-M
BADGER, Easther, of Coventry, m. Joshua **SHERWIN**, of Hebron, Apr. 12, 1759	2	106
BAILEY, BAILY, BALEY, [see also **BARLEY**], Abbey, of Hebron, m. Alvan **CAMP**, of Middletown, Nov. 1, 1826, by Rev. Augustus B. Collins, of Andover	4	15-M
Anna, of Lebanon, m. Thomas **BROWN**, Jr. of Hebron, Jan. 18, 1785	2	6
Levi, of Haddam, farmer, m. Maria **HILLS**, of Hebron, Sept. 26, 1847, by Rev. Mr. Doolittle	4	49-M
Levi C., m. Maria L. **HILLS**, b. of Hebron, Sept. 26, 1847, by Edgar J. Doolittle	4	48-M
Sally, of Lebanon, m. Daniel **GOTT**, of Hebron, June 5, 1810	3	241
BAKER, Elisha T., m. Adelaide **BRIGGS**, [Mar.] 10, [1851], by Rev. W[illia]m Warland	4	52-M
John B., of Uxbridge, Mass., m. Rebecca E. **WILLIAMS**, of Hebron June 26, 1836, by Rev. E. Loomis	4	33-M
BALCH, Peter Albra, m. Mary Cornelia **SPENCER**, b. of Colchester, May 25, 1842, by Rev. H. Torbush	4	43-M
BALDWIN, Abigail, d. Benj[ami]n & Ruth, b. Jan. 27, 1763	2	149
Benjamin, Jr., m. Lydea **PETERS**, Nov. 25, 1761	2	4
Elisabeth, d. Benj[ami]n, Jr. & Lydea, b. Nov. 20, 1764	2	150
Lydea, d. Benjamin, Jr. & Lydea, b. Nov. 26, 1762	2	149
Zuruiah, m. William **ROOT**, Jr., b. of Hebron, Feb. 16, 1758	2	96
-----, 6th child of Benj[ami]n, b. Feb. 20, 1762	2	149

HEBRON VITAL RECORDS 115

	Vol.	Page
BANNING, Eliphalet G., m. Louisa **THOMPSON**, Oct. 22, 1842, by Rev. Abraham Holway	4	41-M
Henry B., m. Ellen **KELDAY**, b. of Hebron, July 18, 1852, by Edgar J. Doolittle	4	53-M
L. Jennette, d. Eliphalet & Louisa, b. Aug. 16, 1847	4	9
BARBER, BARBUR, BARBARBUR, Aaron, s. David & Abigail, b. Jan. 16, 1752	2	147
Aaron, m. Rachel **JONES**, b. of Hebron, Jan. 28, 1773	2	5
Abigill, d. Dauid, b. Jan. 5, 1749	1	53
Abigail, m. Aaron **PHELPS**, Apr. 8, 1767	2	82
Abigail, d. Josiah & Abigail, b. Dec. 27, 1795; d. Jan. 1, 1796	3	277
Abigail, w. Josiah & d. of Silvester & Patience **GILBERT**, d. Mar. 10, 1797, in the 21st y. of her age	2	276
Abigail, w. Josiah & d. Silvester **GILBERT**, d. Mar. 10, 1797, in the 21st y. of her age	3	325
Abigail, w. David, d. Mar. 22, 1805, ae 78	2	276
Abigail, wid. of David, d. Mar. 22, 1805, in the 78th y. of her age	3	325
Abigail Gilbert, d. Josiah & Abigail, b. Feb. 18, 1797	3	277
Aless*, d. Stephen, b. Mar. 13, 1748/9 (*Alice)	1	51
Alise, m. Oliver **PHELPS**, b. of Hebron, May 17, 1770	2	82
Amazia, s. David, Jr. & Loice, b. June 30, 1782	2	164
Anna, d. [Obediah & Anna], b. Jan. 14, 1776	3	278
Arrathusa, d. [Obediah & Anne], b. Aug. 15, 1788	3	278
Bela, s. Stephen & Allis, b. Feb. 23, 1762	2	149
Bela, m. Margaret **JONES**, Jr., b. of Hebron, May 29, 1783	2	6
Bela, s. Bela & Margaret, b. Dec. 17, 1784	2	145
Bela, s. Bela & Margaret, b. Dec. 17, 1784	2	163
Bildad, s. Capt. David & Abigail, b. Oct. 30, 1765	2	151
Cybill, d. Stephen & Allice, b. Sept. 14, 1755	2	148
Dauid, d. Nov. 7, 1729	1	15
Dauid, m. Pacienc **CASS**, Mar. 8, 1738/9	1	29
Dauid, s. Dauid, b. Mar. 30, 1740	1	31
David, s. Oliver & Mercy, b. Feb. 3, 1781	2	164
David, Jr., m. Loice **DUTTON**, b. of Hebron, Sept. 20, 1781	2	6
David, Jr., m. Lois **DUTTON**, b. of Hebron, Sept. 20, 1781	2	6
David, 4th, s. [David, Jr. & Loice], b. Mar. 18, 1785	2	164
David, d. Jan. 14, 1801, ae 84	2	276
David, d. Jan. 14, 1801, in the 84th y. of his age	3	325
Desire, d. Stephen, Jr. & Desire, b. Sept. 13, 1774	2	153
Dezire, d. [Obediah & Anne], b. Aug. 10, 1791	3	278
Dudl[e]y, s. Stephen, Jr. & Desire, b. Aug. 8, 1778	2	159
[E]lecta, d. Bela & Margaret, b. Feb. 15, 1787	2	165
Elihu, s. David & Abigail, b. Mar. 17, 1768	2	151
Ellsa, of Hebron, m. Jehial **WILLIAMS**, of New Hartford, May 4, 1843, by Rev. Edgar J. Doolittle	4	42-M
Emily, of Hebron, m. John H. **WESTON**, of Poughkeepsie, N. Y., June 28, 1840, by Ralph Gilbert, J.P.	4	38-M
Epaphras Lord, s. Josiah & Sophia, b. Nov. 25, 1802	3	276
Epaphras Lord, s. Josiah & Sophia, b. Nov. 25, 1802	3	278
Erastus, s. Obediah & Anna, b. Jan. 4, 1774	3	278
Fanny, d. [Obediah & Anne], b. Apr. 9, 1796	3	278

BARBER, BARBUR, BARBARBUR, (cont.)

	Vol.	Page
Francez O., of Hebron, m. Henry B. **STILES**, of Hartford, June 9, 1844, by J. R. Arnold, Minister	4	44-M
Frederick W., of Hartford, m. Fanny L. **PERKINS**, of Hebron, Oct. 7, 1840, by I. B. Ballard	4	38-M
George Washington, s. Oliver & Mercy, b. Feb. 22, 1776	2	153
Hannah, m. Benjaman **SMITH**, May 14, 1731	1	10
Hannah, wid. m. John **BLISS**, Dec. 14, 1732	1	11
Hannah, d. Stephen & Allis, b. Apr. 18, 1767	2	151
Harriet, of Hebron, m. George W. H. **MACK**, of North Coventry, (both colored), Dec. 26, 1848, by Solomon G. Hitchcock	4	49-M
Hyrom, s. Oliver & Mercy, b. Jan. 12, 1769	2	152
Isaac Bartholomew, s. [David, Jr. & Loice], b. May 20, 1787	2	164
John, s. [Obediah & Anne], b. Aug. 21, 1785	3	278
Josiah, s. Capt. Stephen & Ellice [Alice], b. May 22, 1771	2	152
Josiah, m. Abigail **GILBERT**, b. of Hebron, June 29, 1794, by S. Gilbert, J.P.	3	231
Josiah of Hebron, m. Sophia **LORD**, of East Haddam, Feb. 2, 1802	3	231
Laura, d. [Bela & Margaret], b. July 19, 1789	2	165
Louice, d. Capt. Stephen & Alice, b. Jan. 23, 1775	2	153
Lovina, d. Stephen & Allis, b. Feb. 18, 1760	2	149
Lucinda, d. Ens. Stephen & Allis, b. Feb. 13, 1765	2	151
Lucinda, m. Joel **JONES**, Jr., b. of Hebron, Oct. 17, 1782	2	50
Liddey, d. Dauid, b. Mar. 26, 1746	1	43
Lidde, d. Dauid, d. Dec. 31, 1749	1	53
Lydea, d. Stephen & Allis, b. July 20, 1757	2	148
Lydia, m. Elihu **POMEROY**, b. of Hebron, Feb. 11, 1776	2	83
Lydea, m. Lawrence **POWERS**, b. of Hebron, Sept. 20, 1781	2	84
Lyman, m. Caroline **PETERS**, b. of Hebron, Feb. 16, 1845, by Ralph Gilbert, J.P.	4	44-M
Mary, d. Dauid, b. June 25, 1726	1	63
Mary, d. Dauid, b. Mar. 1, 1743/4	1	38
Mary, m. Joseph **WILLIAMS**, May 7, 1747	1	46
Mary, m. Levi **POST**, Feb. 13, 1765	2	82
Mary, d. Capt. Stephen & Alice, b. June 14, 1769	2	152
Mary, of Hebron, m. Austin **TUTTLE**, of Waterbury, Nov. 20, 1805	3	265
Mary, of Hebron, m. Henry H. **FITCH**, of Coventry, Sept. 30, 1830 by Rev. Alpheus Geer	4	21-M
Mary Ann, of Hebron, m. Henry **FINNEY**, of Plymouth, Mass., Mar. 7, 1852, by William Warland	4	53-M
Mercy, d. Oliver, & Mercy, b. May 6, 1783	2	164
Obadiah, s. David & Abigail, b. Mar. 29, 1754	2	147
Obediah, s. [Obediah & Anne], b. June 26, 1781	3	278
Oliuer, s. Dauid, b. June 2, 1742	1	35
Oliver, s. Oliver, & Mercy, b. July 29, 1771	2	153
Oliver, d. Oct. 7, 1805, in the 64th y. of his age	3	325
Pacience, w. Dauid, d. July 18, 1748	1	52
Patience, d. Capt. David & Abigail, b. Apr. 27, 1757	2	148
Patience, Mrs. m. Sylvester **GILBERT**, b. of Hebron, Oct. 25, 1774	2	34
Patience, d. Oliver & Mercy, b. Jan. 12, 1767	2	151
Polly, d. Oliver & Mercy, b. Sept. 19, 1785	2	164
Polly, of Hebron, m. Asaph **MANN**, of Oxford, N. H., Feb. 11, 1810, by S. Gilbert, J.P.	3	251

	Vol.	Page
BARBER, BARBUR, BARBARBUR, (cont.)		
Ralph, s. Oliver & Mercy, b. Oct. 17, 1778	2	164
Sally, m. George A. **PHELPS**, b. of Hebron, Nov. 16, 1826, by Rev. George C. Shepherd	4	15-M
Sally, of Hebron, m. [ ] **SMITH**, of Montville, Oct. 18, [1833], by Rev. Leonard B. Griffing	4	30-M
Sally E., of Hebron, m. James W. **JAGGAR**, of Wethersfield, [Oct.] 7, [1830], by Rev. H. P. Arms	4	22-M
Stephen, s. David & Hannah, b. Apr. 4, 1724	1	4
Stephen, m. Alles **CASS**, Jan. 12, 1748	1	53
Stephen, s. Stephen, b. Sept. 28, 1751	2	146
Stephen, s. Stephen & Allis, b. Nov. 12, 1752	2	146
Stephen, Jr., m. Desire **TARBOX**, b. of Hebron, May 13, 1773	2	5
Susan P., m. George L. **GILBERT**, b. of Hebron, Jan. 1, 1840, by Rev. Alpheas Geer	4	37-M
Sybel, m. Erastus **FULLER**, b. of Hebron, Jan. 27, 1801	3	239
Temprance[e], d. Dauid, b. Aug. 8, 1718	1	1
Tempranc[e], m. Solomon **PHELPS**, May 10, 1738	1	29
Thomas, s. Oliver & Mercy, b. Oct. 16, 1773	2	153
Wealthy, d. [Obediah & Anne], b. Sept. 10, 1778; d. Aug. 20, 1801	3	278
We[a]lthy, m. Aaron **SWETLAND**, Jr., b. of Hebron, June 6, 1801, by S. Gilbert	3	263
-----, d. Dauid, b. [ ] 9, 1712	1	1
-----d, 2d d. [Dauid], b. Apr. 26, 1715; d. May 10, 1715	1	1
-----, s. Dauid, b. Feb. [ ], 1716//7	1	1
---muell, s. David, b. July 10, 1722; d. July 23, 1722	1	1
-----, infant child of Lyman (black), d. Feb. 11, 1848, ae 1 d.	3	325
-----, infant of Lyman (colored), b. Feb. 11, 1848	4	9
-----, 1st child of Dauid, st. b. July 18, 1748	1	52
-----, d. [Bela & Margaret], b. Mar. 20, 1789; d. 21st of the same month	2	165
BARLEY, BARLY, [see also **BAILEY**], John, b. Feb. 10, 1742	1	48
Joseph, s. John, b. Mar. 24, 1728	1	27
Mary, d. John, b. Dec. 10, 1733	1	20
Samuell, s. John, b. Mar. 2, 1731	1	12
BARNARD, Anne, Mrs., m. John **PETERS**, Jr., Nov. 25, 1761	2	81
BARTHOLOMEW, Abigail, m. Jonathan **TARBOX**, May 1, 1750	2	112
Willis, m. Mary **LOCKWOOD**, Nov. 3, 1851, by Hubbard J. Watrous, J. P	4	52-M
BARTLET[T], BARTLITT, Abigail, of Bolton, m. Capt. Benjamin **BUEL**, of Hebron, Nov. 24, 1774	2	5
[E]uniss, m. Gidian **WARTERS**, Sept. 30, 1731	1	14
BARLET[T], BARTLITT, (cont.)		
Lydea, Mrs., of Mid[d]letown, m. Jacob **SHERWIN**, of Lebanon, Apr. 1, 1761	2	106
BASCOM, BASCUM, Bille, m. Mary **WILLIAMS**, Aug. 21, 1766	2	5
Mary E., of Hebron, m. Andrew J. **TOPLIFF**, of Coventry, May 15, 1851, by Rev. Edgar J. Doolittle	4	52-M
Sarah, m. Elijah **ROOT**, Sept. 11, 1766	2	96
Thankfull, m. John **STRONG**, Mar. 13, 1764	2	107
BASSETT, Amos, Rev., of Hebron, m. Sally **TINKER**, of East Haddam, Mar. 30, 1796	3	231
Amos, Rev., of Hebron, m. Sophia **BUELL**, of Farmington, May 14, 1801	3	231

	Vol.	Page
BASSETT, (cont.)		
Horatio, of Providence, R. I., m. Rebecca S. **GILBERT**, of Hebron, June 5, 1833, by Rev. Alpheus Geer	4	30-M
Martin Bull, s. Rev. Amos & Sophia, b. May 14, 1802	3	276
Sally, w. Rev. Amos, d. Feb. 26, 1798	3	325
Sally Tinker, d. Rev. Amos & Sally, b. Nov. 9, 1797	3	276
Sophia, w. Rev. Amos, d. Feb. 7, 1805	3	325
BAXTER, A[a]ron, s. Simeon, b. Oct. 9, 1740	2	146
Aaron, s. Nathan & Mindwell, b. Feb. 19, 1762	2	149
Aaron, of Hebron, m. Mercy [**MENTER**], of Colchester, Oct. 6, 1768	2	5
Abigill, d. Simon, b. Nov. 26, 1721	1	12
Abigill, m. Thomas **ROUSE**, Aug. 30, 1743	1	37
Abigail, d. Richard & Dorcas, b. May 12, 1753	2	147
Dauid, s. Simon, b. Oct. 12, 1727	1	12
Elisebeth, [twin with Margit], d. Simon, b. Oct. 29, 1732	1	12
Elisabeth, d. Simon, d. Nov. 15, 1732	1	13
Euriah, s. Nathan & Mindwell, b. Dec. 5, 1766	2	152
Henery, s. Aaron & Mercy, b. Aug. 14, 1771	2	152
Lydia, d. Aaron & Mercy, b. Jan. 31, 1770	2	152
Malachi, m. Mehitabel **LADD**, b. of Coventry, Aug. 18, 1822, by Leonard Hendee, J.P.	4	7-M
Margit, [twin with Elisebeth], d. Simon, b. Oct. 29, 1732	1	12
Mercy, m. James **BENTLY**, b. of Hebron, July 13, 1801, by Sylv[este]r Gilbert, J. P.	3	231
Nathan, s. Simeon, b. June 10, 1742	2	146
Nathan, m. Mindwell **HOLDRI[D]GE**, b. of Hebron, Jan. 15, 1761	2	4
Nathan, s. Nathan & Mindwell, b. May 17, 1764	2	150
Rhodolphus, s. Richard & Dorcas, b. Mar. 30, 1755	2	147
Richard, s. Simon, b. Apr. 21, 1723	1	12
Richard, m. Dorcas **TILLOTSON**, Nov. 17, 1751	2	4
Richard, s. Richard & Dorcas, b. Dec. 18, 1751	2	147
Simeon, m. Reb[ec]cah **BURG**, Oct. 25, 1741	2	4
Simon, s. Simon, b. May 6, 1730	1	12
Uriah, see under Euriah		
William, s. Simon, b. Aug. 15, 1725	1	12
-----, s. Simeon, b. Mar. 13, 1744; d. same day	2	146
-----, s. Simeon, b. Jan. 29, 1746; d. next day	2	146
BEACH, BEECH, Abel, s. Benjamin, b. Apr. 13, 1745	1	47
Abigail, d. John, b. Nov. 3, 1740	1	39
Abigail, m. Asahel **PHELPS**, Jr., Aug. 11, 1757	2	80
Amasa, s. Azariah, Jr. & Philotheta, b. Jan. 18, 1793	3	277
Anna, d. [Azariah, Jr. & Philotheta], b. Feb. 27, 1795	3	277
Anne, d. John, b. Apr. 2, 1735	1	21
Anne, d. John, d. Sept. 22, 1738	1	26
Anne, d. John, b. Apr. 17, 1739	1	39
Augustus, s. [Azariah, Jr. & Philotheta], b. Sept. 14, 1797	3	277
Augustus, m. Polly **DERBY**, [ ], by Sylv[ester] Gilbert, J.P.	3	232
Asariaah, s. Asariah, b. Feb. 23, 1743	1	37
Azariah, Jr., m. Elisabeth **SKINNER**, Apr. 7, 1768	2	5
Azariah, s. Azariah, Jr. & Elisabeth, b. Feb. 24, 1770	2	152
Benjamin, m. Lydia **SAWYER**, Aug. 16, 1744	1	47
Benjamin, s. Azariah, Jr. & Elisabeth, b. Sept. 19, 1773	2	153
Benjamin, m. Anna **PHELPS**, b. of Hebron, Mar. 15, 1795	3	231

HEBRON VITAL RECORDS

	Vol.	Page
BEACH, BEECH, (cont.)		
Daniell, s. John, b. June 29, 1744	1	39
Elijah, [twin with Elisha], s. Elisha & Desire, b. July 20, 1765	2	150
Elisha, s. Asariah, b. Apr. 6, 1739	1	35
Elisha, m. Desire **TAYLOR**, Oct. 11, 1764	2	5
Elisha, [twin with Elijah], s. Elisha & Desire, b. July 20, 1765	2	150
Eliza, m. Levi **COLLINS**, b. of Hebron, June 5, 1823, by Rev. Amos Bassett	4	10-M
Elisabeth, d. Azariah, Jr. & Elisabeth, b. Dec. 17, 1771	2	152
[E]unice, m. Joseph **HORSFORD**, May 19, 1734	1	24
George R., m. Margaret D. **JONES**, b. of Hebron, Dec. 16, 1828, by Rev. Lyman Strong	4	18-M
George R., m. Eliza **WHITE**, [b.] of Hebron, Oct. 25, 1832, by Rev. Charles Nichols	4	28-M
Jedadiah, s. John, b. June 10, 1747	1	47
John, m. Anne **DIBELL**, Dec. 23, 1731	1	12
John, s. John, b. Mar. 11, 1737	1	23
John, d. Dec. 11, 1791, in the 85th y. of his age	2	276
Joseph, s. Azariah & Elisabeth, b. Apr. 20, 1782	2	163
Katharine, d. Asariah, b. Mar. 9, 1737	1	35
Lewis, s. Benjamin & Anna, b. Nov. 9, 1795	3	277
Lydea, m. James Rude, Oct. 17, 1763	2	96
Marah, d. Benj[ami]n & Lidea, b. May 18, 1755	2	148
Mary, d. John, b. Oct. 10, 1742	1	39
Mary, d. John, d. Dec. 26, 1747	1	47
Medad, s. Asariah, b. Feb. 19, 1735	1	35
Mindwell, m. Ezek[i]el **JONES**, b. of Hebron, Sept. 13, 1753	2	66
Richard, s. Benj[ami]n & Lydea, b. Jan. 17, 1747; d. Jan. 17, 1747	2	148
Rube, d. Azariah & Elisabeth, b. Feb. 10, 1780	2	163
Sarah, m. Isaac **NELAND**, Nov. 8, 1739	1	33
Sarah, d. Benjamin, b. Aug. 15, 1749	2	146
Solomon, s. Azariah & Elisabeth, b. May 31, 1784	2	163
BEAL, Experience, of Conway, m. Azariah **SWEETLAND**, Jr. of Hebron, June 13, 1793	3	263
BECHUS, [see also **BACKUS**], Sarah, m. Daniel **HOWARD**, b. of Hebron, Feb. 24, 1757	2	42
BEEBE, BEBEE, BEEBEE, Buel, m. Mercy **PETERS**, Mar. 11, 1779	2	6
Ebenezer John, s. Ruel & Marcey, b. June 29, 1783	2	145
Eleazer S., of Stafford, m. Harriet S. **FORCE**, of Hebron, May 19, 1846, by Rev. E. J. Doolittle	4	46-M
Lydea, d. Ruel & Mercy, b. Sept. 7, 1781	2	159
Samuel Peters, s. Ruell & Marcey, b. Nov. 28, 1788	2	145
Sarah, m. Austin **ACKLEY**, b. recently of Colchester, now of Hebron, Mar. 23, 1828, by Rev. Lyman Strong	4	18-M
BELCHER, Abigail, d. Gill & Eunice, b. Mar. 3, 1765	2	150
Eunice, d. Gill & Eunice, b. Jan. 30, 1764	2	150
George Augustus, s. Col. William & Sally, b. Oct. 25, 1824	3	274
Gill, m. Eunice **OWEN**, b. of Hebron, July 2, 1760	2	4
Gill, s. Gill & Eunice, b. Sept. 12, 1761	2	150
Joseph, s. Gill & Eunice, b. Oct. 5, 1762	2	150
Mary, d. Gill & Eunice, b. Sept. 1, 1760	2	150
BENJAMIN, Ben, of Hebron, m. Harriet **WATSON**, of Columbia, Dec. 10, 1837, by Charles Nichols	4	34-M

	Vol.	Page
BENJAMIN, (cont.)		
Marvin, of Hebron, m. Lucy **HENRY**, of Pomfret, late of East Hartford (colored), Dec. 2, 1821, by Henry P. Sumner	4	5-M
BENNET, BENNIT, Abigail, d. Charles & Elisabeth, b. Jan. 24, 1754	2	147
Charles, m. Elisabeth **GOTT**, Nov. [ ], 1749	2	4
Daniel, m. Abigail **DEWEY**, b. of Hebron, Feb. 19, 1761	2	4
Elisabeth had s. Robert, b. July 1, 1761	2	153
Elisabeth had s. Robert Holdrige, b. July 1, 1761	2	189
Robert, s. Elisabeth, b. July 1, 1761	2	153
BENTLY, James, m. Mercy **BAXTER**, b. of Hebron, July 13, 1801, by Sylv[este]r Gilbert, J.P.	3	231
BENTON, Geo[rge] B., m. Mary A. **ELLIS**, Jan. 27, 1834, by Rev. Charles Nichols	4	30-M
BESTOR, BESTER, George R., of Columbus, N.Y., m. C. Jane **STRONG**, of Hebron, June 21, 1849, by Abel Gardner	4	50-M
Hubbard E., of Columbus, N.Y., m. Lydia P. **BISSELL**, of Hebron, Sept. 20, 1842, by Rev. Edgar J. Doolittle	4	41-M
Rube, wid., of Lebanon, m. Elijah **MAN**, Nov. 14, 1782	2	67
BETTIS, BETTES, Elisabeth had s. Joseph, b. Nov. 6, 1752	2	147
Joseph, s. Elisabeth, b. Nov. 6, 1752	2	147
Mahitable, [d. Simeon], b. Dec. 2, 1753	2	146
Phebe, m. Timo[thy] **WATERS**, Dec. 14, 1754	2	122
Rosaner, [d. Simeon], b. Apr. 16, 1756	2	146
Rosanna, d. Simeon & Mehitabel, b. Apr. 16, 1756	2	154
Simeon, s. Simeon, b. Mar. 12, 1752	2	146
BIDWELL, Caroline, m. James S. **BACON**, June 21, 1832, by Rev. Peter Griffing	4	27-M
Eunic[e], m. Benja[min] **CURTICE**, June 23, 1763	2	12
Martha, of Hebron, m. Abel D. **WHITLEY**, of Norwich, Feb. 14, 1847, by Rev. Edgar J. Doolittle	4	47-M
BIGELOW, BIGGELOW, Ada Ann, m. Increase **CARVER**, b. of Hebron, Aug. 19, 1824, by J. S. Peters, J.P.	4	12-M
Anna, of Hebron, m. Humphrey **WHALEY**, of Coventry, Apr. 2, 1826, by Lyman Strong	4	15-M
Charlotte, d. Jabez & Susanna, b. Feb. 13, 1762	2	153
Dan, s. [John D. & Sarah], b. Nov. 19, 1801	3	278
Elisabeth, [twin with Mary], d. Jabez & Susanna, b. Apr. 14, 1764	2	153
Easter, d. Susanna & Jabez, b. Mar. 29, 1755	2	153
Gale, s. Jabez & Susanna, b. Nov. 29, 1766	2	153
Hannah, of Colchester, m. Barrat **PHELPS**, of Hebron, Feb. 13, 1751	2	80
Jabez, s. Jabez & Susanna, b. Aug. 30, 1760	2	153
John D., m. Sarah **BUELL**, b. of Hebron, Sept. 25, 1796	3	231
John Day, s. John D. & Sarah, b. Nov. 20, 1797	3	278
Joshua, s. Jabez & Susanna, b. Jan. 2, 1759	2	153
Mary, [twin with Elisabeth], d. Jabez & Susanna, b. Apr. 14, 1764	2	153
Rachel, d. Jabez & Susanna, b. Apr. 9, 1757	2	153
Sarah, d. Jabez & Susanna, b. Mar. 28, 1776	2	153
Sarah, d. [John D. & Sarah], b. Oct. 8, 1799	3	278
Susanna, d. Jabez & Susanna, b. Dec. 8, 1753	2	153
BILL, BILLS, Abel, s. Philip & Mercy, b. Feb. 19, 1753	2	146
Amos, of Hebron, m. Sarah W. **THOMPSON**, of Montville, Aug. 24, 1840, by Rev. Alpheus Geer	4	38-M
Cybill, of Lebanon, m. David **HUTSHINSON**, of Hebron, Oct. 18, 1758	2	42

HEBRON VITAL RECORDS 121

	Vol.	Page
BILL, BILLS, (cont.)		
Cynthia, of Columbia, m. William **CARVER**, of Hebron, May 28, 1805	3	233
David, s. Samuel & Sarah, b. Mar. 2, 1753	2	147
Ebenezar, s. Samuel, b. Jan. 19, 1750/51	1	58
Elisabeth, d. Samuell, b. Feb. 5, 1748/9	1	50
Elisabeth, m. John **ROW**, Jr., b. of Hebron, June 1, 1769	2	96
Experianc[e], d. James, b. Oct. 10, 1724	1	67
Fanny, m. James H. **THOMPSON**, b. of Hebron, Sept. 5, 1841, by Charles Nichols	4	39-M
George R., of Lebanon, m. Lois A. **ROBINZON**, of Columbia, May 26, 1850, by Abel Gardner	4	51-M
Huldah, m. Isaac **LADD**, Oct. 12, 1823, by Rev. Daniel Dorchester	4	10-M
Joel, s. Phillop, b. Apr. 14, 1748	1	51
John, s. Philip & Mercy, b. Feb. 12, 1765	2	150
Jonathan, s. James, b. Aug. 3, 1731	1	28
Julius, of Hebron, m. Mercy **ATWELL**, of Salem, Sept. 24, 1833, by Ralph Gilbert, J.P.	4	30-M
Lydia, of Lebanon, m. Jonathan **TARBOX**, of Hebron, Apr. 27, 1775	2	113
Lydia Ann, m. Bezaleel **HUTCHINSON**, Jan. 31, 1836, by Rev. W[illia]m Bowen, of Andover	4	33-M
Mary, d. James, b. July 2, 1721	1	67
Nathan, s. James, b. June 27, 1723	1	67
Nathan, s. James, d. Nov. 4, 1723	1	67
Patience, d. Sam[ue]ll & Sarah, b. July 26, 1757	2	148
Phillop, m. Marcy **TILDEN**, Mar. 4, 1747	1	51
Rachel, d. Sam[ue]ll & Sarah, b. July 12, 1755	2	148
Rachel, d. Samuel & Sarah, b. Jan. 7, 1760	2	149
Sally S., m. John P. **JONES**, b. of Hebron, Feb. 15, 1829, by Leonard Hendee, J.P.	4	19-M
Samuell, m. Sariah **BOND**, Sept. 16, 1742	1	35
Samuell, s. Samuell, b. Aug. 7, 1744	1	39
Samuell, s. Samuell, b. Aug. 7, 1744	1	46
Samuel, s. Samuel & Sarah, b. Feb. 27, 1763	2	151
Sarah, d. Samuell, b. Jan. 30, 1746/7	1	46
Sybil, see under Cybill		
BILLINGS, George C., of Norwich, m. Betsey **JONES**, of Hebron, Dec. 18, 1845, by Rev. E. J. Doolittle	4	45-M
George C., m. Betsey **JONES**, div. w. of Marvin W. **MAYNARD**, Sept. 15, 1846; d. Oct. 5, 1877	4	13
BINGHAM, Caroline Elisabeth, of Andover, m. Aaron **CLARK**, of Cleveland, O., July 21, 1845, by Alpha Miller, Andover	4	45-M
Mary, m. Asa **WHITE**, May 8, 1765	2	82
Mary, of Windham, m. Asa **WHITE**, of Hebron, May 8, 1765	2	122
Sarah, d. Stephen & Sarah, b. Aug. 6, 1767	2	163
Sarah L., of Hebron, m. Harris H. **TREAT**, of Glastenbury, [Oct.] 14, [1841], by Rev. B. M. Walker	4	39-M
Silas Long, s. Stephen & Sarah, b. Jan. 27, 1765	2	151
Stephen, Jr., of Hebron, m. Sarah **LONG**, of Coventry, Apr. 20, 1762	2	4
Talitha, d. Stephen, Jr. & Sarah, b. Jan. 29, 1763	2	150
BIRCHARD, Deb[o]rah, m. Joseph **PETERS**, Jan. 14, 1747/8	1	47
Mary, d. Anne Burrows, b. Apr. 12, 1758	2	149
BIRGE, BIRG, BURG, BURGE, Annis, d. Daniel & Elisabeth, b. June 5, 1765	2	150

	Vol.	Page
BIRGE, BIRG, BURG, BURGE, (cont.)		
Caziah, d. Daniell, b. Feb. 16, 1729	1	17
Charaty, d. Ezekiel & Jerusha, b. Mar. 6, 1780	2	163
Content, d. Jon[a]th[an] & Rachel, b. Mar. 23, 1764	2	150
Daniell, m. Rebeckah **TARBOX**, Mar. 28, 1721/2	1	2
Daniell, s. Daniell, b. Dec. 13, 1723	1	2
Daniell, d. Oct. 26, 1737	1	24
Daniell, m. Elisabeth **KNOX**, Oct. 17, 1743	1	40
Daniel, s. Daniel, b. Jan. 22, 1750/51	1	57
Daniel, s. Dan[ie]ll & Elisabeth, b. Jan. 22, 1750/51	2	147
Deb[o]rah, d. Daniell, b. Apr. 29, 1732	1	19
Deborah, m. Richard **HOLDRI[D]GE**, Jan. 16, 1755	2	42
Deborah, d. Jonathan & Rachel, b. June 19, 1769	2	152
Demis, d. Daniel & Elisabeth, b. May 7, 1769; d. May 26, 1769	2	152
Eliner, d. Daniell, b. June 14, 1749	1	53
El[e]anor, d. Dan[ie]ll & Elisabeth, b. June 14, 1749	2	147
Elijah, s. Jonathan & Rachel, b. May 14, 1765	2	150
Elisabeth, d. Daniell, b. Jan. 10, 1744/5	1	40
Elisabeth, d. Dan[ie]ll & Elisabeth, b. Jan. 10, 1744/5	2	147
Ezekiel, s. Jon[a]th[an] & Rachel, b. Aug. 11, 1758	2	148
Ezekiel, of Lebanon, m. Jerusha **GOTT**, of Hebron, Oct. 17, 1779	2	6
Hozea, s. Jonathan & Rachel, b. Feb. 12, 1760	2	149
Jerushah, d. Daniel & Elisabeth, b. Dec. 10, 1753	2	147
John, s. Daniel & Elisabeth, b. June 9, 1755	2	147
John, of Hebron, m. Rahamah **FOOT**, of Colchester, June 3, 1779	2	6
Jonathan, s. Daniell, b. Aug. 14, 1736	1	24
Jonathan, s. Dan[ie]ll & Elisabeth, b. June 21, 1756	2	147
Jonathan, of Hebron, m. Rachel **STRONG**, of Colchester, Feb. 23, 1758	2	4
Lidde, d. Daniell, b. July 2, 1734	1	24
Lydea, d. Daniel & Elisabeth, b. July 20, 1759	2	147
Lydea, d. Ezekiel & Jerusha, b. Oct. 8, 1781	2	163
Lyman, s. Elijah & Azubah, b. Mar. 25, 1811	3	276
Martin, of Bolton, m. Sally **HUTCHINSON**, of Hebron, May 21, 1821, by Rev. Nathan Gillet	4	3-M
Mary, d. Daniel, b. Mar. 20, 1747	1	47-M
Mary, d. Dan[ie]ll & Elisabeth, b. Mar. 20, 1747	2	147
Mary Ann, d. [Elijah & Azubah], b. Sept. 4, 1809	3	276
Olive, d. Jon[a]th[an] & Rachel, b. Feb. 22, 1762	2	150
Pametia, m. Diodate **POST**, May 29, 1810	3	257
Rachel, d. Jon[a]th[an] & Rachel, b. July 24, 1767	2	151
Rebeckah, d. Daniell, b. Dec. 10, 1722; d. Jan. 31, 1722/3	1	2
Rebeckah, d. Daniell, b. Nov. 14, 1725	1	2
Reb[ec]cah, m. Simeon **BAXTER**, Oct. 25, 1741	2	4
Rebeckah, m. John **BURAS**, Oct. 11, 1743	1	40
Sarah, m. Benjamin **TAYLOR**, Jr., July 11, 1754	2	112
BIRK, Deborah, d. Eben[eze]r & Deborah, b. Mar. 13, 1767	2	236
Eben[eze]r, s. Eben]eze]r & Deborah, b. Nov. 4, 1765	2	236
We[a]lthy, d. Eben[eze]r & Deb[orah], b. Oct. 21, 1769	2	236
BISHOP, Alvin, of Bolton, m. Lucy **GARY**, of Hebron, May 18, 1821, by Rev. Amos Bassett	4	4-M
Lucy, Mrs., of Hebron, m. Joseph **INGRAHAM**, of Bristol, Aug. 31, 1845, by Rev. James Mather, Int. pub.	4	45-M
Tabatha, of Bolton, m. Samuel **JONES**, 3rd, of Hebron, July 7, 1785	2	50

HEBRON VITAL RECORDS 123

	Vol.	Page
BISSELL, BISSEL, Aaron, s. Levi & Abilena, b. Sept. 13, 1777	2	163
Abel, s. Benjamin, b. Apr. 29, 1751	1	56
Abel, m. Anna **PORTER**, b. of Hebron, [ ] 11, 1776	2	5
Abel, s. Levi & Abilena, b. Sept. 20, 1785	2	144
Abel, m. Lucy **POST**, b. of Hebron, May 15, 1794	3	231
Abel, s. Abel & Lucy, b. Jan. 15, 1799	3	278
Abel S., s. [Abel & Lucy], b. Jan. 15, 1799	4	2
Abigail West, d. Adoniram & Sarah, b. June 8, 1803	3	276
Adoniram, s. Hezekiah & Phebe, b. Mar. 11, 1775	2	153
Alex[ande]r, s. Levi & Abilenah, b. Aug. 4, 1783	2	145
Anna, d. Capt. Hez[ekiah] & Phebe, b. Apr. 12, 1785	2	164
Anna, d. Abel & Anna, b. Apr. 6, 1787; d. Apr. 16, 1787	2	164
Anna, d. Abel & Lucy, b. Apr. 30, 1795	3	277
Anna P., d. Abel & Lucy, b. May 1, 1795	4	2
Benjamin, m. Rachell **POST**, Sept. 4, 1735	1	21
Benjamin, m. Elisebeth **SAWYER**, July 6, 1738	1	25
Benjamin, s. Benjamin, b. Aug. 9, 1741	1	33
Benlam, d. Aug. 9, 1751	1	56
Benjamin, s. Hezekiah & Phebee, b. Feb. 12, 1771	2	152
Benjamin, m. Mary **HUNTINGTON**, b. of Hebron, Jan. 1, 1797	3	231
Benjamin A., s. [Abel & Lucy], b. Sept. 3, 1806	4	2
Benjamin Post, s. Benjamin & Mary, b. Oct. 20, 1797	3	277
Clara, d. [Levi & Abilena], b. Oct. 28, 1791	2	144
Clary, m. David **STRONG**, Jr., b. of Hebron, June 10, 1812	3	264
Clarissa M., d. [Abel & Lucy], b. May 1, 1813	4	2
Clarissa M., of Hebron, m. Cornelius **SHEPARD**, of Genesco, N. Y., May 30, 1836, by Sylvester Selden	4	33-M
David, s. John & Elisabeth, b. July 26, 1799 (Written "David Rissell")	3	309
Elisabeth, m. Azariah **POST**, May 29, 1760	2	81
Elisabeth, m. Hezekiah & Phebe, b. Jan. 5, 1781	2	163
Elisabeth, d. [Abel & Lucy], b. Sept. 10, 1804	3	278
Elisabeth, d. [Abel & Lucy], b. Sept. 10, 1804	4	2
Elizabeth, m. Edward M. **CROCKER**, [Feb.] 16, [1832], by Rev. H. P. Arms	4	26-M
Emma, m. James **TUTTLE**, Nov. 29, 1832, by Rev. Peter Griffing	4	29-M
Frederic C., s. Frederic P. & Almira J., b. May 4, 1848	4	8
Frederic Phelps, m. Almira Jane **CARVER**, May 2, 1847, by Solomon Hitchcock, in St. Peter's Church	4	48-M
Hannah, d. Levi & Abilenah, b. Aug. 29, 1779	2	145
Harriet, m. Daniel **TUTTLE**, Oct. 3, 1830, by Rev. Peter Griffing	4	22-M
Hezekiah, m. Phebe **POST**, b. of Hebron, May 17, 1770	2	5
Hezekiah, s. Hezekiah & Phebe, b. Dec. 23, 1772	2	152
Hezekiah, Jr., Capt., m. Patty **DANIELS**, Apr. 29, 1821, by Rev. Peter G. Clarke	4	4-M
Hez[ekiah] Asa, s. Hezekiah & Mary J., b. Aug. 5, 1848	4	8
Ira, s. [Levi & Abilena], b. Jan. 18, 1788	2	144
Ira, m. Lovina **PHELPS**, b. of Hebron, June 27, 1821, by A. Bassett, Int. pub.	4	2-M
Israel A., m. Laura E. **GILLET**, May 26, [1831], by Rev. Hiram P. Arms	4	24-M
Leah, d. Benjamin, b. Jan. 13, 1749/9	1	50
Leah, m. David **STRONG**, b. of Hebron, Dec. 29, 1776	2	107
Leui, s. Benjamin, b. Mar. 22, 1747	1	46

	Vol.	Page
BISSELL, BISSEL, (cont.)		
Levi, m. Abilena **MAN**, b. of Hebron, Nov. 29, 1774	2	5
Levi, s. of Levi & Abilena, b. Jan. 9, 1776	2	163
Levina, w. Ira, had sister Betsey **(PHELPS) JONES**	4	13
Louisa E., d. [Abel & Lucy], b. May 30, 1809	4	2
Louisa E., of Hebron, m. Solomon T. **GILLETT**, of Colchester, Oct. 18, 1832, by Rev. H.P. Arms	4	28-M
Lucy, d. Abel & Lucy, b. Dec. 7, 1796	3	277
Lucy, d. [Abel], b. Dec. 7, 1796	4	2
Lucy, wid. Abel, d. Feb. 22, 1849, ae 81 y.	3	325
Lydea, d. Levi & Abilenah, b. July 18, 1781	2	145
Lydia P., of Hebron, m. Hubbard E. **BESTOR**, of Columbus, N. Y., Sept. 20, 1842, by Rev. Edgar J. Doolittle	4	41-M
Mary C., m. Jasper **PORTER**, b. of Hebron, Oct. 17, 1848, by Edgar J. Doolittle	4	50-M
May E., m. Chauncey **STRONG**, b. of Hebron, Apr. 30, 1844, by Rev. Edgar J. Doolittle	4	43-M
Phebe, d. Hez[ekiah] & Phebe, b. Aug. 22, 1776; d. Sept. 26, 1776	2	163
Phebe, d. Hez[ekia]h & Phebe, b. Oct. 8, 1778	2	163
Phebe, d. Levi & Abilena, b. June 16, 1795	3	277
Phebe Post, d. Adoniram & Sarah, b. Oct. 8, 1800	3	276
Polly, m. Alvan **GILLETT**, b. of Hebron, Jan. 16, 1825, by Sylvester Gilbert, J.P.	4	13-M
Polly Septima, d. [Capt. Hez[ekiah] & Phebe], b. Aug. 9, 1788	2	164
Rachell, d. Benjamin, b. June 11, 1736	1	22
Rachell, w. Benjamin, d. June 20, 1736	1	22
Rachell, d. Benjamin, d. Jan. 20, 1742/3	1	36
Rachell, d. Benjamin, b. July 7, 1743	1	37
Rachel, m. Samuel **WRIGHT**, b. of Hebron, May 13, 1761	2	122
Ralph R., s. Ralph S. & Caroline W., b. Feb. 27, 1848	4	8
Sally, d. [Levi & Abilena], b. Nov. 17, 1789	2	144
Sally M., d. [Abel & Lucy], b. Feb. 12, 1801	4	2
Salley Maria, d. [Abel & Lucy], b. Feb. 12, 1801	3	278
Sarah, m. Orlean B. **PORTER**, Sept. 23, 1841, by Charles Nichols	4	39-M
Solomon Huntington, s. Benjamin & Mary, b. Jan. 12, 1800	3	277
Timothy P., m. Lydia **TARBOX**, Mar. 21, 1826, by Rev. Lyman Strong	4	15-M
Timothy Porter, s. Adoniram & Sarah, b. Jan. 12, 1799	3	276
BLACKMAN, Abigail, d. Abraham, b. Jan. 20, 1741/2	2	146
Abraham, s. Abraham, Jr. & Sarah, b. Oct. 8, 1766	2	152
Alma, d. [W[illia]m & Martha], b. Nov. 16, 1788	2	164
Eliazer, s. Abraham, b. Aug. 6, 1750	2	146
Eleazer, s. Abraham, Jr. & Sarah, b. Nov. 13, 1768	2	152
Elisebeth, d. Abraham, b. Aug. 31, 1738; d. Oct. 23, 1739	1	31
Elisabeth, d. Abraham & Abigail, b. Jan. 5, 1753	2	146
Faith, m. Alexander **ROL[L]O**, b. of Hebron, May 12, 1796	3	261
Lovina, m. George **CRAIN**, b. of Hebron, Sept. 12, 1822, by Leonard Hendee, J.P.	4	7-M
Nethaniel, s. Abraham, Jr. & Sarah, b. Sept. 28, 1765	2	152
Patty, d. W[illia]m & Martha, b. Jan. 8, 1787	2	164
Samuell, s. Abraham, b. Nov. 24, 1786	1	31
William, s. Abraham, b. Oct. 30, 1745	2	146
William, of Hebron, m. Martha **BADCOCK***, of Coventry, Apr. 13, 1786 (***BABCOCK**)	2	6

	Vol.	Page
BLISH, [see also **BLISS** and **BLUSH**], Anne, d. David & Zuruiah, b. Sept. 13, 1755	2	155
David, s. David & Zuruiah, b. Sept. 16, 1753	2	155
Dorothy, of Glastenbury, m. William **TALCOTT**, Jr., of Hebron, Oct. 24, 1805	3	265
Joanna, of Glastonbury, m. Russell **BROWN**, of Marlborough, Mar. 17, 1839, by Charles Nichols	4	36-M
Patience, m. Robert **STILES**, Apr. 1, 1756	2	106
Rebec[c]a, d. David & Zuruiah, b. May 18, 1760	2	155
Zuruiah, d. Abraham & Zuruiah, b. June 13, 1758	2	155
BLISS, [see also **BLISH & BLUSH**], Abiell, s. John, b. Apr. 26, 1730	1	17
Abiel, m. Abigail **SUTTON**, Nov. 6, 1749	2	4
Abiel, s. Abiel & Abigail, b. May 6, 1755	2	148
Anna, d. John, b. Mar. 1, 1717	1	2
Annah, w. Rev. John, d. Feb. 2, 1731/2	1	11
Anna, m. Job **STILES**, Sept. 22, 1736	1	79
Anna, d. John, Jr., b. May 28, 1738	1	25
Anna, d. John, Jr., d. Dec. 17, 1741	1	34
Anna, d. John, b. Feb. 10, 1747/8	1	50
Anna, d. Ellis & Grace, b. Oct. 10, 1774	2	153
Anne, d. Ellis & Grace, b. Aug. 1, 1780	2	159
Benjamin, s. Ellis & Grace, b. July 11, 1776	2	159
Benjamin, Jr., m. Maria **WILCOX**, Apr. 22, 1830, by Rev. Lyman Strong	4	21-M
Benjamin, m. Sally **PHELPS**, b. of Hebron, Nov. 4, 1832, by Rev. Charles Nichols	4	28-M
Caroline, of Hebron, m. Noah **STRICKLAND**, of Chatham, Dec. 16, 1829, by Rev. Lyman Strong	4	20-M
Constant, s. John, d. Aug. 22, 1746. "Was killed by the Indians"	1	45
Constant, s. John, b. Oct. 5, 1746	1	45
Dan, m. Eunice **NEWCOMB**, b. of Hebron, Mar. 15, 1793	2	7
David, s. Ellis & Thamer, b. June 17, 1763	2	151
David, of Hebron, m. Barshiba **COLE**, of Lebanon, Apr. 8, 1784	2	6
Elizibuth, d. John, b. Dec. 14, 1711	1	1
Ellis, s. John, b. Sept. 25, 1733	1	14
Ellis, s. Ellis & Thamar, b. Apr. 6, 1759	2	149
Ellis, m. Grace **FORD**, b. of Hebron, Apr. 30, 1770	2	5
Emelia, d. Dr. Neziah & Martha, b. July 13, 1768	2	151
Flavel, s. Ellis & Thamar, b. July 8, 1765	2	151
Gilum, s. John, Jr., b. Aug. 26, 1740	1	34
Hannah, wid. m. Capt. Benoney **TRUMBLE**, Oct. 27, 1742	1	36
Hannah, d. Dr. Neziah & Martha, b. Feb. 11, 1773	2	152
Hannah, d. Dr. Neziah & Martha, b. Aug. 29, 1775	2	153
Harmona, d. Sam[ue]l & Anna, b. Oct. 11, 1788	2	145
Isaac, s. Ellis & Grace, b. Apr. 20, 1778	2	159
Jesse, s. James & Elisabeth, b. Nov. 10, 1775	2	145
John, s. John, b. Dec. 22, 1713	1	1
John, m. Wid. Hannah **BARBUR**, Dec. 14, 1732	1	11
John, Jr., m. Jerusha **BROWN**, Feb. 3, 1736/7	1	23
John, Rev., d. Feb. 1, 1741/2	1	33
John, s. John, b. Jan. 23, 1743; d. Feb. 16, 1743	1	38
John, s. John, b. Mar. 20, 1744	1	38
John, s. Ellis & Thamer, b. Apr. 7, 1761	2	149

	Vol.	Page

BLISS, [see also BLISH & BLUSH], (cont.)

	Vol.	Page
John Flavel, s. Ellis & Grace, b. June 8, 1787	3	278
John Flavel, m. Mary Ann **PORTER**, b. of Hebron, Feb. 18, 1830, by Rev. Daniel Waldo, of Exeter, Lebanon	4	20-M
John P., of Chatham, m. Florinda **STRONG**, of Hebron, Nov. 28, 1833, by Charles Nichols	4	30-M
Lois, d. Neziah & Martha, b. Apr. 8, 1782	2	163
Lidia, m. Asariah **BROWN**, Aug. 24, 1741	1	33
Lydia, d. Ellis & Thamar, b. June 14, 1767	2	151
Mary, m. Solomon **ROOT**, b. of Hebron, Sept. 30, 1821, by Rev. Amos Bassett	4	3-M
Nancy, of Hebron, m. Moses B. **HOPKINS**, of Chatham, May 3, 1836, by Sylvester Selden	4	33-M
Nathan, s. Abiel & Abigail, b. Aug. 20, 1750	2	147
Neziah, s. John, b. Mar. 21, 1736	1	22
Neziah, m. Martha **SHIPMAN**, Jr., b. of Hebron, Mar. 6, 1766	2	5
Neziah, Dr., d. Aug. 31, 1787, in the 51st y. of his age	2	276
Neziah, s. Samuel & Anna, b. May 12, 1790	3	278
Philoxena, d. Neziah & Martha, b. June 1, 1777	2	163
Rachel, d. Ellis & Grace, b. Mar. 22, 1778	2	153
Samuel, s. Neziah & Martha, b. Dec. 22, 1766	2	151
Samuel A., m. Electa **LOOMER**, b. of Hebron, June 9, 1844, by Ralph Gilbert, J.P.	4	43-M
Sarah, d. John, b. Jan. 12, 1748/9; d. Feb. 11, 1748/9	1	50
Sarah, d. Silvanus & Sarah, b. Feb. 4, 1753	2	146
Sarah, d. Dr. Neziah & Martha, b. Mar. 18, 1771	2	152
Siluanus, s. John, b. Jan. 26, 1727/8	1	7
Siluanus, m. Sarah **BROWN**, May 25, 1750	1	54
Siluanus, s. Siluanus, b.Mar. 31, 1751	1	58
Simeon, s. Abiel & Abigail, b. July 15, 1752	2	147
Tamer, d. Ellis & Grace, b. Nov. 14, 1771	2	153
-----ry, d. John, b. Oct. 4, 1718	1	2
-----dea, d. John, b. Jan. 23, 1721	1	2
-----e, d. John, b. [ ] 20, 1728	1	2
-----, last child of John, b. Nov. 26, [1731]; d. Dec. 2, 1731	1	11

BLUSH, [see also BLISS and BLISH], Hannah, m. Edward **NELAND**, Oct. 30, 1746 — 1, 52

BODGE, Henry, of Windham, m. Mary **MARKUM**, of Chatham, Sept. 15, 1828, by Rev. Peter Griffing — 4, 18-M

BOGUE, Aaron, of East Haddam, m. Almira **HARDIN**, of Hebron, Jan. 22, 1826, by Rev. Lyman Strong — 4, 14-M

BOLLES, Alexander, s. [William], b. Nov. 22, 1782 — 2, 145

	Vol.	Page
Edmund, s. [William], b. Oct. 24, 1787	2	145
Elias, s. [William], b. Jan. 27, 1785	2	145
Elisha, s. [William], b. Feb. 19, 1778	2	145
Epaphras, s. [William & Ruby], b. May 22, 1793	3	277
Guy, s. [William], b. Aug. 12, 1780	2	145
Joanna, d. [William], b. Nov. 14, 1774	2	145
Justus, s. [William & Ruby], b. Sept. 7, 1794	3	277
Lydia, d. [William & Ruby], b. Apr. 25, 1800	3	277
Roswell, s. William, b. Nov. 13, 1773	2	145
Ruby, d. William & Ruby, b. Aug. 14, 1790	3	277
Solomon, s. [William & Ruby], b. Jan. 5, 1792	3	277

	Vol.	Page
BOLLES, (cont.)		
William, s. [William], b. Oct. 16, 1776	2	145
BOLTON, Nathan, m. Lydia P. **JONES**, b. of Hebron, Sept. 7, 1840, by Rev. Alpheus Geer	4	38-M
BOND, Ann, Mrs., m. Peter **SWETLAND**, June 11, 1752	2	106
Anne, d. Nicholas, Jr. & Mehitabel,, b. Aug. 21, 1756	2	148
David, s. Stephen & Mary, b. Aug. 9, 1753	2	146
David, s. Stephen & Mary, b. Mar. 20, 1758	2	148
Elijah, s. Stephen & Mary, b. Apr. 9, 1769	2	151
Elisaberth, d. Nicklas, [b.] June 26, 1724	1	63
Elisabeth, d. Nicolas, d. Nov. 9, 1742	1	35
Elisabeth, d. Stephen & Mary, b. Dec. 29, 1759	2	155
Joseph, s. Nicholas, b. July 30, 1751	1	56
Joseph, s. Stephen & Mary, b. June 2, 1762	2	149
Mary, d. Stephen & Mary, b. July 2, 1766	2	151
Nicolas, [m.] Anne **PRAT[T]**, Sept. 10, 1717	1	2
Nic[o]los, s. Nic[o]los, b. Jan. 17, 1725/6	1	63
Nicolas, Jr., m. Mehittabel **HALL**, July 26, 1750	1	54
Sarah, d. Nicolas, b. May 28, 1719	1	2
Sariah, m. Samuell **BILL**, Sept. 16, 1742	1	35
Stephen, s. Nicolass, b. Feb. 20, 1728	1	10
Stephen, m. Mary **YEMUNS**, Nov. 9, 1752	2	4
Stephen, s. Stephen & Mary, b. Feb. 12, 1755	2	147
Susanna, d. Nicholas, Jr. & Mehitabel, b. Dec. 3, 1753	2	146
Tempranc[e], d. Nicolas, b. Aug. 25, 1730	1	10
William, s. Nicholas, Jr. & Thankfull, b. Mar. 9, 1760	2	149
-----, d. Nicolas, b. Jan. 28, 1720	1	2
-----ene, d. Nicolas, b. -----ber, 29, 1722	1	2
BOWEN, Mary, m. Asa **LYMAN**, Feb. 14, 1780	2	60
BRADFORD, Hannah, m. Timothy **BUELL**, Jan. 20, 1730	1	38
BRAGG, Lydea, d. Benj[ami]n & Experience, [ ]	2	148
BRAMAN, Lucy Jane, d. [Nathaniel P.], b. Dec. 19, 1832	3	274
Nathaniel E., s. Nathaniel P., b. July 12, 1827	3	274
BRAY, David C., m. Amelia R. **WEBSTER**, May 27, 1844, by Rev. Charles Nichols, of Gilead	4	44-M
BRIANT, Betty, m. Amos **HALL**, Mar. 4, 1762	2	42
BRIGGS, Adelaide, m. Elisha T. **BAKER**, [Mar.] 10, [1851], by Rev. W[illia]m Warland	4	52-M
BROCKWAY, Eunice, of Lebanon, m. Ebenezer **REED**, of Hebron, Aug. 29, 1799	3	261
[BRONSON[, [see under **BRUNSON**]		
BROOKER, Cybel, of Lyme, m. Abraham **TILLOTSON**, Mar. 15, 1752	2	112
Elisabeth, m. Joshua **TILLETSON**, Nov. [ ], 1760	2	81
BROOKS, Asahel H., m. Sally **BROWN**, Sept. 2, 1834, by Charles Nichols	4	31-M
BROWN, Abbaethie (?), d. [Russel & Wealthy], b. Sept. 11, 1819; d. Oct. 7, 1820	3	276
Abigill, d. Jonathan, b. Sept. 10, 1749	1	52
Abigail, d. David & Lydea, b. Aug. 13, 1769	2	152
Abner, m. Hannah **INGHAM**, Feb. 27, 1750/51	1	56
Abner, d. May 20, 1786, in the 61st y. of his age	2	276
Abner, s. Ezekiel & Martha, b. Jan. 25, 1790	2	164
Amasa, s. [Amasa & Mary], b. Apr. 5, 1783	2	164
Annar, d. Nathaniel, b. Sept. 9, 1751	1	57

	Vol.	Page
BROWN, (cont.)		
Anna, d. Thomas, Jr. & Anna, b. May 11, 1786	2	159
Anna, m. Gaylord **PORTER**, Aug. 7, 1795	3	257
Anna, of Columbia, m. Zenas **CHAPPEL**, of Hebron, Mar. 27, 1806	3	233
Anne, d. Abner & Hannah, b. Aug. 22, 1762	2	149
An[n]e, m. Jeremiah **BROWN**, Dec. [ ], 1787	2	6
Austin, s. Azariah & Lydea, b. July 22, 1761	2	149
Asariah, m. Dorothy **CURTICE**, Dec. 20, 1738	1	30
Asariah, m. Lidia **BLISS**, Aug. 24, 1741	1	33
Asariah, s. Asariah, b. Aug. 16, 1745	1	41
Azariah, Jr., of Hebron, m. Amy **POST**, of Lebanon, Mar. 16, 1769	2	5
Bassett, s. [Russel & Wealthy], b. July 18, 1817; d. Oct. 14, 1818	3	276
Charles W., of Glastonbury, m. Mary E. **DERBY**, of Hebron, Aug. 21, 1842, by Ralph Gilbert, J.P.	4	47-M
Chloe, d. Thomas & Elisabeth, b. Mar. 28, 1767	2	151
Clara, d. [Amasa & Mary], b. Sept. 23, 1789	2	164
Clarissa, d. Wealthy, b. Aug. 26, 1813	3	276
Clarissa, m. Ezekiel A. **POST**, Nov. 27, 1831, by Rev. Charles Nichols	4	26-M
Cynthia Ann, of Hebron, m. John **LEWIS**, of Upper Canada, Nov. 21, 1839, by Charles Nichols	4	37-M
Daniel, m. Anna **PHELPS**, b. of Hebron, Nov. 7, 1776	2	5
Daniel Bishop, s. Daniel & Anna, b. Oct. 18, 1780	2	163
Dauid, s. Thomas, b. Sept. 30, 1733	1	14
Dauid, s. Thomas, d. Apr. 22, 1742	1	34
Dauid, s. Jonathan, b. Feb. 18, 1743/4	1	38
David, m. Lydea **SWETLAND**, Oct. 15, 1761	2	4
David, s. David & Lydea, b. Feb. 14, 1762	2	150
David, s. David & Lydea, b. June 3, 1765	2	151
David, of Merlborough, m. Sybel **NORTON**, of Hebron, July 9, 1843, by Jeremiah Stocking, Elder	4	42-M
David T., m. Almira **NORTON**, Oct. 26, 1835, by Rev. Charles Nichols, of Gilead	4	33-M
Deborah, m. Isaac **HALING**, Feb. 6, 1839, by Charles Nichols	4	36-M
Demaris, m. Benjamin **STILES**, June 6, 1765	2	50
Demaris, m. Benj[ami]n **STILES**, June 6, 1765	2	107
Dinah, m. Thomas **POST**, July 1, 1730	1	27
Dority, w. Asariah, d. Dec. 21, 1739	1	30
Dority, d. Azariah, b. Oct. 27, 1742	1	36
Eben[eze]r, s. Azariah & Lydea, b. Aug. 26, 1759	2	149
Egbert, of Columbia, m. Elisabeth **WRIGHT**, of Hebron, Oct. 17, 1848, by Edgar J. Doolittle	4	50-M
Eleazer, s. Azariah & Lydea, b. July 7, 1757	2	148
Elijah, s. Jonathan & Abigail, b. June 18, 1757	2	148
Eliza, m. Daniel C. **TROWBRIDGE**, b. of Hebron, Mar. 23, 1846, by Rev. J. Mather	4	46-M
Elisabeth, d. Nath[anie]ll & Easter, b. June 16, 1753	2	147
Elisabeth, d. Thomas & Elisabeth, b. Feb. 16, 1765	2	151
Elisabeth, d. [Amasa & Mary], b. Feb. 15, 1781	2	164
Emeline, d. [Russel & Wealthy], b. June 26, 1821	3	276
Ephraim, s. Daniel & Anna, b. Apr. 30, 1787	2	164
Est[h]er, d. Nathaniell, b. Feb. 3, 1748/9	1	51
Ezekiel, s. Abner & Hannah, b. Dec. 15, 1757	2	148
Ezekiel, m. Martha **HAUGHTON**, b. of Hebron, Nov. 7, 1782	2	6

HEBRON VITAL RECORDS 129

	Vol.	Page
BROWN, (cont.)		
Ezekiel, m. Candice **MANN**, b. of Hebron, Jan. 6, 1794	2	7
Ezekiel Horace, s. Ezekiel & Candice, b. Oct. 24, 1800	3	278
Geo[rge] Dexter, s. David, b. Nov. 11, 1848	4	9
Hannah, m. William **PENOCK**, Mar. 18, 1745	1	41
Harriot, d. Russel & Wealthy, b. Sept. 24, 1815	3	276
Henry, s. Azariah & Lydea, b. July 21, 1755	2	148
Hiram A., m. Mary E. **HORTON**, Mar. 24, 1831, by Rev. Alpheus Gear	4	24-M
Hiram Augustus, s. [Ezekiel & Candice], b. Apr. 18, 1802	3	278
James, illeg. s. of Wid. Jemima, of Bolton, b. Jan. 11, 1779	2	163
Jehiel, s. Salley, b. Dec. 26, 1805	3	276
Jemima, wid. of Bolton, had illeg. s. James, b. Jan. 11, 1779	2	163
Jeremiah, s. Azeriah, b. Jan. 7, 1750	1	57
Jeremiah, m. An[n]e **BROWN**, Dec. [ ], 1787	2	6
Jerusha, d. Thomas, b. Feb. 25, 1717/18	1	-1
Jerusha, m. John **BLISS**, Jr., Feb. 3, 1736/7	1	23
Joanna, d. David & Lydea, b. July 4, 1767	2	152
Joanna, m. Peter **SWEETLAND**, Jr., b. of Hebron, Dec. 12, 1787	2	108
John, s. David & Lydea, b. Nov. 6, 1771	2	152
Jonathan, s. Jonathan, b. Nov. 21, 1741	1	33
Josiah, s. Nataniell, b. Nov. 22, 1746	1	46
Josiah, s. John & Ruth, b. Jan. 13, 1757	2	148
Julius, of Marborough, m. Huldah **HARDING**, of Hebron, Oct. 16, 1823, by Rev. Peter Griffing	4	11-M
Leuenah, d. Azariah, b. Mar. 28, 1747	1	50
Levi, S. [Thomas & Elisabeth], b. Apr. 24, 1784	2	145
Lucinda, d. Abner & Hannah, b. Apr. 3, 1767	2	151
Lucinda, d. [Thomas & Elisabeth], b. Mar. 24, 1776	2	145
Lucy, d. Azariah & Amy, b. Nov. 8, 1770	2	152
Lucy Ann, d. [Thomas & Lucy], b. Feb. 1, 1812	3	276
Liddia, d. Jonathan, b. Mar. 9, 1736/7	1	23
Lidda, d. Asariah, b. Dec. 2, 1743	1	37
Lydea, d. David & Lydea, b. July 29, 1763	2	150
Mabel, d. John & Ruth, b. Feb. 9, 1760	2	149
Marcey, of Windsor, m. Amos **OWEN**, Jr., of Hebron, Mar. 30, 1757	2	76
Martha, d. [Thomas & Elisabeth], b. Feb. 9, 1781	2	145
Martha, w. Ezekiel, d. Feb. 24, 1790	2	276
Martha P., m. Hiram **GOODELL**, b. of Hebron, Feb. 25, 1830, by Rev. Charles Nichols	4	20-M
Mary, m. Benjamin **TRUMBALL**, Jan. 9, 1734/5	1	21
Mary, d. W[illia]m & Jemimah, b. May 16, 1771	2	152
Mary, m. Ezra **TAYLOR**, Mar. 23, 1788	2	122
Mary E., w. Hiram A., d. Aug. 11, 1847, ae 39	3	325
Mahitable, m. John **ACKLEY**, Mar. 30, 1774	2	1
Meriam, m. Gaylord **PORTER**, b. of Hebron, Oct. 27, 1768	2	82
Nathaniell, m. Esteer **MACK**, Feb. 17, 1744/5	1	40
Ralph D., of Hebron, m. Eliza **STRONG**, of Hebron, Dec. 31, 1840, by Rev. Abijah C. Wheat	4	38-M
Rebeckah, d. Jonathan, b. Sept. 23, 1746	1	44
Rebecca, of Mid[d]letown, m. Stephen **STILES**, of Hebron, Dec. 2, 1756	2	106
Richard, s. Asariah, b. Oct. 14, 1739	1	30
Richard, s. Asariah, d. Apr. 20, 1742	1	34
Robert, s. Mercy, a squaw, b. Jan. 6, 1752	2	152

BROWN, (cont.)

	Vol.	Page
Roger, s. Thomas & Elisabeth, b. June 28, 1773	2	145
Rovina, m. John **THOMAS**, b. of Hebron, Nov. 10, 1764	2	112
Ruel, s. [Amasa & Mary], b. Feb. 6, 1785	2	164
Russel[l], m. Wealthy **STRONG**, Oct. 18, 1814	3	232
Russel[l], of Royalton, N.Y., m. Elisabeth T. **REED**, of Hebron, Feb. 17, 1821, by Rev. Augustus B. Collins, of Andover	4	1-M
Russell, of Marlborough, m. Joanna **BLISH**, Glastonbury, Mar. 17, 1839, by Chalres Nichols	4	36-M
Salley had s. Jehiel, b. Dec. 26, 1805	3	276
Sally, m. Asahel H. **BROOKS**, Sept. 2, 1834, by Charles Nichols	4	31-M
Samuel, s. Abner & Hannah, b. Feb. 14, 1755	2	147
Samuel, m. Prudence **SAWYER**, Mar. 28, 1768	2	5
Samuel, s. [Thomas & Elisabeth], b. Nov. 8, 1778	2	145
Samuel, s. Ezekiel & Martha, b. Aug. 7, 1783	2	159
Samuel, s. Ezekiel & Martha, d. Feb. 26, 1796, in the 13th y. of his age	3	325
Samuel, Jr. of Portland, m. Mary A. **FLINT**, of Columbia, Sept. 26, 1847, by Edgar J. Doolittle	4	48-M
Samuel Augustus, s. Ezekiel & Candice, b. July 9, 1796	3	277
Samuel Augustus, s. Ezekiel & Candice, d. July 28, 1801	3	325
Sarah, d. Thomas, b. Apr. 5, 1731	1	15
Sarah, m. Siluanus **BLISS**, May 25, 1750	1	54
Sarah, d. Jonath[an] & Abigail, b. Nov. 7, 1753	2	147
Sarah, d. Amasa & Mary, b. July 12, 1779	2	164
Sarah, d. Daniel & Anna, b. Oct. 6, 1791	2	165
Sarah L., m. J. A. **GILLETT**, Sept. 22, 1841, by Charles Nichols	4	39-M
Sarah Louisa, d. [Thomas & Lucy], b. Sept. 9, 1817	3	276
Silvanus, s. Azariah, b. Dec. 6, 1748	1	50
Stephen, s. Thomas, b. Apr. 21, 1729	1	17
Stephen, m. Jerusha **LEE**, Dec. 12, 1750	1	55
Susannah, m. Gaylord **PORTER**, b. of Hebron, Feb. 10, 1788	2	85
Thomas, s. Jonathan, b. May 17, 1739	1	29
Thomas, m. Elisabeth **LOOMIS**, Aug. 5, 1761	2	82
Thomas, s. Thomas & Elisabeth, b. May 13, 1763	2	151
Thomas, s. Daniel & Anna, b. Feb. 21, 1783	2	163
Thomas, Jr., of Hebron, m. Anna **BALEY**, of Lebanon, Jan. 18, 1785	2	6
Thomas, m. Lucy **FORD**, b. of Hebron, Apr. 17, 1803	3	232
Thomas Leverett, s. Thomas & Lucy, b. Jan. 18, 1805	3	276
Watson, m. Lydia **PERKINS**, b. of Hebron, Oct. 18, 1846, by Rev. E. J. Doolittle	4	46-M
We[a]lthy, d. [Amasa & Mary], b. Feb. 14, 1787	2	164
Wealthy had d. Clarissa, b. Aug. 26, 1813	3	276
Wealthy E., of Hebron, m. William **FOOTE**, of Colchester, Sept. 11, 1843, by Rev. Edgar I. Doolittle	4	42-M
William, m. Jemimah **PRESSON**, b. of Hebron, Oct. 11, 1770	2	5
William, s. Azariah & Amey, b. Nov. 19, 1772	2	152
William, m. Anna **HORTON**, b. of Hebron, Jan. 19, 1826, by Rev. Charles Nichols	4	15-M
-----nathan, s. Thomas, b. May 14, 1716	1	1
-----, s. [ ], [b.] [ ] 18, 1721	1	1
BRUNSON, Marthar, m. Samuell **PALMER**, July 14, 1714	1	80
BRYANT, [see under **BRIANT**]		
BUCK, BEECK, Cybile, d. Eben[eze]r & Deborah, b. May 28, 1752	2	146

HEBRON VITAL RECORDS 131

	Vol.	Page
BUCK, BEECK, (cont.)		
Daniel, s. Thomas, Jr. & Jane, b. Nov. 9, 1753	2	146
David, s. Thomas, Jr. & Jane, b. May 3, 1761	2	149
Dauid, s. Tho[ma]s & Jane, b. May [ ], 1761	2	156
Deborah, m. Ebenezer **ROOT**, Jr., b. of Hebron, Nov. 13, 1764	2	96
Ebenezer, s. Ebenezar, b. Feb. 23, 1750	1	55
Enoch, s. Thomas, Jr. & Jane, b. Mar. 15, 1759	2	149
Eunice, d. Thomas, Jr. & Jane, b. July 20, 1755	2	148
Eunice, d. Thomas, Jr. & Jane, b. Nov. 28, 1756	2	148
George M., m. Emily G. **PHELPS**, June 14, 1852, by Rev. John F. Felty	4	54-M
Jane, d. Thomas & Jane, b. Feb. 13, 1765	2	156
John, s. Thomas, Jr., b. Apr. 13, 1752	2	146
John, of Hebron, m. Abigail **SEXTON**, of Colchester, Jan. 3, 1776 (Written "John **BEECK**")	2	5
Mary, d. Ebenezar, b. Feb. 25, 1748; d. Aug. 23, 174[ ]	1	55
Mary, d. Eben[eze]r & Deborah, b. Apr. 6, 1755	2	147
Perses, d. Tho[ma]s & Jane, b. July 26, 1763	2	156
Samuel, s. Thomas, b. May 21, 1750	2	146
Sarah, d. Ebenezer, b. Oct. 13, 1745	1	55
Sarah, m. Peter **ROBINSON**, b. of Hebron, May 20, 1767	2	96
Silas, of Portland, m. Clarissa **NORTON**, of Hebron, Feb. 19, 1842, by Rev. Henry Torbush	4	43-M
Sybil, see under Cybile		
Thomas, m. Jane **PEASE**, June 1, 1749	2	4
BUCKINGHAM, Jedadiah Parker, of Lebanon, m. Nancy **COOK**, of Newburyport, May 6, 1787	2	6
BUELL, BUEL, BUIELL, Aaron, s. Benj[ami]n & Cybil, b. July 19, 1757	2	148
Abell, s. Samuell, b. Apr. 2, 1732	1	13
Abel, s. Samuel, d. Nov. 18, 1748	1	54
Abel, s. Samuel & Mary, b. May 20, 1751	2	147
Abigail, d. Capt. Benjamin & Abigail, b. July 10, 1778	2	163
Abigail, of Hebron, m. Elijah **WARNER**, of Bolton, Mar. 21, 1821, by Rev. Nathan Gillet	4	2-M
Abigail E., d. [John & Mary], b. Jan. 21, 1815	4	7
Abigail E., m. Nathan **GILLETT**, Oct. 30, 1843, by Rev. Charles Nichols	4	42-M
Ann, w. Samuel, d. June 9, 1748	1	54
Anne, d. Samuell, b. Mar. 8, 1730/31	1	27
Anne, d. Samuell, d. Apr. 4, 1731	1	27
Anne, d. Samuell, b. June 2, 1734	1	21
Anne, m. Joel **OWEN**, Apr. 24, 1755	2	76
Benjamen, m. Mary **SPRAGE**, July 4, 1751	1	57
Benjamin, m. Sibel **BUEL**, b. of Hebron, June 27, 1754	2	4
Benjamin, s. Benja[min] & Cybel, b. Aug. 20, 1767	2	151
Benjamin, Capt. of Hebron, m. Abigail **BARTLET**, of Bolton, Nov. 24, 1774	2	5
Charles G., [s. John & Mary], b. Apr. 6, 1824	4	7
Clara, d. Benjamin & Sibbel, b. May 4, 1764	2	150
Daniell, s. William, b. Dec. 14, 1735	1	22
Daniel, s. William, d. Dec. 8, 1736	1	23
Daniel, s. Ens. W[illia]m & Abigail, b. Apr. 12, 1781	2	163
David, s. Samuel & Rebecca, b. Aug. 5, 1755	2	148

BUELL, BUEL, BUIELL, (cont.)

	Vol.	Page
David M., [s John & Mary], b. July 6, 1817	4	7
Deb[o]rah, d. Timothy, b. Sept. 13, 1738	1	38
Deborah, m. Joseph **DEWEY**, Jan. 29, 1756	2	18
Delight, w. William, d. Oct. 18, [1803]	3	325
Elihu P., [s. John & Mary], b. Dec. 23, 1807	4	7
Elijah, [twin with Hannah], s. Timothy, b. Nov. 9, 1735	1	38
Elijah, m. Thamar **PHELPS**, b. of Hebron, Apr. 15, 1756	2	4
Elisabeth, d. William, Jr., b. Aug. 19, 1728	1	8
Elisebeth, w. William, Jr., d. Oct. 29, 1731	1	7
Elisabeth, d. William, d. Nov. 20, 1736	1	23
Elisabeth, d. William, Jr., & Abigail, b. July 31, 1768	2	152
Elisabeth, d. Samuel, b. Nov. 29, 1744	1	54
Elisabeth, w. Dea. William, d. Feb. 28, 1790, in the 86th y. of her age	2	276
Ellen F., [d. E.P. & Lucy], b. May 7, 1835	4	7
Ephraim, s. Samuel, b. Aug. 21, 1742	1	54
Gratia T., of Hebron, m. Edwin M. **HOLLISTER**, of Hartford, Nov. 2, 1825, by Rev. Augustus B. Collins	4	14-M
Gratia Taylor, d. Maj. John H. & Sarah, b. Sept. 17, 1802	3	278
Hannah, [twin with Elijah], d. Timothy, b. Nov. 9, 1735	1	38
Hubbel, s. Capt. John H. & Phebe, b. Nov. 10, 1783, at New Fairfield	2	145
Ichabod, s. Timothy, b. Feb. 15, 1741	1	38
Ichabod, m. Hepsibath **DEWEY**, Nov. 17, 1763	2	5
Ichabod, s. Ichabod & Jemime, b. July 22, 1765	2	150
Ichabod, Jr., m. Elisabeth **CROUCH**, b. of Hebron, Sept. 2, 1787	2	6
Jemime, d. Ichabod & Hepsibith, b. June 9, 1764	2	150
Jamima, m. Roswell **PHELPS**, b. of Hebron, Jan. 13, 1784	2	85
John, s. Samuel & Mary, b. June 9, 1753	2	147
John, s. W[illia]m & Abigail, b. June 2, 1783	2	163
John, d. Oct. 5, 1833, ae 50	3	325
John H., Maj., m. Sarah **METCALF**, Nov. 4, 1800, at Westminster, Vt.	3	231
John H., s. John H. & Sally, b. July 26, 1805	3	276
John H., d. Sept. 19, 1813	3	325
John H., [s. John W. & Mary A.], b. Feb. 9, 1842	4	7
John Hutchinson, s. Benj[ami]n & Mary, b. Nov. 21, 1753	2	146
John H., Capt., of Hebron, m. Phebe **HUBBEL**, of New Fairfield, Dec. 13, 1781	2	6
John W., [s. John & Mary], b. Nov. 4, 1812	4	7
John W., m. Mary Ann **POST**, Sept. 21, 1836, by Rev. Charles Nichols, of Gilead	4	33-M
Joseph, s. Capt. Timothy, b. May 29, 1749	1	54
Josiah M., [s. John & Mary], b. Mar. 4, 1821	4	7
Josiah M., m. Susan A. **BURNHAM**, b. of Hebron, Sept. 1, 1841, by Charles Nichols	4	39-M
Levi, s. Benj[ami]n & Cybill, b. Jan. 14, 176[ ]	2	149
Maria H., [d. E. P. & Lucy], b. Apr. 25, 1834	4	7
Martha, d. William, d. Jan. 26, 1731/2	1	11
Martha, d. William, b. Oct. 24, 1731	1	7
Martha, d. Samuell, b. July 24, 1736	1	23
Martha, [d. John W. & Mary A.], b. Mar. 10, 1845	4	7
Mary, w. Samuel, d. July 18, 1754	2	4
Mary, d. Benjamin & Sybil, b. Aug. 11, 1755	2	147
Mary, m. Obadiah **HORSFORD**, b. of Hebron, Apr. 28, 1757	2	42

HEBRON VITAL RECORDS 133

	Vol.	Page
BUELL, BUEL, BUIELL, (cont.)		
Mary E., d. [John & Mary], b. Mar. 9, 1810	4	7
Mary E., m. Benjamin S. **SUMNER**, b. of Hebron, May 31, 1843, by Rev. Edgar J. Doolittle	4	42-M
Mary Sprague, d. [Capt. John H. & Phebe], b. July 13, 1785	2	145
Mercy, d. Timo[thy], Jr. & Mercy, b. Oct. 15, 1753	2	146
Oliuer, s. Capt. Timothy, b. May 6, 1746	1	45
Phebe, d. [Capt. John H. & Phebe], b. June 14, 1787	2	145
Rachel, d. William, b. Dec. 30, 1742	1	36
Rachel, m. Dudly **HORSFORD**, July 11, 1765	2	42
Rebeckah, d. Samuell, b. July 16, 1738	1	25
Sally Stebbins, d. [Maj. John H. & Sarah], b. Oct. 11, 1803	3	278
Samuell, s. Samuell, b. Oct. 24, 1728	1	15
Samuel, m. Mary **JUDD**, June 20, 1749	2	4
Samuel, s. Capt. Benja[min] & Abigail, b. Oct. 17, 1775	2	163
Sarah, d. Dea. William, b. Oct. 22, 174[ ]	1	49
Sarah, d. W[illia]m, Jr. & Abigail, b., July 6, 1774	2	153
Sarah, m. John D. **BIGELOW**, b. of Hebron, Sept. 25, 1796	3	231
Sibball, w. William, d. Jan. 26, 1736/7	1	23
Sibel, m. Benjamin **BUEL**, b. of Hebron, June 27, 1754	2	4
Sibill, d. Benjamin & Sibill, b. Feb. 7, 1762	2	149
Sophia, of Farmington, m. Rev. Amos **BASSETT**, of Hebron, May 14, 1801	3	231
Submit, d. Samuel, b. July 12, 1747	1	54
Submit, d. Samuel, d. Feb. 29, 1748	1	54
Sybil, see under Sibel		
Timothy, m. Hannah **BRADFORD**, Jan. 20, 1730	1	38
Timothy, s. Timothy, b. Nov. 20, 1732	1	38
Timothy, Jr. m. Mercy **PETERS**, b. of Hebron, Jan. 24, 1750/51	2	4
William, s. William, b. Nov. 10, 1729	1	16
William, m. Sibbaell **POOST**, Sept. 21, 1732	1	11
William, s. William, d. Nov. 20, 1736	1	23
William, m. Elisebeth **MILLER**, June 2, 1737	1	24
William, s. William, b. Apr. 7, 1745	1	41
William, s. Timo[thy], Jr. & Mary, b. Sept. 24, 1751	2	146
William, s. William, Jr. & Abigail, b. Dec. 9, 1766	2	152
William, s. W[illia]m, Jr. & Abigail, b. Sept. 1, 1778	2	159
William, Dea., m. Betty **PERRIN**, b. of Hebron, Aug. 25, 1794	3	231
William, Jr., of Hebron, m. Delight **FINLEY**, of Colchester, Nov. 6, 1800	3	231
William, s. William, Jr. & Delight, b. Aug. 19, 1801	3	278
William, s. [William & Delight], d. Jan. 20, 1802	3	325
William, Jr., m. Abigail **HORSFORD**, May 11, 1766	2	5
-----, 2d, child [William, Jr. & Delight], b. Oct. 6, 1803	3	278
-----, infant child of [William & Delight], d. Oct. 19, 1803	3	325
BURDICK, Samuel, of Colchester, m. Calista R. **HARRIS**, of Hebron, Nov. 25, 1830, by John S. Peters, J.P.	4	22-M
BURG, [see under **BIRGE**]		
BURNHAM, BURNNON, BURNBURNHAM, Amie, m. Samuell **FILOR**, Oct. 4, 1727	1	7
Caroline, of Hebron, m. Ichabod L. **SKINNER**, of Independence, O., May 21, 1829, by Rev. Lyman Strong	4	19-M
Emily, of Hebron, m. Patrick H. L. **CHEESEBRO**, of Bozrah, Sept. 12, 1836, by Sylvester Selden	4	34-M

	Vol.	Page
BURNHAM, BURNNON, BURNBURNHAM, (cont.)		
Luse, m. John **TALLCOOT**, May 27, 1731	1	27
Lucy Ann, m. Joel **WILCOX**, b. of Hebron, June 14, 1838, by Sylvester Selden	4	35-M
Maria, of Hebron, m. Russel R. **ATHERTON**, of Bolton, Nov. 16, 1823, by Rev. Amos Bassett	4	11-M
Martha, m. Eliphelet **YOUNGS**, Jr., Apr. 9, 1765	2	134
Matilda, m. Harvey **CRANE**, May 9, 1839, by Charles Nichols	4	36-M
Susan A., m. Josiah M. **BUELL**, b. of Hebron, Sept. 1, 1841, by Charles Nichols	4	39-M
BURROWS, BURAS, BURRAS, Anne had d., Mary Birchard, b. Apr. 12, 1758	2	149
Charl[e]s, s. Isaac, b. Nov. 9, 1730	2	146
Daniel, s. John & Rebec[c]a, b. Apr. 29, 1755	2	148
John, m. Rebeckah **BIRGE**, Oct. 11, 1743	1	40
John, s. John, b. May 10, 1747	1	48
John, s. John, Jr., b. Aug. 12, 1772	2	152
Lydia, d. John & Rebecca, b. Feb. 20, 1753	2	146
Rebeckah, d. John, b. July 6, 1744	1	40
Ruth, d. John, b. Mar. 13, 1751	1	56
Sarah, of Tol[l]and, m. Levi **GAY**, of Hebron, Feb. 22, 1764	2	34
BUSH, Timothy, m. Deborah **HOUSE**, Apr. 12, 1759	2	4
BUSHNALL, BUSHNAL, BUSHNAEL, Daniell, m. Sariah **POST**, June 25, 1741	1	33
Daniell, s. Lieut. Daniell, b. June 16, 1746	1	46
Jonathan, s. Daniel, b. Apr. 4, 1751	1	57
Josiah, of Hebron, m. Amey **MALLERY**, of Stratford, Oct. 8, 1756	2	4
Josiah, s. Josiah & Anne, b. Mar. 10, 1757	2	148
Lidda, d. Daniell, b. Mar. 13, 1743/4	1	39
Liddah, d. Lieut. Daniell, b. Mar. 13, 1744	1	46
Mindwell, d. Daniell, b. Dec. 1, 1748	1	51
Sarah, d. Daniell, b. Apr. 19, 1742	1	35
Sarah, d. Lieut. Daniell, b. Apr. 19, 1742	1	46
Sarah, m. Joel **POST**, Feb. 9, 1764	2	81
BUTTON, Delia C., m. William Austin **LEE**, May 13, 1834, by Charles Nichols	4	31-M
CACE, [see under **CASE**]		
CADVELL, Sally, m. Elijah **ISHAM**, b. of Hebron, July 15, 1821, by L. Hendee, J.P.	4	2-M
CALKINS, CALKIN, CALCINGS, CALCINS, A[a]ron, s. Samuell, Jr., b. Jan. 19, 1725/6	1	66
Abigill, d. Acquillah, b. June 7, 1742	1	34
Acquillah, m. Desiah **ACKLEY**, May 27, 1741	1	34
Daniell, s. John, b. Mar. 8, 1721/2	1	61
Hannah, m. Timothy **PHELPS**, July 29, 1714	1	62
Hannah, m. Cornelius **PHELPS**, Nov. 16, 1757	2	81
James, m. Mercy **MAN**, Sept. 26, 1754	2	12
James, s. James & Mercy, b. July 22, 1755	2	154
James, s.James & Mercy, d. Dec. 3, 1757	2	280
Jemime, m. Caleb **CURTICE**, May 26, 1726	1	64
John, m. Cathrian **FOSTOR**, [1719/20?]	1	61
Joseph, s. Stephen, b. June 2, 1737	1	24

	Vol.	Page
CALKINS, CALKIN, CALCINGS, CALCINS, (cont.)		
Mary, d. John, b. Sept. 8, 1720	1	61
Nathaniell, s. Aquilla, b. Feb. 9, 1743/4	1	38
Rhoda, d. James & Mercy, b. Oct. 17, 1755	2	155
Ruth, m. Nathan **STILSS**, Mar. 3, 1726	1	64
Samuell, Jr., m. Damras **STRONG**, June 3, 1725	1	66
Stephen, s. Stephen, b. Oct. 1, 1735	1	22
CAMP, Alvah, of Middletown, m. Abbey **BAILEY**, of Hebron, Nov. 1, 1826, by Rev. Augustus B. Collins, of Andover	4	15-M
CARD, Charles, m. Mercy **PERRY**, Mar. 18, 1832, by Rev. Charles Nichols	4	27-M
Samuel, of Lebanon, m. Ellen **McNELLY**, of Hebron, Dec. 6, 1841, by Rev. Alpheus Geer	4	40-M
CARPENTER, Benjamin, of Bolton, m. Betsey **WEST**, of Hebron, Sept. 19, 1841, by Charles Nichols	4	39-M
Jasper, of Coventry, m. Nancy **JOHNSON**, of Hebron, Sept. 8, 1824, by Rev. Peter Griffing	4	12-M
Ralph M., of Coventry, m. Sarah J. **ROOT**, of Hebron, Feb. 24, 1847, by Rev. Charles Nichols	4	48-M
CARRIER, CARIER, Francis D., of Colchester, m. Polly **JONES**, of Hebron, [Nov.] 2, 1846, by Rev. E. J. Doolittle	4	47-M
Hannah, of East Haddam, m. Daniel **JONES**, of Hebron, Mar. 22, 1763	2	50
Isaac, s. Thomas & Mary, b. Nov. 5, 1754	2	154
Lydea, d. Thomas & Mary, b. Jan. 18, 1752	2	154
Martha, d. Thomas & Mary, b. Feb. 18, 1759	2	154
Phebe, d. James & Phebe, b. May 21, 1758	2	155
Rachel, d. Thomas & Mary, b. Sept. 10, 1756	2	155
Sarah, m. Worthy **WARTERS**, Oct. 27, 1727	1	9
CARTER, Abigill, m. John **GILBUT**, Nov. 11, 1736	1	26
Adoniram, s. Thomas, Jr., b. June 25, 1751	1	56
Annar, d. Benjamin, b. Mar. 9, 1748/9	1	53
Annar, m. Bateman **WELLS**, b. of Hebron, Feb. 12, 1769	2	123
Benjamin, m. Phebe **SAWYER**, May 26, 1748	1	48
Benjamin, s. Benjamin & Phebe, b. Mar, 6, 1755	2	154
Benj[ami]n, Lieut., d. Oct. 17, 1760	2	280
Benjamin, s. Lieut. Benj[ami]n & Phebee, d. Jan. 6, 1762	2	280
Benoney, s. Thomas, b. July 10, 1745	1	41
Eb[e]nezer, s. Ezra, b. July 24, 1736	1	24
Eb[e]nezer, s. Ezra, d. Aug. 28, 1743	1	37
Ele[a]zer, s. Ezra, b. July 22, 1734	1	19
Eleizer, s. Ezra, d. Jan. 26, 1737	1	24
Ele[a]zer, s. Thomas, b. Aug. 23, 1740	1	32
Eleazer, s. Ezra, b. May 23, 1743	1	37
Elisabeth, m. William **SWETLAND**, Feb. 27, 1745/6	1	43
Enoch, s. Benjamin & Phebe, b. Mar. 5, 1757	2	154
Eunice, of Marlborough, m. Sylvester **GILBERT**, Jr., of Hebron, Nov. 26, 1805	3	241
Ezra, s. Ezra, d. Jan. 21, 1737	1	24
Ezra, s. Ezra, b. Nov. 2, 1740	1	32
Israell, s. Thomas, b. Mar. 28, 1742	1	34
John, s. Thomas, b. June 18, 1736	1	22
Joseph, s. Thomas, b. May 9, 1727	1	6
Josep[h], s. Thomas, d. July 28, 1728	1	6
Joseph, s. Thomas, b. Sept. 13, 1731	1	35

	Vol.	Page
CARTER, (cont.)		
Joseph, s. Thomas, b. Sept. 13, 1731	1	41
Marcy, d. Thomas, b. Apr. 14, 1739	1	35
Mary, d. Ezra, d. Jan. 29, 1737	1	24
Mary, d. Ezra, b. Sept. 17, 1738	1	25
Mary, d. Ezra, d. June 29, 1743	1	37
Mary, m. William **TALCOTT**, Jan. 3, 1769	2	112
Phebe, d. Benjamin, b. Nov. 8, 1750	1	55
Phebe, d. Lieut. Benj[ami]n & Phebe, b. Nov. 23, 1759	2	155
Phebe, d. Nov. 23, 1763	2	350
Samuell, s. Thomas, b. May 31, 1734	1	19
Sarah, d. Thomas, b. Dec. 2, 1732	1	11
Sarah, d. Benjamin & Phebe, b. June 14, 1753	2	154
Thomas, m. Sarah **GILLBURD**, Dec. 9, 1730	1	15
Thomas, Jr., m. Sarah **SAWYER**, Apr. 2, 1747	1	46
Thomas, s. Thomas, Jr. b. Mar. 31, 1748	1	48
-----, 7th child of Thomas, st. b. Mar. 28, 1729	1	6
-----, W., Thomas, d. Apr. 10, 1729	1	6
CARVER, Aaron, [s. David & Amy], b. [ ] 1769	4	17
Adaline Simmons, d. William & Cynthia, b. Feb. 21, 1808	3	280
Aldrich, [s. David & Amy], b. [ ] 1761; had 12 children and was the father of Joseph, of Turnerville, who was grandfather of F. C. Bissell	4	17
Alerick*, s. David & Amy, b. July 4, 1761 (*Aldrick)	2	157
Alarick, m. Assenneth **TARBOX**, b. of Hebron, Sept. 12, 1782	2	13
Aldrick, s. [Aldrick & Asenath], b. Mar. 18, 1793	3	279
Almira Jane, m. Frederick Phelps **BISSELL**, May 2, 1847, by Solomon Hitchcock, in St. Peter's Chuch	4	48-M
Amey, d. Dauid [& Amey], b. Jan. 22, 1750/51	1	56
Amy, [d. David & Amy], b. [ ], 1751; m. David **STRONG**	4	17
Amey, m. David **STRONG**, b. of Hebron, Feb. 3, 1773	2	107
Ame, d. [Aldrick & Asenath], b. June 29, 1791	3	279
Asenath, d. [Aldrick & Asenath], b. May 13, 1787	3	279
Daniel William, s. David, Jr. & Judeth, b. May 3, 1785	2	160
David, [b.]; [d.] 1727	4	17
David, b. 1729; m. Amy **FILER**, [ ]; d. 1805. "With his three youngest sons moved to Grandby, Mass., 1794 and died there"	4	17
Dauid, m. Amey **FILER**, Mar. 13, 1749/50	1	56
David, [s. David & Amy], b. 1753; m. [ ]. Had 10 children	4	17
David, Jr., m. Judah **GOTT**, b. of Hebron, Jan. 24, 1785	2	12
David Gott, s. David, Jr. & Judeth, b. Sept. 11, 1786	2	160
David T., s. Flavel A. & Mary E., b. June 12, 1848	4	8
Dudl[e]y, s. David & Judah, b. Dec. 4, 1792	2	160
Electa, w. of Harry O., had d. Ann Eliza (**CARVER**) **FITCH**, now of Rockville	4	13
Eliza F., of Hebron, m. Albert B. **COUCH**, of Sag Harbour, Sept. 18, 1834, by Rev. Alpheus Geer	4	31-M
Elizabeth Daggett, d. William & Cynthia, b. July 20, 1806	3	280
Emily B., of Hebron, m. William L. **CONE**, of East Haddam, Oct. 29, 1848, by Solomon G. Hitchcock	4	49-M
Erastus, s. David, Jr. & Juda, b. Aug. 31, 1788	2	160

	Vol.	Page
CARVER, (cont.)		
Erastus, s. David & Judah, d. June 6, 1807, in Woodbridge, N. J., ae 18 y. 9 m. 24 d.	3	327
George, s. [David, Jr. & Juda], b. Aug. 18, 1790	2	160
Har[r]iot, d. David & Judah, b. Nov. 30, 1799	2	160
Henry, s. David & Judah, b. Nov. 7, 1794	2	160
Henry, s. David & Judah, d. Sept. 12, 1807, ae 12 y. 10 m. 24 d.	3	327
Henry O., m. Electa **PHELPS**, b. of Hebron, Jan. 4, 1835, by Rev. Alpheus Geer	4	32-M
Increase, m. Ada Ann **BIGELOW**, b. of Hebron, Aug. 19, 1824, by J. S. Peters, J.P.	4	12-M
Jared, s. [Aldrick & Asenath], b. Dec. 12, 1789	3	279
John, [b.] 1637; [d.] 1679	4	17
John, [s. David & Amy], b. 1756; had no children	4	17
John, s. [Aldrick & Asenath], b. Oct. 12, 1785	3	279
John Filer, s. David & Judah, b. Jan. 16, 1797	2	160
Jonathan, s. David & Amey, b. Nov. 1, 1763	2	157
Jonathan, [s. David & Amy], b. 1763; had 6 children	4	17
Joseph, [s. David & Amy], b. 1759; had no children	4	17
Joseph, s. Aldrick & Asenath, b. Dec. 14, 1782	3	279
Lavina P., of Hebron, m. John A. **FULLER**, of Granby, Mass., Aug. 20, 1848, by Solomon G. Hitchcock	4	49-M
Lewis, s. Jonathan & Elisabeth, b. Jan. 8, 1794	3	279
Lewis E., m. Frances A. **PORTER**, b. of Hebron, Sept. 23, 1840, by Rev. Alpheus Geer	4	38-M
Rachel, m. Solomon **ROOT**, Apr. 16, 1772	2	96
Robert, [b.] 1594; [d.] 1680. "Was brother of Gov. John Carver, of Plymouth Colony"	4	17
Samuel, [b.] 1704; [d.] 1780	4	17
Samuel Augustus, s. David & Judah, b. Oct. 2, 1801	2	160
Warren, 6th gen., [s. David & Amy], b. 1766; had 3 children	4	17
William, of Hebron, m. Cynthia **BILL**, of Columbia, May 28, 1805	3	233
CARY, Elisabeth, m. Daniel **MACK**, Aug. 15, 1751	1	58
Jemima, of Williamsborogh, m. John **FORD**, Jr., Dec. 6, 1773	2	28
CASE, CACE, CASSE, CASS, Alice, d. Moses & Mary, b. Dec. 5, 1730	1	4
Alles, m. Stephen **BARBUR**, Jan. 12, 1748	1	53
Aurelia, d. Feb. 12. 1848, ae 23	3	327
Azubah, d. Zia & Azubah, b. Apr. 26, 1770	2	158
Azubah, m. Elihu **MARVEN**, July 1, 1779	2	67
Azubah, m. Joseph Phelps **PETERS**, b. of Hebron, Apr. 28, 1785	2	84
Eb[e]nezer, s. Elifelet, b. Mar. 31, 1743	1	37
Eliphalet, m. Martha **OWEN**, Dec. 10, 1736	1	24
Elifelet, s. Elifelet, b. May 24, 1737	1	33
Hannah, d. Mosses, b. Mar. 12, 1735/6	1	22
Hannah, d. Moses, b. Mar. 12, 1736	1	29
Hannah, m. Eldad **POST**, Feb. 26, 1756	2	80
Jerusha, d. Sept. 16, 1847, ae 78	3	327
Jonah, s. Elifelet, b. Sept. 22, 1740; d. Sept. 22, 1740	1	33
Jonah, s. Eliphalet, b. May 28, 1750	1	54
Jonah, m. Abigail **OWEN**, b. of Hebron, Aug. 6, 1769	2	12

	Vol.	Page
CASE, (cont.)		
Joseph, s. Elifelet, b. July 5, 1739	1	30
Joseph, s. Elifelet, d. Nov. 23, 1740	1	33
Joseph, s. Elifelet, b. Sept. 14, 1741	1	33
Joseph W., s. Joseph Wane **CASE** & Abigail **PRATT** (?), b. Sept. 14, 1775	2	158
Josiah, s. Moses, b. Feb. 2, 1738/9	1	29
Leui, s. Elifilet, b. Nov. 17, 1744	1	40
Loes, m. Thomas **ROWLEE**, July 15, 1744	1	42
Martha, w. Eliphalet, d. Aug. 15, 1772	2	280
Martha, [twin with Mary], d. Zia & Azubah, b. Aug. 9, 1774	2	159
Martha, d. Zia & Azubah, d. Sept. 19, 1776	2	280
Mary, d. Moses, b. Apr. 6, 1742	1	35
Mary, d. Moses, b. July 27, 1746	1	47
Mary, [twin with Martha], d. Zia & Azubah, b. Aug. 9, 1774	2	159
Mary, [d. Zia & Azubah], d. Sept. 20, 1776	2	280
Moses, s. Moses, b. July 24, 1724	1	9
Moses, d. Sept. 6, 1741	1	33
Moses, m. Phebe **PETERS**, Aug. 16, 1744	1	47
Moses, s. Moses, b. June 6, 1749	1	55
Pacience, d. Moses, b. Apr. 19, 1723	1	61
Pacienc, m. Dauid **BARBUR**, Mar. 18, 1738/9	1	29
Patience, d. Eliphalet & Martha, b. Nov. 17, 1752	2	154
Roger, S. Elifelet, b. Aug. 15, 1746	1	44
Wane, s. Eliphalet, b. Mar. 27, 1749	1	51
Zenas, s. Eliphalet, b. Sept. 10, 1751	1	57
Zia, s. Elifelet, b. Feb. 20, 1747/8	1	48
Zia, m. Azubah **PHELPS**, Sept. 3, 1769	2	12
Zia, s. Zia & Azubah, b. June 24, 1771; d. Sept. 16, 1771	2	158
Zia, s. Zia & Azuba, b. June 28, 1772	2	159
Zia, s. Zia & Azubah, d. Apr. 19, 1777	2	280
Zia, d. May 9, 1777, in the 30th y. of his age	2	280
-----, child of Zia & Azuba, b. July 30, 1776; d. July 30, 1776	2	159
CASS, [see under **CASE**]		
CASWELL, Josiah, s. Ezra & Elisabeth, b. May 11, 1768	2	157
Nathan, s. Nathan & Hannah, b. May 1, 1762	2	156
Ozias, s. Nathan & Hannah, b. Jan. 17, 1764	2	156
Welthe, d. Daniel, b. Apr. 17, 1769	2	157
CHAMBERLIN, Abigail, m. Elehu **HORSFORD**, Apr. 3, 1770	2	43
Abner, s. John, Jr., b. Oct. 4, 1745	1	48
Amos, s. John, b. Jan. 3, 1748/9	1	55
Benjamin, s. John, Jr., b. Apr. 27, 1738; d. June 22, 1738	1	25
Benjamin, s. John, Jr. b. Oct. 5, 1742	1	48
Benj[ami]n, m. Jerusha **GREEN**, Jan. 7, 1761	2	12
Dauid, s. John, Jr., b. Apr. 16, 1746	1	48
Joel, s. John, Jr. & Susanna, b. June 4, 1752	2	154
John, Jr., m. Mahitibell **FULLER**, Nov. 8, 1737	1	25
John, Jr., m. Susannah **GREEN**, Jan. [ ], 1750/51	2	12
Mary, d. John, b. Aug. 3, 1750	1	55
Mahitable, d. John, Jr. b. May 9, 1739	1	48
Mehitabel, m. Abner **HOWARD**, Feb. 16*, 1762 (*10?)	2	42

	Vol.	Page

CHAMBERLIN, (cont.)
Olive, d. Jno. Jr., & Susanna, b. Sept. 11, 1754	2	154
Olive, d. Jno.,Jr., & Susannah, d. Mar. 27, 1756	2	280
Olive, d. Benj[ami]n & Jerusha, d. Aug. 22, 1762	2	280
Susanna, d. Jno. & Susanna, b. Nov. 22, 1755	2	154
Susannah, d. John, Jr. & Susanna, d. Mar. 26, 1756	2	280
Susannah, d. Benj[ami]n & Jerusha, b. Dec. 13, 1763	2	156
William, of Colchester, m. Adaline A. **STRONG**, of Hebron, Apr. 9, 1844, by Rev. Edgar J. Doolittle	4	43-M

CHAMPION, Deborah, Mrs., of Colchester, m. Samuel **GILBERT**, of Hebron, Sept. 3, 1775 — 2, 34

CHAPIN, Matilda, m. Ezekiel **WEBSTER**, Apr. 4, 1805 — 3, 269

CHAPMAN, Abigail, d. Ezekiel & Abigail, b. May 4. 1762 — 2, 156
Daniel, m. Lucy **TALCOTT**, b. of Hebron, Jan. 25, 1775	2	12
Daniel, s. Daniel & Lucy, b. Nov. 3, 1775	2	159
David, m. Mehitabel **STYUARD**, Jan. 8, 1764	2	12
David, d. Aug. 8, 1768	2	280
David, s. Ezekiel & Abigail, b. Aug. 14, 1768	2	157
Esther, d. David & Esther, b. Mar. 28, 1768	2	157
Ezekiel, s. Ezekiel & Abigail, b. Feb. 19, 1757	2	155
Ichabod, s. Daniel & Lucy, b. Nov. 13, 1777	2	159
Israel, s. Ezekiel & Abigail, b. June 22, 1758	2	155
Jerusha, m. Henry A. **KELLOGG**, b. of Hebron, Jan. 31, 1841, by Rev. Abijah C. Wheat	4	39-M
John, m. Mary **FILER**, b. of Hebron, Feb. 24, 1771	2	12
John, s. Ezekiel & Abigail, b. July 20, 1771	2	158
Julia, m. Benjamin W. **PALMER**, Sept. 11, 1831, by Rev. Chester Tilden	4	25-M
Keziah, d. Jonathan & Mary, b. Sept. 23, 1755	2	154
Loice, of East Haddam, m. Benjamin **STEWART**, Dec. 14, 1769	2	107
Lucey, d. Jon[a]th[an] & Mary, b. Aug. 10, 1757	2	154
Mary, d. Jonathan & Mary, b. Oct. 29, 1753	2	154
Mary, d. Ezekiel & Abigail, b. Jan. 19, 1767	2	157
Mary, m. Elihu **MARVEN**, June 13, 1782	2	67
Mary Ann, m. Augustavus **WALKER**, Jan. 26, 1832, by Rev. Peter Griffing	4	26-M
Mehitable, m. Ens. Orlander **MACK**, b. of Hebron, Dec. 24, 1769	2	66
Prouda, d. July 30, 1848; ae 67	3	327
Rhoda, d. Ezekiel & Abigail, b. May 23, 1764	2	156
Sam[ue]ll, s. Ezekiel & Abigail, b. Dec. 10, 1755	2	155
Sam[ue]ll, s. Ezek[i]el & Abigail, [d.] Dec. 11, 1755	2	280
Sarah, m. Joshua **ROOT**, Sept. 28, 1775	2	96
Silas, s. Ezekiel & Abigail, b. July 20, 1760	2	155
Thomas, of Westerly, R. I., m. Eliza **SKINNER**, of Hebron, Sept. 19, 1839, by Sylvester Selden	4	37-M
-----, of Stonington, m. Daniel **PORTER**, of Hebron, Jan. 17, 1828, by John S. Peters, J.P.	4	17-M

CHAPPELL, CHAPEL, CHAPPEL, CHAPOLL, Ann, d. Caleb, b. Feb. 19, 1744/5, at Sharoon — 1, 51

Anson, s. Zaenas & Anna, b. Aug.18, 1809 — 3, 280

	Vol.	Page
CHAPELL, CHAPEL, CHAPPEL, CHAPOLL, (cont.)		
Anson, m. Harriet N. **HUTCHINSON**, b. of Hebron, Mar. 6, 1839, by Charles Nichols	4	36-M
Betsey, d. David, b. May 16, 1793	3	280
Bitty, of Lebanon, m. Jedadiah **JONES**, of Hebron, Mar. 17, 1784	2	50
Caleb, s. Caleb, b. July 3, 1749	1	51
Elisabeth, d. Caleb & Elisabeth, b. Jan. 3, 1750/51	1	55
Esther, d. Caleb, b. Oct. 28, 1752	2	154
George Brown, s. Zenus & Anna, b. Jan. 23, 1807	3	280
Gilbert, s. David & Elisabeth, b. July 4, 1789	2	160
Jane, d. Anson & Harriet M., b. Feb. 13, 1848	4	9
Jonathan, m. Remember **PERRY**, June 15, 1758	2	12
Mary M., m. John L. **WEBSTER**, b. of Hebron, [Apr.] 7, [1833], by Chester Humphrey, Hebron, Gilead Soc.	4	30-M
Noah, m. Abagill **HOWARD**, Oct. 16, 1726	1	5
Ruth, d. Jonathan, Jr. & Remember, b. Oct. 9, 1759	2	155
Ruth, m. David **SKINNER**, b. of Hebron, Oct. 7, 1782	2	108
Sarah, d. Jabez & Ziporah, b. June 12, 1757	2	155
Siboll, d. Noah, b. Sept. 15, 1727	1	5
Zenas, of Hebron, m. Anna **BROWN**, of Columbia, Mar. 27, 1806	3	233
CHAPWELL, Abigill, d. Jonathan, [b.] Oct. 4, 1724	1	70
Callieb, s. Callieb, b. Jan. 8, 1722/3	1	4
Dauid, s. Jonathan, d. Nov. 8, 1739	1	30
Deb[o]rah, d. Jonathan, b. Feb. 2, 1735/6	1	22
Deb[o]rah, d. Jonathan, d. Oct. 30, 1739	1	30
Jonathan, m. Ruth **HUCHISON**, Nov. 12, 1723	1	70
Mary, d. Jonathan, b. Mar. 18, 1730	1	17
Rachell, d. Jonathan, b. May 24, 1728	1	10
Rachell, m. James **WHITE**, Jan. 14, 1747/8	1	47
Ruth, d. Jonathan, b. Jan. 25, 1725/6	1	70
Ruth, m. William **PETERS**, Jan. 5, 1743/4	1	38
-----. 4th s. Jonathan, b. Apr. 11, 1740; d. same day	1	31
CHEESEBRO, Patrick H. L., of Bozrah, m. Emily **BURNHAM**, of Hebron, Sept. 12, 1836, by Sylvester Selden	4	34-M
CHITTENDON, Alfred, of Colchester, m. Emily M. **ROOT**, of Hebron, Apr. 16, 1854, by Rev. Anthony Palmer	4	54-M
CHUB[B], Joshua, d. Feb. 14, 1741/2	1	43
Susan[n]ah, m. Joseph **CURTICE**, Nov. 9, 1723	1	3
CHURCH, Sarah, m. John **PORTER**, Sr., Oct. 13, 1726	1	61
CIBBEY, Naomy, m. Joseph **PHELPS**, Jr., Aug. 14, 1734	1	20
CLARK, Aaron, of Cleveland, O., m. Caroline Elisabeth **BINGHAM**, of Andover, July 21, 1845, by Alpha Miller, Andover	4	45-M
Anne, d. Nun & Anne, b. June 12, 1765	2	157
Delinda, m. Chester **TENNANT**, Oct. 14, 1829, by Rev. Peter Griffing	4	19-M
Hannah D., m. Jeremy **TAYLOR**, Oct. 1, 1835, by Rev. Peter Griffing	4	32-M
Joseph F., of Sidney, N. Y., m. Laura L. **PHELPS**, of Hebron, Sept. 26, 1833, by Rev. Alpheus Geer	4	31-M

HEBRON VITAL RECORDS 141

	Vol.	Page

CLARK, (cont.)
Josiah, m. Harriet **STRONG**, b. of Hebron, Mar. 20, 1825, by Rev.
   William Jarvis — 4 — 13-M
Martha, of Hebron, m. Martin **ALVARD**, of Bolton, Nov. 18, 1823,
   by Rev. Augustus B. Collins, of Andover — 4 — 11-M
Nun, d. Nov. 26, 1766 — 2 — 280
Olive, of Lebanon, m. Joseph **WHITE**, of Hebron, June 26, 1783 — 2 — 123
Patience, of Coventry, m. Aaron **SWETLAND**, of Hebron, Sept. 27,
   1770 — 2 — 107
Rebecca, of Lyme, m. Dr. Aaron **STILES**, Dec. 24, 1767 — 2 — 107
Ruth, m. Eli **SWETLAND**, b. of Hebron, Sept. 23, 1784 — 2 — 108
CLASON, Mercy, d. John & Zuriah, b. Sept. 25, 1750 — 2 — 154
COATES, COATS, Aurelia F., m. Judson **PERRY**, Mar. 21, 1831, by Rev.
   Peter Griffing — 4 — 24-M
Eunice A., m. David **PERRY**, Jan. 15, 1834, by Rev. Leonard B.
   Griffing, Hope Valley — 4 — 31-M
Lucy Ann E., m. John G. **LOOMER**, Dec. 24, 1837, by C. D. Rogers — 4 — 34-M
Lydia E., m. William S. **NEWELL**, Jan. 2, 1831, by Rev. Peter Griffing — 4 — 23-M
Nancy A., m. George W. **WOODWORTH**, Sept. 30, 1830, by Rev.
   Peter Griffing — 4 — 22-M
Sarah, m. Joshua **PRATT**, Dec. 7, 1769* (*Perhaps 1779) — 2 — 83
COCK, [see under **COX**]
COGSWELL, Diademea, d. Hezekiah, b. June 16, 1742 — 1 — 35
Ezra, of Hebron, m. Elisabeth **DEWEY**, of Lebanon, Oct. 30, 1760 — 2 — 12
Naomy, d. Hezekiah, b. Sept. 16, 1740 — 1 — 35
COHOON, Elisabeth, m. Gidian **WARTERS**, Dec. 30, 1729 — 1 — 18
COLBURN, Augustus, s. Daniel & Roxelina, b. Aug. 3, 1782 — 2 — 159
Daniel, m. Roxelena **PHELPS**, b. of Hebron, Mar. 30, 1780 — 2 — 13
John, s. Daniel & Roxelena, b. Jan. 3, 1781; d. June 25, 1781 — 2 — 159
COLE, Barshiba, of Lebanon, m. David **BLISS**, of Hebron, Apr. 8, 1784 — 2 — 6
Sarah, of Lebanon, m. Normon **PHELPS**, of Hebron, Nov. 23, 1784 — 2 — 84
COLEMAN, COLMAN, Aaron, s. Josiah & Elisabeth, b. Jan. 17, 1758 — 2 — 155
Asa, s. Josiah & Elisabeth, b. Mar. 24, 1767 — 2 — 158
Ebenezar, s. Niles, b. Oct. 29, 1731 — 1 — 56
Elihu, s. Josiah & Elisabeth, b. May 23, 1762 — 2 — 156
Elisabeth, d. Niles, b. Apr. 15, 1735 — 1 — 56
Elisabeth, d. Niles, d. [ ] 9, 1739 — 1 — 57
Elisabeth, d. Niles, b. July 13, 1749 — 1 — 57
Elisabeth, d. Josiah & Elisabeth, b. Oct. 30, 1769 — 2 — 158
Hulda, d. Josiah & Elisabeth, b. Mar. 9, 1760 — 2 — 149
Jesse, s. Josiah & Elisabeth, b. Oct. 15, 1764 — 2 — 158
Joseph, Dea., m. El[e]anor **GAY**, b. of Hebron, Aug. 30, 1759 — 2 — 12
Josiah, m. Elisabeth **ROOT**, Nov. 6, 1755 — 2 — 12
Josiah, s. Josiah & Elisabeth, b. June 3, 1756 — 2 — 154
Josias, s. Niles, b. Apr. 4, 1733 — 1 — 56
Maria, m. Frederick **WELLES**, June 7, 1830, by Rev. Charles Nichols — 4 — 21-M
Nathaniel, s. Niles, b. May 13, 1737 — 1 — 57
Nathaniel, s. Niles, d. Dec. 12, 1741 — 1 — 57
Nathaniel, s. Niles, b. Apr. 4, 1743 — 1 — 57
Niles, m. Elisabeth **STRONG**, May 9, 1731 — 1 — 56
Niles, s. Niles, b. Apr. 24, 1741 — 1 — 57

	Vol.	Page
COLEMAN, COLMAN, (cont.)		
Niles, s. Niles, b. May 30, 1747	1	57
Niles, s. Niles, d. Jan. 9, [ ], in the 9 m. of his age	1	57
Ruth, d. Niles, b. May 5, 1745	1	57
Sam[ue]l, of Columbia, m. Esther **KIMBALL**, of Hebron, May 11, 1823, by Levi Mack, Elder	4	9-M
COLLINS, Levi, m. Eliza **BEACH,** b. of Hebron, June 5, 1823, by Rev. Amos Bassett	4	10-M
CONE, Adonijah, s. Zachariah & Mary, b. July 18, 1778	2	160
Daniel, s. [Zachariah & Mary], b. Nov. 28, 1780	2	160
Esther, d. John & Hannah, b. Jan. 26, 1803	3	280
Esther, m. Ela A. **MACK,** b. of Hebron, Sept. 26, 1823, by Rev. Nathan Gillet	4	10-M
Fanny Philura, d. [John & Hannah], b. Mar. 25, 1805	3	280
Gardner, s. [Zachariah & Mary], b. Apr. 6, 1782	2	160
Gilbert, s. [Zachariah & Mary], b. May 1, 1785	2	160
Hannah A., of East Haddam, m. David **TOWNSEND,** Jr., of Hebron, May 20, 1784	3	265
Hannah Andrews, of East Haddam, m. David **TOWNSEND,** Jr., May 20, 1784	2	122
Hannah Emily, d. [John & Hannah], b. Dec. 8, 1800	3	279
Jerusha, d. [John & Hannah], b. June 4, 1807	3	280
Jerusha, of Hebron, m. George **WILLIAMS,** of Columbia, Dec. 24, 1828, by Rev. Charles Nichols	4	19-M
Mary, of Hebron, m. Reuben **ROWLEY,** of Lansing, N.Y., Dec. 24, [1828], by Rev. George C. Shepard	4	19-M
Patience, wid. of John, of Bolton, & d. of Jonah **STRICKLAND,** m. Jedidiah **POST,** Jr., Feb. 20, 1783	2	85
Sarah, m. David **HUTCHINSON,** Apr. 31(sic), 1822, by Rev. Nathan Gillet	4	6-M
Sarah Bingham, d. John & Hannah, b. Sept. 7, 1799	3	279
William L., of East Haddam, m. Emily B. **CARVER,** of Hebron, Oct. 29, 1848, by Solomon G. Hitchcock	4	49-M
CONNELY, Patrick, of Hebron, m. Eliza Ann **THOMPSON,** of Stonington, Oct. 25, 1829, by Rev. Lyman Strong	4	19-M
COOK, DeLancy, of Andover, m. Mary Lucinda **LEE,** of Hebron, Mar. 28, 1852, by Rev. Lavius Hyde, of Bolton	4	53-M
George O., of Windsor, Vt., m. Anne **FULLER,** of Hebron, Aug. [ ], 1798, by S. Gilbert, J.P.	3	233
Nancy, of Newburyport, m. Jedadiah Parker **BUCKINGHAM,** of Lebanon, May 6, 1787	2	6
Oliver, of Andover, m. Sarah Elizabeth **LEE,** of Hebron, Sept. 12, 1852, by Lavius Hyde	4	53-M
W.P., of Hebron, m. Amanda **FRISBY,** of Oswego, N.Y., Dec. 14, 1851, by Edgar J. Doolittle	4	53-M
CORBY, Mary, m. John **WARNER,** Nov. 5, 1718	1	77
COX, COCK, Anna, d. W[illia]m & Meriam, b. May 31, 1774	2	159
Armenda, d. James & Ann, b. May 5, 1762	2	156
Hannah, d. Robart, b. Mar. 16, 1740/41	1	30

	Vol.	Page
COX, COCK, (cont.)		
James, m. Ann **POLLY**, b. of Hebron, Oct. 25, 1757	2	12
James, s. James & Ann, b. July 30, 1758	2	155
Mary, m. John **HOGHETH**, Mar. 13, 1748/49	1	51
Meriam, d. W[illia]m, b. Aug. 31, 1766	2	159
Permelia, d. W[illia]m, b. Dec. 8, 1769; d. Jan. 28, 1769* (*as written in original manuscript)	2	159
Permelia, d. W[illia]m, b. Aug. 14,1772	2	159
Robert, s. William & Meriam, b. July 22, 1760	2	155
Robert, s. W[illia]m & Meriam, b. July 22, 1760	2	158
Ruth, m. Moses **HUTCHINSON**, Jr., Jan. 1, 1756	2	42
Ruth, d. W[illia]m & Meriam, [b.] Nov. 28, 1764	2	159
Sarah, d. Robart, b. Aug. 8, 1733	1	19
Thomas, s. Robart, b. Dec. 30, 1735	1	21
Thomas, s. W[illia]m, & Meriam, b. Jan. 12, 1770	2	159
William, s. Robart, b. May 19, 1739	1	29
William, m. Merriam **PYMEHEON**, June 15, 1759	2	12
William, s. W[illia]m & Meriam, b. Apr. 13, 1763	2	158
CRAIG, John, m. Sally **DERBY**, b. of Hebron, Aug. 31, 1841, by Rev. Henry Torbush	4	43-M
Sarah, m. Elias W. **THOMPSON**, b. of Hebron, Nov. 26, 1843, by Rev. John Whittlesey	4	43-M
CRANE, CRAIN, Charles, s. Isaac W. & Constantia, b. June 23 1807	3	280
Erastus, s. [Isaac W. & Constantia], b. Apr. 16, 1803	3	279
George*, s. Isaac Waldo & Constantia, b. Apr. 14, 1801 (*The name "Washington" erased by order from George)	3	279
George, m. Lovina **BLACKMAN**, b. of Hebron, Sept. 12, 1822, by Leonard Hendee, J.P.	4	7-M
Hannah, m. John **GOTT**, June 12, 1755	2	34
Harvey, s. Isaac W. & Constantia, b. Sept. 1, 1817	3	280
Harvey, m. Matilda **BURNHAM**, May 9, 1839, by Charles Nichols	4	36-M
Isaac W., m. Constantia [ ], b. of Hebron, Nov. 26, 1797, by S. Gilbert, J.P.	3	233
Lucy M., of Hebron, m. Alfred T. **LILLY**, of Mansfield, Nov. 28, 1838, by Sylvester Selden	4	35-M
Lucy Maria, d. Isaac Waldo & Constantia, b. July 27, 1798	3	279
Lucy Maria, d. Isaac W. & Constantia, b. Mar. 11, 1802	3	327
Lucy Maria, d. Isaac W. & Constantia, b. Feb. 18, 1811	3	280
Ralph, s. Isaac W. & Constantia, b. June 8, 1805	3	279
Salley, of Hebron, m. Samuel **HUMPHRIES**, of Hampton, Sept. 1, 1808, by Sylvester Gilbert, J.P.	3	243
CROCKER, CROOKER, Edward M., m. Elizabeth **BISSELL**, [Feb.] 16, [1832], by Rev. H.P. Arms	4	26-M
Eliza, m. John **SKINNER**, b. of Hebron, Mar. 18, 1824, by Rev. Amos Bassett	4	12-M
Joseph, s. Joseph & Submit, b. July 2, 1752	2	155
Joseph, d. Aug. 9, 1760	2	280
Rachel, d. Joseph & Submit, b. Nov. 5, 1755	2	155
Samuel Atherton, s. Joseph & Submit, b. Dec. 10, 1758	2	155
CROSBY, Ruth, m. Martin **POWERS**, b. of Hebron, July 19, 1799, by S. Gilbert	3	257

	Vol.	Page
CROUCH, Albert B., of Sag Harbour, m. Eliza F. **CARVER**, of Hebron, Sept. 18, 1834, by Rev. Alpheus Geer	4	31-M
Bridget, m. Silas **DEWEY**, Jan. 1, 1751/2	2	18
Electa Ann, of Hebron, m. Ralph B. **STRONG**, of Colchester, Dec. 26, 1836, by Rev. Alpheus Geer	4	34-M
Elisabeth, m. Ichabod **BUELL**, Jr., b. of Hebron, Sept. 2, 1787	2	6
Richard, d. Aug. 19, 1781, ae 94	2	280
Elizabeth*, m. John **STRONG**, Dec. 26, 1744 (*name was written in on side of manuscript)	1	58
CR------------, Jerusha, [of] Lebanon, m. Benj[ami]n **ARCHER**, Jr., Oct. 4, 1764	2	1
CULVER, Abigail, d. David & Mary, b. Oct. 8, 1775	2	158
Abigail, d. [David, Jr. & Abigail E. M.], b. Aug. 31, 1794	3	279
Abigail, d. David, Jr. & Abigail E. M., d. Dec. 31, 1794	3	327
Anson, s. [David, Jr. & Abigail E. M.], b. July 25, 1790	3	279
Asahel, s. [David, Jr. & Abigail E. M.], b. June 22, 1792	3	279
Barzeliel, s. Obadiah & Elisabeth, b. Dec. 24, 1755	2	155
Benjamin, [twin with Joseph], s. David & Mary, b. Feb. 25, 1768	2	158
David, m. Mary **YOUNGS**, Feb. 12, 1758	2	12
David, s. David & Mary, b. Sept. 1, 1758	2	156
David, m. Abigail Elizabeth Mary **CURTICE**, June 4, 1786	3	233
David Curtice, s. David, Jr. & Abigail E.M., b. June 2, 1787	3	279
Deborah, d. Obadiah, b. June 30, 1752	2	154
Elisabeth, d. David & Elisabeth, b. Jan. 26, 1760	2	155
Enoch B., m. Catherine Mariah **JONES**, Oct. 1, 1827, by Lyman Strong	4	17-M
Eunice, of South Hampton, L. I., m. Ebenezer **SKINNER**, Jr., of Hebron, Sept. 29, 1763	2	106
George, a pauper, d. Sept. [ ], 1848, age not known	3	327
Hannah, d. Obadiah & Elisabeth, b. Apr. 10, 1768	2	157
Henry, s. David & Mary, b. Nov. 16, 1764	2	156
Ira, s. [David, Jr. & Abigail E.M.], b. Jan. 5, 1789	3	279
Jeremiah, s. David, & Mary, b. Oct. 26, 1762	2	156
Jerusha, d. David & Mary, b. Aug. 1, 1769	2	158
John, s. David & Mary, b. Oct. 3, 1760	2	156
Joseph, [twin with Benjamin], s. David & Mary, b. Feb. 25, 1768	2	158
Mary, d. Obadiah & Elisabeth, b. Jan. 10, 1762	2	156
Mary, d. Obadiah & Elisabeth, b. Apr. 24, 1770	2	158
Mary, d. David & Mary, b. Jan. 2, 1772	2	158
Mary, of Hebron, m. Rev. Caleb D. **ROGERS**, of Springfield, Mass., Dec. 3, [1826], by Joel W. McKee	4	16-M
Millicent, d. Obad[ia]h & Elisabeth, d. June 6, 1761	2	280
Milesent, d. Obad[ia]h & Elisabeth, b. Mar. 6, 1764	2	156
Nathan, s. Obadiah & Elisabeth, b. May 18, 1754	2	154
Obadiah, m. Elisabeth **ROWLEY**, Sept. 26, 1751	1	58
Obadiah, s. Obadiah & Elisabeth, b. Feb. 19, 1766	2	157
Sarah, m. John **MERREL**, Sept. 19, 1761	2	66
Susan E., m. Ozias L. **GILLETT**, Sept. 6, 1840, by C. D. Rogers	4	38-M
William, s. David, b. Nov. 8, 1773	2	158
CURTIS, CURTICE, CURTISE, Aaron, s. Samuel, b. July 30, 1750	1	55

	Vol.	Page
CURTIS, CURTICE, CURTISE, (cont.)		
Abiga[i]l, d. Sam[ue]ll, b. June 17, 1710	1	77
Abigill, d. Richard, b. Apr. 1, 1714	1	3
Abigill, m. Elisha **GILBUT**, Oct. 25, 1738	1	26
Abigill, d. Hoseah, b. Feb. 13, 1745/6	1	43
Abigail, wid., d. Feb. 11, 1747/8	1	55
Abagail, m. Jacob **FORD**, Mar. 5, 1765	2	28
Abigail, d. David, b. Apr. 19, 1767	2	158
Abigail Elizabeth Mary, m. David **CULVER**, June 4, 1786	3	233
Abilenah, d. Hosea, Jr. & Susanna, b. July 5, 1768	2	157
Abner, s. Caleb, b. May 15, 1739	1	29
Anne, d. Hozea, Jr. & Sannah, b. Feb. 22, 1761	2	156
Benjamin, s. Joseph, b. Jan. 31, 1718/19	1	3
Benja[min], m. Eunic[e] **BIDWELL**, June 23, 1763	2	12
Benja[min], s. Benja[min] & Eunice, b. Dec. 19, 1765	2	157
Caleb, s. Samuel, b. Oct. 26, 1703	1	77
Caleb, m. Jemime **CALCINS**, May 26, 1726	1	64
Caleb, s. Caleb, b. Apr. 1, 1727	1	5
Daniell, s. Caleb, b. May 15, 1735	1	21
Daniell, s. Samuell, b. Feb. 8, 1744/5	1	42
Dauid, s. Richard, b. Sept. 5, 1722	1	3
Dauid, m. Judeth **WRIGHT**, July 1, 1763	2	107
David, s. David, b. Jan. 21, 1769	2	158
David, d. Aug. 7, 1775	2	280
David, m. Lovina **THOMAS**, b. of Hebron, May 30, 1793	3	233
David Bishop, s. David & Lovina, b. Sept. 15, 1794	3	279
Deborah, d. Richard, b. Nov. 6, 1717	1	3
Deborah, m. Jeradiah **POST**, July 31, 1740	1	32
Dinah, d. Samuell, b. Aug. 1, 1721	1	77
Dorithy, d. Richard, b. Jan. 15, 1719/20	1	3
Dorothy, m. Asariah **BROWN**, Dec. 20, 1738	1	30
Elizabeth, d. Sam[ue]ll, b. Jan. 31, 1707/8	1	77
Elisebeth, m. Samuell **GILLBURD**, Jr., Feb. 7, 1732/3	1	14
Elisebeth had s. James, b. Mar. 11, 1732	1	13
Elisebeth, d. Richard, b. June 5, 1736	1	22
Elisabeth, d. Samuell, b. Nov. 7, 1742	1	36
Elisabeth, m. Ephraim **YOUNGS**, Jr., Nov. 24, 1757	2	134
Elisabeth, d. David, b. Feb. 23, 1769	2	158
Elisabeth, d. David, d. Aug. 14, 1775	2	280
Ephraim John Henery, s. David & Judeth, b. June 10, 1775	2	158
Ephraim John Henry, m. Elizabeth **WRIGHT**, b. of Hebron, Aug. 22, 1799	3	233
Eunice, d. Benja[min] & Eunice, b. Nov. 3, 1767	2	157
Eunice, m. David **WATERS**, Feb. 1, 1787	2	123
Hannah, [twin with Samuel], d. Samuel, b. July 17, 1712	1	77
Hannah, d. Samuell, d. June 7, 1729	1	28
Hannah, d. Richard, b. Dec. 19, 1729	1	16
Hannah, d. Caleb, b. June 16, 1733	1	14
Hannah, d. Samuell, b. May 18, 1748	1	49
Hannah, m. Abijah **ROWLEE**, b. of Hebron, Jan. 7, 1755	2	96

	Vol.	Page

CURTIS, CURTICE, CURTISE, (cont.)

	Vol.	Page
Hennery, s. Richard, b. Apr. 10, 1732	1	14
Henry, d. May 19, 1761	2	280
Henery, s. David & Judeth, b. July 26, 1773	2	158
Henery, s. David, d. Aug. 1, 1775	2	280
Horace, s. David & Lovina, b. Mar. 10, 1798	3	279
Hosea, s. Samuell, b. Jan. 25, 1716/17	1	77
Hozea, m. Mary **GILBURD**, Aug. 31, 1737	1	24
Hozeah, s. Hozeah, b. July 24, 1739	1	30
Hozea, m. Susanna **KELLOGG**, b. of Hebron, June 15, 1759	2	12
James, s. Elisebeth, b. Mar. 11, 1732	1	13
Jemime, d. Caleb, b. Feb. 22, 1730	1	28
Jemima, d. Caleb, b. Feb. 22, 1730/1	1	5
Jerimiah, s. Caleb, b. Oct. 16, 1728	1	5
Joell, s. Samuell, b. June 16, 1719	1	77
Joell, s. Hozeah, b. May 16, 1743	1	37
John, s. Richard, b. Dec. 6, 1727	1	15
John, s. Joseph, b. Dec. 22, 1748	1	51
John, s. Benja[min] & Eunice, b. May 3, 1769	2	157
John, d. July 28, 1811	3	327
Jonathan, s. Richard, b. Oct. 25, 1725	1	3
Jonathan, d. Aug. 7, 1790	2	280
Joseph, s. Joseph, b. Feb. 18, 1716/17	1	3
Joseph, m. Susan[n]ah **CHUB[B]**, Nov. 9, 1723	1	3
Joseph, m. Mary **SHIPMAN**, July 16, 1746	1	44
Joseph, s. Benja[min] & Eunice, b. Sept. 29, 1764	2	157
Judith, wid. of David, d. Sept. 22, 1800	3	327
Lucy, d. Hozea & Mary, b. Sept. 3, 1760	2	155
Martha, d. David & Judith, b. Jan. 23, 1771	2	158
Martha, d. David & Judeth, d. Aug. 5, 1775	2	280
Mary, d. Samuel, b. Mar. 3, 1706	1	77
Mary, w. Samuell, d. Dec. 14, 1724	1	77
Mary, m. Nathaniell **PHELPS**, May 26, 1726	1	64
Mary, d. Hozeah, b. Mar. 14, 1738	1	24
Mary, d. Hozea & Susanna, b. Sept. 18, 1762	2	156
Mehitabell, d. Richard, b. Feb. 2, 1716	1	3
Mahittibell, m. Jorden **POST**, Jr., Apr. 1, 1742	1	34
Naniad, s. Samuell, b. Dec. 5, 1724	1	77
Nathaniell, s. Caleb, b. Apr. 24, 1737	1	23
Nathaniel, s. Benjamin & Eunice, b. Sept. 30, 1773	2	158
Pacienc, w. Joseph, d. May 25, 1723	1	3
Rachel, d. Hozea, b. May 17, 1748	1	53
R[e]uben, s. Hozea, b. Apr. 10, 1750	1	54
Reuben, s. Hosea, d. July 21, 1752	2	280
Reuben, s. Hozea & Mary, b. Feb. 9, 1755	2	154
Richard, d. May 21, 1739	1	29
Richard, d. Nov. 22, 1768, ae 57	2	280
Samuel, m. [ ], Jan. 6, 1702/3	1	77
Samuel, [twin with Hannah], s. Samuel, b. July 17, 1712	1	77
Samuell, d. Mar. 24, 1740	1	31
Samuell, s. Hozeah, b. Apr. 28, 1741	1	32

HEBRON VITAL RECORDS 147

	Vol.	Page
CURTIS, CURTCE, CURTISE, (cont.)		
Samuell, s. Samuell, b. Apr. 27, 1744	1	39
Sarah, d. Samuell, b. Oct. 28, 1714	1	77
Sarah, d. Hosea & Mary, b. Feb. 11, 1753	2	154
Sarah, [twin with Silence], d. Hozea, Jr. & Susannah, b. July 16, 1766	2	157
Sarah, m. Solomon **CUSHMAN**, Jr., May 26, 1768	2	12
Sarah, w. John, d. Feb. 17, 1808	3	327
Selden, m. Maria **ROOT**, Mar. 28, 1830, by Rev. Peter Griffing	4	21-M
Silence, [twin with Sarah], d. Hozea, Jr. & Susannah, b. July 16, 1766	2	157
Susanna, d. Hozea, Jr. & Susanna, b. June 28, 1764	2	156
Wealthy, d. David, b. Apr. 3, 1800	3	279
Wealthy, m. Daniel **HODGE**, Jan. 3, 1828, by Rev. Charles Nichols	4	17-M
Zachous, s. Joseph, b. Feb. 7, 1720	1	3
Zacheas, s. Joseph, b. May 14, 1747	1	46
(-----), s. Richard, [b.] Oct. 17, 1711	1	3
CUSHMAN, Abigail, m. William **POLLEY**, b. of Hebron, Jan. 17, 1771	2	83
Eleazer, s. Soloman & Ruth, b. May 20, 1759	2	157
Sarah, d. Solomon, Jr. & Sarah, b. Aug. 29, 1769	2	157
Silas, s. Sol[oman] & Mary, b. Nov. 27, 1767	2	157
Simeon Merrit, s. Soloman & Mary, b. Oct. 6, 1766	2	157
Solomon, m. Mary **MERRIT**, Jan. 7, 1767	2	12
Soloman, Jr., m. Sarah **CURTICE**, May 26, 1768	2	12
CUTTING, CUTTIN, Ele[a]nor, d. Jesse & Ele[a]nor, d. Jan. 21, 1770	2	280
Ele[a]nor, d. Isaac & Ele[a]nor, b. Sept. 26, 1770	2	158
Hezekiah, s. Isaac & Ell[e]anor, [b.] June 7, 1755	2	157
Hezekiah, m. Hannah **PALMER**, b. of Hebron, Feb. 15, 1785	2	12
Isaac, m. Eleanor **HOWARD**, Jan. 25, 1754	2	12
Isaac, s. Isaac & Ell[e]anor, b. June 22, 1764	2	157
Keziah, d. Isaac & Ell[e]anor, b. July 9, 1757	2	157
Keziah, m. Jonah **PORTER**, b. of Hebron, May 12, 1778	2	83
Molly, d. Isaac & Ele[a]nor, b. Nov. 16, 1772	2	158
Susannah, d. Isaac & Ell[e]anor, b. Sept. 18, 1760	2	157
Susanna, of Hebron, m. John **PORTER**, of Lebanon, Feb. 17, 1785	2	84
William, s. Isaac & Ele[a]nor, b. Feb. 4, 1766	2	158
Zadock, of Shrewsbury, m. Abigail **WATERS**, of Hebron, June 14, 1785	2	12
Zebedee, s. Isaac & Ell[e]anor, b. Oct. 18, 1759	2	157
Zebade, m. Phebe **STRONG**, b. of Hebron, Mar. 12, 1780	2	13
DALEY, DAYLE, Duthan, s. William, b. Nov. 10, 1733	1	19
Mary, d. William, b. Mar. 4, 1728/9	1	15
William, m. Mary **SHEPERSON**, Feb. 8, 1727/8	1	15
William, s. William, b. Apr. 1, 1731	1	8
DANIELS, Patty, m. Capt. Hezekiah **BISSELL**, Jr., Apr. 29, 1821, by Rev. Peter G. Clarke	4	4-M
Polly, m. Ira **JOHNSON**, b. of Hebron, Jan. 7, 1810	3	245
DARBE, DARBY, DARBEY, [see also **DERBY**], Abigail Neeland, d. Nathaniel & Euncie, b. Sept. 8, 1779	2	159
Ama, d. Nath[nie]ll & Elisabeth, b. Apr. 30, 1760	2	168
Ammy*, d. Jan. 7, 1749/50 (*Kinme in orginal)	1	56
Benjamin, d. Aug. 17, 1751	1	56
Benjamin, s. Nathaniel & Elisabeth, b. June 6, 1756	2	168

	Vol.	Page
DARBE, DARBY, DARBEY, (cont.)		
Benj[a]min, m. Est[h]er **FINLEY**, June 8, 1780	2	169
Charity, d. Joseph & Charity, b. Mar. 21, 1780	2	169
Elisabeth, d. Nathaniel & Elisabeth, b. Sept. 28, 1754	2	166
Elisabeth, d. Nath[anie]ll & Elisabeth, b. Feb. 18, 1764	2	168
Elisabeth, w. Nethaniel, d. Mar. 12, 1768	2	286
Hannah, d. John, Jr., b. Aug. 6, 1743	1	38
Hanner, d. John, Jr., d. Sept. 14, 1748	1	51
Hannah, d. John & Phebe, b. Aug. 18, 1753	2	166
Hannah, w. John, d. Feb. 2, 1767	2	286
John, m. Phebe **STOCKBRIDG[E]**, July 28, 1736	1	36
John, s. John, Jr. b. Apr. 11, 1739	1	29
John, s. John, Jr., d. July 24, 1742	1	37
John, d. Feb. 4, 1749/50	1	56
John, s. John, b.[J]an. 31, 1749/51	1	55
John, s. John & Phebe, b. Feb. 1, 1750	2	166
John, of Hebron, m. Hannah **ROWLEE**, of East Haddam, Aug. 8, 1754	2	18
Joseph, d. Aug. 17, 1751	1	56
Joseph, s. Samuel, b. Aug. 30, 1752	2	166
Kinme(?)*, d. Jan. 7, 1749/50 (*Corrected to "Ammy" by L. J. Hendee)	1	56
Loice, d. John & Hannah, b. May 29, 1755	2	166
Marg[a]rit, d. John, Jr., b. Nov. 22, 1748	1	51
Marg[a]ret, m. Asa **FULLER**, Apr. 15, 1754	2	28
Mary, d. John, Jr., b. Aug. 22, 1745	1	43
Mary, d. John, Jr., d. Sept. 9, 1748	1	51
Mary, d. [Joseph & Charity], b. Oct. 21, 1786	2	169
Mol[l]ey, d. Nath[anie]ll & Elisabeth, b. June 17, 1758	2	168
Moses, s. John, Jr., b. Oct. 9, 1741	1	33
Moses, s. John, Jr., d. June 26, 1742	1	37
Nath[anie]ll, m. Elisabeth **ROWLEE**, Oct. 22, 1752	2	18
Nath[anie]l, s. Nath[anie]ll & Elisabeth, b. May 28, 1753	2	166
Nathan[ie]ll, m. Eunice **INGRAHAM**, Dec. 31, 1776	2	18
Pheby, d. John, Jr., b. Apr. 15, 1737	1	29
Phebee, w. John, d. Aug. 28, 1753	2	286
Sally, d. Joseph & Charity, b. Sept. 7, 1784	2	169
Samuel, s. John & Hannah, b. May 4, 1757	2	166
Simeon, s. Joseph & Charity, b. Aug. 25, 1778	2	169
DARLING, Harriet M., m. Andrew **STRICKLAND**, b. of Hebron, June 26, 1842, by Rev. Alpheus Geer	4	40-M
DART, Lorenzo, m. Hannah C. **JONES**, b. of Hebron, July 31, 1838, by Sylvester Selden	4	35-M
DATTEN, Demarias, [m.] Orlandder **MACK**, Mar. 4, 1718	1	2
DAVIS, DAUICE, DAUISS, Bildad, s. Thomas & Mary, b. Feb. 5, 1761	2	167
Daniel, s. Thomas & Mary, b. Nov. 12, 1762	2	167
Esther, m. William **SLADE**, Jr., Jan. 11, 1743/4	1	41
Israel, s. Zephaniah & Rachel, b. Sept. 11, 1781	2	169
Israel Austin, s. Zepheniah, Jr. & Betsey, b. Mar. 15, 1803	3	281
Joel, s. Zeph[aniah] & Rachel, b. Aug. 1, 1779	2	168
Joel, m. Azubah **WILCOX**, b. of Hebron, Dec. 18, 1803	3	235

HEBRON VITAL RECORDS 149

	Vol.	Page
DAVIS, (cont.)		
Jonathan, s. Joseph, b. Aug. 20, 1745	1	49
Joseph, m. Mary **OWEN**, Oct. 28, 1731	1	12
Lydea, d. Zephaniah & Rachel, b. Feb. 26, 1785	2	169
Mary E., of Hebron, m. William H. **MINOTT**, of Vernon, Jan. 6, 1850, by William Brown, J.P.	4	50-M
Nath[anie]ll, m. Rachel **ROLLO**, Jr., Apr. 4, 1763	2	18
Nathaniel, s. Nath[anie]ll & Rachel, b. June 27, 1764	2	167
Oliver, s. Zephaniah & Rachel, b. Apr. 24, 1783	2	169
Oliver, 1st s. [Zephaniah & Rachel], d. Mar. 26, 1786	2	169
Oliver, s. Zephaniah & Rachel, b. July 28, 1788	2	169
Rachel, d. Zeph[aniah] & Rachel, b. Nov. 6, 1776	2	168
Thomas, m. Mary **SMITH**, Feb. 21, 1760	2	18
Worthy, s. [Zephaniah & Rachel], b. July 16, 1790	2	169
Zephaniah, s. John, b. Jan. 3, 1742/3	1	36
Zephaniah, m. Rachel **OWEN**, Dec. 12, 1775	2	18
Zephaniah, s. Zephaniah & Rachel, b. Nov. 22, 1777	2	168
Zepheniah, Jr., m. Betsey **WILCOX**, b. of Hebron, Nov. 8, 1801	3	235
Zerubbabel, s. Nath[anie]ll & Rachel, b. June 2, 1766	2	167
Zilphah, d. Joseph, b. Aug. 15, 1752	2	166
DAY, Alford, s. Benja[min] & Eunice, b. Dec. 25, 1768	2	168
Ann, m. Silas **PEPOON**, Oct. 1, 1747	1	50
Asa, s. Benj[ami]n & Abigail, b. Feb. 25, 1761	2	167
Benjamin, m. Eunice **DAY**, May 9, 1764	2	18
Benjamin, s. Benjamin & Abigail, b. Feb. 5, 1765	2	167
Elizebeth, m. Elias **ABEL**, Dec. 21, 1797	3	229
Eunice, m. Benjamin **DAY**, May 9, 1764	2	18
Margaret, of Colchester, b. Nov. 7, 1738; m. Col. Joel **JONES**, of Hebron, Oct. 24, 1754; d. Oct. 30, 1811	4	13
Marg[a]ret, m. Joel **JONES**, Oct. 24, 1754	2	50
Mary, d. Benj[amii]n & Abigail, b. Dec. 6, 1759	2	167
Ralph, s. Benja[min] & Eunice, b. Dec. 1, 1766	2	168
Samuel, s. Benj[ami]n & Abigail, b. Feb. 6, 1753	2	167
Solomon, s. Benj[ami]n & Abigail, b. Nov. 17, 1762	2	167
Standish, s. Benj[ami]n & Eunice, b. Apr. 26, 1765	2	167
DAYLE, [see under **DALEY**]		
DAYTON, Abigail, of Brook Haven, L.I., m. Stall Worthy **WATERS**, Jr., of Hebron, Apr. 8, 1759	2	122
DEAN, DEANE, Amos, of Hebron, m. Sybil **GATES**, of East Haddam, Jan. 20, 1808	3	235
Easter, m. John **PORTER**, Jr., Nov. 9, 1720	1	61
Lydia, m. Joseph **WATTLES**, Jan. 4, 1795	3	269
Mary Ann, m. Samuel **JONES**, b. of Hebron, Dec. 15, 1823, by Rev. Ebenezer Blake	4	11-M
DELANA, Susannah, of Lebanon, m. Silas **OWEN**, of Hebron, June 15, 1763		
DELIN(?), Nathan, m. [ ] **GROVIER**, Dec. 17, 1772	2	18
DEMING, Alheat, of Berlin, m. Amanda E. **PHELPS**, of Hebron, [Oct.] 8, [1832], by Rev. H.P. Arms	4	28-M
Anna, d. Henery & Anna, b. Sept. 4, 1772	2	168
Horace, m. hannah **TARBOX**, b. of Hebron, Nov. 1, 1824, by Rev.		

	Vol.	Page
DEMING, (cont.)		
Horace, m. hannah **TARBOX**, b. of Hebron, Nov. 1, 1824, by Rev. Peter Griffing	4	13-M
DEMON, Jack, m. Ame **PRINCE**, Mar. 17, 1794, by S. Gilbert, J.P.	3	235
DENISON, Sarah A., of Goshen, m. Selden T. **PORTER**, of Hebron, Nov. 28, 1848, by Rev. W. Wilkie	4	49-M
DENS, Abigill, m. Joseph **PORTER**, Dec. 23, 1724	1	4
DERBY, [see also **DARBE**], Fidelia, m. Leonard **WRIGHT**, Sept. 11, 1831, by Rev. Chester Tilden	4	25-M
Henry M., of Marlboro, m. Eliza Ann **JOHNSON**, of Hebron, Jan. 1, 1844, by Rev. James M. Stanton, of Wesleyan Church	4	43-M
Mary E., of Hebron, m. Charles W. **BROWN**, of Glastonbury, Aug. 21, 1842, by Ralph Gilbert, J.P.	4	47-M
Polly, m. Augustus **BEACH**, [ ], by Sylv[ester] Gilbert, J.P.	3	232
Sally, m. John **CRAIG**, b. of Hebron, Aug. 31, 1841, by Rev. Henry Torbush	4	43-M
DEWEY, DUEY, A[a]ron, s. Charl[e]s, b. Apr. 8, 1743; d. Jan. 17, 1743/4	1	37
Aaron, s. Silas & Bridget, b. May 22, 1752	2	166
Abigill, m. Benj[a]min **TAYLOR**, May 21, 1729	1	8
Abigail had d. Mercy Kellogg, b. Sept. 5, 1748	2	198
Abigail, d. Silas & Bridget, b. June 26, 1753	2	166
Abigail, m. Daniel **BENNET**, b. of Hebron, Feb. 19, 1761	2	4
Abigail, wid. of Capt. Charles, d. Mar. 4, 1786	2	286
Alethea, m. Caleb **SWETLAND**, b. of Hebron, Apr. 29, 1787	2	108
Ann, m. Daniell **KELLOGG,** May 27, 1745	1	41
Anne, d. William & Rebecca, b. Feb. 13, 1769	2	168
Charl[e]s, s. Charl[e]s, b. Sept. 25, 1736	1	29
Chalr[e]s, s. Charl[e]s, b. Sept. 25, 1736	1	34
Charles, s. Silas & Bridget, b. May 17, 1755	2	166
Charles, Capt., d. July 5, 1782	2	286
Dauid, s. Charl[e]s, b. Apr. 12, 1740	1	34
David, s. William & Rebecca, b. June 2, 1773	2	168
Deborah, d. Joseph & Deborah, b. Aug. 11, 1757	2	167
Desire, of Lebanon, m. John **PHELPS**, Jr., of Hebron, Jan. 16, 1755	2	80
Eb[e]nezer, m. Martha **WILLCOX**, Mar. 12, 1734/5	1	20
Eb[e]nezer, s. Eb[e]nezer, b. Apr. 27, 1737; d. same day	1	24
Eb[e]nezer, s. Eb[e]nezer, b. Mar. 7, 1739/40	1	31
Eben[eze]r, Jr., m. Temperance **HOLDRIDGE**, b. of Hebron, July 24, 1760	2	18
Eben[eze]r, Dr., m. Christian **PHELPS**, b. of Hebron, Nov. 19, 1761	2	18
Elisabeth, m. Eb[e]nezer **WILLCOX**, Jr., Jan. 24, 1733/4	1	20
Elisabeth, of Lebanon, m. Ezra **COGSWELL**, of Hebron, Oct. 30, 1760	2	12
Gardner, s. Sam[ue]l & Mindwell, b. Oct. 31, 1768	2	168
Gardner, s. Samuel & Mindwell, d. July 21, 1775	2	286
Henery, s. William & Rebecca, b. Feb. 18, 1775	2	168
Hypsiba, m. Thomas **SAWYER**, June 16, 1737	1	23
Hepsibath, m. Ichabod **BUEL**, Nov. 17, 1763	2	5
John, s. Roger, b. June 26, 1748	1	50
Joseph, s. Charl[e]s, b. May 10, 1733	1	29

HEBRON VITAL RECORDS 151

	Vol.	Page
DEWEY, (cont.)		
Joseph, s. Roger & Patience, b. May 22, 1753	2	166
Joseph, m. Deborah **BUEL**, Jan. 29, 1756	2	18
Joseph, s. Joseph & Deborah, b. Feb. 16, 1758	2	167
Lucy, d. Samuel & Mindwell, b. Aug. 16, 1771	2	168
Lydia, d. Roger & Patience, b. July 3, 1755	2	166
Marg[a]rit, m. Cornelas **PHELPS**, Jan. 18, 1721/2	1	65
Martha, d. Eb[e]nezer, b. July 24, 1737	1	24
Martha, d. Eb[e]nezer, d.June 9, 1740	1	31
Martha, d. Eb[e]nezer, b. Mar. 21, 1744	1	39
Martha, w. Dr. Eben[eze]r, d. May 29, 1761	2	286
Mary, [twin with Sarah], d. Charl[e]s, b. Apr. 6, 1739; d. Apr. 17, 1739	1	29
Mary, d. Roger, b. Aug. 3, 1750	1	54
Mary, d. Joseph & Deborah, b. May 13, 1760	2	167
Mercy, m. Benjamin **SWETLAND**, Jan. 11, 1747/8	2	106
Mereum, d. Ebenezer, b. July 29, 1750; d. Aug. 11, 1750	1	55
Mirem, d. Ebenezer, b.Aug. 15, 1751	1	57
Meriam, d. Dea. Ebenezer, d. May 6, 1752	2	286
Mindwell, d. Sam[ue]ll & Mindwell, b. May 27, 1758	2	167
Mindwell, d. Sam[ue]l & Mindwell, d. Jan. 25, 1761	2	286
Mindwell, d. Sam[ue[l & Mindwell, b. May 12, 1766	2	168
Mindwell, d. Samuel, d. Sept. 10, 1776	2	286
Nathan, m. Mindwell **HORSFORD**, Dec. 3, 1766	2	18
Nathan, s. Nathan & Mindwell, b. June 17, 1767	2	168
Patience Experience, d. Roger & Patience, b. Sept. 18, 1760	2	167
Roger, m. Pacience **ROL[L]O**, June 5, 1744	1	39
Sam[ue]ll, m. Mindwell **POST**, Dec. 1, 1756	2	18
Samuel, s. Samuel & Mindwell, b. May 1`9, 1760	2	168
Sam[ue]l, s. Samuel & Mindwell, d. Jan. 11, 1761	2	286
Samuel, s. Samuel & Mindwell, b. May 8, 1762	2	168
Samuel Rollo, s. Roger & Patience, b. Dec. 25, 1757	2	167
Sarah, [twin with Mary], d. Charl[e]s, b. Apr. 6, 1739; d. Apr. 17, 1739	1	29
Sarah, d. Rodger, b. July 11, 1745	1	41
Sarah, d. Eb[e]nezer, b. June 1, 1747	1	46
Sarah, m. Benj[ami]n **SAWYER**, b. of Hebron, Nov. 5, 1769	2	107
Silas, s. Charl[e]s, b. Dec. 16, 1731	1	29
Silas, m. Bridget **CROUCH**, Jan. 1, 1751/2	2	18
Semeon, s. Eb[e]nezer, b. Sept. 22, 1742; d. Nov. 5, 1742	1	36
Simeon, s. Dr. Eben[e]z[er] & Martha, b. July 15, 1753	2	166
Simeon, s. Dr. Eben[e]z[er], d. Oct. 30, 1753	2	286
Simeon, s. William & Rebecca, b. Aug. 20, 1770	2	168
Temperance, d. Eben[e]z[er], Jr. & Temperance, b. May 25, 1761	2	167
Timothy, s. Dr. Eben[e]z[er] & Martha, b. Mar. 27, 1755	2	166
William, s. William & Rebecca, b. Jan. 6, 1772	2	168
[DIBBLE], DIBELL, DIBOLL, Anne, m. John **BEACH**, Dec. 23, 1731	1	12
Rachell, m. Samuell **JONES**, Mar. 24, 1718/19	1	65
DICKINSON, Ezra, s. Seth B. & Mary, b. Oct. 21, 1847	4	9
James M., of Marlborough, m. Harriet A. **LATHAM**, of Gilead, Apr. 2, 1846, by Rev. James Mather. Int.pub.	4	46-M
DIMMICK, Lucinda, m. George **PERKINS**, Jan. 24, 1811	3	257

	Vol.	Page
DINGLEY, Julia E., of Lebanon, m. Simeon F. WATROUS, July 1, 1849, by Rev. Charles Nichols	4	50-M
DOLBEARE, Lucy, of Montville, m. Rev. Lorenzo DOW, of Hebron, Apr. 1, 1820	3	235
DOW, Lorenzo, Rev., of Hebron, m. Lucy DOLBEARE, of Montville, Apr. 1, 1820	3	235
Peggy, w. of Rev. Lorenzo, d. Jan. 6, 1820	3	329
DOWD, Joseph D., of Middletown, m. Abigail A. HOLDRIGE, of Hebron, Feb. 22, 1844, by Rev. Edgar J. Doolittle	4	43-M
DOWNER, Rebecca, of Bolton, m. Lieut. Thomas SUMNER, of Hebron, June 7, 1761	2	106
DRINKWATER, Betsey, m. William BABCOCK, Oct. 3, 1827, by Rev. Peter Griffing	4	17-M
Mary Ann, of Hebron, m. Gurdon TRACY, of Coventry, Mar. 29, 1848, by Rev. Alpha Miller, of Andover	4	49-M
William P., m. Louisa C. WILLIAMS, b. of Hebron, Andover Soc., Nov. 11, 1838, by Rev. Alpheas Geer	4	35-M
DUNHAM, Abiah, d. Simeon & Abiah, b. Sept. 19, 1767	2	167
Abiah, w. Capt. Simeon, d. June 23, 1804, in the 68th y. of her age	3	329
Abigill, d. Jabish, b. Sept. 15, 1726	1	66
Abigail, m. Edward HOWARD, b. of Hebron, July 11, 1782	2	43
Abner, s. Thomas, Jr. & Abigail, b. Aug. 31, 1756	2	167
Amasa, s. Thomas, Jr. & Abigail, b. Dec. 16, 1758	2	167
Anne, d. Obadiah & Hannah, b. July 12, 1756	2	166
Calvin, s. Isaac, b. Mar. 28, 1754	2	166
Cyrus, s. [Isaac & Polley], b. Dec. 31, 1798	3	281
Deb[o]rah, d. Nath[anie]ll, Jr., b. Mar. 16, 1729	1	42
Deborah, m. Elijah LO[O]MIS, Jan. 21, 1750/51	1	55
Deidaame, d. Jabez, b. Feb. 20, 1735/6	1	22
Dinah, m. Daniell PORTER, Oct. 15, 1747	1	47
Eb[e]nezer, s. Jabez, d. Dec. 27, 1741	1	34
Eb[e]nezer, 2d, s. Nathaniell, b. Apr. 7, 1748	1	48
Elijah, s. Isaac & Jerusha, b. Mar. 29, 1752	2	166
Elijah, s. Isaac, d. Mar. 22, 1758	2	286
Elisabeth, d. Thomas, b. Dec. 25, 1727	1	9
Elisebeth, d. Nath[anie]ll, Jr., b. May 20, 1735	1	42
Elisebeth, w. Isaac, d. June 20, 1735	1	26
Elisabeth, d. Isaac, b. Jan. 17, 1748	1	54
Elisabeth, m. Oliuer FINNEY, Aug. 9, 1749	1	55
Est[h]er, d. Nath[anie]ll, b. Jan. 23, 1745/6	1	42
Esther, d. Isaac, b. Mar. 24, 1750	1	54
Esther, w. Obadiah, d. May 7, 1752	2	286
Esther, d. Obadiah & Hannah, b. Dec. 17, 1754	2	166
Exper[i]anc[e], d. Nath[anie]ll, b. June 19, 1738	1	42
Hannah, d. Obadiah & Hannah, b. Sept. 2, 1753	2	166
Harvey, s. [Isaac & Polley], b. Feb. 28, 1806	3	281
Harvey, m. Abby J. HORTON, Nov. 14, 1831, by Rev. Charles Nichols	4	25-M
Isaac, m. Elisebeth WATERS, Feb. 4, 1734/5	1	26
Isaac, m. Jerusiah LUMAS, Nov. 2, 1736	1	26
Isaac, s. Isaac, b. Aug. 12, 1737	1	26
Isaac, s. Isaac, d. Oct. 3, 1756	2	286

	Vol.	Page
DUNHAM, (cont.)		
Isaac, s. Simeon & Abia, b. Jan. 6, 1765	2	167
Isaac, d. Jan. 1, 1787, in the 86th y. of his age	3	329
Isaac, m. Polly **PHELPS**, b. of Hebron, Sept. 3, 1794	3	235
Isaac Anselm, s. Isaac & Polley, b. Jan. 13, 1796	3	281
Jabish, m. Abigill **NELAND**, Dec. 17, 1725	1	4
Jabish, s. Jabish, b. Feb. 16, 1728	1	28
Jerusha, d. Isaac, b. May 9, 1741	1	35
Jerusha, d. Isaac, d. Feb. 10, 1743/4	1	41
Jerusha, d. Isaac, b. Nov. 9, 1744	1	41
Jerusha, d. Simeon & Abiah, b. Nov. 30, 1779	2	168
Jerusha, d. Nov. 6, 1801, in the 87th y. of her age	3	329
Joan[n]ah, w. Jonathan, d. Apr. 16, 1788, in the 63rd y. of her age	2	286
John Talcott, s. Simeon & Abiah, b. Dec. 29, 1773	2	168
Jonathan, s. Thomas, b. Dec. 2, 1725	1	4
Jonathan, m. Joan[n]ah **ALGER**, July 10, 1751	2	18
Jonathan, s. Jonathan & Joanna, b. June 25, 1753	2	166
Joseph M., m. Huldah A. **LYMAN**, Sept. 22, 1846, by Rev. John Hunt, in Andover	4	46-M
Leui, s. Isaac, b. Dec. 2, 1745	1	43
Liddia, d. Jabez, b. Mar. 23, 1734	1	20
Marg[a]rat, d. Nathaniell, Jr., b. Mar. 13, 1732/3	1	42
Mary, d. Nath[anie]ll, Jr., b. Sept. 29, 1736	1	42
Mary, wid. Natha[nie]ll, d. Feb. 5, 1756	2	286
Meheteble, d. Jabez, b. Apr. 1, 1742	1	34
Nathan, s. Nath[anie]ll, b. Feb. 18, 1744; d. Feb. 22, 1744	1	42
Nathan, s. Jonathan & Joannah, b. Oct. 16, 1763	2	167
Nathaniell, Jr., m. Marg[a]rit **SHATTUCK**, Dec. 16, 1725	1	42
Nath[anie]ll, s. Nath[anie]ll, Jr., b. Nov. 16, 1727	1	42
Nathaniel, d. May 12, 1751	1	56
Neomy, d. Nath[anie]ll, Jr., b. Mar. 24, 1740	1	42
Obadiah, m. Est[h]er **POST**, Oct. 7, 1724	1	2
Obadiah, s. Jabez, b. Mar. 31, 1730	1	16
Obediance, d. Simeon & Abia, b. Nov. 30, 1767	2	168
Obediance, d. Simeon, d. May 26, 1776	2	286
Obediance, d. Simeon, b. Oct. 22, 1777	2	168
Prudance, d. Simeon & Abiah, b. May 7, 1771	2	168
Sarah, d. Thomas, b. July 27, 1723	1	4
Sarah, d. Jonathan & Joanna, b. July 10, 1755	2	166
Sarah, m. Simeon **WRIGHT**, Sept. 9, 1773	2	123
Shattuck, s. Nath[anie]ll, Jr., b. July 13, 1731; d. Nov. 10, [1731]	1	42
Shattuck, s. Nath[anie]ll, Jr., b. Mar. 5, 1742/3	1	42
Simion, s. Isaac, b. Jan. 25, 1738/9	1	26
Simeon, m. Abia **TALCOT[T]**, Apr. 17, 1764	2	18
Simeon, s. Simeon & Abiah, b. July 7, 1769	2	168
Sophia, d. [Isaac & Polley], b. Feb. 1, 1801	3	281
Submit, d. Isaac & Jerusha, b. Jan. 9, 1758	2	167
Thomas, m. Sarah **WRIGHT**, May 8, 1721	1	4
Thomas, s. Thomas, b. June 17, 1734	1	19
Thomas, Jr., m. Abigail **GAY**, b. of Hebron, Feb. 12, 1754	2	18
Thomas, d. Apr. 10, 1771, ae 78	2	286
Timothy, s. Jabez, b. Mar. 29, 1740	1	32
Timothy, s. Jabez, d. Oct. 11, 1741	1	34

	Vol.	Page
DUNK, Elisha, of Hebron, m. Esther **PORTER**, of Lebanon, Jan. 23, 1755	2	18
Hannah, d. Elisha & Easther, b. Jan. 23, 1756	2	166
DURKEE, Azor, m. Clarissa **WEST**, b. of Hebron, Mar. 10, 1822, by Rev. Augustus B. Collins, of Andover	4	6-M
DUTTON, Loice, m. David **BARBUR**, Jr., b. of Hebron, Sept. 20, 1781	2	6
Lois, m. David **BARBUR**, Jr., b. of Hebron, Sept. 25, 1781	2	6
Lucy Cone, d. Timothy, d. Oct. 18, 1794, in the 16th y. of her age	3	329
Lydia, of Hebron, m. John **MANN**, Jr., of Oxford, N.H., Feb. 25, 1788	2	67
Martha, Jr., m. Jonathan **TOWNSEND**, 2d, b. of Hebron, Jan. 18, 1787	2	122
DYER, Ann, m. Noah **PHELPS**, Oct. 1, 1719	1	67
Anne, m. Noah **PHELPS**, Oct. 1, 1719	1	70
EATON, Joshua W., of Stafford, m. Anna **HUTCHINSON**, of Hebron, June 25, 1828, by Rev. Charles Nichols	4	18-M
EDDY, Caleb, s. Caleb & C[h]loe, b. Mar. 5, 1766	2	172
Naomi, d. Caleb & C[h]loe, b. June 12, 1768	2	172
EDGERTON, Abiah, d. Simeon & Abiah, b. Jan. 13, 1767	2	172
Easter, d. Simeon & Abiah, b. Feb. 8, 1769	2	172
Molly, d. Simeon & Abiah, b. Nov. 7, 1770	2	172
Sarah, d. Simeon & Abiah, b. June 7, 1772	2	172
Sarah, d. Simeon & Abiah, d. May 6, 1773	2	296
EDWARDS, Abigail, of Coventry, m. John D. **LOUNSBERY**, of Windham, Jan. 2, 1824, by Leonard Hendee, J.P.	4	11-M
Hulda, of Coventry, m. Nathan **FULLER**, of Hebron, Dec. 12, 1757	2	28
Salmon, m. Clarissa **SWEETLAND**, Oct. 27, 1830, by Leonard Hendee, J.P.	4	22-M
EGGLESTON, Lucy, of Griswold, m. Harry **SAUNDERS**, of Hebron, Sept. 7, 1820, by John S. Peters, J.P.	4	1-M
ELDRIDGE, Daniel H., of Manchester, m. Laura **GILLETT**, of Hebron, Oct. 18, 1849, by Edgar J. Doolittle	4	51-M
James D., of West Springfield, Mass., m. Sarah **SMITH**, of Hebron, Apr. 14, 1846, by Edgar J. Doolittle	4	46-M
ELLIS, B[e]ulah, d. Jabez, b. Jan. 28, 1777	2	172
Elisabeth, d. John & Elisabeth, Jr., b. July 16, 1768	2	172
Hulda, d. John, Jr. & Elisabeth, b. Oct. 18, 1761	2	172
Isaac, s. Jabez, b. Mar. 10, 1772	2	172
Jabez, m. Mary **SAWYER**, Nov. 14, 1754	2	22
Jabez, s. Jabez & Mary, b. Dec. 12, 1762	2	172
John, Jr., m. Elisabeth **SAWYER**, Dec. 11, 1760	2	22
Jonathan, s. John, Jr. & Elisabeth, b. July 14, 1770	2	172
Lydea, m. Daniel **TALCOTT**, b. of Hebron, Jan. 8, 1784	2	122
Mary, m. Elisha **MACK**, Mar. 1, 1750	1	53
Mary, d. Jabez & Mary, b. July 21, 1767	2	172
Mary A., m. Geo[rge] B. **BENTON**, Jan. 27, 1834, by Rev. Charles Nichols	4	30-M
Molle, d. Jabez & Mary, b. Aug. 18, 1755	2	172
Mordaci, s. Jabez & Mary, b. July 6, 1768	2	172
Rahamah, d. Jabez & Mary, b. Mar. 13, 1763	2	172

HEBRON VITAL RECORDS 155

	Vol.	Page
ELLIS, (cont.)		
Rebecca, d. Samuel & Zilpha, b. Dec. 10, 1755	2	172
Sarah, d. Dr. John & Rose, b. Mar. 23, 1753	2	172
Sarah E., of Hebron, m. William N. **GOSLEE**, of Glastonbury, Nov. 21, 1850, by Rev. Charles Nichols, of Gilead	4	51-M
Sawyer, s. Jabez & Mary, b. Feb. 13, 1757	2	172
Warren, s. John, Jr. & Elisabeth, b. Feb. 26, 1766	2	172
William L., m. Harriet N. **SUMNER**, b. of Hebron, Feb. 8, 1842, by Charles Nichols	4	41-M
ELY, Henry L., m. Mary Ann **STRONG**, May 6, [1832], by Rev. Charles Nichols	4	28-M
EMMONS, Samuel, m. Hulda **PEPOON**, b. of Hebron, Oct. 30, 1760	2	22
Susanna, w. of Dr. [ ] **EMMONS** & wid. of Joseph **PHELPS**, d. Dec. 12, 1773, in the 75th y. of her age	2	292
ENNO*, Susannah, m. Joseph **PHELPS**, Mar. 8, 1715 (*ENO)	1	69
EWEN, [see also **OWEN**], Lydea, m. Don John Antony **LENERAS**, Apr. 17, 1755	2	60
FALSHAW, Catherine, d. Michael & Catherine, b. July 12, 1773	2	178
FIELDING, FEILDENG, Azariah, s. Sam[ue]ll & Mary, b. July 18, 1758	2	176
Azariah Spencer, s. Samuel & Elisabeth, b. Feb. 3, 1784	3	285
Clarissa, d. [Samuel & Elisabeth], b. June 5, 1791	3	285
Ebenezer, s. Sam[ue]ll & Mary, b. Sept. 18, 1754	2	176
Edmond, s. [Samuel & Lydia], b. Aug. 29, 1799	3	285
Elisabeth, d. [Samuel & Elisabeth], b. Oct. 29, 1787	3	285
Elisabeth, w. Samuel, d. Dec. 19, 1795	3	333
Elisabeth Olive, d. Samuel & Mary, b. Nov. 28, 1760	2	177
Hannah, d. [Samuel & Elisabeth], b. Nov. 29, 1795	3	285
Katherine, d. Samuel & Lydia, b. Nov. 3, 1797	3	285
Lucy, d. [Samuel & Lydia], b. Nov. 23, 1803	3	285
Maria, d. [Samuel & Lydia], b. Feb. 20, 1802	3	285
Mary, d. Samuel & Mary, b. Nov. 4, 1750	2	176
Mary, w. Samuel, d. Feb. 4, 1770	2	296
Mary, d. Samuel & Mary, d. Nov. 11, 1770	2	296
Mary, d. [Samuel & Elisabeth], b. Dec. 4, 1785	3	285
Olive, d. [Samuel & Elisabeth], b. Dec. 10, 1789	3	285
Samuell, m. Mary **MOTT**, Feb. 21, 1749/50	1	53
Samuel, s. Samuel & Mary, b. Jan. 22, 1753	2	176
Samuel, m. Elizabeth **ALVORD**, May 1, 1783	3	239
Samuel, s. [Samuel & Elisabeth], b. June 18, 1794	3	285
Samuel, m. Lydia **HYLDRETH**, Aug. [ ], 1796	3	239
Sarah, d. [Samuel & Elisabeth], b. Jan. 25, 1793	3	285
Spencer, s. Samuel & Mary, b. Sept. 14, 1766	2	177
Spencer, s. Sam[ue]ll & Mary, d. Apr. 2, 1767	2	296
William, s. [Samuel & Lydia], b. Dec. 20, 1808	3	285
FILER, FILOR, Abagill, d. Sam[ue]ll, b. Feb. 6, 1703	1	75
Abagill, w. Samuell, d. Jan. 28, 1709/10	1	75
Abigill, d. Samuell, b. Mar. 30, 1733	1	19
Abigail, m. Roger **PHELPS**, Apr. 24, 1760	2	81
Abigail, d. Lieut. Samuel & Mary, b. June 12, 1766	2	178
Abigail, d. Lieut. Samuel & Mary, d. July 6, 1775	2	296
Ama, m. Dan **ROOT**, b. of Hebron, Nov. 25, 1787, by S. Gilbert	3	261
Amey, d. Samuell, b. Oct. 16, 1728	1	7

BARBOUR COLLECTION

	Vol.	Page
FILER, FILOR, (cont.)		
Amey, m. Dauid **CARUER**, Mar. 13, 1749/50	1	56
Amey, d. Lieut. Samuel & Mary, b. Feb. 22, 1769	2	178
Amy, m. David [**CARVER**], [ ]	4	17
Ann, m. Amos **PHELPS**, b. of Hebron, May 5, 1757	2	80
Anna, m. Phinehas **STRONG**, b. of Hebron, Nov. 28, 1779	2	107
Anne, d. Sam[ue]ll [& Abagill], b. Sept. 12, 1705	1	75
Anne, m. Jonathan **SACKIT**, Jan. 28, 1724/5	1	80
Anne, d. Samuell, b. Dec. 28, 1736	1	24
Anne, d. Sam[ue]ll, Jr. & Mary, b. Mar. 5, 1759	2	177
Elisebeth, d. Samuell, b. June 11, 1741	1	33
Gurdon, s. Sam[ue]ll, Jr. & Mary, b. Oct. 17, 1761	2	177
John, s. Samuell, b. Feb. 17, 1709	1	75
John, s. Samuell, b. Feb. 12, 1743/4	1	38
John, m. Mary **FULLER**, Jr., Dec. 19, 1765	2	28
John, s. Ens. Samuel & Mary, b. Oct. 1, 1771	2	178
Josiah, s. [Gurdon & Hannah], b. Oct. 8, 1793	2	179
Mary, d. Samuel, Jr. & Mary, b. Apr. 29, 1764	2	177
Mary, m. John **CHAPMAN**, b. of Hebron, Feb. 24, 1771	2	12
Mary, m. Abel **ROOT**, b. of Hebron, Sept. 29, 1785	2	97
Sam[ue]ll, m. [Abigail, d. of Timothy **PHELPS**, of Windsor]*, Nov. 19, 1702 (*See Hartford Probate)	1	75
Samuell, s. Samuell [& Abagill], b. Sept. 9, 1707	1	75
Samuell, d. Sept. 18, 1710	1	75
Samuell, m. Amie **BURNBURNHAM**, Oct. 4, 177	1	7
Samuell, s. Samuell, b. Nov. 6, 1730	1	9
Sameul, Jr., m. Mary **WHITE**, b. of Hebron, Nov. 13, 1755	2	28
Samuel, s. Samuel, Jr. & Mary, b. May 31, 1756	2	176
Samuel, s. Gurdon & Hannah, b. Jan. 31, 1791	2	179
FINLEY, Asa L., m. Louisa **FREEMAN**, Feb. 17, 1834, by Rev. Leonard B. Griffing	4	31-M
Delight, of Colchester, m. William **BUELL**, Jr., of Hebron, Nov. 6, 1800	3	231
Est[h]er, m. Benj[a]min **DARBY**, June 8, 1780	2	169
Hannah, d. John & Phebe, b. July 23, 1780	2	178
John, 2d, s. John & Phebe, b. July 5, 1777	2	178
Lucy, [twin with Phebe], d. John & Phebe, b. Dec. 18, 1778	2	178
Phebe, [twin with Lucy], d. John & Phebe, b. Dec. 18, 1778	2	178
Rhoda, of Marlborough, m. Ira **POST**, of Columbia, Mar. 13, 1838, by James Shepard, Elder	4	35-M
Samuel, of Marlborough, m. Eliza **ROOT**, of Hebron, June 10, 1839, by Jeremiah Stocking, Elder	4	36-M
FINNEY, Henry, of Plymouth, Mass., m. Mary Ann **BARBER**, of Hebron, Mar. 7, 1852, by William Warland	4	53-M
Joell, s. John, b. Sept. 1, 1744	1	42
John, m. Rachell **WOODWARD**, Aug. 25, 1743	1	42
Jon[a]th[an], of Lebanon, m. Phebe **PHELPS**, of Hebron, Aug. 12, 1757	2	28
Marcey, m. Joseph **MAN[N]**, Mar. 14, 1733/4	1	19
Oliuer, m. Elisabeth **DUNHAM**, Aug. 9, 1749	1	55
FISH, Eunice, m. John **MACK**, b. of Hebron, Apr. 22, 1756	2	208

	Vol.	Page
FITCH, Elizabeth P., of Hebron, m. Chester **FOX**, of East Hartford, Nov. 4, 1845, by Rev. Solomon G. Hitchcock, in St. Peter's Church	4	45-M
Henry H., of Coventry, m. Mary **BARBER**, of Hebron, Sept. 30, 1830, by Rev. Alpheus Geer	4	21-M
William A., of Coventry, m. Lois L. **PERKINS**, of Hebron, Nov. 27, [1824], by Rev. William Bowen, of Andover	4	31-M
FLETCHER, Betsey, of Windham, m. Nathan **GILBERT**, of Hebron, Aug. 29, 1824, by Payton R. Gilbert, J.P.	4	12-M
FLINT, Mary A., of Columbia, m. Samuel **BROWN**, Jr., of Portland, Sept. 26, 1847, by Edgar J. Doolittle	4	48-M
FOOTE, FOOT, Emily, m. Royal **KINGSBURY**, b. of Marlborough, Apr. 20, 1828, by Rev. George C. Shepard	4	18-M
Enos, of Colchester, m. Sally **FOOT**, of Hebron, June 22, 1820, by John S. Peters, J.P.	4	1-M
George, of Marlborough, m. Rachel Caroline **JONES**, of Hebron, Sept. 5, 1824, by Rev. W[illia]m Jarvis	4	12-M
Rahamah, of Colchester, m. John **BIRGE**, of Colchester, June 3, 1779	2	6
Sally, of Hebron, m. Enos **FOOT**, of Colchester, June 22, 1820, by John S. Peters, J.P.	4	1-M
Sarah J., of Colchester, m. Andrew P. **UTLEY**, of Pomfret, Apr. 30, 1844, by Rev. Alpheus Geer	4	43-M
William, of Colchester, m. Wealthy E. **BROWN**, of Hebron, Sept. 11, 1843, by Rev. Edgar J. Doolittle	4	42-M
FORCE, Abby E., d. Ebenezer & Clarissa, b. Jan. 30, 1818	3	286
Abby Eliza, d. [Ebenezer & Clarissa], b. Jan. 30, 1818	4	3
Abigail E., m. Sylvester G. **GILBERT**, Nov. 28, 1836, by Sylvester Selden	4	34-M
Clarissa Maria, d. Ebenezer & Clarissa, b. Sept. 28, 1816	4	3
Ebenezer, of Mansfield, m. Clarissa **GILBERT**, of Hebron, Jan. 4, 1816	3	239
George G., s. [Ebenezer & Clarissa], b. Nov. 10, 1819	3	286
George Gilbert, s. [Ebenezer & Clarissa], b. Nov. 10, 1819	4	3
Harriet S., d. [Ebenezer & Clarissa], b. Jan. 12, 1822	3	286
Harriet S., of Hebron, m. Eleazer S. **BEEBE**, of Stafford, May 19, 1846, by Rev. E. J. Doolittle	4	46-M
Harriet Salter, d. [Ebenezer & Clarissa], b. Jan. 12, 1822	4	3
Maria L---- Clarissa, d. Ebenezer & Clarissa, b. Sept. 28, 1816	3	285
FORD, Abigail, d. Jacob & Abigail, b. Oct. 29, 1765	2	177
Benimin, s. Mat[t]hew, b. Oct. 13, 1729	1	18
Benjamin, s. Mat[t]hew, d. cec. 31, 1740	1	32
Benjamin, s. Jacob, b. May 7, 1748	1	48
Catharine, w. Dea. Isaac, d. Oct. 1, 1777	2	296
Christopher, s. Lydea, b. Apr. 4, 1765	2	177
Ebenezer, s. Isaac & Catherine, b. Mar. 31, 1753	2	176
Ebenezer, s. Isaac & Catherine, d. May 30, 1754	2	296
Ebenezer, s. Isaac & Katherine, b. Aug. 19, 1763	2	177
Ebenezer, of Hebron, m. Lois **NORTHAM**, of Colchester, Feb. 28, 1784	2	29
Fradrick, s. Jno. & Lucy, b. Jan. 23, 1759	2	177
Gilbert, s. Luther & Lucy, b. July 23, 1787	2	179
Grace, d. Isaac, b. Feb. 11, 1746/7	1	45
Grace, m. Ellis **BLISS**, b. of Hebron, Apr. 30, 1770	2	5
Hannah, d. John & Lucy, b. Aug. 12, 1753	2	176

158   BARBOUR COLLECTION

	Vol.	Page
FORD, (cont.)		
Hannah E., m. Augustus **KNEELAND**, Dec. 10, 1838, by Rev. Charles Nichols, of Gilead	4	36-M
Isaac, m. Lsatherine* **MACK**, May 21, 1744 (*Catherine)	1	39
Isaac, s. Isaac & Catherine, b. Mar. 9, 1755	2	176
Isaac, Jr., s. Dr. Isaac, d. Aug. 12, 1776	2	296
Isaac, Dea., of Hebron, m. Mrs. Dorothy **INGHAM**, of Colchester, Mar. 10, 1778	2	28
Isaac, s. Ebenezer & Lois, b. Oct. 30, 1785	2	179
Isaiah, s. John & Lucy, b. June 12, 1757	2	176
Isaiah, s. John & Lucy, d. Feb. 5, 1758	2	296
Isaiah, s. Isaac & Katherine, b. Feb. 16, 1766	2	177
Isaiah, s. Isaac & Katherine, d. May 19, 1766	2	296
Jacob, m. Mary **MAN**, Apr. 14, 1743	1	36
Jacob, s. Jacob, b. Apr. 22, 1744	1	39
Jacob, m. Abagail **CURTICE**, Mar. 5, 1765	2	28
Jemime, [twin with Lidda], d. Isaac, b. Jan. 27, 1744/5	1	41
Jemime, d. John, Jr., b. Nov. 26, 1774	2	178
John, m. Lucy **MACK**, Jan. 1, 1745/6	1	42
John, s. John, b. Oct. 13, 1749	1	52
John, Jr., m. Jemima **CARY**, of Williamsboro[u]gh, Dec. 6, 1773	2	28
John, d. Sept. 19, 1781, ae 61	2	296
Josiah, s. Mat[t]hew, b. Aug. 20, 1731	1	7
Josiah, s. Mat[t]hew, d. Jan. 2, 1740/41	1	32
Katee, d. Eben[eze]r & Lois, b. May 19, 1787	2	179
Luse, d. John, b. Jan. 4, 1746/7	1	46
Lucy, d. John, Jr. & Jemima, b. Nov. 27, [1774]; d. Nov. 28, 1774	2	178
Lucy, d. John & Jemima, b. Nov. 2, 1776	2	178
Lucy, w. John, d. Mar. 27, 1781, in the 61st y. of his* age (*as transcribed from the original)	2	296
Lucy, d. Luther & Lucy, b. June 8, 1784	2	179
Lucy, m. Thomas **BROWN**, b. of Hebron, Apr. 17, 1803	3	232
Luther, s. John & Lucy, b. June 10, 1762	2	177
Luther, m. Lucy **GILBERT**, b. of Hebron, Apr. 15, 1783	2	28
Luther, s. Luther & Lucy, b. Sept. 17, 1785	2	179
Luther, Jr., m. Hannah **POST**, b. of Hebron, Oct. 27, 1808	3	239
Lydia, d. Mat[t]hew, b. Aug. 26, 1727	1	28
Lydia, d. Mat[t]hew, d. Jan. 3, 1740/41	1	32
Lidda, [twin with Jemime], d. Isaac, b. Jan. 27, 1744/5	1	41
Lydea had s. Christopher, b. Apr. 4, 1765	2	177
Lydea, m. Daniel **PORTER**, Jr., May 3, 1766	2	82
Mabel M., m. Aaron **MACK**, Dec. 31, 1822, by Rev. Amos Bassett, D.D.	3	251
Mary, d. Mat[t]hew, b. Mar. 17, 1726	1	79
Mary, d. Mat[t]hew, d. Jan. 11, 1740/41	1	32
Mary, d. John, b. Apr. 3, 1748	1	49
Mary, d. Jacob, [b.] Mar. 11, 1750	1	53
Mary, wid. of Mat[t]hew, d. Feb. 16, 1770, in the 79th y. of her age	2	295
Mat[t]hew, Jr., m. Elizabeth **ROLLO**, Dec. 5, 1736	1	23
Mat[t]hew, s. Isaac & Catherine, b. Feb. 25, 1761	2	177
Mat[t]hew, d. Oct. 6, 1769, in the 80th y. of his age	2	296

HEBRON VITAL RECORDS 159

	Vol.	Page
FORD, (cont.)		
Mahitabel, m. Aaron **MACK**, b. of Hebron, Dec. 31, 1822, by Rev. Amos Bassett	4	8-M
Phebe, d. John, b. Oct. 27, 1751	1	58
Phebe, d. John & Lucy, d. May 15, 1754	2	296
Phebe, d. John & Lucy, b. May 3, 1755	2	176
Phila, d. Ebenezer & Lois, b. Mar. 22, 1790	2	179
Rachell, d. Isaac, b. Sept. 30, 1748	1	49
Rachel, d. Isaac & Katherine, d. May 10, 1767	2	296
Rhoda, d. Isaac & Catherine, b. Oct. 3, 1757	2	176
Russel[l], s. Eb[eneze]r & Lois, b. June 2, 1788	2	179
Sary, d. Isaac, b. Dec. 31, 1750	1	55
Susannah, d. Jno. & Lucy, b. Mar. 14, 1761	2	177
Susannah, d. Jno. & Lucy, d. Mar. 29, 1761	2	296
Susannah, d. John & Lucy, [b.] Dec. 28, 1764	2	177
Zadock, s. Jacob, b. Dec. 28, 1745	1	42
FORSYTH, Abigail, of Hebron, m. Horace **KELLOGG**, of Genesco, N.Y., Nov. 13, 1821, by Rev. Peter Griffing	4	5-M
FOSTER, FOSTOR, Cathrian, m. John **CALKIN**, [1719/20?]	1	61
Nathaniel, s. Jeremiah, b. Sept. 27, 1745	1	54
FOWLER, Elisabeth, m. David **TOWNSEND**, Sept. 6, 1761	2	113
FOX, Abraham, m. Eunis **ROOLO**, June 21, 1744	1	41
Abraham, s. Abraham & [E]unice, b. Nov. 21, 1748	2	176
Abraham, Jr., m. Lydea **KNEELAND**, Nov. 7, 1771	2	28
Abraham, s. Abram, Jr. & Lydea, b. June 30, 1774	2	178
Augustus, s. [Joel & Marcy], b. Oct. 1, 1802	3	285
Augustus, of Eastbury, m. Huldah **PENHALLOW**, of Hebron, Jan. 15, 1826, by Rev. Lyman Strong	4	14-M
Chester, of East Hartford, m. Elizabeth P. **FITCH**, of Hebron, Nov. 4, 1845, by Rev. Solomon G. Hitchcock, in St. Peter's Church	4	45-M
Elijah, s. Abraham & Eunice, b. Nov. 7, 1758	2	177
Elisabeth, d. Abraham, b. Mar. 14, 1745	1	41
Eunis, d. Abraham, b. Aug. 4, 1747; d. Dec. 25, 1747	1	47
[E]unice, d. Abraham & [E]unice, b. Oct. 29, 1750	2	176
[E]uncie, d. Abraham & [E]unice, d. Nov. 27, 1750	2	296
[E]unice, d. Abraham & [E]unice, b. May 21, 1752	2	176
George, s. [Joel & Marcy], b. Feb. 11, 1800	3	285
Gilbert, s. [Joel & Marcy], b. Nov. 24, 1792	3	285
Joel, s. Abraham & [E]unice, b. Aug. 14, 1754	2	176
Joel, m. Mercy **GILBERT**, b. of Hebron, June 19, 1782	2	28
Joel, s. Joel & Marcy, b. Apr. 27, 1784	3	285
John, s. [Joel & Marcy], b. Feb. 6, 1797	3	285
Mary, d. Abram & Eunice, b. May 15, 1756	2	176
Mercy, d. [Joel & Marcy], b. June 6, 1795	3	285
Neziah G., s. [Joel & Marcy], b. Oct. 24, 1785	3	285
Samuel H., of Colchester, m. Mary Ann **PIERCE**, of Hebron, Oct. 4, 1824, by Rev. Amos Bassett	4	13-M
Zurrubbabel John Rollo, s. Abraham & Eunice, b. July 26, 1760	2	177
-----, child of Abraham, Jr. & Lydea, b. Aug. 30, 1772	2	178
FRANKLIN, Lucy Ann, m. James Henry **TOWNSEND**, b. of Columbia, Dec. 1, 1850, by Rev. Charles R. Fisher, at St. Peter's Church	4	52-M

	Vol.	Page
FREEMAN, Benjamin, m. Loiza **WHEELER**, b. of Hebron, Feb. 11, 1827, by Amasa Taylor	4	16-M
Benjamin, d. June 22, 1848, ae 43 y.	3	333
Emily, of Hebron, m. Gardner **HALL**, of Mansfield, Sept. 8, 1833, by Rev. Leonard B. Griffing	4	30-M
George Phelps, s. Erastus Vose & Sukey, b. Nov. 12, 1811	3	285
Hannah, of Chatham, m. Oliver **JONES**, of Hebron, Dec. 13, 1786* (*1768?)	2	50
Hannah, m. David **PHELPS**, 2d, Nov. 6, 1834, by Rev. Leonard B. Griffing	4	31
Horace Dwight, s. [Erastus Vose & Sukey], b. Feb. 20, 1813	3	285
Louisa, m. Asa L. **FINLEY**, Feb. 17, 1834, by Rev. Leonard B. Griffing	4	31-M
Mary A., d. Apr. [ ], 1848, ae 76	3	333
Phebe, m. Ichabod **WATROUS**, Nov. 18, 1821, by Rev. Nathan Gillet	4	4-M
FRISBY, Amanda, of Oswego, N.Y., m. W. P. **COOK**, of Hebron, Dec. 14, 1851, by Edgar J. Doolittle	4	53-M
FROST, Abigill, d. John, b. Feb. 20, 1722	1	62
Elisibeth, d. John, b. July 23, 1725	1	62
Hannah, d. John, b. July 6, 1732	1	14
Iranea, d. John, b. Dec. 13, 1727	1	10
Jedidiah, s. John, b. Apr. 16, 1735	1	21
Jeremiah, s. John, b. Mar. 21, 1730	1	16
Jeremiah, s. John, d. Aug. 20, 1730	1	17
John, s. John, b. Mar. 2, 1716	1	67
Mary, d. John, b. Oct. 27, 1720	1	62
Thomas, s. John, b. Apr. 18, 1718	1	67
FULLER, Abigail, d. Ebenezer & Abigail, b. Nov. 25, 1766	2	177
Amos, m. Marg[a]rit **PHELPS**, Mar. 3, 1741/2	1	42
Amos, s. Amos, b. Sept. 9, 1745	1	42
Amos, Jr., m. Marg[a]ret **MORGAIN**, b. of Hebron, June 11, 1767	2	28
Amey, d. Asa & Marg[a]ret, b. May 29, 1756	2	176
Anna, d. Roger & Martha, b. June 25, 1779	2	179
Anne, of Hebron, m. George O. **COOK**, of Windsor, Vt., Aug. [ ], 1798, by S. Gilbert, J.P.	3	233
Arathusa, d. Eben[eze]r & Abigail, b. Apr. [ ], 1785	2	179
Asa, m. Marg[a]ret **DARBE**, Apr. 15, 1754	2	28
Asa, d. Sept. 16, 1769	2	296
C[h]loey, d. Amos, b. Oct. 14, 1743	1	42
Daniell, s. Ezek[I]el, b. June 26, 1749	1	51
Daton, s. Asa & Marg[a]ret, b. May 11, 1755	2	176
Dimis, d. Eb[e]nezer, b. Oct. 1, 1742	1	43
Demis, m. Solomon **HUNTINGTON**, b. of Hebron, Dec. 13, 1761	2	42
Desire E., d. Erastus & Sibyl, b. Feb. 20, 1812	3	286
Desire E., of Hebron, m. Augustus L. **GATES**, of Belchertown, Mass., Nov. 26, 1839, by Sylvester Selden	4	37-M
Eb[e]nezer, m. Mary **ROWLEY**, Sept. 30, 1738	1	43
Eb[e]nezer, s. Eb[e]nezer, b. May 8, 1739	1	43
Ebenezar, d. Sept. 30, 1749	2	296
Ebenezer, m. Abigail **HENDEE**, Mar. 20, 1764	2	28
Ebenezer, s. Eben[eze]r & Abigail, b. Nov. 8, 1772	2	178

HEBRON VITAL RECORDS 161

	Vol.	Page
FULLER, (cont)		
Elisha, s. Dayton & Hannah, b. Jan. 19, 1778	2	178
Elisabeth, m. Samuell **ROWLEE**, b. of East Haddam, Mar. 4, 1713	1	79
Elisabeth, d. Ebenezar & Mary, b. Apr. 5, 1750	2	176
Elisabeth, m. Joshua **PHELPS**, Jr., b. of Hebron, Sept. 17, 1769	2	82
Elisabeth, d. Eben[eze]r & Abiail, b. May 1, 1778	2	178
Erastus, s. Roger & Martha, b. Jan. 11, 1777	2	178
Erastus, m. Sybel **BARBER**, b. of Hebron, Jan. 27, 1801	3	239
Ezekiel, s. Nathan & Hulda, b. June 9, 1775	2	178
Fradrick Augustus, s. Roger & Martha, b. Mar. 1, 1775	2	178
Hannah, d. Asa & Marg[a]ret, b. Mar. 27, 1760	2	177
Harriet J., of Hebron, m. J. H. **HITCHCOCK**, of West Troy, N.Y., Sept. 9, 1846, by Rev. Edgar J. Doolittle	4	46-M
Hulda, d. Nathan & Hulda, b. Apr. 24, 1762	2	177
Jerusha, d. Nathan & Hulda, b. Sept. 11, 1768	2	177
John, s. Roger & Martha, b. June 30, 1781	2	179
John A., of Granby, Mass., m. Lavina P. **CARVER**, of Hebron, Aug. 20, 1848, by Solomon G. Hitchcock	4	49-M
Loas, d. Jerim[I]ah, b. Dec. 29, 1746	1	46
Luna, d. Roger & Martha, b. Jan. 23, 1785	2	179
Martha, d. Roger & Martha, b. June 7, 1768	2	176
Martha, Jr., m. Talcott **HORSFORD**, b. of Hebron, Apr. 20, 1784	2	43
Martha, w. Roger, d. Feb. 13, 1785, in the 36th y. of her age	2	296
Mary, d. Nathaniell, b. June 2, 1733* (*1738?)	1	29
Mary, d. Eb[e]nezer, b. Aug. 25, 1743	1	43
Mary, m. Joseph **TUTTLE**, b. of Hebron, May 18, 1761	2	112
Mary, Jr., m. John **FILER**, Dec. 19, 1765	2	28
Mary, d. Roger & Martha, b. Nov. 1, 1771	2	178
Mary, m. Amasa **GILLET**, b. of Hebron, Aug. 25, 1786	2	34
Mahittibell, m. Benimin **NELAND**, Jr., Dec. 8, 1725	1	69
Mahitibell, m. John **CHAMBERLIN**, Jr., Nov. 8, 1737	1	25
Mehitable, d. Ebenezer & Abigail, d. Dec. 6, 1773	2	296
Mahitable, d. Eben[eze]r & Abigail, b. May 26, 1775	2	178
Mehitable Rowle, d. Eben[eze]r & Abigail, b. Feb. 13, 1770	2	177
Nathan, of Hebron, m. Hulda **EDWARDS**, of Coventry, Dec. 12, 1757	2	28
Nathan, s. Nathan & Hulda, b. June 10, 1759	2	177
Ozias, s. Eb[e]nezer, b. Sept. 25, 1745	1	43
Ozias, s. Roger & Martha, b. Jan. 12, 1770	2	178
Rebecca, d. Nathan & Hulda, b. Dec. 17, 1771	2	177
Rhoda, d. Nathan & Hulda, b. Nov. 14, 1765	2	177
Roger, m. Martha **PHELPS**, Dec. 21, 1766	2	28
Roger, s. Roger & Martha, b. Sept. 7, 1773	2	178
Roger, of Hebron, m. Violettee **TAYLOR**, of Coventry, Nov. 17, 1785	2	28
Rowena, d. Ebenezer & Abigail, b. Mar. 3, 1765	2	177
Rowena, m. Jared **PHELPS**, b. of Hebron, Sept. 23, 1784	2	84
Sally, d. Eben[eze]r & Abigail, b. June 28, 1782	2	179
Stephen B., m. Minerva **PORTER**, b. of Hebron, Dec. 8, 1834, by Rev. Alpheus Geer	4	32-M
Stephen Barber, s. Erastu8s & Sybel, b. Mar 28, 1803	3	285
Sybel A., d. [Erastus & Sybel], b. Feb. 22, 1807	3	285
Sibyl Adaline, m. Epaphroditus **PORTER**, [Nov.] 25, [1830], by Hiram P. Arms	4	23-M
Violette, w. Roger, d. Jan. 14, 1806, in the 58th y. of her age	3	333

	Vol.	Page
GARY, Lucy, of Hebron, m. Alvin **BISHOP**, of Bolton, May 18, 1821, by Rev. Amos Bassett	4	4-M
GATES, Augustus L., of Belchertown, Mass. , m. Desire E. **FULLER**, of Hebron, Nov. 26, 1839, by Sylvester Selden	4	37-M
Betsey, d. [Zebulon W. & Allice], b. June 6, 1786	3	287
Bets[e]y, d. Zebulon W. & Allice, d. Jan. 13, 1788, in the 2nd year of her age	3	335
Dudley, s. [Zebulon W. & Allice], b. Mar. 14, 1792	3	287
Electa, [twin with Linda], d. [Zebulon W. & Allice], b. Sept. 29, 1793	3	287
Horace, of Belchertown, Mass., m. Abigail **STRONG**, of Hebron, Mar. 28, 1827, by Rev. Lyman Strong	4	16-M
Linda, [twin with Electa], d. [Zebulon W. & Allice], b. Sept. 29, 1793	3	287
Polly, d. Zebulon W. & Allice, b. Jan. 9, 1784	3	287
Ralph, s. [Zebulon W. & Allice], b. Aug. 9, 1788	3	287
Sophia, d. [Zebulon W. & Allice], b. July 26, 1790	3	287
Sophia, d. [Zebulon W. & Allice], d. Jan. 9, 1795, in the 5th y. of her age	3	335
Sybil, of East Haddam, m. Amos **DEAN**, of Hebron, Jan. 20, 1808	3	235
Zebulon W., m. Alice **ISHAM**, b. of Colchester, Jan. 3, 1782	3	241
GAY, Abigail, m. Thomas **DUNHAM**, Jr., b. of Hebron, Feb. 12, 1754	2	18
Dan, s. [Joel & Margery], b. July 18, 1801	3	288
El[e]anor had s. Joseph b. Aug. 26, 1759	2	155
El[e]anor, m. Dea. Joseph **COLMAN**, b. of Hebron, Aug. 30, 1759	2	12
Ele[a]nor Phebe, d. [Joel & Margery], b. Mar. 20, 1784	3	288
Eli Ralph, s. [Joel & Margery], b. Mar. 5, 1786	3	288
Elisha, s. [Joel & Margery], b. Mar. 27, 1794	3	288
Erastus, s. [Joel & Margery], b. Oct. 31, 1788	3	288
Hannah Polly, d. [Joel & Margery], b. July 18, 1796	3	288
Harey, s. [Joel & Margery], b. Feb. 22, 1799	3	288
Ichabod, s. John, b. Nov. 29, 1750	1	55
Jason, s. Philip, b. Apr. 24, 1751	1	57
Joel, s. Phillop, b. Apr. 30, 1746	1	45
Joseph, s. El[e]anor, b. Aug. 26, 1759	2	155
Justin, s. Joel & Margery, b. Mar. 11, 1778	3	288
Leui, s. Philop, b. May 8, 1744	1	45
Levi, of Hebron, m. Sarah **BURROWS**, of Tol[l]and, Feb. 22, 1764	2	34
Lusee, d. John, b. June 22, 1748	1	49
Marg[a]ret, d. Philip & Marg[a]ret, b. Oct. 1, 1754	2	182
Mehitabel, d. Philip & Marg[a]ret, b. May 3, 1758	2	182
Person, s. John, b. Feb. 12, 1751/2	2	182
Ruby, d. [Joel & Margery], b. Nov. 20, 1804	3	288
Samuel, s. [Joel & Margery], b. Oct. 31, 1791	3	288
Theodora, d. [Joel & Margery], b. Mar. 22, 1782	3	288
Weltha, d. [Joel & Margery], b. Feb. 22, 1780	3	288
Zeb[u]lon, s. Philip, b. June 2, 1742	1	35
GAYLORD, Hezekiah, m. [ ], Aug. 5, 1713	1	63
Hezekiah, Dea., d. Apr. 16, 1750	1	53
Sarah, of Windsor, m. Daniel **PORTER**, of Hebron, Apr. 23, 1761	2	81
GEER, GEAR, Betsey, Mrs., of Gilead, m. Abieser **PORTER**, of East Windsor, Mar. 18, 1848, by Horace I. Jones	4	49-M
Ebenezer, of Stonington, m. Laura S. **STAPLES**, of Hebron, Aug. 5 1849, by Rev. Aaron Snow, of Glastonbury	4	50-M
Epaphras, s. Sam[ue]l & Hannah, b. Mar. 7, 1780	2	184

	Vol.	Page
GEER, (cont.)		
Epaphras, s. Sam[ue]l & Hannah, b. Mar. 7, 1780	2	184
Francis E., of Gilead, m. Edwin F. **PEASE**, of Hartford, Oct. 28, 1845, by Rev. Edgar J. Doolittle	4	45-M
Hannah, d. Sam[ue]l & Hannah, b. Mar. 17, 1779	2	184
Hannah, m. Ezekiel Augustus **POST**, b. of Hebron, Oct. 19, 1797	3	257
Hannah, wid. m. Nehemiah **PORTER**, b. of Hebron, Dec. 30, 1812	3	258
Hannah M., m. David W. **TICKNOR**, Dec. 24, 1837, by Charles Nichols	4	35-M
Mary J., of Hebron, m. Nathan S. **GILBERT**, of Norwich, Dec. 24, 1842, by Rev. Alpheus Geer	4	44-M
Samuel, m. Hannah **PHELPS**, b. Hebron, Dec. 18, 1777	2	34
GIDDINGS, Rosinda, of Franklin, m. Benjamin **WHITE**, of Hebron, Nov. 4, 1801	3	269
GILBERT, GILBURT, GILBUT, GILLBURD, GILBART, Abby A., m. Erastus R. **RANDALL**, b. of Hebron, Aug. 10, 1847, by Edgar J. Doolittle	4	48-M
Abigail, d. Capt. Sam[ue]ll, b. Jan. 31, 1752	2	182
Abigail, 2d w. Samuel & D. of Samuel **ROWLEY**, d. Oct. [ ], 1764, in the 48th y. of her age	2	300
Abigail, d. Thomas & Lydia, b. Nov. 11, 1768	2	183
Abigail, d. Eben[e]z[er] & Ann, b. June 9, 1769	2	182
Abigail, Mrs., m. Rev. Samuel **PETERS**, b. of Hebron, June 25, 1769	2	82
Abigail, d. Silvester & Patience, b. Apr. 4, 1776	2	182
Abigail, d. [Silvester & Patience], b. Apr. 4, 1776	3	287
Abigail, m. Josiah **BARBER**, b. of Hebron, June 29, 1794, by S. Gilbert, J.P.	3	231
Abigail, d. Silvester & Patience & w. of Josiah **BARBER**, d. Mar. 10, 1797, in the 21st y. of her age	2	276
Abigail, d. Silvester & w. of Josiah **BARBER**, d. Mar. 10, 1797, in the 21st y. of her age	3	325
Abigail Ann, twin d. [Lewis & Salley], b. Aug. 4, 1826	4	3
Abigail Eliza, d. [Silvester & Patience], b. Oct. 25, 1799	2	185
Abigail Eliza, d. Silvester & Patience, b. Oct. 25, 1799	3	287
Abigail Eliza, d. Sylvester & Patience, d. Sept. 9, 1801, ae 22 m. 16 d.	3	335
Anna, d. Thomas & Lydia, b. May 3, 1764	2	183
Anna, d. [Capt. John, Jr. & Melisent], b. Dec. 1, 1790	2	185
Anne, d. Samuell, Jr., b. May 24, 1739	1	30
Anna, d. Samuell, Jr., d. Sept. 30, 1743	1	37
Anne, d. Samuell, Jr., b. Sept. 19, 1745	1	42
Anne, d. Samuell, Jr., d. Apr. 10, 1748	1	49
Anne, d. Eben[eze]r & Ann, b. July 9, 1762	2	182
Arathusa, d. Silv[este]r & Patience, b. Apr. 13, 1781; d. same day	2	184
Arithusa, d. Silv[este]r & Patience, d. Apr. 13, 1781, ae 10 d.	2	300
Arathusa, d. [Silvester & Patience], b. Apr. 3, 1781; d. Apr. 13, 1781, ae 10 d.	3	287
Asahel, s. Eben[eze]r & Anna, b. Dec. 15, 1760	2	182
Asahel, m. Anna **GOODRICH**, b. of Hebron, Sept. 27, 1781	2	34
Bernice, d. [Capt. John, Jr. & Melisent], b. July 11, 1783	2	185
Clarissa, d. Thomas & Lydia, b. Dec. 5, 1766	2	183
Clarissa, d. [Silvester & Patience], b. Dec. 30, 1793	2	185

	Vol.	Page
GILBERT, BILBURT, GILBUT, GILLBURD, GILBART, (cont.)		
Clarissa, d. [Silvester & Patience], b. Dec. 30, 1793	3	287
Clarissa, of Hebron, m. Ebenezer **FORCE**, of Mansfield, Jan. 4, 1816	3	239
David Barber, s. [George O. & Theodora], b. Feb. 15, 1803	3	288
Eb[e]nezer, s. Samuell, b. Apr. 9, 1732	1	11
Eben[eze]r, m. Anne **PHELPS**, b. of Hebron, Aug. 6, 1753	2	34
Ebenezer, s. Eben[e]z[er] & Ann, b. Aug. 23, 1756	2	182
Elisha, s. Sam[ue]ll, b. Dec. 10, 1717	1	63
Elisha, m. Abigill **CURTICE**, Oct. 25, 1738	1	26
Eliza Patience, d. Ralph & Sarah B., b. June 2, 1814	4	3
Elisabeth, d. Samuell, Jr., b. Aug. 19, 1736	1	23
Elisabeth, w. Samuell, Jr., d. June 25, 1739	1	30
Elisabeth, Mrs., m. Clement **SUMNER**, b. of Hebron, Apr. 15, 1759	2	106
Elisabeth, d. [Samuel & Deborah], b. July 31, 1779	2	184
Elisabeth, d. Asahel & Anna, b. Dec. 21, 1781	2	184
Elisabeth, d. [Capt. John, Jr. & Melisent], b. Apr. 10, 1785	2	185
Ezra, s. Samuell, b. May 23, 1726	1	8
Ezra, m. Hannah **RUST**, Mar. 28, 1750	1	54
Frances Harriet, d. [Ralph & Sarah B.], b. July 17, 1817	4	3
Gardiner, s. Sam[ue]ll, Jr. & Abigail, b. Apr. 15, 1758	2	182
George, s. [Capt. John, Jr. & Melisent], b. Oct. 7, 1781	2	185
George Alfred, s. George O. & Theodora, b. Oct. 11, 1799	3	288
George L., m. Susan P. **BARBER**, b. of Hebron, Jan. 1, 1840, by Rev. Alpheus Geer	4	37-M
George Lewis, s. [Lewis & Salley], b. Feb. 17, 1820	4	3
George O., m. Theodora **GILBERT**, b. of Hebron, Nov. 16, 1797	3	241
George Oliver, s. Samuel & Lydia, b. Mar. 15, 1773	2	182
Hannah, d. Samuell, b. Apr. 8, 1722	1	63
Hannah, m. Joseph **MAN**, Nov. 27, 1740	1	32
Hannah, w. Ezra, d. Jan. 21, 1753	2	300
Hannah, d. Eben[eze]r & Ann, b. Jan. 15, 1774	2	182
Harriot, d. [Capt. John, Jr. & Melisent], b. June 18, 1778	2	185
Harriet Maria, d. [Lewis & Salley], b. Mar. 8, 1818	4	3
Henry Clay, s. [Ralph & Sarah B.], b. Aug. 18, 1832	4	3
John, m. Abigill **CARTER**, Nov. 11, 1736	1	26
John, s. Samuell, Jr., b. Feb. 12, 1749	1	51
John, Jr., m. Melisent **GOODRICH**, b. of Hebron, Mar. 18, 1769	2	34
John, s. [Capt. John, Jr. & Melisent], b. Sept. 25, 1775	2	185
John, Lieut., d. Jan. 19, 1794	2	300
John, Lieut., d. Jan. 19, 1794, in the 80th y. of his age	3	335
John Henry, s. [Samuel & Deborah], b. Jan. 1, 1787	2	184
Joseph, s. Elisha, b. Dec. 30, 1739	1	30
Joseph, s. [Lewis & Salley], b. June 21, 1822	4	3
Lewis, s. Silvester & Patience, b. Dec. 19, 1788	2	185
Lewis, s. [Silvester & Patience], b. Dec. 19, 1788	3	287
Lewis, of Hebron, m. Sally **WARD**, of Marlborough, Dec. 28, 1814	3	241
Lewis, d. Feb. 7, 1829, ae 40	3	335
Louisa, w. Josiah, d. Nov. 16, 1848, ae 38	3	335
Lucinda, d. [Ralph & Sarah B.], b. Feb. 25, 1826	4	3
Lucinda, m. Dan P. **STORRS**, Feb. 23, 1847, by Rev. Andrew Sharpe	4	47-M
Lucy, d. Eben[e]z[er] & Ann, b. Oct. 20, 1767	2	182
Lucy, m. Luther **FORD**, b. of Hebron, Apr. 15, 1783	2	28

	Vol.	Page
GILBERT, BILBURT, GILBUT, GILLBURD, GILBART, (cont.)		
Lydea, w. Samuel, d. Feb. 8, 1775, in the 41st y. of her age	2	300
Lydea, m. Ralph **MACK**, b. of Hebron, Feb. 6, 1783	2	67
Marcey, d. Samuell, b. Nov. 17, 1728	1	8
Mary, d. Sam[ue]ll, b. Aug. 24, 1719	1	63
Mary, m. Hozea **CURTICE**, Aug. 31, 1737	1	24
Mary, d. Eben[e]z[er] & Ann, b. July 14, 1771	2	182
Mary, d. Capt. John, Jr. & Melisent, b. Apr. 9, 1787	2	185
Mary, d. [Silvester & Patience], b. May 14, 1796	2	185
Mary, d. [Silvester & Patience], b. May 14, 1796	3	287
Melisent, d. Capt. John, Jr. & Melisent, b. Aug. 11, 1770	2	185
Melissa A., m. John Meigs **HALL**, May 21, 1835, by Rev. Charles Nichols	4	32-M
Mercy, w. Samuel, d. Oct. 31, 1759	2	300
Mercy, d. Eben[e]z[er] & Ann, b. May 8, 1764	2	182
Mercy, m. Joel **FOX**, b. of Hebron, June 19, 1782	2	28
Nabby Maria, d. [Samuel & Deborah], b. Aug. 19, 1793	2	184
Nathan, of Hebron, m. Betsey **FLETCHER**, of Windham, Aug. 29, 1824, by Payton R. Gilbert, J.P.	4	12-M
Nathan S., of Norwich, m. Mary J. **GEER**, of Hebron, Dec. 24, 1842, by Rev. Alpheus Geer	4	44-M
Nathan Samuel, s. Samuel & Anna, b. July 16, 1815	4	3
Neziah, s. Eben[e]z[er] & Ann, b. Dec. 5, 1757	2	182
Patience, d. Silv[este]r & Patience, b. Mar. 15, 1785	2	184
Patience, d. [Silvester & Patience], b. Mar. 15, 1785	3	287
Peyton Randolph, s. [Samuel & Deborah], b. Sept. 12, 1784	2	184
Ralph, s. [Silvester & Patience], b. Sept. 12, 1790	2	185
Ralph, s. [Silvester & Patience], b. Sept. 12, 1790	3	287
Ralph, of Hebron, m. Sarah B. **NICHOLS**, of Providence, Sept. 3, 1812	3	241
Ralph Laurens, s. [Ralph & Sarah B.], b. Mar. 3, 1821	4	3
Ralph P., m. Mary L. **HUTCHINSON**, Sept. 14, 1842, by Charles Nichols	4	41-M
Rebecca S., of Hebron, m. Horatio **BASSETT**, of Providence, R. I., June 5, 1833, by Rev. Alpheus Geer	4	30-M
Rebecca Swift, d. [Ralph & Sarah B.], b. Dec. 18, 1815	4	3
Rosanna, d. Ebenez[e]r & Anne, b. June 10, 1754	2	182
Salley Sophia, d. Lewis & Salley, b. Nov. 3, 1815	4	3
Samuell, Jr., m. Elisebeth **CURTICE**, Feb. 7, 1732/3	1	14
Samuell, s. Samuell, Jr., b. June 3, 1734	1	19
Samuell, Jr., m. Abigill **ROWLEY**, May 22, 1740	1	31
Samuel, d. May 1, 1760	2	300
Samuel, Jr., m. Mrs. Lydea **POST**, b. of Hebron, May 29, 1760	2	34
Samuel, m. Mrs. Susanna **PHELPS**, Jan. 27, 1765	2	34
Samuel, Col., d. Oct. 16, 1774, at Lyme, N.H., in the 63rd y. of his age	2	300
Samuel, s. Silvester & Patience, b. Jan. 13, 1775	2	182
Samuel, Jr., s. Silvester & Patience, b. Jan. 13, 1775	3	287
Samuel, of Hebron, m. Mrs. Deborah **CHAMPION**, of Colchester, Sept. 3, 1775	2	34
Samuel, Jr., of Hebron, m. Anna **GOODSPEED**, of East Haddam, Jan. 18, 1810	3	241
Samuel Augustus, s. Samuel, Jr. & Lydia, b. June 25, 1771	2	183

	Vol.	Page
GILBERT, BILBURT, GILBUT, GILLBURD, GILBART, (cont.)		
Samuel Augustus, s. Samuel & Lydia, d. Oct. 27, 1774	2	300
Samuel Augustus, s. Samuel & Deborah, b. Sept. 10, 1777	2	184
Samuel Whiting, s. [Capt. John, Jr. & Melisent], b. Apr. 12, 1789	2	185
Sarah, m. Thomas **CARTER**, Dec. 9, 1730	1	15
Sarah, d. [Samuel & Deborah], b. Nov. 28, 1781	2	184
Sarah, d. Samuel & Deborah, d. Aug. 17, 1789	2	300
Sarah, d. [Samuel & Deborah], b. Dec. 25, 1789	2	184
Sarah Nichols, d. [Ralph & Sarah B.], b. July 23, 1824	4	3
Solomon, s. [Capt. John, Jr. & Melisent], b. Feb. 13, 1780	2	185
Sophia, d. Silvester & Patience, b. Sept. 23, 1779	2	184
Sophia, d. [Silvester & Patience], b. Sept. 23, 1779	3	287
Silvester, s. Samuel, Jr. & Abigail, b. Oct. 20, 1755	2	182
Sylvester, m. Mrs. Patience **BARBUR**, b. of Hebron, Oct. 25, 1774	2	34
Silvester, s. Silv[este]r & Patience, b. Nov. 18, 1782	2	184
Silvester, s. [Silvester & Patience], b. Nov. 18, 1782	3	287
Sylvester had negro Milly Gardiner d. Oct. 23,1809, in the 6th y. of her age	3	335
Sylvester, Jr., of Hebron, m. Eunice **CARTER**, of Marlborough, Nov. 26, 1805	3	241
Sylvester had negro Chloe, d. Oct. [ ], 1806, in the 33rd y. of her age	3	335
Sylvester, s. [Ralph & Sarah B.], b. Apr. 8, 1819	4	3
Sylvester G., m. Abigail E. **FORCE**, Nov. 28, 1836, by Sylvester Selden	4	34-M
Theodora, d. Silvester & Patience, b. Nov. 19, 1777	2	184
Theodora, d. [Silvester & Patience], b. Nov. 19, 1777	3	287
Theodora, m. George O. **GILBERT**, b. of Hebron, Nov. 16, 1797	3	241
Theodore, s. [George O. & Theodora], b. Aug. 22, 1804	3	288
Thomas, s. Samuell, Jr., b. Sept. 15, 1743	1	37
Thomas, m. Lydea **LOTHROP**, Jan. 19, 1763	2	34
Thomas Lathrop, s. Thomas & Lydia, b. Aug. 5, 1765	2	183
Thomas Lathrop, s. Thomas & Lydia, b. Sept. 12, 1770	2	183
Thomas Lothrop, s. Thomas, d. Nov. 14, 1770	2	300
We[a]lthy, d. [Capt. John, Jr. & Melisent], b. Feb. 22, 1772; d. Aug. 25, 1773	2	185
We[a]lthy An[n], d. [Capt. John, Jr. & Melisent], b. Feb. 16, 1774	2	185
William Pitt, s. Silvester & Patience, b. Feb. 6, 1787	2	184
William Pitt, s. [Silvester & Patience], b. Feb. 6, 1787	3	287
GILLETT, GILLIT, GILLET, GILIT, Abigill, d. John, b. June 12, 1743	1	37
Alpheus, s. John, Jr. & Abigail, b. Jan. 19, 1760	2	182
Alvan, m. Polly **BISSELL**, b. of Hebron, Jan. 16, 1825, by Sylvester Gilbert, J.P.	4	13-M
Amasa, m. Mary **FULLER**, b. of Hebron, Aug. 25, 1786	2	34
Anne, d. Ezekiel & Dorcas, b. July 17, 1776	2	182
Anslen, s. Israel & Mercy, b. Aug. 3, 1769	2	182
Arethusa, m. Dr. Dan **ARNOLD**, b. of Hebron, Oct. 28, 1793	3	229
Augustus, s. [Capt. Charles & Violatte], b. Mar. 5, 1792	3	288
Bezabel, s. John, b. June 21, 1731	1	7
Charles, m. Violetta **TAYLOR**, b. of Hebron, Mar. 8, 1787	2	34
Charles Coleman, s. Capt. Charles & Violate, b. Feb. 13, 1790	3	288

HEBRON VITAL RECORDS 167

	Vol.	Page
GILLETT, GILLIT, GILLET, GILIT, (cont.)		
David, m. Diana WRIGHT, b. of Hebron, Sept. 20, 1821, by Rev. Amos Bassett	4	3-M
David, m. Betsey KELLOGG, Nov. 5, 1826, by Rev. Lyman Strong	4	16-M
David, d. Feb. 18, 1848, ae 49. "Was killed by the fall of a tree"	3	335
Eli Augustus Mack, s. Aaron & Amy, b. Mar. 25, 1802, at Tioga, Pa.	3	297
Ezekiel, twin with George, s. Ezekiel & Dorcas, b. Nov. 22, 1769	2	182
Ezekiel, s. Ezekiel & Dorcas, d. Nov. 22, 1769	2	300
George, twin with Ezekiel, s. Ezekiel & Dorcas, b. Nov. 22, 1769	2	182
George, [s. Ezekiel & Dorcas], d. Dec. 14, 1769	2	300
George, s. Ezekiel & Dorcas, b. Jan. 9, 1771	2	182
Harvey, s. [Capt. Charles & Violatte], b. Apr. 22, 1794; d. July 18, 1794	3	335
Harvey, s. [Capt. Charles & Violatte], b. June 29, 1797	3	288
Iraney*, d. John, b. Feb. 27, 1733/4 (*Irene)	1	20
J. A., m. Sarah L. BROWN, Sept. 22, 1841, by Charles Nichols	4	39-M
Jane S., of Hebron, m. Henry J. WILLCOX, of East Lyme, May 22, 1851, by Edgar J. Doolittle	4	52-M
Joel, s. Ezekiel & Dorcas, b. Feb. 7, 1773	2	182
John, s. John, b. Jan. 6, 1738	1	37
John, Jr., m. Mrs. Abigail POMEROY, Apr. 19, 1759	2	34
John, d. July 10, 1788, in the 87th y. of his age	2	300
Laura, of Hebron, m. Daniel H. ELDRIDGE, of Manchester, Oct. 18, 1849, by Edgar J. Doolittle	4	51-M
Laura E., m. Israel A. BISSELL, May 26, [1831], by Rev. Hiram P. Arms	4	24-M
Lucinda, d. Capt. Charles & Violatte, b. Oct. 22, 1787; d. Nov. 11, 1788	3	335
Lucinda, d. [Capt. Charles & Violatte], b. May 10, 1795	3	288
Lucey, m. Joseph WATERS, Dec. 10, 1746	2	122
Lucy Ann, m. Rufus SIBLEY, b. of Hebron, June 12, 1842, by Rev. Alpheus Geer	4	40-M
Lydia, m. Joseph WATERS, Jr., b. of Hebron, Oct. 17, 1772	2	123
Mary, see Mary PORTER	2	67
Mary E., of Hebron, m. Lord Nelson TIFFANY, of Lyme, Apr. 8, 1839, by Rev. Alpheas Geer	4	36-M
Mercy, m. Wyman PARKER, b. of Hebron, Sept. 4, 1783	2	84
Nathan, m. Abigail E. BUELL, Oct. 30, 1843, by Rev. Charles Nichols	4	42-M
Ozias L., m. Susan E. CULVER, Sept. 6, 1840, by C. D. Rogers	4	38-M
Polly, of Colchester, m. Elihu PORTER, of Hebron, Nov. 28, 1782	2	85
Solomon T., of Colchester, m. Louisa E. BISSELL, of Hebron, Oct. 18, 1832, by Rev. H. P. Arms	4	28-M
Sophia, d. Israel & Mercy, b. Apr. 18, 1771	2	182
Susanna, m. Isaac SAWYER, Apr. 14, 1740	1	33
Violatte, d. [Capt. Charles & Violatte], b. Aug. 28, 1799	3	288
Zenas, s. Ezekiel & Dorcas, b. Aug. 30, 1766	2	182
GILLOM, James, d. May 20, 1732	1	11
GOODALE, [see also GOODELL], Sarah, m. Jacob ROOT, Nov. 4, 1709	1	72
GOODELL, [see also GOODALE], Hiram, m. Martha P. BROWN, b. of Hebron, Feb. 25, 1830, by Rev. Charles Nichols	4	20-M

	Vol.	Page
GOODRICH, Anna, Asahel **GILBERT**, b. of Hebron, Sept. 27, 1781	2	34
Comfort, m. John **POST**, Sept. 23, 1767	2	82
George G., of Portland, m. Abigail T. **GRAVES**, of Hebron, May 15, 1842, by Rev. Alpheus Geer	4	40-M
Melisent, m. John **GILBERT**, Jr., b. of Hebron, Mar. 18, 1769	2	34
Samuel, d. Nov. 16, 1773	2	300
GOODSPEED, Anna, of East Haddam, m. Samuel **GILBERT**, Jr., of Hebron, Jan. 18, 1810	3	241
GORDEN, Betsey, of Middlefield, Mass., m. Amos **STRONG**, of Hebron, Oct. 9, 1788	2	108
GOSLEE, Henry, s. Thomas & Mary, b. Aug. 26, 1760	2	182
James, of Glastonbury, m. Polly **SUMNER**, of Hebron, Oct. 2, 1831, by Rev. Jacob Allen	4	25-M
Polley Lucy, m. Henry P. **SUMNER**, Sept. 11, 1798	3	263
William N., of Glastonbury, m. Sarah E. **ELLIS**, of Hebron, Nov. 21, 1850, by Rev. Charles Nichols, of Gilead	4	51-M
GOSLIN, Thomas, m. Mary **ROWLEE**, May 3, 1759	2	34
GOSS, Hubbel, m. Nancy **LOCKWOOD**, Apr. 22, 1839, by Rev. Charles Nichols	4	36-M
GOTT, GOOT, GOT, Abigail, d. [Hazel & Abigail], b. Dec. 1, 1796	3	287
Abigail Rebecca, d. Hazael, Jr. & Rebecca C., d. Mar. 10, 1839	3	286
Abigail Rebecca, d. Hazael, Jr. & Rebecca C., d. Mar. 10, 1839, ae. 15 y. 6 m.	3	335
Abigail Rebecca, [d. Hazael, Jr. & Rebecca C.], b. Sept. 2, 1823	4	5
Amelia, d. [Samuel & Amela], b. June 16, 1800	3	288
Ann Lydia, m. Seneca **PETTEE**, b. of Hebron, Nov. 15, 1842, by Rev. Alpheus Geer (Ann Lydia, d. of Hazael **GOTT**, Jr. & Rebecca Grouch **STRONG**) [handwritten]	4	41-M
Charity, w. Daniel, d. Sept. 13, 1807, ae 63 y. 7 m. 11 d.	3	335
Chauncey, s. Hazael & Abigail, b. May 17, 1802	3	287
Daniel, s. John, Jr., b. Sept. 5, 1735	1	21
Daniel, of Hebron, m. Charity **RUSS**, of Canterbury, Aug. 13, 1760	2	34
Daniel, s. [Hazel & Abigail], b. July 10, 1793	3	287
Daniel, of Hebron, m. Salley **BAILEY**, of Lebanon, June. 5, 1810	3	241
Deborah, d. Storo & Susanna, b. Mar. 8, 1772	2	182
Delia Adelaid[e], [d. Hazael, Jr. & Rebecca C.], b. Oct. 7, 1833	4	5
Diadema, d. Daniel & Charity, b. May 11, 1772	2	182
Elisabeth, d. John, Jr., b. June 12, 1728	1	8
Elisabeth, m. Charles **BENNET**, Nov. [ ], 1749	2	4
Elizabeth Jane, [d. Hazael, Jr. & Rebecca C.], b. Oct. 7, 1828	4	5
Est[h]er, d. John, Jr., b. July 6, 1740	1	32
Easther, m. Zebulun **STRONG**, Mar. 25, 1762	2	107
Francis Dean, s. [Samuel & Amela], b. Nov. 6, 1805, in Marlborough	3	288
Hannah, d. Daniel & Charity, b. June 13, 1769	2	182
Hannah, w. John, d. July [ ], 1773	2	300
Harriot, d. [Samuel & Amela], b. Oct. 13, 1802	3	288
Hazael, s. Daniel & Charity, b. May 10, 1763	2	182
Hazael, s. Dan[ie]ll & Charity, d. Feb. 24, 1765	2	300
Hazael, s. Daniel & Charity, b. Feb. 3, 1767	2	182
Hazel, m. Abigail **PHELPS**, b. of Hebron, May 12, 1790	3	241
Hazael, s. Hazael & Abigail, b. Jan. 26, 1800	3	287

HEBRON VITAL RECORDS 169

	Vol.	Page
GOTT, (cont.)		
Jerusha, d. Daniel & Charity, b. Sept. 21, 1761	2	182
Jerusha, of Hebron, m. Ezekiel **BIRGE**, of Lebanon, Oct. 17, 1779	2	6
John, s. John, Jr., b. Apr. 13, 1730	1	5
John, Jr., m. Anne **TROTTER**, Dec. 26, 1754	2	34
John, m. Hannah **CRANE**, June 12, 1755	2	34
John, s. Story & Susannah, b. Mar. 3, 1759	2	182
John, d. Oct. 6, 1776	2	300
John, s. Samuel & Amel[i]a, b. Oct. 8, 1796	3	288
Judah, d. Dan[ie]ll & Charity, b. Aug. 9, 1765	2	182
Judah, m. David **CARVER**, Jr., b. of Hebron, Jan. 24, 1785	2	12
Lucinda, d. Hazel & Abigail, b. June 10, 1791	3	287
Lydia Ann, d. Hazael, Jr. & Rebecca C., b. Mar. 14, 1822	4	5
Ralph Rodolphus, s. Storo & Susanna, b. Feb. 8, 1766	2	182
Rebeckah, m. Benjamin **SKINNER**, May 2, 1749	1	51
Samuel, s. Daniel & Charity, b. Sept. 19, 1774	2	182
Samuel, s. [Samuel & Amela], b. Feb. 26, 1798	3	288
Storey*, s. John, Jr., b. Mar. 26, 1733 (*written in as Storo)	1	14
Story, m. Susannah **HOLDRIGE**, b. of Hebron, June 17, 1756	2	34
Susannah, d. Story & Susannah, b. May 17, 1757	2	182
Tolsott, [child of Storo & Susanna], b. Aug. 7, 1768	2	182
William Nathaniel, s. L[emue]l* & Jemima, b. Sept. 14, 1808 (*Samuel?)	3	287
Willington Strong, [child of Hazael, Jr. & Rebecca C.], b. June 10, 1835	4	5
GRAVES, Abbe Ann Caroline, d. William & Abigail, b. Mar. 18, 1810	3	288
Abigail T., of Hebron, m. George G. **GOODRICH**, of Portland, May 15, 1842, by Rev. Alpheus Geer	4	40-M
Abigail Thompson, d. [John], b. Oct. 2, 1820	4	2
Elizabeth A., of Hebron, m. Addison **McKEE**, of Windsor, N.Y., Jan. 16, 1842, by Rev. Alpheus Geer	4	40-M
Elizabeth Adalade, d. [John & Elizabeth], b. Dec. 2, 1809	3	288
Emily Amanda, d. [John], b. July 14, 1826	4	2
Francis M., of Hebron, m. Charles H. **PELTON**, of Chatham, Sept. 28, 1836, by Rev. Alpheus Geer	4	34-M
Francis Matilda, d. [John & Elizabeth], b. Jan. 29, 1812	3	288
Hannah Cornelia, d. [John], b. July 25, 1830	4	2
John, m. Elizabeth **PETERS**, b. of Hebron, Nov. 26, 1806	3	241
John Samuel, s. John & Elizabeth, b. Sept. 2, 1807	3	288
Mary Peters, d. [John], b. June 19, 1823	4	2
Oliver Denison, s. [John], b. Aug. 1, 1817	4	2
Thomas Eugene, s. John & Elizabeth, b. May 15, 1814	3	288
Thomas Eugene, s. John, b. May 15, 1814	4	2
William, of Stonington, m. Abigail **PETERS**, Mar. 28, 1809, by Rev. Mr. Bassett	3	241
William Barnabas, s. William & Abigail, b. June 29, 1815	3	286
GRAY, Henry, of Vernon, m. Mahala **LOOMER**, of Hebron, Jan. 11, 1847, by William Brown, J.P.	4	48-M
Mary Jane, m. Benjamin **PORTER**, Nov. 29, 1846, by Rev. Frederic B. Woodard, of Middle Haddam	4	47-M
Mary Jane, m. Benjamin **PORTER**, Dec. 21, 1846, by Rev. John Woodbridge, Greenport, L.I., Witnesses: George Fleeman, Almor Bacon	4	47-M

	Vol.	Page
GRAY, (cont.)		
William, m. Mary **PORTER**, Jan. 18, 1830, by Rev. Lyman Strong	4	20-M
GREEN, Jerusha, m. Benj[ami]n **CHAMBERLIN**, Jan. 7, 1761	2	12
Olive, d. Benj[ami]n & Jerusha, b. Feb. 17, 1762	2	156
Sarah, m. Timothy **ORSBORN**, Feb. 9, 1758	2	80
Susannah, m. John **CHAMBERLIN**, Jr., Jan. [ ], 1750/51	2	12
GRIFFING, Abigail, m. Thomas F. **PERRY**, Mar. 12, 1826, by Rev. Peter Griffing	4	15-M
John, of Lyme, m. Louisa **WORTHINGTON**, of Colchester, Apr. 16, 1845, by Rev. Robert E. Hallum, of New London	4	44-M
Leonard B., m. Almira **RISLEY**, Nov. 12, 1828, by Rev. Peter Griffing	4	18-M
GROVER,-----, m. Nathan Delin(?), Dec. 17, 1772	2	18
GUSTAIN, Benajah, s. John, b. May 3, 1731	1	6
Diadem, s. John, b. Apr. 23, 1729	1	6
Marcy, d. John, b. Mar. 15, 1727	1	6
HALING, Isaac, m. Deborah **BROWN**, Feb. 6, 1839, by Charles Nichols	4	36-M
HALL, Abigail, m. Benjamin **ROOT**, Mar. 4, 1745/6	1	45
Abigail, d. [Jonathan & Han[n]ah], b. Sept. 1, 1787	2	196
Amos, s. Amos & Bette, b. Jan. 15, 1753	2	189
Amos, m. Martha **WILLCOX**, May 11, 1757	2	42
Amos, m. Betty **BRIANT**, Mar. 4, 1762	2	42
Amos, s. Amos & Betty, b. Jan. 9, 1763	2	172
Anna, d. Amos & Bette, b. Jan. 29, 1777	2	191
Bette, d. Amos & Bette, b. May 14, 1770	2	190
Chester, s. Jonathan & Han[n]ah, b. Aug. 15, 1783	2	196
David, s. Amos & Bette, b. Oct. 21, 1772	2	190
David, s. Amos & Bette, b. Oct. 21, 1772	2	194
David, s. Amos & Bette, d. Nov. 2, 1775	2	306
David, s. Amos & Bette, b. Oct. 29, 1779	2	191
Ebenezer, m. Mary **WADSWORTH**, Nov. 14, 1754	2	42
Gardner, of Mansfield, m. Emily **FREEMAN**, of Hebron, Sept. 8, 1833, by Rev. Leonard B. Griffing	4	30-M
George, s. Amos & Bette, b. Jan. 29, 1765	2	189
Hannah, d. Jonathan & Hannah, b. May 18, 1881* (*Probably 1781)	2	196
John Meigs, m. Melissa A. **GILBERT**, May 21, 1835, by Rev. Charles Nichols	4	32-M
Jonathan, s. Seth & Marcey, b. Apr. 30, 1753	2	188
Jonathan, m. Hannah **KELLOG[G]**, b. of Hebron, Aug. 20, 1777	2	43
Jonathan, s. Jonathan & Hannah, b. Sept. 4, 1778	2	196
Lydia, d. Amos & Bette, b. Jan. 12, 1775	2	190
Marg[ar]it, d. John, b. Sept. 24, 1721	1	2
Martha, w. Amos, d. June 6, 1761, in the 24th y. of her age	2	306
Martha, d. Amos, d. Jan. 23, 1779, in the 20th y. of her age	2	307
Mary, d. John, b. Feb. 7, 1723/4	1	2
Mehittabel, m. Nicholas **BOND**, Jr., July 26, 1750	1	54
Mehitabel, d. Amos & Martha, b. Apr. 14, 1758	2	188
Mehitable, m. Josiah **MACK**, b. of Hebron, Dec. 31, 1786	2	67
Prince Briant, s. Amos & Betty, b. Aug. 15, 1767	2	189
Sary, d. Seth, b. Nov. 22, 1749	1	55
Sheba, d. Dec. 23*, 1754 (*Perhaps 28?)	2	306

HEBRON VITAL RECORDS 171

	Vol.	Page
HALL, (cont.)		
Susannah, m. Abel **WILLCOX**, b. of Hebron, Jan. 14, 1762	2	122
William, s. Jonathan & Hannah, b. Sept. 1, 1791	2	197
HAMLIN, HAMBLEN, HAMLEN,HAMBLIN, Eben[eze]r, s.		
Eben[eze]r & Mary, b. Jan. 28, 1781	2	196
Ellice, d. Eben & Mary, b. May 10, 1774	2	191
Mary, d. Ebenezer & Mary, b. Jan. 14, 1768	2	189
Mary, d, Ebenezer, d. Sept. 7, 1784, in the 17th y. of her age	2	307
Salone, d. Eben[eze]r & Mary, [b.] Mar. 25, 1771	2	190
Timothy, s. Eben[eze]r & Mary, b. Jan. 1, 1778	2	191
HANKS, Frederick F., m. Abigail **PAGE**, Dec. 9, 1827, by Rev. Peter Griffing	4	17-M
HARDING, HARDEN, HARDIN, Almira, of Hebron, m. Aaron **BOGUE**, of East Haddam, Jan. 22, 1826, by Rev. Lyman Strong	4	14-M
Betsey, of Hebron, m. Ezra **JONES**, of Marlborough, Apr. 24, 1825, by Rev. Peter Griffing	4	14-M
Elizabeth, of Hebron, m. William **LEE**, of Lebanon, Nov. 2, 1820, by Rev. Peter Griffing	4	1-M
Huldah, of Hebron, m. Julius **BROWN**, of Marlborough, Oct. 16, 1823, by Rev. Peter Griffing	4	11-M
Nelson A., m. Jerusha **LEE**, Mar. 29, 1832, by Rev. Charles Nichols	4	28-M
HARRIS, Calista R., d. Joseph [&] L-----, b. May 13, 1810	4	1
Calista R., of Hebron, m. Samuel **BURDICK**, of Colchester, Nov. 25, 1830, by John S. Peters, J.P.	4	22-M
Diana, d. [Joseph & L-----], b. Dec. 13, 1817	4	1
George W., s. [Joseph & L-----], b. Mar. 19, 1812	4	1
Geo[rge] W[illia]m, m. Martha A. **NORTON**, b. of Hebron, [Nov.] 24, [1850], by Abel Gardner	4	51-M
John E., s. [Joseph & L], b. Feb. 24, 1816	4	1
Joseph R., s. [Joseph & L-----], b. Mar. 1, 1814	4	1
Lucy L., d. [Joseph & L-----], b. Jan. 17, 1812	4	1
HARTWELL, Sary, m. Thomas **PERRIN**, Jan. 27, 1742/3	1	44
HAUGHTON, HOUGHTON, Anna, d. [Joel & Anna], b. July 16, 1782	3	289
Anna, w. Joel, d. Nov. 5, 1790	3	337
Clarissa, d. [Joel & Lydia], b. Feb. 28, 1809	3	289
Cyrus, s. Joel & Lydia, b. July 24, 1797	3	289
Ebenezer, s. Eben[e]z[er], Jr. & Temperance, b. Apr. 23, 1764	2	189
Ebenezer, s. Joel & Lydia, b. Feb. 22, 1792	3	289
Electa, d. Samuel & Anna, b. Apr. 30, 1779	2	191
Ezekiel, s. Ezekiel & Lydia, b. Jan. 18, 1768	2	189
George Henry, s. [Joel & Lydia], b. July 31, 1803	3	289
Harriot, d. [Joel & Lydia], b. Feb. 12, 1807	3	289
Joel, s. Eb[e]nezer, b. May 15, 1749	1	52
Joel, m. Anna **SUTTON**, b. of Hebron, June 8, 1779	2	43
Joel, s. Joel & Anna, b. Aug. 13, 1780	2	196
Joel, s. Joel & Anna, b. Aug. 13, 1780	3	289
Joel, m. Lydia **JUDD**, b. of Hebron, Aug. 7, 1791	3	243
Lydea, d. Step[he]n & Prudence, b. June 28, 1763	2	189
Lydea, d. Ezekiel & Lydea, b. June 1, 1770	2	190
Lydea, m. Dr. Thad[d]eus **PARKER**, b. of Hebron, Feb. 15, 1784	2	85
Manson, s. [Joel & Lydia], b. July 19, 1799	3	289
Martha, d. Eben[e]z[er], Jr. & Temperance, b. Apr. 11, 1760	2	189
Martha, m. Ezekiel **BROWN**, b. of Hebron, Nov. 7, 1782	2	6

	Vol.	Page
HAUGHTON, HOUGHTON, (cont.)		
Polly, d. [Joel & Lydia], b. Oct. 16, 1795	3	289
Prudence, d. Stephen & Prudence, b. Feb. 22, 1768	2	190
Russel[l], s. Ezekiel & Lydia, b. June 14, 1772	2	190
Sally Maria, d. [Joel & Lydia], b. Apr. 22, 1805	3	289
Sampson, s. Stephen & Prudence, b. Oct. 4, 1765	2	190
Stephen, s. Stephen, d. Jan. 2, 1760	2	306
Temperance, d. Eben[e]z[er], Jr. & Temperance, b. Apr. 17, 1762	2	189
William Horace, s. [Joel & Lydia], b. Mar. 12, 1801(?)	3	289
HAYDEN, John, of Haddam, m. Thalia **NORTON**, of Hebron, Apr. 4, 1822, by Rev. Amos Bassett	4	6-M
HEATON, HEETON, HETON, Hannah, d. Samuell, b. Aug. 14, 1721	1	64
Isaac, s. Samuell, b. June 30, 1731	1	5
James, s. Samuell, b. Mar. 13, 1725	1	73
John, see John **HOOTON**	1	64
Mary, m. Moses **REED**, June 6, 1728	1	27
Sarah, m. John **PORTER**, Nov. 2, 1727	1	9
HEA---, Ele[a]nor, [of] Stonington, m. Phinehas **ALLEN**, May 16, 1771	2	1
HELTON, Lydia L., m. Daniel W. **WILLIAMS**, Nov. 21, 1838, by Rev. Henry Bromley, at his house, Mansfield	4	35-M
HEMPSTED, Edward, s. Stephen & Mary, b. June 3, 1780	3	289
HENDEE, Abigail, m. Ebenezer **FULLER**, Mar. 20, 1764	2	28
Abner, of Hebron, m. Elizabeth W. **JOHNSON**, of Canterbury, Aug. 24, 1819, by Rev. Asa Meach	3	243
Elizabeth W., w. Abner, d. Oct. 4, 1846	3	337
Julia Ann A., of Andover, m. Francis A. **PORTER**, of Hebron, Feb. 3, 1842, by Rev. Alpha Miller, at Andover	4	40-M
Julia Ann Amelia, d. Leonard & Amelia, b. Oct. 22, 1819	3	289
Mary, of Coventry, m. Solomon **ROOT**, of Hebron, Sept. 3, 1773	2	96
HENRY, Lucy, of Pomfret, late of East Hartford, m. Marvin **BENJAMIN**, of Hebron, (colored), Dec. 2, 1821, by Henry P. Sumner	4	5-M
HEWITT, Daniel T., of Worthington, Mass., m. Frances **PORTER**, of Hebron, Nov. 26, 1849, by Edgar J. Doolittle	4	51-M
HIBBARD, Saloma, m. Aaron **WHITE**, b. of Hebron, Mar. 25, 1790	2	124
HIGGINS, Henry, m. Abelena **TICKNOR**, Mar. 26, 1834, by Rev. Leonard B. Griffing	4	31-M
Henry, m. Lucina E. **HUTCHINSON**, b. of Hebron, May 14, 1841, by Rev. E. Loomis	4	39-M
[HILDRETH], [see under **HYLDRETH**]		
HILLS, HILL, Betsey, m. George **ANDRUS**, Nov. 27, 1828, by Rev. Peter Griffing	4	18-M
Edwin Nelson, s. [Avery & Louis], b. Apr. 3, 1810	3	289
Halsey Wayne, s. Avery & Louis, b. July 3, 1805, at Paynesville, O.	3	289
Henry, m. Sally **MINER**, b. of Hebron, Dec. 29, 1822, by John S. Peters, J.P.	4	7-M
Horatio, of Lebanon, m. Maria L. **MINER**, of Hebron, Jan. 23, 1843, by Rev. Edgar I. Doolittle	4	42-M
John Chester, s. [Avery & Louis], b. June 26, 1812	3	289
Lucy, of Colchester, m. Elijah **WATERS**, of Hebron, Dec. 27, 1792	2	124
Maria, of Hebron, m. Levi **BAILEY**, of Haddam, farmer, Sept. 26, 1847, by Rev. Mr. Doolittle	4	49-M
Maria L., m. Levi C. **BAILY**, b. of Hebron, Sept. 26, 1847, by Edgar J. Doolittle	4	48-M

HEBRON VITAL RECORDS 173

	Vol.	Page
HILLS, HILL, (cont.)		
Paulina, d. [Avery & Louis], b. Feb. 10, 1807, at Paynesville, Ohio	3	289
Paulina, of Hebron, m. Cephas **SKINNER**, of Harwinton, [		
1831], by Rev. H. P. Arms. Entered Sept. 12, 1831	4	24-M
Phebe, of Colchester, m. Norton **WATERS**, of Hebron, Nov. 3, 1791	2	124
HITCHCOCK, Aaron Allen, s. Daniel & Sarah, b. Mar. 10, 1791	3	289
J. H., of West Troy, N. Y., m. Harriet J. **FULLER**, of Hebron,		
Sept. 9, 1846, by Rev. Edgar J. Doolittle	4	46-M
HODGE, Daniel, m. Wealthy **CURTIS**, Jan. 3, 1828, by Rev. Charles		
Nichols	4	17-M
HOGGET, Richard, d. July 19, 1775. "Was drowned in Marlboro Pond"	2	306
HOGHETH, John, m. Mary **COX**, Mar. 13, 1748/9	1	51
HOLDRIDGE, HOLDRIGE, Abigail, m. Jonathan **ROOT**, Sept. 22, 1776	2	96
Abigail A., of Hebron, m. Joseph D. **DOWD**, of Middletown, Feb. 22,		
1844, by Rev. Edgar J. Doolittle	4	43-M
Deborah, m. Elijah **OWEN**, Oct. 21, 1762	2	76
Gershom, Jr., d. Feb. 6, 1769, "by having his skull fractured by the		
fall of a tree"	2	306
Irena, d. John & Abigail, b. Mar. 4, 1740	2	190
Lucretia, m. Ephraim **WRIGHT**, Jan. 17, 1760	2	122
Mindwell, m. Nathan **BAXTER**, b. of Hebron, Jan. 15, 1761	2	4
Richard, m. Deborah **BIRGE**, Jan. 16, 1755	2	42
Robert, s. Elisabeth Bennet, b. July 1, 1761	2	189
Susannah, m. Story **GOTT**, b. of Hebron, June 17, 1756	2	34
Temperance, m. Eben[eze]r **DEWEY**, Jr., b. of Hebron, July 24, 1760	2	18
HOLLISTER, Edwin M., of Hartford, m. Gratia T. **BUELL**, of Hebron,		
Nov. 2, 1825, by Rev. Augustus B. Collins	4	14-M
Gideon, of Coventry, m. Parthena **PAYNE**, of Hebron, Oct. 9, 1828,		
by Lavius Hyde	4	18-M
HOOTON, [see also **HORTON**], John, s. Samuell, b. Feb. 14, 1718/19	1	64
HOPKINS, Moses B., of Chatham, m. Nancy **BLISS**, of Hebron, May 3,		
1836, by Sylvester Selden	4	33-M
HORSFORD, A[a]ron, s. Obadiah, b. Mar. 10, 1717/18	1	64
A[a]ron, m. Abigill **NEWCOMB**, Feb. 27, 1745/6	1	43
A[a]ron, s. Capt. Obadiah, d. Dec. 24, 1746	1	45
A[a]ron, s. Daniell, b. June 4, 1747	1	47
Aaron, s. Daniel, b. June 4, 1747	1	57
A[a]ron, s. Joseph, b. Dec. 25, 1747	1	48
Abigill, d. A[a]ron, b. Dec. 27, 1746	1	45
Abigail, d. Daniel, b. Jan. 26, 1748/9	1	57
Abigail, d. Enos & Abigail, b. Sept. 20, 1765	2	189
Abigail, m. William **BUEL**, Jr., May 11, 1766	2	5
Abigail, w. Enos, d. Dec. 9, 1792, in the 49th y. of her age	2	307
Ann E., m. Daniel G. **KELLOGG**, Dec. 18, 1833, by Rev. Alpheus		
Geer	4	31-M
Anna, m. John **PHELPS**, Feb. 11, 1724/5	1	62
Anna, d. Enos & Abigail, b. May 31, 1779	2	191
Anne, d. Joseph, b. Aug. 22, 1740	1	32
Chalsa, d. Dudl[e]y & Rachel, b. Aug. 9, 1782	2	196
Daniell, s. Obadiah, b. Mar. 15, 1712	1	64
Daniell, m. Elisibirth **STEWARD**, Apr. 6, 1721	1	65
Daniell, s. Daniell, b. Nov. 8, 1723	1	65
Daniell, Jr., m. Sarah **PHELPS**, Feb. 2, 1737/8	1	25

	Vol.	Page
HORSFORD, (cont.)		
Daniell, s. Daniell, Jr., b. Apr. 24, 1738	1	25
Daniel, Jr., m. Mary **LORD**, Jan. 22, 1767	2	43
Daniel, s. Daniel, Jr. & Mary, b. Feb. 12, 1769	2	190
Daniel, d. Oct. 13, 1773, in the 62nd y. of his age	2	306
David, s. Dudl[e]y & Rachel, b. Oct. 24, 1780	2	191
Demis, d. Daniel & Mary, b. Sept. 29, 1772	2	190
Demis, d. Daniel & Mary, d. May 10, 1774	2	306
Dudley, s. Daniell, Jr., b. Nov. 19, 1741	1	34
Dudl[e]y, m. Rachel **BUEL**, July 11, 1765	2	42
Dudl[e]y, s. Dudl[e]y & Rachel, b. July 7, 1766	2	189
Elihew, s. Joseph, b. June 25, 1749	1	54
Elehu, m. Abigail **CHAMBERLIN**, Apr. 3, 1770	2	43
Elijah, [twin with Elisha], s. Daniel & Mary, b. Nov. 21, 1779	2	191
Elisha, [twin with Elijah], s. Daniel & Mary, b. Nov. 21, 1779	2	191
Elisabeath, d. Daniell, b. Dec. 28, 1721	1	65
Elisabeth, d. Capt. Obadiah & Mary, b. Nov. 13, 1768	2	190
Elisabeth, d. Dudley & Rachel, b. May 17, 1778	2	191
Enos, s. Daniell, Jr., b. Sept. 20, 1739	1	30
Enos, of Hebron, m. Abigail **LORD**, of Colchester, Mar. [ ], 1764	2	42
Enos, s. Enos & Abigail, b. May 25, 1775	2	190
Enos, s. Enos & Abigail, d. Oct. 17, 1776	2	307
Enos, of Hebron, m. Joanna **WING**, of Chatham, Sept. 17, 1795	3	243
[E]unis, d. Joseph, b. May 6, 1738	1	25
Hope, d. Dudley & Rachel, b. Jan. 6, 1772	2	190
Hope, m. Ashbel **PHELPS**, Jr., b. of Hebron, May 16, 1793	3	257
Ichabod, s. Enos & Abigail, b. May 3, 1764	2	189
Ichabod, s. Enos & Abigail, d. June 8, 1764	2	306
Ichabod, s. Daniel & Mary, b. June 1, 1778	2	191
Jerimiah, s. Daniell, b. Sept. 14, 1736	1	22
Jerusha, d. Enos & Abigail, b. Nov. 17, 1771	2	190
Jerusha, d. Enos & Abigail, d. Sept. 5, 1777	2	191
Jerusha, d. Enos & Abigail, d. Sept. 18, 1777	2	306
Jerusha, m. David **PHELPS**, b. of Hebron, Jan. 9, 1798, by S. Gilbert, J. P.	3	257
Joell, s. Daniell, b. Jan. 24, 1745	1	47
Joel, m. Mary **PORTER**, b. of Hebron, May [ ], 1773	2	43
Joel, d. Nov. 15, 1773, in the 29th y. of his age	2	306
John, s. Obadiah, b. Mar. 7, 1707; d. Mar. 23, 1709	1	64
John, s. Daniell, b. Nov. 18, 1725	1	65
John, s. Daniel, Jr. & Mary, b. Oct. 8, 1770	2	190
John, s. Daniel & Mary, d. July 2, 1772	2	306
John, s. Daniel & Mary, b. July 18, 1774	2	190
Joseph, s. Obadiah, b. Apr. 19, 1715	1	64
Joseph, m. [E]unice **BEACH**, May 19, 1734	1	24
Joseph, s. Joseph, b. June 21, 1743	1	39
Joseph, d. May 18, 1761	2	306
Joseph, m. Mary **PETERS**, Sept. 27, 1764	2	42
Josiah, s. Daniell, b. Nov. 20, 1727	1	5
Lucy, d. Dudley & Rachel, b. Jan. 30, 1770	2	190
Lydea, d. Daniel & Sarah, d. Nov. 9, 1773, in the 18th y. of her age	2	306
Lydia, d. Dudl[e]y & Rachel, b. Jan. 19, 1774	2	190
Marcy, w. Capt. Obadiah, d. Oct. 3, 1771	2	306

	Vol.	Page
HORSFORD, (cont.)		
Martha, d. Talcot & Martha, b. Dec. 18, 1784	2	196
Mary, d. Joseph & Mary, b. Apr. 20, 1765	2	229
Mary, d. Daniel, Jr. & Mary, b. Nov. 2, 1767	2	189
Mary, m. Ens. R[e]uben **PHELPS**, b. of Hebron, Nov. 9, 1777	2	83
Mary, w. Col. Obadiah, d. June 20, 1783, in the 51st y. of her age	2	307
Mindwell, d. Obadiah, b. May 20, 1722	1	64
Mindwell, m. Daniel **TILLETSON**, Sept. 16, 1742	1	35
Mindwell, d. Joseph, b. June 20, 1745	1	43
Mindwell, m. Nathan **DEWEY**, Dec. 3, 1766	2	18
Obadiah, s. Obadiah, b. Jan. 26, 1724/5	1	64
Obadiah, Capt. d. Feb. 27, 1740/41	1	34
Obadiah, s. Joseph & Eunice, b. Mar. 27, 1756	2	188
Obadiah, m. Mary **BUELL**, b. of Hebron, Apr. 28, 1757	2	42
Obadiah, Col., d. July 11, 1783, in the 59th y. of his age	2	307
Othniel, s. Daniel, b. June 9, 1751	1	57
Rachel, d. Obadiah & Mary, b. Oct. 2, 1763	2	189
Rachel, d. Dudl[e]y & Rachel, b. May 4, 1768	2	189
Sarah, d. Daniell, b. Mar. 23, 1743	1	37
Sarah, d. Enos & Abigail, b. July 18, 1767	2	189
Sarah, d. Enos & Abigail, d. Dec. 1, 1769	2	306
Sarah, d. Enos & Abigail, b. June 12, 1770	2	190
Sarah, wid. Daniel, d. Nov. 5, 1773, in the 53rd y. of her age	2	306
Susanna, d. Daniel & Sarah, d. Dec. 7, 1773, in the 13th y. of her age	2	306
Susanna, d. Enos & Abigail, b. Jan. 25, 1781	2	196
Susanna, d. Enos & Abigail, d. Jan. 4, 1782	2	307
Susanna, d. Enos & Abigail, b. Dec. 14, 1782	2	196
Sybel, d. Dudl[e]y & Rachel, b. Mar. 28, 1776	2	191
Talcott, m. Martha **FULLER**, Jr., b. of Hebron, Apr. 20, 1784	2	43
William, s. Daniell, b. July 21, 1731	1	17
HORTON, [see also **HOOTON**], Abby J., m. Harvey **DUNHAM**, Nov. 14, 1831, by Rev. Charles Nichols	4	25-M
Abby J., of Hebron, m. Movello* L. **PERRY**, of Manchester, May 11, 1848, by Rev. Solomon G. Hitchcock (*Morello)	4	49-M
Anna, d. Joel & Anna, b. July 16, 1782	2	196
Anna, m. William **BROWN**, b. of Hebron, Jan. 19, 1826, by Rev. Charles Nichols	4	15-M
Eben[eze]r, Jr., m. Temperence **SHIPMAN**, b. of Hebron, Dec. 26, 1754	2	42
Hannah, d. Eb[e]nezer, b. Jan. 17, 1741/2	1	37
Hannah, d. Eben[e]z[er], Jr. & Temperence, b. Sept. 11, 1755	2	188
Henery, s. Stephen, b. May 10, 1772	2	190
Hyrom, s. Stephen & Prudence, b. Mar. 29, 1759	2	188
Joell, s. Eb[e]nezer, b. June 30, 1746	1	46
John L., d. Sept. 11, 1848	3	337
Martha B., m. Augustus **ROLLO**, Oct. 31, 1821, by Rev. Nathan Gillet	4	4-M
Mary E., m. Hiram A. **BROWN**, Mar. 24, 1831, by Rev. Alpheus Gear	4	24-M
Samuel, s. Eben[e]z[er], Jr. & Temperence, b. Apr. 11, 1757	2	188
Sarrah, d. Eb[e]nezer, b. Mar. 10, 1744	1	40
Sarah, d. Stephen & Prudence, b. Dec. 10, 1754	2	188
Stephen, m. Prudence **ROWLE**, Dec. 25, 1751	2	42

	Vol.	Page
HORTON, (cont.)		
Stephen, s. Stephen & Prudence, b. Dec. 21, 1756	2	188
Stephen, s. Stephen, Jr. & Prudence, b. June 4, 1761	2	188
Thankfull M., m. Hubbard J. **WATROUS**, Dec. 27, 1830, by Rev. Alpheas Geer	4	23-M
William H., m. Clarinda **WELLES**, b. of Hebron, May 13, 1835, by Rev. Alpheus Geer	4	33-M
HOUGHTON, [see under **HAUGHTON**]		
HOUSE, Clarissa, d. [Capt. Elijah & Hannah], b. Jan. 19, 1784	2	196
Clarissa, of Hebron, m. Nathan **LYMAN**, of Coventry, Nov. 25, 1846, by Rev. Augustus Bolles	4	47-M
Cynthia, d. [Capt. Elijah & Hannah], b. Sept. 27, 1776	2	196
Deborah, m. Timothy **BUSH**, Apr. 12, 1759	2	4
Eliza, m. George **JONES**, b. of Hebron, Jan. 8, 1826, by Leonard Hendee, J. P.	4	14-M
Lucy, of Hebron, m. Nathan B. **LYMAN**, of Coventry, Apr. 6, [1836], by Rev. William Bowen, of Andover	4	33-M
Nancy, d. Capt. Elijah & Hannah, b. Jan. 8, 1788	2	197
Phebe, of Hebron, m. Elias **WEBB**, of East Hartford, July 4, 1822, by Rev. Augustus B. Collins, of Andover	4	6-M
Roxana, d. [Capt. Elijah & Hannah], b. Aug. 8, 1778	2	196
Simon, s. Capt. Elijah & Hannah, b. Nov. 19, 1772	2	196
Sophia, d. [Capt. Elijah & Hannah], b. May 11, 1791	2	197
Sophia, m. Elisha **PERKINS**, b. of Hebron, Apr. 30, 1827, by John S. Peters, J. P.	4	17-M
HOWARD, Abel, s. Isaiah, b. Apr. 10, 1771	2	191
Abagill, m. Noah **CHAPOLL**, Oct. 16, 1726	1	5
Abner, m. Mehitabel **CHAMBERLIN**, Feb. 16, (or 10), 1762	2	42
Daniel, m. Sarah **BECHUS**, b. of Hebron, Feb. 24, 1757	2	42
Davius, s. Isa[iah], b. June 11, 1763	2	191
Diadema, d. Edward **HOWARD**, Jr., & Abigail **STILES**, b. Dec. 20, 1759	2	188
Deadema, d. Edward, Jr., d. Feb. 1, 1760	2	306
Edward, s. Isaiah, b. Oct. 20, 1755	2	191
Edward, m. Abigail **STILES**, May 2, 1759	2	42
Edward, m. Abigail **DUNHAM**, b. of Hebron, July 11, 1782	2	43
Edward, d. July 22, 1787	2	307
Eleanor, m. Isaac **CUTTING**, Jan. 25, 1754	2	12
Elijah, m. Hannah **WOODWORTH**, b. of Hebron, Nov. 8, 1758	2	42
Enoch, s. Isaiah, b. Feb. 14, 1758	2	191
Iaaziel, see under Jaziel		
Isaiah, s. Isaiah, b. Oct. 21, 1748	2	191
Iaaziel, s. Abner & Mehitabel, b. Nov. 2, 1762	2	188
Jaaziel, s. Abner & Mehitabell, d. Jan. 20, 1763	2	306
Jemime, m. Samuell **WARTERS**, Jr., Apr. 14, 1740	1	38
Jemima, d. Isaiah, b. Apr. 4, 1753	2	191
Josiah, m. Jemima **MATOON**, Feb. 1, 1747/8	1	47
Lois, d. Abner **HOWARD** & Mehitabel **CHAMBERLIN**, b. July 24, 1764	2	189
Lucinda, d. Isa[ia]h, b. Nov. 4, 1766	2	191
Mary, d. Isaiah, b. Oct. 4, 1750	2	191
Salome, d. Isaiah, [b.] Jan. 3, 1769	2	191
Solomon, s. Isaiah, [b.] Feb. 12, 1761	2	191

	Vol.	Page
HUBBARD, Caleb, m. Eliza A. **POST**, May 4, 1830, by Rev. Lyman Strong	4	21-M
Hannah, Mrs., of Glasinbury, m. Capt. Jedadiah **POST**, of Hebron, Feb. 15, 1786	2	84
Prudence, m. Benjamin **SUMNER**, May 20, 1758	2	107
HUBBEL, Phebe, of New Fairfield, m. Capt. John N. **BUELL**, of Hebron, Dec. 13, 1781	2	6
HUDSON, Ruth, m. Daniel **REED**, b. of Hebron, Feb. 20, 1822, by John S. Peters, J.P.	4	6-M
HUMPHRIES, Samuel, of Hampton, m. Salley **CRAIN**, of Hebron, Sept. 1, 1808, by Sylvester Gilbert, J. P.	3	243
HUNT, Elisebeth, m. Silass **OWEN**, Feb. 14, 1732/3	1	14
Lura, of Lebanon, m. Abner **JONES**, of Hebron, Oct. 30, 1760	2	81
Thomas, d. May 8, 1746	1	44
HUNTINGTON, HUNTON, Anna, d. Banabas, b. Oct. 19, 1752	2	188
Barnebas, m. Anna **WRIGHT**, Dec. 11, 1751	2	42
Civil, d. Solomon & Demis, b. Sept. 30, 1764	2	190
Demis, d. Solomon & Demis, b. Dec. 15, 1766	2	190
Jared, s. Solomon & Demis, b. Dec. 21, 1784	2	196
John, s. Solomon & Demis, b. Sept. 28, 1772	2	190
Laura, d. Solomon & Demis, b. Jan. 3, 1787	2	196
Mary, d. Solomon & Dimis, b. Oct. 21, 1768	2	190
Mary, m. Benjamin **BISSELL**, b. of Hebron, Jan. 1, 1797	3	231
Ozias, s. Solomon & Demis, b. Jan. 7, 1775	2	191
Philoxena, d. Sol[omon] & Demis, b. July 3, 1779	2	191
Phyloxcena, m. Heman **PHELPS**, b. of Hebron, Sept. 19, 1799	3	257
Ralph, s. Solomon & Demis, b. May 24, 1777	2	191
Solomon, m. Demis **FULLER**, b. of Hebron, Dec. 13, 1761	2	42
Solomon, s. Solomon & Demis, b. Sept. 13, 1770	2	190
HUNTLEY, Sarah, of Colchester, m. Henry **McCRACKEN**, of Hebron, July [ ], 1833, by Ralph Gilbert, J. P.	4	30-M
HURLBURT, James M., of Portland, m. Mary J. **JOHNSON**, of Hebron, May 12, 1851, by Rev. Charles Nichols, of Gilead	4	52-M
HUTCHINS, [see also **HUTCHINSON**], Mary, wid. of Dr. John, d. Dec. 7, 1780, in the 85th y. of her age	2	307
HUTCHINSON, HUCHASON, HUCHISSON, HICHENSON, HUTCHISON, HUCHISON, [see also **HUTCHINS**],		
Abigail, d. Jonathan & Hannah, b. Aug. 21, 1761	2	188
Abigail, d. Jonathan, Jr. & Elinor, b. Aug. 17, 1775	2	191
Anna, w. Jonathan, d. Feb. 14, 1745/6	1	43
Anna, d. Jonathan & Ele[a]nor, b. Aug. 17, 1767	2	189
Anna, of Hebron, m. Joshua W. **EATON**, of Stafford, June 25, 1828, by Rev. Charles Nichols	4	18-M
Anna Elizabeth, m. George Hinman **LORD**, June 6, 1849, by Rev. Charles Nichols	4	50-M
Anne, m. Joseph **SWETLAND**, Jr., Dec. 16, 1742	1	36
Asa, s. Moses, b. July 24, 1740	1	31
Bezaleel, m. Lydia Ann **BILLS**, Jan. 31, 1836, by Rev. W[illia]m Bowen, of Andover	4	33-M
Clarissa V., m. Andrew **PRENTICE**, Aug. 30, 1843, by Rev. Charles Nichols, Hebron (Gilead)	4	42-M
Cyrus, s. Bezaleel & Bets[e]ly, b. May 29, 1794	3	289

	Vol.	Page
HUTCHINSON, (cont.)		
Daniel, s. Jonathan & Hannah, b. Sept. 26, 1763	2	189
David*, s. Moses, b. Apr. 23, 1732 (*could be Dauid)	1	14
Davidid, of Hebron, m. Cybill **BILL**, of Lebanon, Oct. 18, 1758	2	42
David, s. Joseph & Sibbel, b. Mar. 10, 1784	2	197
David, m. Sarah **CONE**, Apr. 31, (sic), 1822, by Rev. Nathan Gillet	4	6-M
Eleazer, s. Jon[a]th[an], Jr. & Elinor, b. Sept. 25, 1778	2	191
Eleazer, m. Sarah **TALCOTT**, b. of Hebron, Society of Gilead, Oct. 19, 1803	3	243
Eligah, s. Moses, b. Feb. 21, 1727/8	1	10
Elijah, d. July 3, 1752	2	306
Elijah, s. Moses, Jr. & Ruth, b. Sept. 15, 1758	2	188
Elisabeth, d. Jonathan & Hannah, b. Mar. 8, 1755	2	188
George C., m. Mary F. **LOOMIS**, b. of Hebron, May 22, 1850, by Rev. Charles Nichols	4	51-M
Hannah, d. Moses, b. Mar. 27, 1730	1	18
Hannah, wid. of John, d. Nov. 2, 1739	1	31
Hannah, d. Jonathan, b. Apr. 7, 1750	1	54
Hannah, d. Moses, Jr. & Ruth, b. Oct. 17, 1761	2	188
Harriet B., m. Daniel **WAY**, b. of Hebron, May 19, 1841, by Rev. Charles Nichols	4	39-M
Harriet N., m. Anson **CHAPPELL**, b. of Hebron, Mar. 6, 1839, by Charles Nichols	4	36-M
Hezekiah, m. Mary **POST**, Aug. 15, 1728	1	28
Hulda, of Hebron, m. Abijah **PHELPS**, of Hebron, Apr. 22, 1761	2	81
Ireana, d. Moses, b. Mar. 9, 1733/4 (Irene)	1	19
Irene, w. Moses, d. July 22, 1752	2	306
Isr[a]ell, s. Joseph, b. Sept. 11, 1728	1	28
Israel, s. Joseph, d. Sept. 11, 1742, in the 14th y. of his age	1	35
Israel, s. Jonathan, b. Nov. 5, 1751	2	188
Jacob, s. David & Cibil, b. Nov. 6, 1762	2	189
Jesse, s. Moses, b. Mar. 14, 1744/5	1	43
Jesse, s. Moses, d. Nov. 21, 1747	1	48
Job, s. Jonathan & Hannah, b. Mar. 20, 1757	2	188
John, s. Hezekiah, b. Jan. 19, 1730/31	1	28
John, s. Hezekiah, d. Jan. 15, 1741/2	1	33
John, s. Jon[a]th[an] & Hannah, b. Jan. 18, 1759	2	188
John, s. Moses, Jr. & Ruth, b. Mar. 4, 1766	2	189
Jonathan, s. Jonathan, b. Feb. 10, 1745/6	1	43
Jonathan, m. Hannah **SAWYER**, Sept. 7, 1747	1	47
Jonathan, m. El[e]anor **POST**, Sept. 11, 1766	2	43
Jonathan, s. Jonathan, Jr. & Ele[a]nor, b. May 29, 1769	2	190
Jonathan, d. Sept. 26, 1796	3	337
Joseph, d. Feb. 6, 1731/2	1	11
Joseph, s. Joseph, d. Feb. 12, 1740/41	1	33
Joseph, s. Jonathan, b. Nov. 27, 1748	1	50
Joseph, m. Sibbil **MACK**, b. of Hebron, Apr. 27, 1779	2	43
Lucina E., m. Henry **HIGGINS**, b. of Hebron, May 14, 1841, by Rev. E. Loomis	4	39-M
Liddy, d. Moses, b. Feb. 22, 1735/6	1	22
Lydea, m. Reuben **STRONG**, Dec. 10, 1761	2	106
Lydea, d. Jonathan & Hannah, b. Feb. 6, 1766	2	189

HEBRON VITAL RECORDS 179

	Vol.	Page
HUTCHINSON, (cont.)		
Martha, Mrs., of Lebanon, m. Dr. Samuel **SHIPMAN**, Jr., of Hebron, July 31, 1760	2	106
Mary, d. Hezekiah, b. May 18, 1739	1	31
Mary, d. Hezekiah, d. Jan. 28, 1741/2	1	33
Mary, D. Joseph, d. June 5, 1744	1	39
Mary, wid. d. June 13, 1759	2	306
Mary, d. Jonathan & Hannah, b. Oct. 18, 1769	2	190
Mary L., m. Ralph P. **GILBERT**, Sept. 14, 1842, by Charles Nichols	4	41-M
Melissa B., of Hebron, m. Elisha S. **PARKER**, of Coventry, Mar. 4, 1838, by William Bowen, Andover	4	35-M
Moses, m. Abigail **MATTOON**, Feb. 12, 1755	2	42
Moses, Jr., m. Ruth **COX**, Jan. 1, 1756	2	42
Moses, d. Dec. 23, 1776	2	306
Olive M., m. William T. **WARNER**, Sept. 14, 1853, by Charles Nichols	4	54-M
Rachell, d. Joseph, b. Apr. 5, 1731	1	27
Rachel, m. William **SHEPHARD**, Oct. 16, 1755	2	106
R[e]uben, m. Hannah **TUB[B]S**, Apr. 18, 1749	1	52
R[e]uben, s. David & Cybil, b. June 4, 1759	2	188
Ruth, m. Jonathan **CHAPWELL**, Nov. 12, 1723	1	70
Sally, d. [Joseph & Sibbel], b. Dec. 29, 1791	2	197
Sally, of Hebron, m. Martin **BRIGE***, of Bolton, May 21, 1821, by Rev. Nathan Gillet (***BIRGE**)	4	3-M
Salmon, s. [Bezaleel & Bets[e]y], b. July 15, 1796	3	289
Samuel, s. Moses & Ruth, b. Nov. 8, 1769	2	190
Suse, d. Moses, b. Mar. 25, 1738	1	30
Thankfull, d. Moses, b. Oct. 20, 1742	1	36
Thomas, d. Nov. 20, 1775	2	306
Thomas Cox, s. Moses, Jr. & Ruth, b. Sept. 2, 1759	2	188
Zilpha, d. Jonathan & Hannah, b. Sept. 17, 1753	2	188
Zilphah, d. Jon[a]th[an], d. May 11, 1759	2	306
Zilpah, d. Joseph & Sibbel, b. Mar. 17, 1782	2	196
-----, 1st child of Hezekiah & Mary, b. Jan. 28, 1728/9; d. Feb. 3, 1728/9	1	28
-----3rd child of Hezekiah, st.b. Aug. 11, 1732	1	13
-----3rd* child of Hezekiah, st.b. July 17, 1735 (*4th?)	1	21
HUXFORD, Bathshaba, Mrs., of Glasinbury, m. John **PHELPS**, of Hebron, Feb. 12, 1786	2	85
Polley, m. Samuel **WRISLEY**, b. formerly of Glastonbury, now of Hebron, May 13, 1781	2	123
HYDE, Samuel S., of Ellington, m. Harriet N. **STRONG**, of Hebron, Sept. 5, 1841, by Charles Nichols	4	39-M
HYLDRETH, Lydia, m. Samuel **FIELDING**, Aug. [ ], 1796	3	239
INGHAM, [see also **INGRAHAM**], Alexander, m. Catherine **TRUMBLE**, May 1, 1759	2	50
Alliexander, s. Samuell, b. Feb. 18, 1738/9	1	30
Alexander, s. Alex[ande]r & Catherine, b. Dec. 16, 1764	2	192
Betsey, d. Oliver & Anne, b. Feb. 1, 1796	3	291
Catherine, d. Alex[ande]r & Catherine, b. Oct. 7, 1759	2	192
Daniel, m. Mehitebel **PHELPS**, Sept. 4, 1745	1	55
Daniel, s. Daniel, b. Jan. 25, 1747/8; d. 27th of same month	1	55

INGHAM, (cont.)	Vol.	Page
Daniel, s. Daniel, b. Jan. 16, 1748/9	1	55
Dorothy, Mrs., of Colchester, m. Dea. Isaac **FORD**, of Hebron, Mar. 10, 1778	2	28
Erastus, s. Daniel & Mehitabel, b. July 16, 1755	2	192
Erastus John, s. Erastus, b. Sept. 26, 1779	2	194
Hannah, d. Samuell, b. Jan. 1, 1728/9	1	18
Hannah, m. Abner **BROWN**, Feb. 27, 1750/51	1	56
Hulda, d. Alex[ande]r & Catherine, b. Aug. 25, 1761	2	192
Marcy, d. Samuell, b. Apr. 4, 1731	1	18
Marsilva, d. Daniel & Mehitabell, b. May 26, 1760	2	193
Mehitabell, d. Capt. Daniel & Mehitabell, b. May 5, 1765	2	194
Mehitabell, w. Capt. Daniel, d. Apr. 1, 1773	2	312
Micajah, s. Samuell, b. Aug. 22, 1746	1	44
Micaiah, s. Capt. Daniel & Mahitabell, b. Nov. 15, 1763	2	194
Oliver, s. Capt. Daniel & Mehitabell, b. Jan. 13, 1768	2	194
Phebee, d. Samuell, b. Mar. 26, 1737	1	23
Rhoda, d. Samuell, b. Nov. 24, 1733	1	14
Rhoda, m. Martin **TOWNSEND**, Oct. 19, 1753	2	112
Samuel, s. Dan[ie]ll & Mehitabel, b. Aug. 7, 1757	2	193
Samuel, s. Capt. Daniel, d. Oct. 30, 1776	2	312
Samuel, [twin with William], s. Erastus, b. Feb. 21, 1781	2	194
Samuel, s. Oliver & Anna, b. Sept. 5, 1793	2	195
Sarah, m. Joseph **MUNGER**, Jan. 17, 1716/17	1	66
Stephen, of Saybrook, m. Laura **KELLOGG**, of Hebron, Mar. 23, 1826, by Rev. Lyman Strong	4	15-M
Thomas, s. Samuell, b. Oct. 23, 1741	1	33
Tizra, d. Alex[ande]r & Catherine, b. Nov. 23, 1763	2	192
William, [twin with Samuel], s. Erastus, b. Feb. 21, 1781	2	194
INGRAHAM, [see also **INGHAM**], Eunice, m. Nathan[ie]ll **DARBE**, Dec. 31, 1776	2	18
Hannah, d. Nathan & Mary, b. Oct. 3, 1758	2	193
John, s. Nathan & Mary, b. June 22, 1756	2	192
Joseph, s. Nathaniel & Sarah, b. June 19, 1753	2	192
Joseph, d. Sept. 14, 1753	2	312
Joseph, s. Nathan & Mary, b. Sept. 15, 1760	2	193
Joseph, of Bristol, m. Mrs. Lucy **BISHOP**, of Hebron, Aug. 31, 1845, by Rev. James Mather, Int.pub.	4	45-M
Lydea, d. Nathan & Mary, b. May 4, 1765	2	194
Mary, d. Nathan & Mary, b. Aug. 20, 1745	2	192
Mary, d. Oct. 5, 1753	2	312
Nathan, m. Mary **PITTS**, Apr. 17, 1744	2	50
Nathan, s. Nathan & Mary, b. Aug. 23, 1751	2	192
Olive, of Hebron, m. Asa **ANDREWS**, of Glastonbury, Jan. 23, 1823, by Salmon Cone, V.D.M.	4	8-M
Rhoda, d. Nathan & Mary, b. May 2, 1763	2	193
Samuel, s. Nathan & Mary, b. Apr. 2, 1754	2	192
Sarah, d. Nathan & Mary, b. May 4, 1749	2	192
Solomon, s. Dan[ie]ll & Mehitabel, b. Nov. 1, 1751	2	192
Waitstel, d. Nathan & Mary, b. Mar. 12, 1747	2	192
IRISH, Mary A., m. Richard **TICE**, Jan. 2, 1825, by J. S. Peters, J.P.	4	13-M
ISHAM, Alice, m. Zebulon W. **GATES**, b. of Colchester, Jan. 3, 1782	3	241

HEBRON VITAL RECORDS 181

	Vol.	Page
ISHAM, (cont.)		
Elijah, m. Sally **CADVELL**, b. of Hebron, July 15, 1821, by L. Hendee, J.P.	4	2-M
Elijah, of Hebron, m. Sophiah **SKINNER**, of Bolton, Mar. 20, 1824, by Rev. Henry P. Sumner	4	12-M
JACKSON, Betsey, m. Joshua **ROOT**, b. of Hebron, Nov. 12, 1826, by Rev. Charles Nichols	4	16-M
JAGGAR, James W., of Wethersfield, m. Sally E. **BARBER**, of Hebron, [Oct.] 7, [1830], by Rev. H. P. Arms	4	22-M
JAYNES, M[a]ry, of Coventry, m. Joel **SWETLAND**, Sept. 26, 1771	2	107
JEWETT, JEWIT, Dorothy, Mrs. of Hebron, m. Benjamin F. **NEWHALL**, of Lyme, Mass., Apr. 14, 1825, by Rev. Joseph A. Merrill	4	14-M
Mehetable, of Hebron, m. Eben **WITTER**, of Brooklyn, Conn., Oct. 6, 1841, by Charles Nichols	4	39-M
JOHNSON, Alice, d. John & Olive, b. June 5, 1800	3	291
Eliza, d. Ira & Polly, b. Aug. 22, 1812	3	292
Eliza Ann, of Hebron, m. Henry M. **DERBY**, of Marlboro, Jan. 1, 1844, by Rev. James M. Stanton, of Wesleyan Church	4	43-M
Elizabeth W., of Canterbury, m. Abner **HENDEE**, of Hebron, Aug. 24, 1819, by Rev. Asa Meach	3	243
George Arnold, s. [Levi & Lydia], b. Sept. 10, 1803	3	291
George Joseph, s. John & Olive, b. Aug. 31, 1802	3	291
Ira, m. Polly **DANIELS**, b. of Hebron, Jan. 7, 1810	3	245
James Hubbel, s. Levi & Lydia, b. June 15, 1801	3	291
John, m. Sarah L. **SPERRY**, b. of Hebron, Sept. 2, 1835, by Rev. Alpheus Geer	4	33-M
Mary J., of Hebron, m. James M. **HURLBURT**, of Portland, May 12, 1851, by Rev. Charles Nichols, of Gilead	4	52-M
Nancy, of Hebron, m. Jasper **CARPENTER**, of Coventry, Sept. 8, 1824, by Rev. Peter Griffing	4	12-M
Pierce, of Lyme, m. Minerva **LAMB**, of Hebron, May 30, 1825, by Levi Waldo, J.P.	4	14-M
William N., s. David & Piercy, b. Apr. 13, 1848	4	10
JONES, JONS, Abigill, d. Daniell, b. July 15, 1722	1	2
Abigill, d. Daniell, d. June 10, 1741	1	33
Abigail, d. Benajah & Experience, b. Jan. 14, 1757	2	192
Abigail, d. [Capt. Samuel & Lydia], b. Apr. 29, 1785	2	195
Abnar, s. Daniell, b. Jan. 15, 1729/30	1	15
Abner, of Hebron, m. Lura **HUNT**, of Lebanon, Oct. 30, 1760	2	81
Abner, s. Abner & Lura, b. Aug. 27, 1761	2	193
Abner, s. Abner & Lura, d. Sept. 11, 1776	2	312
Abner, s. Abner & Lura, b. June 3, 1779	2	194
Adelaide, m. Edwin B. **PARKER**, Sept. 22, 1846, by Rev. John Hunt in Andover	4	46-M
Adeline, m. Daniel **KELLOGG**, b. of Hebron, Dec. 29, 1844, by Rev. Edgar J. Doolittle	4	44-M
Alfred Avery, s. Amos & Elisabeth, b. Aug. 30, 1803	3	291
Alvin, s. Samuel, 3rd, & Talitha, b. Feb. 10, 1792	2	195
Amasa, s. Joel & Marg[a]ret, b. Nov. 27, 1768	2	194
Amasa, [s. Col. Joel], b. Nov. 27, 1768	4	13
Amasa, s. Joel & Marg[a]ret, d. Mar. 4, 1769	2	312

	Vol.	Page
JONES, (cont.)		
Amasa, s. Joel & Marg[a]ret, b. Oct. 17, 1770	2	194
Amasa, 2nd, [s. Col. Joel], b. Oct. 17, 1770	4	13
Amos, of Hebron, m. Elisabeth **AVERY**, Dec. 10, 1789	2	50
Amos Buell, s. Amos & Elisabeth, b. Nov. 12, 1790	2	195
Anna, m. Roger **PHELPS**, Jr., b. of Hebron, Feb. 1, 1787	2	85
Anne, d. Samuell, b. Nov. 20, 1724	1	16
Anne, d. Samuell, b. Nov. 20, 1724	1	65
Anne, d. Samuell, d. July 31, 1727, ae 2 y. 8 m. 11 d.	1	16
Appollos, s. Ezekiel & Mindwell, b. May 24, 1756	2	192
Asa. s. Abner, b. Jan. 18, 1766	2	193
Asa, m. Mary **POLLEY**, May 25, 1791	2	50
Asa, s. Asa & Mary, b. Mar. 8, 1792	2	195
Bathsheba, of Coventry, m. John **TILDEN**, of Hebron, Aug. 12, 1762	2	112
Bathuel, s. Abner, b. Mar. 15, 1774	2	194
Barthuel, s. Abner, b. Mar 15, 1774	2	357
Benaiah, s. Daniell, b. Mar. 14, 1728	1	27
Benajah, m. Experience **NORTHAM**, Nov. 21, 1754	2	50
Benajah, s. Benajah & Experience, b. Aug. 12, 1755	2	192
Betsey, of Hebron, m. George C. **BILLINGS**, of Norwich, Dec. 18, 1845, by Rev. E. J. Doolittle	4	45-M
Betsey*, divorced w. of Marvin W., m. George C. **BILLINGS**, Sept. 15, 1846 (*The name Maynard was handwritten in the margin with no explanation. Could be her maiden name or last name of Maynard)	4	13
Betsey (**PHELPS**) was sister of Levina **BISSELL**, w. of Ira; also sister of Frederick **PHELPS**, Jr., who was father of Curtis A., and of Electa **CARVER**, w. of Harry O. and mother of Ann Eliza (**CARVER**) **FITCH**, now of Rockville	4	13
B[e]ulah, [d. Oliver & Hannah], b. Jan. 28, 1777	2	50
Catherine, d. Benajah & Experience, b. Feb. 12, 1768	2	193
Catharine, d. Benajah & Experience, d. Mar. 28, 1768	2	312
Catherine Mariah, m. Enoch B. **CULVER**, Oct. 1, 1827, by Lyman Strong	4	17-M
Charles, s. John & Amey, b. Nov. 27, 1760	2	193
Clarissa, d. [Capt. Samuel & Lydia], b. Apr. 15, 1787	2	195
Cornelia, d. [Dan & Cornelia], b. Mar. 2, 1817	4	10
Cornelius, s. Benajah & Experience, b. Feb. 10, 1759	2	193
Cornelius, s. Benajah, d. Feb. 16, 1761	2	312
Cornelius, s. Benajah & Experience, b. July 19, 1769	2	193
Cornelius, s. Benajah & Experience, d. Apr. 14, 1773	2	312
Dan, b. Aug. 12, 1784	3	291
Dan, m. Cornelia **MANLY**, Feb. 3, 1811	3	245
Dan, b. Aug. 12, 1784; m. Cornelia **MANLY**, Feb. 3, 1811	4	10
Dan M., s. Dan & Cornelia, b. Apr. 16, 1813	4	10
Daniell, s. Daniell, b. July 30, 1724	1	61
Dan[ie]ll, d. Oct. 21, 1760	2	312
Daniel, of Hebron, m. Hannah **CARRIER**, of East Haddam, Mar. 22, 1763	2	50
Daniel, s. Daniel & Hannah, b. Dec. 9, 1763	2	193
Deb[o]rah, d. Daniell, b. July 26, 1718	1	27
Ebenezer Kneeland, s. [Capt. Samuel & Lydia], b. Feb. 18, 1777	2	195

	Vol.	Page
JONES, (cont.)		
Eber, s. [Amos & Elisabeth], b. Apr. 24, 1792	2	195
Eleanah, s. Benaj[a]h & Experience, b. Apr. 28, 1761	2	192
Eleazer, s. Samuel, 3rd, & Talitha, b. Apr. 19, 1786	2	195
[E]lecta, d. Samuel, 3rd, & Talitha, b. Aug. 25, 1790	2	195
Elias, s. Abner, b. Oct. 17, 1771	2	193
Eliphaz, s. Ezekiel & Mindwell, b. May 30, 1758	2	193
Elisha, s. Benajah & Experience, b. Apr. 3, 1774	2	194
Elisabeth, d. of Gideon & Elisabeth, b. Oct. 27, 1761	2	194
Elisabeth, d. Amos & Elisabeth, b. Aug. 31, 1793	2	195
Ely, s. Benajah & Experience, b. Jan. 15, 1766	2	193
Erastus, s. Capt. Joel & Marg[a]ret, b. June 7, 1775	2	194
Erastus, [s. Col. Joel], b. June 7, 1775	4	13
Erastus, s. Col. Joel & Marg[a]ret, d. Dec. 14, 1777	2	312
Erastus, s. Col. Joel & Marg[a]ret, b. Jan. 7, 1778	2	194
Erastus, 2d, [s. Col. Joel], b. Jan. 7, 1778	4	13
Eunice, d. John, b. Apr. 11, 1750	1	58
Experience, d. Benaj[a]h & Experience, b. Sept. 15, 1763	2	192
Experience, d. Benajah, had s. Joel **JONES**, b. Apr. 17, 1786	3	291
Ezekiell, s.Samuell, b. Mar. 27, 1731	1	18
Ezek[i]el, m. Mindwell **BEACH**, b. of Hebron, Sept. 13, 1753	2	66
Ezekiel, s. Ezekiel & Mindwell, b. Mar. 14, 1760	2	192
Ezra, of Marlborough, m. Betsey **HARDIN**, of Hebron, Apr. 24, 1825, by Rev. Peter Griffing	4	14-B
Flavel, s. [Dan & Cornelia], b. Apr. 7, 1826	4	10
George, s. Amos & Elisabeth, b. Nov. 27, 1795	3	291
George, m. Eliza **HOUSE**, b. of Hebron, Jan. 8, 1826, by Leonard Hendee, J. P.	4	14-M
Gidian, s. Daniell, b. June 15, 1732	1	13
Gideon, s. Gideon & Elisaabeth, b. Sept. 21, 1767	2	194
Hannah, d. Daniell, b. July 11, 1720	1	27
Hannah, d. July 8, 1764	2	312
Hannah C., m. Lorenzo **DART**, b. of Hebron, July 31, 1838, by Sylvester Selden	4	35-M
Henery, s. Samuel & Hulday, b. May 4, 1782	2	195
Henry, m. Mary Adaline **JONES**, b. of Hebron, Nov. 23, 1823, by Rev. Amos Bassett	4	11-M
Hepzibah, d. John & Amey, b. Oct. 20, 1758	2	193
Horace Jefferson, s. Amos & Elisabeth, b. Nov. 20, 1805	3	291
Hulday, d. Samuel & Hulday, b. June 26, 1780	2	195
Isaac, [s. Oliver & Hannah], b. Mar. 10, 1772	2	50
Jedediah, [s. Col. Joel], b. Apr. 16, 1762	4	13
Jedidiah, s. Joel & Marg[a]ret, b. Apr. [ ], 1762	2	193
Jedadiah, of Hebron, m. Bitty **CHAPPELL**, of Lebanon, Mar. 17, 1784	2	50
Jedediah adopted Betsey **PHELPS**, d. Frederick & Mary. See Betsey **PHELPS**	4	13
Jeremiah, s. Levi & Rhoda, b. Mar. 24, 1783	2	195
Joel, Col, b. Apr. 16, 1733, of Hebron; m. Margaret **DAY**, of Colchester, Oct. 24, 1754; d. June 17, 1792 (A Rev. Soldier)	4	13
Joel, m. Marg[a]ret **DAY**, Oct. 24, 1754	2	50
Joel, s. Joel & Marg[a]ret, b. Sept. 10, 1757	2	192
Joel, [s. Col. Joel], b. Sept. 10, 1757	4	13

JONES, (cont.)

	Vol.	Page
Joel, Jr., m. Lucinda **BARBUR**, b. of Hebron, Oct. 17, 1782	2	50
Joel, s. Experience, d. of Benajah **JONES**, b. Apr. 17, 1786	3	291
Joel, s. [Capt. Samuel & Lydia], b. May 14, 1792	2	195
John, m. Ama **PHELPS**, Mar. 24, 1747	1	48
John, s. John & Amey, b. June 5, 1752	2	192
John F., m. Phebe M. **SWEETLAND**, Jan. 7, 1823, by Leonard Hendee, J. P.	4	8-M
John Flavel, s. Amos & Elisabeth, b. Oct. 18, 1801	3	291
John P., m. Sally S. **BILLS**, b. of Hebron, Feb. 15, 1829, by Leonard Hendee, J. P.	4	19-M
Lura, [d. Abner], b. June 26, 1768	2	193
Laura, d. Amos & Elisabeth, b. Jan. 4, 1800	3	291
Leonard, s. Sam[ue]ll, 3rd, & Talitha, b. Aug. 26, 1788	2	195
Levi, s. Levi & Rhoda, b. Dec. 1, 1780	2	194
Lewis M., m. Elmira E. **KENYON**, b. of Hebron, Mar. 31, 1839, by Rev. Alpha Miller	4	36-M
Lewis Monroe, s. [Amos & Elizabeth], b. July 13, 1813. "Mother in the 53rd y. of her age"	3	292
Louisa, d. Amos & Elizabeth, b. May 6, 1811	3	292
Lucinda, d. Elias & Jerusha, b. Dec. 12, 1795	3	291
Lucius, s. [Dan & Cornelia], b. Feb. 20, 1819	4	10
Lydiy, d. Daniell, b. Apr. 29, 1726	1	73
Lydia, m. Denison **KINGSBURY**, Feb. 7, 1751	2	56
Lydea, d. Gideon & Elisabeth, b. July 5, 1776	2	194
Lydia, d. [Capt. Samuel & Lydia], b. May 7, 1781	2	195
Lydia, d. Amos & Elisabeth, b. May 31, 1798	3	291
Lydia, w. Capt. Samuel, d. Apr. 18, 1802, in the 51st y. of her age	3	339
Lydia P., m. Nathan **BOLTON**, b. of Hebron, Sept. 7, 1840, by Rev. Alpheus Geer	4	38-M
Marg[a]ret, d. Capt. Joel & Marg[a]ret, b. June 24, 1764	2	193
Margarit, [d. Col. Joel], b. June 24, 1764	4	13
Margaret, Jr., m. Bela **BARBUR**, b. of Hebron, May 29, 1783	2	6
Margeret, [w. Col. Joel], d. Oct. 30, 1811	4	13
Margaret D., m. George R. **BEACH**, b. of Hebron, Dec. 16, 1828, by Rev. Lyman Strong	4	18-M
Mary, d. Samuell, b. Oct. 22, 1726	1	16
Mary, d. Samuell, d. Sept. 18, 1741	1	33
Mary, d. John, b. Feb. 7, 1747/8	1	48
Mary, d. Ens. Joel & Marg[a]ret, b. Nov. 27, 1759	2	193
Mary, [d. Col. Joel & Margaret], b. Nov. 27, 1759; m. Frederick **PHELPS**, May 13, 1779; d. May 16, 1796	4	13
Mary Adaline, m. Henry **JONES**, b. of Hebron, Nov. 23, 1823, by Rev. Amos Bassett	4	11-M
Mindwell, m. John **WATERS**, b. of Hebron, Feb. 1, 1787	2	123
Molly, m. Frederick **PHELPS**, b. of Hebron, May 13, 1779	2	84
Mo----, [child of Oliver & Hannah], b. July 6, 1768	2	50
Oliver, s. Abner & Lura, b. Oct. 13, 1763	2	193
Oliver, of Hebron, m. Hannah **FREEMAN**, of Chatham, Dec. 13, 1786 (1768?)	2	50
Phebe, of Columbia, m. Aaron **SWEATLAND**, of Hebron, Sept. 25, 1804	3	263
Polly, d. Asa & Mary, b. Sept. 26, 1793	2	195

	Vol.	Page
JONES, (cont.)		
Polly, d. [Dan & Cornelia], b. Dec. 13, 1822	4	10
Polly, of Hebron, m. Francis D. **CARRIER**, of Colchester, [Nov.] 2, 1846, by Rev. E. J. Doolittle	4	47-M
Rachell, d. Sam[ue]ll, b. May 24, 1720; d. Oct. 26, 1722	1	65
Rachell, 2d, d. Samuell, b. Sept. 13, 1722	1	65
Rachell, wid. m. Benjamin **NELAND**, Jr., Aug. 8, 1738	1	26
Rachel, d. Samuell, d. Dec. 2, 1743	1	37
Rachel, d. Joel & Marg[a]ret, b. Oct. 13, 1755	2	192
Rachel, [d. Col. Joel], b. Oct. 13, 1755	4	13
Rachel, m. Aaron **BARBUR**, b. of Hebron, Jan. 28, 1773	2	5
Rachel, d. [Capt. Samuel & Lydia], b. Dec. 14, 1794	2	195
Rachel Caroline, of Hebron, m. George **FOOTE**, of Marlborough, Sept. 5, 1824, by Rev. W[illia]m Jarvis	4	12-M
Ralph, s. [Capt. Samuel & Lydia], b. June 25, 1783	2	195
R[e]uben, [s. Col. Joel], b. Oct. 11, 1772	4	13
Roseannah, d. Daniell, b. Aug. 19, 1734	1	19
Ruth, of Hebron, m. Russell **KELLOGG**, of Colchester, Oct. 1, 1823, by Rev. Peter Griffin	4	10-M
Salmon, s. Abner & Lura, b. Apr. 3, 1782	2	194
Samuell, m. Rachell **DIBOLL**, Mar. 24, 1718/19	1	65
Samuell, s. Samuell, b. Feb. 25, 1728/9	1	16
Samuell, s. Samuell, d. Dec. 15, 1733	1	17
Samuell, Insign, d. Oct. 13, 1735	1	21
Samuel, s. Ezekiel & Mindwell, b. Oct. 31, 1754	2	192
Samuel, Capt., m. Lydia **TARBOX**, b. of Hebron, May 12, 1774	2	50
Samuel, s. Lieut. Samuel & Lydia, b. July 12, 1775	2	194
Samuel, s. Capt. Samuel & Lydia, b. July 12, 1775; d. Jan. 20, 1776	2	195
Samuel, 1st, s. of Capt. Samuel & Lydia, d. Jan. 20, 1776, ae 6 m. 8 d.	2	312
Samuel, s. [Capt. Samuel & Lydia], b. Dec. 22, 1778	2	195
Samuel, 3rd, of Hebron, m. Tabatha **BISHOP**, of Bolton, July 7, 1785	2	50
Samuel, m. Mary Ann **DEANE**, b. of Hebron, Dec. 15, 1823, by Rev. Ebenezer Blake	4	11-M
Samuel F., m. Hannah A. **TIFFT**, b. of Hebron, July 25, 1850, by Rev. Edgar J. Doolittle	4	51-M
Sarah, d. Abner & Lura, b. Jan. 23, 1777	2	194
Sarah, of Coventry, m. Elijah **WEBSTER**, Jr., of Hebron, Nov. 29, 1791	3	269
Selden, s. Samuel, 3rd, & Talitha, b. July 13, 1787	2	195
Silas, s. [Capt. Samuel & Lydia], b. Nov. 13, 1789	2	195
Solomon, s. Gideon & Elisabeth, b. Feb. 20, 1774	2	194
Sterling Madison, s. [Amos & Elisabeth], b. Nov. 30, 1808	3	291
Temperance, d. Benajah & Experience, b. Oct. 28, 1771	2	193
Thomas, s. John & Amey, b. Apr. 6, 1756	2	192
Timothy, s. Samuel, 2d, & Huldah, b. Feb. 13, 1778	2	194
Timothy F., m. Mary Ett **STRONG**, b. of Hebron, Jan. 1, 1839, by Rev. Alpheus Geer	4	36-M
William Clark, s. John & Phebe M., b. Jan. 15, 1824	3	292
William Clinton, s. John F. & Phebe M., b. Apr. 7, 1826	3	292
William T., m. Mary E. **NORTHAM**, b. of Hebron, Jan. 19, 1835, by Rev. Alpheus Geer	4	32-M
JORDAN, Martha, d. W[illia]m & Patience, b. Apr. 7, 1773	2	50

	Vol.	Page
JORDAN, (cont.)		
Williah, d. Mar. 16, 1773	2	312
JUDD, Ira, s. Philip & Mary, b. May 19, 1771	2	194
Lydia, m. Joel **HAUGHTON**, b. of Hebron, Aug. 7, 1791	3	243
Mary, m. Samuel **BUEL**, June 20, 1749; d. July 18, 1754	2	4
Mary, d. Philop & Mary, b. Aug. 11, 1766	2	193
Philip, m. Mary **PETERS**, b. of Hebron, Jan. 17, 1764	2	50
Philip, s. Philip & Mary, b. Dec. 14, 1765	2	230
William Chappell, s. Philop & Mary, b. Jan. 4, 1769	2	193
KEENEY, [see also **KENEY**], Gera G., of Manchester, m. Harriet M. **POST**, of Hebron, Apr. 15, 1840, by Charles Nichols, Hebron, Gilead Soc.	4	38-M
Nelson, of Coventry, m. Nancy L. **SUMNER**, of Hebron, Mar. 9, 1848, by Rev. Charles Nichols	4	48-M
KELDAY, Ellen, m. Henry B. **BANNING**, b. of Hebron, July 18, 1852, by Edgar J. Doolittle	4	53-M
KELLOGG, KELLOG, KELOGE, Aaron, s. Moses & Dinah, b. Oct. 7, 1760	2	198
Abigill, d. Joseph, b. Nov. 27, 1734	1	21
Abigail, d. Daniel & Ann, b. June 19, 1765	2	199
Abigail, m. Increase **PORTER**, b. of Hebron, Aug. 19, 1766	2	82
Adonijah, s. Moses & Dinah, b. Sept. 2, 1766	2	204
Alfred, s. [Israel & Hannah], b. Feb. 21, 1796	3	293
Ann, d. Daniell, b. Apr. 18, 1746	1	48
Ann, m. Solomon **PERREN**, June 17, 1773	2	83
Benjamin, s. Joseph, Jr., b. Apr. 22, 1744	1	40
Betsey, m. David **GILLETT**, Nov. 5, 1826, by Rev. Lyman Strong	4	16-M
Charles, s. Daniel & Anne, b. Aug 8, 1763	2	198
Charles, s. Daniel & Ann, d. Mar. 15, 1768	2	316
Charles, s. Daniel & Ann, b. July 18, 1772	2	199
Daniell, m. Ann **DEWEY**, May 27, 1745	1	41
Daniell, s. Daniell, b. Sept. 10, 1747	1	48
Daniel, Jr., of Hebron, m. Rachel **TAYLOR**, of Chatham, May 31, 1770	2	56
Daniel, s. Daniel, Jr., b. Nov. 21, 1774	2	199
Daniel, m. Adeline **JONES**, b. of Hebron, Dec. 29, 1844, by Rev. Edgar J. Doolittle	4	44-M
Daniel G., m. Ann E. **HORSFORD**, Dec. 18, 1838, by Rev. Alpheus Geer	4	31- M
David, of Marlborough, m. Eunice R. **SMITH**, of Middle Haddam, Jan. 22, 1835, by Rev. Alpheus Geer	4	32-M
Diana, m. Charles A. **WHITE**, b. of Hebron, Sept. 4, 1838, by Sylvester Selden	4	35-M
Elijah, of Hebron, m. Hannah **ADAMS**, of Colchester, June 3, 1754	2	56
Eunice, d. Moses & Dinah, b. May 28, 1764	2	198
Eunice, m. Beriah **SKINNER**, b. of Hebron, Mar. 18, 1784	2	107
Ezek[i]ell, s. Joseph, b. Nov. 24, 1732	1	21
Ezekiel, s. Moses & Dinah, b. July 18, 1758	2	198
Ezekiel, m. Anne **OWEN**, July 2, 1759	2	56
Hannah, d. Daniel, b. June 6, 1752	2	198

	Vol.	Page
KELLOGG, KELLOG, KELOGE, (cont.)		
Hannah, d. Dan[ie]ll & Ann, d. Aug. 16, 1754	2	316
Hannah, d. Daniel & Ann, b. May 7, 1756	2	198
Hannah, d. Samuel & Hannah, b. May 27, 1763	2	198
Hannah, m. Jonathan **HALL**, b. of Hebron, Aug. 20, 1777	2	43
Hannah, d. Aug. 19, 1836, ae 80 y. 10 m.	3	341
Henry A., of Hebron, m. Jerusha **CHAPMAN**, of Hebron, Jan. 31, 1841, by Rev. Abijah C. Wheat	4	39-M
Horace, of Genesco, N.Y., m. Abigail **FORSYTH**, of Hebron, Nov. 13, 1821, by Rev. Peter Griffing	4	5-M
Israel, d. Aug. 31, 1816, ae 70	3	341
Jacob, s. Moses & Dinah, b. May 28, 1768	2	199
Jerutha, m. James A. **WHITE**, b. of Hebron, May 13, 1845, by Rev. E. J. Doolittle	4	45-M
Jirah, s. Israel & Hannah, b. May 10, 1799	3	293
John, s. John & Bethiah, b. July 7, 1767	2	199
Joseph, Jr., m. Susannah **KEN[N]Y**, Nov. 15, 1739	1	30
Joseph, of Colchester, m. Elisabeth **ANNABLE**, of Hebron, June 2, 1847, by Rev. Edgar J. Doolittle	4	48-M
Joshua Taylor, s. Daniel, Jr., b. Dec. 23, 1772	2	199
Joshua Taylor, s. Daniel, Jr. & Rachel, d. Apr. 10, 1776	2	316
Laura, d. Israel & Hannah, b. Oct. 23, 1793	3	293
Laura, of Hebron, m. Stephen **INGHAM**, of Saybrook, Mar. 23, 1826, by Rev. Lyman Strong	4	15-M
Lydea, d. Ezekiel & Anne, b. Nov. 24, 1759	2	198
Marcy, m. John **WRIGHT**, Jan. 7, 1746/7	1	46
Mary, d. Daniell, b. Sept. 3, 1749	1	53
Mercy, d. Abigail Dewey, b. Sept. 5, 1748	2	198
Mercy, d. John & Bethiah, b. Aug. 3, 1772	2	199
Moses, of Hebron, m. Dinah **SEARS**, of Middletown, Sept. 3, 1775	2	56
Nancy, of Hebron, m. Remick K. **ARNOLD**, of Coventry, Apr. 29, 1838, by Sylvester Selden	4	35-M
Olive, d. Moses & Dinah, b. Sept. 12, 1762	2	198
Oliver, s. Ezekiel & Anne, b. Nov. 30, 1761	2	198
Rachel, d. Daniel, Jr. & Rachel, b. Mar. 27, 1771	2	199
Russell, of Colchester, m. Ruth **JONES**, of Hebron, Oct. 1, 1823, by Rev. Peter Griffin	4	10-M
Samuel, of Hebron, m. Hannah **STRONG**, of Colchester, May 31, 1759	2	56
Samuel, s. Sam[ue]ll & Hannah, b. May 6, 1761	2	198
Sarah, d. Moses & Dinah, b. Feb. 22, 1757	2	198
Silas, s. John & Bethiah, b. Mar. 26, 1779	2	199
Susan[n]ah, d. Joseph, Jr., b. June 12, 1741	1	39
Susanna, m. Hozea **CURTICE**, b. of Hebron, June 15, 1759	2	12
Theodosha, d. John & Bethiah, b. Apr. 4, 1770	2	199
-----, 4th child of Joseph, Jr., b. Mar. 7, 1756	2	198
-----, 4th child of Joseph, Jr. & Susanna, d. Mar. 7, 1756	2	316
Susannah, m. Joseph **KELLOG[G]**, Jr., Nov. 15, 1739	1	30
KENT, Elisebeth, d. Samuell, b. Apr. 6, 1735	1	20
Olive, d. W[illia]m & Bette, b. July 2, 1780	2	205
KENYON, Elmira E., m. Lewis M. **JONES**, b. of Hebron, Mar. 31, 1839, by Rev. Alpha Miller	4	36-M
KIBBE, [see also under **CIBBEY**]		

	Vol.	Page
KENEY, KENY, [see also **KEENEY**], Elexander, s. James, b. Mar. 4, 1739	1	32
KILBORN, KILLBORN, KILBON, KILBRON, KILBUN, KILBURN,		
Eb[e]nezer, s. Josiah, b. Apr. 8, 1744	1	38
Joel, s. Jasiah, b. Mar. 25, 1750	1	53
John, m. Hannah **SUMNER**, Sept. 25, 1746	1	44
Josiah, m. Beck **TILLETSON**, June 6, 1728	1	6
Josiah, s. Josiah, b. Feb. 25, 1730/31	1	5
Josiah, m. Mary **MACK**, July 14, 1741	1	34
Josiah, s. Josiah & Mary, b. Oct. 13, 1752	2	198
Kesiah, d. Josiah, b. Mar. 23, 1729	1	16
Keziah, m. Nathan **STILES**, Jr., Mar. 1, 1749/50	1	57
Liddy, d. Josiah, b. Apr. 11, 1746	1	43
Ledia, d. Josiah, d. Sept. 22, 1750	1	55
Mary, d. Josiah, b. June 30, 1738	1	25
Mary, d. Josiah, d. July 11, 1740	1	32
Mary, d. Josiah, b. Apr. 24, 1742	1	34
Rebeckah, w. Josiah, d. Sept. 15, 1740	1	32
Sarah, d. Josiah, b. Apr. 5, 1736	1	22
Tempranc[e], d. Josiah, b. Apr. 23, 1733	1	19
KIMBALL, Esther, of Hebron, m. Sam[ue]ll **COLEMAN**, of Columbia, May 11, 1823, by Levi Mack, Elder	4	9-M
Lorenda, m. William **PORTER**, Nov. 29, 1832, by Charles Nichols	4	29-M
KING, Thomas, m. Lucinda **WRISLEY**, Sept. 12, 1831, by Rev. Chester Tilden	4	25-M
KINGSBURY, Deliverance, d. Denison & Lydea, b. Feb. 14, 1761	2	198
Denison, m. Lydia **JONES**, Feb. 7, 1751	2	56
Eunice, d. Denison & Lydia, b. Apr. 30, 1755	2	198
Hannah, d. Denison & Lydea, b. Dec. 11, 1756	2	198
Jerusha, d. Denison & Lydea, b. Feb. 7, 1759	2	198
John Denison, s. Denison & Lydea, b. Apr. 23, 1763	2	198
Lydea, d. Denison & Lydea, b. Oct. 4, 1753	2	198
Royal, m. Emily **FOOTE**, b. of Marlborough, Apr. 20, 1828, by Rev. George C. Shepard	4	18-M
Sibel, d. Denison, b. Mar. 9, 1752	2	198
KINGSLEY, Elizabeth A., m. Chester D. **NORTON**, Jan. 1, 1843, by Rev. Alpheus Geer	4	44-M
Mary P., of Gilead, m. Orrin A. **LINCOLN**, of Columbia, Apr. 20, 1848, by Rev. James Woodward, of Columbia, at the house of the bride's mother	4	49-M
KNEELAND, NELAND, Abig[a]ill, m. Jabish **DUNHAM**, Dec. 17, 1725	1	4
Alice, see under Ellis		
Anna, d. David & Mercy, b. May 29, 1776	2	199
Augustus, m. Hannah E. **FORD**, Dec. 10, 1838, by Rev. Charles Nichols, of Gilead	4	36-M
Benimin, Jr., m. Mahittibell **FULLER**, Dec. 8, 1725	1	69
Benimin, s. Benjaman, Jr., b. May 1, 1731	1	9
Benjaman, Jr., m. Wid. Rachell **JONES**, Aug. 8, 1738	1	28
*Benjamin, s. Benjamin, Jr., d. Nov. 27, 1741	1	37
Benjamin, d. Feb. 18, 1743/4	1	38
Benjamin, d. June 20, 1746	1	46

KNEELAND, NELAND, (cont.)

	Vol.	Page
Benjamin, s. Isaac, b., Nov. 24, 1746	1	52
Benjamin, s. Joseph & Ruth, b. Oct. 21, 1777	2	214
Content, d. Isaac, b. Aug. 25, 1743	1	38
Content, m. Elizur **TILLOTSON**, Jan. 17, 1764	2	112
Daniel, s. Joseph & Ruth, b. Mar. 2, 1781	2	199
Dauid, s. Isaac, b. Apr. 23, 1752	2	214
David, m. Mercy **KNEELAND**, of Colchester, Oct. 10, 1771	2	56
David, s. David & Mercy, b. Aug. 23, 1772	2	199
Deborah, d. Beniaman, b. Dec. 9, 1719	1	69
Deb[o]rah, d. Ebenezar, b. May 6, 1750	1	57
Demis, d. Joseph & Ruth, b. Aug. 27, 1796	3	293
Dudlee, s. Isaac & Hannah, b. Aug. 8, 1768	2	199
Eb[e]nezer, s. Benjamin, Jr., b. May 14, 1741	1	33
Eb[e]nezer, m. Sarah **ROWLEE**, Jan. 9, 1745/6	1	42
Ebenezer, s. Eben[e]z[er] & Sarah, b. Sept. 8, 1753	2	214
Ebenezer, d. July 20, 1758	2	328
Edward, s. Benimin, b. Feb. 23, 1723/4	1	69
Edward, m. Hannah **BLUSH**, Oct. 30, 1746	1	52
Elisebeth, d. Benjamin, Jr., b. Oct. 8, 1739; d. Oct. 10, 1739	1	31
Ellis, d. Isaac & Content, b. Mar. 19, 1762	2	214
Eunice, d. [Joseph & Ruth], b. July 24, 1788	2	199
Hannah, d. Edward, b. Oct. 29, 1747	1	52
Hannah, d. Isaac & Hannah, b. Apr. 26, 1765	2	199
Hezekiah, s. Benimin, b. June 26, 1722	1	69
Hezekiah, m. Marcy **PEPOON**, Oct. 22, 1747	1	50
Isa[a]c, s. Benimin, b. May 15, 1716	1	69
Isaac, m. Sarah **BEACH**, Nov. 8, 1739	1	33
Isaac, s. Isaac, b. Oct. 13, 1741	1	33
Isaac, m. Content **ROWLE**, Nov. 12, 1742	1	41
Isaac, s. Isaac & Hannah, b. Jan. 28, 1767	2	199
Jerusha, d. David & Mercy, b. Mar. 13, 1774	2	199
Jesse, s. Isaac & Content, b. June 16, 1755	2	214
John, s. John, b. Jan. 4, 1739	1	26
Jonathan, s. John, b. Mar. 4, 1737	1	26
Jonathan, s. John, d. Apr. 6, 1740	1	31
Joseph, s. Isaac, b. Aug. 13, 1749	1	52
Joseph, m. Ruth **PRATT**, of Colchester, Nov. 5, 1772	2	56
Joseph, s. Joseph & Ruth, b. Mar. 3, 1776	2	214
Lydea, m. Abraham **FOX**, Jr., Nov. 7, 1771	2	28
Marcy, d. Hezekiah, b. Aug. 17, 1748; d. Aug. 30, 1748	1	50
Mahitiball, d. Benjamin, Jr., b. Dec. 10, 1732; d. Dec. 12, 1732	1	11
Mahitabel, d. Benjamin, b. June 15, 1734	1	19
Mahitibell, d. Benjamin, Jr., d. Mar. 27, 1740	1	31
Mercy, of Colchester, m. David **KNEELAND**, Oct. 10, 1771	2	56
Mindwell, d. Isaac & Content, b. May 4, 1753	2	214
Molly, d. Ruth & Joseph, b. Dec. 28, 1774	2	214
Febe, d. Benimin, Jr., b. Jan. 15, 1729/30	1	16
Ruth, d. Joseph & Ruth, b. May 21, 1773	2	199
Sarah, w. Isaac, d. Mar. 7, 1741/2	1	34
Sarah, d. Isaac, b. Jan. 6, 1744/5	1	41
Sarah, d. Eb[e]nezer, b. Oct. 31, 1746; d. Nov. 27, 1746	1	45

	Vol.	Page
KNEELAND, NELAND, (cont.)		
Sarah, d. Eb[e]nezer, b. Aug. 26, 1748	1	52
Sarah, d. [Joseph & Ruth], b. Nov. 18, 1792	2	199
Seth Rowlee, s. Ebenezer & Sarah, b. Apr. 29, 1757	2	214
Sophia, d. Joseph & Ruth, b. Dec. 15, 1782	2	199
William, of Marlborough, m. Lucy Ann **PARKS**, of Hebron, Jan. 2, 1842, by Rev. Lyman Strong	4	40-M
KNOX, Elisabeth, m. Daniell **BIRGE**, Oct. 17, 1743	1	40
LADD, Isaac, m. Huldah **BILL**, Oct. 12, 1823, by Rev. Daniel Dorchester	4	10-M
Mehitabel, m. Malachi **BAXTER**, b. of Coventry, Aug. 18, 1822, by Leonard Hendee, J.P.	4	7-M
LAMB, Abigail, d. Benja[min] & Elisabeth, b. Aug. 26, 1765	2	204
Joseph, s. Benja[min] & Elisabeth, b. Dec. 17, 1771	2	204
Minerva, of Hebron, m. Pierce **JOHNSON**, of Lyme, May 30, 1825, by Levi Waldo, J.P.	4	14-M
LAMPHERE, Sarah A., of Hebron, m. Elisha M. **NORCOTT**, of Chatham, Aug. 22, 1841, by Rev. H. Torbush	4	43-M
LATEMER, Clarissa, m. Daniel Shaw **WAY**, Jan. 10, 1799	3	269
LATHAM, Asa Avery, m. Mary **AYERS**, b. of Hebron, Feb. 11, 1830, by Rev. Charles Nichols	4	20-M
Betsey, of Hebron, m. Alvin G. **MINER**, of Lime, Oct. 17, 1824, by Rev. William Jarvis	4	13-M
Emma E., m. Enoch G. **WALDO**, b. of Hebron, Nov. 16, 1842, by Rev. Abraham Holway	4	41-M
Harriet A., of Gilead, m. James M. **DICKINSON**, of Marlborough, Apr. 2, 1846, by Rev. James Mather, Int. pub.	4	46-M
Harriet A., d. Asa A. & Abby, b. Sept. 6, 1848	4	9
Joel, m. Caroline A. **STRONG**, Mar. 19, 1832, by Rev. Charles Nichols	4	27-M
Mary Ann, m. John M. **RILEY**, June 14, 1835, by Rev. Peter Griffing	4	32-M
W[illia]m E., m. Ann **RATHBURN**, b. of Hebron, Nov. 24, 1847, by Rev. Henry Baylies, at the bride's residence	4	48-M
LATHROP, LOTHROP, Abigail, d. Rev. Elijah & Silence, b. July 21, 1762	2	204
Anne, d. Elijah & Silence, b. Sept. 14, 1760	2	204
Elijah Leonard, s. Elij[ah] & Silence, b. Mar. 1, 1768	2	204
Elisabeth Septima, d. Rev. Elijah & Silence, b. Mar. 9, 1764	2	204
Hannah, d. Elijah & Silence, b. Jan. 18, 1756	2	204
Hannah, d. Elijah & Silence, d. Nov. 20, 1756	2	320
Hannah, d. Elijah & Silence, b. May 1, 1759	2	204
Laura, d. Rev. Elijah, d. Dec. 7, 1789	2	320
Laura Decima, d. Rev. Elijah & Silence, b. Oct. 18, 1774	2	205
Louisa Octava, d. Elijah & Silence, b. Mar. 28, 1766	2	204
Lucynona, d. Elijah & Silence, b. Feb. 24, 1770	2	204
Lydea, m. Thomas **GILBERT**, Jan. 19, 1763	2	34
Mary, d. Elijah & Silence, b. Dec. 31, 1754	2	204
Mary, of Coventry, m. Charles **WOODWORTH**, Oct. 16, 1842, by John M. Hunt	4	41-M
Silence, d. Elijah & Silence, b. May 12, 1757	2	204
LAWRENCE, Polley, of Coventry, m. Elijah **SWETLAND**, of Hebron, Aug. 1, 1799	3	263

	Vol.	Page
LAY, George W., of Lyme, m. Sarah H. **WILBUR**, of Marlborough, Oct. 25, 1846, by Rev. E. J. Doolittle	4	47-M
LEARDERD(?), [see also **LEONARD**], Joseph, s. Joseph & Mahitable, b. July 17, 1779	2	205
LEE, Esther, m. John **TAYLOR**, Nov. 27, 1836, by Cha[rle]s Nichols	4	34-M
Jerusha, m. Stephen **BROWN**, Dec. 12, 1750	1	55
Jerusha, m. Nelson A. **HARDIN**, Mar. 29, 1832, by Rev. Charles Nichols	4	28-m
Mariah A., of Lebanon, m. Jakin S. **RICH**, of Chatham, Sept. 2, 1838, by Rev. Daniel Wildman	4	35-M
Mary Lucinda, of Hebron, m. DeLancy **COOK**, of Andover, Mar. 28, 1852, by Rev. Lavius Hyde, of Bolton	4	53-M
Orrin, s. William & Betsey, b. June 2, 1821	3	295
Sarah Elizabeth, of Hebron, m. Oliver **COOK**, of Andover, Sept. 12, 1852, by Lavius Hyde	4	53-M
William, of Lebanon, m. Elizabeth **HARDEN**, of Hebron, Nov. 2, 1820, by Rev. Peter Griffing	4	1-M
William Austin, m. Delia C. **BUTTON**, May 13, 1834, by Charles Nichols	4	31-M
LENARUS, LENERAS, Don John Antony, m. Lydea **EWEN**, Apr. 17, 1755	2	60
Lydia, wid., m. William **ALLEN**, Nov. 8, 1798, by S. Gilbert, J.P.	3	229
LEONARD, [see also **LEARDERD**], Noah, of Northfield, m. Elisabeth **PORTER**, of Hebron, Nov. 6, 1796, by Silv[ester] Gilbert, J.P.	3	249
LEWIS, LUIS, Allen, of Hebron, m. Lucy Ann **ROOT**, of Columbia, Apr. 18, 1841, by Rev. Abijah C. Wheat	4	39-M
Betsey M., of Hebron, m. Lyman **RISLEY**, of East Hartford, July 25, 1841, by Rev. H. Torbush	4	43-M
Daniel C., of Lebanon, m. Orpha S. **PARRISH**, of Hebron, Oct. 31, 1839, by Ralph Gilbert, J.P.	4	37-M
Eunice, of Lebanon, m. Henry **RODMAN**, of Hebron, Apr. 8, 1828, by Rev. Lyman Strong	4	18-M
John, of Upper Canada, m. Cynthia Ann **BROWN**, of Hebron, Nov. 21, 1839, by Charles Nichols	4	37-M
Mary, m. Caleb **SWETLAND**, Aug. 7, 1739	1	31
Pheba F., m. Reul H. **NICHOLSON**, b. of Hartford, Nov. 17, 1839, by Rev. Alpheas Geer	4	37-M
Reuben, of Stafford, m. Sarah L. **ROOT**, of Hebron, Apr. 12, 1846, by Edgar J. Doolittle	4	46-M
Ruth, m. Moses **SAWYER**, Feb. 14, 1716/17	1	76
LILLY, Alfred T., of Mansfield, m. Lucy M. **CRANE**, of Hebron, Nov. 28, 1838, by Sylvester Selden	4	35-M
LINCOLN, Orrin A., of Columbia, m. Mary P. **KINGSLEY**, of Gilead, Apr. 20, 1848, at the house of the bride's mother, by Rev. James Woodward, of Columbia	4	49-M
Ralph T., of Columbia, m. Phebe **PERKINS**, of Andover, Nov. 25, 1841, by Rev. Alpha Miller	4	40-M
LITTLE, Edward C., of Columbia, m. Mary S. **PERKINS**, of Hebron, Andover Soc., Oct. 19, 1842, by Rev. James W. Woodward, of Columbia, at the house of Chester Perkins. Int.pub.	4	41-M
Ellenor, m. [ ]ahel **ALLEN**, Nov. 2, 1791	2	4

	Vol.	Page
LITTLE, (cont.)		
Gamaliel, m. Sarah **PHELPS**, Aug. 16, 1765	2	60
John, s. John & Rebecca, b. Apr. 22, 1784	2	205
Nath[anie]l, s. John & Rebekah, b. Sept. 10, 1777	2	205
Otiss, s. John & Rebeckah, b. Mar. 5, 1782	2	205
Rebeckah, d. John & Rebeckah, b. Mar. 14, 1775	2	205
William, s. John & Rebeckah, b. Dec. 24, 1779	2	205
LOCKWOOD, Joseph, of Hebron, m. Polly **BACK**, of Chaplin, May 19, 1844, by William Brown, J.P.	4	43-M
Mary, m. Willis **BARTHOLOMEW**, Nov. 3, 1851, by Hubbard J. Watrous, J.P.	4	52-M
Nancy, m. Hubbel **GOSS**, Apr. 22, 1839, by Rev. Charles Nichols	4	36-M
Willard, m. Julia A. **WILLIAMS**, Nov. 26, 1851, by Hubbard J. Watrous, J.P.	4	52-M
LONG, Sarah, of Coventry, m. Stephen **BINGHAM**, Jr., of Hebron, Apr. 20, 1762	2	4
LOOMER, [see also **LOOMIS**], Anna, d. May 18, 1848, ae 81 y.	3	343
Electa, m. Samuel A. **BLISS**, b. of Hebron, June 9, 1844, by Ralph Gilbert, J.P.	4	43-M
John G., m. Lucy Ann E. **COATS**, Dec. 24, 1837, by C. D. Rogers	4	34-M
Mahala, of Hebron, m. Henry **GRAY**, of Vernon, Jan. 11, 1847, by William Brown, J.P.	4	48-M
Samuel, s. Daniel & Eunice, b. Sept. 13, 1778	2	205
LOOMIS, LOMIS, LUMAS, [see also **LOOMER**, Abigail, of Bolton, m. Ens. Benj[ami]n **TRUMBLE**, of Hebron, May 24, 1764	2	112
Abigail, m. Jordan **POST**, May 29, 1766	2	82
Elijah, m. Deborah **DUNHAM**, Jan. 21, 1750/51	1	55
Elisabeth, m. Thomas **BROWN**, Aug. 5, 1761	2	82
Est[h]er, m. John **POLLEY**, June 5, 1746	1	45
George H. L., of Lebanon, m. Amy L. **BABCOCK**, of Colchester, Apr. 11, 1854, by Rev. William M. Birchard	4	54-M
Irana, m. David **TOWSEN**, Aug. 7, 1751	2	112
Jacob, Jr., m. Jemima **WRISLEY**, Dec. 24, 1801	3	249
Jacob Osmyn, s. Jacob, Jr. & Jemima, b. Oct. 24, 1802	3	295
Jerusiah, m. Isaac **DUNHAM**, Nov. 2, 1736	1	26
Loice, of Coventry, m. Asa **PERKINS**, of Hebron, Feb. 17, 1800	3	257
Mary, d. [Jacob, Jr. & Jemima], b. May 5, 1808	3	295
Mary F., m. George C. **HUTCHINSON**, b. of Hebron, May 22, 1850, by Rev. Charles Nichols	4	51-M
Nathaniel Mann, s. [Jacob, Jr. & Jemima], b. July 25, 1805	3	295
Rachell, m. Daniell **POLLEY**, Aug. 20, 1741	1	44
Roger, of Columbia, m. Caroline **PETERS**, of Hebron, Sept. 13, 1826, by Rev. William Jarvis	4	16-M
LORD, Abigail, of Colchester, m. Enos **HORSFORD**, of Hebron, Mar. [ ], 1764	2	42
Daniel, Jr., of Bolton, m. Clarissa **SAUNDERS**, of Hebron, Apr. 9, 1823, by Rev. Amos Bassett	4	9-M
George Hinman, m. Anna Elizabeth **HUTCHINSON**, June 6, 1849, by Rev. Charles Nichols	4	50-M

HEBRON VITAL RECORDS 193

	Vol.	Page
LORD, (cont.)		
Lucy, m. Solomon **PHELPS**, Jr., Oct. 24, 1765	2	82
Mary, m. Daniel **HORSFORD**, Jr., Jan. 22, 1767	2	43
Phebe, of Lyme, m. Abner **MACK**, of Hebron, Mar. 30, 1758	2	66
Prudence, d. Aug. 29, 1848, ae 6 m.	3	343
Sophia, of East Haddam, m. Josiah **BARBER**, of Hebron, Feb. 2, 1802	3	231
Thomas H., of Columbia, m. Amy **SANDERS**, of Hebron, Nov. 28, 1821, by Rev. Amos Bassett	4	5-M
LOTHROP, [see under **LATHROP**]		
LOUEALL, [see under **LOVELL**]		
LOUNSBERY, John D., of Windham, m. Abigail **EDWARDS**, of Coventry, Jan. 2, 1824, by Leonard Hendee, J. P.	4	11-M
LOVELAND, LOVLAND, LOUELAND, Daniel, s. Tho[ma]s & Hannah b. Mar. 17, 1757	2	204
Elisabeth, d. Tho[ma]s & Mary, b. Oct. 23, 1751	2	204
Epaphraditas, s. Robert, b. July 3, 1751	2	204
Epaphroditas, s. Robert, d. Nov. 19, 1751	2	320
Epaphroditus, s. Malachi & Pricilla, b. June 6, 1758	2	204
George, m. Anne **MORLEY**, July 30, 1761	2	60
George, s. George & Anne, b. Apr. 17, 1762	2	209
Jerusha, d. Robert, b. June 29, 1749	2	204
Malachi, m. Pricilla **NORCOT[T]**, Aug. 8, 1757	2	60
Malachi, s. Malachi & Priscilla, b. Mar. 15, 1762	2	209
Mara, d. Tho[ma]s & Mary, b. Jan. 29, 1755	2	204
Mary, d. Thomas & Mary, b. Nov. 20, 1743	2	204
Mary, w. Thomas, d. Mar. 22, 1755	2	320
Priscilla, d. Malachi & Priscilla, b. Feb. 20, 1760	2	209
Ruth, d. Tho[ma]s & Mary, b. Jan. 29, 1755	2	204
Thomas, s. Thomas & Mary, b. Mar. 13, 1750	2	204
Thomas, of Hebron, m. Hannah **NORKOT**, of Middletown, May 5, 1756	2	60
[LOVELL], LOUEALL, Eathan, s. Henrey, b. Apr. 1, 1725	1	61
Solomon, s. Henry, b. June 30, 1728	1	7
LUCAS, LUCUS, Cybill, d. Sam[ue]ll & Mary, b. Aug. 3, 1755	2	204
Electa M., of Hebron, m. Joseph O. **POST**, of Lebanon, May 13, 1829, by Rev. Charles Nichols	4	19-M
Israel, s. Samuel, b. Jan. 26, 1750/51	1	55
Mary, d. Samuell, b. Feb. 17, 1748/9	1	50
Samuell, m. Mary **STONE**, May 9, 1748	1	51
Sarah, d. Sam[ue]ll & Mary, b. Aug. 20, 1753	2	204
LUTHER, Calvin, s. Ellis & Cybel, b. Oct. 30, 1786	2	205
Ellis, m. Sybel **POST**, b. of Hebron, Oct. 5, 1780	2	60
Nabby, d. Ellis & Sybil, b. July 28, 1784	2	205
Sybil, d. Ellis & Sybel, b. Feb. 22, 1782	2	205
LYMAN, Anne, m. John **WILLIAMS**, Dec. 1, 1747	1	47
Asa, m. Mary **BOWEN**, Feb. 14, 1780	2	60
Huldah A., m. Joseph M. **DUNHAM**, Sept. 22, 1846, by Rev. John Hunt, of Andover	4	46-M
Nathan, of Coventry, m. Clarissa **HOUSE**, of Hebron, Nov. 25, 1846, by Rev. Augustus Bolles	4	47-M
Nathan B., of Coventry, m. Lucy **HOUSE**, of Hebron, Apr. 6, [1836], by Rev. William Bowen, of Andover	4	33-M

	Vol.	Page
LYMAN, (cont.)		
William C., m. Mary Ann **PHELPS**, b. of Hebron, Sept. 23, 1839, by Rev. Alpheas Geer	4	37-M
-----, wid., d. May 14, 1773	2	32
MACK, [see also **MARKS**], Aaron, s. Josiah, Jr. & Mary, b. Jan. 11, 1761	2	209
Aaron, s. Henry & Mahitabel, b. Jan. 14, 1792	2	213
Aaron, m. Mabel M. **FORD**, Dec. 31, 1822, by Rev. Amos Bassett, D.D.	3	251
Aaron, m. Mahitabel **FORD**, b. of Hebron, Dec. 31, 1822, by Rev. Amos Bassett	4	8-M
Abigill, d. Josiah, b. June 25, 1729	1	20
Abigail, d. Orlando, Jr. & Abigail, b. Oct. 1, 1750	2	208
Abigail, w. Josiah, d. Apr. 29, 1767	2	324
Abigail, w. Orlandor, d. June 20, 1769	2	324
Abigail, d. Lieut. John & Eunice, b. Aug. 5, 1776	2	212
Abihu, s. Orlander, Jr., b. Mar. 31, 1745	1	41
Abnur, s. Orlander, b. Aug. 12, 1734	1	20
Abner, s. Orlando, Jr. & Abigail, b. Jan. 12, 1757	2	208
Abner, of Hebron, m. Phebe **LORD**, of Lyme, Mar. 30, 1758	2	66
Abner, d. Sept. 19, 1762	2	324
Anna, d. Josiah, Jr., b. Apr. 4, 1750	1	57
Bazeliel, s. Abner & Phebe, b. Sept. 18, 1760	2	209
Cathron, d. Orlandder, b. Feb. 10, 1721/2	1	2
Lsatherine, m. Isaac **FORD**, May 21, 1744 (Catherine)	1	39
Cybil, d. Josiah, Jr. & Mary, b. July 13, 1752	2	208
Daniell, s. Orlander, b. Mar. 23, 1727	1	9
Daniel, m. Elisabeth **CARY**, Aug. 15, 1751	1	58
Daniel, s. Orlando, Jr. & Abigail, b. Oct. 22, 1752	2	208
Dauid, s. Elisha, b. Nov. 29, 1750	2	208
Deborah, d. Henry & Mahitabel, b. Aug. 27, 1799	3	297
Deborah, d. Henry & Mahitabel, d. Aug. 8, 1822, ae 23 y.	3	345
Demarous, d. Orlander, b. May 4, 1741	1	43
Demaris, w. Orlander, d. Jan. 17, 1774, in the 72nd y. of her age	2	324
Ebenezer, s. Daniel & Elisabeth, b. Sept. 23, 1755	2	208
Ela A., m. Esther **CONE**, b. of Hebron, Sept. 26, 1823, by Rev. Nathan Gillet	4	10-M
Elisha, s. Josiah, b. Apr. 25, 1727	1	20
Elisha, m. Mary **ELLIS**, Mar. 1, 1750	1	53
Elisha, s. Elisha & Mary, b. May 13, 1759	2	209
Elizibirth, m. Edward **SAWYER**, July 3, 1707 (Written "Elizibirth **MACE**")	1	73
Elisabeth, m. R[e]uben **SUMNER**, Mar. 6, 1754	2	106
Easter, d. Josiah, b. Mar. 22, 1723	1	20
Esteer, m. Nathaniell **BROWN**, Feb. 17, 1744/5	1	40
Easter, m. James **ROW**, b. of Hebron, Jan. 26, 1764	2	96
Eunice, d. John & Eunice, b. Oct. 12, 1762	2	209
Experience, d. Josiah, Jr. & Mary, b. Oct. 25, 1755	2	208
George W. H., of North Coventry, m. Harriet **BARBER**, of Hebron, (both colored), Dec. 26, 1848, by Solomon G. Hitchcock	4	49-M
Hannah, d. Ens. Orlander, Jr. & Abigail, b. Dec. 6, 1763	2	209
Hannah, d. John & Eunice, b. May 17, 1767	2	210
Henry, s. Josiah, Jr. & Mary, b. Sept. 27, 1759	2	209
Hester, d. Josiah, Jr., b. Dec. 26, 1744	1	46
Hester, w. Josiah, Jr., d. May 14, 1747	1	46

	Vol.	Page

MACK, (cont.)
Huldah, m. Increase **PORTER**, b. of Hebron, Dec. 26, 1797, by S. Gilbert, J. P.	3	257
Jemima, d. Orlander, b. Apr. 24, 1731	1	9
Jemime, d. Orlander, d. Aug. 28, 1742	1	43
John, s. Josiah, b. May 29, 1732	1	20
John, m. Eunice **FISH**, b. of Hebron, Apr. 22, 1756	2	208
John, Lieut., d. Oct. 17, 1778, in the 46th y. of his age	2	324
John, s., Ralph & Lydea, b. Nov. 7, 1783	2	212
John Fish, s. John & Eunice, b. Jan. 30, 1765	2	210
John Fish, s. John & Eunice, d. Oct. 1, 1769	2	324
Josiah, s. Josiah, b. Aug. 19, 1721	1	4
Josiah, Jr., m. Hester **TRUMBLE**, Apr. 21, 1743	1	46
Josiah, Jr., m. Mary **PORTER**, Oct. 12, 1747	1	47
Josiah, s. Josiah, Jr., b. July 12, 1748	1	49
Josiah, s. Josiah, Jr. & Mary, b. Apr. 8, 1758	2	208
Josiah, d. Nov. 21, 1769	2	324
Josiah, m. Mehitable **HALL**, b. of Hebron, Dec. 31, 1786	2	67
Josiah, Capt., m. Wid. Deborah **PORTER**, b. of Hebron, July 9, 1789	2	67
Josiah, Jr., m. Mary **PORTER**, wid. of Elihu, formerly Mary **GILLET**, of Colchester, now b. of Hebron, June 20, 1790	2	67
Josiah, s. Josiah, b. Aug. 28, 1793	2	213
Josiah, Capt., d. May 24, 1812, in the 92nd y. of his age	3	245
Lois, d. Elisha & Mary, b. Nov. 15, 1753	2	208
Loice, d. Elisha & Mary, d. Dec. 8, 1769, in the 16th y. of her age	2	324
Loice, d. Elisha & Mary, b. Nov. 28, 1770	2	211
Loice, d. Elisha & Mary, d. May 8, 1775	2	324
Lucy, m. John **FORD**, Jan. 1, 1745/6	1	42
Liddia, d. Josiah, b. Mar. 22, 1725	1	20
Lydia, m. Samuell **WHITE**, Feb. 10, 1746/7	1	46
Lidia, d. Josiah, Jr., b. Mar. 28, 1751	1	57
Lydea, m. Jehiel **WILCOX**, Apr. 18, 1771	2	123
Lydea, d. Elisha & Mary, b. June 12, 1773	2	211
Martha, d. Elisha & Mary, b. June 6, 1769	2	211
Martha, d. Elisha & Mary, d. May 1, 1775	2	324
Martha, d. Henry & Mahitabel, b. Oct. 20, 1790	2	213
Martha, m. Levi **SPENCER**, Feb. 27, 1833, by Rev. Charles Nichols	4	29-M
Mary, m. Josiah **KILBORN**, July 14, 1741	1	34
Mary, d. Josiah, Jr. & Mary, b. Sept. 24, 1754	2	208
Mary, d. Henry & Mahitabel, b. Aug. 6, 1797	3	297
Mary, w. Capt. Josiah, d. Feb. 3, 1789	2	325
Mary, m. Spencer **SMITH**, Oct. 9, 1843, by Rev. Charles Nichols	4	42-M
Mercy, d. John & Eunice, b. Jan. 29, 1758	2	208
Mercy, d. John & Eunice, d. Sept. 3, 1782	2	325
Mercy, d. Ralph & Lydea, b. Apr. 15, 1786	2	212
Miliscent, d. John & Eunice, b. Jan. 2, 1770	2	211
Mindwell, d. Elisha, b. July 10, 1765	2	210
Mindwell, d. Elisha & Mary, d. Apr. 25, 1775	2	324
Molly, d. Elisha & Mary, b. June 2, 1761	2	209
Orlander, [m.], Demarias **DATTEN**, Mar. 2, 1718	1	2
Orlandder, s. Orlandder, b. May 24, 1724	1	2
Orlander, Jr., m. Abigill **ANDRUS**, Nov. 8, 1744	1	41
Orlander, s. Orlander, Jr., b. Oct. 10, 1747	1	51

	Vol.	Page
MACK, (cont.)		
Orland[e]r, 3rd, d. Nov. 12, 1762	2	324
O[r]lander, d. Jan. 28, 1768, "in a violent storm of snow"	2	324
Orlander, Ens. m. Mehitable **CHAPMAN**, b. of Hebron, Dec. 24, 1769	2	66
Orlander, s. Ens. Orlander, b. Dec. 14, 1773	2	211
Phebe, d. Orlander, b. May 2, 1729	1	9
Febe, d. Orander, Jr., b. May 3, 1749	1	51
Phebe, d. Feb. w8, 1769	2	324
Prudence, d. John & Euncie, b. June 18, 1774	2	211
Rachel, d. Orlander, b. Nov. 13, 1738	1	26
Rachell, d. Orlander, b. Nov. 13, 1738	1	43
Rachel, d. Oct. 9, 1770	2	324
Ralf, s. John & Eunice, b. June 13, 1760	2	209
Ralph, m. Lydea **GILBERT**, b. of Hebron, Feb. 6, 1783	2	67
Ruth, m. Dauid **PORTER**, Jr., Mar. 22, 1739	1	29
Sam[ue]ll, s. Orlando, Jr. & Abigail, b. July 20, 1754	2	208
Samuel, d. Mar. 11, 1780	2	324
Samuel, s. Aaron & Mabel, b. Apr. 10, 1825	3	298
Samuel Augustus, s. Ralph & Lydia, b. Feb. 22, 1789	2	213
Sarah, m. John **PORTER**, June 22, 1738	1	29
Sary, d. Josiah, Jr., b., Apr. 30, 1747	1	46
Sarah, d. Elisha & Mary, b. July 6, 1767	2	210
Sarah, d. John & Eunice, b. June 28, 1772	2	211
Sibel, d. Orlander, Jr., b. Sept. 19, 1746	1	61
Sibbil, m. Joseph **HUTCHINSON**, b. of Hebron, Apr. 27, 1779	2	43
Stephen, s. Orlander, b. Aug. 8, 1743	1	43
Stephen, d. Sept. 15, 1762	2	324
Suese, d. Olandder, [b.] May 9, 1720	1	2
Susannah, d. Orlando, Jr. & Abigail, b. Feb. 15, 1759	2	209
Sybil, see under Sibbil		
Warren, s. Elisha & Mary, b. June 16, 1763	2	209
Wealthy, d. [Ralph & Lydia], b. July 14, 1791	2	213
-----, s. John & [E]unice, b. Dec. 25, 1756	2	208
-----, s. John, d. Dec. 26, 1756, ae about 24 h.	2	324
MAJOR, Mary, d. Oct. 8, 1772	2	324
MALLERY, Amey, of Stratford, m. Josiah **BUSHNAL**, of Hebron, Oct. 8, 1756	2	4
MANLEY, MANLY, Cornelia, b. Jan. 11, 1787	3	297
Cornelia, b. Jan. 11, 1787; m. Dan **JONES**, Feb. 3, 1811	4	10
Cornelia, m. Dan **JONES**, Feb. 3, 1811	3	245
Eunice, Mrs., of Coventry, m. Elihu **MARVIN**, of Hebron, Nov. 12, 1789	2	67
Menzes, of Ellington, m. Polly **PHELPS**, of Hebron, Jan. 1, 1823, by Sylvester Gilbert, J. P.	4	8-M
MANN, MAN, Aaron, s. Abijah & Sarah, b. Oct. 16, 1764	2	210
Abigill, d. Nathaniell, b. Feb. 14, 1730/31	1	15
Abigail, d. Abijah & Sarah, b. July 21, 1780	2	212
Abiga, s. Nathaniell, b. Aug. 7, 1734	1	20
Abigah, s. Nathaniell, b. Aug. 7, 1734	1	25
Abijah, m. Sarah **PORTER**, b. of Hebron, Nov. 17, 1757	2	66
Abijah, s. Abijah & Sarah, b. Dec. 21, 1761	2	209
Abalene, d. Joseph & Hannah, b. May 31, 1754	2	208
Abilena, m. Levi **BISSEL**, b. of Hebron, Nov. 29, 1774	2	5

	Vol.	Page
MANN, MAN (cont.)		
Alexander, s. Abijah & Sarah, b. Sept. 10, 1777	2	211
Amanda Selina, d. [Enoch & Violetta], b. Sept. 21, 1812	3	297
Amasa, s. Abijah & Sarah, b. Nov. 14, 1775	2	211
Andrew, s. John & Margret, b. Mar. 18, 1755	2	208
Andrew, m. Hannah **PHELPS**, b. of Hebron, Apr. 29, 1779	2	67
Andrew, s. Andrew & Hannah, b. Sept. 14, 1784	2	212
Andrew Phelps, s. [Reuben & Maria], b. Mar. 18, 1820	4	2
Anne, d. Andrew & Hannah, b. Jan. 18, 1780	2	212
Aroda, d. Joseph, b. Jan. 27, 1734/5	1	20
Asaph, of Oxford, N. H., m. Polly **BARBER**, of Hebron, Feb. 11, 1810, by S. Gilbert, J. P.	3	251
Barsheba, m. John **SAYER**, May 10, 1733	1	14
Beniamin, s. Nath[anie]ll, b. Mar. 3, 1717	1	68
Candis, d. Joseph & Hannah, b. Jan. 4, 1764	2	210
Candice, m. Ezekiel **BROWN**, b. of Hebron, Jan. 6, 1794	2	7
Cyrus, s. Andrew & Hannah, b. July 27, 1797	3	298
Daniel, s. Abijah & Sarah, b. Jan. 18, 1771	2	211
David, s. Nathan & Elisabeth, b. Apr. 27, 1762	2	209
Deborah, d. Joseph & Hannah, b. Sept. 30, 1756	2	208
Eliel, s. Zadock & Easther, b. Sept. 3, 1781	2	212
Elijah, s. John, b. Aug. 9, 1751	1	57
Elijah, m. Mary **PERKINS**, b. of Hebron, Aug. 20, 1771	2	66
Elijah, m. Wid. Rube **BESTER**, of Lebanon, Nov. 14, 1782	2	67
Elisha, s. Abijah & Sarah, b. Aug. 4, 1773	2	211
Elisabeth, d. Nathan & Elisabeth, b. May 20, 1753	2	208
Emery, s. Elial & Annis, b. May 8, 1805	3	297
Enoch Perkins, s. Enoch, Violetta, b. Jan. 31, 1801	3	297
Fanney, d. [Enoch & Violetta], b. Mar. 23, 1809	3	297
Fanny, m. Royal **PORTER**, b. of Hebron, Aug. 10, 1835, by Sylvester Selden	4	32-M
Frances, d. Joseph, b. Aug. 21, 1749	1	52
Frad[e]rick, s. Nathan & Elisabeth, b. Feb. 26, 1764	2	210
Hannah, d. Joseph, b. Nov. 17, 1745; d. Dec. 27, 1745	1	43
Hannah, d. Joseph, b. July 4, 1747	1	47
Hannah, d. John & Marg[a]ret, b. June 5, 1772	2	211
Hannah, w. Joseph, d. Aug. 15, 1777, in the 56th y. of her age	2	324
Harriot, d. Dr. Nath[anie]l & Polley, b. Apr. 14, 1788	2	212
Harriet, d. [Enoch & Violetta], b. Nov. 27, 1813	3	297
Harriet Maria, d. Reuben & Maria, b. May 10, 1813	4	2
Henry Reuben, s. [Reuben & Maria], b. Sept. 30, 1815	4	2
Hiram, s. Joel & Marcy, b. Aug. 21, 1787	2	212
James, s. Joseph & Hannah, b. Feb. 24, 1768	2	211
Jeremiah, s. Joel & Mercy, b. Nov. 14, 1771	2	211
Jerusha, d. Nathan & Elisabeth, b. June 20, 1766	2	210
Joell, s. Joseph, b. Sept. 4, 1741	1	33
Joell, s. Joseph, b. Oct. 1, 1743	1	37
Joel, m. Mercy **MAN**, b. of Hebron, Oct. 16, 1768	2	66
Joel, s. Joel & Mercy, b. Sept. 16, 1784	2	212
John, s. Nath[anie]ll, b. Nov. 20, 1720	1	68
John, m. Marg[a]ret **PETERS**, Jan. 1, 1740/41	1	32
John, s. John, b. Dec. 25, 1743	1	40

	Vol.	Page

MANN, MAN, (cont.)

	Vol.	Page
John, Jr., of Oxford, N. H., m. Lydia **DUTTON**, of Hebron, Feb. 25, 1788	2	67
John, s. Lieut. John, Jr. & Lydia, b. Feb. 15, 1789	2	212
Joseph, s. Nath[anie]ll, b. Apr. 5, 1713	1	68
Joseph, m. Marcey **FINNEY**, Mar. 14, 1733/4	1	19
Joseph, m. Hannah **GILBURT**, Nov. 27, 1740	1	32
Joseph, s. Joseph, b. Nov. 12, 1751	2	66
Joseph, s. Joseph & Hannah, d. June 3, 1761	2	324
Joseph, s. Joseph & Hannah, b. Oct. 25, 1761	2	210
Judith Louisa, d. [Reuben & Maria], b. Mar. 25, 1818	4	2
Levi, s. [Enoch & Violetta], b. Apr. 29, 1805	3	297
Lucinda, d. [Enoch & Violetta], b. Dec. 7, 1802	3	297
Lydea, d. Nathan & Elisabeth, b. Dec. 16, 1760	2	324
Marcy, d. Joseph, b. Sept. 7, 1736	1	22
Marcy, w. Joseph, d. Apr. 5, 1738	1	26
Marg[a]rit, d. John, b. Apr. 14, 1742	1	34
Mary, d. Nathaniell, b. June 15, 1723	1	68
Mary, w. Nathaniell, d. May 19, 1728	1	28
Mary, w. Nathaniell, d. Oct. 14, 1735	1	24
Mary, w. Nathaniell, d. Oct. 15, 1735	1	22
Mary, m. Jacob **FORD**, Apr. 14, 1743	1	36
Mary, d. John, b. Feb. 25, 1745/6	1	44
Mary, d. Elijah & Mary, b. May 17, 1772	2	211
Mary, w. Elijah, d. June 12, 1781	2	325
Mary Ann, d. [Enoch & Violetta], b. Dec. 28, 1807	3	297
Mercy, d. John, b. Mar. 5, 1749	1	54
Mercy, m. James **CALKIN**, Sept. 26, 1754	2	12
Mercy, m. Joel **MAN**, b. of Hebron, Oct. 16, 1768	2	66
Mercy, d. Joel & Mercy, b. Apr. 7, 1779	2	212
Molly, d. Abijah & Sarah, b. Oct. 9, 1782	2	212
Nathan, s. Nathaniell, b. June 20, 1727	1	8
Nathan, m. Elisabeth **SKINNER**, Feb. 12, 1752	2	66
Nathaniell, m. Mary **ROOT**, Feb. 5, 1713	1	68
Nath[anie]ll, s. Nath[anie]ll, b. Jan. 16, 1715/16	1	68
Nathaniell, m. Mary **SPRAGUE**, Mar. 4, 1729/30	1	15
Nathaniell, m. Pacienc[e] **ROL[L]O**, Sept. "first Wed.' 1736	1	24
Nathaniell, Jr., m. Deborah **TILLETSON**, June 5, 1739	1	30
Nathaniel, s. John & Marg[a]ret, b. Aug. 11, 1757	2	208
Nathaniel, Dr., m. Polly **OWEN**, b. of Hebron, May 6, 1787	2	67
Oliver, s. Abijah & Sarah, b. Nov. 14, 1768	2	210
Phebe, d. John & Marg[a]ret, b. Aug. 6, 1763	2	210
Ralph, s. [Enoch & Violetta], b. Jan. 28, 1804	3	297
Rhoda, see under Aroda		
Rhodolphus, s. Joel & Mercy, b. June 8, 1769	2	211
Ruben, s. Andrew & Hannah, b. Apr. 18, 1782	2	212
Ruby, d. [Enoch & Violetta], b. Feb. 14, 1815	3	297
Samuel, s. Joel & Mercy, b. June 18, 1776	2	211
Sarah, d. Abijah & Sarah, b. Sept. 13, 1766	2	210
Sophia, d. Dr. Nathaniel & Polley, b. Apr. 15, 1790	2	212
Zadock, s. Joseph & Hannah, b. Feb. 7, 1759	2	208
Zadock, of Hebron, m. Esther **WARNER**, of Waterbury, Sept. 18, 1780	2	67

	Vol.	Page
MANNING, Calvin, of Coventry, m. Catharine **WHITTLESEY**, of Saybrook, Feb. 10, 1852, by Edgar J. Doolittle	4	53-M
MANWARING, Ebenezer H., m. Hannah **ALDEN**, b. of Hebron, Nov. 18, 1823, by Rev. Amos Bassett	4	11-M
MARBLE, Abigail, d. Thomas & Abigail, b. May 22, 1770	2	211
MARKS, MARCKS, [see also **MACK**], Hezekiah, m. Mary **POLLY**, b. of Hebron, Sept. 15, 1756	2	66
Mary, m. John **PETERS**, Apr. 13, 1717	1	78
MARKUM, Mary, of Chatham, m. Henry **BODGE**, of Windham, Sept. 15, 1828, by Rev. Peter Griffing	4	18-M
MARSH, Amasa, s. [Peletiah & Elizabeth], b. Feb. 10, 1796	3	297
Eizabeth, d. [Peletiah & Elizabeth], b. June 5, 1798	3	297
Eunice Way, d. Peletiah & Elizabeth, b. Jan. 2, 1791	3	297
Peletiah, s. [Peletiah & Elizabeth], b. July 31, 1793	3	297
Prentiss Witter, s. [Peletiah & Elizabeth], b. Oct. 16, 1800	3	297
[MARTIN], MARTAIN, Joseph, m. Ele[a]ner **SHEPARD**, July 17, 1779	2	66
Sarah, d. Joseph & Ele[a]nor, b. Mar. 14, 1778	2	211
MARTINDALE, Hiram H., m. Martha M. **WEBSTER**, May 19, 1835, by Rev. Charles Nichols	4	32-M
MARVIN, MARVEN, Anna, w. Elihu, d. Sept. 26, 1778	2	324
Azubah, w. Elihu, d. Apr. 23, 1780	2	324
Elihu, m. Azubah **CASE**, July 1, 1779	2	67
Elihu, m. Mary **CHAPMAN**, June 13, 1782	2	67
Elihu, of Hebron, m. Mrs. Eunice **MANLEY**, of Coventry, Nov. 12, 1789	2	67
Mary, d. Elisha & Anne, b. Feb. 1, 1770	2	211
Mary, w. Elihu, d. Mar. 25, 1788	2	325
Mary, d. Elihu & Eunice, b. Aug. 6, 1792	2	213
MATTOON, Abel, s. Philip, b. Mar. 18, 1752	2	208
Abigail, m. Moses **HUTCHINSON**, Feb. 12, 1755	2	42
Gershom, s. Gershom, b. Mar. 27, 1746	1	49
Jemima, m. Josiah **HOWARD**, Feb. 1, 1747/8	1	47
John, s. Gershom, b. Dec. 6, 1747	1	49
Phillip, m. Eliner **ROBERTS**, June 11, 1751	2	66
Samuel Shipman, s. John, b. Jan. 17, 1771	2	211
Sarah, m. William **POLLY**, b. of Hebron, Mar. 20, 1765	2	82
MAYNARD, Andrew I., b. Apr. 27, 1834	4	6
Betsey, [w. of Marvin W.] was divorced Dec. [ ], 1821, and her name changed to "**JONES**" by the legislature 1834; m. George C. **BILLINGS**, Sept. 15, 1846	4	13
Catherine A., b. Mar. 12, 1836	4	6
Jedediah, [s. Marvin W. & Betsey], b. Apr. 15, 1820; d. [ ], 1854, in Kentucky	4	13
Joel, [s. Marvin W. & Betsey], b. July 1, 1822; d. Dec. 27, 1909	4	13
Joseph W., d. Jan. 17, 1838	4	6
Lucius E., b. Feb. 28, 1832	4	6
Marvin W., m. Betsey **PHELPS**, [ ], 1819	4	13
Thomas H., m. Emily **WALDO**, Apr. 3, 1831, by Rev. Peter Griffing	4	24-M
McCRACKEN, Henry, of Hebron, m. Sarah **HUNTLEY**, of Colchester, July [ ], 1833, by Ralph Gilbert, J.P.	4	30-M

	Vol.	Page

McCRACKEN, (cont.)
  William, m. Laura **SAUNDERS**, b. of Hebron, Oct. 6, 1833, by Ralph Gilbert, J.P. — 4 — 30-M
McKALL, Lucy, of Lebanon, m. Joel **POST**, of Hebron, Dec. 15, 1785 — 2 — 85
McKEE, Addison, of Windsor, N.Y., m. Elizabeth A. **GRAVES**, of Hebron, Jan. 16, 1842, by Rev. Alpheus Geer — 4 — 40-M
McNELLY, Ellen, of Hebron, m. Samuel **CARD**, of Lebanon, Dec. 6, 1841, by Rev. Alpheus Geer — 4 — 40-M
MELONA, Vivitta, of Hebron, m. Horatio W. **SCOVELL**, of New London, Apr. 20, 1845, by Rev. James Mather, Int. pub. — 4 — 44-M
MENDO, Eli, [s. Pomp & Rachel], b. Jan. 30, 1778 — 2 — 201
  Ely, s. [Pomp & Rachel], b. Jan. 24, 1779 — 2 — 213
  Eunice, d. [Pomp & Rachel], b. Oct. [ ], 1783 — 2 — 213
  George, [s. Pomp & Rachel], b. Oct. 23, 1779 — 2 — 201
  Hannah, d. Pomp & Rachel, b. Aug. 27, 1775 — 2 — 201
  Han[n]ah, d. Pomp & Rachel, b. Oct. 27, 1775 — 2 — 213
  Lucy, d. [Pomp & Rachel], b. Aug. 10, 1785 — 2 — 213
  Rachel, d. [Pomp & Rachel], b. Nov. 10, 1781 — 2 — 213
  Violette, [d. Pomp & Rachel], b. Jan. 18, 1777 — 2 — 201
  Violatte, d. [Pomp & Rachel], b. Mar. 16, 1777 — 2 — 213
MERRILL, MERREL, MERRELL, MERRIELS, MERRIELLS, MERRIL, MERRILLS, MERRILS, Abigail, d. John & Sarah, b. Feb. 25, 1767 — 2 — 210
  Anne, d. Gad & Mary, b. Apr. 10, 1771 — 2 — 211
  Arminda, d. Asher & Delight, b. Oct. 28, 1769 — 2 — 211
  Asher, s. John, b. Feb. 26, 1734/5 — 1 — 21
  Asher, m. Delight **SAWYER**, b. of Hebron, Jan. 31, 1759 — 2 — 66
  Asher, s. Asher & Delight, b. Apr. 25, 1761 — 2 — 209
  Cybel, d. Asher & Delight, b. Oct. 1, 1768; d. Oct. 10, 1768 — 2 — 210
  Daniel, s. Gad & Mary, b. Aug. 9, 1758 — 2 — 208
  Delight, d. Asher & Delight, b. Dec. 6, 1759 — 2 — 209
  Delight, d. Asher & Delight, b. Jan. 21, 1760 — 2 — 324
  Delight, d. Asher & Delight, b. Nov. 12, 1764 — 2 — 210
  Elisebeth, d. John, b. Mar. 3, 1732 — 1 — 19
  Elisabeth, m. John **SKINNER**, Jan. 22, 1756 — 2 — 106
  Elisabeth, d. Asher & Delight, b. Aug. 11, 1766 — 2 — 210
  Easter, d. Gad & Mary, b. June 15, 1764 — 2 — 210
  Est[h]er, w. John, d. Aug. 14, 1768, ae about 74 — 2 — 324
  Easter, d. Asher & Delight, b. Oct. 27, 1776 — 2 — 211
  Ezekiel, s. Gad & Mary, b. July 1, 1757 — 2 — 208
  Fowler, s. John & Sarah, b. Feb. 17, 1769 — 2 — 211
  Gad, s. John, b. Sept. 3, 1733 — 1 — 19
  Gad, m. Mary **SKINNER**, July 15, 1756 — 2 — 66
  Gad, s. Gad & Mary, b. June 6, 1768 — 2 — 210
  Hannah, d. John & Sarah, b. Feb. 4, 1764 — 2 — 210
  Hozea, s. Gad & Mary, b. June 19, 1761 — 2 — 209
  John, m. Est[h]er **STRICKLIN**, Apr. 14, 1731 — 1 — 27
  John, s. John, b. Sept. 29, 1738 — 1 — 26
  John, d. May 8, 1757 — 2 — 324
  John, m. Sarah **CULVER**, Sept. 19, 1761 — 2 — 66
  John, s. John & Sarah, b. July 27, 1765 — 2 — 210
  Lydea, d. Gad & Mary, b. Feb. 7, 1763 — 2 — 210
  Mary, d. Gad & Mary, b. Oct. 30, 1759 — 2 — 209

	Vol.	Page
MERRILL, MERREL, MERRELL, MERRIELS, MERRIELLS, MERRIL, MERRILLS, MERRILS, (cont.)		
Oliver, s. John & Sarah, b. Sept. 30, 1773	2	211
Reuben, s. Asher & Delight, b. Feb. 11, 1763	2	210
Rube, d. John & Sarah, b. Mar. 3, 1771	2	211
Sarah, d. John & Sarah, b. Aug. 4, 1762	2	210
Sybel, d. Asher & Delight, b. July 29, 1774	2	211
MERRIT, MERRET, Abigail, d. Jonathan & Mary, b. Mar. 4, 1758	2	227
Elisabeth, d. Jonathan & Mary, b. Dec. 22, 1756	2	227
Hannah, d. Jonathan & Mary, b. Feb. 22, 1755	2	208
Jonathan, m. Mary **PERRY**, May 27, 1752	2	66
Jonathan, d. Oct. 21, 1758	2	324
Mary, m. Solomon **CUSHMAN**, Jan. 7, 1767	2	12
Mehitabell, d. Jonathan & Mary, b. Apr. 11, 1753	2	208
W[illia]m, s. Willliam & Elisabeth, b. Sept. 9, 1783	2	212
METCALF, Sarah, m. Maj. John H. **BUELL**, Nov. 4, 1800, at Westminister, Vt.	3	231
MILLER, David, m. Luce **TALCOTT**, May 3, 1753	2	66
Elisebeth, m. William **BUELL**, June 2, 1737	1	24
MINER, Alvin G., of Lime, m. Betsey **LATHAM**, of Hebron, Oct. 17, 1824, by Rev. William Jarvis	4	13-M
Maria L., of Hebron, m. Horatio **HILLS**, of Lebanon, Jan. 23, 1843, by Rev. Edgar I. Doolittle	4	42-M
Sally, m. Henry **HILL**, b. of Hebron, Dec. 29, 1822, by John S. Peters, J.P.	4	7-M
MINOTT, William H., of Vernon, m. Mary B. **DAVIS**, of Hebron, Jan. 6, 1850, by William Brown, J.P.	4	50-M
MOREY, MORY, Isaac, m. Martha **PALMER**, b. of Hebron, July 14, 1757	2	66
Israel, s. Israel & Martha, b. July [ ], 1758	2	209
Israel, s. Israel & Martha, d. June 5, 1759	2	324
Israel, s. Israel & Martha, b. June. 10, 1760	2	209
Mary, m. Joel **PHELPS**, b. of Hebron, Feb. 21, 1768	2	82
MORGAN, MORGAIN, Charles, of Colchester, m. Mary Ann **BACON**, of Hebron, Nov. 4, 1827, by Rev. Lyman Strong	4	17-M
Marg[a]ret, m. Amos **FULLER**, Jr., b. of Hebron, June 11, 1767	2	28
MORLEY, Anne, m. George **LOV[E]LAND**, July 30, 1761	2	60
MORRIS, Roderick, s. Dr. Rod[eric]k & Lydea, b. Dec. 29, 1763	2	209
MORRISON, Albert, s. John & Betsey, b. Mar. 13, 1820	3	298
Charles Francis, twin with Maria Louisa, s. John & Betsey, b. Aug. 15, 1815	3	297
Delana, d. Lydea (colored), b. Apr. 1, 1779	2	212
Edward, s. John & Betsey, b. June 1, 1818	3	298
John, of Hebron, m. Betsey **PALMER**, of Marlborough, Nov. 7, 1813	3	251
Lydea had d. Delana (colored), b. Apr. 1, 1779	2	212
Maria Louisa, twin with Charles Francis, d. John & Betsey, b. Aug. 15, 1815. "A few minutes after Charles F."	3	297
Roderick, m. Lydea **PHELPS**, Feb. 9, 1763	2	66
Susannah, Mrs., of Hartford, m. Lieut. Joseph **PHELPS**, Jr., of Hebron, Aug. 11, 1760	2	226
MORSE, Betsey P., m. William R. **TISDALE**, b. of Hebron, Aug. 27, 1837, by Rev. Alpheus Geer	4	34-M
MOTT, Mary, m. Samuell **FIELDING**, Feb. 21, 1749/50	1	53
[**MUDGE**], **MUDG**, Abigill, d. Eb[e]nezer, b. Oct. 28, 1712	1	66

	Vol.	Page
[MUDGE],MUDG, (cont.)		
Eb[e]nezer, s. Eb[e]nezer, b. Oct. 23, 1709	1	66
Eliseb[e]th, d. Eb[e]nezer, b. July 31, 1714	1	66
Joseph, s. Eb[e]nezer, b. May 28, 1722	1	66
Marcey, d. Eb[e]nezer, b. Mar. 30, 1711	1	66
Martha, d. Eb[e]nezer, b. Oct. 4, 1720	1	66
Micheall, s. Eb[e]nezer, b. Mar. 6, 1718	1	66
Samuell, s. Eb[e]nezer, b. May 4, 1716	1	66
Sarah, d. Eb[e]nezer, b. Feb. 20, 1733	1	13
Sarah, d. Eb[e]nezer, b. Sept. 28, 1733	1	14
MUNGER, Joseph, m. Sarah **INGHAM**, Jan. 17, 1716/17	1	66
Sam[ue]ll, s. Joseph, b. Mar. 4, 1718	1	66
Sarah, m. Edward **SHIPMAN**, Apr. 9, 1716	1	73
MURRY, Elisabeth, Mrs., m. Col. John **PETERS**, b. of Hebron, Feb. 6, 1785	2	84
NASH, Betsey M., m. George **STEELE**, b. of Hebron, June 17, 1823, by Rev. Isaac Dwinnel	4	10-M
Betsey Minerva, d. Nathaniel & Hannah Lucinda, b. Apr. 7, 1805	3	299
NELAND, [see under **KNEELAND**]		
NEWCOMB, NEWCOM, Abigill, m. A[a]ron **HORSFORD**, Feb. 27, 1745/6	1	43
Abigail, d. Dan[ie]ll & Elisabeth, b. May 3, 1759	2	214
Anne, d. Daniel & Elisabeth, b. Mar. 7, 1757	2	214
Charlottee, d. Daniel & Elisabeth, b. Feb. 14, 1767; d. Apr. 23, 1767	2	214
Charlotte, d. Daniel & Elisabeth, d. Apr. 23, 1767	2	328
Daniell, s. Obadiah, b. Nov. 29, 1729	1	18
Eb[e]nezer, s. Obadiah, b. May 13, 1732	1	12
Eb[e]nezer, s. Obadiah, d. Sept. 14, 1740	1	32
Eleazer, s. Dan[ie]ll & Elisabeth, b. May 4, 1755	2	214
Eunice, m. Dan **BLISS**, b. of Hebron, Mar. 15, 1793	2	7
Jemima, d. Obadiah, b. Dec. 8, 1734	1	20
Jemima, m. Seth **WALES**, Mar. 12, 1754	2	122
Lidde, d. Obadiah, b. Sept. 26, 1737	1	24
Liddeya, d. Obadiah, d. Aug. 30, 1740	1	32
Obadiah, Capt., m. Mrs. Mary **POST**, June 22, 1758	2	214
Obadiah, Capt. d. May 24, 1761	2	328
Obadiah, s. Daniel & Elisabeth, b. Mar. 27, 1765	2	214
Obadiah, m. Abitha **POST**, b. of Hebron, Mar. 6, 1787	2	72
Obadiah, Jr., s. Obadiah & Abitha, b. Oct. 8, 1787	2	215
NEWELL, William S., m. Lydia E. **COATES**, Jan. 2, 1831, by Rev. Peter Griffing	4	23-M
NEWHALL, Benjamin F., of Lyme, Mass., m. Mrs. Dorothy **JEWIT**(?), of Hebron, Apr. 14, 1825, by Rev. Joseph A. Merrill	4	14-M
NEWTON, Miriam, of Colchester, m. Jonathan **TOWNSEND**, of Hebron, May 18, 1789	2	122
NICHOLS, NICKUL, Betsey had s. Willard Tudor **NICHOLS**, b. Apr. 28, 1812, in Colchester	3	299
Charles, Rev., m. Mrs. Louisa **POST**, b. of Hebron, Gilead Society, Apr. 4, 1827, by Rev. Lyman Strong	4	17-M
Joseph C., m. Adaline A. **STRONG**, June 27, 1836, by Rev. Charles Nichols, of Gilead	4	33-M
Peter, late of Phila., now of Hebron, m. Mary **ROSWELL**, July 2, 1823, by Rev. Amos Bassett	4	10-M

	Vol.	Page
NICHOLS, NICKUL, (cont.)		
Sarah B., of Providence, m. Ralph **GILBERT**, of Hebron, Sept. 3, 1812	3	241
Willard Tudor, s. Betsey, b. Apr. 28, 1812, at Colchester	3	299
NICHOLSON, Reul H., m. Pheba F. **LEWIS**, b. of Hartford, Nov. 17, 1839, by Rev. Alpheas Geer	4	37-M
NILES, Mary, m. Increas[e] **PORTER**, May 15, 1750	1	57
NOBLE, NOBELL, A[a]ron, s. Dauid, b. Nov. 25, 1748	1	50
Abigill, d. Dauid, b. Feb. 16, 1744/5	1	41
David, Jr., of Hebron, m. Ruth **NOBLE**, of Westfield, Feb. 10, 1753	2	72
David, s. David, Jr. & Ruth, b. Mar. 19, 1755	2	214
Enoch, s. Dauid, b. Dec. 25, 1742	1	36
Hannah, d. Dauid, b. May 15, 1752	2	214
James, s. Dauid, b. July 9, 1736	1	23
John, s. David & Abigail, b. Mar. 17, 1755	2	214
John, s. David & Abigail, d. Mar. 17, 1755	2	328
Kathron, d. Dauid, b. July 5, 1738	1	25
Oliuer, s. Dauid, b. Mar. 3, 1733/4	1	20
Ruth, of Westfield, m. David **NOBLE**, Jr., of Hebron, Feb. 10, 1753	2	72
Ruth, d. David, Jr. & Ruth, b. Aug. 12, 1753	2	214
Tirzah, d. Dauid, b. July 27, 1740	1	32
NORCOTT, NORKOT, NORCOT, Elisha M., of Chatham, m. Sarah A. **LAMPHERE**, of Hebron, Aug. 22, 1841, by Rev. H. Torbush	4	43-M
Hannah, of Middletown, m. Thomas **LOV[E]LAND**, of Hebron, May 5, 1756	2	60
Priscilla, m. Malachi **LOV[E]LAND**, Aug. 8, 1757	2	60
NORTHAM, NORTHUM, NORTHOM, NAUTHOM, Anna, d. Joseph & Anna, b. Aug. 29, 1793	3	299
Anson, s. [Joseph & Anna], b. Aug. 9, 1801	3	299
Asa, s. [Joseph & Anna], b. Aug. 18, 1804	3	299
Catharine, d. John & Anna, b. July 26, 1768	2	214
David, s. John, Jr. & Elisabeth, b. Oct. 6, 1780	2	214
Experience, m. Benajah **JONES**, Nov. 21, 1754	2	50
Hannah, m. Timothy **PHELPS**, 3rd, Sept. 16, 1742	1	35
John, Jr., m. Elisabeth **WHITE**, b. of Hebron, Apr. 18, 1780	2	72
John, s. John & Elisabeth, b. Nov. 26, 1783	2	215
Joseph, s. John & Anna, d. Oct. 3, 1767	2	328
Joseph, s. Joseph & Anna, b. Feb. 4, 1799	3	299
Katherine, of Colchester, m. John **POST**, of Hebron, May 8, 1760	2	81
Lois, of Colchester, m. Ebenezer **FORD**, of Hebron, Feb. 28, 1784	2	29
Lucy, m. Peregrine **WHITE**, Oct. 28, 1792	3	269
Lucy, d. [Joseph & Anna], b. Oct.21, 1796	3	299
Mary E., m. William T. **JONES**, b. of Hebron, Jan. 19, 1835, by Rev. Alpheus Geer	4	32-M
Sary, m. William **SWETLAND**, 2nd, Aug. 27, 1752	2	106
NORTON, Almira, m. David T. **BROWN**, Oct. 26,1835, by Rev. Charles Nichols, of Gilead	4	33-M
Anna, d. [David & Deborah], b. Nov. 5, 1792	3	299
Betsey H., w. W[illia]m, d. Nov. 6, 1847, ae. 55 y.	3	347
Chester D., m. Elizabeth A. **KINGSLEY**, Jan. 1, 1843, by Rev. Alpheus Geer	4	44-M
Clarissa, of Hebron, m. Silas **BUCK**, of Portland, Feb. 19, 1842, by Rev. Henry Torbush	4	43-M

204   BARBOUR COLLECTION

	Vol.	Page
NORTON, (cont.)		
David, m. Deborah **PHELPS**, b. of Hebron, Feb. 3, 1785	3	253
David, s. [David & Deborah], b. Aug. 3, 1790	3	299
Elisabeth, d. David & Deborah, b. Apr. 3, 1788	3	299
Ichabod Trumbull, s. [David & Deborah], b. Mar. 30, 1802	3	299
John Butler, s. David S., b. Oct. 10, 1848	4	9
John F., s. W[illia]m & Betsey H., d. Apr. 11, 1848, ae 22	3	347
Lydia, m. Jonathan **PAGE**, b. of Hebron, [Jan.] 23, [1831], by Rev. Hiram P. Arms	4	23-M
Lydia A., of Hebron, m. Isaac **TAYLOR**, of East Haddam, Nov. 10, 1846, by Solomon G. Hitchcock	4	47-M
Martha A., m. Geo[rge] W[illia]m **HARRIS**, b. of Hebron, [Nov.] 24, [1850], by Abel Gardner	4	51-M
Mary, m. Samuel **SKINNER**, Aug. 19, 1815	3	263
Mary, m. W[illia]m **WHITE**, May 30, 1848, by Rev. F. B. Woodward	4	49-M
Samuel Smith, s. [David & Deborah], b. Apr. 2, 1795	3	299
Solomon, s. [David & Deborah], b. May 27, 1800	3	299
Solomon, m. Matilda **WEBSTER**, b. of Hebron, Dec. 29, 1841, by Rev. Charles Nichols	4	40-M
Susan[n]a, d. [David & Deborah], b. Oct. 27, 1797	3	299
Sybel, of Hebron, m. David **BROWN**, of Marlborough, July 9, 1843, by Jeremiah Stocking, Elder	4	42-M
Thalia, of Hebron, m. John **HAYDEN**, of Haddam, Apr. 4, 1822, by Rev. Amos Bassett	4	6-M
O'BRIEN, Hugh, m. Sally **PAYNE**, Jan. 2, 1825, by J. S.Peters, J. P.	4	13-M
OSBORN, ORSBORN, OOSBORN, ORSBON, Elisha, s. Sam[ue]ll & Hannah, b. May 12, 1748	2	218
Joel, s. Sam[ue]ll & Hannah, b. Apr. 3, 1750	2	218
John, s. Sam[ue]ll & Hannah, b. Apr. 3, 1752	2	218
Mehitabel, d. Sam[ue]ll & Hannah, b. May 12, 1748	2	218
Nathan, s. Sam[ue]ll & Hannah, b. July 4, 1737	2	218
Samuel, s. Samuel & Hannah, b. Jan. 13, 1739/40	2	218
Sarah, w. Timothy, d. Oct. 18, 1758	2	332
Timothy, m. Sarah **GREEN**, Feb. 9, 1758	2	80
OWEN, [see also **EWEN**], Abel, s. Isaac, b. Apr. 3, 1743 (Abel)	1	38
Abigill, d. Amos, b. June 19, 1748	1	48
Abigail, m. Jonah **CASE**, b. of Hebron, Aug. 6, 1769	2	12
Amos, m. [E]unis **WARTERS**, July 3, 1735	1	21
Amos, s. Amos, b. Mar. 25, 1736	1	22
Amos, Jr., of Hebron, m. Marcey **BROWN**, of Windsor, Mar. 30, 1757	2	76
Andrew, s. Silvenus & Eunice, b. Apr. 22, 1769	2	219
Anne, d. Josiah, b. Apr. 2, 1718; d. Dec. 22, 1721	1	68
Anne, d. Noah, b. June 29, 1735	1	22
Anne, m. Ezekiel **KELLOGG**, July 2, 1759	2	56
Asahel, s. Dr. Joel & Ann, b. Jan. 19, 1773	2	219
C[h]loe, d. Joel & Anne, b. Nov. 24, 1762	2	218
Dauid, s. Amos, b. Oct. 8, 1737	1	24
Dauid, s. Amos, d. July 17, 1739	1	30
Dauid, s. Amos, b. July 7, 1744	1	41
Dauid, m. Lois **POST**, Nov. 15, 1765	2	76
Dorit[h]y, d. Amos, b. July 27, 1751	1	56
Dorothy, m. Joseph **PETERS**, b. of Hebron, June 23, 1768	2	82
Elijah, s. Isaac, b. Feb. 24, 1739/40	1	31

	Vol.	Page
OWEN, (cont.)		
Elijah, m. Deborah **HOLDRI[D]GE**, Oct. 21, 1762	2	76
Elisabeth, d. Silas, b. Feb. 24, 1736/7	1	23
Elisabeth, d. Silas, d. Dec. 1, 1740	1	32
Elisebeth, d. Silas, b. Jan. 8, 1742/3	1	36
Elisabeth, d. Silass, d. July 3, 1748	1	49
Elisabeth, d. Isaac & Rebecca, b. Sept. 6, 1749	2	218
Elisabeth, w. Silas, d. Mar. 18, 1759	2	332
[E]uniss, d. Amos, b. Jan. 19, 1741/2	1	35
Eunice, m. Gill **BELCHER**, b. of Hebron, July 2, 1760	2	4
Hannah, d. Silas, b. Dec. 29, 1739	1	31
Hannah, d. Josiah, b. July 8, 1744	1	39
Hannah, w. Josiah, Jr., d. Apr. 28, 1747	1	46
Hannah, d. Josiah, Jr., d. Dec. 10, 1748	1	50
Hannah, Mrs., m. Rev. Samuel **PETERS**, b. of Hebron, Feb. 13, 1760	2	61
Hannah, d. Elijah & Deborah, b. June 18, 1763	2	218
Horace, s. Guy & Loviny, b. May 21, 1797	3	301
Isaac, s. Josiah, b. July 28, 1710	1	68
Isaac, m. Rebecka **TILDEN**, July 20, 1738	1	25
Isaac, s. Isaac & Rebecca, b. Nov. 15, 1760	2	218
Isaac, d. May 30, 1761	2	332
Joell, s. Noah, b. Oct. 28, 1728	1	6
Joel, m. Anne **BUEL**, Apr. 24, 1755	2	76
Joel, [twin with Silas], s. Dr. Joel & Ann, b. Apr. 13, 1771	2	219
John, s. Isaac & Rebecca, b. Jan. 22, 1758	2	218
Jonathan, s. Isaac & Rebecca, b. July 9, 1754	2	218
Josiah, s. Josiah, b. Mar. 17, 1716	1	68
Josiah, m. Hannah **WHITE**, Jan. 28, 1741/42	1	34
Josiah, d. Aug. 15, 1763	2	332
Lois, d. Noah, b. Aug. 25, 1744	1	40
Loise, d. Silvenus & Eunice, b. Mar. 31, 1771	2	219
Lydia, [twin with Rachell], d. Noah, b. Apr. 11, 1747	1	46
Lydea, d. Noah, d. July 7, 1752	2	332
Lydia, d. Amos & [E]unice, b. Mar. 16, 1754	2	218
Lydea, d. Joel & Anne, b. Mar. 29, 1757	2	218
Martha, d. Josiah, b. Aug. 1, 1714	1	68
Martha, m. Eliphalet **CASS**, Dec. 10, 1736	1	24
Martha, d. Josiah, b. Oct. 22, 1742	1	35
Mary, m. Joseph **DAUISS**, Oct. 28, 1731	1	12
Mary, d. Noah, b. Mar. 26, 1733	1	14
Mary, w. Josiah, d. July 11, 1753, ae 79	2	332
Mary, d. Noah, Jr. & Mary, b. Aug. 7, 1753	2	218
Mary, w. Noah, Jr., d. Aug. 31, 1753	2	332
Mary, d. David & Lois, b. July 18, 1765	2	218
Mary, d. David & Loise, d. Apr. 20, 1766	2	280
Molly, d. David & Loice, b. Dec. 3, 1770	2	219
Naamah, d. Joel & Anne, b. Oct. 28, 1760	2	218
Noah, m. Mary **WATERS**, Mar. 30, 1727	1	69
Noah, s. Noah, b. Oct. 1, 1730	1	10
Noah, Jr., m. Mary **WILLSON**, Apr. 20, 1752	2	76
Noah, Jr., d. May 23, 1753	2	332
Noah, s. Joel & Anne, b. Feb. 5, 1756	2	218
Parnach, s. Joel & Anne, b. Oct. 4, 1758	2	218

	Vol.	Page
OWEN, (cont.)		
Polly, m. Dr. Nathaniel **MAN**, b. of Hebron, May 6, 1787	2	67
Rachell, [twin with Lydia], d. Noah, b. Apr. 11, 1747	1	46
Rachel, m. Zephaniah **DAVIS**, Dec. 12, 1775	2	18
Sabra, d. Amos, Jr. & Mercy, b. Apr. 22, 1758	2	218
Silass, m. Elisebeth **HUNT**, Feb. 14, 1732/3	1	14
Silas, s. Silas, b. Nov. 4, 1734	1	20
Silas, s. Silas, d. Dec. 24, 1740	1	32
Silas, of Hebron, m. Susannah **DELANA**, of Lebanon, June 15, 1763	2	76
Silas, s. Joel & Anne, b. Feb. 20, 1766	2	218
Silas, s. Dr. Joel & Ann, d. Nov. 29, 1768	2	332
Silas, [twin with Joel], s. Dr. Joel & Ann, b. Apr. 13, 1771	2	219
Silas, d. Jan. 4, 1783, in the 80th y. of his age	2	332
Siluanus, s. Josiah, b. Aug. 19, 1746	1	44
Selvenas, of Hebron, m. Eunice **ROBERTS**, of Coventry, May 4, 1768	2	76
Simion, s. Amos, b. Apr. 15, 1739	1	29
Simeon, s. Amos & Eunice, d. Dec. 8, 1755, "at Lake George in His Majesty's Service"	2	332
Simeon, s. Amos & Eunice, b. May 29, 1757	2	218
Sophia, d. Joel & Molly, b. June 22, 1795	3	301
Talbut, s. David & Loice, b. Feb. 3, 1767	2	218
Talbut, m. Mary **YOUNGS**, b. of Hebron, June 25, 1792, by Sylvester Gilbert, J. P.	2	76
Thalia, d. Joel & Anne, b. June 23, 1764	2	218
Uzziel, s. Noah, b. Apr. 8, 1738	1	25
Zarina, d. Joel & Molly, b. June 28, 1797	3	301
PAGE, Abigail, m. Frederick F. **HANKS**, b. Dec. 9, 1827, by Rev. Peter Griffing	4	17-M
Jonathan, m. Lydia **NORTON**, b. of Hebron, [Jan.] 23, [1831], by Rev. Hiram P. Arms	4	23-M
Mary, m. George G. **PHELPS**, b. of Hebron, Nov. 13, 1836, by James Shepard, in the Methodist E. P. Church	4	34-M
Ruby, of Hebron, m. Pliney **PARKER**, of Mansfield, Dec. 4, [1825], by Rev. Peter Griffing	4	14-M
PALMER, Abram, s. Samuell, b. Apr. 7, 1731	1	7
Amasiah, s. Capt. Stephen & Susanna, b. Sept. 12, 1780	2	289
Anna, m. Jonathan **ROOT**, Jr., b. of Hebron, Sept. 4, 1782	2	97
Anne, d. Stephen & Susannah, b. May 4, 1761	2	227
Benjamin W., m. Julia **CHAPMAN**, b. Sept. 11, 1831, by Rev. Chester Tilden	4	25-M
Betsey, of Marlborough, m. John **MORRISON**, of Hebron, Nov. 7, 1813	3	251
Brunson, s. Samuel [& Marthar], b. Jan. 5, 1717	1	80
Brunson, s. Samuel [& Marthar], d. Jan. 22, [ ], ae 2 y.	1	80
Ebenezer D., m. Betsey Ann **ROODE**, b. of Hebron, Apr. 1, 1827, by Rev. Peter Griffing	4	16-M
Elliot, m. Florilla **SUMNER**, Dec. 26, 1831, by Rev. Charles Nichols	4	27-M
Han[n]er, d. Samuell [& Marthar], b. Mar. 21, 1719	1	80
Han[n]ah, d. Samuell [& Marthar], d. Nov. 6, 1725	1	80
Hannah, m. Hezekiah **CUTTEN**, b. of Hebron, Feb. 15, 1785	2	12
Henery, s. Capt. Stephen & Susanna, b. July 21, 1778	2	239
Jonathan, m. Betsey **AUSTIN**, Sept. 28, 1845, by Rev. Solomon G. Hitchcock, Int. pub.	4	45-M

		Vol.	Page
PALMER, (cont.)			
Joshua, s. Stephen & Susanna, b. Mar. 23, 1765		2	239
Lydea, d. Strephen & Susanna, b. Dec. 19, 1774		2	239
Lydia, m. Increase **PORTER**, b. of Hebron, Sept. 4, 1823, by Rev. Amos Bassett		4	10-M
Marthar, d. Samuell [& Marthar], b. Apr. 14, 1715		1	80
Marthar, d. Samuell [& Marthar], b. Mar. 27, 1723		1	80
Martha, d. Samuell, d. Nov. 3, 1725		1	80
Martha, m. Isaac **MOREY**, b. of Hebron, July 14, 1757		2	66
Marthar, d. Samuell [& Marthar], d. Jan. 10, [ ], ae 4 y.		1	80
Mary, d. Samuell [& Marthar], b. Mar. 11, 1725		1	80
Mary, m. John **RUSS**, Mar. 18, 1745		1	43
Mary, d. Stephen & Susanna, b. Apr. 6, 1767		2	289
Naomi, m. Daniel **WHITE**, b. of Hebron, Mar. 8, 1787		2	123
Samuell, m. Marthar **BRUNSON**, July 14, 1714		1	80
Sam[ue]ll, s. Sam[ue]ll [& Marthar], d. Nov. 1, 1725		1	80
Samuell, s. Samuell, b. Jan. 30, 1728		1	28
Sam[ue]ll, Jr., m. Naomi **PHELPS**, b. of Hebron, Apr. 15, 1756		2	80
Samuel, d. Aug. 18, 1769, in the 92nd y. of his age		2	338
Stephen, m. Susannah **SAWYER**, Oct. 13, 1760		2	81
Stephen, s. Stephen & Susanna, b. June 10, 1769		2	239
Susanna, d. Stephen & Susanna, b. Apr. 11, 1763		2	239
Susanna, m. John **POWERS**, b. of Hebron, Feb. 26, 1784		2	84
PARKER, Edwin B., m. Adelaide **JONES**, Sept. 22, 1846, by Rev. John Hunt, in Andover		4	46-M
Elisha S., of Coventry, m. Melissa B. **HUTCHINSON**, of Hebron, Mar. 4, 1838, by William Bowen, Andover		4	35-M
Lydea, d. Dr. Thad[d]eus & Lydea, b. Nov. 25, 1784		2	239
Pliney, of Mansfield, m. Ruby **PAGE**, of Hebron, Dec. 4, [1825], by Rev. Peter Griffing		4	14-M
Thad[d]eus, Dr., m. Lydea **HAUGHTON**, b. of Hebron, Feb. 15, 1784		2	85
Wyman, m. Mercy **GILLIT**, b. of Hebron, Sept. 4, 1783		2	84
PARKS, Eliza S., m. Charles L. **WILCOX**, of Exeter, May 17, 1846, by Rev. E. J. Doolittle		4	46-M
Lucy Ann, of Hebron, m. William **KNEELAND**, of Marlborough, Jan. 2, 1842, by Rev. Lyman Strong		4	40-M
PARRISH, Abigail, d. Joel & Abigail, b. Apr. 16, 1760		2	226
Hannah, d. Ezekiel & Mary, b. Sept. 6, 1763		2	229
Joel, m. Abigail **TINKER**, July 24, 1754		2	80
Joel, Jr., d. Oct. 9, 1755		2	336
Joel, s. Joel & Abigail, b. May 31, 1758		2	226
Orpha S., of Hebron, m. Daniel C. **LEWIS**, of Lebanon, Oct. 31, 1839, by Ralph Gilbert, J. P.		4	37-M
Rebec[c]a, w. Joel, d. Feb. 15, 1754		2	336
Ruth, d. Joel, d. Oct. 9, 1749		2	336
Ruth, d. Joel & Abigail, b. Oct. 10, 1755		2	223
Sarah, of Hebron, m. Sherward **WHEELER**, of Columbia, Dec. 31, 1848, by Rev. Charles Nichols, Gilead		4	49-M
William Pennock, s. Ezekiel & Mary, b. Feb. 6, 1766		2	229
PAYNE, PAYN, Brinton, s. Stephen, b. Mar. 22, 1739		1	26
Demas, d. Stephen, b. Oct. 17, 1736		1	23
Frederic C., m. Phebe M. **STRONG**, Feb. 23, 1846, by Rev. Charles Nichols		4	46-M

	Vol.	Page
PAYNE, PAYN, (cont.)		
Jemima, m. Israel **SMITH**, b. of Hebron, June 12, 1766	2	107
Parthena, of Hebron, m. Gideon **HOLLISTER**, of Coventry, Oct. 9, 1828, by Lavius Hyde	4	18-M
Sally, m. Hugh **O'BRIEN**, Jan. 2, 1825, by J. S. Peters, J. P.	4	13-M
PEASE, PEAS, Edwin F., of Hartford, m. Francis E. **GEER**, of Gilead, Oct. 28, 1845, by Rev. Edgar J. Doolittle	4	45-M
Jane, m. Thomas **BUCK**, June 1, 1749	2	4
Nath[anie]l, d. Oct. 26, 1781	2	339
Rhoda, illeg. d. Nath[anie]ll **PEAS[E]** & Ann **AISCRAFT**, b. June 9, 1764	2	231
PELTON, Charles H., of Chatham, m. Francis M. **GRAVES**, of Hebron, Sept. 28, 1836, by Rev. Alpheus Geer	4	34-M
PENFIELD, Jerusha, of Mid[d]letown, m. Nath[anie]ll **ROOT**, of Hebron, Dec. 10, 1756	2	96
PENHALLOW, Huldah, of Hebron, m. Augustus **FOX**, of Eastbury, Jan. 15, 1826, by Rev. Lyman Strong	4	14-M
PENNOCK, PENOCK, PINNOCK, Elisabeth, d. Samuell, d. Aug. 20, 1727	1	9
Elisabeth, d. James, b. Nov. 9, 1742	1	36
Hannah, m. William **ROOT**, Apr. 30, 1728	1	15
Mary, d. William, b. Jan. 25, 1745/6	1	43
Samuel, d. Apr. 15, 1762	2	337
William, m. Hannah **BROWN**, Mar. 18, 1745	1	41
PEPOON PEEPOON, Benjamin, s. Silas, b. Jan. 21, 1750/51	1	55
Daniel, s. Silas & Anne, b. Jan 1, 1755	2	223
Daniel, s. Silas & Ann, d. Dec. 25, 1755	2	336
Daniel, s. Silas & Ann, b. Nov. 6, 1756	2	224
Daniel, m. Levina **PHELPS**, b. of Hebron, Dec. 28, 1780	2	53
Hulda, m. Samuel **EMMONS**, b. of Hebron, Oct. 30, 1760	2	22
Joseph, s. Silass, b. Aug. 2, 1749	1	52
Marcy, m. Hezekiah **NELAND**, Oct. 22, 1747	1	50
Mary, d. Silas, b. Aug. 3, 1748	1	49
Mary, d. Silas, d. Aug. 18, 1748	1	49
Silas, m. Ann **DAY**, Oct. 1, 1747	1	50
Silas, s. Silas & Anne, b. June 25, 1753	2	222
PERKINS, PERKINGS, Amos, s. [Asa & Olive], b. Nov. 20, 1781	3	303
Asa, s. Asa & Olive, b. Mar. 12, 1780	3	303
Asa, of Hebron, m. Loice **LOOMIS**, of Coventry, Feb. 17, 1800	3	257
Betsey Manley, d. Chester & Fanny, b. Jan. 22, 1811	3	306
Chester, s. [Asa & Olive], b. July 17, 1785	3	304
Chester, m. Fanny **PERRY**, b. of Hebron, Feb. 2, 1809	3	257
Darius, s. [Asa & Olive], b. May 3, 1787	3	304
Elisha, m. Sophia **HOUSE**, b. of Hebron, Apr. 30, 1827, by John S. Peters, J. P.	4	17-M
Elisabeth, w. Thomas, d. Feb. 5, 1805	3	351
Fanny L., of Hebron, m. Frederick W. **BARBER**, of Hartford, Oct. 7, 1840, by I. B. Ballard	4	38-M
George, s. Asa & Olive, b. July 17, 1783	3	304
George, of Hebron, m. Lucinda **DIMMICK**, Jan. 24, 1811	3	257
James B., s. Sherlock W. & Ann M., b. Nov. 28, 1848	4	8
John, of New London, m. Sary **TOMPSON**, of Hebron, Jan. 10, 1750/51	2	80
John, s. [Asa & Olive], b. Apr. 23, 1789	3	304

	Vol.	Page

PERKINS, PERKINGS, (cont.)

	Vol.	Page
John, of Hebron, m. Lucy **PHELPS**, of Columbia, Mar. 26, 1823, by Rev. Augustus B. Collins, of Andover	4	9-M
Laura, of Hebron, m. Norman **SPRAGUE**, of Coventry, Jan. 1, [1835], by Rev. William Bowen, of Andover	4	32-M
Lois L., of Hebron, m. William A. **FITCH**, of Coventry, Nov. 27, [1834], by Rev. William Bowen, of Andover	4	31-M
Lois Loomise, d. [Chester & Fanny], b. June 6, 1812	3	306
Lucy C., of Hebron, m. William **BABCOCK**, of Lebanon, Jan. 15, 1840, by Rev. Ebenezer Robinson, Lebanon	4	37-M
Lydia, m. David **SKINNER**, b. of Hebron, Sept. 18, 1780	2	108
Lydia, m. Watson **BROWN**, b. of Hebron, Oct. 18, 1846, by Rev. E. J. Doolittle	4	46-M
Mary, m. Elijah **MAN**, b. of Hebron, Aug. 20, 1771	2	66
Mary Eliza, d. W[illia]m A. & Eliza B., b. July 17, 1839	4	5
Mary S., of Hebron, Andover Soc,., m. Edward C. **LITTLE**, of Columbia, Oct. 19, 1842, by Rev. James W. Woodward, of Columbia, at the house of Chester Perkins. Int. pub.	4	41-M
Olive, d. [Asa & Olive], b. Sept. 20, 1797	3	304
Olive, w. Asa, d. Oct. 17, 1799	3	351
Olive, d. Asa & Olive, d. Oct. 18, 1802	3	351
Phebe, of Andover, m. Ralph T. **LINCOLN**, of Columbia, Nov. 25, 1841, by Rev. Alpha Miller	4	40-M
Phebe Jane, d. [Chester & Fanny], b. May 2, 1816	3	306
Robert Norton, s.[Chester & Fanny], b. Mar. 31, 1814	3	306
Selah, s. [Asa & Olive], b. Mar. 26, 1795	3	304
Septimus Manley, s. [Asa & Olive], b. Apr. 21, 1791	3	304
Sherlock William, formerly of Meriden, m. Anna Martha **POST**, of Hebron, Oct. 21, 1846, by Solomon G. Hitchcock	4	46-M
Timothy Dimmick, s. George & Lucinda, b. Jan. 27, 1812	3	306
William, s. [Asa & Olive], b. June 6, 1793	3	304

PERRIN, PEERRIN, PERRING, PERING, A[a]ron, s. Thomas, Jr., b. Sept. 14, 1746

	Vol.	Page
Sept. 14, 1746	1	44
Abigill, d. Stephen, b. July 29, 1743	1	41
Andrew, s. Thomas & Martha, b. June 19, 1766	2	230
Ann, d. Solomon & Ann, b. May 7, 1775	2	221
Betty, d. Tho[ma]s & Elisabeth, b. Oct. 26, 1761	2	227
Betty, m. Dea. William **BUELL**, of Hebron, Aug. 25, 1794	3	231
Charlotte, d. Tho[ma]s & Elisabeth, b.Mar. 5, 1763	2	228
Elizabeth, d. Thomas & Elisabeth, b. Jan. 20, 1757	2	224
Ephraim, s. Thomas, b. July 2, 1752	2	222
Hannah, d. Thomas, b. Nov. 8, 1721	1	78
Jeremiah, s. Thomas & Elisabeth, b. [ ], 1765	2	229
Jerusha, w. Thomas, d. May 23, 1754	2	336
Jerusha, d. Sol[omon] & Ann, b. Oct. 22, 1778	2	221
Jerusha, m. Henry P. **SUMNER**, Oct. 11, 1796	3	263
John, s. Thomas & Elisabeth, b. July 8, 1755	2	223
Lucey, d. Thomas & Elisabeth, b. Sept. 7, 1758	2	225
Lidya, d. Thomas, Jr., b. May 19, 1748	1	49
Lydea, had s. James Rogerson, b. Feb. 27, 1782	2	239
Martha, d. Thomas, Jr. & Martha, b. Apr. 16, 1770	2	232
Rachell, d. Stephen, b. Mar. 2, 1744/5	1	41

	Vol.	Page
PERRIN, (cont.)		
Sarah, m. Samuell **PRICE**, May 22, 1729	1	18
Sarah, w. Thomas, d. July 11, 1742	2	336
Sary, w. Thomas, d. July 17, 1742	1	44
Solomon, s. Thomas, Jr., b. Feb. 24, 1744/5	1	41
Solomon, m. Ann **KELLOGG**, June 17, 1773	2	83
Stephen, m. Abigill **WHITE**, Nov. 30, 1737	1	26
Thomas, Jr., m. Jeresusah **PORTER**, Feb. 14, 1738/9	1	29
Thomas, m. Sary **HARTWELL**, Jan. 27, 1742/3	1	44
Thomas, d. Sept. 17, 1753	2	336
Thomas, m. Elisabeth **WILLIAMS**, Oct. 2, 1754	2	80
Thomas, Jr., m. Martha **SAVERY**, Sept. 30, 1762	2	81
Thomas, s. Tho[ma]s, Jr. & Martha, b. Apr. 14, 1764	2	229
William Porter, s. Thomas, Jr. & Martha, b. July 22, 1768	2	231
Zachariah, s. Thomas, Jr., b. Mar. 8, 1749/50	1	53
Zachariah, of Hebron, m. Mary **TALCOTT**, of Hebron, Jan. 11, 1781	2	339
PERRY, Dauid, m. Hannah **SHERWIN**, Mar. 5, 1761	2	81
David, m. Eunice A. **COATS**, Jan. 15, 1834, by Rev. Leonard B. Griffing, Hope Valley	4	31-M
Fanny, m. Chester **PERKINS**, b. of Hebron, Feb. 2, 1809	3	257
Hannah, d. David & Hannah, b. Jan. 21, 1762	2	228
Judson, m. Aurelia F. **COATS**, Mar. 21, 1831, by Rev. Peter Griffing	4	24-M
Mary, m. Jonathan **MERRIT**, May 27, 1752	2	66
Mercy, m. Charles **CARD**, Mar. 18, 1832, by Rev. Charles Nichols	4	27-M
Morello L., of Manchester, m. Abby J. **HORTON**, of Hebron, May 11, 1848, by Rev. Solomon G. Hitchcock	4	49-M
Remember, m. Jonathan **CHAPPEL**, June 15, 1758	2	12
Sally, of Glastonbury, m. John **AUSTIN**, of Hebron, June 26, 1842, by Rev. Chester Humphrey	4	40-M
Silas, d. David & Hannah, b. Apr. 18, 1763	2	228
Thomas F., m. Abigail **GRIFFING**, Mar. 12, 1826, by Rev. Peter Griffing	4	15-M
PETERS, Abigail, d. Jonathan & Abigail, b. Oct. 16, 1762	2	227
Abigail, w. Rev. Samuel, d. July 14, 1769, in the 18th y. of her age	2	338
Abigail, d. Jonathan & Abigail, b. Aug. 19, 1773	2	233
Abigail, d. [Jonathan & Caroline], b. Oct. 12, 1790	3	305
Abigail, m. William **GRAVES**, of Stonington, Mar. 28, 1809, by Rev. Mr. Bassett	3	241
Abigail, d. Apr. 9, 1812	3	351
Abigail Thompson, d. [John Thompson & Elizabeth], b. Nov. 23, 1803	3	305
Absalom, s. John, Jr. & Lidea, b. Mar. 25, 1754	2	222
Amasa, s. Joseph &Dorathy, b. Feb. 17, 1769	2	231
Andrew, s. John, b. Aug. 31, 1732; d. Aug. 31, 1732	1	13
Andrew, s. John, b. Nov. 16, 1733	1	14
Andrew, s. John & Lydia, b. Jan. 30, 1756	2	223
Andrew, s. W[illia]m & Abigail, b. Apr. 12, 1758	2	225
Andrew, s. Lieut. John, d. Dec. 26, 1758	2	337
Andrew, s. Lieut. John & Lydea, b. Dec. 23, 1759	2	226
Andrew, s. John & Anne, b. Jan. 29, 1764	2	228
Andrew, s. [John Thompson & Elizabeth], b. July 26, 1809	3	305
Annis, d. Benslee & Annis, b. Mar. 3, 1765	2	232
Bemsle, s. John, b. Nov. 1, 1743	1	39

	Vol.	Page
PETERS, (cont.)		
Bemsley, m. Annis **SHIPMAN**, b. of Hebron, May 24, 1762	2	81
Bemslee, s. Bemslee & Annis, b. July 21, 1767	2	232
Bemsle, 3rd, s. [Bemsle & Annis], b. Apr. 28, 1777	2	202
Caroline, d. [Jonathan & Caroline], b. Sept. 5, 1801	3	305
Caroline, of Hebron, m. Roger **LOOMIS**, of Columbia, Sept. 13, 1826, by Rev. William Jarvis	4	16-M
Caroline, m. Lyman **BARBER**, b. of Hebron, Feb. 16, 1845, by Ralph Gilbert, J. P.	4	44-M
Clarinda, d. Bemsle & Annis, b. Nov. 27, 1762	2	227
Clarinda, m. Thomas **WELLS**, Jr., b. of Hebron, Oct. 24, 1782	2	123
Daniel Phelps, s. [William & Lydia], b. Sept. 25, 1790	2	201
Deborah, d. William & Deborah, b. Apr. 10, 1767	2	230
Destimony, s. Bemslee & Annis, b. Apr. 29, 1770	2	232
Elisabeth, d. Rev. Sam[ue]ll & Hannah, d. Aug. 27, 1765	2	332
Elizabeth, d. Jonathan & Caroline, b. Aug. 29, 1788	3	305
Elizabeth, m. John **GRAVES**, b. of Hebron, Nov. 26, 1806	3	241
Emily, d. [Jonathan & Caroline], b. Oct. 15, 1803	3	305
George, s. [Jonathan & Caroline], b. Dec. 12, 1797	3	305
Hannah, d. Rev. Samuel & Hannah, b. Dec. 19, 1760	2	226
Hannah, d. Rev. Sam[ue]ll & Hannah, d. Mar. 2, 1761	2	337
Hannah, d. Rev. Sam[ue]ll & Hannah, b. Jan. 2, 1762	2	227
Hannah, w. Rev. Sam[ue]ll, d. Oct. 25, 1765	2	332
Henry, of Sydney, Cape Britain, m. Tamer **PETERS**, of Hebron, Aug. 21, 1791	3	257
Hugh, s. [John Thompson & Elizabeth], b. Jan. 30, 1807	3	305
Ira, m. Mariette **PETERS**, b. of Hebron, [Jan. 28, 1833], by Rev. Horace Moulton	4	29-M
John, m. Mary **MARCKS**, Apr. 13, 1717	1	78
John, s. John, b. Dec. 28, 1717	1	78
John, Jr., m. Lydea **PHELPS**, Feb. 22, 1739	1	28
John, Jr., m. Lydia **PHELPS**, Feb. 22, 1738/9	1	29
John, s. John, Jr., b. June 30, 1740	1	31
John, Jr., m. Mrs. Anne **BARNARD**, Nov. 25, 1761	2	81
John, s. John, Jr. & Anne, b. Apr. 26, 1762	2	227
John, s. Jonathan & Abigail, b. May 11, 1776	2	200
John, Col., m. Mrs. Elisabeth **MURRY**, b. of Hebron, Feb. 6, 1785	2	84
John H., d. Oct. 7, 1811, at Chatham	3	351
John Thompson, s. Jon[a]th[an] & Abigail, b. Oct. 11, 1764	2	229
Jonathan, s. William & Ruth, d. Jan. 9, 1756	2	336
Jonathan, m. Abigail **THOMPSON**, Nov. 25, 1762	2	81
Jonathan, s. Jonathan & Abigail, b. Dec. 7, 1766	2	232
Jonathan, d. Oct. 26, 1778, "on Long Island"	2	339
Jonathan, s. [Jonathan & Caroline], b. July 23, 1792	3	305
Jonathan, d. Aug. 20, 1812	3	351
Joseph, s. John, b. Aug. 26, 1726	1	78
Joseph, m. Deb[o]rah **BIRCHARD**, Jan. 14, 1747/8	1	47
Joseph, s. Joseph, b. Dec. 24, 1748	1	50
Joseph, m. Dorothy **OWEN**, b. of Hebron, June 23, 1768	2	62
Joseph Phelps, s. Lieut. John & Lydea, b. Nov. 7, 1761	2	227
Joseph Phelps, m. Azubah **CASE**, b. of Hebron, Apr. 28, 1785	2	84
Joseph Priestley, s. [Jonathan & Caroline], b. Nov. 9, 1805	3	305
Lydiah, d. John, Jr., b. Feb. 24, 1741/2	1	34

	Vol.	Page
PETERS, (cont.)		
Lydea, m. Benjamin **BALDWIN**, Jr., Nov. 25, 1761	2	4
Lydea, w. Col. John, 2d, & d. Joseph **PHELPS**, d. Feb. 14, 1784, in the 61st y. of her age	2	339
Lydia, d. [William & Lydia], b. Jan. 5, 1788	2	201
Marcey, d. John, b. Mar. 26, 1730	1	17
Marcy, d. John, Jr., b. Feb. 9, 1749/50	1	53
Marg[a]rit, d. John, b. Aug. 5, 1724	1	78
Marg[a]ret, m. John **MAN**, Jan. 1, 1740/41	1	32
Marg[a]rit, d. John, Jr., b. Mar. 29, 1751/2	2	222
Marg[a]ret, d. W[illia]m & Abigail, b. Apr. 12, 1760	2	226
Mariette, m. Ira **PETERS**, b. of Hebron, Jan. 28, 1833, by Rev. Horace Moulton	4	29-M
Mary, d. John, b. Oct. 18, 1720	1	78
Mary, d. John, Jr., b. Jan. 19, 1743/4	1	38
Mary, d. William, b. Sept. 29, 1744	1	40
Mary, m. Philip **JUDD**, b. of Hebron, Jan. 17, 1764	2	50
Mary, m. Joseph **HORSFORD**, Sept. 27, 1764	2	42
Mary, w. Rev. Samuel, d. June 16, 1774, in the 24th y. of her age	2	338
Mary, wid. John, d. July 25, 1784, in the 86th y. of her age	2	339
Mary Anna, of Hebron, m. Anthony **TATTOON**, of Colchester, Apr. 24, 1823, by Rev. Amos Bassett	4	9-M
Mary Cone, d. [Jonathan & Caroline], b. Dec. 4, 1799	3	305
Mary Martha, d. Bemsle & Annis, b. Dec. 6, 1774	2	202
Mary Otis, d. John Thompson & Elizabeth, b. May 2, 1802	3	305
Mercy, m. Timothy **BUEL**, Jr., b. of Hebron, Jan. 24, 1750/51	2	4
Mercy, d. John, Jr., d. Feb. 16, 1753	2	336
Mercy, [twin with Samuel], d. John & Lydea, b. Dec. 9, 1757	2	224
Mercy, m. Buel **BEBEE**, Mar. 11, 1779	2	6
Nancy, d. Henry & Tamer, b. Mar. 25, 1792	3	278
Nancy, d. Henry & Tamer, b. Mar. 25, 1792	3	304
Otis Thompson, s. [Jonathan & Caroline], b. July 19, 1808	3	305
Phebe, d. John, b. June 30, 1728	1	7
Phebe, m. Moses **CASS**, Aug. 16, 1744	1	47
Phebe, d. John, Jr., b. Apr. 29, 1748	1	49
Phebe, Mrs., m. Dr. David **SUTTON**, b. of Hebron, June 25, 1769	2	107
Samuell, s. John, b. Dec. 1, 1735	1	21
Samuel, Rev., b. Dec. 1, 1735	3	307
Samuel, [twin with Mercy], s. John & Lydea, b. Dec. 9, 1757	2	224
Samuel, Rev., m. Mrs. Hannah **OWEN**, b. of Hebron, Feb. 13, 1760	2	81
Samuel, Rev., m. Mrs. Abigail **GILBERT**, b. of Hebron, June 25, 1769	2	82
Samuel, m. Hannah **TRUMBULL**, b. of Hebron, Sept. 25, 1782	2	84
Samuel, Rev., d. Apr. 19, 1826, in New York, in the 91st y. of his age and was buried in Hebron, St. Peter's Church yard	3	351
Samuel Andrew, s. [Jonathan & Abigail,], b. b. Jan. 17, 1770	2	232
Samuel Andrew, s.[Jonathan & Caroline], b. Aug. 22, 1795	3	305
Sarah Popilia, d. Capt. John & Lydia, b. Oct. 24, 1768	2	231
Susan[n]ah, d. John, Jr., b. Dec. 5, 1745	1	43
Tamer, of Hebron, m. Henry **PETERS**, of Sydney, Cape Britain, Aug. 21, 1791	3	257
Tamer, w. Henry, d. May 11, 1802	3	351
William, s. John, b. Aug. 30, 1722	1	78

HEBRON VITAL RECORDS 213

	Vol.	Page
PETERS, (cont.)		
William, m. Ruth **CHAPWELL**, Jan. 5, 1743/4	1	38
William, s. William, b. July 17, 1746	1	44
William, d. Sept. 23, 1760	2	81
William, s. William, b. July 17, 1746	1	44
William, d. Sept. 23, 1760	2	81
William, s. Capt. John & Lydea, b. Mar. 11, 1764	2	228
William, m. Deborah **STRONG**, Apr. 10, 1766	2	82
William, s. William & Deborah, b. Sept. 27, 1773	2	233
William, m. Lydia **PHELPS**, b. of Hebron, Sept. 5, 1785	2	85
William, s. William & Lydia, b. May 13, 1786	2	201
William Thompson, s. [John Thompson & Elizabeth], b. May 29, 1805	3	305
PETTEE, Seneca, m. Ann S. **GOTT**, b. of Hebron, Nov. 15, 1842, by Rev. Alpheus Geer	4	41-M
PETTIS, Dolly, of Groton, m. Harris **ROGERS**, of Hebron, [Sept.] 16, [1821], by Rev. Leonard Bennett	4	3-M
PHELPS, PHELLPS, PHELP, A[a]ron, s. John, b. Oct. 14, 1733	1	19
A[a]ron, m. Betty **SPRAGE**, Jan. 12, 1737/8	1	24
A[a]ron, s. John, d. Apr. 7, 1743	1	36
A[a]ron, s. John, b. Mar. 30, 1745/6	1	43
Aaron, m. Abigail **BARBUR**, Apr. 8, 1767	2	82
Aaron, s. Bissel & Levina, b. Apr. 15, 1778	2	201
Aaron, s. [Bissel & Lovina], b. Apr. 15, 1778	2	219
Abel, s. Silvanus & Zuruiah, b. Feb. 2, 1764	2	228
Abel, m. Susanna **PHELPS**, b. of Hebron, Sept. 7, 1786	2	85
Abiah, d. Ichabod, b. Feb. 21, 1736/7	1	23
Abia, m. John **TALLCOTT**, Dec. 22, 1752	2	112
Abigail, [d. of Timothy, of Windsor]*, m. Sam[ue]ll **FILER**, Nov. 19, 1702 (*See Hartford Probate Files)	1	75
Abag[a]ill, d. Nath[anie]ll, b. Apr. 18, 1721. "3rd week of the month, 3rd day of the week"	1	70
Abig[a]ill, d. Asahel, b. Feb. 26, 1748	1	53
Abigail, d. Joshua & Hannah, b. July 16, 1753	2	222
Abigail, d. Joshua & Hannah, d. Jan. 19, 1754	2	336
Abigail, d. Joshua & Hannah, b. July 14, 1755	2	223
Abigail, wid. Capt. Nath[anie]ll, d. Nov. 28, 1761	2	337
Abigail, d. Rog[e]r & Abigail, b. Aug. 14, 1764	2	229
Abigail, d. Roger & Abigail, d. Mar. 3, 1767	2	337
Abigail, d. Aaron & Abigail, b. May 21, 1770	2	232
Abigail, d. Roger & Abigail, b. Apr. 16, 1771	2	233
Abigail, m. Hazel **GOTT**, b. of Hebron, May 12, 1790	3	241
Abigail, w. Aaron, d. June 19, 1791, in the 42nd y. of her age	2	340
Abigail, m. Samuel G. **STRONG**, b. of Hebron, May 3, 1812, by Rev. Amos Bassett	3	263
Abigail A., of Hebron, m. George H. **PHELPS**, of Colchester, N. Y., Dec. 20, 1840, by Rev. Alpheus Geer	4	39-M
Abijah, of Hebron, m. Hulda **HUTCHINSON**, of Hebron, Apr. 22, 1761	2	81
Abijah, s. Abijah & Hulda, b. Feb. 13, 1762	2	228
Abitha, d. Ichabod, b. Feb. 8, 1740/41	1	32
Abitha, m. Thomas **POST**, Jr., June 17, 1762	2	81
Abner, s. Abijah & Huldah, b. Aug. 22, 1772	2	233
Adah, d. Homer & Adah, b. Feb. 6, 1790	2	201

PHELPS, PHELLPS, PHELP, (cont.)

	Vol.	Page
Adatha, s. Barrit & Hannah, b. Jan. 30, 1761	2	221
Aholiab, s. Jeremiah & Prudence, b. Mar. 30, 1757	2	233
Alexander, s. Nathaniell, b. Jan. 6, 1723/4	1	71
Alexander, m. Mrs. Anne **PHELPS**, July 20, 1749	1	52
Alexander, m. Mrs. Theadory **WHE[E]LOCK**, Jan. 9, 1751/2	2	80
Alexander, s. Alexander & Theodora, b. Sept. 2, 1759	2	226
Alexander, s. Bissel & Levina, b. Oct. 6, 1780	2	238
Ama, m. John **JONES**, Mar. 24, 1747	1	48
Ama, see also Amey		
Amanda E., of Hebron, m. Alheat **DEMING**, of Berlin, [Oct.] 8, [1832], by Rev. H. P. Arms	4	28-M
Amaziah, s. Roswell & Jemima, b. Apr. 16, 1794	3	303
Aminda, m. Obadiah **PHELPS**, b. of Hebron, Aug. 28, 1783	2	84
Amos, s. John, b. May 30, 1736	1	61
Amos, m. Ann **FILER**, b. of Hebron, May 5, 1757	2	80
Amos, s. Amos & Anne, b. Jan. 14, 1758	2	225
Amey, d. Charles, b. Nov. 11, 1726	1	4
Amey, see also Ama		
Ann, d. John, b. May 25, 1729	1	16
Ann, d. Barrat & Hannah, b. May 17, 1755	2	224
Anna, d. Ichabod & Martha, b. Feb. 20, 1755	2	223
Anna, d. Abijah & Huldah, b. Dec. 18, 1774	2	220
Anna, m. Daniel **BROWN**, b. of Hebron, Nov. 7, 1776	2	5
Anna, illeg. d. Rozell **PHELPS**, & Sybell **STRONG**, b. May 25, 1777	2	221
Anna, d. Roger, Jr. & Anna, b. Nov. 29, 1787	2	202
Anna, m. Benjamin **BEACH**, b. of Hebron, Mar. 15, 1795	3	231
Anne, b. Noah, b. Feb. 19, 1729/30	1	16
Anne, d. Assahel, b. Dec. 31, 1732	1	14
Anne, Mrs., m. Alexander **PHELPS**, July 20, 1749	1	52
Anne, d. Alexander & Anne, b. Apr. 9, 1750	1	53
Anne, w. Allexander, d. Apr. 13, 1750	1	53
Anne, d. Elexander, d. Apr. 22, 1750	1	54
Anne, m. Eben[eze]r **GILBERT**, b. of Hebron, Aug. 6, 1753	2	34
Anne, d. John, Jr. & Desire, b. Nov. 12, 1755	2	223
Anne, d. Amos & Anne, b. Oct. 5, 1760	2	226
Arminda, d. Joshua & Hannah, b. Jan. 12, 1765	2	229
Asa, s. Timothy, Jr., b. Feb. 25, 1720/21	1	62
Asa, s. Timothy, Jr., d. Oct. 29, 1721	1	62
Asa, s. Timothy, Jr. & Hannah, b. June 10, 1754	2	223
Asaell, m. Anne **PINNEY**, Nov. 9, 1731	1	12
Asahel, Jr., m. Abigail **BEACH**, Aug. 11, 1757	2	80
Asahel, s. Asahel, Jr. & Abigail, b. Apr. 4, 1762	2	227
Asahel, s. [Roswell & Jamima], b. Apr. 24, 1789	2	201
As[ah]el, s. As[ah]ell, b. July 3, 1734	1	19
Asenath, d. Asa[h]ell, b. Dec. 14, 1737	1	24
Assenath, m. Solomon **TARBOX**, b. of Hebron, Sept. 4, 1755	2	112
Asseneth, d. Silyenus & Zeruiah, b. July 5, 1772	2	220
Ashbel, s. Charl[e]s, b. Apr. 28, 1743	1	45
Ashbel, Jr., m. Hope **HORSFORD**, b. of Hebron, May 16, 1793	3	257
Ashbel, s. Ashbel, Jr. & Hope, b. May 3, 1794	3	304
Azuba, [twin with Zilpha], d. Ichabod, b. Oct. 30, 1745	1	42
Azeubah, d. Ichabod, d. Dec. 26, 1745	1	43

HEBRON VITAL RECORDS 215

	Vol.	Page
PHELPS, PHELLPS, PHELP, (cont.)		
Azubah, d. Ichabod, b. July 7, 1752	2	222
Azubah, m. Zia **CASE**, Sept. 3, 1769	2	12
Barrit, s. Noah, b. Sept. 20, 1722	1	67
Barrat, of Hebron, m. Hannah **BIGGELOW**, of Colchester, Feb. 13, 1751	2	80
Barsheba, d. Nath[anie]ll, Jr. & Rachel, b. Aug. 4, 1754	2	223
Benajah, s. Nathaniell, Jr., b. Mar. 30, 1737	1	23
Benja[min], s. John & Desire, Jr., b. Feb. 3, 1768	2	231
Benone, s. Samuel & Lydia, b. Mar. 31, 1768	2	231
Benoni, s. Samuel & Lydea, d. Feb. 19, 1770	2	338
Beriah, s. Joshua & Hannah, b. Jan. 2, 1759	2	228
Bets[e]y, d. [Roger, Jr. & Anna], b. Sept. 25, 1790	2	202
Betsey, [d. Frederick & Mary], b. May 7, 1796 (adopted by her uncle Jedediah **JONES**); m. Marvin W. **MAYNARD**, [ ], 1819; d. June 15, 1875	4	13
Bets[e]y **JONES**, d. [Frederick & Mary] b. May 7, 1796	3	303
B[e]ulah, d. Nath[anie]ll, Jr. & Rachel, b. June 30, 1769	2	232
B[e]ulah, d. Nath[anie]ll, Jr., d. Nov. 30, 1774	2	338
Bezaliel, s. Jeremiah & Prudence, b. Oct. 15, 1754	2	224
Bissel, s. Solomon & Temperance, b. Mar. 17, 1755	2	223
Bissel, m. Levina **SKINNER**, Jan. 12, 1775	2	83
Bridget, d. Samuel & Lydea, b. Oct. 26, 1769	2	232
Charl[e]s, s. Timothy, b. July 26, 1702	1	71
Charl[e]s, m. Hipsiba **STIL[E]S**, Feb. 17, 1725/6	1	71
Charl[e]s, s. Charl[e]s, b. Sept. 22, 1732	1	12
Christian, m. Dr. Eben[eze]r **DEWEY**, b. of Hebron, Nov. 19, 1761	2	18
Clarissa, d. Joshua & Hannah, b. Mar. 4, 1763	2	228
Corneliass, s. Timothy, b. Mar. 5, 1698	1	71
Cornelas, m. Marg[a]rit, **DUEY**, Jan. 18, 1721/2	1	65
Cornelas, s. Cornelas, b. July 16, 1726	1	65
Cornelius, m. Hannah **CALKINS**, Nov. 16, 1757	2	81
Cornelius, d. Aug. 15, 1760	2	337
Cornelius, d. Aug. 16, 1760	2	337
Cornelius, d. Cornelius & Hannah, b. Nov. 29, 1760	2	228
Syntha, d. Joshua & Hannah, b. May 8, 1766	2	231
Cynthia, m. Dudley **PHELPS**, Dec. 23, 1795	3	257
Dan, s. Joseph, Jr. & Lydea, b. Mar. 4, 1755	2	223
Dan, "was taken prisoner Apr. 23, 1778, and d. soon in captivity"	2	339
Daniell, s. Ichabod, b. Oct. 4, 1747	1	47
Dan[ie]ll, s. Ichabod & Martha, d. Feb. 3, 1753	2	336
Daniel, s. Amos & Ann, b. Jan. 24, 1759	2	225
Daniel, s. Ichabod, Jr. & Mary, b. Nov. 13, 1761	2	227
Daniel, [s. Barrit & Hannah], b. Apr. 10, 1766	2	221
Davenport, s. Alex[ande]r & Theodora, b. Aug. 12, 1755	2	223
David, 2d, m. Hannah **FREEMAN**, Nov. 6, 1824, by Rev. Leonard B. Griffing	4	31-M
Dauid, s. Abell, b. Jan. 8, 1735/6	1	24
Dauid, s. Solomon, b. Oct. 3, 1746	1	44
David, s. Noah & Mary, b. July 11, 1752	2	223
David, s. Noah & Mary, b. July 11, 1752	2	225
David, m. Trifene **PHELPS**, Jan. 23, 1757	2	80
David, [twin with Noah, s. Barrit & Hannah], b. Apr. 4, 1767	2	221

PHELPS, PHELLPS, PHELP, (cont.)

	Vol.	Page
David, s. Roger & Abigail, b. Dec. 26, 1768	2	231
David, of Hebron, m. Demis **PRATT**, of Colchester, Mar. 16, 1769	2	83
David, s. Bissel & Levina, b. Nov. 4, 1775	2	201
David, s. Bissel & Lovina, b. Nov. 4, 1785 (1775)	2	219
David, m. Jerusha **HORSFORD**, b. of Hebron, Jan. 9, 1798, by S. Gilbert, J.P.	3	257
David, s. [Ashbel, Jr. & Hope], b. Apr. 29, 1799	3	304
Deborah, d. Ichabod, Jr. & Mary, b. July 19, 1764	2	229
Deborah, d. Abij[a]h & Hulda, b. May 5, 1765	2	229
Deborah, m. David **NORTON**, b. of Hebron, Feb. 3, 1785	3	253
Delight, d. Solomon & Temperance, b. Apr. 17, 1757	2	224
Demis, d. David & Demis, b. Apr. 3, 1770	2	232
Desire, d. John & Desire, b. June 10, 1773	2	233
Diodema, d. Martain & Abigail, b. Aug. 12, 1775	2	220
Dolly, d. Joshua, Jr., b. Oct. 26, 1782	2	238
Dorothy, d. [Solomon, Jr. & Lucy], b. Aug. 4, 1774	2	239
Dudle, s. John & Desire, b. May 8, 1771	2	232
Dudley, m. Cynthia **PHELPS**, Dec. 23, 1795	3	257
Edson, s. Cornelas, Jr., b. Dec. 22, 1784	2	238
Eleazer, s. Nath[anie]ll, Jr., & Rachel, b. May 18, 1756	2	224
Eleazer Wheelock, s. Alexander & Theodora, b. Oct. 16, 1766	2	230
[E]lecta, d. [Frederick & Mary], b. July 26, 1793	3	303
Electa, m. Henry O. **CARVER**, b. of Hebron, Jan. 4, 1835, by Rev. Alpheus Geer	4	32-M
Eli, s. Barrat & Hannah, b. Oct. 8, 1751	2	222
Elihu, s. Asahel & Anne, b. Nov. 27, 1752	2	222
Elihu, s. Asahel & Anne, d. Sept. 11, 1753	2	336
Elihu, d. May 20, 1761	2	337
Elihu, s. Selvenas & Zeruiah, b. Jan. 17, 1769	2	231
Elihu, s. Elihu & Lucy, b. Jan. 2, 1789	3	305
Elijah, s. Noah, b. July 31, 1724	1	67
Elijah, m. Jemime **WILLSON**, Aug. 1, 1748	1	49
Elisha, s. Barrat & Hannah, b. Feb. 20, 1757	2	224
Elisha, s. Barrat & Hannah, b. Dec. 18, 1758	2	225
Elisebeth, d. Nathaniell, Jr., b. Oct. 19, 1739	1	30
Elisabeth, m. John **POWERS**, July 22, 1755	2	80
Emelia, d. Alex[ande]r & Theodora, b. June 14, 1764	2	228
Emily G., m. George M. **BUCK**, June 14, 1852, by Rev. John F. Felty	4	54-M
Epaphras Lord, s. [Solomon, Jr. & Lucy], b. Mar. 16, 1779	2	239
Ephraim, s. Nathaniell, b. Mar. 14, 1748	1	51
Erastus, s. Amos & Anne, b. June 26, 1763	2	228
Eunice, d. [Solomon, Jr. & Lucy], b. Oct. 20, 1785	2	239
Eunice, d. Solomon & Lucy, b. Oct. [ ], 1786	3	303
Ezekiel, s. Joshua, b. May 30, 1752	2	222
Ezekiel, m. Patience **ROLLO**, b. of Hebron, June 22, 1773	2	83
Frances S., of Hebron, m. Samuel C. **WARNER**, of Onego, N.Y., May 25, 1840, by Sylvester Selden	4	38-M
Frederick, b. [ ], 1749; m. Mary **JONES**, of Hebron, May 13, 1779; d. June 30, 1807	4	13
Frederick, s. [Solomon, Jr. & Lucy], b. Apr. 25, 1772	2	239
Frederick, m. Molly **JONES**, b. of Hebron, May 13, 1779	2	84

	Vol.	Page

PHELPS, PHELLPS, PHELP, (cont.)

	Vol.	Page
Fraderick, s. Fraderick & Molly, b. Mar. 5, 1780	2	238
Frederick, s. Frederick & Mary, b. Mar. 5, 1780	3	303
Frederick, Jr., father of Curtis A. **PHELPS**, & Electa **CARVER**, w. of Harry O., had sister Betsey (**PHELPS**) **JONES**	4	13
George, s. [Abel & Susannah], b. Jan. 13, 1789; d. Aug. 29, 1793	3	306
George, farmer, m. Abby **WARNER**, b. of Lyme, Conn., Oct. 24, 1847, by Rev. W. Wilkie	4	49-M
George A., m. Sally **BARBER**, b. of Hebron, Nov. 16, 1826, by Rev. George C. Shepard	4	15-M
George Abel, s. [Abel & Susannah], b. Oct. 10, 1804	3	306
George Champlain, s. George Abel & Sally, b. Oct. 25, 1827	4	3
George G., m. Mary **PAGE**, b. of Hebron, Nov. 13, 1836, by James Shepard, in the Methodist E. P. Church	4	34-M
George H., of Colchester, N. Y., m. Abigail A. **PHELPS**, of Hebron, Dec. 20, 1840, by Rev. Alpheus Geer	4	39-M
Hannah, m. Nath[anie]ll **PHELPS**, Mar. 28, 1699	1	70
Hannah, d. Nathaniell, b. Jan. 22, 1701/2	1	71
Hannah, d. Timothy, b. Dec. 25, 1715	1	62
Hannah, w. Nath[anie]ll, d. Feb. 24, 1717/8	1	71
Hannah, d. Noah, b. Feb. 28, 1727	1	6
Hannah, m. Jacob **SHERWIN**, Mar. 20, 1734	1	19
Hannah, d. Nathaniell, Jr., b. Aug. 7, 1734	1	19
Hannah, m. Joseph **SWETLAND**, Jr., Nov. 3, 1737	1	24
Hannah, d. Timothy, 3rd, b. Dec. 29, 1743	1	28
Hannah, m. Jonathan **SACKIT**, Jr., Nov. 10, 1748	1	49
Hannah, m. Nathan **ROWLEE**, Jr., b. of Hebron, May 15, 1753	2	96
Hannah, d. Barrat & Hannah, b. July 14, 1753	2	222
Hannah, d. Silvanus & Zuruiah, b. Feb. 3, 1759	2	337
Hannah, d. Capt. Solomon & Temperance, b. Mar. 10, 1759	2	226
Hannah, d. Capt. Solomon & Temperance, b. Mar. 10, 1759	2	225
Hannah, d. Joshua & Hannah, b. May 20, 1761	2	228
Hannah, m. Joel **PORTER**, b. of Hebron, Apr. 24, 1777	2	83
Hannah, m. Samuel **GEER**, b. of Hebron, Dec. 18, 1777	2	34
Hannah, m. Andrew **MAN**, b. of Hebron, Apr. 29, 1779	2	67
Hannah, d. [Solomon & Lucy], b. Jan. 21, 1792	3	303
Harriot, d. [Abel & Susannah], b. Jan. 7, 1797	3	306
Heman, m. Phyloxcena **HUNTINGTON**, b. of Hebron, Sept. 19, 1799	3	257
Heman Huntington, s. [Heman & Phyloxcena], b. Aug. 1, 1804	3	305
Henry, s. Homer & Adah, b. Apr. 9, 1788	2	201
Henry J., m. Betsey L. **WAY**, b. of Hebron, Oct. 29, 1822, by Rev. William Jarvis	4	7-M
Homer, s. Joshua & Hannah, b. Mar. 15, 1757	2	224
Homer, m. Adah **ROOT**, b. of Hebron, Aug. 15, 1782	2	84
Homer, s. Homer & Adah, b. Sept. 8, 1783; d. June 1, 1784	2	201
Homer, 2d, s. Homer & Adah, b. Apr. 13, 1785	2	201
Horace, s. Homer & Adah, b. May 24, 1792	2	200
Humphrey, s. Roswell & Jemima, b. June 10, 1799	3	305
Humphrey Pinney, s. Roswell & Jemima, b. Dec. 22, 1791; d. Jan. 29, 1795	3	303
Ichabod, m. Martha **TILLETSON**, Dec. 10, 1730	1	15
Ichabod, s. Ichabod, b. Jan. 24, 1735	1	20
Ichabod, s. Ichabod, d. Aug. 14, 1736	1	22

PHELPS, PHELLPS, PHELP, (cont.)

	Vol.	Page
Ichabod, s. Ichabod, b. Feb. 11, 1738/9	1	26
Ichabod, Jr., m. Mary **TRUMBLE**, b. of Hebron, Jan. 1, 1761	2	81
Ichabod, Capt., m. Mrs. Hannah **POST**, wid. of Capt. Jed., May 14, 1786	2	85
Ichabod Trumball, s. Ichabod, Jr. & Mary, b. June 6, 1774	2	233
Ireny, d. Cornelas, b. Nov. 11, 1724	1	65
Ireene, m. Isaac **TILDEN**, Jr., Nov. 10, 1743	1	38
Isaac, s. Asahel, b. Jan. 24, 1746	1	53
Jane F., m. Horace M. **BABCOCK**, b. of Hebron, Oct. 31, 1843, by Rev. Alpheus Geer	4	43-M
Jared, s. John, Jr. & Desire, b. Oct. 3, 1760	2	226
Jared, m. Rowena **FULLER**, b. of Hebron, Sept. 23, 1784	2	84
Jared Sylvanus, s. [Abel & Susannah], b. Nov. 13, 1806	3	306
Jemime, d. Timothy, b. July 30, 1729	1	16
Jamima, d. Roswell & Jamima, b. Jan. 31, 1785	2	201
Jeremiah, s. Cornellas, b. Jan. 17, 1731/2	1	13
Jeremiah, m. Prudenc[e] **PHELPS**, Oct. 25, 1753	2	80
Jeremiah, s. Jeremiah & Prudence, b. Jan. 20, 1760; d. Aug. 8, 1759(?)	2	233
Jeremiah, s. Jeremiah & Prudence, b. Aug. 5, 1761	2	220
Jerusha, d. [Ashbel, Jr. & Hope], b. Mar. 19, 1801	3	304
Joell, s. Nathaniell, b. Nov. 24, 1746	1	45
Joel, [s. Barrit & Hannah], b. Mar. 16, 1764	2	221
Joel, m. Mary **MOREY**, b. of Hebron, Feb. 21, 1768	2	82
Joel, s. Frederick & Molly, b. Feb. 8, 1785	2	239
Joel, s. [Frederick & Mary], b. Feb. 8, 1785	3	303
John, m. Anna **HORSFORD**, Feb. 11, 1724/5	1	62
John, s. John, b. Sept. 7, 1731	1	7
John, Jr., of Hebron, m. Desire **DEWEY**, of Lebanon, Jan. 16, 1755	2	80
John, s. John, Jr. & Desire, b. Oct. 19, 1757	2	224
John, s. Nath[anie]ll, Jr. & Rachel, b. Aug. 26, 1758	2	225
John, d. Feb. 10, 1769, ae 68	2	338
John, of Hebron, m. Mrs. Bathshaba **HUXFORD**, of Glastinbury, Feb. 12, 1786	2	85
John Beach, s. Asahel & Abigail, b. May 15, 1758	2	226
Jonah, s. Noah, Jr., b. Oct. 11, 1744	1	40
Jonah, s. Noah & Mary, b. Oct. 11, 1744	2	225
Joseph, m. Susannah **ENNO***, Mar. 8, 1715	1	69
Joseph, s. Joseph, b. Mar. 21, 1716/17	1	71
Joseph, Jr., m. Naomy **CILBEY**, Aug. 14, 1734	1	20
Joseph, s. Joseph, 2d, b. July 12, 1735	1	22
Joseph, Jr., m. Lydiah **ROWLEY**, Jan. 21, 1741	1	34
Joseph, s. Joseph, Jr., b. Mar. 27, 1742	1	36
Joseph, Jr., Lieut. of Hebron, m. Mrs. Susannah **MORRISSON**, of Hartford, Aug. 11, 1760	2	226
Joseph, m. Jemima **POST**, Dec. 6, 1764	2	82
Joseph, s. Joseph & Jemima, b. Mar. 20, 1769	2	231
Joshua, s. Nathaniell, b. Sept. 19, 1709	1	71
Joshua, s. Nathaniell, d. Jan. 1, 1727/8	1	27
Joshua, s. Nathaniell, Jr., b. Jan. 9, 1729/30	1	15
Joshua, m. Hannah **TARBOX**, Feb. 1, 1749/50	1	55
Joshua, s. Joshua, b. Jan. 5, 1750/51	1	55

	Vol.	Page
PHELPS, PHELLPS, PHELP, (cont.)		
Joshua, s. Joshua & Hannah, b. Jan. 5, 1751	2	222
Joshua, Jr., m. Elisabeth **FULLER**, b. of Hebron, Sept. 17, 1769	2	82
Joshua, s. Joshua, Jr. & Elisabeth, b. Aug. 27, 1771	2	233
Joshua, s. Joshua, Jr. & Elisabeth, d. Nov. 9, 1773	2	338
Joshua, 3rd, s. Joshua, 2d, & Elisabeth, b. Aug. 1, 1775	2	238
Judeth, d. Cornelas, b. Oct. 26, 1743	1	37
Jule, [d. Barrit & Hannah], b. Apr. 18, 1769	2	221
Julius Clay, s. Abel & Betsey, b. Mar. 12, 1822	3	307
Lasarus, s. Noah, b. Feb. 17, 1742/3	1	39
Laura L, of Hebron, m. Joseph F. **CLARK**, of Sidney, N.Y., Sept. 26, 1833, by Rev. Alpheus Geer	4	31-M
Lavina, d. Joseph, Jr. & Lydea, b. July 7, 1757	2	224
Lavina, see also Levina and Lovina		
Levi, s. Noah & Mary, b. Nov. 24, 1749	2	225
Levina, d. Cornelus & Hannah, b. Aug. 15, 1765	2	231
Levina had s. Josiah **POMROY**, b. Nov. 11, 1772; reputed father Josiah **POMROY**	2	221
Levina, m. Daniel **PEPOON**, b. of Hebron, Dec. 28, 1780	2	83
Levina, d. Bissel & Levina, b. Nov. 26, 1784	2	239
Levina, d. [Frederick & Mary], b. Jan. 19, 1788	3	303
Levina, see also Lovina and Lavina		
Lovina, m. Ira **BISSELL**, b. of Hebron, June 27, 1821, by A. Bassett. Int.pub.	4	2-M
Lovina, see also Lavina and Levina		
Lucinda, d. Nath[anie]ll, Jr. & Rachel, b. Feb. 26, 1765	2	229
Lucey, d. Alexander & Theodora, b. Mar. 17, 1762	2	227
Lucy, d. Solomon, Jr. & Lucy, b. Aug. 2, 1766	2	230
Lucy, d. Alex[ande]r & Theod[or]a, d. Apr. 4, 1767	2	337
Lucy, d. Ichabod, Jr. & Mary, b. Nov. 23, 1768	2	231
Lucy, of Columbia, m. John **PERKINS**, of Hebron, Mar. 26, 1823, by Rev. Augustus B. Collins, of Andover	4	9-M
Liddey, d. Joseph, b. Nov. 25, 1723	1	71
Lydia, m. John **PETERS**, Jr., Feb. 22, 1738/9	1	29
Lydea, m. John **PETERS**, Jr., Feb. 22, 1739	1	28
Lidiah, d. Charl[e]s, b. Mar. 1, 1738/9	1	29
Lidya, d. Joseph, Jr., b. July 21, 1746	1	44
Lydea, w. Joseph, Jr., d. Dec. 30, 1757	2	337
Lydea, m. Roderick **MORRISSON**, Feb. 9, 1763	2	66
Lydea, d. Joseph & Jemima, b. May 28, 1765	2	229
Lydia, d. Ichabod & Mary, b. Oct. 12, 1766	2	230
Lydea, d. Lieut. Joshua & Hannah, b. July 29, 1770	2	232
Lydea, d. lieut. Joshua & Hannah, b. July 20, 1770	2	249
Lydea, [twin with Mary, d. Barrit & Hannah], b. Apr. 18, 1773	2	221
Lydea, d. Capt. Joshua & Hannah, d. Nov. 9, 1773	2	338
Lydea, d. Ezekiel & Patience, b. May 2, 1774	2	220
Lydea, d. Joseph & w. Col. John **PETERS**, 2d, d. Feb. 15, 1784, in the 61st y. of her age	2	339
Lydia, m. William **PETERS**, b. of Hebron, Sept. 5, 1785	2	85
Lydia, d. Samuel & Lydia, b. May 3, 1789	2	201
Marg[a]rit, d. Cornelas, b. Dec. 11, 1721	1	65
Marg[a]rit, m. Amos **FULLER**, Mar. 3, 1741/2	1	42
Martha, d. Timothy, b. Oct. 29, 1690	1	71

	Vol.	Page
PHELPS, PHELLPS, PHELP, (cont.)		
Ma[r]thah, d. Timothy, [Jr.], b. May 23, 1723	1	62
Marthaw, d. Ichabod, b. Sept. 23, 1732	1	11
Marthah, m., Lemawell **YOUNGS**, Apr. 14, 1742	1	34
Marth[a]r, d. Asahel, b. Sept. 22, 1749	1	53
Martha, Mrs., m. Benjamin **TRUMBLE**, Jr., b. of Hebron, Dec. 4, 1760	2	112
Martha, m. Roger **FULLER**, Dec. 21, 1766	2	28
Martha, w. Capt. Ichabod, d. Feb. 3, 1786, in the 72nd y. of her age	2	340
Martha, d. [Roswell & Jamima], b. Dec. 10, 1786	2	201
Martha Molly, d. Ichabod, Jr. & Mary, b. June 6, 1774	2	233
Martain, s. Joseph, Jr., b. Aug. 5, 1744	1	39
Martain, m. Abigail **POST**, June 22, 1767	2	82
Martain, d. Feb. 22, 1783	2	339
Mary, d. Timothy, b. Mar. 7, 1725/6	1	62
Mary, d. Timothy, Jr., d. Apr. 7, 1726	1	62
Mary, d. Noah, b. May 1, 1726	1	67
Mary, d. Timothy, Jr., b. Dec. 28, 1731	1	14
Mary, m. John **ROLLO**, May 12, 1746	1	43
Mary, d. Noah, Jr., b. May 7, 1748	1	49
Mary, d. Noah & Mary, b. May 7, 1748; d. Dec. 22, 1748	2	225
Mary, d. Timo[thy], d. May 4, 1756	2	336
Mary, d. Noah & Mary, b. Feb. 9, 1757	2	225
Mary, d. Roger & Abigail, b. Feb. 15, 1761	2	226
Mary, d. Ishabod, Jr. & Mary, b. Sept. 2, 1771	2	232
Mary, [twin with Lydea, d. Barrit & Hannah], b. Apr. 19, 1773	2	221
Mary, w. Frederick, d. May 16, 1796, in the 36th y. of her age	3	351
Mary Ann, m. Joseph N. **WHITE**, b. of Hebron, May 26, 1836, by Sylvester Selden	4	33-M
Mary Ann, m. William C. **LYMAN**, b. of Hebron, Sept. 23, 1839, by Rev. Alpheas Geer	4	37-M
Mary Anne, d. Asahel, Jr. & Abigail, b. Apr. 27, 1765	2	229
Matilda, d. [Heman & Philoxena], b. Aug. 12, 1806	3	305
Mahittabell, d. Nathaniell, Sr., b. June 23, 1726	1	70
Mehitebel, m. Daniel **INGHAM**, Sept. 4, 1746	1	55
Mahitablel, w. Charl[e]s, d. Dec. 7, 1748	1	50
Minerva, d. Heman & Philoxena, b. Mar. 14, 1802	3	305
Molley, d. Fraderick & Molly, b. July 21, 1782	2	238
Molly, d. [Frederick & Mary], b. July 21, 1782	3	303
Nabby, d. [Abel & Susannah], b. Jan. 1, 1794	3	306
Naomy, d. Cornelas, b. Aug. 26, 1736	1	78
Naomi, m. Sam[ue]ll **PALMER**, Jr., b. of Hebron, Apr. 15, 1756	2	80
Nathan, s. John, Jr. & Disire, b. Dec. 31, 1765	2	230
Nathan, s. John, Jr. & Desire, b. Dec. 31, 1765	2	235
Nath[anie]ll, m. Hannah **PHELPS**, Mar. 28, 1699	1	70
Nathaniell, s. Nathaniell, b. Sept. 19, 1703	1	71
Nath[anie]ll, m. Abigill **PIN[N]EY**, Nov. 5, 1719	1	70
Nathaniell, m. Mary **CURTICE**, May 25, 1726	1	64
Nathainiel, Jr., m. Rachel **SAWYER**, Mar. 26, 1752	2	80
Nathaniell, Capt. d. Sept. 23, 1746	1	44
Nathaniel, Capt., d. Sept. 23, 1746	2	337
Nathaniel, s. Nath[anie]ll, Jr. & Rachel, b. May 4, 1767	2	338

	Vol.	Page
PHELPS, PHELLPS, PHELP, (cont.)		
Nathaniel, s. Abijah & Hulda, b. June 15, 1757	2	230
Nath[anie]l, Lieut., d. Aug. 13, 1781, ae about 77	2	339
Noah, s. [Timothy], b. Jan. 23, 1693/4	1	71
Noah, m. Ann **DYER**, Oct. 1, 1719	1	67
Noah, m. Ann **DYER**, Oct. 1, 1719	1	70
Noah, s. Noah, b. Nov. 21, 1720	1	67
Noah, s. Noah & Mary, b. Aug. 1, 1754	2	223
Noah, s. Noah & Mary, b. Aug. 1, 1754	2	225
Noah, [twin with David, s. Barrit & Hannah], b. Apr. 4, 1767	2	221
Normand, s. John, Jr. & Desire, b. Nov. 8, 1763	2	228
Normon, of Hebron, m. Sarah **COLE**, of Lebanon, Nov. 23, 1784	2	84
Obadiah, s. Jno., Jr. & Desire, b. June 21, 1759	2	226
Obadiah, m. Aminda **PHELPS**, b. of Hebron, Aug. 28, 1783	2	84
Oliue, d. Asahel, b. July 8, 1742	1	53
Olive, m. Zepheniah **RUDE**, June 6, 1765	2	96
Olive, [d. Barrit & Hannah], b. Mar. 23, 1771	2	221
Oliuer, s. Asahel, b. Mar. 22, 1744	1	53
Oliver, m. Alise **BARBUR**, b. of Hebron, May 17, 1770	2	82
Oliver, d. July 7, 1848, ae 71	3	352
Osinda*, d. Sam[ue]ll & Lydea, b. Apr. 16, 1765 (*Orinda?)	2	229
Patience, d. Solomon, Jr. & Lucy, b. Jan. 29, 1770	2	232
Patience, d. Solomon, Jr. & Lucy, b. Jan. 29, 1770	2	239
Peleg, s. Noah, Jr., b. June 22, 1746	1	44
Pelegg, s. Noah & Mary, b. June 22, 1746	2	225
Pelegg, s. Noah, d. Aug. 6, 1761	2	337
Febe, d. Cornellas, b. July 2, 1739 (Phebe)	1	30
Phebe, of Hebron, m. Jon[a]th[an **FINNEY**, of Lebanon, Aug. 12, 1757	2	28
Polley, d. Samuel & Lydia, b. July 27, 1791	2	219
Polly, m. Isaac **DUNHAM**, b. of Hebron, Sept. 3, 1794	3	235
Polly, d. [Abel & Susannah], b. Mar. 21, 1799	3	306
Polly, of Hebron, m. Menzes **MANLEY**, of Ellington, Jan. 1, 1823, by Sylvester Gilbert, J.P.	4	8-M
Prudanc[e], m. Jeremiah **PHELPS**, Oct. 25, 1753	2	80
Prudence, d. Jeremiah & Prudence, b. June 2, 1764	2	220
Rachel, d. Timothy, 3rd, b. Dec. 26, 1746	1	50
Rachel, d. Nath[anie]ll, Jr. & Rachel, b. July 8, 1760	2	227
Ralph Abel, s. [George Abel & Sally], b. Nov. 2, 1831	4	3
Rebecca, d. Noah & Mary, b. Jan. 12, 1759	2	225
R[e]uben, s. Joseph, Jr., b. Sept. 15, 1748	1	50
R[e]uben, Ens., m. Mary **HORSFORD**, b. of Hebron, Nov. 9, 1777	2	83
Rhoda, see under Rhuba		
Rhuba, d. Abijah & Hulda, b. May 12, 1769	2	232
Rockse, [d. Barrit & Hannah], b. Apr. 1, 1775	2	221
Rodolfos, s. Jeremiah & Prudence, b. Jan. 22, 1764	2	220
Rodney, s. [Roswell & Jemima], b. Mar. 25, 1805	3	305
Roger, s. John, b. Dec. 24, 1738	1	26
Roger, m. Abigail **FILER**, Apr. 24, 1760	2	81
Roger, s. Roger & Abigail, b. Oct. 7, 1762	2	227
Roger, Jr., m. Anna **JONES**, b. of Hebron, Feb. 1, 1787	2	85
Roswell, m. Jamima **BUELL**, b. of Hebron, Jan. 13, 1784	2	85

	Vol.	Page
PHELPS, PHELLPS, PHELP, (cont.)		
Roswell, s. [Roswell & Jemima], b. Sept. 24, 1802	3	305
Rowana, d. Jared & Rowana, b. July 8, 1785	2	239
Roana, d. Jared & Roana, b. June 14, 1787	2	219
Roxelene, d. Nath[anie]ll, Jr. & Rachel, b. May 5, 1763	2	228
Roxelena, m. Daniel **COLBURN**, b. of Hebron, Mar. 30, 1780	2	13
Roxelena, see also Rockse		
Rozel, s. Asahel & Anna, b. Feb. 10, 1751	2	222
Rudolphus, see under Rodolfos		
Salenda, d. [Frederick & Mary], b. June 28, 1790	3	303
Sally, d. Joshua, Jr. & Elisabeth, b. Sept. 26, 1777	2	238
Sally, d. [Abel & Susannah], b. Feb. 28, 1792	3	306
Sally, m. Wait **WRISLEY**, b. of Glastonbury, May 10, 1800 by S. Gilbert, J.P.	3	269
Sally, m. Benjamin **BLISS**, b. of Hebron, Nov. 4, 1832, by Rev. Charles Nichols	4	28-M
Salome, d. Cornelius & Hannah, b. Mar. 3, 1763	2	228
Samuell, s. Nathaniell, Jr., b. July 6, 1742	1	35
Samuel, s. Timo[thy], Jr. & Hannah, b. Apr. 22, 1759	2	226
Samuel, m. Lydea [ ], May 16, 1764	2	82
Samuel, s. Samuel & Lydia, b. Dec. 2, 1766	2	230
Samuel, m. Lydia **PORTER**, b. of Hebron, Dec. 18, 1785	2	85
Samuel, Jr., s. Samuel & Lydia, b. Sept. 17, 1786	2	219
Sarah, d. Joseph, b. Dec. 10, 1720	1	71
Sarah, m. Daniell **HORSFORD**, Jr., Feb. 2, 1737/8	1	25
Sarah, d. Alex[ande]r & Theodora, b. July 15, 1753	2	222
Sarah, d. Noah & Mary, b. Dec. 11, 1761	2	227
Sarah, m. Gamaliel **LITTLE**, Aug. 16, 1765	2	60
Sarah, d. Ichabod, Jr. & Mary, b. Oct. 9, 1776	2	220
Sarah, d. John & Desire, b. June 30, 1778	2	221
Siluenas, s. Cornelas, b. May 28, 1729	1	10
Silvanus, m. Zuruiah **SWETLAND**, July 16, 1755	2	80
Selvanus, s. Selvenas & Zeruiah, b. July 16, 1766	2	231
Silvia, d. Asahel & Abigail, b. Mar. 2, 1760	2	226
Sollomon, s. Nath[anie]ll, b. July 29, 1716	1	71
Solomon, m. Temperanc[e] **BARBUR**, May 10, 1738	1	29
Solomon, s. Solomon, b. Oct. 3, 1743	1	37
Solomon, Jr., m. Lucy **LORD**, Oct. 24, 1765	2	82
Solomon, s. Solomon, Jr. & Lucy, b. Nov. 28, 1767	2	232
Solomon, Jr., had negro Enoch, b. Mar. 9, 1785	2	172
Sukey, d. Abel & Susannah, b. June 29, 1787	3	306
Susan C., of Hebron, m. Selden W. **SKINNER**, of Bolton, Sept. 8, 1829, by Rev. Lyman Strong	4	19-M
Susannah, d. joseph, b. Sept. 22, 1731	1	27
Susanna, m. Isaac **PINNEY**, Sept. 4, 1746	1	44
Susanna, Mrs., m. Samuel **GILBERT**, Jan. 27, 1765	2	34
Susanna, d. Roger & Abigail, b. Sept. 8, 1766	2	230
Susanna, wid. of Joseph & later w. of Dr. [ ], **EMMONS**, d. Dec. 12, 1773, in the 75th y. of her age	2	292
Susanna, m. Abel **PHELPS**, b. of Hebron, Sept. 7, 1786	2	85
Sybil, d. Joseph & Jemima, b. Feb. 4, 1767	2	230
Tamer, d. Cornelas, b. Feb. 18, 1733/4	1	19
Thamar, m. Elijah **BUELL**, b. of Hebron, Apr. 15, 1756	2	4

HEBRON VITAL RECORDS 223

	Vol.	Page
PHELPS, PHELLPS, PHELP, (cont.)		
Temme, d. Roswell & Jemima, b. Jan. 21, 1797	3	303
Tempranc[e], d. Solomon, b. May 3, 1739	1	29
Temperance, m. Ezra **STRONG**, Apr. 24, 1754	2	106
Thamar, see under Tamer		
Theadory, d. Cornelas, b. July 10, 1741	1	33
Theodora, d. Alexander & Theodora, b. Sept. 3, 1757	2	224
Theodora, d. Cornelius, Jr. & Hannah, b. Sept. 27, 1757	2	225
Theodotia, d. Alexander & Anne, b. Apr. 9, [1750]; d. Apr. 14, 1750	1	53
Timothy, s. Timothy, b. Jan. 29, 1692/3	1	71
Timothy, m. Hannah **CALKIN**, July 29, 1714	1	62
Timothy, s. Timothy, Jr., b. June 29, 1718	1	62
Timothy, 3rd, m. Hannah **NORTHAM**, Sept. 16, 1742	1	35
Timothy, s. Chalr[e]s, b. May 29, 1745	1	45
Timothy, s. Timothy, 3rd, b. Dec. 29, 1749	1	55
Timothy, d. Sept. 28, 1768	2	338
Trifene, m. David **PHELPS**, Jan. 23, 1757	2	80
Ursulah, d. Asahel, b. June 16, 1740	1	53
Uzziel, d. May 26, 1848, ae 76	3	352
Vina, d. Joshua, Jr. & Elisabeth, b. Apr. 16, 1780	2	238
William, s. [Solomon, Jr. & Lucy], b. June 22, 1783	2	239
William, of Marlborough, m. Martha **SMITH**, of Hebron, Sept. 9, 1844, by Rev. Edgard J. Doolittle	4	44-M
Zilpha, [twin with Azuba], d. Ichabod, b. Oct. 30, 1745	1	42
Zilpha, m. Asaph **TRUMBLE**, Dec. 4, 1770	2	112
Zuruiah, d. Charles, b. Apr. 3, 1729	1	18
Zuruiah, d. Silvanus & Zuruiah, b. Apr. 24, 1761	2	227
Zussamah*, s. Jeremiah & Prudence, b. Aug. 4, 1774 (*Sussamah)	2	220
PIERCE, Mary Ann, of Hebron, m. Samuel H. **FOX**, of Colchester, Oct. 4, 1824, by Rev. Amos Bassett	4	13-M
PIERSON, Nathan, m. Julia M. **POST**, Nov. 28, 1831, by Rev. Charles Nichols	4	26-M
PINNEY, PINEY, Abigill, m. Nath[anie]ll **PHELPS**, Nov. 5, 1719	1	70
Anne, m. Asaell **PHELPS**, Nov. 9, 1731	1	12
Isa[a]c, s. Isa[a]c, of Windsor, b. Jan. 15, 1716/17	1	70
Isaac, m. Susanna **PHELPS**, Sept. 4, 1746	1	44
Oliuer, d. Dec. 7, 1742. "Was lost in a storm at sea in a voyage from Jemaca to New York"	1	36
Oliuer, s. Isaac, b. Aug. 6, 1751	1	56
Roswell G., m. Abby L. **STRONG**, Sept. 3, 1835, by Rev. Charles Nichols, of Gilead	4	33-M
Susanna, d. Isaac, b. July 5, 1749	1	52
-----, 1st. s. of Isaac, st.b. Dec. 13, 1747	1	47
PINNOCK, [see under **PENNOCK**]		
PITTS, Mary, m. Nathan **INGRAHAM**, Apr. 17, 1744	2	50
PLIMPTON, Asahel A., M.D., of Monroe, Mo., m. Abby M. **ANNABLE**, of Hebron, Conn., July 15, 1845, by Rev. Edgar J. Doolittle	4	45-M
POHEAGUE, POHAGUE, Mercy had d. Prudence, b. Jan. 25, 1759	2	231
Mercy had s. Thomas, b. June 9, 1764	2	231
Mercy, s. squaw, d. Feb. 23, 1782	2	339
Prudence, d. Mercy, b. Jan. 25, 1759	2	231
Thomas, s. Mercy, b. June 9, 1764	2	231

	Vol.	Page
POLLY, POLLEY, Abigail, d. Daniel & Rachel, b. Aug. 14, 1753	2	222
Abigail, d. William & Sarah, b. Aug. 9, 1766	2	232
Ann, wid. Thomas, d. Mar. 13, 1750	2	336
Ann, d. Dan[ie]ll & Rachel, b. Oct. 5, 1757	2	224
Ann, m. James **COX**, b. of Hebron, Oct. 25, 1757	2	12
Ann, d. Daniel & Rachel, d. May 12, 1759	2	337
Anne, d. Thomas, b. Feb. 14, 1730/31	1	18
Daniell, m. Rachell **LOOMIS**, Aug. 20, 1741	1	44
Daniell, s. Daniell, b. Nov. 11, 1742	1	36
Daniell, s. Daniell, b. Nov. 11, 1742	1	44
Daniell, s. Daniell, d. Oct. 5, 1743	1	44
Daniel, s. Daniel & Rachel, b. Mar. 28*, 1760 (*29?)	2	226
Daniel, s. W[illia]m, b. Aug. 25, 1779	2	221
Eleazer, s. W[illia]m & Abigail, b. Feb. 25, 1775	2	221
Elizabeth, d. Daniel, b. Aug. 17, 1751	1	56
Freedom, d. Daniell, b. Oct. 7, 1749	1	52
Hannah, d. Dan[ie]ll & Rachel, b. Aug. 27, 1755	2	223
Hannah, d. Dan[ie]ll & Rachel, d. May 1, 1759	2	337
Hannah, d. Dan[ie]ll & Rachel, b. Nov. 5, 1762	2	230
Hannah, d. Daniel & Rachel, d. Feb. 20, 1767	2	337
Jerusha, d. W[illia]m & Sarah, b. July 22, 1765	2	232
John, m. Est[h]er **LO[O]MIS**, b. June 5, 1746	1	45
Lemuel, s. W[illia]m & Abigail, b. Nov. 13, 1771	2	233
Liddiah, d. Thomas, b. Jan. 15, 1738/9	1	29
Lydea, m. Gideon **WATERS**, Apr. 30, 1759	2	122
Mary, d. Thomas, b. Mar. 19, 1736	1	23
Mary, m. Hezekiah **MARKS**, b. of Hebron, Sept. 15, 1756	2	66
Mary, m. Asa **JONES**, May 25, 1791	2	50
Nathan, s. Thomas, b. July 15, 1727	1	6
Rachell, d. Daniell, b. Oct. 5, 1744	1	44
Sarah, d. Daniell, b. July 26, 1746	1	44
Sarah, w. William, d. Feb. 14, 1768	2	338
Sarah, d. William & Abigail, b. May 19, 1773	2	83
Thomas, d. Mar. 22, 1755	2	336
Thomas, s. Dan[ie]ll & Rachel, b. Dec. 4, 1765	2	230
William, m. Sarah **MATTOON**, b. of Hebron, Mar. 20, 1765	2	82
William, m. Abigail **CUSHMAN**, b. of Hebron, Jan. 17, 1771	2	83
William Denis, s. W[illia]m & Abigail, b. Oct. 20, 1777	2	221
POMEROY, POMROY, POMREY, PUMROY, PUMRY, PUMMERY, PUMREY, Abigail, d. Benjamin, b. May 31, 1743	1	38
Abigail, Mrs. m. John **GILLET**, Jr., Apr. 19, 1759	2	34
Abigail, d. Elihu & Lydea, b. May 17, 1779	2	221
Augustus Wheelock, s. Benjamin & Abigail, b. Feb. 14, 1758	2	225
Barry Gore, s. [Josiah & Mary], b. Mar. 4, 1790	3	304
Benjamin, s. Benjamin, b. Jan. 9, 1735/6	1	22
Benjamin, Rev., d. Dec. 21, 1784, in the 81st y. of his age	2	340
Benjamin, s. Capt. Elihu & Lydia, b. Mar. 27, 1787	2	219
Benjamin, s. [Elihu & Lydia], b. Mar. 27, 1787	3	306
Daniel, s. Noah, b. Nov. 15, 1751	1	58
David McClure, s. [Josiah & Mary], b. Feb. 3, 1795	3	304
Ele[a]zer, s. Benjamin, b. Sept. 1, 1739	1	30
Eleazer, s. Capt. Elihu & Lydia, b. Dec. 13, 1776	2	219

HEBRON VITAL RECORDS 225

	Vol.	Page
POMEROY, POMROY, POMREY, PUMROY, PUMRY PUMMERY, PUMREY, (cont.)		
Eleazer, s. Elihu & Lydia, b. Dec. 13, 1776	2	236
Eleazer, s. Elihu & Lydia, b. Dec. 13, 1776	3	306
Elihu, s. Benj[ami]n & Abigail, b. Aug. 19, 1755	2	225
Elihu, s. Benj[ami]n & Abigail, b. Aug. 19, 1755	3	306
Elihu, s. Benjamin & Abigail, b. Aug. 19, 1756	2	223
Elihu, m. Lydia **BARBUR**, b. of Hebron, Feb. 11, 1776	2	83
Elihu, s. Elihu & Lydea, b. Feb. 16, 1783	2	238
Elihu, s. [Elihu & Lydia], b. Feb. 16, 1783	3	306
Hannah, d. Benjamin, b. Dec. 8, 1751	2	222
Hepsibah, m. Jonathan **SWETLAND**, Nov. 7, 1732	1	14
Hesadrah, s. Benjamin, d. Jan. 3, 1750/1	2	336
Hezakiah, s. Benjamin, b. July 7, 1750	2	222
Jehannah, m. William **SWETLAND**, Mar. 15, 1732/3	1	19
John, s. Benj[ami]n & Abigail, b. Mar. 15, 1754; d. Apr. 28, 1754	2	224
John Cook, s. [Josiah & Mary], b. Feb. 16, 1799	3	304
Josiah, s. Benjamin, b. Sept. 4, 1741; d. Sept. 11, 1742	1	35
Josiah, s. Benjamin, b. June 18, 1745	1	41
Josiah, illeg. s. Josiah **POMROY** & Levina **PHELPS**, b. Nov. 11, 1772	2	221
Lydia, w. Elihu, b. July 20, 1757	3	306
Mary Ann, d. Josiah & Mary, b. Oct. 28, 1787	3	304
Ralph, or Rodolphus, s. Benjamin, b. Dec. 8, 1737	1	26
Ralph Wheelock, s. [Josiah & Mary], b. Jan. 12, 1793	3	304
Rodolphus, or Ralph, s. Benjamin, b. Dec. 8, 1737	1	26
Samuell, s. Benjamin, b. Nov. 19, 1747	1	47
Samuell, s. Benjamin, d. Jan. 16, 1747/8	1	47
Samuel, s. Capt. Elihu & Lydia, b. Feb. 17, 1793	2	200
Samuel, s. [Elihu & Lydia], b. Feb. 17, 1793	3	306
Stephen Barbur, s. Capt. Elihu & Lydia, b. Sept. 4, 1789	2	200
Stephen Barber, s. [Elihu & Lydia], b. Sept. 4, 1789	3	306
PORTER, Aaron, s. Increase & Mary, b. June 1, 1755	2	230
Aaron, d. Apr. 6, 1777	2	339
Aaron, s. Increas[e], Jr. b. Mar. 12, 1780	2	238
Abieser, of East Windsor, m. Mrs. Betsey **GEAR**, of Gilead, Mar. 18, 1848, by Horace I., Jones	4	49-M
Abigail, d. Increase & Mary, b. June 25, 1753	2	223
Abigail, d. Increase & Mary, b. June 24, 1753	2	230
Abigail, w. Increase, d. Oct. 3, 1769	2	338
Abigail, m. Levi **WASHBON**, b. of Hebron, Mar. 22, 1772	2	123
Abigail, d. Nehemiah, b. Dec. 29, 1776	2	220
Alexander, s. John & Sarah, b. Dec. 16, 1756	2	224
Almira, d. [Galord & Anna], b. Mar. 17, 1806	3	305
Ambrose, s. Dan[ie]ll & Sarah, b. Feb. 5, 1764	2	228
Ann, d. John, of Goshen, b. May 15, 1737	1	52
Anna, d. Dauid, Jr., b. Feb. 17, 1744/5	1	49
Anna, d. Daniel & Dinah, b. Dec. 5, 1757	2	224-5
Anna, d. Dan[ie]ll, d. May 22, 1759	2	337
Anna, d. Gaylord & Meriam, b. Mar. 14, 1769	2	231
Anna, m. Abel **BISSEL[L]**, b. of Hebron, [ ] 11, 1776	2	5
Anna, d. Gaylord, d. May 17, 1786, in the 17th y. of her age	2	340
Anna, d. Gaylord & Anna, b. Mar. 22, 1796	3	303

	Vol.	Page
PORTER, (cont.)		
Anne, d. Increase & Mary, b. June 1, 1759	2	231
Anne, w. David, d. Jan. 24, 1767	2	338
Anne, d. [Elihu & Polly], b. July 13, 1787	2	219
Asahel, s. Increase & Abigail, b. Sept. 22, 1767	2	231
Barzilla, s. [Gaylord & Anna], b. May 1, 1802	3	304
Bela, s. Increas[e], Jr., b. Apr. 7, 1782	2	238
Benjamin, m. Mary Jane **GRAY**, Nov. 29, 1846, by Rev. Frederic B. Woodard, of Middle Haddam	4	47-M
Benjamin, m. Mary Jane **GRAY**, Dec. 21, 1846, by Rev. John Woodbridge, Greenport, L. I. Witnesses: George Fleeman, Almor Bacon	4	47-M
Benjamin, s. Increase, Jr. & Lydia, b. Mar. 8, 1876* (*1776?)	2	220
Clarinda, d. Increase & Mary, b. May 31, 1765	2	231
Clarinda, d. Increase & Mary, d. Aug. 4, 1765	2	338
Daniell, s. John, [Jr.], b. Feb. 16, 1724/5	1	61
Daniell, s. John, [Jr.], d. Sept. 2, 1725	1	61
Daniell, s. John, Jr., b. June 30, 1726	1	6
Daniell, 2d, s. John, Jr., b. June 30, 1726	1	61
Daniell, s. John, b. June 21, 1744	1	40
Daniell, m. Dinah **DUNHAM**, Oct. 15, 1747	1	47
Daniel, s. Daniel, b. Oct. 1, 1750	1	55
Daniel, of Hebron, m. Sarah **GAYLORD**, of Windsor, Apr. 23, 1761	2	81
Daniel, Jr., m. Lydea **FORD**, May 3, 1766	2	82
Daniel, of Hebron, m. [ ] **CHAPMAN**, of Stonington, Jan. 17, 1828, by John S. Peters, J.P.	4	17-M
Dauid, Jr., m. Ruth **MACK**, Mar. 22, 1739	1	29
Dauid, s. Dauid, Jr., b. Mar. 13, 1743	1	37
David, s. Increase & Mary, b. May 28, 1763	2	231
David, s. Gaylord & Susannah, b. Feb. 4, 1795	3	303
Deborah, wid. m. Capt. Josiah **MACK**, b. of Hebron, July 9, 1789	2	67
Dinah, w. Daniel, d. Jan. 27, 1760	2	337
Eliazer, s. Daniel, b. Mar. 8, 1752	2	222
Elihu, s. Pellatiah & Sarah, b. Jan. 17, 1763	2	228
Elihu, of Hebron, m. Polly Gillet, of Colchester, Nov. 28, 1782	2	85
Elihu, d. Oct. 5, 1788	2	340
Elijah, s. Daniel, b. June 25, 1779	2	231
Elisabeth, d. Pelatiah, b. Feb. 28, 1752	2	222
Elisabeth, d. Pellatiah, d. Nov. 29, 1757	2	337
Elisabeth, d. Daniel & Eunice, b. Feb. 4, 1777	2	221
Elisabeth, of Hebron, m. Noah **LEONARD**, of Northfield, Nov. 6 1796, by Silv[ester] Gilbert, J.P.	3	249
Epaphroditus, m. Sibyl Adaline **FULLER**, [Nov.] 25, [1830], by Hiram P. Arms	4	23-M
Est[h]er, d. John, [Jr.], b. Apr. 30, 1723	1	61
Est[h]er, w. John, Jr., d. July 10, 1726	1	61
Est[h]er, d. John, Jr., d. May 14, 1727	1	9
Esther, of Lebanon, m. Elisha **DUNK**, of Hebron, Jan. 23, 1755	2	18
[E]unis, d. John, Sr., d. Feb. 11, 1717/18	1	61
Eunice, d. Dauid, Jr., b. July 30, 1749	1	54
Frances, of Hebron, m. Daniel T. **HEWITT**, of Worthington, Mass., Nov. 26, 1849, by Edgar J. Doolittle	4	51-M

	Vol.	Page
PORTER, (cont.)		
Frances A., m. Lewis E. **CARVER**, b. of Hebron, Sept. 23, 1840, by Rev. Alpheus Geer	4	38-M
Francis A., of Hebron, m. Julia Ann A. **HENDEE**, at Andover, Feb. 3, 1842, by Rev. Alpha Miller, of Andover	4	40-M
Gaylord, s. Daniell, b. Oct. 24, 1748	1	50
Gaylord, m. Meriam **BROWN**, b. of Hebron, Oct. 27, 1768	2	82
Gaylord, m. Susannah **BROWN**, b. of Hebron, Feb. 10, 1788	2	85
Gaylord, m. Anna **BROWN**, Aug. 7, 1795	3	257
Hannah, d. John, 2d, b. Nov. 24, 1746	1	44
Hannah, d. Nehemiah & Abigail, b. July 2, 1781	2	238
Har[r]iot, d. Increase & Lydia, b. Nov. 30, 1794	3	304
Increas[e], s. Dauid, b. Feb. 18, 1722	1	70
Increas[e], m. Mary **NILES**, May 15, 1750	1	57
Increas[e], s. Increas[e], b. Feb. 26, 1750/51	1	57
Increase, m. Abigail **KELLOGG**, b. of Hebron, Aug. 19, 1766	2	82
Increas[e], Jr., of Hebron, m. Lydea **WOODWORTH**, of Lebanon, Mar. 1, 1773	2	83
Increase, m. Huldah **MACK**, b. of Hebron, Dec. 26, 1797, by S. Gilbert, J.P.	3	257
Increase, m. Lydia **PALMER**, b. of Hebron, Sept. 4, 1823, by Rev. Amos Bassett	4	10-M
James Barnet, s. Daniel & Sarah, b. June 20, 1762	2	227
Jasper, s. [Gaylord & Anna], b. Sept. 22, 1797	3	303
Jasper, m. Mary C. **BISSELL**, b. of Hebron, Oct. 17, 1848, by Edgar J. Doolittle	4	50-M
Jemimah, d. Daniel, Jr. & Lydia, b. Oct. [ ], 1772	2	233
Jeresusah, m. Thomas **PERRIN**, Jr., Feb. 14, 1738/9	1	29
Gerusha, d. Jno. & Sarah, b. June 24, 1754	2	224
Jerusha, d. John, d. Mar. 2, 1757	2	336
Joel, s. John, b. Jan. 28, 1751/2	2	222
Joel, m. Hannah **PHELPS**, b. of Hebron, Apr. 24, 1777	2	83
John, Jr., m. Easter **DEAN**, Nov. 9, 1720	1	61
John, s. John, [Jr.], b. Apr. 30, 1723	1	61
John, Sr., m. Sarah **CHURCH**, Oct. 13, 1726	1	61
John, m. Sarah **HE[A]TON**, Nov. 2, 1727	1	9
John, Sr., m. Rebeckea **SMALLEY**, Dec. 26, 1728	1	9
John, m. Sarah **MACK**, June 22, 1738	1	29
John, Jr., m. Lidda **TARBOX**, Dec. 7, 1741	1	39
John, s. John, b. Feb. 10, 1741/2	1	36
John, Dea., d. Jan. 4, 1746/7	1	45
John, d. Jan. 5, 1751/2	2	336
John, 2d., d. Jan. 5, 1752/3	2	336
John, s. Daniel & Dinah, b. Jan. 9, 1756	2	223
John, s. John, d. Oct. 3, 1762	2	337
John, s. Daniel & Lydia, b. Dec. 19, 1767	2	230
John, of Lebanon, m. Susanna **CUTTIN**, of Hebron, Feb. 17, 1785	2	84
John, s. Gaylord, d. Nov. 25, 1793, in the 19th y. of his age	3	351
John, s. Gaylord & Anna, b. Aug. 25, 1799	3	304
Jonah, m. Keziah **CUTTING**, b. of Hebron, May 12, 1778	2	83
Jonathan, s. Thomas, b. Mar. 20, 1713	1	67
Joseph, m. Abigill **DENS**, Dec. 23, 1724	1	4

	Vol.	Page
PORTER, (cont.)		
Joseph, s. Joseph, b. Sept. 12, 1728	1	18
Josephine E., d. Royal & Fanny, b. Nov. 1, 1847	4	9
Judah, d. * Timothy & Abigail, b. Sept. 20, 1772 (*Son in pencil)	2	233
Laughton, s. John, 2d, & Lidia, b. May 13, 1751	2	222
Lois, d. David & Ruth, b. Aug. 10, 1753	2	222
Lucinda, d. Eleazer & Susanna, b. Mar. 18, 1776	2	220
Lucy, d. Increase, Jr. & Lydia, b. Feb. 20, 1774	2	233
Lydia, d. Dauid, b. Nov. 6, 1724	1	70
Lidda, d. John, Jr., b. Nov. 8, 1742	1	39
Lidda, d. John, b. Mar. 16, 1747	1	52
Lydia, w. John, 2d., d. Oct. 22, 1751	2	336
Lydia, d. Increase & Mary, b. Apr. 15, 1761	2	231
Lydea, m. Edmond **STILES**, July 19, 1762	2	106
Lydia, w. Daniel, Jr., d. Mar. 24, 1773	2	338
Lydea, [twin with Sarah], d. Timothy & Abigail, b. Aug. 11, 1776	2	220
Lydea, d. Increase, Jr., b. Mar. 26, 1778	2	221
Lydea, d. Increas[e], Jr., b. Mar. 27, 1778	2	238
Lydia, m. Samuel **PHELPS**, b. of Hebron, Dec. 18, 1785	2	85
Lydia, d. Daniel & [E]unice, b. Mar. 21, 1789	2	219
Margry, d. John, b. May 31, 1749	1	52
Mary, d. Thomas, b. Nov. 16, 1710	1	67
Mary, d. John, [Jr.], b. July 19, 1721	1	61
Mary, w. John, Sr., d. Oct. 19, 1725	1	61
Mary, m. Josiah **MACK**, Jr., Oct. 12, 1747	1	47
Mary, d. Increase & Mary, b. Apr. 14, 1752	2	223
Mary, d. Daniel & Dinah, b. Jan. 15, 1754	2	222
Mary, d. Increase & Mary, d. Dec. 10, 1755	2	338
Mary, d. Increase & Mary, b. May 8, 1757	2	230
Mary, w. Increase, d. June 4, 1764	2	338
Mary, m. Joel **HORSFORD**, b. of Hebron, May [ ], 1773	2	43
Mary, wid. of Elihu, formerly Mary **GILLET**, of Colchester, m. Josiah **MACK**, Jr., now b. of Hebron, June 20, 1790	2	67
Mary, m. William **GRAY**, Jan.18, 1830, by Rev. Lyman Strong	4	20-M
Mary Ann, m. John Flavel **BLISS**, b. of Hebron, Feb. 18, 1830, by Rev. Daniel Waldo, of Exeter, Lebanon	4	20-M
Mercy, d. Thomas, b. Oct. 10, 1708	1	67
Minerva, m. Stephen B. **FULLER**, b. of Hebron, Dec. 8, 1834, by Rev. Alpheus Geer	4	32-M
Nehemiah, s. John, Jr., b. Jan. 13, 1748/9	1	50
Nehemiah, m. Abigail **STRONG**, Mar. 12, 1775	2	83
Nehemiah, s. Nehemiah & Abigail, b. Nov. 24, 1778	2	221
Nehemiah, m. Wid. Hannah **GEAR**, b. of Hebron, Dec. 30, 1812	3	258
Noah, s. Thomas, b. Aug. 24, 1715	1	67
Orlean B., m. Sarah **BISSELL**, Sept. 23, 1841, by Charles Nichols	4	39-M
Orlen Brown, s. Ga[y]lord & Anna, b. Sept. 27, 1803	3	305
Patience, m. Caleb **ROOT**, Jan. 10, 1760	2	96
Pelatiah, s. Dauid, b. May 20, 1719	1	70
Pelatiah, m. Sary **AL[L]YN**, Mar. 7, 1748/9	1	51
Polly, d. [Elihu & Polly], b. Jan. 21, 1785	2	219
R[e]uben, s. John, b. Sept. 26, 1728	1	9

	Vol.	Page
PORTER, (cont.)		
R[e]uben, d. May 2, 1732	1	11
Royal, s. [Gaylord & Anna], b. Dec. 2, 1800	3	304
Royal, m. Fanny **MANN**, b. of Hebron, Aug. 10, 1835, by Sylvester Selden	4	32-M
Rozel, s. Gaylord & Meriam, b. July 9, 1773	2	233
Ruth, d. Dauid, Jr., b. Mar. 22, 1740	1	37
Sally, d. Elihu & Polly, b. Mar. 15, 1783	2	219
Sarah, m. Joshua **TILLETSON**, June 25, 1724	1	69
Sarah, w. John, Sr., d. Oct. 23, 1727	1	61
Sarah, d. John, Jr., b. Nov. 2, 1731	1	13
Sary, d. Peletiah **PORTER**, b. Apr. 19, 1750	1	54
Sary, m. William **SWETLAND**, 2d, Aug. 5, 1751	2	106
Sarah, d. Pellatiah & Sarah, d. June 19, 1753	2	336
Sarah, of Lebanon, m. Jonathan **ROOT**, of Hebron, Jan. 15, 1756	2	96
Sarah, m. Abijah **MAN**, b. of Hebron, Nov. 17, 1757	2	66
Sarah, w. John, d. Dec. 17, 1769, ae 54	2	338
Sarah, [twin with Lydea], d. Timothy & Abigail, b. Aug. 11, 1776	2	220
Sarah, w. Peletiah, d. Feb. 8, 1798, in the 72nd y. of her age	3	351
Selden T., of Hebron, m. Sarah A. **DENISON**, of Goshen, Nov. 28, 1848, by Rev. W. Wilkie	4	49-M
Susan[n]ah, d. Gaylord & Susan[n]ah, b. Nov. 28, 1788; d. Dec. 4, 1788	2	201
Susannah, w. Gaylord, d. Feb. 25, 1795, in the 39th y. of her age	3	351
Tabitha, d. Dauid, b. Nov. 11, 1716	1	70
Timothy, s. John, Jr., b. Aug. 20, 1744	1	39
Timothy, of Hebron, m. Abigail **WEST**, of Lebanon, May 7, 1769	2	82
Timothy, s. Timothy & Abigail, b. Oct. 5, 1770	2	233
Timothy, s. Timo[thy], d. Nov. 9, 1774	2	339
Timothy, s. Timothy & Abigail, b. Feb. 11, 1775	2	220
Truman, s. Gaylord & Susanna, b. Mar. 3, 1790	2	201
William, m. Lorenda **KIMBALL**, Nov. 29, 1832, by Charles Nichols	4	29-M
-----, 3rd d. Pelatiah, b. Apr. 16, 1754; d. Apr. 16, 1754	2	223
-----, infant child of William & Lorinda C., b. Dec. 29, 1847	4	10
POST, POOST, A[a]ron, s. Thomas, b. July 11, 1739	1	30
A[a]ron, s. Thomas, d. Aug. 12, 1748	1	49
Aaron, s. Eldad & Hannah, b. Oct. 9, 1760	2	226
Aaron, twin with Abigail, s. Peter & Ruth, b. Aug. 8, 1778	2	221
Abel P., m. Sarah A. **ROLLO**, June 4, 1851, by Charles Nichols, Gilead	4	52-M
Abel Porter, [s. Elijah & Anna P.], b. Feb. 14, 1825	4	11
Abigill, d. Jedadiah, b. Feb. 9, 1747/8	1	48
Abigail, d. Israel, b. May 27, 1751	1	56
Abigail, m. Martin **PHELPS**, June 22, 1767	2	82
Abigail, d. Jourdain, Jr. & Abigail, b. Mar. 4, 1769	2	231
Abigail, twin with Aaron, d. Peter & Ruth, b. Aug. 8, 1778	2	221
Abigail, d. Peter & Ruth, d. Dec. 3, 1778	2	339
Abigail, d. Peter & Ruth, b. Sept. 9, 1781	2	238
Abigail, d. Jedediah & Patience, b. Jan. 23, 1784	2	239
Abitha, d. Tho[ma]s, Jr. & Abitha, b. Mar. 15, 1765	2	229
Abitha, m. Obadiah **NEWCOMB**, b. of Hebron, Mar. 6, 1787	2	72
Amy, of Lebanon, m. Azariah **BROWN**, Jr., of Hebron, Mar. 16, 1769	2	5
Ann, w. Phinehas, d. Oct. 16, 1771	2	338

	Vol.	Page
POST, POOST, (cont.)		
Ann M., of Hebron, m. James A. **WAY**, of Marshall, Mich., Aug. 20, 1843, by Rev. Alpheus Geer	4	42-M
Ann Martha, [d. Elijah & Anna P.], b. July 2, 1823	4	11
Anna, d. Jezeniah & Elisabeth, b. July 12, 1769; d. July 14, 1769	2	232
Anna Martha, of Hebron, m. Sherlock William **PERKINS**, formerly of Meriden, Oct. 21, 1846, by Solomon G. Hitchcock	4	46-M
Anne, m. Finnias **POST**, June 25, 1741	1	33
Anne, d. Peter & Mary, b. Jan. 21, 1768 (1767?)	2	232
Augustus, of Columbia, m. Betsey G. **STRONG**, of Hebron, Nov. 25, 1818, by J. S. Peters	3	258
Azariah, m. Elisabeth **BISSEL[L]**, May 29, 1760	2	81
Benjamin, s. Peter & Ruth, b. May 24, 1772; d. June 7, 1772	2	233
Bissel E., [s. Elijah & Anna P.], b. Nov. 13, 1817	4	11
Catherine, d. John & Catherine, b. Dec. 22, 1761	2	227
Catherine, d. John & Catherine, d. Jan. 25, 1762	2	337
Catherine, w. John, d. Oct. 3, 1766	2	338
Charles, m. Clarissa **WAY**, b. of Hebron, Mar. 24, 1825, by Rev. William Jarvis	4	16-M
Clarissa, d. Joel & Sarah, b. Feb. 1, 1770	2	232
Clarissa, d. Joel & Sarah, d. Oct. 6, 1775	2	339
Clarise, 2d, d. Joel & Sarah, b. Feb. 23, 1782	2	201
Daniel, s. Eldad & Hannah, b. Nov. 18, 1765	2	229
David, s. Jedediah & Deborah, b. Nov. 20, 1752	2	222
David, of Hebron, m. Martha **WARNER**, of Bolton, May 20, 1784	2	84
David W., [s. Elijah & Anna P.], b. June 14, 1820	4	11
David Warner, s. David & Martha, b. Mar. 4, 1785	2	239
David Warner, d. Feb. 10, 1824, ae 39 y.	3	351
Deb[o]rah, d. Jeridiah, b. Aug. 31, 1741	1	33
Deborah, m. Elijah **WEBSTER**, b. of Hebron, Dec. 16, 1762	2	122
Deborah, w. Capt. Jed[ediah], d. Jan. 30, 1772	2	338
Deborah, w. Capt. Jedadiah, d. Aug. 10, 1785	2	340
Destama, d. Jordan, Jr. & Abigail, b. May 19, 1782	2	238
Dinah, d. Peter & Mary, b. Apr. 6, 1762	2	227
Dinah, w. Dea. Thomas, d. Oct. 28, 1775	2	339
Diodate, s. David & Martha, b. Aug. 31, 1786	2	239
Diodate, m. Pametia **BIRGE**, May 29, 1810	3	257
Dorithy, m. Jonathan **SAYER**, Jan. 28, 1730/31	1	28
Dorothy, d. Jeded[ia]h & Deborah, b. Aug. 2, 1760	2	226
Eldad, s. Thomas, b. Oct. 5, 1733	1	19
Eldad, m. Hannah **CASE**, Feb. 26, 1756	2	80
Eldad, s. Eldad & Hannah, b. Dec. 20, 1758	2	225
Eldad, s. Thomas, Jr. & Abitha, b. May 21, 1780	2	238
Elinar, d. June 27, 1738	1	25
Elinar, d. Jeridiah, b. June 28, 1744	1	39
El[e]anor, m. Jonathan **HUTCHINSON**, Sept. 11, 1766	2	43
Elijah, s. John & Catharine, b. Nov. 14, 1764	2	231
Elijah, s. [David & Martha], b. July 31, 1792	2	219
Elijah, s. David & Martha, b. July 31, 1792	4	11
Eliza A., m. Caleb **HUBBARD**, May 4, 1830, by Rev. Lyman Strong	4	21-M

	Vol.	Page
POST, POOST, (cont.)		
Elisabeth, d. Jeremiah & Elisabeth, b. Sept. 14, 1761	2	227
Elisabeth, d. Thomas, Jr. & Abitha, b. May 18, 1773	2	233
Elisabeth, d. Tho[ma]s, Jr. & Abitha, d. Nov. 23, 1774	2	338
Elisabeth, [twin with Jeremiah], d. Tho[ma]s, Jr. & Abitha, b. Mar. 16, 1777	2	221
Ephraim, s. Jordan, Jr. & Abigail, b. Apr. 26, 1776	2	220
Erastus D., of Columbia, m. Abelene **STRONG**, of Hebron, Dec. 31, 1840, by Rev. Abijah C. Wheat	4	38-M
Est[h]er, m. Obadiah **DUNHAM**, Oct. 7, 1724	1	2
Esther, d. Gidian, b. Dec. 22, 1744	1	40
Easter, d. Stephen, Jr., b. Feb. 6, 1771	2	233
Easter, d. Joel & Sarah, b. Jan. 25, 1774	2	220
Est[h]er, d. Joel & Sarah, d. Mar. 17, 1786, in the 12th y. of her age	2	340
Ezekiel, s. Jordan, Jr., b. Jan. 13, 1746/7	1	46
Ezekiel, s. Jordan, 2d, d. Sept. 2, 1750	1	57
Ezekiel, s. Jedediah & Deborah, b. Jan. 5, 1758	2	224
Ezekiel, s. Jedediah, d. Mar. 20, 1759	2	337
Ezekiel, s. Jordan & Abigail, b. Feb. 4, 1771	2	232
Ezekiel A., m. Clarissa **BROWN**, Nov. 27, 1831, by Rev. Charles Nichols	4	26-M
Ezekiel Augustus, s. Capt. Jed., b. Sept. 27, 1775	2	220
Ezekiel Augustus, m. Hannah **GEAR**, b. of Hebron, Oct. 19, 1797	3	257
George Washington, s. Jordan & Abigail, b. Aug. 26, 1779	2	221
Gideon, d. Jan. 1, 1751/2	2	336
Gideon, of Hebron, m. Ann **TERRY**, of Lebanon, Apr. 7, 1762	2	81
Hannah, d. Joseph, b. July 18, 1722	1	2
Hannah, w. Stephen, d. Jan. 25, 1750/51	1	55
Hannah, d. Gideon, d. Apr. 14, 1752	2	336
Hannah, d. Eldad & Hannah, b. Dec. 13, 1756	2	224
Hannah, d. Thomas, Jr. & Abitha, b. Mar. 29, 1771	2	232
Hannah, d. Joshua & Sarah, b. Jan. 10, 1775	2	220
Hannah, wid. of Capt. Jed., m. Capt. Ichabod **PHELPS**, May 14, 1786	2	85
Hannah, d. Jedidiah & Patience, b. Mar. 18, 1789	2	201
Hannah, m. Luther **FORD**, Jr., b. of Hebron, Oct. 27, 1808	3	239
Hannah Lanissa, d. Ezekiel Augustus & Hannah, b. Oct. 31, 1798	3	304
Harriet M., of Hebron, m. Gera G. **KEENEY**, of Manchester, Apr. 15, 1840, by Charles Nichols, of Hebron, Gilead Soc.	4	38-M
Henery, s. Jordan & Abigail, b. Dec. 3, 1773	2	233
Henry, [s. Elijah & Anna P.], b. Nov. 25, 1827	4	11
Ichabod, s. Thomas & Abitha, b. Aug. 31, 1768	2	231
Ichabod, s. David & Martha, b. Mar. 4, 1798	3	305
Israell, s. Israell, b. Apr. 12, 1739	1	29
Israell, s. Israell, d. May 9, 1739	1	29
Israel, s. Eldad & Hannah, b. Nov. 14, 1762	2	227
Israel, Dr., d. May 21, 1776, in the 67th y. of his age	2	339
James, s. Jordan, 2d, b. June 29, 1750	1	57
James, m. Thankfull **WELLS**, b. of Hebron, Dec. 19, 1770	2	83
James, s. James & Thankfull, b. Nov. 3, 1771	2	232
Jed, Capt., m. Deborah **TARBOX**, Dec. 10, 1772	2	83
Jedediah, s. Jedediah, b. May 11, 1750	1	54
Jedidiah, Jr., m. Patience **CONE**, wid. of John, of Bolton, d. of Jonah **STRICKLAND**, Feb. 20, 1783	2	85

	Vol.	Page
POST, POOST, (cont.)		
Jedadiah, Capt. of Hebron, m. Mrs. Hannah **HUBBARD**, of Glasinbury, Feb. 15, 1786	2	84
Jedadiah, Capt., d. Mar. 20, 1786	2	340
Jedidiah, s. David, & Martha, b. July 18, 1788	2	219
Jedidiah Gear, s. Ezekiel A., b. Dec. 1, 1808	3	304
Jemimah, d. Israell, b. Sept. 20, 1746	1	44
Jemima, m,. Joseph **PHELPS**, Dec. 6, 1764	2	82
Jeradiah, m. Deborah **CURTICE**, July 31, 1740	1	32
Jerimiah, s. Thomas, b. Apr. 7, 1745	1	41
Jeremiah, s. Thomas, b. Apr. 7, 1745	1	44
Jeremiah, [twin with Elisabeth], s. Tho[ma]s, Jr. & Abitha, b. Mar. 16, 1777	2	221
Jerusha, of Hebron, m. John **WEEKS**, of Montville, Oct. 19, 1841, by Rev. Alpheus Geer	4	39-M
Joell, s. Thomas, b. May 11, 1743	1	37
Joel, m. Sarah **BUSHNAL**, Feb. 9, 1764	2	81
Joel, [twin with ——], s. Joel & Sarah, b. Sept. 16, 1772	2	338
Joel, s. Joel & Sarah, d. Sept. 1, 1775	2	220
Joel, s. Joel & Sarah, d. Sept. 1, 1775	2	338
Joel, s. Joel & Sarah, b. July 28, 1778	2	221
Joel, of Hebron, m. Lucy **McKALL**, of Lebanon, Dec. 15, 1785	2	85
John, s. Jordan, b. Nov. 10, 1723	1	3
John, s. Peter & Mary, b. Mar. 28, 1758	2	225
John, of Hebron, m. Katherine **NORTHUM**, of Colchester, May 8, 1760	2	81
John, s. John & Catharine, b. Jan. 17, 1762	2	231
John, m. Comfort **GOODRICH**, Sept. 23, 1767	2	82
John, d. May 26, 1773	2	338
John, of Hebron, m. Mary **PRATT**, of Mid[d]letown, Oct. 19, 1780	2	83
John, s. John & Mary, b. Aug. 31, 1781	2	238
John H., s. Bissell E. & Eliza, b. Sept. 28, 1848	4	8
John Henry, s. David & Martha, b. July 14, 1794	3	303
John Henry, m. Sally **SUMNER**, b. of Hebron, June 2, 1819	3	256
John Henry, d. Oct. 17, 1825, ae 31	3	351
Jorden, Jr., m. Mahittibell **CURTIS**, Apr. 1, 1742	1	34
Jorden, s. Jorden, Jr., b. June 11, 1744	1	40
Jorden, d. Jan. 20, 1747/8	1	47
Jordan, m. Abigail **LOOMIS**, May 29, 1766	2	82
Jordain, s. Jordain, Jr. & Abigail, b. Mar. 6, 1767	2	231
Joseph, s. Gideon, d. Apr. 3, 1752	2	336
Joseph O., of Lebanon, m. Electa M. **LUCAS**, of Hebron, May 13, 1829, by Rev. Charles Nichols	4	19-M
Joseph Otis, s. Peter & Mary, b. May 3, 1766	2	230
Julia D., d. Feb. 11, 1848	3	352
Julia M., m. Nathan **PIERSON**, Nov. 28, 1831, by Rev. Charles Nichols	4	26-M
Levi, m. Mary **BARBUR**, Feb. 13, 1765	2	82
Lois, m. Dauid **OWEN**, Nov. 15, 1765	2	76
Louisa, Mrs., m. Rev. Charles **NICHOLS**, b. of Hebron, Gilead Society, Apr. 4, 1827, by Rev. Lyman Strong	4	17-M
Lucy, d. Joel & Sarah, b. Apr. 25, 1767	2	230
Lucy, m. Abel **BISSEL**, b. of Hebron, May 15, 1794	3	231

HEBRON VITAL RECORDS 233

	Vol.	Page
POST, POOST, (cont.)		
Lydea, Mrs., m. Samuel **GILBERT**, Jr., b. of Hebron, May 29, 1760	2	34
Lydea, d. Gideon & Anne, b. Oct. 3, 1763	2	228
Lydea, d. Thomas, Jr. & Abitha, b. Mar. 29, 1771	2	232
Marcy, d. Gidion, b. Nov. 7, 1748	1	52
Mary, m. Hezekiah **HUCHASON**, Aug. 15, 1728	1	28
Mary, d. Gideon, d. Jan. 19, 1751/2	2	336
Mary, Mrs., m. Capt. Obadiah **NEWCOMB**, June 22, 1758	2	214
Mary, d. Peter & Mary, b. May 2, 1760	2	226
Mary, d. Stephen & Mary, d. Sept. 18, 1765	2	337
Mary, d. Levi & Mary, b. Oct. 21, 1765	2	229
Mary, d. Jezaniah & Elisabeth, b. Dec. 23, 1767	2	230
Mary, w. Peter, d. May 18, 1770	2	338
Mary Ann, d. Diodate, d. Aug. 17, 1813	4	7
Mary Ann, m., John W. **BUELL**, Sept. 21, 1836, by Rev. Charles Nichols, of Gilead	4	33-M
Mehitable, d. James & Thankfull, b. Mar. 17, 1774	2	220
Millisent, d. Jordan, Jr. & Abigail, b. Oct. 27, 1784	2	238
Mindwell, m. Sam[ue]ll **DEWEY**, Dec. 1, 1756	2	18
Mindwell, d. Peter & Mary, b. June 15, 1764	2	228
Mindwell, d. Peter & Mary, d. May 3, 1775	2	338
Mindwell, d. Peter & Ruth, b. Apr. 15, 1776	2	220
Oliuer, s. Gidion, b. Oct. 21, 1746	1	52
Peter, s. Thomas, b. Apr. 22, 1736	1	22
Peter, m. Mary **TOMPSON**, b. of Hebron, Mar. 10, 1757	2	80
Peter, of Hebron, m. Ruth **WALKER**, of Ashford, Nov. 18, 1770	2	83
Febe, d. Israel, b. Jan. 31, 1744/5	1	41
Phebe, d. John & Catherine, b. Jan. 8, 1761	2	227
Phebe, m. Hezekiah **BISSEL**, b. of Hebron, May 17, 1770	2	5
Phebe, wid. of Dea. Israel, d. June 2, 1786, in the 78th y. of her age	2	340
Finnias, m. Anne **POST**, June 25, 1741	1	33
Prudence, d. James & Thankfull, b. Aug. 2, 1782	2	238
Rachell, d. Stephen, b. Sept. 25, 1713	1	4
Rachell, m. Benjamin **BISSELL**, Sept. 4, 1735	1	21
Rachell, d. Israel, b. June 26, 1743	1	37
Rachel, d. Jaazaniah* & Elisabeth, b. Sept. 12, 1765 (*Jeremiah)	2	229
Russel[l], s. Eldad & Hannah, b. Nov. 12, 1767	2	230
Ruth, d. Peter & Ruth, b. May 16, 1773	2	233
Sally, w. of John Henry, d. Oct. 6, 1821, ae 25	3	351
Sariah, m. Daniell **BUSHNALL**, June 25, 1741	1	33
Sarah, d. Joel & Sarah, b. Dec. 21, 1765	2	229
Sarah, w. Joel, d. July 9, 1783, in the 42nd y. of her age	2	339
Sarah Sumner, d. John Henry & Sally, b. Apr. 29, 1821	3	307
Sophia, d. Jedidiah & Patience, b. Feb. 26, 1792	2	219
Stephen, d. May 16, 1752	2	336
Stephen, s. Stephen, Jr. & Easter, [b.] Aug. 14, 1769	2	233
Stephen, d. Feb. 26, 1775	2	338
Sibbaell, m. William **BUELL**, Sept. 21, 1732	1	11
Sybill, d. Jedediah & Deborah, b. May 5, 1755	2	223
Sybel, d. Eldad & Hannah, b. Nov. 18, 1769	2	232
Sybel, m. Ellis **LUTHER**, b. of Hebron, Oct. 5, 1780	2	60
Sybil, of Columbia, m. Ralph R. **ROLLO**, of Hebron, May 14, 1806	3	261
Thomas, m. Dinah **BROWN**, July 1, 1730	1	27

	Vol.	Page
POST, POOST, (cont.)		
Thomas, s. Thomas, b. Jan. 11, 1731/2	1	13
Thomas, Jr., m. Abitha **PHELPS**, June 17, 1762	2	81
Thomas, s. Thomas, Jr. & Abitha, b. Apr. 3, 1763	2	228
Thomas, s. Capt. Jedediah, [b.] Sept. 6, 1773	2	233
Thomas, Dea., d. Dec. 2, 1782, in the 85th y. of his age	2	339
William Alfred, s. Diodate & Pamelia, b. July 17, 1814 (?)	3	305
-----, 5th child of Thomas, b. Feb. 13, 1741/2; d. Feb. 13, 1741/2	1	35
-----, [twin with Joel], child of Joel & Sarah, b. Sept. 16, 1772; d. same day	2	338
-----, infant child of [James & Thankfull], b. Nov. [ ], 1783; d. same day	2	238
POWERS, Elisabeth, m. Jonathan **RUSSEL[L]**, b. of Hebron, Jan. 22, 1784	2	97
John, m. Elisabeth **PHELPS**, July 22, 1755	2	80
John, d. Dec. 15, 1762	2	339
John, m. Susanna **PALMER**, b. of Hebron, Feb. 26, 1784	2	84
John, s. Benjamin & Elizabeth, b. Mar. 6, 1811. "This day indented to Capt. Jonathan Trumbull, Jan. 12, 1818"	3	307
Lawrence, s. John & Elisabeth, b. Dec. 31, 1757	2	225
Lawrance, d. Feb. 16, 1775	2	338
Lawrance, m. Lydea **BARBUR**, b. of Hebron, Sept. 20, 1781	2	84
Martin, m. Ruth **CROSBY**, b. of Hebron, July 19, 1799, by S. Gilbert	3	257
PRATT, PRAT, Abigail, had s. Joseph W. **CASE**, b. Sept. 14, 1775; father Joseph Wane **CASE**	2	158
Anne, m. Nic[h]olas **BOND**, Sept. 10, 1717	1	2
David, s. James & Phebe, b. July 26, 1764	2	220
Demis, of Colchester, m. David **PHELPS**, of Hebron, Mar. 16, 1769	2	83
Fraderick, s. Joshua & Sarah, d. May 15, 1779	2	339
James, s. James, b. Oct. 25, 1759	2	231
Joshua, m. Sarah **COATS**, Dec. 7, 1769* › (*1779?)	2	83
Mary, d. Joshua & Sarah, b. June 7, 1770	2	233
Mary, of Mid[d]letown, m. John **POST**, of Hebron, Oct. 19, 1780	2	83
Ruth, of Colchester, m. Joseph **KNEELAND**, Nov. 5, 1772	2	56
Sarah, d. Joshua & Sarah, b. Mar. 10, 1772	2	233
Timothy, s. Joshua & Sarah, b. Mar. 3, 1777	2	22
PRENTICE, Andrew, m. Clarissa V. **HUTCHINSON**, Aug. 30, 1843, by Rev. Charles Nichols, Hebron (Gilead)	4	42-M
PRESTON, PRESSON, Elisabeth, w. Joseph, d. Oct. 7, 1753	2	336
Jemima, d. Joseph, b. Dec. 11, 1749	1	53
Jemimah, m. William **BROWN**, b. of Hebron, Oct. 11, 1770	2	5
PRICE, Samuell, m. Sarah **PERRIN**, May 22, 1729	1	18
PRINCE, Ame, m. Jack **DEMON**, Mar. 17, 1794, by S. Gilbert, J.P.	3	235
PUFFER, Elisabeth, d. Lazarus & Sarah, b. June 12, 1754	2	223
Lazarus, m. Sarah **REYNOLDS**, b. of Lebanon, Nov. 12, 1753	2	80
Sarah, d. Lazarus & Sarah, b. May 21, 1756	2	224
PUNDERSON, Martha, of Preston, m. John **AYERS**, of Hebron, May 13, 1798	3	229
PYMEHEON, Merriam, m. William **COX**, June 15, 1759	2	12
RANDALL, Erastus R., m. Abby A. **GILBERT**, b. of Hebron, Aug. 10, 1847, by Edgar J. Doolittle	4	48-M
RATHBURN, Ann, m. W[illia]m E. **LATHAM**, b. of Hebron, Nov. 24, 1847, by Rev. Henry Baylies, at the bride's residence	4	48-M

	Vol.	Page
RAYMOND, Martha, d. Sam[ue]ll & Easther, b. Jan. 20, 1757	2	234
Ruth, d. Samuel & Easter, b. Mar. 9, 1755	2	234
Samuel, m. Easter **ROOT**, May 16, 1754	2	96
REED, Austin Brown, s. Eben[eze]r & Eunice, b. Mar. 23, 1804	3	309
Caroline Matilda Watson, d. Daniel, 3rd, & Elisabeth, b. May 26, 1804	3	309
Daniel, 3rd, of Hebron, m. Elisabeth **TYLER**, of Coventry, May 29, 1796	3	261
Daniel, m. Ruth **HUDSON**, b. of Hebron, Feb. 20, 1822, by John S. Peters, J.P.	4	6-M
Daniel Tyler, s. Daniel, 3rd, & Elisabeth, b. June 29, 1798	3	309
Ebenezer, of Hebron, m. Eunice **BROCKWAY**, of Lebanon, Aug. 29, 1799	3	261
Elizabeth, w. David, 3rd, d. July 6, 1804, in the 29th y. of her age	3	357
Elizabeth T., of Hebron, m. Russel[l] **BROWN**, of Royalton, N. Y., Feb. 17, 1821, by Rev. Augustus B. Collins, of Andover	4	1-M
Elisabeth Tyler, d. Daniel, 3rd, & Elisabeth, b. June 14, 1800	3	309
John, s. Ebenezer & Eunice, b. Jan. 15, 1808	3	309
Lathrop Brockway, s. Ebenezer & Eunice, b. Nov. 26, 1805	3	309
Moses, m. Mary **HEATON**, June 6, 1728	1	27
Sally Kingsbury, d. Ebenezer & Eunice, b. Aug. 4, 1800	3	309
Sarah, m. Eleazer **SWEETLAND**, b. of Hebron, Sept. 6, 1797	3	263
William, of Amboy, N. Y., m. Sybil **WHITE**, of Andover, [Oct.] 12, [1846], by Rev. Alpha Miller, at Andover	4	47-M
REYNOLDS, Sarah, m. Lazarus **PUFFER**, b. of Lebanon, Nov. 12, 1753	2	80
RICH, Jakin S., of Chatham, m. Mariah A. **LEE**, of Lebanon, Sept. 2, 1838, by Rev. Daniel Wildman	4	35-M
RILEY, RYLE, John M., m. Mary Ann **LATHAM**, June 14, 1835, by Rev. Peter Griffing	4	32-M
Jon[a]th[an], s. Jon[a]th[an] & Huldah, b. May 15, 1753	2	236
RISLEY, Almira, m. Leonard B. **GRIFFING**, Nov. 12, 1828, by Rev. Peter Griffing	4	18-M
Lyman, of East Hartford, m. Betsey M. **LEWIS**, of Hebron, July 25, 1841, by Rev. H. Torbush	4	43-M
RISSELL, [see under **BISSELL**]		
RIXFORD, Eliza Ann, d. Luther & Lucy U., b. Nov. 24, 1831	3	308
ROBERTS, Eliner, m. Phillip **MATTOON**, June 11, 1751	2	66
Eunice, of Coventry, Selvenas **OWEN**, of Hebron, May 4, 1768	2	76
ROBERTSON, ROBERSON, ROBBERSON, Asa, s. Benjamin, b. July 19, 1735	1	36
Benjamin, s. Benjamin, b. Aug. 15, 1737	1	36
Dauid, s. Beniamin, b. Sept. 8, 1746	1	49
Esther, of Coventry, m. Elijah **SWEETLAND**, of Hebron, Aug. 26, 1796	3	263
Liddi, d. Benjamin, b. Mar. 8, 1739	1	36
Peeter Parson, s. Benjamin, b. July 8, 1742	1	36
Samuell, s. Benjamin, b. June 29, 1744	1	40
Samuell, s. Benjamin, b. June 30, 1744	1	49
ROBINSON, ROBINZON, Benjamin, Jr., d. Nov. 12, 1767	2	346
Lois A., of Columbia, m. George R. **BILL**, of Lebanon, May 26, 1850, by Abel Gardner	4	51-M
Peter, m. Sarah **BUCK**, b. of Hebron, May 20, 1767	2	96

	Vol.	Page
ROBINSON, ROBINZON		
Phebe, d. Peter & Sarah, b. July 26, 1768	2	235
ROCKWELL, Hannah, d. Josiah, b. Sept. 27, 1750	1	55
Josiah, d. Aug. 20, 1759	2	346
RODMAN, Henry, of Hebron, m. Eunice **LEWIS**, of Lebanon, Apr. 8, 1828 by Rev. Lyman Strong	4	18-M
ROGERS, Caleb D., Rev., of Springfield, Mass., m. Mary **CULVER**, of Hebron, Dec. 3, [1826], by Joel W. McKee	4	16-M
Harris, of Hebron, m. Dolly **PETTIS**, of Groton, [Sept.] 16, [1821], by Rev. Leonard Bennett	4	3-M
Samuel, s. Samuel K., d. Sept. 14, 1848, ae 24 y. "He was an idiot"	3	357
ROGERSON, James, s. Lydea **PERRIN**, b. Feb. 27, 1782	2	239
ROLLO, ROLO, ROOLO, Abigill, d. William, b. June 3, 1726	1	63
Abigill, m. Israell **WALKER**, Nov. 5, 1746	1	44
Abigail, d. Zurrubbabel & Rachel, b. Apr. 29, 1755	2	234
Abigail, d. Zurrubbabel & Rachel, d. Apr. 30, 1755	2	346
Alexander, m. Faith **BLACKMAN**, b. of Hebron, May 12, 1796	3	261
Alexander, s. Alexander & Faith, b. Oct 23, 1796	3	309
Apollos, s. W[illia]m & Lucy, b. Sept. 4, 1776	2	236
Augustus, s. William & Sarah, b. June 14, 1794	3	309
Augustus, m. Martha B. **HORTON**, Oct. 31, 1821, by Rev. Nathan Gillet	4	4-M
Eb[e]nezer, d. May 13, 1735	1	20
Eb[e]nezer, s. Zeruball, b. June 22, 1739	1	29
Eb[e]nezer, s. Zerubabell, d. Sept. 29, 1742	1	35
Ebenezer, s. Zerubabel, b. Nov. 5, 1744	1	41
Ebenezer, d. Sept. 5, 1762	2	346
Elisebeth, m. Mathew **FORD**, Jr., Dec. 5, 1736	1	23
Elisabeth, d. Zerubabel, b. Nov. 5, 1749	1	53
Eunice, d. William, b. Aug. 15, 1724	1	63
Eunis, m. Abraham **FOX**, June 21, 1744	1	41
Hannah, m. Ephraim **YOUNGS**, May 3, 1733	1	14
Hannah, d. John & Mary, b. July 11, 1757	2	234
John, m. Mary **PHELPS**, May 12, 1746	1	43
John, s. William & Lucy, d. Mar. 22, 1773	2	347
John, d. Mar. [ ], 1777	2	347
John Hall, s. W[illia]m & Lucy, b. May 25, 1774	2	236
John Norten, s. John, b. May 3, 1751	1	56
John Samuel, s. Alexander & Faith, b. Dec. 25, 1798	3	309
Judeth, d. Jno. & Mary, b. Jan. 7, 1760	2	235
Lucy, d. W[illia]m & Lucy, [b.] Jan. 4, 1779	2	236
Lucy, w. William, d. Nov. 16, 1790, in the 46th y. of her age	2	347
Lucy Ann, d. Ralph R. & Sybil, b. Mar. 16, 1807	3	309
Mary, m. Elifelet **YOUNGS**, Dec. 19, 1734	1	20
Mary, d. John, b. Mar. 9, 1748/9	1	51
Mary, d. William & Lucy, b. Oct. 30, 1789	2	237
Pacience, d. William, [b.] Aug. 12, 1722	1	63
Pacienc[e], m. Nathaniell **MAN**, Sept. first Wed., 1736	1	24
Pacience, m. Roger **DEWEY**, June 5, 1744	1	39
Patience, d. John & Mary, b. Aug. 12, 1753	2	234
Patience, m. Ezekiel **PHELPS**, b. of Hebron, June 22, 1773	2	83
Rachell, d. Zerubabel, b. Mar. 11, 1746/7	1	46
Rachel, Jr., m. Nath[anie]ll **DAVIS**, Apr. 4, 1763	2	18

HEBRON VITAL RECORDS 237

	Vol.	Page
ROLLO, ROLO, ROOLO, (cont.)		
Ralph R., of Hebron, m. Sybil **POST**, of Columbia, May 14, 1806	3	261
Ralph Rodolphus, s. W[illia]m & Lucy, b. May 8, 1781	2	237
Ralph Rodolphus, s. Ralph Rodolphus & Sybil, b. Sept. 25, 1811	3	308
Ralph Rodolphus, s. [Ralph Rodolphus & Sybbil], b. Sept. 25, 1811	3	310
Samuel, s. Zurrubbabel & Rachel, b. Dec. 4, 1752; d. Jan. 10, 1753	2	234
Sarah A., m. Abel P. **POST**, June 4, 1851, by Charles Nichols, Gilead	4	52-M
Sybil Eveline, d. [Ralph R. & Sybil], b. Jan. 19, 1809	3	309
Walter, s. John & Mary, b. Aug. 14, 1755	2	234
William, Lieut., d. May 30, 1732	1	14
William, s. John, b. Mar. 4, 1747	1	46
William, s. William & Lucy, b. Feb. 17, 1771	2	236
William Henry, s. R.R. & Sybbil, d. Oct. 8, 1811	3	357
William Henry, s. [Ralph Rodolphus & Sybil], b. Apr. 2, 1814; d. [ ], 1814	3	308
William Henry, s. [Ralph Rodolphus & Sybbil], b. Apr. 2, 1814; d. [ ], 1814	3	310
Zerubbale, m. Rachel **ROOT**, Sept. 7, 1738	1	26
Zurrubbabel, d. Jan. 27, 1761	2	346
ROOD, [see under **RUDE**]		
ROOT, Aaron, s. [Abel & Mary], b. Feb. 8, 1788	2	237
Abel, s. Eben[e]z[er] & Rachel, b. Oct. 25, 1753	2	235
Abel, s. Eben[e]z[er] & Rachel, d. Nov. 22, 1753	2	346
Abel, s. William, Jr. & Zuruiah, b. Nov. 14, 1758	2	235
Abel, m. Mary **FILER**, b. of Hebron, Sept 29, 1785	2	97
Abel, s. Abel & Mary, b. Apr. 5, 1786	2	237
Abel, d. July 28, 1791	2	347
Abiel, s. Elijah & Sarah, b. Mar. 12, 1770	2	236
Abigill, d. Benjamin, b. May 14, 1747	1	48
Abigail, d. William & Hannah, b. Jan. 15, 1754	2	234
Abigail, d. Caleb & Patience, b. Dec. 15, 1768	2	235
Abigail, m. Gad **TALLCOTT**, Mar. 29, 1770	2	113
Abigail, wid. of Jonathan, d. Jan. 18, 1786	2	347
Abijah, s. Nathaniel, b. Dec. 23, 1751	2	234
Abijah, s. Nath[anie]ll, d. Mar. 9, 1760	2	346
Abitha, d. Nathaniell, b. Jan. 10, 1747/8	1	50
Adah, William, Jr. & Zeruiah, b. June 10, 1765	2	235
Adah, m. Homer **PHELPS**, b. of Hebron, Aug. 15, 1782	2	84
Amy, d. Dan & Amy, b. Jan. 17, 1796	3	309
Ann, d. William, b. May 20, 1743	1	39
Anne, w. of Jonathan, Jr. d. Apr. 6, 1785	2	347
Asahel, s. Jacob, Jr. & Lucy, b. Aug. 5, 1753	2	234
Beniamin, s. Jacob, b. Sept. 6, 1719	1	72
Benjamin, m. Abigail **HALL**, Mar. 4, 1745/6	1	45
Benjamin, s. Daniel, Jr. & Hannah, b. May 22, 1762	2	235
Benjamin, s. Daniel, Jr., d. May 31, 1762	2	346
Benjamin Skinner, s. Eben[eze]r, Jr. & Deb[orah], b. Nov. 30, 1776	2	236
Caleb, s. Jonathan, b. Nov. 30, 1738	1	26
Caleb, m. Patience **PORTOR**, Jan. 10, 1760	2	96
Caleb, s. Caleb & Patience, b. July 19, 1773	2	237
Caziah, d. Nathaniell, b. June 12, 1729	1	15

ROOT, (cont.)

	Vol.	Page
Chauncey L, of Haddam, m. Cynthia M. **SUMNER**, of Hebron, June 10, 1829, by Rev. Charles Nichols	4	19-M
Dan, s. W[illia]m, Jr. & Zuruiah, b. Nov. 5, 1761	2	235
Dan, s. William, Jr. & Zeruiah, d. Sept. 13, 1765	2	235
Dan, s. William, Jr. & Zeruiah, b. Jan. 24, 1766/7	2	235
Dan, m. Ama **FILER**, b. of Hebron, Nov. 25, 1787	2	97
Dan, m. Ama **FILER**, b. of Hebron, Nov. 25, 1787, by S. Gilbert	3	261
Daniell, s. Jacob, Sr., b. Oct. 2, 1684	1	72
Daniell, s. Jacob, Sr., m. [ ], Jan. 14, 1713/14. His wife was 18 y. 1 d. old when she married	1	72
Daniell, s. Daniell, b. Feb. 11, 1714/15	1	72
Daniel, s. Dan[ie]ll, Jr. & Hannah, b. Mar. 2, 1746	2	234
Daniel, d. Apr. 21, 1763	2	346
Daniel, Jr., m. Mindwell **ROOT**, Sept. 14, 1769	2	96
Daniel, s. Daniel & Mindwell, b. Apr. 8, 1771	2	237
Dani[e]ll's wife was 18 y. 1 d. old when she was married to him	1	72
Dauid, s. Jacob, b. Oct. 23, 1725	1	72
Dauid, s. Jacob, Jr., b. Dec. 15, 1748	1	50
Dinah, m. Israel **TAYLOR**, Apr. 13, 1749	2	112
Dudley, s. Dan & Amy, b. Nov. 18, 1788	2	237
Eb[e]nezer, s. Daniell, b. May 22, 1717	1	72
Eb[e]nezer, m. Rachell **SKINNER**, Aug. 25, 1737	1	25
Eb[e]nezer, s. Eb[e]nezer, b. July 16, 1738	1	25
Eb[e]nezer, s. Eb[e]nezer, d. Oct. 2, 1740	1	35
Ebenezar, s. Ebenezar, b. July 22, 1743	1	54
Ebenezer, Jr., m. Deborah **BUCK**, b. of Hebron, Nov. 13, 1764	2	96
Eben[eze]r, d. Mar. 13, 1777	2	347
Edward, s. [Daniel & Mindwell], b. Nov. 4, 1772	2	237
Elias, s. Elijah & Sarah, b. Nov. 11, 1772	2	236
Elijah, s. Jonathan, b. Mar. 1, 1729/30	1	16
Elijah, m. Sarah **BASCOM**, Sept. 11, 1766	2	96
Eliner, d. Jacob, b. Oct. 26, 1729	1	31
Eliza, of Hebron, m. Samuel **FINLEY**, of Marlborough, June 10, 1839, by Jeremiah Stocking, Elder	4	36-M
Elisebeth, d. Jonathan, b. Oct. 8, 1733	1	20
Elisabeth, m. Josiah **COLMAN**, Nov. 6, 1755	2	12
Emily M., of Hebron, m. Alfred **CHITTENDON**, of Colchester, Apr. 16, 1854, by Rev. Anthony Palmer	4	54-M
Ephraim, s. William, b. Aug. 16, 1751	1	57
Ephraim, of Piermont, m. Lydea **SKINNER**, of Hebron, Feb. 11, 1778	2	97
Erastus, s. William & Zeruiah, b. Mar. 16, 1773	2	236
Est[h]er, d. Nathaniell, b. July 1, 1735	1	21
Easter, m. Samuel **RAYMOND**, May 16, 1754	2	96
Euneas, d. Nathaniell, b. Jan. 16, 1745/6	1	50
Eunice, m. David **SWETLAND**, b. of Hebron, May 21, 1767	2	107
Ezekiel, s. Daniel, Jr. & Hannah, b. Sept. 12, 1759	2	235
Hannah, d. Jacob, b. Mar. 27, 1714	1	72
Hannah, d. William, b. Jan. 22, 1735/6	1	23
Hannah, m. Jonathan **TILLETSON**, Jr., Mar. 31, 1737	1	25
Hannah, d. Dan[ie]ll, Jr., & Hannah, b. Jan. 5, 1751	2	234

	Vol.	Page
ROOT, (cont.)		
Ira, of Columbia, m. Rhoda **FINLEY**, of Marlborough, Mar. 13, 1838, by James Shepard, Elder	4	35-M
Jacob, s. Jacob, b. June 15, 1687	1	72
Jacob, m. Sarah **GOODALE**, Nov. 4, 1709	1	72
Jacob, s. Jacob, Jr., b. July 28, 1716	1	72
Jacob, d. Aug. 9, 1731	1	7
Jacob, Jr., m. Lusy **TAULCUT**, Oct. 14, 1746	1	48
Jacob, Jr., m. Lucy **TALCUT**, Oct. 14, 1746	1	50
Jemimah, d. Nathaniell, b. Feb. 16, 1727/8	1	7
Jerusha, d. Benjamin, b. Mar. 13, 1749	1	52
Jerusha A., 2d, of Hebron, m. Samuel P. **SMITH**, of Montville, May 28, 1850 by [ ]	4	51-M
Joan[n]ah, d. William, b. Feb. 1, 1745/6	1	49
Joan[n]ah, d. William, d. May 24, 1746	1	49
John, s. Jacob, Jr., b. Oct. 4, 1712	1	72
John, m. Rebecka **WHITE**, May 18, 1737	1	25
Jonah, s. Nathaniell, b. Mar. 3, 1743/4	1	40
Jonah, s. Nathaniell, b. Mar. 3, 1743/4	1	50
Jonathan, m. Sarah **TARBOX**, May 8, 1729	1	17
Jonathan, s. Jonathan, b. Dec. 16, 1735	1	22
Jonathan, of Hebron, m. Sarah **PORTER**, of Lebanon, Jan. 15, 1756	2	96
Jonathan, Jr., d. Oct. 3, 1758	2	346
Jonathan, s. Caleb & Patience, b. Apr. 19, 1761	2	235
Jonathan, m. Abigail **HOLDRI[D]GE**, Sept. 22, 1776	2	96
Jonathan, Jr., m. Anna **PALMER**, b. of Hebron, Sept. 4, 1782	2	97
Jonathan, d. Oct. [ ], 1785	2	347
Joshua, s. Dan[ie]ll, Jr. & Hannah, b. July 8, 1753	2	234
Joshua, of Hebron, m. Sarah **CHAPMAN**, Sept. 28, 1775	2	96
Joshua, m. Betsey **JACKSON**, b. of Hebron, Nov. 12, 1826, by Rev. Charles Nichols	4	16-M
Keziah, see under Caziah		
Leuey*, s. William, b. Sept. 14, 1740 (*Louis?)	1	33
Lucinda, d. [Daniel & Mindwell], b. May 6, 1780	2	237
Lucey, d. Jacob, Jr. & Lucey, b. Apr. 18, 1756	2	235
Lucy Ann, of Columbia, m. Allen **LEWIS**, of Hebron, Apr. 18, 1841, by Rev. Abijah C. Wheat	4	39-M
Liddiah, d. Jacob, b. Mar. 5, 1723	1	72
Lydia, m. Abner **WATERS**, June 11, 1752	2	122
Lydiah, d. Abner & Lydiah, b. May 27, 1754	2	255
Marcy, wid. of Jacob, d. Feb. 8, 1743/4	1	38
Margaret, d. Jacob, b. June 5, 1721	1	72
Margaret, m. John **WARNOR**, Jan. 25, 1727	1	7
Maria, m. Selden **CURTIS**, Mar. 28, 1830, by Rev. Peter Griffing	4	21-M
Martha, d. Nathaniell, b. Mar. 19, 1742	1	35
Martha, d. Nathaniell, b. Mar. 19, 1742	1	40
Mary, m. Nathaniell **MAN**, Feb. 5, 1713	1	68
Mary, d. Nathaniell, b. Feb. 12, 1731	1	12
Mary, w. Nath[anie]ll, d. Dec. 6, 1754	2	346
Mahetiabell, d. William, b. Jan. 15, 1728/9	1	15
Mehitabel, d. Ebenezar, b. May 18, 1746	1	54
Mehitable, m. Benjamin **SKINNER**, b. of Hebron, Sept. 17, 1775	2	107
Mindwell, d. Ebenezar, b. June 28, 1748	1	54

ROOT, (cont.)

	Vol.	Page
Mindwell, m. Daniel **ROOT**, Jr., Sept. 14, 1769	2	96
Mindwell, d. [Daniel & Mindwell], b. Apr. 30, 1777	2	237
Naomi, d. Daniel, Jr., & Hannah, b. Apr. 9, 1756	2	235
Nathaniell, m. Mary **TARBOX**, Dec. 28, 1725	1	63
Nathaniell, s. Nathaniell, b. Jan. 18, 1732	1	12
Nathaniell, s. Nath[anie]ll, d. Nov. 11, 1754	2	346
Nath[anie]ll, of Hebron, m. Jerusha **PENFIELD**, of Mid[d]letown, Dec. 10, 1756	2	96
Obadiah, s. Eben[eze]r & Deborah, b. July [ ], 1780	2	237
Olive, d. Elijah & Sarah, b. Sept. 22, 1767	2	236
Partha, d. Nathaniell, b. Nov. 18, 1739	1	35
Patience, d. Caleb & Patience, b. Feb. 22, 1765	2	235
Philena, d. [Daniel & Mindwell], b. Jan. 15, 1782	2	237
Rachell, d. Daniell, b. Dec. 28, 1721	1	7
Rachell, d. Daniell, b. Dec. 28, 1721	1	72
Rachel, m. Zerubbale **ROL[L]O**, Sept. 7, 1738	1	26
Rachel, d. Eben[e]z[er] & Rachel, b. Aug. 22, 1741	2	235
Rachel, d. Eb[e]nezer, b. Oct. 16, 1741	1	35
Rachel, d. Eben[eze]r & Rachel, d. Aug. 22, 1752	2	346
Rachel, d. Eben[e]z[er] & Rachel, b. Aug. 11, 1753	2	235
Rachel, d. Solomon & Rachel, b. Feb. 23, 1772	2	236
Rachel, w. Solomon, d. Feb. 23, 1772	2	346
Rhoda, m. Horace **BABCOCK**, June 24, 1835, by Rev. Charles Nichols	4	32-M
Ruth, d. Nathaniell, b. Apr. 30, 1737	1	25
Ruth, d. Nath[anie]ll, d. Dec. 28, 1754	2	346
Samuell, s. William, b. June 22, 1738	1	25
Samuell, s. William, d. Nov. 9, 1742	1	35
Samuell, s. William, b. May 23, 1748	1	49
Sarrah, d. Jacob, Jr., b. Feb. 11, 1711	1	74
Sarah, d. Jonathan, b. May 22, 1748	1	49
Sarah, d. Jonathan & Sarah, d. Jan. 9, 1754	2	346
Sarah, w. of Jonathan, d. Aug. 9, 1754	2	346
Sarah, d. Caleb & Patience, b. Apr. 22, 1763	2	235
Sarah, w. Jonathan, d. July 26, 1776	2	346
Sarah, d. Oct. 26, 1781	2	347
Sarah, d. Apr. 28, 1848, ae 68	3	357
Sarah J., of Hebron, m. Ralph M. **CARPENTER**, of Coventry, Feb. 24, 1847, by Rev. Charles Nichols	4	48-M
Sarah L., of Hebron, m. Reuben **LEWIS**, of Stafford, Apr. 12, 1846, by Edgar J. Doolittle	4	46-M
Sibet, d. John, b. Sept. 8, 1738	1	25
Sibet, see also Sybil		
Simeon, s. William, b. Jan. 13, 1734	1	20
Simean, s. S—ean & Lydea, b. Dec. 25, 1755	2	234
Solomon, s. Dan[ie]ll, Jr. & Hannah, b. May 19, 1749	2	234
Solomon, m. Rachel **CARVER**, Apr. 16, 1772	2	96
Solomon, of Hebron, m. Mary **HENDEE**, of Coventry, Sept. 3, 1773	2	96
Solomon, s. Solomon & Mary, b. Jan. 5, 1774	2	236
Solomon, m. Mary **BLISS**, b. of Hebron, Sept. 30, 1821, by Rev. Amos Bassett	4	3-M
Sibel, d. Ebenezer, Jr. & Deborah, b. Aug. 25, 1772	2	236

	Vol.	Page
ROOT, (cont.)		
Sybel, m. Oliver **SKINNER**, b. of Hebron, Nov. 26, 1792	3	263
Sybil, see also Sibet		
Theodore, s. [Daniel & Mindwell], b. July 24, 1778	2	237
William, m. Hannah **PINNOCK**, Apr. 30, 1728	1	15
William, s. William, b. Aug. 11, 1731	1	27
William, Jr., m. Zuruiah **BALDWIN**, b. of Hebron, Feb. 16, 1758	2	96
William, d. Nov. 26, 1768, in the 73rd y. of his age	2	346
William, d. July 2, 1790, ae 59 y.	2	347
William, s. [Dan & Amy], b. Mar. 15, 1792	2	237
Zeruiah, wid. of William, d. June 24, 1792, ae 63	2	347
ROSWELL, Mary, m. Peter **NICKUL**, late of Phila., now of Hebron,		
July 2, 1823, by Rev. Amos Bassett	4	10-M
ROUSE, ROUS, Samuel, s. Thomas & Abigail, b. Sept. 16, 1748	1	53
Thomas, m. Abigill **BAXTER**, Aug. 30, 1743	1	37
Thomas, s. Thomas, b. June 22, 1744	1	43
ROWE, ROE, ROW, James, m. Easter **MACK**, b. of Hebron, Jan. 26, 1764	2	96
John, m. Mary **WILLIAMS**, July 5, 1745	1	48
John, s. John, b. Feb. 13, 1747	1	48
John, Jr., m. Elisabeth **BILL**, b. of Hebron, June 1, 1769	2	96
Maana, d. John & Mary, b. Nov. 14, 1754	2	234
Martha, d. John & Mary, b. Mar. 7, 1752	2	234
Mary, d. John, b. Nov. 12, 1748	1	48
-----, 1st child of John, b. Feb. 28, 1746; d. same day	1	48
-----, s. John, st.b. May 5, 1750	1	54
-----, d. John & Mary, b. May 14, 1758; d. same day	2	235
ROWLEY, ROWLE, ROWLEE, ROWLEEY, ROWLY, Abigaill,		
d. Samuell, b. Feb. 13, 1716	1	79
Abigill, m. Samuell **GILBURD**, Jr., May 22, 1740	1	31
Abigail, d. Samuel, & 2nd w. of Samuel **GILBERT**, d. Oct.		
[ ], 1764, in the 48th y. of her age	2	300
Abijah, s. Samuell, b. July 13, 1725	1	79
Abiiga, s. Samuell, d. Sept. 30, 1727	1	8
Abijah, m. Hannah **YOUNGS**, Dec. 19, 1751	2	96
Abijah, m. Hannah **CURTICE**, b. of Hebron, Jan. 7, 1755	2	96
Content, m. Isaac **NELAND**, Nov. 12, 1742	1	41
Elisabeth, d. Samuell, b. June 27, 1728	1	8
Elisabeth, m. Obadiah **CULVER**, Sept. 26, 1751	1	58
Elisabeth, m. Nath[anie]ll **DARBE**. Oct. 22, 1752	2	18
Hannah, w. Abijah, d. Nov. 13, 1752	2	346
Hannah, of East Haddam, m. John **DARBE**, of Hebron, Aug. 8,		
1754	2	18
Hannah, d. Nathan, Jr. & Hannah, b. Sept. 30, 1754	2	234
Jeremiah, s. Samuell, Jr., b. July 8, 1745	1	45
Loes, d. Thomas, b. Apr. 17, 1749	1	53
Lydiah, m. Joseph **PHELPS**, Jr., Jan. 21, 1741	1	34
Mary, m. Eb[e[nezer **FULLER**, Sept. 30, 1738	1	43
Mary, m. Thomas **GOSLIN**, May 3, 1759	2	34
Mary, w. Dea. Nathan, d. Jan. 14, 1780, in the 55th y. of her age	2	347
Miriam, d. Samuell, Jr., b. Oct. 27, 1746	1	45
Nathan, s. Samuell, b. Jan. 22, 1714	1	79
Nathan, m. Mary **SUMNER**, June 20, 1748	1	49
Nathan, m. Mary **SUMNER**, b. of Hebron, June 20, 1748	2	96

	Vol.	Page
ROWLEY, ROWLE, ROWLEE, ROWLEEY, ROWLY, (cont.)		
Nathan, Jr., m. Hannah **PHELPS**, b. of Hebron, May 15, 1753	2	96
Olive, d. Nathan, Jr. & Hannah, b. May 20, 1756	2	234
Prudanc[e], d. Samuell, b. July 29, 1732	1	11
Prudence, m. Stephen **HORTON**, Dec. 25, 1751	2	42
R[e]uben, s. Thomas, b. Apr. 16, 1751	2	234
Reuben, of Lansing, N.Y., m. Mary **CONE**, of Hebron, Dec. 24, [1828], by Rev. George C. Shepard	4	19-M
Samuell, m. Elisabeth **FULLER**, b. of East Haddam, Mar. 4, 1713	1	79
Samuell, s. Samuell, b. Aug. 17, 1718	1	79
Samuell, Jr., m. Miriam **SHILA**, Oct. 11, 1744	1	45
Samuel, d. Jan. 7, 1767, in the 80th y. of his age	2	346
Sarah, m. Eb[e]nezer **NELAND**, Jan. 9, 1745/6	1	42
Thankfull, d. Samuell, b. July 15, 1723	1	79
Thankfull, m. Thomas **WELLS**, Jr., Nov. 8, 1743	1	40
Thankful, d. Samuell, Jr., b. Oct. 31, 1748	1	52
Thomas, s. Samuell, b. Mar. 24, 1721	1	79
Thomas, m. Loes **CASS**, July 15, 1744	1	42
-----, 5th d. Thomas, b. May 15, 1745; d. May 17, 1745	1	42
RUDE, ROOD, ROODE, Asaph, s. Zephaniah & Olive, b. July 10, 1780	2	237
Azariah, s. James & Lydea, b. Jan. 21, 1767	2	236
Betsey, d. Horace & Sukey, b. June 6, 1809	3	309
Betsey Ann, m. Ebenezer D. **PALMER**, b. of Hebron, Apr. 1, 1827, by Rev. Peter Griffing	4	16-M
Dorothy, d. Zeph[aniah] & Olive, b. Nov. 26, 1771	2	236
Dorothy, d. Zeph[ania]h & Olive, d. Dec. 13, 1771	2	346
Dorothy, s. *Zephaniah & Olive, b. Dec. 31, 1777 (*Daughter)	2	237
Elias, s. Zephaniah & Olive, b. Dec. 6, 1769	2	236
[E]unice, of Lebanon, m. Eben[e]z[er] **YOUNGS**, of Hebron, Jan. 24, 1753	2	134
James, m. Lydea **BEACH**, Oct. 17, 1763	2	96
Lyded, d. James & Lydea, b. Oct. 13, 1770	2	236
Moses, s. Zephaniah & Olive, b. July 6, 1773	2	236
Olive, d. Zepheniah & Olive, b. Mar. 28, 1765	2	235
Oliver, s. Zephaniah & Olive, b. Jan. 4, 1768	2	236
Oliver, s. Zeph[ania]h & Olive, d. Apr. 4, 1774	2	346
Oliver, s. Zephaniah & Olive, b. Nov. 6, 1775	2	236
Zepheniah, m. Olive **PHELPS**, June 6, 1765	2	96
Zepheniah, s. Zepheniah & Olive, b. Sept. 15, 1766	2	235
Zuhariah, s. James & Lydea, b. Mar. 12, 1765	2	236
RUSS, RUS, [see also **RUST**], Amasa, s. John, b. Oct. 6, 1752; d. same day	2	234
Amasa, s. John & Mary, b. Sept. 25, 1753	2	234
Amasa, s. John & Mary, d. Apr. 26, 1774, ae 21	2	346
Charity, of Canterbury, m. Daniel **GOTT**, of Hebron, Aug. 13, 1760	2	34
Drusilla, d. John & Mary, b. Oct. 24, 1760	2	235
Hannah, d. John & Mary, b. Aug. 30, 1748	2	234
Hannah, d. John & Mary, d. Nov. 20, 1748	2	346
Hannah, d. John, b. Feb. 4, 1749/50	1	54
Hannah, d. John & Mary, d. June 6, 1769, in the 20 y. of her age	2	346
Hazael, s. John & Mary, b. July 20, 1766	2	236
Hezekiah, s. Hezekiah, b. Sept. 10, 1723	1	79
Horatio, s. John & Mary, b. Nov. 3, 1756	2	234

HEBRON VITAL RECORDS 243

	Vol.	Page
RUSS, RUS, [see also **RUST**], (cont.)		
John, m. Mary **PALMER**, Mar. 18, 1745	1	43
Jonathan, s. Hezekiah, b. Apr. 16, 1726	1	79
Marg[a]rit, d. Oct. 4, 1737	1	24
Mary, d. John, b. Feb. 5, 1744/5	1	43
Merriam, d. Hezekiah, b. Jan. 13, 1731/2	1	13
Phebe, m. Moses **STOCKBRI[D]G[E]**, Oct. 25, 1715	1	75
RUSSEL[L], Jonathan, m. Elisabeth **POWERS**, b. of Hebron, Jan. 22, 1784	2	97
RUST, [see also **RUSS**], Hannah, m. Ezra **GILBURT**, Mar. 28, 1750	1	54
SACKIT, A[a]ron, s. Jonathan, b. Aug. 5, 1735	1	21
Ann, d. Jonathan, d. Oct. 7, 1749	1	52
Anne, d. Jonathan, b. June 12, 1726	1	80
Anne, d. Jonathan, d. July 20, 1727	1	78
Anne, d. Jonathan, b. Aug. 23, 1738	1	26
Hannah, d. Jonathan, b. Aug. 13, 1740	1	32
Hannah, d. Jonathan, d. Sept. 22, 1749	1	52
Jonathan, m. Anne **FILER**, Jan. 28, 1724/5	1	80
Jonathan, s. Jonathan, b. Dec. 26, 1727	1	80
Jonathan, Jr., m. Hannah **PHELPS**, Nov. 10, 1748	1	49
Justus, s. Jonath[an], b. Mar. 9, 1729/30	1	17
Rebeckah, d. Jonathan, b. Apr. 14, 1743	1	37
Rebeckah, d. Jonathan, d. Oct. 18, 1749	1	52
Rubine, s. Jonathan, b. June 17, 1732	1	13
SANFORD, Isaac L., of Plainfield, m. Eliza Ann **WINCHEL**, of Berlin, Dec. 25, 1838, by Sylvester Selden	4	36-M
SAUNDERS, SANDERS, Amy, of Hebron, m. Thomas H. **LORD**, of Columbia, Nov. 28, 1821, by Rev. Amos Bassett	4	5-M
Clarissa, of Hebron, m. Daniel **LORD**, Jr., of Bolton, Apr. 9, 1823, by Rev. Amos Bassett	4	9-M
Harry, of Hebron, m. Lucy **EGGLESTON**, of Griswold, Sept. 7, 1820, by John S. Peters, J.P.	4	1-M
Laura, m. William **McCRACKEN**, b. of Hebron, Oct. 6, 1833, by Ralph Gilbert, J. P.	4	30-M
SAUTELLE, Mary E., Lyman **SMITH**, b. of Hartford, Mar. 26, 1854, by Rev. W[illia]m M. Birchard	4	54-M
SAVERY, Lucy, m. Azariah **SWETLAND**, Jan. 5, 1764	2	4
Martha, m. Thomas **PERRIN**, Jr., Sept. 30, 1762	2	81
SAWYER, SAYERS, Abel, s. Thomas & Hepzibah, b. Jan. 24, 1753	2	240
Benjamin, s. Isaac, b. June 12, 1750	1	54
Benj[ami]n, m. Sarah **DEWEY**, b. of Hebron, Nov. 5, 1769	2	107
Calvin, s. Isaac & Susannah, b. July 3, 1753	2	240
Caroline, d. Isaac, b. Jan. 6, 1751/2	2	240
Conant, s. Isaac & Susanna, b. Apr. 8, 1756	2	241
Delight, d. Jonathan, b. Mar. 25, 1737	1	23
Delight, d. Jonathan, d. Mar. 28, 1737	1	23
Delight, d. John, b. Mar. 26, 1739	1	29
Delight, m. Asher **MERREL**, b. of Hebron, Jan. 31, 1759	2	66
Edward, m. Elizibirth **MACE***, July 3, 1707 (***MACK**)	1	73
Edward, m. Elizibirth **MACK**, July 3, 1707	1	74
Edward, s. Edward, b. Jan. 19, 1712/13	1	74
Edward, Jr., s. Edward, d. Dec. 1, 1736	1	23
Edward, [twin with Isaac], s. Isaac, b. Dec. 24, 1740	1	32

	Vol.	Page
SAWYER, SAYERS, (cont.)		
Edward, s. Thomas, b. Jan. 9, 1742/3	1	36
Edward, s. Isaac, b. Oct. 12, 1743	1	37
Edward, s. Isaac, d. Mar. 3, 1749/50	1	54
Edward, d. Mar. 27, 1766, in the 79th y. of his age	2	350
Elizibirth, d. Edward, b. Jan. 16, 1716/17	1	74
Elisebeth, m. Benjamin **BISSEL**, July 6, 1738	1	25
Elisebeth, d. Thomas, b. Oct. 4, 1739	1	30
Elisebeth, d. Thomas, d. Jan. 10, 1739/40	1	31
Elisebeth, d. John, b. May 7, 1741	1	33
Elizabeth, w. of Edward, d. Mar. 15, 1750	1	56
Elisabeth, m. John **ELLIS**, Jr., Dec. 11, 1760	2	22
Haner, d. Edward, b. Apr. 9, 1728	1	27
Hannah, m. Jonathan **HUCHASON**, Sept. 7, 1747	1	47
Hephzibah, d. Thomas, b. Mar. 26, 1747	1	50
Ichabod, s. Thomas, b. Sept. 30, 175[ ]	1	55
Isaac, s. Edward, b. July 17, 1721	1	73
Isaac, m. Susanna **GILLET**, Apr. 14, 1740	1	33
Isaac, [twin with Edward], s. Isaac, b. Dec. 24, 1740	1	32
John, s. Edward, b. Sept. 3, 1708	1	73
John, s. Edward, b. Sept. 3, 1708	1	74
John, [twin with Mary], s. Moses, b. Mar. 31, 1731; d. June 4, 1731	1	6
John, m. Barsheba **MAN**, May 10, 1733	1	14
John, s. John, b. Apr. 6, 1735	1	21
John, s. John, d. Jan. 16, 1737	1	24
John, s. John, b. June 15, 1743	1	37
John, s. John, d. Dec. 1, 1753	2	350
John, s. Thomas & Hepzibah, b. Oct. 9, 1755	2	240
John had negro Chauncey, s. of Adam, b. Oct. [ ], 1777	2	214
Jonathan, s. Edward, b. Sept. 16, 1710	1	74
Jonathan, m. Dorithy **POST**, Jan. 28, 1730/31	1	28
Jonathan, d. Apr. 10, 1737	1	23
Jonathan, s. Thomas, b. Nov. 6, 1740	1	32
Joseph, s. Edward, b. Dec. 27, 1725	1	74
Joseph, s. Isaac, b. Jan. 17, 1746/7	1	45
Joseph, s. Edward, d. Jan. 27, 1746/7	1	46
Joseph, s. Thomas, d. Nov. 26, 1749	1	53
Joseph, s. Thomas, b. May 22, 1749	1	51
Joseph, s. Thomas & Hepzibah, b. July 5, 1758	2	241
Liddiah, d. Edward, b. Nov. 2, 1723	1	74
Lydia, m. Benjamin **BEACH**, Aug. 16, 1744	1	47
Lyd[i]ah, d. Isaac, b. Aug. 15, 1745	1	41
Mary, d. Edward, b. Mar. 23, 1718/19	1	74
Mary, [twin with John], d. Moses, b. Mar. 31, 1731	1	6
Mary, d. Edward, d. Dec. 5, 1736	1	23
Mary, d. John, b. June 25, 1737	1	24
Mary, d. Thomas, b. Dec. 30, 1744	1	42
Mary, m. Jabez **ELLIS**, Nov. 14, 1754	2	22
Moses, m. Ruth **LUIS***, Feb. 14, 1716/17 (***LEWIS?**)	1	76
Moses, s. Moses, b. Dec. 19, 1725	1	76
Moses, s. Moses, d. July 30, 1727	1	8
Moses, s. Moses, b. Apr. 11, 1728	1	8
Moses, d. Feb. 7, 1731/2	1	11

	Vol.	Page
SAWYER, SAYERS, (cont.)		
Nathan, s. Moses, b. Mar. 1, 1721/2	1	76
Phebee, d. Edward, b. Nov. 5, 1730	1	10
Phebe, m. Benjamin **CARTER**, May 26, 1748	1	48
Prudenc[e], d. Isaac, b. Mar. 4, 1748/9	1	51
Prudence, m. Samuel **BROWN**, Mar. 28, 1768	2	5
Rachell, d. John, b. Feb. 10, 1733/4	1	19
Rachel, m. Nathaniel **PHELPS**, Jr., Mar. 26, 1752	2	80
Ruth, d. Moses, b. Nov. 28, 1717	1	76
Sariah, d. Moses, b. Feb. 2, 1720	1	76
Sarah, m. Thomas **CARTER**, Jr., Apr. 2, 1747	1	46
Susan[n]ah, d. Thomas, b. May 5, 1738	1	24
Susannah, d. Thomas, d. Apr. 14, 1739	1	29
Susan[n]ah, d. Isaac, b. Apr. 15, 1742	1	34
Susannah, m. Stephen **PALMER**, Oct. 13, 1760	2	81
Thomas, s. Edward, b. Jan. 24, 1714/15	1	74
Thomas, m. Hysiba **DEWEY**, June 16, 1737	1	23
-----, child of Edward, b. [ ], 1708	1	74
-----, s. Edward, [b.] [ ] 16, 1710	1	74
-----, 4th child of Moses, b. Mar. 24, 1724; d. Mar. 24, 1724	1	76
SCOTT, Charles Austin, s. William & Katura, b. Feb. 5, 1812	3	315
SCOVELL, Horatio W., of New London, m. Vivitta **MELONA**, of		
Hebron, Apr. 20, 1845, by Rev. James Mather. Int. pub.	4	44-M
SCRANTON, Mahitobell, m. Mat[t]hew **WILLIAMS**, Feb. 26, 1727/8	1	10
SEARS, Dinah, of Middletown, m. Moses **KELLOGG**, of Hebron,		
Sept. 3, 1755	2	56
SEVERY, Hyrom, s. Thomas & Mary, b. Jan. 25, 1761	2	242
John, s. Thomas & Mary, b. Oct. 4, 1756	2	241
Mary, w. Thomas, d. June 25, 1761	2	350
SEXTON, Abigail, of Colchester, m. John **BEECK***, of Hebron,		
Jan. 3, 1776 (***BUCK?**)	2	5
SHAILER, SHALER, SHALOR, Hannah, wid. d. May 16, 1770	2	360
Judeth, m. Samuel **WELLS**, b. of Hebron, Nov. 18, 1770	2	122
Thankfull, m. Joseph **WELLS**, May 17, 1750	1	55
SHATTUCK, Marg[a]rit, m. Nathaniell **DUNHAM**, Jr., Dec. 16, 1725	1	42
SHEAVER, Elisabeth, d. June 11, 1753	2	350
SHEPARD, SHEPHARD, Cornelius, of Genesco, N.Y., m. Clarissa		
M. **BISSELL**, of Hebron, May 30, 1836, by Sylvester Selden	4	33-M
El[e]anor, d. W[illia]m & Rachel, b. Jan. 12, 1756	2	241
Ele[a]ner, m. Joseph **MARTAIN**, July 17, 1779	2	66
William, m. Rachel **HUTCHINSON**, Oct. 16, 1755	2	106
SHEPERSON, SHEPISON, Mary, m. William **DAYLE**, Feb. 8, 1727/8	1	15
Nath[anie]ll, d. Feb. 27, 1717/18	1	75
SHERWIN, SHERWINE, Hannah, d. Jacob, b. Feb. 8, 1738/9	1	29
Hannah, m. Dauid **PERRY**, Mar. 5, 1761	2	81
Jacob, m. Hannah **PHELPS**, Mar. 20, 1734	1	19
Jacob, s. Jacob, b. Mar. 31, 1735/6	1	24
Jacob, of Lebanon, m. Mrs. Lydea **BARTLET**, of Mid[d]letown,		
Apr. 1, 1761	2	106
John, s. Jacob, b. Mar. 5, 1734/5	1	20
Joshua, s. Jacob, b. Oct. 9, 1737	1	24
Joshua, of Hebron, m. Easther **BADGER**, of Coventry, Apr. 12, 1759	2	106
Nathaniell, s. Jacob, b. Oct. 11, 1741	1	33

	Vol.	Page
SHERWIN, SHERWINE, (cont.)		
Nath[anie]ll, s. Joshua & Easther, b. June 16, 1760	2	242
SHILA, Miriam, m. Samuell **ROWLEY**, Jr., Oct. 11, 1744	1	45
SHIPMAN, Alec*, [twin with Annes], d. Samuell, b. Oct. 15, 1739 (*Alice?)	1	30
Alec*, d. Samuell, d. Nov. 20, 1740 (*Alice?)	1	32
Annes, [twin with Alec*], d. Samuell, b. Oct. 15, 1739 (*Alice?)	1	30
Annis, m. Bemsley **PETERS**, b. of Hebron, May 24, 1762	2	81
C[h]loe, d. Samuell, b. June 27, 1745	1	43
C[h]loe, d. Samuell, d. Oct. 20, 1748	1	49
Daniell, s. William, b. Oct. 27, 1698	1	64
Daniel, s. Daniel, b. July 24, 1769	2	244
David, s. Daniel, b. Apr. 9, 1772	2	244
Edward, m. Sarah **MUNGER**, Apr. 9, 1716	1	73
Ezekiel, s. Daniel, b. Oct. 11, 1762	2	244
Kezia, d. Daniel, b. Apr. 5, 1767	2	244
Levina, d. Daniel & Keziah, b. Nov. 20, 1760	2	244
Lidda, d. Samuell, b. Mar. 8, 1741/2	1	37
Liddiah, d., Samuell, b. Mar. 8, 1742	1	34
Martha, d. Samuell, b. Apr. 15, 1724	1	75
Martha, m. Samuell **SHIPMAN**, May 14, 1724	1	3
Martha, d. Samuell, d. Mar. 15, 1726	1	63
Martha, d. Samuell, b. Sept. 27, 1726	1	63
Martha, m. Jesse **TOWNSEND**, Apr. 29, 1746	1	43
Martha, d. Dr. Samuel, Jr. & Martha, b. July 29, 1761	2	242
Martha, d. Dr. Samuel, Jr., d. Sept. 19, 1761	2	350
Martha, d. Dr. Samuel, Jr. & Martha, b. Nov. 4, 1762	2	242
Martha, Jr., m. Neziah **BLISS**, b. of Hebron, Mar. 6, 1766	2	5
Mary, d. William, b. Mar. 11, 1707	1	64
Mary, m. Joseph **CURTICE**, July 16, 1746	1	44
Naomy, d. Edward, b. Nov. 1, 1717	1	73
Prudanc[e], d. Samuell, b. Mar. 28, 1728	1	28
Prudence, m. Thomas **WELLS**, Jr., Nov. 14, 1750	2	122
Samuell, s. William, b. Mar. 15, 1702	1	3
Samuell, m. Martha **SHIPMAN**, May 14, 1724	1	3
Samuell, s. Samuell, b. Sept. 16, 1731	1	7
Samuel, Jr., Dr., of Hebron, m. Mrs. Martha **HUTCHINSON**, of Lebanon, July 31, 1760	2	106
Samuel, Dr., d. Feb. 6, 1764	2	350
Samuel, s. Daniel, b. Jan. 18, 1765	2	244
Samuel, Jr., Dr., d. Jan. 25, 1765	2	350
Sarah, d. William, b. June 7, 1709	1	64
Sarah, w. of Edward, d. Apr. 2, 1718	1	73
Tempranc[e], m. William **SWETLAND**, Feb. 17, 1729/30	1	17
Tempranc[e], d. Samuell, b. Sept. 22, 1734	1	20
Temperence, m. Eben[eze]r **HORTON**, Jr., b. of Hebron, Dec. 26, 1754	2	42
William, s. Edward, d. Sept. 19, 1725	1	64
SIBLEY, Rufus, m. Lucy Ann **GILLETT**, b. of Hebron, June 12, 1842, by Rev. Alpheus Geer	4	40-M
SKINNER, Aaron, s. Benja[min] & Rebecca, b. July 8, 1767	2	243
Aaron, of Hebron, m. Elisabeth **AUSTIN**, of Lime, Feb. 6, 1794	3	263

HEBRON VITAL RECORDS 247

	Vol.	Page
SKINNER, (cont.)		
Aaron Elihu Austin, s. [Aaron & Elizabeth], b. Aug. 22, 1803	3	310
Abel, s. Thomas & Martha, b. Mar. 4, 1752	2	240
Addi, s. Eben[eze]r & Eunice, b. June 3, 1782	2	245
Adonijah, s. John & Elisabeth, b. Dec. 28, 1758	2	242
Ann, d. Thomas & Martha, b. May 12, 1758	2	241
Anna, m. Reuben **TAYLOR**, Dec. 6, 1764* 1784 (*Perhaps 1754?) (Probably) [*year 1764 crossed out in original manuscript]	2	251
Anson, s. Oliver & Salley, b. Nov. 11, 1807	3	315
Austin, s. [Aaron & Elizabeth], b. Feb. 8, 1801	3	310
Beniamin, s. Benimin, b. Oct. 5, 1718	1	76
Benjamin, m. Rebeckah **GOOT**, May 2, 1749	1	51
Benjamin, s. Benjamin, b. May 2, 1750	1	55
Benjamin, Dea., d. June 2, 1750	1	55
Benjamin, m. Mehitable **ROOT**, b. of Hebron, Sept. 17, 1775	2	107
Benjamin, s. Aaron & Elisabeth, b. Dec. 17, 1794	3	311
Benjamin, m. Ruth **ANDRUS**, b. of Hebron, Dec. 25, 1821, by Rev. Amos Bassett	4	5-M
Beniamin, [ ]	1	76
Beriah, m. Eunice **KELLOG**[G], b. of Hebron, Mar. 18, 1784	2	107
Cephas, of Harwinton, m. Paulina **HILL**, of Hebron, [ ], by Rev. H. P. Arms	4	24-M
Chauncey, s. [Oliver & Sally], b. Oct. 18, 1811	3	315
Christopher Austin, s. [Aaron & Elizabeth], b. Jan. 17, 1812, in Pompey, N. Y.	3	310
Christopher Edward Austin, s. [Aaron & Elizabeth], b. Apr. 2, 1810, in Pompey, N. Y.	3	310
Daniel, s. Benjamin & Rebec[c]a, b. Aug. 3, 1761	2	242
Daniel Brown, s. [Aaron & Elizabeth], b. Sept. 9, 1805	3	310
Dauid, s. Benjamin, b. Feb. 23, 1752	2	240
David, m. Lydia **PERKINS**, b. of Hebron, Sept. 18, 1780	2	108
David, m. Ruth **CHAPEL**, b. of Hebron, Oct. 17, 1782	2	108
Deborah, m. Thomas **TARBOX**, Apr. 18, 1754	2	112
Durthany, d. Thomas & Martha, b. Mar. 11, 1767	2	244
Ebenezer, Jr., of Hebron, m. Eunice **CULVER**, of South Hampton, L. I., Sept. 29, 1763	2	106
Ebenezer, s. John & Elisabeth, b. Mar. 18, 1774	2	245
Ebenezer, d. Oct. 17, 1779	2	351
Ebenezer, s. [Oliver & Sybel], b. Sept. 24, 1798	3	312
Ele[a]zur, s. John & Elisabeth, b. May 7, 1767	2	243
Eliza, d. [Aaron & Elizabeth], b. Nov. 25, 1807	3	310
Eliza, of Hebron, m. Thomas **CHAPMAN**, of Westerly, R. I., Sept. 19, 1839, by Sylvester Selden	4	37-M
Elisabeth, d. Joseph, b. Sept. 28, 1747	1	52
Elisabeth, m. Nathan **MAN**, Feb. 12, 1752	2	66
Elisabeth, wid. of Benjamin, d. Dec. 1, 1753	2	350
Elisabeth, m. Azariah **BEECH**, Jr., Apr. 7, 1768	2	5
Elisabeth, d. John & Elisabeth, b. Nov. 28, 1769	2	244
Emily, d. [Aaron & Elizabeth], b. Apr. 8, 1818 in Chatham	3	310
Ephraim, s. Tho[ma]s & Martha, b. Aug. 24, 1756	2	241
Easther, d. John & Elisabeth, b. Dec. 17, 1771	2	244
Eunice, d. Eben[e]z[er], Jr. & Eunice, b. July 27, 1764	2	243
Hannah, d. Benimin, b. Feb. 17, 1720/21	1	76

	Vol.	Page
SKINNER, (cont.)		
Hannah, d. Tho[ma]s & Martha, b. Mar. 4, 1755	2	240
Ichabod L., of Independence, O., m. Caroline **BURNHAM**, of Hebron, May 21, 1829, by Rev. Lyman Strong	4	19-M
Irena, d. Joseph, b. Oct. 7, 1749	1	54
Israel, s. Jno. & Elisabeth, b. Mar. 2, 1757	2	241
Jemimah, d. Benimin, b. Mar. 17, 1725	1	76
John, s. John, b. Mar. 27, 1745	1	42
John, m. Elisabeth **MERRILS**, Jan. 22, 1756	2	106
John, s. Beni[ami]n & Rebec[c]a, b Apr. 18, 1759	2	242
John, s. Benj[ami]n & Rebec[c]a, d. Apr. 18, 1759	2	350
John, s. John & Elisabeth, b. Jan. 27, 1761	2	242
John, m. Eliza **CROCKER**, b. of Hebron, Mar. 18, 1824, by Rev. Amos Bassett	4	12-M
Joseph, s. Benimin, b. June 3, 1723	1	76
Joseph, m. Ruth **STRONG**, Dec. 31, 1741	1	37
Joseph, s. Joseph, b. Sept. 16, 1745	1	52
Laura Caroline, d. [Aaron & Elizabeth], b Sept. 13, 1815, in Chatham	3	310
Levina, m. Bissel **PHELPS**, Jan. 12, 1775	2	83
Lucy, d. [Aaron & Elizabeth], b. Jan. 19, 1798	3	310
Liddea, d. Eb[e]nezer, b. Sept. 10, 1740	1	36
Lydia, d. Benj[ami]n & Rebec[c]a, b. Sept. 30, 1754	2	240
Lydea, m. Beriah **WRIGHT**, May 21, 1759	2	122
Lydea, d. Ebenezer, Jr. & Eunice, b. Oct. 27, 1766	2	243
Lydea, of Hebron, m. Ephraim **ROOT**, of Piermont, Feb. 11, 1778	2	97
Lydea, w. David, d. June 22, 1781	2	351
Lydia, d. David & Ruth, b. June 26, 1785	2	268
Lydia, d. David & Ruth, d. Oct. 29, 1787	2	351
Lydia, d. David & Rebecca, b. May 4, 1789	3	311
Martha, d. Beniamin, b. Dec. 19, 1713	1	76
Marthaw, m. Amos **STILLS**, June 24, 1736	1	31
Martha, d. Thomas & Martha, b. Aug. 26, 1753	2	240
Mary, m. Gad **MERREL**, July 15, 1756	2	66
Mahitabel, w. Benjamin, d. Mar. 14, 1798, in the 71st y. of her age	3	359
Oliver, s. Benjamin & Rebec[c]a, b Apr. 20, 1764	2	243
Oliver, m. Sybel **ROOT**, b. of Hebron, Nov. 26, 1792	3	263
Oliver, s. Oliver & Sybel, b. Nov. 1, 1793	3	311
Oliver, of Genseco, N. Y., m. Mary **SPRAGUE**, of Hebron, June 13, 1821, by Rev. Augustus B. Collins, of Andover	4	2-M
Peter, s. John, b. Jan. 26, 1742/3	1	37
Polly, d. Aaron & Elizabeth, b. Nov. 14, 1795	3	310
Rachell, d. Benimin, b. Mar. 2, 1716/17	1	76
Rachell, m. Eb[e]nezer **ROOT**, Aug. 25, 1737	1	25
Rachel, d. Joseph & Ruth, b. Oct. 31, 1752	2	240
Ralph, s. Oliver & Sally, b. Aug. 13, 1809	3	310
Ralph, s. Oliver & Sally, b. Aug. 13, 1809	3	315
Rebecca, w. Benjamin, d. Apr. 27, 1774, in the 49th y. of her age	2	350
Ruth, d. Joseph, b. Sept. 16, 1743	1	37
Ruth, w. David, d. Mar. 28, 1788	2	351
Ruth, d. David & Rebecca, b. Aug. 27, 1793	3	311
Salman, s. John & Elisabeth, b. May 7, 1763	2	243
Samuel, s. David & Ruth, b. Oct. 31, 1783	2	268

	Vol.	Page
SKINNER, (cont.)		
Samuel, m. Mary **NORTON**, Aug. 19, 1815	3	263
Sary, m. John **TAYLOR**, Apr. 20, 1738	1	26
Sarah, d. Lieut. John & Elisabeth, b. Jan. 19, 1776; [d] Jan. 25, 1776	2	245
Selden W., of Bolton, m. Susan C. **PHELPS**, of Hebron, Sept. 8, 1829, by Rev. Lyman Strong	4	19-M
Sophiah, of Bolton, m. Elijah **ISHAM**, of Hebron, Mar. 30, 1824, by Rev. Henry P. Sumner	4	12-M
Stephen, s. David & Rebecca, b. Mar. 21, 1791	3	311
Susan C., m. Ezra L. **BACKUS**, b. of Hebron, Nov. 20, 1835, by Rev. Alpheus Geer, in St. Peter's Church	4	33-M
Sybel, d. Oliver & Sybel, b. May 19, 1796	3	312
Thomas, s. Benjamin, b. May 5, 1731	1	27
Thomas, m. Martha **WRIGHT**, Aug. 14, 1751	2	106
Timothy, s. John & Elisabeth, b. Apr. 27, 1765	2	243
Waitstill, s. Eben[eze]r & Eunice, b. May 7, 1779	2	245
SLADE, A[a]ron, d. Oct. 3, 1737	1	24
A[a]ron, s. William, d. Oct. 3, 1737	1	31
Hannah, d. William, b. Mar. 6, 1735/6	1	22
James, s. William, b. Apr. 18, 1730	1	15
John, s. William, b. July 4, 1727	1	5
Mary, d. William, b. May 20, 1724	1	68
Onar, d. William, Jr., b. Apr. 11, 1742	1	41
Samuell, s. William, d. Nov. 3, 1739	1	31
William, Jr., m. Esther **DAUIS**, Jan. 11, 1743/4	1	41
SMALLEY, Rebeckea, m. John **PORTER**, Sr., Dec. 26, 1728	1	9
SMITH, Andrew, s. Benjamin, b. May 29, 1733	1	14
Benjaman, m. Hannah **BARBUR**, May 14, 1731	1	10
Benjamin, s. Benjamin, b. Mar. 25, 1738	1	29
Comfort, wid., d. Jan. 18, 1828, at David Niles	3	359
Eligah, s. Benjamin, b. Apr. 16, 1736	1	62
Eunice, d. Joshua & Mercy, b. Apr. 5, 1754	2	240
Eunice R., of Middle Haddam, m. David **KELLOGG**, of Marlborough, Jan. 22, 1835, by Rev. Alpheus Geer	4	32-M
George, s. William, d. June 16, 1725	1	66
Grace, m. Mat[t]hew **WIL[L]IAMS**, Jr., Sept. 7, 1749	1	53
Heman, s. Johsua, b. June 7, 1747	1	51
Israel, m. Jemima **PAYNE**, b. of Hebron, June 12, 1766	2	107
Jemima, d. Israel & Jemima, b May 15, 1767	2	243
Joel, s. Joshua & Mercy, b. May 18, 1752	2	240
Lidda, d. Beniamin, b. July 1, 1731; d. Sept. 8,1731	1	10
Lydea, d. Joshua & Mercy, b. Sept. 24, 1750	2	240
Lyman, m. Mary E. **SAUTELLE**, b. of Hartford, Mar. 26, 1854, by Rev. W[illia]m M. Birchard	4	54-M
Matha, d. Nathan & Jerusha, b. Sept. 18, 1820	4	6
Martha, of Hebron, m. William **PHELPS**, of Marlborough, Sept. 9, 1844, by Rev. Edgar J. Doolittle	4	44-M
Mary, m. Thomas **DAVIS**, Feb. 21, 1760	2	18
Moses, s. [Nathan & Jerusha], b. Aug. 16, 1830	4	6
Nathan, s. Joshua, b. Mar. 20, 1749	1	51
Samuel, m. Elisabeth **SUMNER**, Jr., Feb. 17, 1783	2	107
Samuel, s. [Nathan & Jerusha], b. Dec. 14, 1827	4	6

BARBOUR COLLECTION

	Vol.	Page
SMITH, (cont.)		
Samuel P., of Montville, m. Jerusha A. **ROOT**, 2d, of Hebron, May 28, 1850, by [ ]	4	51-M
Sarah, d. [Nathan & Jerusha], b. June 19, 1822	4	6
Sarah, of Hebron, m. James D. **ELDRIDGE**, of West Springfield, Apr. 14, 1846, by Edgar J. Doolittle	4	46-M
Seth, s., [Nathan & Jerusha], b. Sept. 27, 1824	4	6
Spencer, m. Mary **MACK**, Oct. 9, 1843, by Rev. Charles Nichols	4	42-M
-----, of Montville, m. Sally **BARBER**, of Hebron, Oct. 18, [1833], by Rev. Leonard B. Griffing	4	30-m
SNOW, Noah L., of Columbia, m. Sarah A. **WILSON**, of Hope Valley, Hebron, July 4, 1846, by Rev. James Mather	4	45-M
SPENCER, Levi, m. Martha **MACK**, Feb. 27, 1833, by Rev. Charles Nichols	4	29-M
Mary Cornelia, m. Peter Albra **BALCH**, b. of Colchester, May 25, 1842, by Rev. H. Torbush	4	43-M
SPERRY, Sarah L., m. John **JOHNSON**, b. of Hebron, Sept. 2, 1835, by Rev. Alpheus Geer	4	33-M
SPICER, Fanny Randolph, d. Ishmael & Martha, b. Feb. 14, 1801	3	312
Ishmael, of Hebron, m. Martha **ABEL**, of Bozrah, Nov. 29, 1792	2	108
Lucy, d. Ishmael & Martha, b. Sept. 19, 1796	3	311
Maria, d. Ishmael & Martha, b. Dec. 20, 1793	2	269
Maria, d. Ishmael & Martha, b. Dec. 20, 1793	3	311
Patty, d. [Ishmael & Martha], b. July 17, 1795	3	311
Rhoda Johnson, d. Ishmael & Martha, b. Mar. 14, 1802	3	312
Simeon Abell, s. Ishmael &Martha, b. Mar. 28, 1798	3	311
SPRAGUE, SPRAGE, Betty, m. A[a]ron **PHELPS**, Jan. 12, 1737/8	1	24
Mary, m. Nathaniell **MAN**, Mar. 4, 1729/30	1	15
Mary, m. Benjamen **BUEL**, July 4, 1751	1	57
Mary, of Hebron, m. Oliver **SKINNER**, of Genesco, N. Y., June 13, 1821, by Rev. Augustus B. Collins, of Andover	4	2-M
Norman, of Coventry, m. Laura **PERKINS**, of Hebron, Jan. 1, [1835], by Rev. William Bowen, of Andover	4	32-M
SQUIRES, Jesse, m. Sally **ASHCRAFT**, Oct. 21, 1829, by Rev. Peter Griffing	4	19-M
STAPLES, Laura S., of Hebron, m. Ebenezer **GEAR**, of Stonington, Aug. 5, 1849, by Rev. Aaron Snow, of Glastonbury	4	50-M
Sarah, m. Edwin N. **STRONG**, Mar. 14, 1837, by Charles Nichols	4	34-M
STARK, Amos, s. Moses & Elisabeth, b. Apr. 2, 1752	2	241
Eunice, d. Moses & Elisaabeth, b. Feb. 17, 1748	2	241
John, s. Moses & Elisabeth, b. Feb. 26, 1754	2	241
Jonathan, s. Moses & Elisabeth, b. Jan. 11, 1750	2	241
Nathan, s. Moses & Elisabeth, b. Mar. 15, 1756	2	241
Phebe, d. Moses & Elisabeth, b. Jan. 2, 1746	2	241
STARKEY, Mehitibell, d. Andrew, b. May 6, 1709	1	73
STARLING, Mary, d. Feb. 27, 1749/50	1	54
STARR, Alpheus B., s. James M. & Betsey, b. Jan. 23, 1848	4	10
STEELE, George, m. Betsey M. **NASH**, b. of Hebron, June 17, 1823, by Rev. Isaac Dwinnel	4	10-M
Rebecca L., m. Thomas **WHITE**, b. of Hebron, Apr. 2, [1835], by William Bowen, Andover	4	32-M
Sanford, m. Caroline Elizabeth **SUMNER**, b. of Hebron, Mar. 24, 1825, by Rev. Moses Fifield, Jr.	4	13-M

	Vol.	Page
STEWARD, STUARD, STYUARD, STUERT, STEWARD,		
Abigail, d. Benj[ami]n & Lois, b. Feb. 5, 1777	2	245
Anna, d. Benj[amin] & Loice, b. July 30, 1779	2	245
Benjamin, s. James, b. Sept. 9, 1747	1	47
Benjamin, m. Loice **CHAPMAN**, of East Haddam, Dec. 14, 1769	2	107
C[h]loe, d. Benja[min] & Loice, b. Mar. 22, 1770	2	244
Elisibirth, m. Daniell **HOSFORD**, Apr. 6, 1721	1	65
James, d. Apr. 25, 1758	2	350
John, s. James, b. Apr. 25, 1745	1	42
John, s. James, b. Apr. 25, 1745	1	44
Mehitabel, m. David **CHAPMAN**, Jan. 8, 1764	2	12
Mehitable, wid., d. Aug. 5, 1772, in the 56th y. of her age	2	350
Sarah, d. James & Mehitabel, b. Feb. 5, 1757	2	241
Timothy, s. James, b. Aug.20, 1738	1	35
Timothy, d. Nov. 26, 1760	2	350
STILES, STILLS, STILLES, STILEZ, STILSS, STILS, A[a]ron, s.		
Amos, b. May 19, 1742	1	35
Aaron, Dr., m. Rebecca **CLARK**, of Lyme, Dec. 24, 1767	2	107
Aaron, s. Aaron & Rebecca, b. Dec. 25, 1768; d. Dec. 28, 1768	2	244
Aaron, s. Dr. Aaron & Rebecca, b. Feb. 5, 1769	2	244
Abigill, d. Nathan, b. Aug. 23, 1738	1	26
Abigail, m. Edward **HOWARD**, May 2, 1759	2	42
Amos, m. Marthaw **SKINNER**, June 24, 1736	1	31
Amos, s. Amos, b. July 9, 1737	1	31
Amos, Lieut., d. Oct. 3, 1758, in the 54th y. of his age	2	350
Amos, d. Mar. 15, 1760, in the 23rd y. of his age	2	350
Amos, s. Edmund & Lydea, b. Apr. 28, 1763	2	243
Anna, d. Dr. Aaron & Rebecca, b. Mar. 10, 1785	2	268
Asa, s. Stephen & Rebecca, b. Mar. 21, 1766	2	268
Benjamin, s. Amos **STILLES**, b. Feb. 8, 1739/40	1	31
Benjamin, m. Demaris **BROWN**, June 6, 1765	2	50
Benj[ami]n, m. Demaris **BROWN**, June 6, 1765* (*Perhaps 1763?)	2	107
Beriah, s. Robert & Patience, b. Sept. 19, 1760	2	242
Edmon, s. Amos, b. June 5, 1744	1	39
Edmond, m. Lydea **PORTER**, July 19, 1762	2	106
Edmond, d. Mar. 6, 1768	2	350
Eligah, s. Job, b. May 12, 1740	1	32
Henry B., of Hartford, m. Francez O. **BARBER**, of Hebron, June 9, 1844, by J. R. Arnold, Minister	4	44-M
Hipsiba, m. Charles **PHELLPS**, Feb. 17, 1725/6	1	71
Israel, s. Nathan, b. June 15, 1751	1	57
Gemima, m. Ele[a]zer **STRONG**, Nov. 23, 1720	1	78
Jemime, d. Benja[min] & Demaris, b. Mar. 22, 1766	2	244
Job, m. Anna **BLISS**, Sept. 22, 1736	1	79
Lois, d. Nathan & Keziah, b. Sept. 6, 1753	2	240
Lidda, d. Job, b. Mar. 5, 1742/3	1	39
Lydea, d. Edmund & Lydea, b. Jan. 3, 1765	2	243
Martha, d. Benjamin & Demaris, b. May 10, 1763	2	243
Martin, s. Rob[er]t & Patience, b. Nov. 20, 1762	2	243
Mary, d. Nathan, b. Apr. 28, 1735	1	21
Nathan, m. Ruth **CALCINGS***, Mar. 3, 1726 (*Probably "CALKINS")	1	64

	Vol.	Page
STILES, STILLS, STILLES, STILEZ, STILSS, STILS, (cont.)		
Nathan, Jr., m. Keziah **KILBRON**, Mar. 1, 1749/50	1	57
Nathan, s. Nathan & Keziah, b. July 22, 1757	2	241
Nathan, d. Mar. 19, 1760	2	350
Nathan, s. Nathan, b. [ ]	1	5
Patience, d. Robert & Patience, b. Aug. 6, 1758	2	241
Phebe, d. Nathan & Keziah, b. July 5, 1755	2	241
Rebec[c]a, d. Stephen & Rebec[c]a, b. Sept. 23, 1759	2	242
Rebecca, d. Dr. Aaron & Rebecca, b. May 26, 1771	2	244
Reuben, s. Stephen & Rebec[c]a, b. Nov. 25, 1763	2	243
Robert, d. Feb. 25, 1720	1	73
Robart, s. Nathan, b. Jan. 25, 1730/31	1	28
Robert, m. Patience **BLISH**, Apr. 1, 1756	2	106
Robert, s. Robert & Patience, b. Mar. 10, 1757	2	241
Ruth, m. William [ ], Apr. 5, 1759	2	34
Stephen, s. Nathan, b. May 22, 1733	1	13
Stephen, of Hebron, m. Rebecca **BROWN**, of Mid[d]letown, Dec. 2, 1756	2	106
Stephen, s. Stephen & Rebecca, b. Nov. 5, 1757	2	241
STOCKBRIDGE, STOCKBRIDG, STOCKBRIG, Mary, d. Moses, b. Aug. 25, 1720	1	75
Moses, m. Phebe **RUS[S]**, Oct. 25, 1715	1	75
Moses, s. Moses, b. May 30, 1722	1	75
Phebe, d. Moses, b. Aug. 28, 1717	1	75
Phebe, m. John **DARBY**, July 28, 1736	1	36
STONE, Elisebeth, m. Jude [W]RIGHT, Apr. 19, 1739	1	29
Mary, m. Samuell **LUCAS**, May 9, 1748	1	51
STORRS, Dan. P., m. Lucinda **GILBERT**, Feb. 23, 1847, by Rev. Andrew Sharpe	4	47-M
STRICKLAND, STRICKLIN, Andrew, m. Harriet M. **DARLING**, b. of Hebron, June 26, 1842, by Rev. Alpheus Geer	4	40-M
Est[h]er, m. John **MERRIELLS**, Apr. 14, 1731	1	27
Jonathan, d. Jan. 21, 1848, ae 69	3	359
Noah, of Chatham, m. Caroline **BLISS**, of Hebron, Dec. 16, 1829, by Rev. Lyman Strong	4	20-M
Oner, of Glastonbury, m. Henry **SUTLIFF**, of Hebron, Mar. 22, 1846, by Charles Nichols	4	46-M
Patience, see Patience **CONE**		
-----, child of Thompson & Matilda, b. May 2, 1848	4	9
STRONG, Abby L., m. Roswell G. **PINNEY**, Sept. 3, 1835, by Rev. Charles Nichols, of Gilead	4	33-M
Abigail, d. Eleaser, b. Sept. 1, 1750; d. Sept. 3, 1750	1	55
Abigail, d. Eleaz[er] & Abigail, b. June 9, 1752	2	240
Abigail, m. Nehemiah **PORTER**, Mar. 12, 1775	2	83
Abigail, d. Phinehas & Anna, b. Dec. 10, 1781	2	245
Abigail, of Hebron, m. Horace **GATES**, of Belchertown, Mass. Mar. 28, 1827, by Rev. Lyman Strong	4	16-M
Abijah, s. John, b. June 5, 1745	1	58
Abilene, d. [David, Jr. & Clary], b. Feb. 21, 1816	3	310
Abilene, d. [David, Jr. & Clary], b. Feb. 21, 1816	4	6
Abelene, of Hebron, m. Erastus D. **POST**, of Columbia, Dec. 31, 1840, by Rev. Abijah C. Wheat	4	38-M

	Vol.	Page

STRONG, (cont.)

	Vol.	Page
Adaline A., m. Joseph C. **NICHOLS**, June 27, 1836, by Rev. Charles Nichols, of Gilead	4	33-M
Adaline A., of Hebron, m. William **CHAMBERLIN**, of Colchester, Apr. 9, 1844, by Rev. Edgar J. Doolittle	4	43-M
Amus, [twin with Joell], s. Ele[a]zer, b. May 1, 1733	1	14
Amos, of Hebron, m. Betsey **GORDEN**, of Middlefield, Mass., Oct. 9, 1788	2	108
Amy, w. David, d. June 3, 1774	2	351
Amey, d. David & Leah, b. May 20, 1780	2	245
Anne, d. Capt. Phinehas & Anne, b. Apr. 7, 1776	2	269
Benjamin, s. David & Leah, b. Apr. 11, 1783	2	245
Betsey G., of Hebron, m. Augustus **POST**, of Columbia, Nov. 25, 1818, by J. S. Peters	3	258
Bets[e]y Gordon, d. Amos & Bets[e]y, b. May 7, 1796	3	311
C. Jane, of Hebron, m. George R. **BESTOR**, of Columbus, N. Y., June 21, 1849, by Abel Gardner	4	50-M
Caroline A., m. Joel **LATHAM**, Mar. 19, 1832, by Rev. Charles Nichols	4	27-M
Charles D., of Colchester, m. Elizabeth E. **STRONG**, of Hebron, Mar. 3, 1835, by Rev. Alpheus Geer	4	32-M
Chauncey, s. [David, Jr. & Clary], b. May 22, 1820	3	310
Chauncey, s. [David, Jr. & Clary], b. May 22, 1820	4	6
Chauncey, m. May E. **BISSELL**, b. of Hebron, Apr. 30, 1844, by Rev. Edgar J. Doolittle	4	43-M
Damras, m. Samuell **CALKINS**, Jr., June 3, 1725	1	66
Dauid, s. Ele[a]zer, Jr., b. July 27, 1748	1	51
David, m. Amey **CARVER**, b. of Hebron, Feb. 3, 1773	2	107
David, m. Leah **BISSEL**, b. of Hebron, Dec. 29, 1776	2	107
David, Jr., m. Clary **BISSELL**, b. of Hebron, June 10, 1812	3	264
David, m. Amy **CARVER**, 6th, [ ]	4	17
David B., s. [David, Jr. & Clary], b. Oct. 22, 1824	4	6
Deb[o]rah, d. Ele[a]zer, Jr., b. Dec. 8, 1745	1	43
Deborah, m. William **PETERS**, Apr. 10, 1766	2	82
Ebenezer E., of Illinois, m. Lucy F. **WARNER**, Aug. 26, 1841, by Charles Nichols	4	39-M
Edwin N., m. Sarah **STAPLES**, Mar. 14, 1837, by Charles Nichols	4	34-M
Ele[a]zer, m. Gemima **STILES**, Nov. 23, 1720	1	78
Ele[a]zer, s. Ele[a]zer, b. Dec. 27, 1725	1	78
Eleazer, s. David & Leah, b. May 19, 1777	2	221
Eliza, d. David, Jr. & Clary, b. Nov. 9, 1812	3	310
Eliza, d. David, Jr. & Clary, b. Nov. 9, 1812	4	6
Eliza, of Hebron, m. Ralph D. **BROWN**, of Hebron, Dec. 31, 1840, by Rev. Abijah C. Wheat	4	38-M
Elisabeth, m. Niles **COLEMAN**, May 9, 1731	1	56
Elisabeth, d. [Capt. Phinehas & Anne], b. Feb. 27, 1789	2	269
Elizabeth E., of Hebron, m. Charles D. **STRONG**, of Colchester, Mar. 3, 1835, by Rev. Alpheus Geer	4	32-M
Eugene, s. Sam[ue]l G. & Abigail, b. Sept. 1, 1815	3	310
Eugene, s. Samuel G. & Abigail, b Sept. 1, 1815	3	314
Ezek[i]el, s. Jno. & Lucretia, b. July 31, 1759	2	242
Ezra, m. Temperance **PHELPS**, Apr. 24, 1754	2	106

	Vol.	Page
STRONG, (cont.)		
Florinda, of Hebron, m. John P. **BLISS**, of Chatham, Nov. 28, 1833, by Charles Nichols	4	30-M
Hannah, of Colchester, m. Samuel **KELLOGG**, of Hebron, May 31, 1759	2	56
Har[r]iot, [twin with Hiram], d. [Amos & Betsey], b. Jan. 30, 1799	3	312
Harriet, m. Josiah **CLARK**, b. of Hebron, Mar. 20, 1825, by Rev. William Jarvis	4	13-M
Harriet N., of Hebron, m. Samuel S. **HYDE**, of Ellington, Sept. 5, 1841, by Charles Nichols	4	39-M
Harv[e]y, [twin with Henry], s. [Amos & Betsey], b. Apr. 30, 1792	2	269
Henry, [twin with Harv[e]y, s. [Amos & Betsey], b Apr. 30, 1792	2	269
Hiram, s. Amos & Betsey, d. Mar. 23, 1790	3	359
Hiram, [twin with Har[r]iot], s. Amos & Betsey, b. Jan. 30, 1799	3	312
Irene, d. Ele[a]zer, b. Apr. 16, 1738	1	25
Irena, d. Ele[a]zer, d. Oct. 4, 1742	1	35
Jemima, d. Eleazer, b. July 27, 1735	1	21
Jerusha, of Marlborough, m. William **ADAMS**, of Colchester, Oct. 1, 1839, by Charles Nichols	4	37-M
Jesse, s. Ele[a]zer, b. Feb. 26, 1729/30	1	16
Joell, [twin with Amus], s. Ele[a]zer, b. May 1, 1733	1	14
Joel, s. John, b. May 7, 1747	1	58
John, m. [Elizabeth] Crouch, Dec. 26, 1744	1	58
John, m. Thankfull **BASCUM**, Mar. 13, 1764	2	107
Judson, s. [David, Jr. & Clary], b. Jan. 4, 1818	3	310
Judson, s. [David, Jr. & Clary], b. Jan. 4, 1818	4	6
Levi, s. [David, Jr. & Clary], b. Feb. 16, 1829	4	6
Lucretia, w. John, d. Aug. 12, 1763	2	350
Lydea, d. R[e]uben & Lydea, d. Jan. 7, 1763	2	350
Lydea, d. R[e]uben & Lydea, b. Aug. 15, 1763	2	242
Lydea, d. David & Lydia, b. Dec. 13, 1781	2	245
Lydia, d. [David, Jr. & Clary], b. June 16, 1814	3	310
Lydia, d. [David, Jr. & Clary], b. June 16, 1814	4	6
Lyman, s. [David, Jr. & Clary], b. Oct. 14, 1835	4	6
Mary, d. Eleazer & Abigail, b. July 8, 1764	2	243
Mary Ann, m. Henry L. **ELY**, May 6, [1832], by Rev. Charles Nichols	4	28-M
Mary Ett, m. Timothy F. **JONES**, b. of Hebron, Jan. 1, 1839, by Rev. Alpheas Geer	4	36-M
Molly, d. David & Leah, b. June 29, 1786	2	239
Peter, s. Ele[a]zer, b. Feb. 15, 1741/2	1	34
Phebe, d. Eleaz[er] & Abigail, b. Aug. 25, 1760	2	242
Phebe, m. Zebade **CUTTING**, b. of Hebron, Mar. 12, 1780	2	13
Phebe M., m. Frederic C. **PAYNE**, Feb. 23, 1846, by Rev. Charles Nichols	4	46-M
Phebe Maria, d. [David, Jr. & Clary], b. July 31, 1822	3	310
Phoebe Maria, d. [David, Jr. & Clary], b. July 31, 1822	4	6
Phineas, s. Eleazer & Abigail, b. June 6, 1756	2	241
Phinehas, m. Anna **FILER**, b. of Hebron, Nov. 28, 1779	2	107
Polly, d. Phinehas & Anna, b. Oct. 25, 1795	3	315
Rachel, of Colchester, m. Jonathan **BIRGE**, of Hebron, Feb. 23, 1758	2	4

	Vol.	Page
STRONG, (cont.)		
Ralph B., of Colchester, m. Electa Ann **CROUCH**, of Hebron, Dec. 26, 1836, by Rev. Alpheus Geer	4	34-M
Reuben, m. Lydea **HUTCHINSON**, Dec. 10, 1761	2	106
R[e]uben, s. R[e]uben & Lydea, b. Aug. 15, 1762	2	242
Ruth, m. Joseph **SKINNER**, Dec. 31, 1741	1	37
Ruth, d. Eleazer & Abigail, b. June 16, 1754	2	240
Samuel, s. Phinehas & Anna, d. Sept. 4, 1779	2	351
Samuel, s. Phinehas, & Anna, b. Aug. 28, 1780	2	245
Samuel, s. Phinehas, b. Dec. 4, 1783	2	245
Samuel, s. Amos & Betsey, b. Nov. 4, 1789	2	269
Samuel G., m. Abigail **PHELPS**, b. of Hebron, May 3, 1812, by Rev. Amos Bassett	3	263
Solomon, s. John & Lucretia, b. June 13, 1753	2	240
Sybell, had d. Anna **PHELPS**, b. May 25, 1777; father Rozell **PHELPS**	2	221
Theda, d. [Capt. Phinehas & Anne], b. Oct. 31, 1791	2	269
Wealthy, m. Russel[l] **BROWN**, Oct. 18, 1814	3	232
Zebulun, m. Easther **GOT[T]**, Mar. 25, 1762	2	107
Zenas, s. Zebulon & Easther, b. June 23, 1763	2	243
STUARD, [see under **STEWART**]		
SUMMERS, [see also **SUMNER**], Dudl[e]y, s. Thomas & Elisabeth, b. June 29, 1769	2	244
Elisabeth, d. Thomas & Elisabeth, b. May 21, 1759	2	242
James, s. Thomas & Elisabeth, b. Apr. 25, 1767	2	244
John, s. Thomas & Elisabeth, b Apr. 4, 1761	2	242
Margaret, d. Thomas & Elisabeth, b. Apr. 9, 1765	2	244
Mary Sophia, m. James **TEFFT**, b. of Hebron, Jan. 5. 1840, by Ziba Loveland	4	37-M
Silvester, s. Thomas & Elisabeth, b. June 23, 1757	2	242
SUMNER, [see also **SUMMERS**], Abigail, d. Reuben & Elisabeth, b. Sept. 8, 1768	2	244
Abigail, d. R[e]uben & Elisabeth, d. May 15, 1775	2	350
Abigail, d. R[e]uben & Elisabeth, b. Nov. 26, 1775	2	245
Anne, d. Clement & Elisabeth, b. Feb. 22, 1760	2	242
Benjamin, s. William, b. Feb. 5, 1736	1	25
Benjamin, m. Prudence **HUBBARD**, May 20, 1758	2	107
Benjamin S., m. Mary E. **BUELL**, b. of Hebron, May 31, 1843, by Rev. Edgar J. Doolittle	4	42-M
Benjamin Thomas, s. [William & Jemima], b Nov. 8, 1805	3	315
Betsey, d. [W[illia]m & Jemima], b. June 15, 1787	2	268
Caroline Elisabeth, d. [Henry P. & Polley], b. Jan. 5, 1806	3	315
Caroline Elizabeth, m. Sanford **STEELE**, b. of Hebron, Mar. 24, 1825, by Rev. Moses Fifield, Jr.	4	13-M
Clement, s. Willliam, b. July 15, 1731	1	5
Clement, m. Mrs. Elisabeth **GILBERT**, b. of Hebron, Apr. 15, 1759	2	106
Cybill, d. Reuben & Elisabeth, b. June 15, 1766	2	243
Cynthia M., of Hebron, m. Chauncey L. **ROOT**, of Haddam, June 10, 1829, by Rev. Charles Nichols	4	19-M
Cynthia Maria, d. William & Jemima, b. Mar. 26, 1803	3	315
David Hub[b]ard, s. Benja[min] & Prudance, b. June 18, 1764	2	244

SUMNER, (cont.)

	Vol.	Page
Deborah, d. [W[illia]m & Jemima], b. Jan. 1, 1790	2	268
Elisebeth, d. William, b. May 22, 1742	1	35
Elisabeth, d. R[e]uben & Elisabeth, b. Jan. 29, 1757	2	241
Elisabeth, d. Clement & Elisabeth, b. Feb. 22, 1760	2	242
Elisabeth, Jr., m. Samuel **SMITH,** Feb. 17, 1783	2	107
Florilla, d. [William & Jemima], b. June 27, 1808	3	315
Florilla, m. Elliot **PALMER,** Dec. 26, 1831, by Rev. Charles Nichols	4	27-M
George Oliver, s. [William & Jemima], b. Sept. 26, 1800	3	312
Hannah, d. William, b. Apr. 23, 1730	1	16
Hannah, m. John **KILBORN,** Sept. 25, 1746	1	44
Hannah, d. R[e]uben & Elisabeth, b. Dec. 29, 1754	2	240
Harriet N., m. William L. **ELLIS,** b. of Hebron, Feb. 8, 1842, by Charles Nichols	4	41-M
Harvey, s. Reuben, Jr. & Anna, b. June 25, 1798	3	312
Henry P., m. Jerusha **PERRIN,** Oct. 11, 1796	3	263
Henry P., of Hebron, m. Polley Lucy **GOSLEE,** Sept. 11, 1798	3	263
Henery Peterson, s. R[e]uben & Elisabeth, b. June 10, 1773	2	244
Henry Tudor, s. Henry P. & Polley, b. June 21, 1800	3	315
Hester Ann, d.[Henry P. & Polley], b. Feb. 6, 1808	3	315
Hiram, s. Reuben, Jr. & Anna, b. Feb. 14, 1800	3	312
Jemima, d. W[illia]m & Jemima, b. June 11, 1785	2	251
Jemima, d. W[illia]m & Jemima, b. June 11, 1785	2	268
Jerusha, d. Henry P. & Jerusha, b. Jan. 22, 1798	3	315
Jerusha, w. Henry P., d. Feb. 6, 1798	3	351
John Henery, s. Benja[min] & Prudance, b. Apr. 20, 1766	2	244
Jonathan, s. William, b. Mar. 15, 1735/6	1	22
Laura, d. William & Jemima, b. Feb. 17, 1796	3	311
Lydea, d. R[e]uben & Elisabeth, b. Aug. 25, 1759	2	242
Mary, d. William, b. Feb. 8, 1724/5	1	76
Mary, m. Nathan **ROWLEE,** b. of Hebron, June 20, 1748	2	96
Mary, d. Benja[min] & Prudance, b. Dec. 21, 1758	2	244
Mary, d. R[e]uben & Elisabeth, b. Apr. 21, 1771	2	244
Mary, d. R[e]uben & Elisabeth, d. Aug. 8, 1775	2	350
Mary Ann, of Hebron, m. Christopher A. **WOODBRIDGE,** of Manchester, Aug. 21, 1838, by Charles Nichols	4	35-M
Matilda, d. [Henry P. & Polley], b. Dec. 19, 1801	3	315
Nancy L., of Hebron, m. Nelson **KEENEY,** of Coventry, Mar. 9, 1848, by Rev. Charles Nichols	4	48-M
Polley, d. William & Jemima, b. Sept. 16, 1797	3	312
Polly, of Hebron, m. James **GOSLEE,** of Glastonbury, Oct. 2, 1831, by Rev. Jacob Allen	4	25-M
Prudance, d. Benja[min] & Prudance, b. June 14, 1760	2	244
R[e]uben, s. W[illia]m, b. May 29, 1727	1	76
R[e]uben, m. Elisabeth **MACK,** Mar. 6, 1754	2	106
Reuben, s. Reuben & Elisabeth, b. Mar. 19, 1764	2	243
Sally, d. Reuben & Anna, b. Oct. 26, 1796	3	311
Sally, m. John Henry **POST,** b. of Hebron, June 2, 1819	3	256
Samuel Lockheart, s. Lieut. Thomas & Rebecca, b. June 11, 1766	2	243
Sarie, d. William, b. May 23, 1749	1	51
Thomas, s. William, b. May 7, 1733	1	19
Thomas, s. William, d. May 25, 1733	1	19

	Vol.	Page
SUMNER, (cont.)		
Thomas, s. William, b. May 11, 1734	1	19
Thomas, Lieut., of Hebron, m. Rebecca **DOWNER**, of Bolton, June 7, 1761	2	106
Thomas Hunt, s. Lieut. Tho[ma]s & Rebecca, b. Apr. 14, 1762	2	243
William, s. Reuben & Elisabeth, b. Sept. 22, 1761	2	242
William, m. Jemima **TARBOX**, b. of Hebron, June 3, 1784	2	108
William, Jr., d. Oct. 30, 1748. "Was a student at Yale"	1	49
William Augustus, s. Lieut. Tho[ma]s & Rebec[c]a, b. Mar. 1, 1764	2	243
William Augustus, s. William & Jemima, b. Mar. 16, 1792	2	269
William Benjamin, s. Benja[min] & Prudance, b. Oct. 4, 1762	2	244
William Orsamus, s. [Henry P. & Polley], b. Mar. 17, 1804	3	315
-----, infant child of Benj[ami]n T. & Mary E., b. Feb. 13, 1848	4	9
SUTLIFF, Clara Elvira, d. Henry & Lois Elvira, b. Aug. 12, 1840	4	7
Henry, of Hebron, m. Oner **STRICKLAND**, of Glastonbury, Mar. 22, 1846, by Charles Nichols	4	46-M
SUTTON, SUTTEN, Abigill, d. Seth, b Sept. 25, 1731	1	13
Abigail, m. Abiel **BLISS**, Nov. 6, 1749	2	4
Ann, d. Seth, d. Mar. 9, 1741/2	1	34
Anna, d. Seth, b. Mar. 21, 1741	1	34
Anna, d. Seth, b. Sept. 13, 1748	1	49
Anna, m. Joel **HAUGHTON**, b. of Hebron, June 8, 1779	2	43
Anne, d. Seth, b. Apr. 22, 1746; d. May 21, 1746	1	44
Dauid, s. Seth, b. Dec. 26, 1736	1	24
David, Dr., m. Mrs. Phebe **PETERS**, b. of Hebron, June 25, 1769	2	107
John, s. Seth, b. May 23, 1733	1	14
Mary, d. Seth, b. May 16, 1739	1	32
Mary, d. Seth, d. Mar. 2, 1741/2	1	34
Mary, d. Seth, b. Apr. 25, 1743	1	38
Nathan, s. Seth, b. Apr. 6, 1735	1	21
Nathan, s. Seth, d. Feb. 25, 1741/2	1	34
Nathan, s. Seth, b. May 12, 1745	1	44
Nathan, s. Seth, d. Nov. 18, 1748	1	52
Seth, d. Apr. 18, 1784, in the 79th y. of his age	2	351
SWEETLAND, SWETLAND, SWEATLAND, A[a]ron, s. William, Jr., b. Feb. 20, 1746/7	1	45
A[a]ron, s. William, Jr., d. Nov. 29, 1747	1	47
A[a]ron, s. Joseph, Jr., b. Jan. 4, 1748/9	1	50
Aaron, s. William, Jr. & Sarah, b. July 29, 1753	2	240
Aaron, of Hebron, m. Patience **CLARK**, of Coventry, Sept. 27, 1770	2	107
Aaron, s. Aaron & Patience, b. Aug. 5, 1771	2	244
Aaron, Jr., m. We[a]lthy **BARBER**, b. of Hebron, June 6, 1801, by S. Gilbert	3	263
Aaron, of Hebron, m. Phebe **JONES**, of Columbia, Sept. 25, 1804	3	263
Aaron Wait, s. Aaron & Mary, b. June 19, 1830	4	3
Anna, d. David & Eunice, b. Feb. 24, 1770	2	244
Asariah, s. William, b. Aug. 9, 1739	1	31
Azariah, m. Lucy **SAVERY**, Jan. 5, 1764	2	4
Azariah, s. Azariah & Lucy, b. Aug. 24, 1769	2	244
Azariah, Jr., of Hebron, m. Experience **BEAL**, of Conway, June 13, 1793	3	263

SWEETLAND, SWETLAND, SWEATLAND, (cont.)

	Vol.	Page
Benjamin, m. Mercy **DEWEY**, Jan. 11, 1747/8	2	106
Benjamin, s. Benjamin, b. Nov. 16, 1751	2	240
Caleb, s. Joseph, b. Jan. 21, 1719/20	1	75
Caleb, m. Mary **LEWIS**, Aug. 7, 1739	1	31
Caleb, s. Caleb, b. Nov. 20, 1740	1	32
Caleb, s. Peter & Bethiah, b. July 14, 1763	2	244
Caleb, m. Alethea **DEWEY**, b. of Hebron, Apr. 29, 1787	2	108
Clarissa, m. Salmon **EDWARDS**, Oct. 27, 1830, by Leonard Hendee, J. P.	4	22-M
Daniell, s. Jonathan, b. Oct. 1, 1739	1	31
Daniell, s. Jonathan, d. Aug. 9, 1748	1	49
Dauid, s. Joseph, b. Nov. 5, 1743	1	37
David, m. Eunice **ROOT**, b. of Hebron, May 21, 1767	2	107
Eleazar, s. Joseph, b. May 5, 1751	1	56
Eleazer, s. Aaron & Patience, b. Aug. 5, 1775	2	245
Eleazer, m. Sarah **REED**, b. of Hebron, Sept. 6, 1797	3	263
Eli, s. Joseph & Ann, b. May 11, 1756	2	241
Eli, m. Ruth **CLARK**, b. of Hebron, Sept. 23, 1784	2	108
Eliga, s. Jonathan, b. Aug. 17, 1738	1	29
Elijah, s. Joel & Mary, b. Mar. 30, 1776	2	245
Elijah, of Hebron, m. Esther **ROBERTSON**, of Coventry, Aug. 26, 1796	3	263
Elijah, of Hebron, m. Polley **LAWRENCE**, of Coventry, Aug. 1, 1799	3	263
Eliza, d. [Aaron & Phebe], b. July 13, 1807	3	312
Eliza, of Andover, m. Erastus **WHITE**, Jan. 18, 1827, by Rev. Augustus B. Collins, Andover	4	16-M
Esther, w. Elijah, d. Dec. 25, 1798	3	359
Eunice, d. David & Eunice, b. Oct. 3, 1771	2	244
Hannah, d. William, b. Apr. 3, 1734	1	19
Hannah, w. Joseph, Jr., d. Jan. 16, 1739/40	1	31
Har[r]iot, d. Eleazer & Salley, b. Nov. 20, 1798	3	312
Harv[e]y, s. Caleb & Abitha, b. Dec. 4, 1787	2	268
Hipsiba, d. Jonathan, b. Oct. 26, 1736	1	23
Hipsiba, d. Jonathan, d. Aug. 9, 1748	1	49
Hipsiba, d. Jonathan, b. Apr. 17, 1749	1	51
Irena, d. Aaron & Patience, b. Sept. 24, 1777	2	245
Joell, s. Jonathan, b. May 13, 1745	1	41
Joel, m. M[a]ry **JAYNES**, of Coventry, Sept. 26, 1771	2	107
Joel, s. Joel & Mary, b. Mar. 6, 1772	2	244
John, s. William, b. Nov. 18, 1750	2	240
John, m. Mary **TILLETSON**, b. of Hebron, Mar. 14, 1773	2	107
John, d. Sept. 1, 1773	2	350
John Dixon, s. [Caleb & Abitha], b. Feb. 10, 1790	2	268
Jonah, s. Jonathan, b. Sept. 30, 1746	1	47
Jonathan, m. Hepsibah **PUMMERY**, Nov. 7, 1732	1	14
Jonathan, s. Jonathan, b. Oct. 23, 1734	1	20
Jonathan, d. Sept. 22, 1767	2	350
Jonathan, s. Joel & Mary, b. June 23, 1774	2	245
Jonathan, s. Joel & Mary, d. Oct. 22, 1776	2	351
Joseph, Jr., m. Hannah **PHELPS**, Nov. 3, 1737	1	24

	Vol.	Page
SWEETLAND, SWETLAND, SWEATLAND, (cont.)		
Joseph, Jr., m. Anne **HUCHISON**, Dec. 16, 1742	1	36
Joseph, Capt., d. Sept. 6, 1749	1	52
Joseph, d. Feb. 25, 1758	2	350
Joseph, s. Jos[eph] & Ann, b. July 15, 1758	2	242
Joseph, s. Eli & Ruth, b. Aug. 21, 1785	2	262
Leonard, s. Peter, Jr. & Joanna, b. Sept.8, 1788	2	268
Levi, s. Joseph & Anne, b. Jan. 5, 1754	2	240
Lois, d. Benjamin, b. July 29, 1748	1	51
Lucy, d. Azariah & Lucy, b. Nov. 21, 1765	2	243
Lucy, m. Ebenezer **WHITE**, b. of Hebron, Apr. 14, 1785	2	123
Lucy Ann, d. [Aaron & Mary], b. Mar. 6, 1833	4	3
Liddie, d. William, b. Mar. 1, 1743/4	1	39
Lydea, m. David **BROWN**, Oct. 15, 1761	2	4
Lydea, d. Aaron & Patience, b. June 25, 1773	2	245
Marcey, d. Joseph, b. May 9, 1722	1	75
Marcy, d. Capt. Joseph, d. Aug. 25, 1741	1	33
Marcy, d. Joseph, b. Jan. 29, 1745/6	1	43
Marcy, d. Joseph, Jr., d. Sept. 18, 1748	1	49
Mary, d. Azariah & Lucy, b. Feb. 8, 1778	2	245
Mary Olmsted, d. Anson & Mary, b. Mar. 21, 1829	4	1
Mirenda, d. Elijah & Polley, b. Feb. 28, 1802	3	312
Molly, d. Joel & Mary, b. May 3, 1773	2	245
Noah, s. Jonathan, b. Oct. 4, 1742	1	35
Pamela Beals, d. Azariah, Jr. & Experience, b. Sept. 19, 1801	3	312
Peter, m. Mrs. Ann **BOND**, June 11, 1752	2	106
Peter, of Hebron, m. Mrs. Bethiah **YOUNGS**, of South Hold, L. I., June 19, 1759	2	106
Peter, s. Peter & Bithiah, [b.] Apr. 27, 1761	2	242
Peter, Jr., m. Joanna **BROWN**, b. of Hebron, Dec. 12, 1787	2	108
Peter, d. Nov. 10, 1792, in the 77th y. of his age	2	351
Phebe M., m. John F. **JONES**, Jan. 7, 1823, by Leonard Hendee, J. P.	4	8-M
Phebe Maria, d. Aaron & Phebe, b. Sept. 21, 1805	3	312
Philander, s. Azariah, Jr. & Experience, b. Oct. 11, 1798	3	312
Philomela, d. Azariah, Jr. & Experience, b. Apr. 8, 1796	3	311
Rhoda, d. William, b. Oct. 19, 1735	1	22
Salmon, s. Peter & Joan[n]ah, b. Sept. 4, 1792	2	268
Samuell, s. Caleb, b. May 16, 1745	1	41
Samuel, s. Aaron & Patience, b. July 17, 1780	2	245
Sary, w. Wilham, d. Feb. 26, 1752	2	350
Sarah, d. William, Jr. & Sarah, b. July 5, 1755	2	240
Sophronia, d. Azariah, Jr. & Experience, b. Sept. 16, 1794	3	311
Starling, s. Joel & Mary, b. May 11, 1778	2	245
Starling, s. Joel & Mary, d. Feb. 14, 1795, in the 17th y. of his age	3	359
Surlivirs, s. Caleb, b. Feb. 25, 1742/3	1	36
Tempranc[e], d. William, b. Apr. 28, 1731	1	17
Tempranc[e], w. William, d. May 9, 1731	1	17
Walter Bradley, s. Elijah & Polley, b. Feb. 22, 1805	3	315
Warren Hastens, s. Elijah & Esther, b. Apr. 8, 1798	3	312
We[a]lthy Barber, d. Aaron & Phebe, b. Sept. 5, 1809	3	310
We[a]lthy Barber, d. Aaron & Phebe, b. Sept. 5, 1809	3	315
William, m. Tempranc[e] **SHIPMAN**, Feb. 17, 1729/30	1	17

	Vol.	Page
SWEETLAND, SWETLAND, SWEATLAND, (cont.)		
William, m. Jehannah **PUMMERY**, Mar. 15, 1732/3	1	19
William, m. Elisabeth **CARTER**, Feb. 27, 1745/6	1	43
William, 2d, m. Sary **PORTER**, Aug. 5, 1751	2	106
William, 2d., m. Sary **NORTHUM**, Aug. 27, 1752	2	106
William, s. Azariah & Lucy, b. Sept. 5, 1767	2	243
William, s. Azariah & Lucy, d. Oct. 26, 1768	2	350
W[illia]m, d. Aug. 27, 1780, ae 75	2	351
Zadock, s. Aaron & Patience, b. May 6, 1782	2	245
Zeuiah, d. Joseph, Jr., b. Aug. 8, 1738	1	25
Zuruiah, m. Silvanus **PHELPS**, July 16, 1755	2	80
-----, 1st child of William, Jr., st.b. Feb. 20, 1746/7	1	45
TALCOTT, TALCOT, TALLCOTT, TALLCAT, TAULCUT, Abia,		
m. Simeon **DUNHAM**, Apr. 17, 1764	2	18
Abigail, d. Gad & Abigail, b. May 26, 1772	2	249
Anne, d. John & Abiah, b. Jan. 2, 1761	2	247
Benjamin, s. Gad & Abigail, b. Jan. 14, 1771	2	249
Bennet, s. W[illia]m & Mary, b. Mar. 24, 1776	2	250
Bennet, s. W[illia]m & Mary, d. May 5, 1777	2	357
Catherine, d. Sam[ue]l, d. Jan. 26, 1848, ae 12 y.	3	361
Daniel, m. Lydea **ELLIS**, b. of Hebron, Jan. 8, 1784	2	122
Ezra, s. W[illia]m & Mary, b. May 11, 1774	2	250
Ezra, s. William & Mary, b. Oct. 2, 1776	2	357
Gad, m. Abigail **ROOT**, Mar. 29, 1770	2	113
Grace, d. Gad & Abigail, b. Nov. 8, 1775	2	250
Hannah, d. Gad, & Abigail, b. Mar. 24, 1782	2	250
Henry Wait Warner, s. Samuel & Harriot, b. May 22, 1820	3	314
John, m. Luse **BURNNON***, May 27, 1731 (**BURHAM?**)	1	27
John, s. John, b. Sept. 23, 1732	1	11
John, m. Abia **PHELPS**, Dec. 22, 1752	2	112
John, s. John & Abia, b. Nov. 21, 1753	2	246
John, d. July 15, 1760	2	356
John, s. John, decd., & Abiah, w. of Simeon **DUNHAM**, d. Sept. 30, 1771	2	356
John, s. Daniel & Lydea, b. Nov. 22, 1784	2	250
Lusy, m. Jacob **ROOT**, Jr., Oct. 14, 1746	1	48
Lucy, m. Jacob **ROOT**, Jr., Oct. 14, 1746	1	50
Luce, m. David **MILLER**, May 3, 1753	2	66
Lucy, d. John & Abia, b. Nov. 10, 1755	2	247
Lucy, m. Daniel **CHAPMAN**, b. of Hebron, Jan. 25, 1775	2	12
Mary, d. W[illia]m & Mary, b. Aug. 28, 1771	2	249
Mary, m. Zachariah **PERRIN**, b. of Hebron, Jan. 11, 1781	2	339
Mosley, s. Gad & Abigail, b. July 31, 1779	2	250
Samuel, s. Capt. Gadd & Abigail, b. Nov. 28, 1787	2	251
Sarah, m. Obadiah **WILLCOX**, Feb. 26, 1749/50	1	53
Sarah, d. W[illia]m & Mary, b. Mar. 28, 1780	2	250
Sarah, m. Eleazer **HUTCHINSON**, b. of Hebron, Society of Gilead, Oct. 19, 1803	3	243
Thomas Blish, s. William, Jr. & Dorothy, b. Apr. 17, 1806	3	3
Wait, s. Gad & Abigail, b. Feb. 6, 1774	2	249
Wait, s. [William, Jr. & Dorothy], b. Oct. 17, 1807	3	313
William, m. Mary **CARTER**, Jan. 3, 1769	2	112

	Vol.	Page
TALCOTT, TALCOT, TALLCOTT, TALLCAT, TAULCUT, (cont.)		
William, s. W[illia]m & Mary, b. Dec. 16, 1770	2	249
W[illia]m, s. William & Mary, d. Sept.16, 1776	2	357
William, s. W[illia]m & Mary, b. Mar. 6, 1784	2	250
William, Jr., of Hebron, m. Dorothy **BLISH**, of Glastenbury, Oct. 24, 1805	3	265
TARBOX, Aaron, s. Jonathan & Lydia, b. Sept. 25, 1780	2	250
Aaron, s. Jonathan, b. Sept. 25, 1780, "now assumes the name of Aaron Donelson **TARBOX**, Apr. 12, 1802"	3	313
Aaron Donelson, see under Aaron		
Abbott Madison, s. Aaron Donnelson & Ruth, b. Aug. 10, 1811	3	314
Abigail, d. Jonathan & Abigail, b. Oct. 2, 1753	2	246
Adriel, s. Sol[omon], b. Mar. 10, 1773	2	249
Adriel, s. [S-----], b. Mar. 18, 1773	2	357
Anna Barnice, d. Solomon & Asenath, b. Dec. 4, 1770	2	249
Anna Bernice, [d. S-----], b. Dec. 4, 1771	2	357
Asenath, d. Solomon & Asenath, b. Jan. 30, 1763	2	248
Asseneth, m. Alarick **CARVER**, b. of Hebron, Sept. 12, 1782	2	13
Benjamin, s. Tho[ma]s & Deborah, b. Nov. 19, 1756	2	247
Benj[amin], d. Aug. 13, 1777	2	357
Benjamin, s. Jon[a]th[an] & Lydea, b. Feb. 12, 1778	2	250
Bill Augustus, s. [Jonathan & Lydia], b. Dec. 14, 1794	3	313
David, m. Abigail **TAYLOR**, May 30, 1754	2	112
David, s. David & Abigail, b. Apr. 30, 1755	2	246
Debarah, d. Tho[ma]s & Deborah, b. Mar. 15, 1759	2	248
Deborah, m. Capt. Jed **POST**(?), Dec. 10, 1772	2	83
Desire, d. David & Abigail, b. June 12, 1757	2	247
Desire, m. Stephen **BARBUR**, Jr., b. of Hebron, May 13, 1773	2	5
Godfrey, s. Solomon & Asenath, b. Dec. 6, 1760	2	247
Godfree, Capt., d. Dec. 29, 1768	2	356
Godfry, m. Rachel **WRIGHT**, b. of Hebron, Sept. 9, 1781	2	122
Hannah, m. Joshua **PHELPS**, Feb. 1, 1749/50	1	55
Hannah, d. Solomon & Asenath, b. Mar. 29, 1768	2	249
Hannah, wid. of Capt. Godfree, d. May 9, 1774	2	356
Hannah, m. Horace **DEMING**, b. of Hebron, Nov. 1, 1824, by Rev. Peter Griffing	4	13-M
Harvey, s. [Jonathan & Lydia], b. Aug. 20, 1797	3	313
Jemime, d. Tho[ma]s & Deborah, b. Oct. 8, 1765	2	248
Jemima, m. William **SUMNER**, b. of Hebron, June 3, 1784	2	108
Jonathan, m. Abigail **BARTHOLOMEW**, May 1, 1750	2	112
Jonathan, s. Thomas & Deborah, b. Dec. 27, 1755	2	246
Jonathan, of Hebron, m. Lydia **BILL**, of Lebanon, Apr. 27, 1775	2	113
Jonathan, Jr., s. Jonathan & Lydia, b. Apr. 8, 1790	2	251
Jonathan, s. Jonathan & Lydia, b. Apr. 8, 1790	3	313
Lidda, m. John **PORTER**, Jr., Dec. 7, 1741	1	39
Lydia, d. Jonathan, b. Sept. 22, 1751	2	246
Lydia, m. Capt. Samuel **JONES**, b. of Hebron, May 12, 1774	2	50
Lydea, [twin with Polly], d. Jonathan & Lydea, b. July 17, 1781	2	250
Lydea, d. Jonathan & Lydea, b. May 15, 1785	2	250
Lydia, m. Timothy P. **BISSELL**, Mar. 21, 1826, by Rev. Lyman Strong	4	15-M
Madison, s. Aaron D. & Ruth, b. Nov. 29, 1816	3	314

	Vol.	Page
TARBOX, (cont.)		
Mary, m. Nathaniell **ROOT**, Dec. 28, 1725	1	63
Melia, d. Jonathan & Lydia, b. Mar. 7, 1792	3	313
Nabby, d. Jonathan & Lydia, b. Feb. 23, 1788	2	251
Nancy Maria, d. Jonathan & Lydia, b. June 14, 1801	3	313
Polly, [twin with Lydea], d. Jonathan & Lydea, b. July 17, 1781	2	250
Rebeckah, m. Daniell **BIRGE**, Mar. 28, 1721/2	1	2
Sarah, m. Jonathan **ROOT**, May 8, 1729	1	17
Socrates, m. Mary **WHITE**, b. of Hebron, Dec. 21, 1836, by Rev. James Shepard	4	34-M
Solomon, m. Assenath **PHELPS**, b. of Hebron, Sept. 4, 1755	2	112
Solomon, s. Solomon & Asenath, b. Apr. 27, 1756	2	247
Thomas, m. Deborah **SKINNER**, Apr. 18, 1754	2	112
Thomas, s. Tho[ma]s & Deborah, b. Mar. 20, 1761	2	248
Thomas, s. Tho[ma]s & Deborah, d. Jan. 6, 1772	2	356
Thomas, s. Jon[a]th[an] & Lydea, b. Feb. 16, 1776	2	250
Triphene, d. Solomon & Asenath, b. Dec. 27, 1765	2	248
Zenas, s. Solomon & Asenath, b. Jan. 18, 1758	2	247
TATTOON, Anthony, of Colchester, m. Mary Anna **PETERS**, of Hebron, Apr. 24, 1823, by Rev. Amos Bassett	4	9-M
TAYLOR, Abigail, m. David **TARBOX**, May 30, 1754	2	112
Benj[a]min, m. Abigill **DUEY**, May 21, 1729	1	8
Benjaman, s. Benjamin, b. Mar. 5, 1732	1	11
Benjamin, Jr., m. Sarah **BIRGE**, July 11, 1754	2	112
Benjamin, [twin with John], s. Benjamin, Jr. & Sarah, b. Jan. 20, 1755	2	247
David, s. Israel, b. Nov. 6, 1750	2	112
Dauid, s. Israel, b. Nov. 6, 1750	2	246
Desire, m. Elisha **BEACH**, Oct. 11, 1764	2	5
Ephraim, Jr., d. Sept. 6, 1776	2	357
Ezra, m. Mary **BROWN**, Mar. 23, 1788	2	122
Isaac, of East Haddam, m. Lydia A. **NORTON**, of Hebron, Nov. 10, 1846, by Solomon G. Hitchcock	4	47-M
Israell, s. Benjamin, b. Aug. 20, 1730	1	8
Israel, m. Dinah **ROOT**, Apr. 13, 1749	2	112
Jeremy, m. Hannah D. **CLARK**, Oct. 1, 1835, by Rev. Peter Griffing	4	32-M
Jesse, s. [Ezra & Mary], b. May 13, 1797	3	313
John, m. Sary **SKINNER**, Apr. 20, 1738	1	26
John, s. John, b. Apr. 30, 1739	1	36
John, s. John, b. Nov. 1, 1738	1	26
John, s. John, d. Nov. 9, 1739	1	36
John, [twin with Benjamin], s. Benjamin, Jr. & Sarah, b. Jan. 20, 1755	2	247
John, s. Benjamin, Jr. & Sarah, d. Apr. 13, 1755	2	356
John, m. Esther **LEE**, Nov. 27, 1836, by Cha[rle]s Nichols	4	34-M
Jonathan, s. Israel & Dinah, b. Mar. 29, 1753	2	246
Joseph, s. Ezra & Mary, b. Sept. 1, 1789	2	251
Rachell, d. John, b. June 14, 1736	1	36
Rachel, of Chatham, m. Daniel **KELLOG[G]**, Jr., of Hebron, May 31, 1770	2	56

	Vol.	Page
TAYLOR, (cont.)		
Reuben, m. Anna **SKINNER**, Dec. 6, 1764* 1784 (*Perhaps 1754?) *(Probably) the year 1764 and the word perhaps was crossed out and the year 1784 and the word probably was inserted.)	2	251
Samuel Brown, s. Ezra & Mary, b. Oct. 3, 1794	3	313
Sarah, d. John, b. June 28, 1742	1	36
Sybel, d. [Ezra & Mary], b. Feb. 27, 1792	2	251
Violettee, of Coventry, m. Roger **FULLER**, of Hebron, Nov. 17, 1785	2	28
Violetta, m. Charles **GILLIT**, b. of Hebron, Mar. 8, 1787	2	34
James, m. Mary Sophia **SUMMERS**, b. of Hebron, Jan. 5. 1840, by Ziba Loveland	4	37-M
TEFFT, TIFFT, Hannah A., m. Samuel F. **JONES**, b. of Hebron, July 25, 1850, by Rev. Edgar J. Doolittle	4	51-M
TENNANT, Chester, m. Delinda **CLARK**, Oct. 14, 1829, by Rev. Peter Griffing	4	19-M
TERRY, Abigail, of Lebanon, m. Thomas **WEBSTER**, of Hebron, Nov. 21, 1759	2	122
Ann, of Lebanon, m. Gideon **POST**, of Hebron, Apr. 7, 1762	2	81
THOMAS, Eunice, d. John & Rovina, b. Mar. 13, 1768	2	249
Henery, s. John, b. Oct. 10, 1770	2	249
John, m. Rovina **BROWN**, b. of Hebron, Nov. 10, 1764	2	112
Lovina, m. David **CURTIS**, b. of Hebron, May 30, 1793	3	233
Rovina, d. John & Rovina, b. Aug. 31, 1764	2	249
THOMPSON, TOMPSON, TOMSON, Abigill, d. John, b. Sept. 1, 1737	1	26
Abigail, m. Jonathan **PETERS**, Nov. 25, 1762	2	81
Ann Elizabeth, d. Augustus & Adaline S., b. Aug. 11, 1834; d. Oct. 26, 1838	4	4
Ann Elizabeth, d. Augustus & Adaline S., d. Oct. 13, 1838, ae 4 y.	3	361
Anna, d. John, b. July 2, 1734	1	21
Elias W., m. Sarah **CRAIG**, b. of Hebron, Nov. 26, 1843, by Rev. John Whittlesey	4	43-M
Eliza Ann, of Stonington, m. Patrick **CONNELY**, of Hebron, Oct. 25, 1829, by Rev. Lyman Strong	4	19-M
James H., m. Fanny **BILL**, b. of Hebron, Sept. 5, 1841, by Charles Nichols	4	39-M
Joseph, s. John, b. Dec. 31, 173[ ]	1	13
Lorenzo Dow, [s. Augustus & Adaline S.], b. Apr. 21, 1839	4	4
Louisa, m. Eliphalet G. **BANNING**, Oct. 22, 1842, by Rev. Abraham Holway	4	41-M
Ludencia Mandana, [child of Augustus & Adaline S.], b. Sept. 6, 1836	4	4
Mary, d. John, b. July 25, 1741	1	33
Mary, m. Peter **POST**, b. of Hebron, Mar. 10, 1757	2	80
Royal A., m. Sarah J. **WARREN**, b. of Hebron, Sept. 6, 1837, by Alpheus Geer	4	34-M
Sary, of Hebron, m. John **PERKINS***, of New London, Jan. 10, 1750/51 (*Written "Perkings")	2	80
Sarah W., of Montville, m. Amos **BILL**, of Hebron, Aug. 24, 1840, by Rev. Alpheus Geer	4	38-M

	Vol.	Page
TICE, Richard, m. Mary A. **IRISH**, Jan. 2, 1825, by J. S. Peters, J. P.	4	13-M
TICKNOR, Abelena, m. Henry **HIGGINS**, Mar. 26, 1834, by Rev. B. Griffing	4	31-M
Ansyl, of Columbia, m. Emily E. **TUTTLE**, Dec. 25, [1834], by Rev. William Bowen of Andover	4	31-M
David W., m. Hannah M. **GEER**, Dec. 24, 1837, by Charles Nichols	4	35-M
Ellen Maria, d. [Ansel & Emily], b. Mar. 12, 1838	4	5
Julia Charlotte, [d. Ansel & Emily], b. May 17, 1840	4	5
Mary Eliza, d. Ansel & Emily, b. Sept. 26, 1835	4	5
TIFFANY, Eleaz[er], s. Eleaz[er] & Sarah, b. Aug. 9, 1744	2	246
Eleazer, s. Eleazer & Sarah, b. Aug. 27, 1764	2	248
Gils, s. Eleaz[er] & Sarah, b. Nov. 1, 1747	2	246
Huldah, d. Eleaz[er] & Sarah, b. July 3, 1753	2	246
John Church, s. Eleazer & Sarah, b. June 30, 1758	2	247
Lord Nelson, of Lyme, m. Mary E. **GILLETT**, of Hebron, Apr. 8, 1839, by Rev. Alpheas Geer	4	36-M
Rehoda, d. Eleaz[e]r & Sarah, b. Jan. 25, 1756	2	247
Sarah, d. Eleaz[er] & Sarah, b. Apr. 20, 1750	2	246
Walter, s. Eleaz[er] & Sarah, b. Apr. 21, 1762	2	248
TIFFT, [see under **TEFFT**]		
TILDEN, Anne, d. John & Bershaba, b. Oct. 23, 1769	2	249
Caluin, s. Isaac, Jr., b. Sept. 23, 1744	1	40
Cynthia, [see under Syntha]		
Ireny, d. Isaac, Jr., b. Feb. 22, 1746/7	1	46
Isaac, Jr., m. Ireene **PHELPS**, Nov. 10, 1743	1	38
Isaac, d. Apr. 15, 1771	2	356
Isaiah, s. Isaac, b. July 9, 1751	1	58
Isaiah, s. Isaac, b. July 9, 1751	2	246
John, of Hebron, m. Bathsheba **JONES**, of Coventry, Aug. 12, 1762	2	112
John, s. John & Barsheba, b. Nov. 7, 1766	2	248
Judah, d. Isaac, d. July 15, 1742	1	38
Judeth, d. Isaac & Irene, b. Apr. 30, 1749	2	356
Lowis, d. John & Bathesheba, b. Apr. 20, 1763	2	356
Lucena, d. John & Barsheba, b. Oct. 31, 1764	2	248
Marcy, m. Phillop **BILL**, Mar. 4, 1747	1	51
Naomi, d. Isaac, & Irany, b. Sept. 6, 1753	2	246
Olive, d. John & Bashiba, b. Apr. 16, 1772	2	249
Rebecka, m. Isaac **OWEN**, July 20, 1738	1	25
Rebecca, w. Isaac, d. Nov. 7, 1767	2	356
Rhoda, d. Isaac & Irene, b. Dec. 12, 1756	2	356
Syntha, [d. John], b. Sept. 17, 1771	2	357
Syntha, d. John & Bashiba, b. Sept. 17, 1774	2	249
Theda, d. Isaac & Irene, b. Aug. 15, 1758	2	247
TILLOTSON, TILLITSON, TILLETSON, TILETSON, Abel, s. Jonathan & Hannah, b. Jan. 18, 1754	2	246
Abraham, s. Jonathan, b. July 25, 1726* (*1746?)	1	46
Abraham, m. Cybel **BROOKER**, of Lyme, Mar. 15, 1752	2	112
Abram, s. Abraham & Cybill, b. Dec. 26, 1736* (*1756)	2	247
Amasa, s. Jonathan & Hannah, b. July 10, 1759	2	247
Amey, d. Jonathan, Jr., b. Apr. 22, 1752	2	246
Amy, d. Jonathan, Jr., d. Jan. 27, 1753	2	356

	Vol.	Page
TILLOTSON, TILLITSON, TILLETSON, TILETSON, (cont.)		
Anne, d. Daniel & Mindwell, b. May 5, 1755	2	246
Ascenath, d. Daniel & Mindwell, b. Aug. 5, 1760	2	247
Beck, m. Josiah **KILLBORN**, June 6, 1728	1	6
Benj[ami]n, s. Joshua & Elisabeth, b. Oct. 20, 1761	2	247
Content, d. Jonathan, Jr., b. Dec. 3, 1745	1	44
Daniel, s. Morris, b. Apr. 1, 1721	1	69
Daniell, m. Mindwell **HORSFORD**, Sept. 16, 1742	1	35
Daniel, s. Daniel, b. Oct. 14, 1750	1	55
Daniell, s. Elizur & Content, b. Aug. 10, 1773	2	250
David, s. Elizur & Content, b. Aug. 23, 1768	2	249
David, s. Abraham & Elinor, b. May 24, 1771	2	249
Deborah, d. Morris, b. July 13, 1719	1	69
Deborah, m. Nathaniell **MAN**, Jr., June 5, 1739	1	30
Deb[o]rah, d. Daniell, b. Mar. 25, 1748	1	48
Darkis, d. Joshua, b. Mar. 21, 1725; d. Apr. 16, 1725	1	69
Darchis, d. Joshua, b. Apr. 24, 1731	1	17
Dorcas, m. Richard **BAXTER**, Nov. 17, 1751	2	4
Elizur, m. Content **NELAND**, Jan. 17, 1764	2	112
Elizur, s. Elizur & Content, b. Jan. 21, 1767	2	248
Elizer Olcott, s. Elizer, Jr. & Anne, b. Aug. 11, 1790	2	251
Elisabeth, d. Abraham & Sybil, b. Jan. 31, 1755	2	246
Emelia, d. Daniel & Mindwell, b. Mar. 26, 1762	2	248
Ephraim, s. Abraham & Cybill, b. Dec. 24, 1758	2	247
Hannah, d. Jonathan, Jr., b. Jan. 28, 1737/8	1	25
James, s. James, b. Mar. 16, 1739	1	26
Jonathan, Jr., m. Hannah **ROOT**, Mar. 31, 1737	1	25
Jonathan, s. Jonathan, b. Apr. 5, 1748	1	49
Jonathan, s. Jonathan, Jr., d. Jan. 13, 1753	2	356
Jonathan, d. Aug. 24, 1753	2	356
Jonathan, s. Jonathan & Hannah, b. Apr. 30, 1756	2	247
Joshua, m. Sarah **PORTER**, June 25, 1724	1	69
Joshua, s. Joshua, b. Apr. 16, 1729	1	17
Joshua, s. Joshua, d. Mar. 25, 1730	1	17
Joshua, s. Joshua, b. May 24, 1733	1	14
Joshua, d. June 19, 1759	2	356
Joshua, m. Elisabeth **BROOKER**, Nov. [ ], 1760	2	81
Lydea, d. Daniel & Mindwell, b. Sept. 8, 1757	2	247
Margery, d. Abraham & Cybil, b. Mar. 30, 1763	2	248
Martha, d. Morris, b. May 16, 1715	1	69
Martha, m. Ichabod **PHELPS**, Dec. 10, 1730	1	15
Martha, d. Dan[ie]ll, b. Nov. 16, 1752	2	246
Mary, d. Abraham, b. Aug. 4, 1750	1	54
Mary, d. Joshua & Elisabeth, b. Aug. 23, 1763	2	248
Mary, m. John **SWETLAND**, b. of Hebron, Mar. 14, 1773	2	107
Mindwell, d. Daniell, b. July 5, 1743; d. same day	1	37
Mindwell, d. Daniell, b. June 28, 1745	1	42
Mindwell, d. Abraham & Cybil, b. Feb. 22, 1765	2	248
Morris, m. [ ], July 21, 1713	1	69
Morris, Capt., d. Feb. 18, 1761	2	356
Rachel, d. Abraham & Cybil, b. Mar. 15, 1761	2	247
Rebeckah, d. Jonathan, Jr., b. Sept. 8, 1741	1	34

	Vol.	Page
TILLOTSON, TILLITSON, TILLETSON, TILETSON, (cont.)		
Siser, s. Jonathan, Jr., b. June 15, 1739	1	29
Tempranc[e], d. Jonathan, Jr., b. Oct. 31, 1743	1	40
Turner, s. Elizer, Jr. & Anne, b. Oct. 6, 1792	2	251
Zeruiah, d. Jonathan, Jr., b. Apr. 23, 1750	1	55
Zuruiah, d. Jonathan, Jr., d. Aug. 13, 1753	2	356
Zeruiah, d. Elizur & Content, b. Aug. 12, 1765	2	248
----, wid. of Capt. Morris, d. July 25, 1776	2	357
TINKER, Abigail, m. Joel **PARRISH,** July 24, 1754	2	80
Betty, b. Jan. 4, 1745; m. Anselin **ANNABLE,** Dec. 5, 1764	2	142
Sally, of East Haddam, m. Rev. Amos **BASSETT,** of Hebron, Mar. 30, 1796	3	231
TISDALE, Charlotte, of Hebron, m. Jon[atha]n Owen **ARNOLD,** of New London, Oct. 15, 1841, by Rev. H. Torbush	4	43-M
William R., m. Betsey P. **MORSE,** b. of Hebron, Aug. 27, 1837, by Rev. Alpheus Geer	4	34-M
TOPLIFF, Andrew J., of Coventry, m. Mary E. **BASCOM,** of Hebron, May 15, 1851, by Rev. Edgar J. Doolittle	4	52-M
TOWNSEND, TOWNSEN, TOWNZEND, Alice, d. Jesse & Martha, b. Jan. 27, 1755	2	247
Azubah, m. Alexander **WHITE,** June 18, 1778	2	123
Charlotte, d. Jesse & Martha, b. Jan. 3, 1762	2	248
Cina, d. David, Jr. & Hannah Andrews, b. Nov. 12, 1788	2	251
David, m. Irana **LO[O]MIS,** Aug. 7, 1751	2	112
David, m. Elisabeth **FOWLER,** Sept. 6, 1761	2	113
David, Jr., m. Hannah Andrews **CONE,** of East Haddam, May 20, 1784	2	122
David, Jr., m. Hannah A. **CONE,** of East Haddam, May 20, 1784	3	265
Elisabeth, d. David & Elisabeth, b. Mar. 1, 1772	2	249
Hannah, d. Martin & Rhoda, b. June 19, 1754	2	246
Han[n]ah, d. David, Jr. & Hannah, b. Oct. 31, 1786	2	251
Hannah, d. David, Jr. & Hannah, b. Dec. 21, 1792	3	313
Irene, d. David & Irene, b. Aug. 19, 1754	2	247
James Henry, m. Lucy Ann **FRANKLIN,** b. of Columbia, Dec. 1, 1850, by Rev. Charles R. Fisher, at St. Peter's Church	4	52-M
Jesse, m. Martha **SHIPMAN,** Apr. 29, 1746	1	43
Jesse, s. David & Elisabeth, b. Jan. 13, 1766	2	249
John, s. David, Jr. & Hannah, b. Feb. 6, 1785	2	250
Jonathan, s. David & Elisabeth, b. May 12, 1762	2	249
Jonathan, 2d., m. Martha **DUTTON,** Jr., b. of Hebron, Jan. 18, 1787	2	122
Jonathan, 3rd, s. Jona[than], Jr. & Martha, b. Dec. 13, 1787	2	251
Jonathan, of Hebron, m. Miriam **NEWTON,** of Colchester, May 18, 1789	2	122
Laura, d. David & Hannah, b. Sept. 10, 1796	3	313
Lydia, d. Dauid, b. Aug. 15, 1752	2	246
Martin, m. Rhoda **INGHAM,** Oct. 19, 1753	2	112
Patty, d. Jonathan & Martin, b. Apr. 19, 1790	2	251
Richard, s. Jonathan, b. Sept. 28, 1731	1	13
W[illia]m Alfred, s. Jonathan &Mariam, b. Aug. 13, 1792	3	313
William Dyer, s. [David & Hannah], b. Nov. 25, 1804	3	313
Zuba, d. Jesse & Martha, b. Aug. 26, 1757	2	247

HEBRON VITAL RECORDS 267

	Vol.	Page
TRACY, Gurdon, of Coventry, m. Mary Ann **DRINKWATER**, of Hebron, Mar. 29, 1848, by Rev. Alpha Miller, of Andover	4	49-M
TREAT, Harris H., of Glastenbury, m. Sarah L. **BINGHAM**, of Hebron, [Oct.] 14, [1841], by Rev. B. M. Walker	4	39-M
TROTTER, Anne, m. John **GOTT**, Jr., Dec. 26, 1754	2	34
TROWBRIDGE, Daniel C., m. Eliza **BROWN**, b. of Hebron, Mar. 23, 1846, by Rev. J. Mather	4	46-M
TRUMBULL, TRUMBLE, TRUMBAL, TRUMBALL, TRUMBELL,		
Asiff*, s. Benjamin, b. Mar. 1, 1738 (*Asaph?)	1	25
Asaph, m. Zilpha **PHELPS**, Dec. 4, 1760	2	112
Asaph, s. Capt. Aspah & Zilpha, b. Oct. 29, 1783	2	250
Azilpha, d. Asaph & Azelpah, b. Nov. 6, 1765	2	249
Azubah, d. Asaph & Azelpah, b. Dec. 6, 1767	2	249
Benjamin, m. Mary **BROWN**, Jan. 9, 1734/5	1	21
Benjaman, s. Benjaman, b. Dec. 19, 1735	1	22
Benjamin, Jr., m. Mrs. Martha **PHELPS**, b. of Hebron, Dec. 4, 1760	2	112
Benj[ami]n, Ens., of Hebron, m. Abigail **LOOMIS**, of Bolton, May 24, 1764	2	112
Benjamin, s. Capt. Asaph & Zilpha, b. Aug. 23, 1790	2	251
Benoney, Capt., m. Wid. Hannah **BLISS**, Oct. 27, 1742	1	36
Benoni, Capt., d. July 24, 1770, in the 86th y. of his age	2	356
Catherine, m. Alexander **INGHAM**, May 1, 1759	2	50
Dauid, s. Benjamin, b. Apr. 8, 1744	1	39
Dauid, s. Benjamin, d. June 23, 1744	1	39
David, s. Asaph & Zilpha, b. May 7, 1772	2	249
Elisabeth, d. Asaph, b. Mar. 23, 1781	2	250
Est[h]er, d. Benony, [b.], Aug. 22, 1722	1	75
Esther, d. Benjamin, b. Dec. 18, 1748	1	50
Hannah, d. Benony, b. May 12, 1716	1	75
Hannah, m. Beniamin **ARCHER**, Apr. 22, 1742	1	34
Hannah, d. Benjamin, b. Dec. 27, 1751	2	246
Hannah, d. Benjamin, d. Nov. 7, 1754	2	356
Hannah, w. Capt. Benoni, d. May 7, 1759, in the 67th y. of her age	2	356
Hannah, d. Asaph & Zilpha, b. Mar. 9, 1762	2	247
Hannah, m. Samuel **PETERS**, b. of Hebron, Sept. 25, 1782	2	84
Hester, m. Josiah **MACK**, Jr., Apr. 21, 1743	1	46
Jonathan, s. Lieut. Asaph & Zilpha, b. May 9, 1779	2	250
Martha, d. Capt. Asaph, b. Sept. 14, 1786	2	250
Mary, d. Benjamin, b. Feb. 13, 1741/2	1	35
Mary, m. Ichabod **PHELPS**, Jr., b. of Hebron, Jan. 1, 1761	2	81
Mary, w. Ens. Benj[ami]n, d. Nov. 18, 1763	2	356
Mary, d. Asaph & Zilpha, b. Dec. 28, 1763	2	248
Philomelia, d. Lieut. Asaph & Zilpha, b. Jan. 16, 1777	2	250
Sarah, w. Capt. Benoney, d. May 8, 1742	1	34
Sarah, d. Benjamin, b. July 11, 1745	1	43
Sarah, d. Asaph & Zilpha, b. Apr. 10, 1770	2	249
Sarah, d. Asaph, d. Aug. 1, 1772	2	356
Sarah, d. Asaph, b. June 12, 1774	2	250
Wait, s. Jonathan & Lydia, b. Jan. 4, 1804	3	318
TUB[B]S, Hannah, m. R[e]uben **HUTCHASON**, Apr. 18, 1749	1	52

	Vol.	Page
TUTTLE, TUTTELL, TUTTALL, TUTLE, Abba Ann, of Hebron, Andover Soc., m. Hesekiah Smith **ATWOOD**, of Nova Scotia, now of Collinsville, [1846?], by Rev. James W. Woodard, of Columbia	4	47-M
Austin, of Waterbury, m. Mary **BARBER**, of Hebron, Nov. 20, 1805	3	265
Calvin Austin, s. [Austin & Mary], b. Nov. 12, 1810	3	313
Daniel, m. Harriet **BISSELL**, Oct. 3, 1830, by Rev. Peter Griffing	4	22-M
David Barber, s. Austin & Mary, b. July 5, 1806	3	313
Eliiah, s. Nathan, b. May 6, 1731	1	21
Emily, d. [Austin & Mary], b. Nov. 4, 1808	3	313
Emily E., m. Ansyl **TICKNOR**, of Columbia, Dec. 25, [1834], by Rev. William Bowen, of Andover	4	31-M
Hannah, d. Nathan, b. Jan. 3, 1729	1	21
Hannah, d. Joseph & Mary, b. July 21, 1765	2	249
James, m. Emma **BISSELL**, Nov. 29, 1832, by Rev. Peter Griffing	4	29-M
Jerusha, d. Joseph & Mary, b. Jan. 22, 1769	2	249
Joseph, m. Mary **FULLER**, b. of Hebron, May 18, 1761	2	112
Joseph, s. Joseph & Mary, b. Aug. 17, 1762	2	248
Mary, d. Joseph & Mary, b. Feb. 4, 1767	2	249
Nathan, s. Nathan, b. Sept. 15, 1727	1	21
Sarah, d. Nathan, b. Jan. 26, 1733/4	1	21
TYLER, Elisabeth, of Coventry, m. Daniel **REED**, 3rd, of Hebron, May 29, 1796	3	261
UTLEY, Andrew P., of Pomfret, m. Sarah J. **FOOT**, of Colchester, Apr. 30, 1844, by Rev. Alpheus Geer	4	43-M
WADSWORTH, Mary, m. Ebenezer **HALL**, Nov. 14, 1754	2	42
WALDO, WALDER, Charles Wesley, s. [Levi & Hannah], b. Oct. 16, 1811	3	319
Emily, d. Levi & Hannah, b. Nov. 5, 1813	3	319
Emily, m. Thomas H. **MAYNARD**, Apr. 3, 1831, by Rev. Peter Griffing	4	24-M
Enoch G., m. Emma E. **LATHAM**, b. of Hebron, Nov. 16, 1842, by Rev. Abraham Holway	4	41-M
Enoch George, s. Levi, b. June 2, 1819	4	3
Joseph, s. [Levi & Hannah], b. Apr. 1, 1816	3	319
Levi, m. Hannah **WHITE**, Oct. 23, 1804	3	269
Lucius Edward, s. [Levi & Hannah], b. Apr. 15, 1808	3	319
Nathan, s. Israel, d. Nov. 1, 1751 (Perhaps "Walker"?)	1	57
Samuel White, s. Levi & Hannah, b. Nov. 7, 1806	3	319
Sophia, of Windham, m. Joseph **WHITE**, Jr., of Hebron, May 20, 1812, by Daniel Rost (?), J. P. at Windham	3	269
-----, infant child of Enoch G. & Emma E., b. May 8, 1848	4	10
WALES, Anne, d. Seth & Jemima, b. Sept. 15, 1756	2	255
Nathaniel, s. Seth & Jemima, b. Oct. 7, 1754	2	256
Nath[anie]ll, s. Seth & Jemima, b. Oct. 7, 1754	2	360
Roger, s. Timothy, b. June 19, 1769	2	261
Roxena, d. Timothy, b. Apr. 7, 1774	2	261
Sarah, d. Timothy, b. May 11, 1773	2	261
Seth, m. Jemima **NEWCOMB**, Mar. 12, 1754	2	122
WALKER, Augustavus, m. Mary Ann **CHAPMAN**, Jan. 26, 1832, by Rev. Peter Griffing	4	26-M
Hannah, d. Israel & Abigail, b. Apr. 24, 1754	2	255

	Vol.	Page
WALKER, (cont.)		
Isaiah, s. Israel, b. Sept. 14, 1750	1	54
Israell, m. Abigill **ROLLO**, Nov. 5, 1746	1	44
Israel, s. Israel, b. July 11, 1752 (Written "**WALDER**")	2	254
Nathan, s. Israel, d. Nov. 1, 1751 (Written "**WALDER**")	1	57
Ruth, of Ashford, m. Peter **POST**, of Hebron, Nov. 18, 1770	2	83
WALTERS, [see under **WATERS**]		
WARD, Obadiah, m. Est[h]er **WHITE**, Sept. 28, 1749	1	52
Sally, of Marlborough, m. Lewis **GILBERT**, of Hebron, Dec. 28, 1814	3	241
WARNER, Abby, m. George **PHELPS**, farmer, b. of Lyme, Conn., Oct. 24, 1847, by Rev. W. Wilkie	4	49-M
Elijah, of Bolton, m. Abigail **BUELL**, of Hebron, Mar. 21, 1821, by Rev. Nathan Gillet	4	2-M
Esther, of Waterbury, m. Zadock **MAN**, of Hebron, Sept. 18, 1780	2	67
Hannah, d. Dan[ie]ll & Bethiah, b. Mar. 22, 1751	2	254
John, m. Mary **CORBY**, Nov. 5, 1718	1	77
John, m. Margaret **ROOT**, Jan. 25, 1727	1	7
John, d. May 21, 1761	2	360
Lucy F., m. Ebenezer E. **STRONG**, of Illinois, Aug. 26, 1841, by Charles Nichols	4	39-M
Martha, of Bolton, m. David **POST**, of Hebron, May 20, 1784	2	84
Mary, w. John, d. Sept. 21, 1726	1	73
Massa, s. Daniel & Bethiah, b. May 22, 1754	2	255
Samuel C., of Onego, N. Y., m. Frances S. **PHELPS**, of Hebon, May 25, 1840, by Sylvester Selden	4	38-M
William T., m. Olive M. **HUTCHINSON**, Sept. 14, 1853, by Charles Nichols	4	54-M
WARREN, Sarah J., m. Royal A. **THOMPSON**, b. of Hebron, Sept. 6, 1837, by Alpheus Geer	4	34-M
WASHBURN, WASHBON, Aaron, s. Levi & Abigail, b. Oct. 18, 1778	2	261
Aaron, s. Levi & Abigail, d. July 27, 1780	2	360
Aaron, s. Levi & Abigail, b. Nov. 13, 1786	2	262
Abigill, d. Timothy, b. Aug. 2, 1747	1	51
Abigail, d. Levi & Abigail, b. Jan. 20, 1777	2	261
Hannah, d. Timo[thy] & Keziah, b. Feb. 22, 1757	2	256
Hannah, d. Levi & Abigail, b. Aug. 4, 1783	2	262
Joel, s. Levi & Abig[ai]l, b. Mar. 14, 1775	2	261
Lemuel, s. Timothy & Keziah, b. Sept. 6, 1754	2	255
Leui, s. Timothy, b. Oct. 22, 1749	1	57
Levi, m. Abigail **PORTER**, b. of Hebron, Mar. 22, 1772	2	123
Levina, d. Levi & Abigail, b. June 9, 1781	2	261
Mary, d. Levi & Abig[ai]l, b. June 22, 1773	2	261
Oliuer, s. Timothy, b. Nov. 3, 1751	2	254
WASS, Allen, s. [John & Katharine], b. Apr. 8, 1787	2	263
Anna, d. John & Katharine, b. Sept. 27, 1769	2	263
Deborah, d. [John & Katharine], b. Jan. 17, 1775	2	263
Elisabeth, d. [John & Katharine], b. Aug. 20, 1786* (*1778?)	2	263
John, s. [John & Katharine], b. Feb. 3, 1783	2	263
Mary, d. [John & Katharine], b. June 25, 1780	2	263
Rebecca, d. [John & Katharine], b. Feb. 8, 1777	2	263

	Vol.	Page
WATERS, WARTERS, WALTERS, Abigail, d. Joseph & Lucy, b. June 12, 1750	2	256
Abigail, d. Stallworthy, Jr. & Abigail, b. Mar. 7, 1760	2	257
Abigail, of Hebron, m. Zadock **CUTTING**, of Shrewsbury, June 14, 1785	2	12
Abner, s. Stal[l]worthy, b. May 15, 1729	1	9
Abner, m. Lydia **ROOT**, June 11, 1752	2	122
Adam, s. Samuell, b. June 19, 1720	1	78
Alexander, s. Timothy & Phebe, b. May 29, 1761	2	360
Anna, d. Samuell, b. May 18, 1746	1	46
Anna, d. [Joseph, Jr. & Lydia], b. Feb. 2, 1780	2	262
Anne, d. Samuell, b. Oct. 9, 1704	1	78
Benjamin, s. Abner & Lydia, b. Feb. 28, 1753	2	255
Catherine, d. Worthy, Jr. & Abigail, b. May 6, 1761	2	257
Daniel, s. Adam & Mary, b. Mar. 26, 1759	2	257
Dauid, s. Samuel, b. Apr. 15, 1748	1	48
David, s. Ens. Worthy & Abigail, b. July 21, 1765	2	258
David, m. Eunice **CURTIS**, Feb. 1, 1787	2	123
David, Jr., s. David & Eunice, b. Dec. 27, 1787	2	262
Elijah, s. Stallworthy & Abigail, b. Aug. 1, 1767	2	258
Elijah, of Hebron, m. Lucy **HILLS**, of Colchester, Dec. 27, 1792	2	124
Elijah, s. Elijah & Lucy, b. Sept. 9, 1793	2	263
Elisha, s. Adam & Mary, b. Dec. 22, 1756	2	256
Elisebeth, d. Gidian, b. June 3, 1730	1	18
Elisibeth, w. Gidian, d. June 3, 1730	1	18
Elisibeth, m. Isaac **DUNHAM**, Feb. 4, 1734/5	1	26
Erastus, s. [Joseph, Jr. & Lydia], b. Nov. 9, 1774	2	262
[E]unis, d. Samuell, b. Sept. 12, 1715	1	78
Eunice, d. Timothy & Phebe, b. Jan. 8, 1757	2	256
Giddion, s. Samuell, b. May 8, 1710	1	78
Gidian, m. Elisabeth, **COHOON**, Dec. 30, 1729	1	18
Gidian, m. [E]uniss **BARTLITT**, Sept. 30, 1731	1	14
Giddion, s. Stallworthy, b. Oct. 8, 1736	1	23
Gideon, m. Lydea **POLLY**, Apr. 30, 1759	2	122
Hannah, d. Adam & Mary, b. Sept. 5, 1753	2	254
Hannah, d. Adam & Mary, d. Sept. 27, 1754	2	360
Hannah, d. Adam & Mary, b. Mar. 4, 1755	2	255
Hiram, s. [Norton & Phebe], b. July 9, 1800	3	317
Ireny, d. Stall Worthy, b. Mar. 5, 1731	1	17
Isaac, of Hebron, m. Catherine **WESCUT**, of Brook Haven, L.I., Nov. 17, 1765	2	122
Jemime, d. Samuell, b. May 10, 1744	1	40
John, s. Jos[eph] & Lucy, b. July 11, 1757	2	256
John, m. Mindwell **JONES**, b. of Hebron, Feb. 1, 1787	2	123
Joseph, s. Samuell, b. Feb. 9, 1723	1	78
Joseph, m. Lucey **GILLET**, Dec. 10, 1746	2	122
Joseph, s. Joseph & Lucy, b. Dec. 24, 1747	2	256
Joseph, Jr., m. Lydia **GILLET**, b. of Hebron, Oct. 17, 1772	2	123
Joseph, 3rd, s. Joseph, Jr. & Lydia, b. Jan. 30, 1773	2	262
Joseph, d. Oct. 8, 1782. ae 61	2	361
Leonard, s. Capt. Worthy & Abigail, b. May 11, 1771	2	259
Lowes*, d. Samuell, b. May 14, 1713 (*Lois?)	1	78

	Vol.	Page
WATERS, (cont.)		
Lois, d. Lieut. Adam & Mary, b. Dec. 9, 1762	2	257
Liddiah, d. Stawlworthy, b. Feb. 1, 1734/5	1	22
Lydia, d. Adam, b. Feb. 6, 1749 (Written "Walters")	2	254
Lydia, d. [Joseph, Jr. & Lydia], b. Mar. 30, 1777	2	262
Mary, d. Samuell, b. Sept. 9, 1707	1	78
Mary, m. Noah **OWEN**, Mar. 30, 1727	1	69
Mary, d. Adam, b. Nov. 14, 1744 (Written "Walters")	2	254
Mindwell, d. Samuel & Jemima, b. July 9, 1754	2	255
Miriam, d. Stallworthy, b. May 16, 1740	1	33
Nath[anie]l, s. Oliver, b. Oct. 3, 1775	2	260
Norton, s. Capt. Worthy & Abigail, b. Apr. 5, 1769	2	259
Norton, of Hebron, m. Phebe **HILLS**, of Colchester, Nov. 3, 1791	2	124
Norton, s. Norton & Phebe, b. July 19, 1792; d. at the age of 5 wks.	2	265
Norton, s. Norton & Phebe, b. Feb. 12, 1796	3	317
Olive, d. Samuel & Jemima, b. Apr. 27, 1752	2	255
Oliuer, s. Adam, b. Dec. 28, 1746 (Written "Walters")	2	254
Oliver, s. Oliver & Theode, b. May 8, 1773	2	259
Ozias, s. [Joseph, Jr. & Lydia], b. Mar. 12, 1789	2	262
Phebe, d. Norton & Phebe, b. Sept. 24, 1793	2	265
Philemon, s. Jos[eph] & Lucy, b. Nov. 13, 1755	2	256
Philemon, s. Joseph & Lucy, d. Dec. 2, 1755	2	360
Polly, d. [Joseph, Jr. & Lydia], b. Oct. 22, 1782	2	262
Russel[l], s. Joseph & Lucy, b. Jan. 23, 1761	2	257
Russel[l], s. [Joseph, Jr. & Lydia], b. June 18, 1786	2	262
Samuell, s. Samuell, b. May 29, 1719	1	78
Samuell, Jr., m. Jemime **HOWARD**, Apr. 14, 1740	1	38
Samuell, Insign, d. Feb. 12, 1742/3	1	36
Samuell, s. Samuell, b. Feb. 28, 1742/3	1	38
Sarah, d. Worthy, b. Sept. 6, 1727/8	1	9
Stalworthy, s. Samuell, b. Mar. 18, 1703	1	78
Stall Worthy, s. Stall Worthy, b. Jan. 11, 1732/3	1	14
Stall Worthy, Jr., of Hebron, m. Abigail **DAYTON**, of Brook Haven, L. I., Apr. 8, 1759	2	122
StallWorthy, s. Norton & Phebe, b. May 2, 1798	3	317
Sterling, s. Samuel & Gemima, b. Sept. 9, 1757	2	256
Sibel, d. Adam, b. May 16, 1751 (Written "Walters")	2	254
Tempranc[e], d. Samuell, b. Feb. 17, 1724/5	1	78
Tempranc[e], d. Stallworthy, b. Feb. 2, 1738/9	1	29
Temperance, m. Elijah **WRIGHT**, Aug. 10, 1753	2	122
Temperance, d. Ens. Worthy & Abigail, b. May 6, 1764	2	258
Timothy, s. Gidian, b. July 3, 1732	1	14
Timo[thy], m. Phebe **BETTIS**, Dec. 14, 1754	2	122
Timothy, s. Timothy & Phebe, b. Apr. 11, 1755	2	255
Worthy, m. Sarah **CAR[R]IER**, Oct. 27, 1727	1	9
Worthy, of Hebron, m. Sarah **WHEELDEN**, of Glastonbury, Oct. 8, 1787	2	123
WATROUS, Hubbard J., m. Thankfull M. **HORTON**, Dec. 27, 1830, by Rev. Alpheas Geer	4	23-M
Ichabod, m. Phebe **FREEMAN**, Nov. 18, 1821, by Rev. Nathan Gillet	4	4-M

	Vol.	Page
WATROUS, (cont.)		
Simeon F., m. Julia E. **DINGLEY**, of Lebanon, July 1, 1849, by Rev. Charles Nichols	4	50-M
WATSON, Harriet, of Columbia, m. Ben **BENJAMIN**, of Hebron, Dec. 10, 1837, by Charles Nichols	4	34-M
WATTLES, Anna, d. [Joseph & Lydia], b. Nov. 26, 1800	3	318
Augustus, s. Joseph & Lydia, b. Feb. 9, 1796	3	318
Clarissa, d. [Joseph & Lydia], b. Aug. 4, 1798	3	318
Joseph, b. Aug. 11, 1773	3	318
Joseph, m. Lydia **DEAN**, Jan. 4, 1795	3	269
Keziah, d. [Joseph & Lydia], b. Feb. 13, 1803	3	318
Lydia, d. Amos & Joseph, b. Dec. 29, 1774	3	318
WAY, Amy, w. Thomas, d. Mar. 20, 1819	3	365
Betsey L., m. Henry J. **PHELPS**, b. of Hebron, Oct. 29, 1822, by Rev. William Jarvis	4	7-M
Betsey Latimer, d. [Daniel S. & Clarissa], b. Mar. 22, 1802	3	318
Clarissa, d. [Daniel S. & Clarissa], b. Mar. 13, 1804	3	318
Clarissa, m. Charles **POST**, b. of Hebron, Mar. 24, 1825, by Rev. William Jarvis	4	16-M
Daniel, s. [Daniel S. & Clarissa], b. Aug. 2, 1806	3	318
Daniel, s. Daniel S. & Clarissa, d. July 11, 1810	3	365
Daniel, s. Daniel S. & Clarissa, b. May 28, 1814	3	319
Daniel, m. Harriet B. **HUTCHINSON**, b. of Hebron, May 19, 1841, by Rev. Charles Nichols	4	39-M
Daniel S., d. July 22, 1823	3	365
Daniel Shaw, m. Clarissa **LATEMER**, Jan. 10, 1799	3	269
Edmond Randolph, s. Daniel S. & Clarissa, b. Feb. 23, 1800, at Lyme	3	318
Emily Jane, d. [Edmond R. & Clarissa], b. Feb. 23, 1832	4	3
James A., of Marshall, Mich., m. Ann M. **POST**, of Hebron, Aug. 20, 1843, by Rev. Alpheus Geer	4	42-M
James Atkins, s. Daniel S. & Clarissa, b. Dec. 14, 1816	3	319
John M., m. Elizabeth J. **WELLES**, Sept. 13, 1836, by Rev. Charles Nichols, of Gilead	4	33-M
John Mirick, s. [Daniel S. & Clarissa], b. Sept. 26, 1809	3	318
Laura Elizabeth, d. [Edmund R. & Clarissa], b. Apr. 6, 1834	4	3
Maria, d. Daniel S. & Clarissa, b. Feb. 2, 1812	3	319
Maria, d. D. S.*, d. Aug. 28, 1814 (*Probably "Daniel S.")	3	365
Susan C., d. Edmund R. & Clarissa, b. Mar. 15, 1829	4	3
Thomas, d. Nov. 26, 1815	3	365
WEBB, Elias, of East Hartford, m. Phebe **HOUSE**, of Hebron, July 4, 1822, by Rev. Augustus B. Collins, of Andover	4	6-M
WEBSTER, WEBSTOR, Aaron, s. Thomas & Abigail, b. Nov. 2, 1774	2	260
Abigail, d. Thomas & Abigail, b. Dec. 6, 1767	2	260
Amelia R., m. David C. **BRAY**, May 27, 1844, by Rev. Charles Nichols, of Gilead	4	44-M
Augustus, s. Elijah, Jr. & Sarah, b. June 20, 1794	3	317
Celia Almira, d. Ezekiel & Matilda, b. Nov. 16, 1821	4	1
Charles, s. [Ezekiel & Matilda], b. May 27, 1824	4	1
Clara, d. Elijah & Deborah, b. Oct. 16, 1781	2	261
Daniel, s. Thomas & Abigail, b. June 13, 1772	2	260
Dauid, s. Thomas, b. Feb. 13, 1738/9	1	29

WEBSTER, WEBSTOR, (cont.)

	Vol.	Page
Deborah, d. Elijah & Deborah, b. Feb. 13, 1765	2	258
Deborah, w. Elijah, d. July 30, 1813	3	365
Dudley, s. Ezekiel & Matilda, b. Dec. 23, 1817	3	319
Ebenezer, s. Jonathan & Elisabeth, b. May 1, 1766	2	258
Elijah, s. Thomas, b. Nov. 12, 1734	1	20
Elijah, m. Deborah **POST**, b. of Hebron, Dec. 16, 1762	2	122
Elijah, s. Elijah & Deborah, b. Mar. 27, 1767	2	258
Elijah, Jr., of Hebron, m. Sarah **JONES**, of Coventry, Nov. 29, 1791	3	269
Elijah, d. Nov. 26, 1815, ae 82 y.	3	365
Elijah Lyman, s. Elijah Jr. & Sarah, b. Sept. 20, 1792	3	317
Eunice, d. Jon[a]th[an] & Eunice, b. Oct. 30, 1760	2	257
Eunice, w. Jonathan, d. Nov. 24, 1762	2	360
Ezekiel, s. Elijah & Deborah, b. Dec. 24, 1769	2	258
Ezekiel, s. Elijah & Deborah, d. Sept. 7, 1775	2	360
Ezekiel, s. Elijah & Deborah, b. Nov. 30, 1775	2	260
Ezekiel, m. Matilda **CHAPIN**, Apr. 4, 1805	3	269
Ezekiel Ely, s. Ezekiel & Matilda, b. Jan. 17, 1806	3	318
Joel, s. Elijah & Deborah, b. Dec. 21, 1772	2	259
Joel, s. Elijah & Deborah, d. Sept. 2, 1775	2	360
Joel, s. Elijah & Deborah, b. Jan. 11, 1779	2	261
Joel, of Hebron, m. Martha **WEBSTER**, of Bolton, Dec. 30, 1807	3	269
John, s. Thomas & Abigail, b. Apr. 17, 1766	2	260
John L., m. Mary M. **CHAPPEL**, b. of Hebron, [Apr.] 7, [1833], by Chester Humphrey, Hebron Gilead Soc.	4	30-M
John Leuman, s. Ezekiel & Matilda, b. Jan. 30, 1807	3	318
Jonathan, s. Thomas, b. Feb. 14, 1732/3	1	14
Jonathan, m. Elisabeth **WILLCOX**, May 11, 1763	2	122
Jon[a]th[an], s. Jon[a]th[an] & Elisabeth, b. May 4, 1764	2	258
Laura, d. Ezekiel & Matilda, b. Oct. 29, 1808	3	318
Laura, of Hebron, m. Lucius **WOOD**, of Vernon, Apr. 8, 1833, by Chester Humphry, Hebron Gilead Soc.	4	30-M
Liddia, d. Thomas, b. Feb. 4, 1730	1	5
Martha, of Bolton, m. Joel **WEBSTER**, of Hebron, Dec. 30, 1807	3	269
Martha M., m. Hiram H. **MARTINDALE**, May 19, 1835, by Rev. Charles Nichols	4	32-M
Martha Maria, d. Joel & Martha, b. June 16, 1812	3	319
Mary Louisa, d. Joel & Martha, b. Sept. 30, 1816	3	319
Matilda, d. Ezekiel & Matilda, b. June 11, 1810	3	318
Matilda, m. Solomon **NORTON**, b. of Hebron, Dec. 29, 1841, by Rev. Charles Nichols	4	40-M
Rachell, d. Thomas, b. Sept. 9, 1737	1	25
Samuel, s. Tho[ma]s & Abigail, b. June 17, 1772	2	260
Sarah, d. Thomas, b. Nov. 3, 1744	1	40
Simeon, s. Thomas, b. Mar. 18, 1736	1	22
Solomon, s. Thomas & Abigail, b. Nov. 27, 1762	2	260
Sophia, d. [Thomas & Susannah], b. Nov. 25, 1794	3	317
Susa, d. Thomas & Susannah, b. Oct. 10, 1787	3	317
Silvester, s. [Thomas & Susannah], b. Feb. 15, 1792	3	317
Thomas, s. Thomas, b. Mar. 7, 1729	1	5
Thomas, of Hebron, m. Abigail **TERRY**, of Lebanon, Nov. 21, 1759	2	122

	Vol.	Page
WEBSTER, WEBSTOR, (cont.)		
Thomas, s. Thomas & Abigail, b. May 29, 1761	2	257
Thomas, Jr., s. Thomas, b. Aug. 12, 1764	2	260
Thomas, s. [Thomas & Susannah], b. Feb. 14, 1789	3	317
Thomas, d. June 12, 1848, ae 84 y.	3	365
William Chapin, s. Ezekiel & Matilda, b. Aug. 12, 1813	3	319
William Chapin, s. Ezekiel & Matilda, b. Aug. 12, 1813 (Entry marked "Error")	3	365
Zuruiah, d. Thomas, b. Aug. 29, 1740	1	33
-----, d. Elijah, b. Nov. 23, 1763	2	257
-----, d. Elijah, d. Dec. 2, 1763	2	360
WEEKS, John, of Montville, m. Jerusha **POST**, of Hebron, Oct. 19, 1841, by Rev. Alpheus Geer	4	39-M
WELLS, WELLES, WELL, Abigail, d. Russel[l] & Sarah, b. July 13, 1782	2	261
Alfred, s. John H. & Mary, b. Jan. 17, 1779	2	261
Andrew, s. Thomas, Jr. & Clarinda, b. Apr. 30, 1783	2	202
Annar, d. Bateman & Anner, b. Aug. 18, 1769	2	259
Anne, d. Joseph & Thankfull, b. July 3, 1765	2	258
Austin, s. Capt. Edmond & Mary, b. Feb. 14, 1759	2	256
Bateman, m. Annar **CARTER**, b. of Hebron, Feb. 12, 1769	2	123
Benjamin Carter, s. Bateman & Anner, b. May 28, 1778	2	123
Clarinda, w. Thomas, d. Sept. 1, 1810, ae 48 y.	3	365
Clarinda, m. William H. **HORTON**, b. of Hebron, May 13, 1835, by Rev. Alpheus Geer	4	33-M
Daniel, s. Edmond & Mary, b. Nov. 7, 1754	2	255
David Trumbull, s. Shipman & Zilpah, b. June 7, 1792	3	318
Edmond, s. Edmon[d], b. Aug. 30, 1746	1	44
Elihu, s. Tho[ma]s & Prudence, b. July 5, 1755	2	255
Eliza Jerusha, d. [James & Nancy], b. Nov. 8, 1813	3	319
Elizabeth, d. Joseph, b. Jan. 29, 1750/51	1	55
Elisabeth, d. Joseph & Thankfull, b. Jan. 29, 1751	2	259
Elisabeth, d. Thomas & Prudence, b. Apr. 19, 1769	2	259
Elisabeth, w. Thomas, d. Dec. 24, 1770, ae 84 y.	2	360
Elizabeth J., m. John M. **WAY**, Sept. 13, 1836, by Rev. Charles Nichols, of Gilead	4	33-M
Frederick, m. Maria **COLEMAN**, June 7, 1830, by Rev. Charles Nichols	4	21-M
Garner, s. Russel[l] & Sarah, b. Aug. 26, 1784	2	262
George, s. Capt. John H. & Mary, b. June 14, 1784	2	261
George Alfred, s. James & Nancy, b. June 4, 1810	3	319
Hannah, d. Joseph & Thankfull, b. Nov. 20, 1752	2	254
Hannah, d. [Reuben & Mary], b. Mar. 1, 1790	2	263
Henerals, s. Joseph & Thankfull, b. Apr. 20, 1763	2	257
Henry, s. Edmund, b. Mar. 25, 1750	1	54
Henery Hervy, s. Samuel & Judeth, b. Nov. 15, 1775	2	260
Henery Howel, s. Capt. John Howel & Mary, b. Jan. 14, 1776	2	260
Isabella, d. Bateman & Anner, b. Sept. 3, 1780	2	123
James, s. Edmund & Mary, b. Apr. 14, 1752	2	254
James, s. Capt. John H. & Mary, b. Sept. 17, 1781	2	261
John Bill, s. John Howel & Mary, b. Feb. 20, 1771	2	259
John Howell, s. Edmund, b. Feb. 12, 1742/3	1	40

HEBRON VITAL RECOREDS 275

	Vol.	Page
WELLS, WELLES, WELL, (cont.)		
Joseph, m. Thankfull **SHAILER**, May 17, 1750	1	55
Joseph, s. Joseph & Thankfull, b. Aug. 7, 1767	2	259
Leonard, s. Russel[l] & Sarah, b. Aug. 29, 1786	2	262
Lysander, s. Shipman & Zilpa, b. Sept. 18, 1787	3	318
Margery, d. Jos[eph] & Thankfull, b. Nov. 15, 1754	2	256
Mary, d. Edmon[d], b. May 16, 1748	1	49
Mary, d. Samuel & Judeth, b. Aug. 3, 1778	2	261
Nathan Arial, s. Samuel & Judah, b. July 15, 1771	2	259
Pertheny, d. [Shipman & Zilpah], b. Oct. 11, 1795	3	318
Phebe, d. Bateman & Anner, b. Apr. 1, 1776	2	260
Phila, d. [Russel[l] & Sarah], b. Jan. 5, 1792	2	263
Polley Myra, d. [Reuben & Mary], b. Aug. 19, 1787	2	263
Prudence, d. Thomas & Prudence, b. June 23, 1753	2	255
Reuben, s. Thomas & Prudence, b. Sept. 16, 1762	2	259
Reuben Trumbull, s. Reuben & Mary, b. Nov. 29, 1785	2	263
Russel[l], s. Thomas & Prudence, b. Mar. 13, 1758	2	259
Russel[l] Carter, s. Russel[l] & Sarah, b. Mar. 26, 1780	2	261
Salla, twin with Sila, d. Russel[l] & Sarah, b. Mar. 9, 1789	2	263
Samaramis, d. Joseph & Thankfull, b. Jan. 14, 1759	2	259
Samuel, m. Judeth **SHALOR**, b. of Hebron, Nov. 18, 1770	2	122
Samuel Zyperon, s. Samuel & Judeth, b. Sept. 16, 1773	2	260
Sarah, d. Capt. Edmon & Mary, b. Feb. 28, 1757	2	256
Sarah, d. Bateman & Anner, b. Aug. 12, 1771	2	260
Shaler, s. Joseph & Thankfull, b. Feb. 28, 1761	2	257
Shipman, s. Thomas & Prudence, b. Aug. 14, 1764	2	259
Sila, twin with Salla, d. Russel[l] & Sarah, b. Mar. 9, 1789	2	263
Thankfull, w. of Thomas, Jr., d. Apr. 28, 1750	2	360
Thankfull, d. Thomas & Prudence, b. July 29, 1751	2	259
Thankfull, m. James **POST**, b. of Hebron, Dec. 19, 1770	2	83
Thankfull, d. Bateman & Anne, b. Sept. 16, 1773	2	260
Thomas, Jr., m. Thankfull **ROWLEE**, Nov. 8, 1743	1	40
Thomas, s. Thomas, Jr., b. Feb. 11, 1743/4	1	40
Thomas, Jr., m. Prudence **SHIPMAN**, Nov. 14, 1750	2	122
Thomas, s. Thomas & Prudence, b. Aug. 14, 1760	2	259
Thomas, Jr., m. Clarinda **PETERS**, b. of Hebron, Oct. 24, 1782	2	123
Timothy, s. Joseph & Thankfull, b. Dec. 1, 1756	2	256
Uzzan, s. Joseph & Thankfull, b. Dec. 28, 1771	2	259
William Augustus, s. Thomas & Prudence, b. Nov. 23, 1767	2	258
WESCUT, Catherine, of Brook Haven, L.I., m. Isaac **WATERS**, of Hebron, Nov. 17, 1765	2	122
WEST, Abigail, of Lebanon, m. Timothy **PORTER**, of Hebron, May 7, 1769	2	82
Betsey, of Hebron, m. Benjamin **CARPENTER**, of Bolton, Sept. 19, 1841, by Charles Nichols	4	39-M
Clarissa, m. Azor **DURKEE**, b. of Hebron, Mar. 10, 1822, by Rev. Augustus B. Collins, of Andover	4	6-M
Francis, m. Florinda **WRISLEY**, Dec. 19, 1831, by Rev. Charles Nichols	4	27-M
WESTON, John H., of Poughkeepsie, N. Y., m. Emily **BARBER**, of Hebron, June 28, 1840, by Ralph Gilbert, J. P.	4	38-M
WHALEY, Humphrey, of Coventry, m. Anna **BIGELOW**, of Hebron, Apr. 2, 1826, by Lyman Strong	4	15-M

	Vol.	Page
WHEELDEN, Sarah, of Glastonbury, m. Worthy **WATERS**, of Hebron, Oct. 8, 1787	2	123
WHEELER, Loiza, m. Benjamin **FREEMAN**, b. of Hebron, Feb. 11, 1827, by Amasa Taylor	4	16-M
Sherward, of Columbia, m. Sarah **PARRISH**, of Hebron, Dec. 31, 1848, by Rev. Charles Nichols, Gilead	4	49-M
WHE[E]LOCK, Theadory, Mrs., m. Alexander **PHELPS**, Jan. 9, 1751/2	2	80
WHITE, Aaron, s. James & Rachel, b. Sept. 20, 1767	2	258
Aaron, m. Saloma **HIBBARD**, b. of Hebron, Mar. 25, 1790	2	124
Aaron, s. Aaron & Salome, b. Sept. 11, 1790	2	202
Aaron, s. Aaron & Siloma, d. Apr. 6, 1794	3	327
Aaron, s. Aaron & Siloma, d. Apr. 6, 1794	3	365
Abagill, d. Jos[eph], b. Jan. 31, 1720/21	1	79
Abigill, m. Stephen **PERRIN**, Nov. 30, 1737	1	26
Adonijah, s. James & Rachel, b. Oct. 22, 1752	2	254
Alexander, s. James, b. Dec. 2, 1750	1	56
Alexander, m. Azubah **TOWNSEND**, June 18, 1778	2	123
Ann, d. Obadiah & Elisabeth, b. Feb. 10, 1760	2	257
Anna, d. Jonathan, b. Feb. 5, 1734/5	1	18
Anna, d. Jonathan, b. Feb. 5, 1734/5	1	20
Anna, w. of Capt. Jonathan, d. Mar. 2, 1746/7	1	45
Anna, d. [Capt. Adonijah & Han[n]ah], b. Jan. 19, 1780	2	263
Anne, wid. of Dea. Jon[a]th[an], d. Sept. 30, 1777	2	360
Asah, s. Jonathan, d. Sept. 22, 1742	1	35
Asa, s. Jonathan, b. Nov. 6, 1743	1	38
Asa, m. Mary **BINGHAM**, May 8, 1765	2	82
Asa, of Hebron, m. Mary **BINGHAM**, of Windham, May 8, 1765* (*1763?)	2	122
Asa, s. Asa & Mary, b. Aug. 26, 1770	2	258
Benjamin, of Hebron, m. Rosinda **GIDDINGS**, of Franklin, Nov. 4, 1801	3	269
Benjamin, s. Benjamin & Rosinda, b. Aug. 25, 1802	3	317
Betsey, [d. Joseph & Molly], b. Jan. 5, 1781	2	202
Charles A., m. Diana **KELLOGG**, b. of Hebron, Sept. 4, 1838, by Sylvester Selden	4	35-M
Chena, d. Peregrine & Lucy, b. Oct. 17, 1795	3	317
Cyrus, s. Eben[eze]r & Lucy, b. Aug. 25, 1790	2	202
Daniel, s. Obadiah, b. May 20, 1749	1	54
Daniel, s. Joseph, Jr., b. Feb. 4, 1771	2	259
Daniel, s. Joseph & Molly, b. Feb. 4, 1772	2	202
Daniel, m. Naomi **PALMER**, b. of Hebron, Mar. 8, 1787	2	123
Daniel, s. Benjamin & Rosinda, b. Jan. 19, 1805	3	318
Daniel Wallace, [s. Orrin C. & Sarah Ann (**POST**)], b. June 30, 1843	4	11
Eb[e]nezer, s. Eb[e]nezer, b. Jan. 30, 1726/7	1	10
Eb[e]nezer, d. May 18, 1733	1	19
Ebenezer, s. James & Rachel, b. Feb. 13, 1764	2	258
Ebenezer, m. Lucy **SWETLAND**, b. of Hebron, Apr. 14, 1785	2	123
Eli, s. Sam[ue]ll & Lydea, b. Mar. 27, 1757	2	256
Eliza, m. George R. **BEACH**, [b.] of Hebron, Oct. 25, 1832, by Rev. Charles Nichols	4	28-M
Elisabeth, d. Obadiah & Elisabeth, b. Mar. 8, 1756	2	256

	Vol.	Page
WHITE, (cont.)		
Elisabeth, m. John **NORTHOM**, Jr., b. of Hebron, Apr. 18, 1780	2	72
Erastus, s. Aaron & Salome, b. June 5, 1795	3	279
Erastus, s. Aaron & Salome, b. June 5, 1795	3	317
Erastus, m. Eliza **SWEETLAND**, of Andover, Jan. 18, 1827, by Rev. Augustus B. Collins, Andover	4	16-M
Est[h]er, m. Obadiah **WARD**, Sept. 28, 1749	1	52
Gardner, s. [Capt. Adonijah & Han[n]ah], b. Feb. 13, 1785	2	263
George, s. [Capt. Adonijah & Han[n]ah], b. Aug. 10, 1789	2	263
Hannah, wid. of Eb[e]nezer, d. May 4, 1734	1	19
Hannah, d. Jonathan, b. Nov. 30, 1741	1	34
Hannah, m. Josiah **OWEN**, Jan. 28, 1741/42	1	34
Hannah, d. Sam[ue]ll & Lydia, b. Jan. 8, 1753	2	254
Hannah, d. Asa & Mary, b. Mar. 23, 1773	2	259
Hannah, [d. Joseph & Molly], b. Aug. 16, 1776	2	202
Hannah, d. Joseph & Olive, b. Sept. 24, 1784	2	261
Hannah, m. Levi **WALDO**, Oct. 23, 1804	3	269
Harry, s. Ebenezer & Lucy, b. Dec. 18, 1788; d. July 7, 1792	2	202
Harry, s. [Eben[eze]r & Lucy], b. Aug. 21, 1792	2	202
I. Waldo, m. Laura Ann **WRIGHT**, b. of Hebron, Sept. 20, 1842, by Rev. Edgar J. Doolittle	4	41-M
Isabella Saloma, [d. Orrin C. & Sarah Ann (**POST**)], b. Sept. 14, 1834	4	11
James, m. Rachell **CHAPWELL**, Jan. 14, 1747/8	1	47
James, s. James & Rachel, b. Oct. 10, 1756	2	256
James A., m. Jerutha **KELLOGG**, b. of Hebron, May 13, 1845, by Rev. E. J. Doolittle	4	45-M
Jeremiah, s. Asa & Mary, b. June 8, 1780	2	261
Joel, s. Samuel, b. Apr. 4, 1750	1	54
Joel, s. [Joseph & Molly], b. Apr. 3, 1786	2	202
John, s. Jonathan, b. Dec. 29, 1739	1	30
John, s. Jonathan, d. Oct. 1, 1742	1	35
John, s. Jonathan, b. Oct. 2, 1745	1	42
John, s. Capt. Jonathan, d. Feb. 2, 1748/9	1	53
John, s. Asa & Mary, b. Feb. 5, 1766	2	258
John Henry, [s. Orrin C. & Sarah Ann (**POST**)], b. Sept. 1, 1845	4	11
Jonathan, s. Jonathan, b. Mar. 22, 1733	1	14
Jonathan, Capt., m. Mrs. Anna **WRIGHT**, Oct. 6, 1747	1	53
Jon[a]th[an], Dea., d. Mar. 28, 1776, in the 76th y. of his age	2	360
Joseph, s. Eb[e]nezer, b. Mar. 11, 1728	1	10
Joseph, s. Joseph, b. Mar. 16, 1735/6	1	22
Joseph, s. Eb[e]nezer, d. Dec. 14, 1736	1	23
Joseph, m. Mary [ ], Feb. 14, 1770	2	123
Joseph, of Hebron, m. Olive **CLARK**, of Lebanon, June 26, 1783	2	123
Joseph, s. Joseph, Jr. & Olive, b. May 1, 1787	2	262
Joseph, s. [Joseph & Molly], b. Mar. 26, 1792	2	202
Joseph, Jr., of Hebron, m. Sophia **WALDO**, of Windham, May 20, 1812, by Daniel Rost (?), J. P. at Windham	3	269
Joseph N., m. Mary Ann **PHELPS**, b. of Hebron, May 26, 1836, by Sylvester Selden	4	33-M
Laura, d. [Aaron & Salome], b. Apr. 5, 1792	2	202
Laura A., Mrs., m. Walter **WILKIE**, b. of Hebron, Apr. 12, 1854, by Rev. William M. Birchard	4	54-M

WHITE, (cont.)

	Vol.	Page
Lemuel, s. [Capt. Adonijah & Han[n]ah], b. June 19, 1787	2	263
Lusey, [d. Joseph & Molly], b. Apr. 27, 1783	2	202
Lucy, d. Eben[eze]r & Lucy, b. Oct. 29, 1785	2	262
Lucy, d. Peregrine & Lucy, b. Sept. 5, 1793	3	317
Lydda, d. Samuell, b. Apr. 30, 1748	1	48
Lydia, d. Capt. Adonijah & Han[n]ah, b. Feb. 4, 1778	2	263
Mabel, d. James & Rachel, b. Apr. 24, 1761	2	258
Mabel, [d. Joseph & Molly], b. Sept. 27, 1788	2	202
Martha, w. of Joseph, d. Apr. 2, 1769, in the 69th y. of her age	2	360
Mary, d. Joseph, b. Nov. 26, 1726	1	79
Mary, d. Jonathan, b. Aug. 10, 1737	1	24
Mary, d. Joseph, d. Aug. 10, 1746	1	46
Mary, d. Samuell, b. Apr. 29, 1748	1	49
Mary, m. Samuell **FILER**, Jr., b. of Hebron, Nov. 13, 1755	2	28
Mary, d. James & Rachel, b. May 26, 1759	2	257
Mary, d. Obadiah & Elisabeth, b. Mar. 2, 1764	2	258
Mary, d. Asa & Mary, b. July 3, 1768	2	258
Mary, m. Socrates **TARBOX**, b. of Hebron, Dec. 21, 1836, by Rev. James Shepard	4	34-M
Mehitabell, d. Joseph, b. Feb. 3, 1723/4	1	79
Mahitabill, d. Eb[e]nezer, b. Jan. 24, 1730/31	1	9
Mahitabel, d. Eb[e]nezer, d. Jan. 30, 1741/2	1	34
Molly, d. [Joseph & Molly], b. May 13, 1774	2	202
Obadiah, m. Elisebeth **ALIEN**, Jan. 2, 1745/6	1	44
Obadiah, s. Obadiah, b. Mar. 8, 1751	2	254
Obadiah, s. Obadiah & Elisabeth, b. Mar. 20, 1753	2	254
Obadiah, s. Joseph & Olive, b. Apr. 10, 1792	2	253
Olive, d. Joseph, Jr. & Olive, b. July 10, 1789	2	262
Orren Bushnell, [s. Orrin C. & Sarah Ann (**POST**)], b. Feb. 18, 1841	4	11
Orrin Chester, Dr., b. Apr. 23, 1803, at Andover; d. Sept. 13, 1867	4	11
Perregrine, s. Obadiah & Elisabeth, b. Feb. 5, 1762	2	257
Peregrine, m. Lucy **NORTHUM**, Oct. 28, 1792	3	269
Rachell, d. Joseph, b. Sept. 25, 1730	1	10
Rachel, d. James & Rachel, b. Aug. 15, 1754	2	255
Rebecka, m. John **ROOT**, May 18, 1737	1	25
Roxey, [d. Joseph & Molly], b. Oct. 17, 1778	2	202
Russel[l], s. [Peregrine & Lucy], b. Sept. 5, 1794	3	317
Sally, d. [Capt. Adonijah & Han[n]ah], b. Nov. 29, 1782	2	263
Samuell, m. Lydia **MACK**, Feb. 10, 1746/7	1	46
Sarah, d. Obadiah & Elisabeth, b. Apr. 12, 1758	2	256
Sarah, d. Lieut. Asa & Mary, b. Nov. 10, 1782	2	261
Soloman, s. Samuel & Lydea, b. Jan. 29, 1755	2	255
Sibbel, d. [Capt. Adonijah & Han[n]ah], b. Feb. 11, 1791	2	263
Sybil, of Andover, m. William **REED**, of Amboy, N. Y., [Oct.] 12, [1846], by Rev. Alpha Miller, at Andover	4	47-M
Thomas, m. Rebecca L. **STEELE**, b. of Hebron, Apr. 2, [1835], by William Bowen, Andover	4	32-M
We[a]lthy, d. Alex[ande]r & Azubah, b. June 12, 1780	2	261
W[illia]m, m. Mary **NORTON**, May 30, 1848, by Rev. F. B. Woodward	4	49-M
-----, s. James, b. Nov. 26, 1848	4	9

	Vol.	Page
WHITLEY, Abel D., of Norwich, m. Martha **BIDWELL**, of Hebron, Feb. 14, 1847, by Rev. Edgar J. Doolittle	4	47-M
WHITTLESEY, Catharine, of Saybrook, m. Calvin **MANNING**, of Coventry, Feb. 10, 1852, by Edgar J. Doolittle	4	53-M
WILBUR, Sarah H., of Marlborough, m. George W. **LAY**, of Lyme, Oct. 25, 1846, by Rev. E. J. Doolittle	4	47-M
WILCOX, WILLCOX, Abel, s. Eb[e]nezer, Jr., b. June 22, 1740	1	32
Abel, m. Susannah **HALL**, b. of Hebron, Jan. 14, 1762	2	122
Anne, d. Obadiah & Sarah, b. Nov. 8, 1759	2	257
Asa, s. Obadiah & Sarah, b. May 10, 1756	2	255
Azubah, d. Jehiel & Lydea, b. Oct. 26, 1779	2	261
Azubah, m. Joel **DAVIS**, b. of Hebron, Dec. 18, 1803	3	235
Betsey, m. Zepheniah **DAVIS**, Jr., b. of Hebron, Nov. 8, 1801	3	235
Charles L., of Exeter, m. Eliza S. **PARKS**, May 17, 1846, by Rev. E. J. Doolittle	4	46-M
Dorcas, d. Oct. 29, 1847, ae 91 y.	3	365
Ebinezor, s. Ebinezor, b. Dec. 25, 1708	1	77
Eb[e]nezer, Jr., m. Elisabeth **DEWEY**, Jan. 24, 1733/4	1	20
Eb[e]nezer, s. Eb[e]nezer, Jr., b. Dec. 1, 1734	1	20
Eb[e]nezer, d. Mar. 3, 1746/7	1	45
Eben[eze]r, s. Jehiel & Lydia, b. May 17, 1776	2	260
Elihu, s. Jehiel & Lydia, b. Dec. 5, 1784	2	261
Elisabeth, [twin with Martha], d. Eb[e]nezer, Jr., b. Mar. 30, 1737	1	23
Elisabeth, m. Jonathan **WEBSTER**, May 11, 1763	2	122
Elisabeth, d. Jehiel & Lydea, b. May 8, 1778	2	260
Ezra, s. Jehiel & Lydea, b. June 13, 1781	2	261
Hannah, d. Ebenezar, b. Sept. 10, 1751	1	57
Henry J., of East Lyme, m. Jane S. **GILLETT**, of Hebron, May 22, 1851, by Edgar J. Doolittle	4	52-M
Jehial, [twin with Jerushah], s. Eb[e]nezer, b. Mar. 31, 1748	1	48
Jehiel, m. Lydea **MACK**, Apr. 18, 1771	2	123
Jehiel, s. Jehiel & Lydea, b. Nov. 10, 1771	2	259
Jerushah, [twin with Jehial], d. Eb[e]nezer, b. Mar. 31, 1748	1	48
Joell, s. Eb[e]nezer, Jr., b. Oct. 19, 1746	1	45
Joel, m. Lucy Ann **BURNHAM**, b. of Hebron, June 14, 1838, by Sylvester Selden	4	35-M
John, s. Obadiah, b. Oct. 11, 1752	2	254
John, s. Obadiah & Sarah, b. Oct. 18, 1752	2	254
Jonathan, s. Dauid, b. Apr. 14, 1737	1	33
Lucy, d. Obadiah & Sarah, b Mar. 12, 1754	2	254
Lidea, d. Ebenezor, b. Apr. 12, 1716	1	77
Lydea, d. Jehiel & Lydea, b. Jan. 1, 1773	2	259
Maria, m. Benjamin **BLISS**, Jr., Apr. 22, 1830, by Rev. Lyman Strong	4	21-M
Martha, d. Ebinezor, b. June 3, 1710	1	77
Martha, m. Eb[e]nezer **DEWEY**, Mar. 12, 1734/5	1	20
Martha, [twin with Elisabeth], d. Eb[e]nezer, Jr., b. Mar. 30, 1737	1	23
Martha, w. Eb[e]nezer, d. Jan. 24, 1744/5	1	40
Martha, m. Amos **HALL**, May 11, 1757	2	42

	Vol.	Page
WILCOX, (cont.)		
Martha, d. Obad[ia]h & Sarah, b. Nov. 23, 1761	2	257
Mary, d. Dauid, b. Oct. 1, 1740	1	33
Mary, d. Eb[e]nezer, Jr., Mar. 19, 1743	1	36
Mary, d. Jehiel & Lydia, b. Nov. 2, 1774	2	260
Obadiah, s. Eb[e]nezer, b. July 12, 1724	1	77
Obadiah, m. Sarah **TALLCOTT**, Feb. 26, 1749/50	1	53
Obadiah, s. Obadiah, b. Jan 2, 1750	1	57
Oliver, s. Jehiel & Lydea, b. Feb.12, 1783	2	261
Phebe, d. Eb[e]nezer, b. May 8, 1719	1	77
Sarah, d. Obadiah & Sarah, b. Feb. 11, 1758	2	256
Steuen, s. David, b. June 10, 1734	1	33
Susannah, d. Abel & Susannah, b. Dec. 21, 1763	2	258
-----, [child of] Geo[rge] & Frances H., b. June 24, 1848	4	8
WILKIE, Walter, m. Mrs. Laura A. **WHITE**, b. of Hebron, Apr. 12, 1854, by Rev. William M. Birchard	4	54-M
WILLEY, Asa, m. Rebecca **WASS**, b. of Hebron, Jan. 1, 1798, by Rev. Amos Bassett	3	269
Rebecca, d. Asa & Rebecca, b. Dec. 16, 1798	3	317
Rebecca, w. of Asa, d. Jan. 25, 1799, in the 22nd y. of her age	3	365
WILLIAMS, WILIAMS, Achsah, d. Mat[t]hew, Jr. & Grace, b. Feb. 24, 1764	2	258
Anson Orrin, s. Orrin A. & Sophia A., b. Apr. 16, 1846	4	8
Daniel W., m. Lydia L. **HELTON**, Nov. 21, 1838, by Rev. Henry Bromley, at his house, Mansfield	4	35-M
Darling, s. Joseph & Sarah, b. Sept. 27, 1755	2	257
Elisabeth, m. Thomas **PERRIN**, Oct. 2, 1754	2	80
George, of Columbia, m. Jerusha **CONE**, of Hebron, Dec. 24, 1828, by Rev. Charles Nichols	4	19-M
Grace, d. Matthew, Jr., b. June 1, 1752	2	254
Hannah, d. Matthew, b. Sept. 29, 1750	1	55
Isaac, s. Joseph & Sarah, b. June 16, 1759	2	257
Isaac, s. Mat[t]hew, Jr. & Grace, b. Dec. 5, 1762	2	257
Jehial, of New Hartford, m. Ellsa **BARBER**, of Hebron, May 4, 1843, by Rev. Edgar J. Doolittle	4	42-M
John, m. Anne **LYMAN**, Dec. 1, 1747	1	47
Joseph, m. Mary **BARBUR**, May 7, 1747	1	46
Joseph, s. Joseph, b. Apr. 29, 1751	2	25
Julia A., m. Willard **LOCKWOOD**, Nov. 26, 1851, by Hubbard J. Watrous, J. P.	4	52-M
Levi, s. Mat[t]hew, Jr. & Grace, b. June 11, 1756	2	255
Louisa C., m. William P. **DRINKWATER**, b. of Hebron, Andover Soc., Nov. 11, 1838, by Rev. Alpheus Geer	4	35-M
Mary, d. Mat[t[h[e]w [& Mary], b. Feb. 10, 1717; d. Mar. 10, following	1	80
Mary, d. Mat[t]hew [& Mary], b. July 15, 1722	1	80
Mary, w. of Mat[t]hew, d. Aug. 8, 1726	1	80
Mary, m. John **ROW**, July 5, 1745	1	48
Mary, d. Joseph, b. Aug. 25, 1748	1	49
Mary, w. Joseph, d. Nov. 21, 1753	2	360
Mary, m. Bille **BASCOM**, Aug. 21, 1766	2	5
Mat[t]hew, s. Augustien, b. Oct. 27, 1688	1	80

	Vol.	Page
WILLIAMS, WILIAMS, (cont.)		
Mat[t]hew, m. Mary **WRIGHT**, May 7, 1717	1	80
Mat[t]hew, s. Mat[t]hew [& Mary], b. Oct. 8, 1720	1	80
Mat[t]hew, m. Mahitobell **SCRANTON**, Feb. 26, 1727/8	1	10
Mat[t]hew, Jr., m. Grace **SMITH**, Sept. 7, 1749	1	53
Oliver, s. Joseph & Sarah, b. Aug. 16, 1761	2	257
Rebecca E., of Hebron, m. John B. **BAKER**, of Uxbridge, Mass., June 26, 1836, by Rev. E. Loomis	4	33-M
Thomas, s. Joseph & Mary, b. Nov. 14, 1753	2	254
Timna, d. Mat[t]hew, Jr. & Grace, b. Sept. 6, 1758	2	256
-----, s. Mat[t]hew [& Mary], b. Feb. 12, 1724/5; d. Feb. 25, 1724/5	1	80
-----, s. Mat[t]hew, b. May 13, 1754	2	254
-----, 3rd child of Mat[t]hew, Jr. & Grace, b. May 13, 1754; d. May 14, 1754	2	255
-----, s. Mat[t]hew, b. May 13, 1754; d. May 14, 1754	2	360
-----, wid. of Mat[t]hew, d. Mar. 30, 1771	2	360
WILSON, WILLSON, Jemime, m. Elijah **PHELPS**, Aug. 1, 1748	1	49
Mary, m. Noah **OWEN**, Jr., Apr. 20, 1752	2	76
Sarah A., of Hope Valley, Hebron, m. Noah L. **SNOW**, of Columbia, July 4, 1846, by Rev. James Mather	4	45-M
WINCHEL, Eliza Ann, of Berlin, m. Isaac L. **SANFORD**, of Plainfield, Dec. 25, 1838, by Sylvester Selden	4	36-M
WINCHESTER, John, s. Charles & Hannah, b. Nov. 4, 1795	3	318
WING, Joanna, of Chatham, m. Enos **HORSFORD**, of Hebron, Sept. 17, 1795	3	243
WITTER, Eben, of Brooklyn, Conn., m. Mehetable **JEWETT**, of Hebron, Oct. 6, 1841, by Charles Nichols	4	39-M
WOOD, Jabiz, s. Jonathan, b. Feb. 3, 1727/8	1	12
Jeremiah, s. Jonathan, b. May 10, 1733	1	21
Jonathan, s. Jonathan, b. Dec. 25, 1729	1	12
Lucius, of Vernon, m. Laura **WEBSTER**, of Hebron, Apr. 8, 1833, by Chester Humphry, Hebron, Gilead Soc.	4	30-M
Mary, d. Jonathan, b. Feb. 25, 1731/2	1	12
Samuell, s. Jonathan, b. May 24, 1735	1	21
WOODBRIDGE, Christopher A., of Manchester, m. Mary Ann **SUMNER**, of Hebron, Aug. 21, 1838, by Charles Nichols	4	35-M
WOODWARD, Rachell, m. John **FINNEY**, Aug. 25, 1743	1	42
WOODWORTH, Asahel, s. [Samuel & Levina], b. Dec. 1, 1797	3	317
Charles, m. Mary **LATHROP**, of Coventry, Oct. 16, 1842, by John M. Hunt	4	41-M
George W., m. Nancy A. **COATES**, Sept. 30, 1830, by Rev. Peter Griffing	4	22-M
Hannah, m. Elijah **HOWARD**, b. of Hebron, Nov. 8, 1758	2	42
Lydea, of Lebanon, m. Increas[e] **PORTER**, Jr., of Hebron, Mar. 1, 1773	2	83
Samuel, s. Joseph, of Lebanon, b. Apr. 11, 1748	1	54
Samuel, s. Samuel & Levina, b. Oct. 5, 1795	3	317
WORTHINGTON, Louisa, of Colchester, m. John **GRIFFING**, of Lyme, Apr. 16, 1845, by Rev. Robert E. Hallum, of New London	4	44-M
WRIGHT, RIGHT, A[a]ron, s. A[a]ron, b. Nov. 14, 1737	1	23
Abel, s. A[a]ron, b. May 30, 1746	1	45
Abell, s. John, b. Sept. 8, 1747	1	47
Abigail, d. John, b. Sept. 12, 1749	1	54

	Vol.	Page
WRIGHT, RIGHT, (cont.)		
Anna, Mrs., m. Capt. Jonathan **WHITE**, Oct. 6, 1747	1	53
Anna, m. Barnebas **HUNTINGTON**, Dec. 11, 1751	2	42
Anne, d. A[a]ron, b. Sept. 5, 1747	1	48
Anne, d. Ep[hrai]m & Lucretia, b. Mar. 9, 1761	2	258
Anne, d. Ephraim & Lucretia, d. Nov. 27, 1763	2	360
Anne, d. Ephraim & Lucretia, b. Apr. 5, 1771	2	259
Benoni, s. Ephraim & Hannah, b. Feb. 21, 1759	2	256
Beriah, m. Lydea **SKINNER**, May 21, 1759	2	122
Beriah, s. Ephraim & Lucretia, b. Mar. 10, 1763	2	257
Bildad, s. Ephraim & Lucretia, b. June 14, 1768	2	258
Daniel, s. Ephraim & Hannah, b. May 26, 1756	2	256
Diana, m. David **GILLETT**, b. of Hebron, Sept. 20, 1821, by Rev. Amos Bassett	4	3-M
Eben[e]z[er], s. Aaron & Elisabeth, b. Feb. 7, 1748/9	2	254
Elihu, s. Samuel & Rachel, b. Oct. 31, 1775	2	260
Elijah, m. Temperance **WATERS**, Aug. 10, 1753	2	122
Elisebeth, d. A[a]ron, b. Mar. 4, 1737/8	1	26
Elisebeth, [twin with John], s. A[a]ron, b. Apr. 30, 1743	1	45
Elisabeth, d. Ephraim, d. Aug. 14, 1744	1	40
Elisabeth, d. Ephraim & Hannah, b. Apr. 13, 1750	2	256
Elizabeth, m. Ephraim John Henry **CURTIS**, b. of Hebron, Aug. 22, 1799	3	233
Elisabeth, of Hebron, m. Egbert **BROWN**, of Columbia, Oct. 17, 1848, by Edgar J. Doolittle	4	50-M
Enos, s. Jude, b. Aug. 13, 1742	1	36
Enas, m. Sarah **TILLETSON**, b. of Hebron, Mar. 10, 1773	2	259
Ephraim, d. Oct. 10, 1758	2	360
Ephraim, m. Lucretia **HOLDRIGE**, Jan. 17, 1760	2	122
Ephraim, s. Ephraim & Lucretia, b. June [ ], 1765	2	258
Ezekiel, s. Jude & Elisabeth, b. Mar. 10, 1755	2	255
Ezekiel, d. June 10, 1777	2	360
Hannah d. Ephraim, d. Aug. 10, 1744	1	40
Hannah, d. Ephraim, b. Mar. 8, 1744/5	1	42
Hannah, d. Isaiah & Sarah, b. June 20, 1775	2	260
Hannah, d. Simeon & Sarah, b. Dec. 24, 1776	2	260
Jeremiah, s. Jude & Elisabeth, b. May 21, 1752	2	254
John, [twin with Elisebeth], s. A[a]ron, b. Apr. 30, 1743	1	45
John, s. Jude, b. Apr. 29, 1745	1	41
John, m. Marcy **KELLOGG**, Jan. 7, 1746/7	1	46
John, s. John & Mercy, b. Mar. 30, 1755	2	255
Joseph, s. Joseph & Bette, b. Jan. 13, 1764	2	261
Jude, m. Elisebeth **STONE**, Apr. 19, 1739	1	29
Jude, s. Jude, b. May 7, 1741	1	33
Judeth, m. Dauid **CURTICE**, July 1, 1763	2	107
Laura Ann, m. I. Waldo **WHITE**, b. of Hebron, Sept. 20, 1842, by Rev. Edgar J. Doolittle	4	41-M
Leonard, m. Fidelia **DERBY**, Sept. 11, 1831, by Rev. Chester Tilden	4	25-M
Lydea, d. Samuel & Rachel, b. Dec. 15, 1763	2	257
Martha, m. Thomas **SKINNER**, Aug. 14, 1751	2	106
Mary, m. Mat[t]hew **WILLIAMS**, May 7, 1717	1	80
Mary, d. John & Mercy, b. May 19, 1751	2	255

HEBRON VITAL RECORDS 283

	Vol.	Page
WRIGHT, RIGHT, (cont.)		
Molly, d. Isaiah & Sarah, b. Sept. 5, 1773	2	260
Oliver, s. Isaiah & Sarah, b. May 21, 1770	2	259
Phebe, d. Samuel & Rachel, b. Apr. 28, 1767	2	258
Phineas, s. Ephraim & Hannah, b. Apr. 26, 1754	2	256
Rachel, d. Samuel & Rachel, b. Mar. 8, 1762	2	257
Rachel, m. Godfry **TARBOX**, b. of Hebron, Sept. 9, 1781	2	122
Samuell, s. A[a]ron, b. Mar. 8, 1738/9	1	29
Samuell, s. A[a]ron, b. Mar. 8, 1739	1	45
Samuel, s. John & Mercy, b. Mar. 31, 1753	2	255
Samuel, m. Rachel **BISSEL**, b. of Hebron, May 13, 1761	2	122
Samuel, s. Samuel & Rachel, b. Jan. 30, 1771	2	259
Sarah, m. Thomas **DUNHAM**, May 8, 1721	1	4
Sibbel, d. Ephraim, d. Oct. 17, 1744	1	40
Sibbell, d. Ephraim, b. Jan. 1, 1746/7	1	47
Sibil, d. Enos & Sarah, b. Sept. 19, 1773	2	260
Simeon, s. Jude, b. June 14, 1750	1	55
Simeon, s. Simeon & Sarah, b. July 18, 1773	2	259
Simeon, m. Sarah **DUNHAM**, Sept. 9, 1773	2	123
Simeon, s. Simeon, d. Mar. 16, 1775	2	360
Sybil, see under Sibbel		
William, d. Mar. 1, 1761	2	360
Zorel, s. Aaron, b. Oct. 14, 1741	1	45
WRISLEY, Chester, s. [Samuel & Polly], b. Dec. 4, 1787	2	262
Florenda, d. Samuel & Polly, b. Nov. 7, 1782	2	262
Florinda, m. Francis **WEST**, Dec. 19, 1831, by Rev. Charles Nichols	4	27-M
Jemima, m. Jacob **LOOMIS**, Jr., Dec. 24, 1801	3	249
Job, s. [Samuel & Polly], b. May 10, 1784	2	262
Lucinda, m. Thomas **KING**, Sept. 12, 1831, by Rev. Chester Tilden	4	25-M
Lydia, d. [Samuel & Polly], b. Feb. 1, 1786	2	262
Samuel, m. Polley **HUXFORD**, b. formerly of Glastonbury, now of Hebron, May 13, 1781	2	123
Samuel, s. [Samuel & Polly], b. Sept. 5, 1789	2	262
Wait, m. Sally **PHELPS**, b. of Glastenbury, May 10, 1800, by S. Gilbert, J. P.	3	269
YEOMANS, YEAMANS, YEMUNS, Andrew, d. Jan. [ ], 1777	2	364
E[l]isha, s. Stephen & Mary, b. Mar. 22, 1764	2	150
Mary, m. Stephen **BOND**, Nov. 9, 1752	2	4
YOUNGS, Anna, d. Eliphalet, Jr. & Martha, b. Aug. 19, 1769	2	264
Benaiah, s. Joseph, b. Dec. 24, 1725	1	79
Benjamin, s. Joseph, Jr., b. Jan. 23, 1747/8	1	47
Bethiah, Mrs., of South Hold, L.I., m. Peter **SWETLAND**, of Hebron, June 19, 1759	2	106
Christian, m. Joseph **YOUNGS**, Jr., Sept. 17, 1739	1	30
Dauid, s. Joseph, Jr., b. Dec. 24, 1742	1	36
David, d. Sept. 28, 1762	2	364
Eb[e]nezer, s. Joseph, b. May 19, 1720	1	79
Eb[e]n[e]z[er], of Hebron, m. [E]unice **ROOD**, of Lebanon, Jan. 24, 1753	2	134
Ebenezer, s. Eben[e]z[er] & Eunice, b. Mar. 15, 1756	2	264

	Vol.	Page
YOUNGS, (cont.)		
Ebenezer, d. June 5, 1761	2	364
Eli, s. Eliphalet & Marg[a]ret, b. Oct. 1, 1752	2	264
Elifelet, m. Mary **ROL[L]O**, Dec. 19, 1734	1	20
Elipellet, s. Elifelet, b. Mar. 26, 1744	1	39
Eliphelet, Jr., m. Martha **BURNHAM**, Apr. 9, 1765	2	134
Eliphalet, d. Oct. 17, 17[ ]	2	364
Ephraim, m. Hannah **ROLLO**, May 3, 1733	1	14
Ephraim, s. Ephraim, b. Jan. 24, 1736/7	1	23
Ephraim, Jr., m. Elisabeth **CURTICE**, Nov. 24, 1757	2	134
Ephraim, d. June 17, 1761	2	364
Ep[hrai]m, [Jr.], d. June 19, 1763	2	364
Hannah, d. Ephraim, b. Oct. 28, 1734	1	20
Hannah, m. Abijah **ROWLEY**, Dec. 19, 1751	2	96
Hannah, d. Apr. 26, 1756	2	364
Hannah, d. Eben[e]z[er] & Eunice, b. June 21, 1759	2	264
Huldah, d. Eliphalet, b. June 20, 1750	1	54
Ichabod, s. Joseph, Jr., b. Nov. 5, 1749	1	52
Joseph, Jr., m. Christian **YOUNGS**, Sept. 17, 1739	1	30
Joseph, s. Joseph, Jr., b. Aug. 3, 1744	1	39
Joseph, Jr., d. Nov. 7, 1749	1	52
Joseph, d. Jan. 29, 1768	2	364
Lemuell, s. Joseph, b. Aug. 22, 1717	1	79
Lemawell, m. Marthah **PHELPS**, Apr. 14, 1742	1	34
Lidda, d. Lemuell, b. Jan. 23, 1743/4	1	38
Marg[a]rit, d. Elifelet, b. Jan. 26, 1742/3	1	36
Marg[a]rit, d. Elifelet, d. Mar. 6, 1744	1	39
Marg[a]rit, d. Joseph, d. Mar. 18, 1744	1	38
Marg[a]rit, d. Elifelit, b. Mar. 28, 1745	1	40
Marg[a]reet, d. Elifelet, d. May 16, 1746	1	46
Marg[a]ret, d. Elifelet, b. Aug. 6, 1748	1	50
Marg[a]ret, w. of Joseph, d. Feb. 17, 1758	2	364
Martha, d. Lemauell, b. Feb. 22, 1742/3	1	36
Martha, d. Eliphalet, Jr. & Martha, b. Dec. 6, 1765	2	264
Mary, d. Elifelet, b. Sept. 3, 1735	1	21
Mary, w. of Elifelet, d. Nov. 24, 1736, in the 22nd y. of her age	1	23
Mary, m. David **CULVER**, Feb. 12, 1758	2	12
Mary, d. Eliphalet, Jr. & Martha, b. Jan. 14, 1768	2	264
Mary, m. Talbut **OWEN**, b. of Hebron, June 25, 1792, by Sylvester Gilbert, J. P.	2	76
Samuel, s. Joseph, Jr., b. Oct. 19, 1740	1	32
Samuel, d. Aug. 27, 1760	2	364
Sarah, d. Eliphalet & Marg[a]ret, b. Nov. 20, 1754	2	264
Susannah, d. Elifelet, b. July 10, 1747	1	46
Theodosia, d. Eliphalet & Marg[a]ret, b. Jan. 28, 1758	2	264
Theodotia, d. Eliph[ale]t & Marg[a]ret, b. Dec. 9, 1762	2	264
Triphene, d. Elip[hale]t & Marg[a]ret, b. May 3, 1759	2	264
NO SURNAME		
Ce[a]sar, s. [Ce[a]sar & Loice, colored], b. July [ ], 1787	2	268
Constantia, m. Isaac W. **CRANE**, b. of Hebron, Nov. 26, 1797, by S. Gilbert, J. P.	3	233
Ira, s. [Ce[a]sar & Loice,] negroes, b. Feb. [ ], 1776	2	268

	Vol.	Page

NO SURNAME, (cont.)

	Vol.	Page
James, s. Ce[a]sar & Loice, negroes, b Sept. [ ], 1771	2	268
Loice, d. [Ce[a]sar & Loice, colored], b. June [ ], 1785	2	268
Lydan, m. Samuel **PHELPS**, May 16, 1764	2	82
Mary, d. Medad & Rebecca, b. June 11, 1762	2	248
Mary, m. Joseph **WHITE**, Feb. 14, 1770	2	123
Mary, [of] Lebanon, m. Samuel **ALLEN**, of Hebron, [ ]	2	1
Mehitabel, m. Mat[t]hew **ALGER**, Apr. [ ]	2	1
Melrit, m. William **ALLYN**, Apr. 16, [ ]	2	1
Mercy, of Colchester, m. Aaron **BAXTER**, of Hebron, Oct. 6, 1768	2	5
Salley, d. [Ce[a]sar & Loice, negroes], b. Feb. [ ], 1778	2	268
Sarah, m. Phineas **ALLEN**, Mar. [ ]	2	1
Susan[n]ah, d. [Ce[a]sar & Loice, colored], b. June [ ], 1780	2	268
Theodotia, d. Eliph[alet], d. Sept. 3, 1759	2	364
William, m. Ruth **STILES**, Apr. 5, 1759	2	34
Zilba, d. [Ce[a]sar & Loice, colored], b. Aug. [ ], 1783	2	268

www.ingramcontent.com/pod-product-compliance
Lightning Source LLC
Chambersburg PA
CBHW050840230426
43667CB00012B/2076